高等学校规划教材 | 畜牧兽医类

动物生产学

DONGWU SHENGCHAN XUE

主编 ● 杨远新 刘安芳

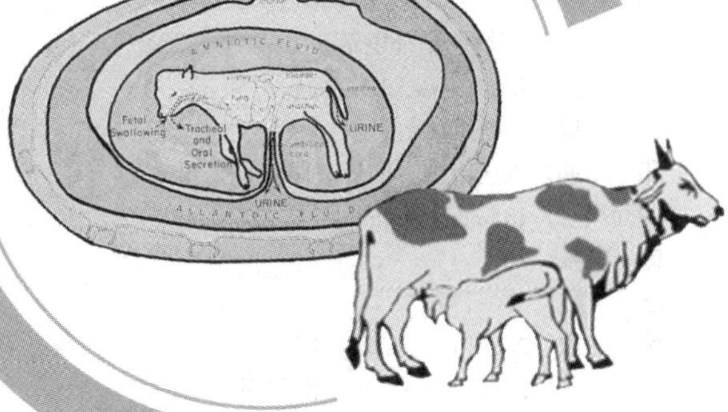

西南大学出版社
国家一级出版社 全国百佳图书出版单位

图书在版编目（CIP）数据

动物生产学 / 杨远新，刘安芳主编．—
重庆：西南师范大学出版社，2013.11（2025.1 重印）
ISBN 978-7-5621-6503-3

Ⅰ．①动… Ⅱ．①杨… ②刘… Ⅲ．①畜禽–饲养管理–案例 Ⅳ．① S815

中国版本图书馆 CIP 数据核字（2013）第 258637 号

动 物 生 产 学
DONGWU SHENGCHAN XUE

主　编　杨远新　刘安芳
副主编　左福元　王　玲　罗宗刚

责任编辑：杜珍辉
封面设计：魏显锋
出版发行：西南大学出版社（原西南师范大学出版社）
地址：重庆市北碚区天生路 1 号
邮编：400715
市场营销部电话：023-68868624
http://www.xdcbs.com
经　销：新华书店
印　刷：重庆市国丰印务有限责任公司
幅面尺寸：185mm × 260mm
印　张：20.5
字　数：570 千字
版　次：2014 年 1 月 第 1 版
印　次：2025 年 1 月 第 6 次印刷
书　号：ISBN 978-7-5621-6503-3
定　价：58.00 元

衷心感谢被收入本书的图文资料的原作者，由于条件限制，暂时无法和部分原作者取得联系。恳请这些原作者与我们联系，以便付酬并奉送样书。
若有印装质量问题，请联系出版社调换。

编委会/ BIAN WEI HUI

主　编: 杨远新　刘安芳

副主编: 左福元　王　玲　罗宗刚

参　编:(按姓名拼音顺序排列)

蒋　雨(重庆市畜牧科学院)

康　丽(山东农业大学)

廖元才(西南大学)

刘安芳(西南大学)

罗宗刚(西南大学)

李　辉(贵州大学)

李菊娣(辽宁石油化工大学)

饶　骏(西南大学)

孙桂荣(河南农业大学)

施晓丽(贵州大学)

王　玲(西南大学)

杨远新(西南大学)

虞德兵(南京农业大学)

左福元(西南大学)

赵建军(西南大学)

张　毅(西南大学)

赵小玲(四川农业大学)

前　言

农业是国民经济的基础，畜牧业是农业的重要组成部分，畜牧业生产水平的高低直接关系到一个国家的兴旺和人民生活水平的提高。世界发达国家的畜牧业产值占农业总产值50%～70%，而我国的畜牧业产值才占农业总产值的38%。所以大力发展畜牧业生产，增加肉、蛋、奶、毛皮及其制品的生产和供应，对改善我国城乡人民生活，支援社会主义经济建设，出口创汇，维护社会稳定和国民经济的发展都有着现实和深远的作用。

大力发展畜禽养殖业，增加肉、蛋、奶供应是改善我国人民膳食结构的主要途径。每人每天进食的动物蛋白质占总蛋白质30%以上才是合理的，根据2005年的统计，美国为64.77%，日本为55.7%，英国为57.47%，而我国仅为20%，低于世界平均水平(35%)。与世界平均水平有较大差距，畜牧业现代化建设与发展的潜力巨大。随着人民生活水平的不断提高，畜牧产业必将成为我国现代化建设的一个新的生长点，我国也将由世界畜牧业大国逐步发展成为畜牧业强国。

本书针对动物医学、食品工程等非动物科学专业同学了解猪、禽、牛、羊等动物生产的需要，着重围绕猪、禽、牛、羊的品种与杂交利用、营养与饲料、繁殖技术、种畜禽饲养管理、幼畜禽培育、畜禽产品的安全生产、畜禽舍建筑设计与设备、畜禽场的筹措与经营管理等有关知识与技术进行讲述。注重培养学生的就业创业素质和能力，突出实用性、适用性、实效性。

在本书的编写过程中，我们得到了西南大学校领导、西南大学教务处、西南大学荣昌校区教学办和动科系领导与老师的积极帮助与支持，谨表衷心感谢！由于我们的经验和水平有限，编写时间比较急促，书中定有不足和错误之处，敬请读者批评指正。

目　　录

第一篇　猪生产

第三篇 牛生产

第四篇 羊生产

第一篇 猪生产

第一章 猪的品种及利用

猪的品种是指在一定自然和社会经济条件下，经人工选择形成的一个具有共同来源、有相似并稳定遗传的外形和生产性能，并拥有一定数量的种群。社会生产力的发展水平和人类的需求，影响着品种发展的方向与消长。因此，品种又是一个具有变异性与可塑性的群体。本章主要介绍我国地方猪种的分布和种质特性，以及引入猪种和我国培育猪种的概况及杂种优势利用等。

第一节 我国猪的品种类型

一、猪的经济类型

猪的经济类型可分为脂肪型、兼用型和瘦肉型三类：

脂肪型，又称脂用型。这类猪的胴体脂肪多，瘦肉少。外形特点是体躯宽、深而短，全身肥满，头颈较重，四肢短，体长与胸围相等或相差2～3 cm，背膘厚5～6 cm以上，胴体瘦肉率在45%以下。我国绝大多数地方品种均属于脂肪型。

兼用型，这类猪的外形特点介于瘦肉型和脂肪型之间，胴体中肉比脂肪稍多，背膘厚3～5 cm，瘦肉率在50%左右。我国培育的大多数品种属于兼用型品种。

瘦肉型，又称肉用型。这类猪的胴体瘦肉多，脂肪少。外形特点与脂肪型相反，头颈较轻，体躯长，四肢高，前后肢间距宽，腿臀发达，肌肉丰满，胸腹肌肉发达。体长比胸围长15 cm以上，背膘厚3 cm以下，胴体瘦肉率在55%以上。外国引进的长白猪、大约克夏猪、杜洛克猪和汉普夏猪，以及我国培育的三江白猪、苏太猪和湖北白猪等均属这种类型。

二、猪品种的区域类型及其特点

我国地方猪种按其体型外貌特征和生产性能，结合其起源、地理分布和饲养管理特点、当地的农业生产情况、自然条件和移民等社会因素，大致可分为以下六种类型(图1.1)：

(一)华北型

华北型猪分布最广，主要分布在淮河、秦岭以北的广大地区。猪的体质健壮，骨骼发达，体躯高大，四肢粗壮，背腰狭窄，大腿不够充实，头较平直，嘴筒长(便于放牧掘地采食)，耳大下垂，额间多纵行皱纹，皮厚多皱褶，毛粗密，鬃毛发达，冬季还生有一层棕红色的绒毛。毛色绝大多数为全黑。

华北型猪繁殖力强，产仔数多在12头以上，护仔性好，仔猪育成率高，乳头有8对左右，性成熟早，一般多在3～4月龄开始发情。公母猪在4月龄左右即可初次配种。

华北型猪育肥性能中等，育肥前期增重缓慢，而在后期增重很快。脂肪积累在育肥后期，因而膘一般不厚，而板油较多，瘦肉量大，肉味香浓。

华北型猪体型大小差异极大。山区及边远地区，多饲养体型较大的猪，而城市附近多饲养小型猪，农村多饲养中型猪。大型猪数量呈减少趋势。代表猪种有：东北民猪、西北的八眉猪、河北深县猪、山西马身猪、内蒙古的河套大耳猪、山东的莱芜猪、河南的淮南猪和安徽定远猪等。

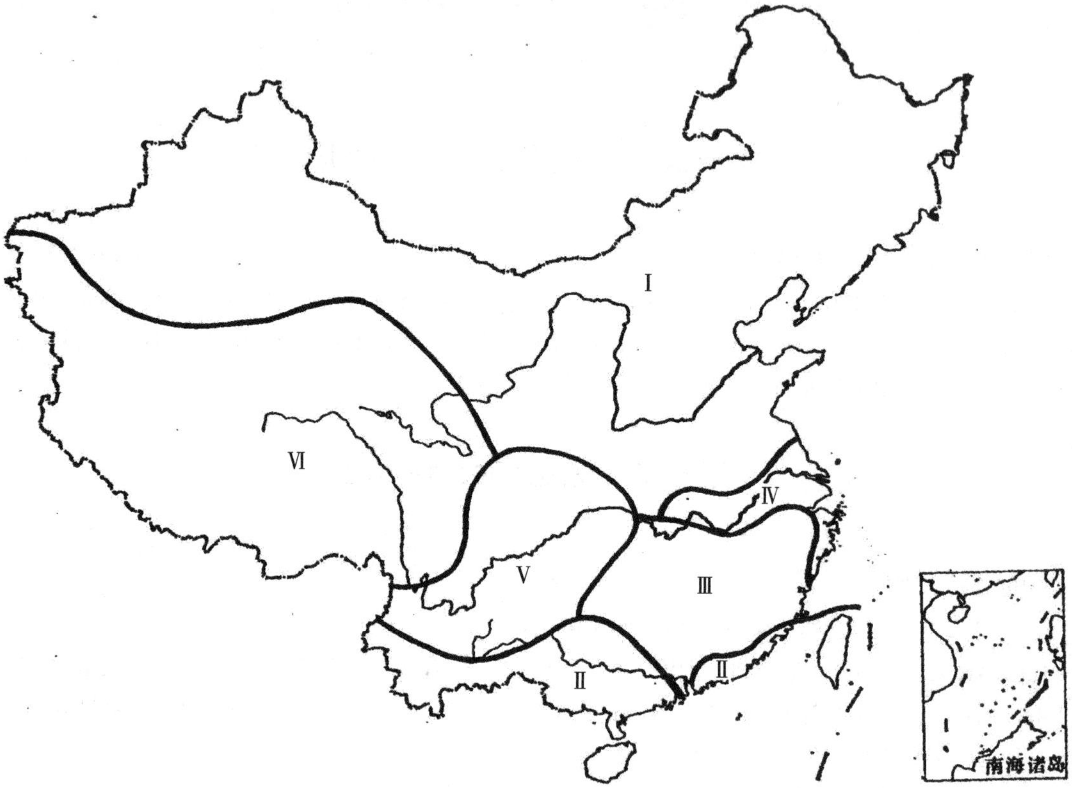

图1.1　中国地方猪种类型分布示意图

Ⅰ.华北型　Ⅱ.华南型　Ⅲ.华中型　Ⅳ.江海型　Ⅴ.西南型　Ⅵ.高原型

（张仲葛等，中国猪品种志，上海科技出版社，1986）

（二）华南型

华南型猪分布在云南省的西南和南部边缘、广西壮族自治区、广东省偏南的大部分地区及福建省的东南角和台湾地区各地。该地区属我国的亚热带，气候温暖，雨量充沛，日照长，农作物一年三熟，饲料丰富，尤以青绿多汁饲料最多，养猪条件最好。由于猪终年可获得营养丰富的青料和多汁料以及富含糖分的精料，因而形成的猪品种早熟易肥、皮薄肉嫩。

华南型猪体躯较短，背腰宽阔，腹多下垂，臀部丰圆，皮薄毛稀，鬃毛短少，毛多为黑色或黑白花，四肢开阔而粗短多肉，头较短小，额有横行皱纹，耳小直立或向两侧平伸。

华南型猪繁殖力较低，一般窝产仔数8～9头，乳头5～6对。性成熟较早，母猪多在3～4月龄时开始发情，6月龄左右体重达30 kg以上即可配种。母性良好，护仔性强。

早期生长发育快，早熟易肥，肉质细致。屠宰率在70%左右，膘厚4～6 cm，厚的可达8 cm以上。

代表猪种有：广西陆川猪、广东小耳黑背猪、云南的滇南小耳猪、福建的槐猪和台湾地区的桃园猪。

(三)华中型

华中型猪分布于长江和珠江之间的广大地区。该地区属亚热带,气候温暖,雨量充沛,自然条件较好。粮食作物以水稻为主,青饲料丰富,富含蛋白质的精料较多,更有利于猪的生长发育。

华中型猪的体型与华南型猪基本相似,其生产性能一般介于华北型、华南型之间。体质较疏松,早熟。背较宽,骨骼较细,背腰多下凹,四肢较短,腹大下垂,体躯较华南猪大,额部多横行皱纹,耳较华南型猪大且下垂,被毛稀疏,毛色多为黑白花。

华中型猪窝产仔一般10~12头,乳头6~7对。成熟较早,生长较快,肉质细致。

代表猪种有:浙江金华猪、广东大花白猪、湖南宁乡猪、湖北监利猪、江西赣中南花猪、安徽皖南花猪和贵州的关岭猪。

(四) 江海型

江海型猪主要分布在汉水和长江中下游沿岸及东南沿海地区。该地区气候温和,雨量充沛,土地肥沃,都是稻麦三熟地区。青绿多汁饲料及能量和蛋白质饲料均很丰富。

江海型猪品种的外形和生产性能因类别不同而有较大差异。共同特点是头大小适中,额较宽,皱纹深且多呈菱形,耳长大下垂,背腰较宽,腹部较大,骨骼粗壮,皮多有皱褶。性成熟早,母猪3~4月龄已开始发情,经产母猪窝产仔数在13头以上,乳头8对以上,以繁殖力高而著称。

性成熟早,积脂能力强,增重较快,屠宰率一般为70%左右。

代表猪种有:太湖猪、姜曲海猪、东串猪、虹桥猪、圩猪、阳新猪和台湾猪。

(五) 西南型

西南型猪分布在云贵高原和四川盆地的大部分地区,以及湘鄂西部。

西南型猪的特点为头大,腿较粗短,额部多有旋毛或横行皱纹,毛色以全黑和"六点白"居多,也有黑白花和红毛猪。

西南型猪繁殖力中等,产仔数一般8~10头,奶头5~6对。育肥能力强,饲料利用率中等。屠宰率为65%~72%。

代表猪种有:荣昌猪、内江猪、成华猪、贵州柯乐猪、凉山猪、云南的富源大河猪等。

(六) 高原型

高原型猪主要分布在青藏高原。猪体型小,外貌似野猪,四肢发达,粗短有力,蹄小结实,嘴尖长而直,耳小而直立,背窄微弓,腹紧,臀倾斜。毛色为全黑、红棕色或黑白花。

为适应高原干寒和温差大的气候,高原型猪皮相对较厚,毛密长,并生有绒毛,鬃毛发达,富有弹性。鬃毛长达12~18 cm,一头猪年产鬃毛250 g。

体躯较小,属于小型晚熟品种,耐粗饲,适于放牧,繁殖力较低,母猪性成熟较晚,通常4~5月龄才开始发情。一般窝产仔数5~6头,乳头5对。妊娠期较长,达120 d,屠宰率65%。肉质鲜美多汁,呈大理石状。

代表猪种有:青藏高原的藏猪、甘肃的合作猪和云南的迪庆藏猪等。

三、中国地方猪种的优良种质特性

(一)性成熟早,繁殖力强,母性好

母猪3~4月龄开始发情,中国地方猪种的发情明显,发情期较长,如民猪的发情持续期一般为3~6 d,而国外猪种一般为2~3 d。6~8月龄开始配种,普遍具有很高的产仔数,平均在11头左右,东北民猪平均每胎产仔13.5头,太湖猪平均每胎产仔15.8头。 母性好,60日龄仔猪育成率可达90%以上。而且中国地方母猪利用年限特别长,一般可达8~10年,金华猪在20胎时仍有平均产仔数11.4头的高产能力,而国外猪种的利用年限相对短得多。

(二)适应性和抗逆性强

中国地方猪种主要在抗寒力、耐热性、耐粗饲能力、对饥饿的耐受力、高海拔适应能力以及抗病力方面具有良好的表现。中国地方猪种大都能耐青粗饲料,能利用大量青料、统糠等,能在较低的营养水平及低蛋白情况下获得增重。我国地方猪种基本没有应激综合症。

民猪在-27℃室外环境下,将四肢集于腹下取腹卧姿势,安静而不拱门,无颤抖和鸣叫现象;在-21℃的气温下,河套大耳猪在室外观察30 min未发现任何行为上的反应;而长白猪3 min即出现弓腰,7 min时出现寒颤,颤抖频率达13.6次/min,13 min时便出现不安现象,急欲回圈。

将内江猪和长白猪同时从海拔505 m的平原紧急运往海拔3394 m的高原,内江猪的生理补偿作用很强,能较快适应高海拔缺氧环境。从生理生化指标比较分析中可看出,内江猪红细胞数、血红蛋白与血清球蛋白含量等都比长白猪增加很多,达到或接近藏猪;血糖明显升高,等于甚至超过藏猪。这对适应空气稀薄的高原环境有益,而长白猪在相同条件下,发病率和死亡率很高。

(三)肉质优良

中国地方猪种素以肉质嫩美闻名于世。肌纤维细,肌肉颜色鲜红,系水力强,pH高,肌肉大理石纹适中,肌间脂肪含量高,味香浓郁、肉嫩多汁,这都是国外引进猪种无法相比的。

(四)生长缓慢,早熟易肥,胴体瘦肉率低

中国地方猪种普遍生长速度较慢,育肥期平均日增重大多在300~600 g,大大低于国外引进猪种(>800 g/d),如二花脸猪从60日龄至300日龄的日增重为385 g,民猪从75日龄至250日龄的日增重为418 g。而国外引进猪种的日增重均在700 g以上。

由于长期以来我国劳动人民习惯于采用阶段育肥法,中国地方猪种在育肥前期往往营养水平较低,到育肥后期则营养水平不断提高,腹腔内脂肪沉积能力极强,形成了中国地方猪种易肥、胴体瘦肉率低的特性。

金华猪、大花白猪、内江猪体重分别达55 kg、65 kg和70 kg时,胴体的肉脂比已经达1.5:1,而长白猪在90 kg阶段肉脂比可达2.4:1。中国地方猪种在90 kg体重时的胴体瘦肉率在40%左右,而脂肪率很少低于40%,国外引进猪种的胴体瘦肉率则高达60%~70%。

思考:我国地方猪种与外国猪种有何区别?

第二节 我国主要的地方猪品种

一、太湖猪

太湖猪产于江苏、浙江和上海交界的太湖流域。由二花脸猪、枫泾猪、梅山猪、嘉兴黑猪等地方类型组成,统称为太湖猪。现有种猪60多万头。太湖猪是全世界猪品种中繁殖力最高,产仔数最多的品种,而且肉质也好。

太湖猪的体型中等,头大额宽,额部皱褶多、深,耳特大、软而下垂,形似大蒲扇。全身被毛黑色或青灰色,毛稀疏或丛密,腹部皮肤多呈紫红色,也有鼻吻白色或尾尖白色。梅山猪的四肢末端为白色,乳头多为8~9对。

太湖猪性成熟早,繁殖力强。据对产区几个主要育种场统计,母猪头胎产仔数平均12.14头,二胎平均14.88头,三胎及以上平均15.83头。

在一般饲养条件下,梅山猪体重在25~90 kg阶段,平均日增重439 g。

二、东北民猪

东北民猪原产于东北和华北部分地区。现有繁殖母猪近2万头,广泛分布于辽宁、吉林、黑龙江和河北北部等地区，东北民猪分为大、中、小3个类型。体重在150 kg以上的大型猪称大民猪；体重在95 kg左右的中型猪称二民猪；体重在65 kg左右的小型猪称荷包猪。

东北民猪头中等大，面直长，耳大下垂。体躯扁平，肋骨弯曲度较小，背腰狭窄，臀部倾斜，四肢粗壮。全身被毛黑色，毛密而长，猪鬃发达，冬季密生绒毛。乳头7～8对。

东北民猪性成熟早，母猪4月龄左右出现初情，母猪发情表现明显，配种受胎率高。公猪一般在9月龄、体重90 kg左右开始配种；母猪在8月龄、体重在80 kg左右初配。母猪头胎产仔数平均为11.04头，二胎平均为11.48头，三胎平均为11.93头，四胎以上平均为13.54头。

据测定，东北民猪在体重为18～92 kg阶段平均日增重为458 g。

三、八眉猪

八眉猪原产于陕西省泾河流域、甘肃陇东和宁夏回族自治区的固原地区，分布于陕西、青海、甘肃和宁夏等省、自治区。

八眉猪是一个历史悠久的古老品种，据陕西《旬邑县志》记载，早在三千年前，兴起于甘肃陇东天水和陕西关中西部的周朝已"牧猪于豳山"，并"乃造其槽，执豕于牢"。

八眉猪对西北地区特定的生态环境有较强的适应性。从较温暖多雨的关中平原到干旱贫瘠的黄土高原地区乃至高寒的青藏高原边缘地带，都能生长繁殖。繁殖性能中等偏上，在较好的饲养条件下，经产母猪窝产仔数12.65头左右。

四、通城猪

通城猪中心产区在湖北省通城县，1982年起，与湖南沙子岭猪、湖北监利猪、江西赣西两头乌猪和广西东山猪等地方类群统一定名为华中两头乌猪。

通城猪毛色特征突出，两头乌，中间白，即头、颈和臀、尾为黑色，其余部位为白色，黑白交界处有2～3 cm宽的"晕带"。性成熟较早，公母猪初配为5～6月龄，产仔数中等，三胎及三胎以上窝平均产仔11.12头。在中等营养条件下，体重在15～80 kg平均日增重420 g左右，在较高营养水平下，可达500 g以上。胴体瘦肉率相对较高，据对8头通城猪的测定，体重在81.48 kg屠宰时，胴体瘦肉率为43.64%。骨细，肉质细嫩。

五、荣昌猪

荣昌猪产于重庆市荣昌县和四川省隆昌县，后又分布到泸县、内江、重庆市大部分地区，还推广到全国20多个省、市和自治区。

荣昌猪体型较大，两眼周围及头部有大小不等的黑斑，其余全身被毛多为白色，也有极少数在尾根及体躯出现黑斑或全身被毛纯白。农民群众习惯把荣昌猪的毛色分为"金架眼"、"小黑眼膛"、"大黑眼膛"、"小黑头"、"大黑头"、"两头黑"、"单边照"、"飞花"、"铁嘴"、"洋眼"10种类型。荣昌猪头大小适中，面微凹，耳中等大、下垂，额部有横行皱纹，还有毛旋。体躯较长，发育匀称，背部微凹，腹大而深，臀部稍倾斜。四肢细致、结实。乳头6～7对。

荣昌猪性成熟早，公猪4月龄性成熟，6～8月龄体重60 kg以上可开始配种。母猪初情期为71～113日龄，初配以6～8月龄，体重在50～60 kg较为适宜。荣昌猪母猪初产仔数平均为8.56头，经产母猪平均产仔数11.7头。

在较高营养水平下，体重15～90 kg阶段，平均日增重623 g。

六、内江猪

内江猪产于四川省内江市，分布于内江、资中、资阳、简阳等市、县，曾经推广到全国各地，产区种猪约有12.5万头，目前有大幅下降趋势。

内江猪体型较大，体质疏松。头大，嘴筒短，额面横纹深陷成沟，额皮中部隆起成块。耳中等大、下垂。体躯宽深，背腰微凹，腹大不拖地，四肢粗壮。皮厚，全身被毛黑色，鬃毛粗长。乳头多在7对左右。群众习惯按头型将内江猪分为“狮子头”、“二方头”、“毫杆嘴”3种类型。其中以“二方头”型猪种最多。成年公猪体重为169 kg,成年母猪体重为155 kg。

内江猪也具有性早熟的特点,在农村小母猪一般于6~7月龄开始配种,小公猪多在5~6月龄开始初配。初产母猪平均窝产仔数9.35头,二胎平均9.83头,三胎及以上平均10.4头。

在中等营养条件下限量饲养,体重在13~90 kg阶段,平均日增重410 g。

七、金华猪

金华猪产于浙江省金华地区的义乌、东阳和金华3个县。种猪产区3个县统计有5万多头。金华猪具有皮薄、骨细和肉脂品质好的特点,用其后腿制作的金华火腿质佳味香,外形美观,在国内外享有盛誉。

金华猪体型中等偏小,毛色除头颈和臀尾为黑色外,其余均为白色,故有“两头乌”之称。在黑白交界处有黑皮白毛的“晕带”。耳中等大、下垂,额上有皱纹,颈粗短,背微凹,腹大微下垂,臀较倾斜,四肢较短,蹄坚实,皮薄毛稀。乳头多为7~8对。

金华猪具有性成熟早、性情温驯、母性好和产仔多等优良特性。在农村饲养条件下,三胎以上母猪平均窝产仔数11.92头,据对金华种猪场157窝统计,平均窝产仔数14.25头。

体重在17~76 kg阶段,饲养期127 d,平均日增重464 g。

八、乌金猪

乌金猪产于云南、贵州、四川三省接壤的乌蒙山区所属的金沙江畔。包括云南富源的大河猪、贵州赫章的柯乐猪和威宁的威宁猪以及四川的凉山猪等地方类群。

乌金猪被毛以黑色为主,其中大河猪和柯乐猪中部分个体毛色为棕褐色,当地俗称“火毛”或“黄毛”,是我国地方猪种中少有的具有红毛的猪。

乌金猪属于山地放牧型,四肢强健,蹄质坚实,宜于奔走爬坡,从而促使腿部肌肉发达。后腿瘦肉比例高,肉质坚实、佳美,是加工火腿的上等原料,所制成的“云腿”驰名中外,它肉质较细、色泽鲜红或棕红、香味浓、有回甜,可存放数年。

九、香猪

香猪产于广西和贵州的交界处,分布在广西的巴马瑶族自治县田东、田阳以及环江、罗城一带和贵州的从江县,属于小型猪种。

香猪毛色全黑或有不完全的“六白”特征,体型小,骨骼纤细,头较直,耳小而薄,向两侧平伸或稍竖起,腹大而圆,四肢短细。乳头5对,成年体重38.8 kg。

香猪为我国具有特色的小型猪,虽然增重慢,产肉量低,但具有体小早熟,肉质嫩美的特点,宜用于加工烤猪和用作实验动物。也可作为观赏宠物饲养于城市家庭中。

十、藏猪

藏猪产于西藏、四川西部以及云南西北部的广大地区,是典型的高原型品种。主要分布在西藏的山南地区、昌都地区、拉萨市,四川省的甘孜州、阿坝州,云南省的迪庆州和甘肃省的甘南州等地。

藏猪被毛多为黑色,部分猪具有不完全“六白”特征,少数猪为棕色,也有仔猪被毛具有棕黄色纵行条纹。鬃毛长而密,被毛下密生绒毛。体小,嘴筒长、直,呈锥形,额面窄,额部皱纹少。耳小直立、转动灵活。胸较窄,体躯较短,背腰平直或微弓,后躯略高于前躯,臀倾斜,四肢结实紧凑、直立,蹄质坚实,乳头多为5对。

藏猪多为放牧饲养。母猪一般年产一窝,初产母猪平均产仔4.78头,二胎平均6.03头,经产平均6.43头。

藏猪在终年放牧饲养条件下,育肥猪增重缓慢,12月龄体重为20~25 kg,24月龄时为35~40 kg。

第三节　我国培育的品种

一、三江白猪

三江白猪分布于黑龙江东部合江地区境内的国营农牧场及其附近的县、乡猪场，产区为著名的三江平原地区。

三江白猪是由长白猪×民猪正反交产生的一代杂种母猪再与长白公猪回交，从其后代中择优组成零世代猪群，连续进行5~6世代的横交和选择育成的新品种。

三江白猪被毛全白，头轻嘴直，耳较大、下垂或前倾。背腰宽平，腿臀丰满，四肢粗壮，蹄质坚实，乳头一般为7对，排列整齐，毛丛稍密。

三江白猪成年体重，公猪187 kg，母猪138 kg。性成熟较早，初情期4月龄左右，发情表现明显。初产母猪平均产仔10.2头，经产母猪平均产仔12.4头。

按三江白猪饲养标准饲养，6月龄育肥猪体重可达90 kg，平均日增重666 g，胴体瘦肉率达57%以上。

二、湖北白猪

湖北白猪产于湖北武昌地区，主要分布于华中地区。

湖北白猪是通过大约克夏猪×长白猪·本地猪杂交和群体继代选育法，闭锁繁育育成的。为我国新培育的瘦肉型猪种之一。

湖北白猪除个别猪眼角、尾根有少许暗斑外，其余全身被毛白色。头较轻，大小适中，鼻直稍长，耳向前倾或下垂，背腰平直，中躯较长，腿臀丰满，肢蹄结实，有效乳头6对以上。

湖北白猪成年体重，公猪为230 kg，母猪为200 kg，初产母猪平均产仔数为10.5头，经产母猪平均产仔数为12.5头。

湖北白猪育肥到180日龄，体重可达90 kg左右，日增重在620 g以上，胴体瘦肉率58%以上。

三、北京黑猪

北京黑猪产于北京市双桥农场和北郊农场。主要分布在北京市朝阳区、海淀区、昌平区、顺义区、通州区等京郊各区县，并推广于河北、河南、山西等省。

北京黑猪是在北京本地黑猪引入巴克夏猪、中约克夏猪、苏联大白猪、高加索猪进行杂交后选育而成的。

北京黑猪全身被毛黑色，体质结实，结构匀称。头大小适中，两耳向前上方直立或平伸，面部微凹，额较宽，颈肩结合良好，背腰较平直且宽，腿臀较丰满，四肢健壮。乳头多为7对。

北京黑猪成年体重，公猪为262 kg，母猪为236 kg。初产母猪平均窝产仔数10头，经产母猪平均窝产仔数11.52头。

据测定，在20~90 kg体重阶段，平均日增重609 g。

四、苏太猪

苏太猪育成于江苏省苏州地区，是苏州猪畜种中心用美系杜洛克与太湖猪杂交选取育而成的。

苏太猪全身被毛黑色，耳中等大而垂直向前下方，头面有清晰皱纹，嘴中等长而直，腹小，后躯丰满。

苏太猪150日龄左右性成熟，且发情明显，初产母猪平均产仔数11.68头，产活仔数平均10.84头，经产母猪平均产仔数14.45头，产活仔数平均13.26头。

苏太猪生长速度较快，170日龄可达85 kg，日增重为630 g左右，料重比为3.18∶1，屠宰率为72.85%，胴体瘦肉率为55.98%。

苏太猪适应性强，产仔数多，生长发育较快，肉质较好，是生产商品瘦肉猪的理想母本品种。

五、上海白猪

上海白猪产于上梅和宝山两县，主要分布于上海市近郊各县。

上海白猪主要由约克夏猪、苏联大白猪和太湖猪杂交培育而成。现有生产母猪2万头左右。

上海白猪体型中等偏大，被毛白色，体质结实。头面平直或微凹，耳中等大略向前倾，背宽，腹稍大，大腿较丰满，平均乳头数7对。

上海白猪成年体重，公猪为258 kg，母猪为177 kg。初产母猪平均产仔数9.43头，经产母猪平均产仔数12.93头。

上海白猪体重在20～90 kg阶段，日增重615 g。

思考：我国培育品种与外国猪种有何区别？

第四节　国外引入的瘦肉型品种

目前对我国影响较大的引入品种有大约克夏猪、长白猪、杜洛克猪、汉普夏猪和皮特兰猪5个品种；引入的专门化品系杂优猪有PIC猪、斯格猪、迪卡猪等。引入品种的共同特点是：生长速度快，高的日增量可达700 g以上；胴体瘦肉率高，一般在55%～62%，优秀的高达65%以上；屠宰率较高，屠宰率可达70%～72%；产仔数较少，母猪通常发情不明显，配种较难；肉质较差，肌肉纤维较粗，肌间脂肪较少，出现PSE或DFD劣质肉的比例较高；对饲养管理要求较高，每头猪每天需精料量较多。在较低的饲养水平下，生长发育缓慢，有时生长速度还不及我国地方品种。对猪舍建筑要求亦高。但引入品种被广泛用作杂交亲本改良地方猪种。

一、大约克夏猪

大约克夏猪，又称大白猪，于18世纪在英国育成，是目前国外所有瘦肉型猪种中分布最广的品种。

我国先后从澳大利亚和英国引进数批几百头大约克夏猪，主要分配在华中、华东、华南等地区，以后被引种到全国各地。目前饲养较多的有湖北、湖南、浙江、江西、江苏、广东和河南等省。

大约克夏猪体格大，体型匀称。全身被毛白色，头长面宽微凹。耳中等大直立，体躯深长，背腰平直略呈弓形，四肢较高，肌肉发达。乳头7对，初产母猪平均产仔数9～10头，经产母猪产仔数11～12头，产活仔数10头左右。

大约克夏猪增重速度快，饲料利用率高，生后5～6月龄体重可达100 kg，平均日增重为700 g左右，料重比3∶1左右，胴体瘦肉率为60%～65%，适应性较强，能较好地适应我国各地的条件。

二、长白猪

长白猪原名兰德瑞斯猪，原产于丹麦，是世界著名的瘦肉型品种。现已分布到世界各国，尤其是欧洲各国分布最多。1964年由瑞典引入我国，目前是我国引入最多的国外品种。主要分养在浙江、河南、湖南、湖北、广东和河北等省。

长白猪全身被毛呈白色，头狭长，颜面直，耳大向前倾，背腰长，腹线平直而不松弛，体躯长，前躯窄后躯宽，肋骨16～17对，大腿丰满，蹄质坚实，乳头6～7对，初产母猪平均产仔数8～10头，经产母猪平均产仔数10～13头。

长白猪生长速度快，胴体瘦肉率高，5~6月龄体重可达100 kg，平均日增重800~1000 g，料重比(2.3~2.7):1，胴体瘦肉率达63%~65%。

三、杜洛克猪

杜洛克猪是美国在19世纪60年代用纽约州的杜洛克猪和新泽西州的泽西红毛猪杂交育成的。在美国的猪品种中其日增重和料重比排名第一，分布最广，数量最多。我国于1972年首次引入。

1978年和1982年又先后从美国、日本、匈牙利等国大批引入，达数百头之多，现已分布于全国。

杜洛克猪体型大，被毛红色，从金黄色到暗棕色深浅不一，樱桃红色最受欢迎。耳中等大，耳尖下垂，颜面微凹，体躯深广，肌肉丰满，四肢粗壮。

杜洛克初产母猪平均产仔数9头左右，经产母猪平均产仔数10~11头。180日龄体重可达100 kg，平均日增重800~900 g，料重比为(2.3~2.6):1，胴体瘦肉率达64%~68%。

杜洛克猪的特点是：体质健壮，适应性强，饲养条件比其他瘦肉型猪要求低，生长速度快，饲料利用率高，胴体瘦肉率高，肉质好。

四、汉普夏猪

汉普夏猪原产于美国肯塔基州，由薄皮猪和白肩猪杂交选育而成。以其膘最薄、瘦肉率最高而在美国猪品种中仅次于杜洛克猪排名第二。1978年以后我国先后从英国、日本、匈牙利和美国引入该品种。

汉普夏猪体型大，毛色特征突出，被毛黑色，在肩部和颈部接合处有一条白带围绕，在白色与黑色边缘，由黑皮白毛形成一灰色带，故有“银带猪”之称。头中等大小，耳中等大小而直立，嘴较长而直，体躯较长，背腰呈弓形，后躯臀部肌肉发达。

汉普夏猪初产母猪平均产仔数7~8头，经产母猪平均产仔数8~9头。180日龄体重可达90 kg，平均日增重为600~700 g，料重比为3.0:1左右，胴体瘦肉率达60%以上。

汉普夏猪的主要特点是：生长发育快，抗逆性强，饲料利用率较高，胴体瘦肉率高，肉质较好，但繁殖力较差。

五、皮特兰猪

皮特兰猪产于比利时的布拉邦特省，是由法国的贝叶杂交猪与英国的巴克夏猪进行杂交，然后再与英国大白猪杂交育成的。

皮特兰猪体型中等，体躯呈方形。被毛灰白，夹有形状各异的大块黑色斑点，有的还夹有部分红毛。头较轻盈，耳中等大小，微向前倾，颈和四肢较短，肩部和臀部肌肉特别发达。

皮特兰猪平均产仔数10~11头，产活仔数9~10头，6月龄体重可达100 kg，平均日增重800 g左右，料重比(2.5~2.8):1，胴体瘦肉率达68%以上。

皮特兰猪主要特点是：瘦肉率高，后躯和双肩肌肉丰满。目前以德国饲养量最多，我国已引进饲养。

六、PIC配套系猪

PIC配套系猪是由英国种猪改良公司运用“通过培育专门化父系和母系能够提高生产效率和经济利益”这一理论，经过三十余年培育的具有世界先进水平的优良配套系猪。父系猪具有生长速度快、饲料利用率高、体型好等优点；母系猪具有产仔率高、母性强等优点；用其父母代父母系猪杂交生产五元杂交商品猪，能够更好地提高养猪生产效率和经济效率。

PIC配套系猪平均产活仔数10.5~12头，150~155日龄体重可达100 kg，平均日增重900 g左右，料重比为(2.6~2.8):1，胴体瘦肉率达66%~68%。

重庆大正畜牧科技股份有限公司于1999年引进PIC配套系猪，现已推广13个省市，种猪数达4万余头。

【注意事项】生产中引进猪种时应注意哪些问题?

根据需要,应有目的、有计划地引种,同时选择品种质量高、信誉好的大型种猪场引种。

1. 慎重选择个体,引入品种的优良特性是通过引入的种猪个体带来的,所以,对引入的种猪个体应严格选择。

2. 妥善安排调运季节,为使引入个体在生活环境上变化不过于突然,减少调运过程中的应激反应,引入种猪时宜在春、秋二季气候温和的季节。

3. 严格执行防疫制度,切实加强种猪检疫。

4. 加强饲养管理和适应性锻炼。

第五节　品种与杂种优势的利用

一、杂种优势的利用

(一)杂种优势的概念

1. 杂交　杂交指不同品种、品系或类群间的交配系统。遗传学的定义是基因频率不同的群体间的交配。杂交的目的是加速品种的改良以及利用杂种优势在短时间内生产高性能的商品育肥猪。杂交能充分利用各品种的优势,已成为现代化养猪生产的重要手段,对提高猪的生产性能以及养猪的经济效益有十分重要的作用。

2. 杂种优势　杂交所得的后代称为杂种。杂种个体通常表现出生活力和生殖力较强,生产性能较高,其性状的表型均值超过亲本均值,这种现象称为杂种优势。杂种优势分为三种类型:一种是个体杂种优势,指杂种本身的生活力较高,生产性能较好;第二种是母体杂种优势,指杂种的母亲也是杂种,表现出繁殖力较强,母性较好的优点;第三种是父体杂种优势,指杂种的父亲也是杂种,其配种能力强、精液质量好,生产性能高。杂种优势是来自基因的非加性效应,包括位点内互作效应即显性效应或超显性效应,以及位点间互作效应即上位效应。因此,一般情况下,遗传力低的性状如猪的繁殖性状,杂种优势高;遗传力中等的性状如猪的生长性状,杂种优势中等;遗传力高的性状如猪的胴体性状,杂种优势低甚至为0。

(二)杂种优势的计算方法

计算公式　杂种优势的计算方法在实际生产中通常采用杂种后代均值与双亲均值的离差来表示:

$$H=\overline{F_1}-\bar{P}$$

式中:H是杂种优势值;$\overline{F_1}$是杂交后代的均值;$\bar{P}$ 是双亲均值。

为了比较各性状间的杂种优势,通常采用相对值即杂种优势率$H(\%)$来表示:

$$H(\%)=\frac{\bar{F}-\bar{P}}{\bar{P}}\times 100\%$$

当两品种A和B有正反交,即A公与B母以及A母与B公两种交配方式,分别产生正反交两种杂种即AB和BA,这时杂种优势值就应是:

$$H=\frac{1}{2}\left[\left(\overline{AB}+\overline{BA}\right)-\left(\bar{A}+\bar{B}\right)\right]$$

式中:$\bar{A}$、$\bar{B}$ 、$\overline{AB}$ 及 $\overline{BA}$ 分别表示亲本A和B以及正交后代AB和反交后代BA的表型均值。

杂种优势率$H\%$则有相应的下列公式:

$$H(\%)=\frac{\frac{1}{2}\left[\left(\overline{AB}+\overline{BA}\right)-\left(\bar{A}+\bar{B}\right)\right]}{\frac{1}{2}\left(A+B\right)}\times 100\%，\text{或}\quad H(\%)=\frac{\left(\overline{AB}+\overline{BA}\right)-\left(\bar{A}+\bar{B}\right)}{\left(A+B\right)}\times 100\%$$

从遗传上讲，上式较前面公式更准确。

二、猪的杂交模式

（一）二元杂交

二元杂交又称单杂交或单交。二元杂交的方法是利用两个亲本种群，其中一个为父本，另一个为母本进行杂交，由杂交所获得的F_1代杂种仔猪，无论其公母，皆不留作种用，全部用作商品育肥猪（如图1.2所示）。

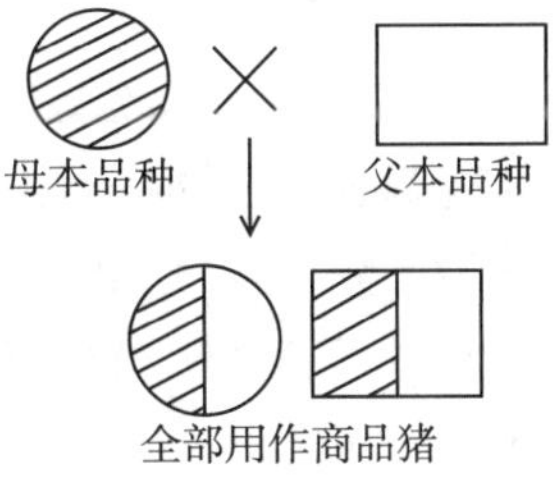

图1.2　二元杂交示意图

在我国养猪生产中杂种优势利用的初级阶段所推行的养猪“三化”，即公猪良种化、母猪本地化、肉猪杂种一代化，就是二元杂交的具体实施。

二元杂交的优点在于它方法简单，容易推广，从各地的养猪生产实践和研究报告来看，二元杂种猪在生长速度、饲料利用率和胴体品质等经济性状上均有较好的表现。二元杂交的缺点是不能继续利用杂种猪繁殖后代，因而需要不断补充纯种亲本，这就需要在杂交利用的同时，做好纯种亲本的纯繁，才能不断地为杂交输送亲本，确保杂交的进行，同时又不造成地方品种资源的混杂。尤其在具有地方品种保种和纯繁选育任务的地区，开展二元杂交更应重视地方品种的纯繁选育。

（二）三元杂交

三元杂交是利用三个品种杂交。即先用两个品种的猪杂交，产生在繁殖性能方面有明显杂种优势的杂种母猪，再用第三个品种的公猪与之杂交。生产的后代全作商品育肥猪（见图1.3，1.4所示）。三元杂交充分利用了杂种一代母猪繁殖性能方面的杂种优势，也充分发挥了第二父本生长速度快、饲料利用率高、肉质好的特性。

在我国推行的三元杂交模式，一般是以本地品种为母本，一个引入品种为父本（称第一父本）进行单杂交，产生F_1代杂种后，从中选出繁殖性能好的杂种母猪，再与另一个引入品种公猪（称第二父本）交配，生产商品猪。三元杂交利用了F_1代杂种母猪产仔数多、哺育能力强的特点，加上第二次杂交使瘦肉率、生活力和生长势又获得更高的优势。因此，三元杂交的效果一般比二元杂交好。

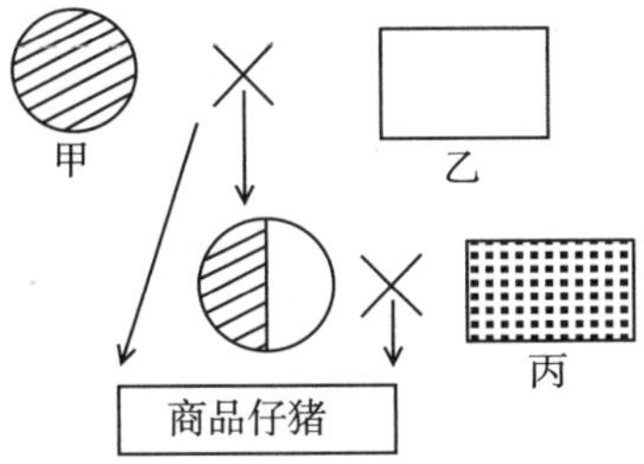

图1.3　三元杂交示意图

♂长白×荣昌♀　　♂大白×荣昌♀
↓　　　　　　　↓
长荣♀×♂大白　　大荣♀×♂长白
↓　　　　　　　↓
大长荣　　　　　长大荣
（商品猪）　　　（商品猪）

图1.4　大长荣（长大荣）三元杂交示图

近年来，在肉猪生产中为了更高地追求胴体瘦肉率，又采用“洋三元”杂交，即选用三个瘦肉率高的引入品种（洋种），如长白猪、大约克猪、杜洛克猪、皮特兰猪等。通过配套组合生产杂种仔猪。图1.5所示是我国普遍采用的杜洛克猪、长白猪和大约克猪洋三元杂交模式。

三元杂种猪要求有较高的饲养管理条件，如果饲养水平跟不上，反而使杂种生产性能下降。另外，杂种一代母猪必须坚持选择，不能“见母就留”，要精心选留杂种母猪中的优秀个体。三元杂交利用中，常有杂种母猪发情不明显的现象出现，尤其以“洋三元”中的杂种母猪表现更多，造成配不上种，繁殖成绩下降的不良后果。在杂种母猪的日常饲养管理过程中，饲养人员须加强对母猪行为和外生殖器的观察，尽可能地对母猪的发情做出准确判断。另外，在配种技术上，宜采用“重复配”多次配种，以弥补对发情判断不准确的不足。

（三）四元杂交

即用四个品种的猪两两杂交，然后再在良种杂种间进行杂交。其中两个两个品种杂交，选择生长发育快、饲料利用率高的二元杂种公猪作父本；在繁殖性能方面选择产仔多、母性好的二元杂种母猪作母本，使杂种公猪与杂种母猪杂交，生产四元猪，后代全部作商品育肥猪(图1.6)。四元杂交的特点是遗传基础广泛，容易获得更大的杂种优势；除利用杂种母猪优势外还利用杂种公猪的优势；由于大量利用杂种繁殖，可少养纯种，充分利用杂种优势，降低生产成本。

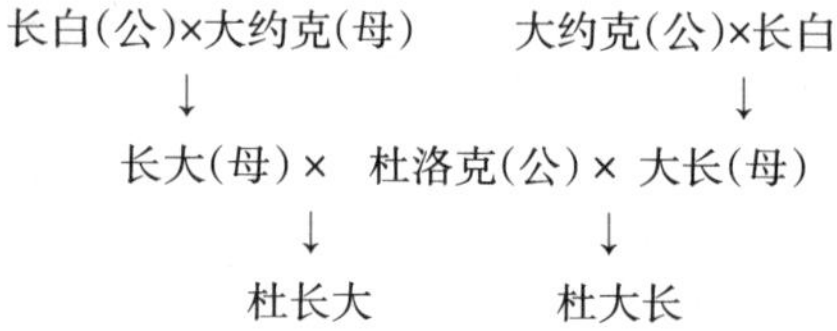

图1.5　杜、长、大(杜大长)三系配套模式

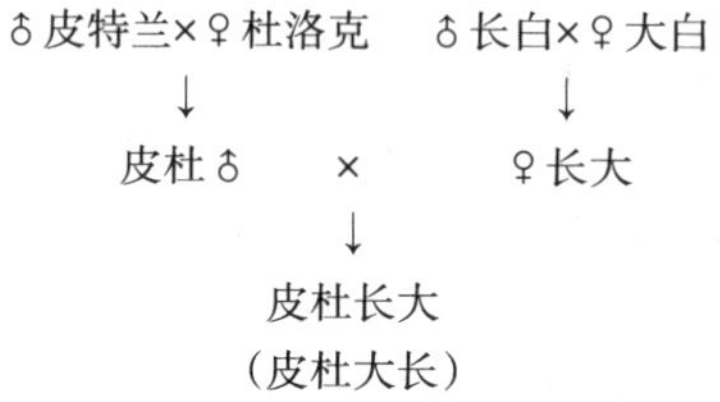

图1.6　皮、杜、长、大(皮杜大长)四元杂交示意图

（四）配套系杂交

配套系杂交的方法是用品系繁育的手段，事先培育出几个高产的、生产性能各具特点的专门化品系，再对这些品系间进行配合力测定，按其测定成绩确定其作父系或母系，再配套成优良的杂交组合，通过系间杂交，获得优良的杂种仔猪又称杂优猪供作商品育肥。美国迪卡猪是一个较为复杂的配套组合，见图1.7。

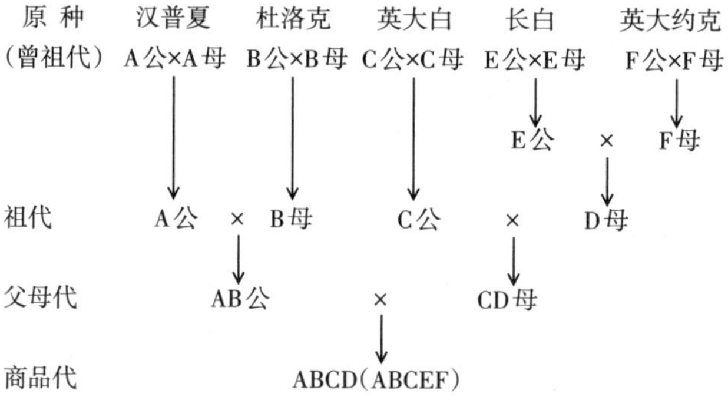

图1.7　迪卡猪配套系组成

养猪生产中利用专门化品系配套杂交，代替品种间杂交，它比品种内二元杂交和三元杂交有更好的杂种优势，生产商品肉猪有更好的品质和规格，是实现养猪现代化的重要标志。在我国成功的配套组合还有：大约克×(长白×北京黑猪)、杜洛克×(长白×北京黑猪)、杜洛克×上海白猪、杜洛克×湖北猪、杜洛克×浙江中白猪、杜洛克×(长白×嘉兴黑猪)、杜洛克×(长白×太湖猪)、杜洛克×三江白猪、杜洛克×(大约克×长白)等。

【案例分析】四川泸县某猪场零排放饲养PIC杂优猪，连续两年母猪受胎率低，为70%左右，产仔数低，为8～9头，效果不佳，200头基础母猪亏损近十万元。

分析原因：(1)夏季高温时间长，PIC杂优猪又特别怕热，不适宜使用全发酵床零排放饲养；

(2)饲料营养水平低不能满足PIC杂优猪营养需要；

(3)技术管理水平较差。

针对以上分析采取相应改进措施，改建三分之一水泥实体地面，安装喷雾降温设施，提高营养水平，聘用有经验的专业技术人员指导。第三年可扭亏持平。后改养长大荣(长白猪、大约克、荣昌猪)三元杂种猪，经济效益良好。

【案例分析】为了有效保存和利用好地方猪种，各地大力开展生态放牧饲养土猪，经济效益可观。

分析：随着市场经济的发展，农户养猪越来越少，而规模化猪场多养洋三元杂种猪和配套系杂优猪。因此，地方猪种数量越来越少，很多品种面临灭绝的危险。那么究竟如何更有效保存和利用好地方猪种，又能获得经济效益，各地都在开展生态放牧饲养土猪特别是黑猪的尝试。如四川的藏香猪、川黑一号黑猪，山东徒河黑猪、里岔黑猪，福建漳州黑猪；重庆市荣昌县生态猪场，饲养纯种荣昌猪，室温尽量恒定在25℃，饲喂纯粮食，如玉米、豆粕、麦麸和青菜等，每天给猪只冲凉还听名曲，尽量不使用抗生素，生产最安全、最优质的肉品，每千克售价100元，在各地开设专卖店服务大众需要；重庆市巴南区姜家镇饲养的姜家黑猪，以渝湘黔边山地黑猪、苏太猪为基础，导入杜洛克公猪血统，采取继代选育、同质选配繁育的“姜家黑猪”，具有体强健壮、肌肉发达、繁殖性能好、抗应激能力强、遗传性能稳定、肉质鲜美等特点。采取以玉米、大麦、糠麸、发酵软食等原料为主，较少采用全价配合饲料喂养，并辅以蔬菜 、听音乐 、运动之外，还要喂养一些中药材。目前，姜家黑猪深受农民喜爱，贵州，四川，云南，以及重庆的綦江、万盛、北碚等地的农民喂养后取得了良好的经济效益，姜家黑猪饲养已成为当今农民增收致富的一项新途径。

讨论：在商品猪生产过程中如何利用地方猪种？

【本章小结】

猪的经济类型可分为脂肪型、兼用型和瘦肉型三类。我国地方猪的品种分为六个类型，具有许多优良种质特性，以适应性和抗逆性强，繁殖力高，肉质优良闻名于世。而引入的外国良种猪又具有生长速度快，胴体瘦肉率高，屠宰率高，料重比低的优良性能，因此可利用我国地方品种或培育品种和引入的外国良种猪各自的优势，结合各地实际选择二元杂交、三元杂交、“洋三元”杂交、四元杂交和配套系杂交生产瘦肉型商品猪以满足不同的市场需要。

【思考题】

1. 猪分哪几种经济类型和区域类型？
2. 我国地方猪品种有哪些特点？如何利用？
3. 我国培育品种有哪些特点？如何利用？
4. 国外引入瘦肉型品种有哪些特点？如何利用？
5. 何谓杂交？杂种优势利用在养猪生产中应用有何意义？
6. 解释“二元杂交”、“三元杂交”、“‘洋三元’杂交”、“四元杂交”的定义。
7. 各种杂交方式如何开展？

第二章　猪舍的建筑与设备

根据猪的生物学特性和不同生理阶段的要求，因地制宜，合理规划，合理建造猪舍，选择适用的设施设备，方便饲喂和管理，不仅关系到猪场的卫生防疫、猪只的生长以及饲养人员的工作效率，而且关系到养猪的成败和效益以及周围环境的保护。让猪只生长好，发育快，对减少疾病发生和降低饲料消耗具有重要意义。

第一节　猪场的选址和猪舍布局

一、场址的选择

建造一个猪场，首先要考虑选址问题。猪场场址的选择既要服从城市发展规划的需要，又要符合环保的要求，不能影响人居环境。场址选择要考虑综合性因素，如面积、地势、朝向、交通、水源、电源、防疫条件、自然灾害及经济环境等，一般场址选择要遵循如下几项原则。

（一）地形地势

一般要求地形整齐、开阔，以便于充分利用场地和合理布置建筑物，减少施工前清理场地的工作量。地势要求高燥、南向、平坦或有缓坡。如是缓坡，坡度不得大于25°，以减少基建投入。

（二）农牧结合

农牧结合是山区创办大型猪场，走生态养殖解决环境污染的根本途径。

【案例分析】一个万头猪场每天产生粪尿、污水多少吨？如何处理利用最好？

分析：一个万头猪场每天产生粪尿、污水总量近50 t。猪农果渔循环养殖生态利用是最理想的养殖方式，既节省了粪尿污水处理费用，又肥田增粮增鱼产生新价值，这些粪尿如果通过附近的农田、果园、渔塘等自然消化，它是很好的肥料；如果无序乱排放，它会造成极大的环境污染。因此，在建猪场选址时要考虑周围有农田、果园、渔塘等配套场地。一般一个万头猪场大约需要1200亩（1亩=667 m^2）土地才能消化掉所产生的粪尿污水。这是最划算、最经济的粪污处理方式，国外的大型牧场也多采用集粪池存放粪尿，定期运送到田野里，当作农作物肥料。

（三）土壤

选择地下水位较低的沙壤土为好。因为沙壤土排水性强，透气性好，毛细管作用弱，吸湿性和导热性小，质地均匀耐压。而含有碎石的沙地，排水性虽好，但夏季日照反射的热量多，会使舍温温差过大；黏土则排水不良，易积水，使地面泥泞，运动场上不易清除粪尿，如发酵分解会产生有害气体。

（四）水源

应选择水质良好、水量充足的水源，最好用深层地下水。猪的饮水、生产用水、人的生活用水量都很大。如猪场供水不足，既影响猪只健康和生产力的提高，又不能有效地进行生产。每头猪每昼夜用水定额：公猪和怀孕母猪每头40 L，哺乳母猪每头75 L，育成猪每头30 L，育肥猪每头25 L。

（五）供电和交通运输

电力供应对猪场至关重要，选址应靠近输电线路，并保证有足够的电力供应，减少供电投资。

猪场的交通运输，主要是供应饲料、运送肥料及畜产品三个方面。因此，猪场应选在交通运输方便之处，但交通运输频繁的地区，易传染疾病，需注意防疫。一般要求猪场距交通主干线1000 m以上，距离一般公路100 m以上，如果有围墙、河流、林带等屏障，则距离可适当缩短些。禁止在旅游区及工业污染严重的地区建场。

（六）场地面积

猪场总占地面积应符合年出栏一头育肥猪占地2.5～4 m^2的要求，生产建筑面积应符合年出栏一头育肥猪需0.8～1 m^2的要求。所以，一个年出栏1万头的规模猪场须占地面积约3.3 hm^2（33000 m^2），生产建筑面积须1 hm^2（10000 m^2）左右。

思考：猪场选址的重要性是什么？

【注意事项】猪舍选择场址时应注意哪些问题？

1. 符合当地政府土地规划。

2. 有足够的面积，并为进一步发展留有余地。

3. 合理地权衡交通问题，猪场必须选在交通便利的地方。但因猪场的防疫需要和环境保护的考虑，不能太靠近主要交通干道。

4. 有严格的生物安全环境，场址的选择必须遵循防疫至上的原则。

5. 有足够的水电供应。

6. 拥有可接受的地势地形。

二、猪舍的布局

猪舍的合理布局对建立良好的小气候环境和提高劳动生产率有着非常重要的作用。在猪舍布局时，应注意下面几点：

（一）猪舍的朝向

朝向的选择，主要从采光、保温防暑和通风几方面来考虑。

1. 采光

猪舍采光的多少和太阳照射到墙面的时间有关，而太阳照射到墙面的时间又和太阳的方位角有关。冬季太阳方位角变化范围小，各朝向墙面上得到的日照时间相差很大，因而舍内所得辐射热量相差亦大。在我国地理位置条件下，北墙得到太阳辐射热量较少，南墙得到日照时间长，辐射热量也最多。

2. 保温防暑

南向猪舍在冬季太阳高度角降低，阳光射入舍内深，接受太阳辐射热和紫外线较多，可提高舍温改善舍内卫生条件，夏季由于太阳高度角较高，阳光射入舍内不深，接受太阳辐射热较少，在低纬度地区，夏季阳光还照射不到舍内。南向有利于冬暖夏凉。

3. 通风

我国处在北纬20°～50°，地属亚洲东南季风区，夏季盛行东南风，冬季多东北风或西北风。因此，南向猪舍较为适宜。有利于夏季的自然通风。

但由于各地条件还有差别，应根据具体情况区分主次。一般朝南偏东或偏西15°～30°均较适宜。

（二）猪场建筑规划设计

1. 场地分区 猪场一般可分为4个功能区，即生活区、生产管理区、生产区、隔离区。为便于防疫和安全生产，应根据当地全年主风向与地势，按顺序安排以上各区，即生活区→生产管理区→生产区→隔离区（图2.1）。

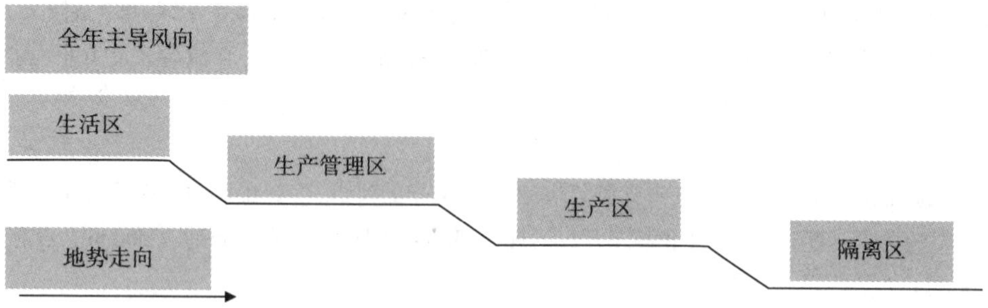

图2.1 猪场场区规划示意图

（1）生活区 包括文化娱乐室、职工宿舍、食堂等。此区应设在猪场大门外面。为保证良好的卫生条件，避免生产区臭气、尘埃和污水的污染，生活区设在上风向或偏风方向和地势较高的地方，同时其位置应便于与外界联系。

（2）生产管理区 包括行政和技术办公室、接待室、饲料加工调配车间、饲料储存库、办公室、水电供应设施、车库、杂品库、消毒池、更衣消毒和洗澡间等。该区与日常饲养工作关系密切，距生产区距离不宜远。饲料库应靠近进场道路处，并在外侧墙上设卸料窗，场外运料车辆不许进生产区，饲料由卸料窗入料库；消毒室、更衣间、洗澡间应设在场大门一侧，进生产区人员一律经消毒、洗澡、更衣后方可入内。

（3）生产区 包括各类猪舍和生产设施，也是猪场的最主要区域，严禁外来车辆进入生产区，也禁止生产区车辆外出。各猪舍由料库内门领料，用场内小车运送。在靠围墙处设装猪台，售猪时由装猪台装车，避免外来车辆进场。

（4）隔离区 包括兽医室和隔离猪舍、尸体剖检和处理设施、粪污处理及贮存设施等。该区是卫生防疫和环境保护的重点，应设在整个猪场的下风或偏风方向、地势低处，以避免疫病传播和环境污染。

2. 场内道路和排水 道路是猪场总体布局中一个重要组成部分，它与猪场生产、防疫有重要关系。场内道路应分设净道、污道，互不交叉。净道用于运送饲料、产品等，污道则专运粪污、病猪、死猪等。场内道路要求防水防滑，生产区不宜设直通场外的道路，而生产管理区和隔离区应分别设置通向场外的道路，以利于卫生防疫。

场区排水设施为排除雨、雪水而设。一般可在道路一侧或两侧设明沟排水，也可设暗沟排水，但场区排水管道不宜与舍内排水系统的管道通用，以防杂物堵塞管道影响舍内排污，并防止雨季污水池满溢，污染周围环境。

3. 场区绿化 植树、种草，搞好绿化，对改善场区小气候有重要意义。绿化可以美化环境，更重要的是可以吸尘灭菌、降低噪声、净化空气、防疫隔离、防暑防寒。场区绿化可按冬季主风的上风向设防风林，在猪场周围设隔离林，猪舍之间、道路两旁进行遮荫绿化，场区裸露地面上可种花草。场区绿化植树时，需考虑其树干高低和树冠大小，防止夏季阻碍通风和冬季遮挡阳光。

（三）猪场建筑物布局

猪场建筑物的布局在于正确安排各种建筑物的位置、朝向、间距。布局时需考虑各建筑物间的功能关系、卫生防疫、通风、采光、防火、节约用地等。

生活区和生产管理区与场外联系密切，为保障猪群防疫，宜设在猪场大门附近，门口分设行人和车辆消毒池，两侧设值班室和更衣室。生产区各猪舍的位置需考虑配种、转群等方便，并注意卫生防疫，种猪、仔猪应置于上风向和地势高处。妊娠猪舍、分娩猪舍应放到较好的位置，分娩猪舍要靠近妊娠猪舍，又要接近仔猪培育舍，育成猪舍靠近育肥猪舍，育肥猪舍设在下风向。商品猪置于离场门或围墙近处，围墙内侧设装猪台，运输车辆停在围墙外装车。如商品猪场可按种公猪舍、空怀母猪舍、妊娠母猪舍、产房、断奶仔猪舍、肥猪舍、装猪台等建筑物顺序靠近排列。病猪和粪污处理应置于全场最下风向和地势最低处，距生产区宜保持至少50 m的距离。

各建筑物排列整齐、合理，既要利于道路、给排水管道、绿化、电线等的布置，又要便于生产和管理工作。猪舍之间的距离以能满足光照、通风、卫生防疫和防火的要求为原则。距离过大则猪场占地过多，间距过小则南排猪舍会影响北排猪舍的光照，同时影响其通风效果，也不利于防疫、防火。综合考虑光照、通风、卫生防疫、防火及节约用地等各种要求，猪舍间距一般以3～5 H（H为南排猪舍檐高）为宜。一个饲养600头基础母猪的现代化猪场的总体布局如图2.2。

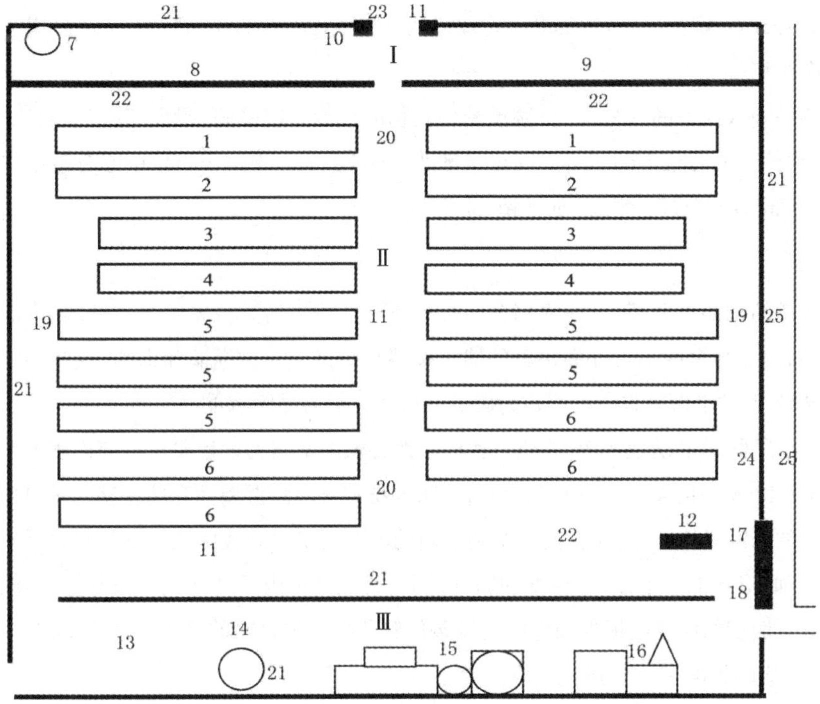

图2.2　550～600头基础母猪养猪场总平面简图

Ⅰ——场前区　　Ⅱ——生产区　　Ⅲ——隔离区

1.配种舍 2.妊娠舍 3.产房 4.保育舍 5.生长舍 6.育肥舍 7.水泵房 8.生活、办公用房 9.生产附属用房 10.门卫 11.消毒室 12.厕所 13.病猪隔离舍及剖检室 14. 焚尸坑 15.污水处理设施 16.粪污处理设施 17.选猪间 18.装猪台 19.污道 20.净道 21.围墙 22.绿化隔离带 23.养猪场大门 24.粪污出口 25.场外污道

猪舍的朝向关系到猪舍的通风、采光和排污效果，根据当地主导风向和日照情况确定。一般要求猪舍在夏季少接受太阳辐射、舍内通风量大而均匀，冬季应多接受太阳辐射，冷风渗透少。因此，炎热地区，应根据当地夏季主风向安排猪舍朝向，以加强通风效果，避免太阳辐射。寒冷地区，应根据当地冬季主导风向确定朝向，减少冷风渗透量，增加热辐射，一般以冬或夏季主风与猪舍长轴有30°～60°夹角为宜，应避免主风方向与猪舍长轴垂直或平行。以利防暑和防寒，猪舍一般以南向或南偏东、南偏西45°以内为宜。

【案例分析】农户散养如何安排猪舍的位置？

分析：农户养猪一般饲养头数都不会太多，为便于管理，往往把猪圈建在住宅的附近。因此，在修建猪舍时，应考虑住宅的卫生，避免臭气朝家里吹。为此，应将猪圈建在住宅的下风方向。如当地经常刮西北风，则猪圈就应建在住宅的东南角最为理想。此外，为避免猪圈阴冷潮湿，建圈地点一定要高燥不积水，如地势低洼，建圈前应加以垫高，并形成一定坡度，以利排水。

思考：年出栏一万头商品猪场该如何布局比较理想？

第二节　猪舍的基本结构

一、地基基础

承受整个建筑物的土层叫“地基”。由于畜舍对土层的负荷一般不超过1.5～2 kg/cm^2，一般畜舍多用天然地基(直接利用天然土层)。一般以具有一定厚度的沙壤土层或碎石土层较好。黏土、黄土和富含有机质的土层不宜用作地基。

基础是指墙壁埋入地下的部分，它直接承受建筑物的重量。应坚固、耐火、防潮。它比墙宽，并成梯形或阶梯形，以减少建筑物对地基的压力。深度一般为50～70 cm。为防止土壤中水分沿墙壁孔隙上升影响墙的强度，在地平部位应铺设防潮层。如油毡、沥青等。

二、墙壁和屋顶

墙为猪舍建筑结构的重要部分，它将猪舍与外界隔开。按墙所处位置可分为外墙、内墙。外墙为直接与外界接触的墙，内墙为舍内不与外界接触的墙。按墙长短又可分为纵墙和山墙(或叫端墙)，沿猪舍长轴方向的墙称为纵墙，两端沿短轴方向的墙称为山墙。猪舍一般为纵墙承重。

猪舍墙壁要求坚固耐用，承重墙的承载力和稳定性必须满足结构设计要求。墙内表面要便于清洗和消毒，地面以上1.0～1.5 m高的墙面应设水泥墙裙，以防冲洗消毒时溅湿墙面和防止猪弄脏、损坏墙面。同时，墙壁应具有良好的保温隔热性能，这直接关系到舍内的温湿度状况。我国墙体的材料多采用黏土砖。砖墙的毛细管作用较强，吸水能力也强，为保温和防潮，同时为提高舍内照度和便于消毒等，砖墙内表面宜用白灰水泥砂浆粉刷。墙壁的厚度应根据当地的气候条件和所选墙体材料的热工特性来确定，既要满足墙的保温要求，同时尽量降低成本和投资，避免造成浪费。

屋顶起遮挡风雨和保温隔热的作用，要求坚固，有一定的承重能力，不漏水、不透风，同时由于其夏季接受太阳辐射和冬季通过它失热较多，因此要求屋顶必须具有良好的保温隔热性能。有草料屋顶、泥灰屋顶、青瓦屋顶等，比较理想的屋顶为水泥预制板平板式，并加15～20 cm厚的土以利保温、防暑。

三、地面

猪舍地面是猪活动、采食、躺卧和排粪尿的地方。地面对猪舍的保温性能及猪的生产性能有较大的影响。猪舍地面要求保温、坚实、不透水、平整、不滑，便于清扫和清洗消毒。地面一般应保持2%～3%的坡度，以利于保持地面干燥。土质地面、三合土地面和砖地面保温性能好，但不坚固、易渗水，不便于清洗和消毒。水泥地面坚固耐用、平整，易于清洗消毒，但保温性能差。目前猪舍多采用水泥地面和水泥漏缝地板。为克服水泥地面传热快的缺点，可在地表下层用孔隙较大的材料(如炉灰渣、膨胀珍珠岩、空心砖等)增强地面的保温性能。

四、门窗

猪舍的门窗要求坚固结实，能保持舍内温度和易于出入，并向外开。双列式猪舍中间过道双扇门宽1.5 m，高2 m；单列式猪舍走廊门宽1 m，高2 m。各种猪舍圈栏门宽0.8 m，高度同猪栏高，圈门也应向外开。

窗户主要为了采光和通风。一般窗户的大小以采光面积对地面面积之比来计算。种猪舍要求是1∶(8～10)，肥猪舍1∶(15～20)，窗户距地面1.1～1.3 m，从窗顶距屋檐40 cm，两窗间隔距离为窗宽的2倍。窗户的大小和数量，应根据当地气候条件确定。

第三节 栏舍设计

不同性别、不同生理阶段的猪对环境及设备的要求不同,设计猪舍内部结构时应根据猪的生理特点和生物学习性,合理布置猪栏、走道和合理组织饲料、粪便运送路线,选用适宜的生产工艺和饲养管理方式,以充分发挥猪只的生产潜力,同时提高饲养管理工作者的劳动效率。

一、公猪舍

公猪舍多采用带运动场的单列式,给公猪设运动场,保证其充足的运动,可防止公猪过肥,对其健康和提高精液品质、延长公猪使用年限等均有益处。公猪栏要求比母猪和育肥猪栏宽,隔栏高度为1.2~1.4 m,公猪栏面积一般为7~9 m²,其运动场也较大。种公猪均为单圈饲养。配种栏的设置有多种方式,可以专门设配种栏,也可以利用公猪栏和母猪栏。

二、空怀与妊娠母猪舍

空怀、妊娠母猪舍可为单列式(可带运动场)、双列式、多列式等几种。空怀、妊娠母猪可群养,也可单养。群养时,空怀母猪每圈4~5头,妊娠母猪每圈2~4头。这种方式节约圈舍,提高了猪舍的利用率;空怀母猪群养可相互诱发发情,但发情不易检查;妊娠母猪群养易发生因争食、打架而导致死胎、流产。空怀、妊娠母猪单养(隔栏定位饲养)时易进行发情鉴定,便于配种,利于妊娠母猪的保胎和定量饲喂,缺点是母猪运动量小,母猪受胎率有降低趋向,肢蹄病也增多,影响母猪的利用年限。空怀母猪隔栏单养时可与公猪饲养在一起,4~5个待配母猪栏对应一个公猪栏,这样就不用专设配种栏。群养妊娠母猪,饲喂时亦可采用隔栏定位采食,采食时猪只进入小隔栏,平时则在大栏内自由活动,妊娠期间有一定活动量,可减少母猪肢蹄病和难产、延长母猪使用年限,猪栏占地面积较少,利用率高。但大栏饲养时,猪只间咬斗、碰撞机会多,易导致死胎和流产。

三、泌乳母猪舍

泌乳母猪舍常见为三走道双列式。泌乳母猪舍供母猪分娩、哺育仔猪用,其设计既要满足母猪需要,同时要兼顾仔猪的要求。分娩母猪适宜温度为16~18℃,新生仔猪体热调节机能发育不全,怕冷,适宜温度为29~32℃,气温低时通过挤靠母猪或相互挤堆来取暖,这样常出现被母猪踩死、压死的现象。根据这一特点,泌乳母猪舍的分娩栏应设母猪限位区和仔猪活动栏两部分。中间部位为母猪限位区,宽一般为0.6~0.65 m,两侧为仔猪栏。仔猪活动栏内一般设仔猪补饲槽和保温箱,保温箱采用加热地板、红外灯或热风器等给仔猪局部供暖。

四、仔猪培育舍

仔猪断奶后就转入仔猪培育舍,断奶仔猪身体各机能发育不完全,体温调节能力差,怕冷,机体抵抗力、免疫力差,易感染疾病,因此仔猪培育舍应能给仔猪提供一个温暖、清洁的环境。仔猪培育舍及上述的泌乳母猪舍在冬季一般需有供暖设备,才能保证仔猪较适宜的生活环境温度。

仔猪培育可采用地面或网上群养,每圈8~12头,仔猪断奶后转入培育舍一般应原窝饲养,每窝占一圈,这样可减少争斗应激。

五、生长育肥猪舍

为减少猪群周转次数,往往把育成和育肥两个阶段合并成一个阶段饲养,生长育肥猪多采用地面群养,每圈8~10头,每头猪的占栏面积和采食宽度分别为0.8~1.0 m²和35~40 cm。生长育肥猪身体各机能发育均趋于完善,对不良环境条件具有较强的抵抗力,因此对环境条件的要求不是很严格,可采用多种形式的圈舍饲养。

第四节　养猪生产设施与设备

猪因不同的生理阶段和生产目的，需要不同的生活环境条件，现代化养猪就是利用现代科学技术，给猪创造良好的生存环境，充分发挥它的生产潜力，以提高养猪场的生产水平和经济效益。正确合理配置猪场的设备，是建好猪场的一项十分重要的任务。它不仅能有效地控制猪场环境、改善饲养管理条件，利于卫生防疫，减少疫病，促进猪群正常生长发育和生产性能的充分发挥，而且能降低饲料和饮水的消耗，减轻饲养人员的劳动强度，提高劳动生产率。

现代化猪场的设备主要包括各种限位饲养栏，漏缝地板，供水系统，饲料加工、贮存、运送及饲养设备，供暖通风设备，粪便处理设备等。

一、猪栏

现代化猪场均采用固定栏式饲养，猪栏一般分为公猪栏、配种栏、母猪栏、分娩栏、仔猪保育栏、生长与育肥栏等。

（一）公猪栏和配种栏

我国现代化猪舍的公猪栏和配种栏的构造有实体、栏栅式和综合式三种。在大中型工厂化养猪场中，应设有专门的配种栏（小型猪场可以不设配种栏，而直接将公母猪驱赶至空旷场地进行配种），这样便于安排猪的配种工作。

典型的配种栏的结构形式有两种。一种是结构和尺寸与公猪栏相同（图2.3），配种时将公、母猪驱赶到配种栏中进行配种。另一种是由4头空怀待配母猪与1头公猪组成一个配种单元（图2.4），4头母猪分别饲养在4个单体栏中，公猪饲养在母猪后面的栏中。空怀母猪达到适配期后，打开后栏门由公猪进行配种，配种结束后将母猪转到空怀母猪栏进行观察，确定妊娠后再转入母猪栏。这种配种栏的优点是利用公猪诱导空怀母猪提前发情，缩短了空怀期，同时也便于配种。缺点是消耗金属材料较多，一次性投资较大。

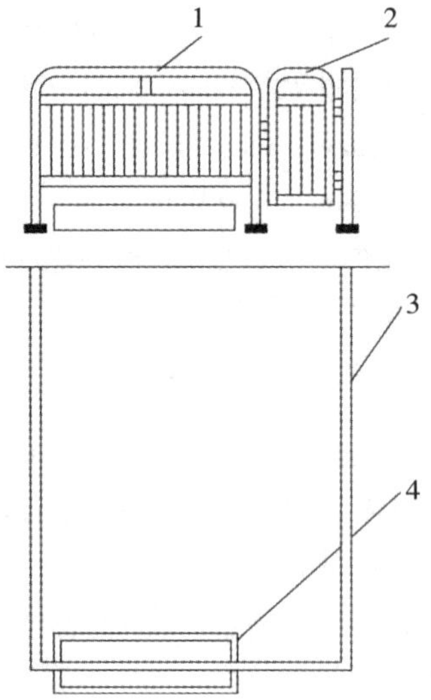

图2.3　公猪栏

1.前栏　2.栏门　3.隔栏　4.饲槽

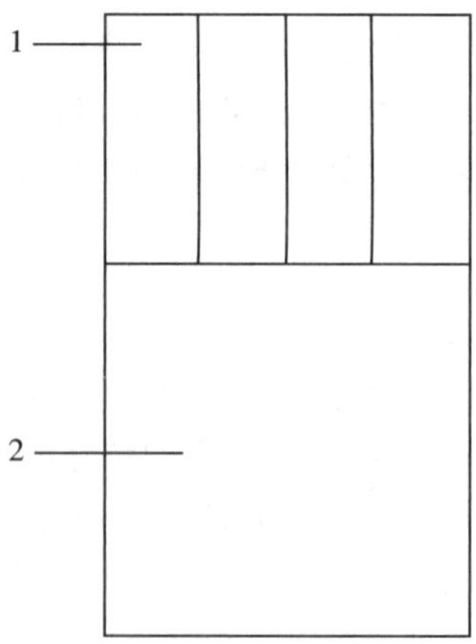

图2.4　配种栏

1.空怀母猪区　2.公猪区

公猪栏一般每栏面积为7～9 m^2或者面积更大些。公猪栏每栏饲养1头公猪，栏长、宽可根据猪舍内栏架布置来确定，栏高一般为1.2～1.4 m，栏栅结构可以是金属的，也可以是混凝土结构，但栏门应采用金属结构，便于通风和管理人员观察和操作。

（二）母猪栏

现代化猪场繁殖母猪的饲养方式，有大栏分组群饲、小栏单体限位饲养和大小栏相结合群养三种方式，其中小栏单体限位饲养，具有占地面积少，便于观察母猪发情和及时配种，母猪不争食、不打架，避免互相干扰，减少机械性流产的优点，但个体小栏投资大，母猪运动量小，不利于延长繁殖母猪使用寿命，其结构有实体、栏栅式、综合式三种。

母猪大栏的栏长、栏宽尺寸可根据猪舍内栏架布置来决定，而栏高一般为0.9～1 m，个体栏一般长2.2 m，宽0.65 m，高为1 m。栏栅结构可以是金属的，也可以是水泥结构，但栏门应采用金属结构。

（三）分娩栏

分娩栏是一种单体栏，是母猪分娩哺乳的场所。分娩栏的中间为母猪限位架，是母猪分娩和仔猪哺乳的地方，两侧是仔猪采食、饮水、取暖和活动的地方。母猪限位架一般采用圆钢管和铝合金制成，后部安装漏缝地板以清除粪便和污物，两侧是仔猪活动栏，用于隔离仔猪。

分娩栏尺寸与猪场选用的母猪品种体型有关，一般长2.2～2.3 m，宽1.7～2.0 m，母猪限位栏宽0.6～0.65 m，多采用宽0.6 m，高1 m；母猪限位栅栏，离地高度为30 cm，并每隔30 cm焊一孤脚（图2.5）。

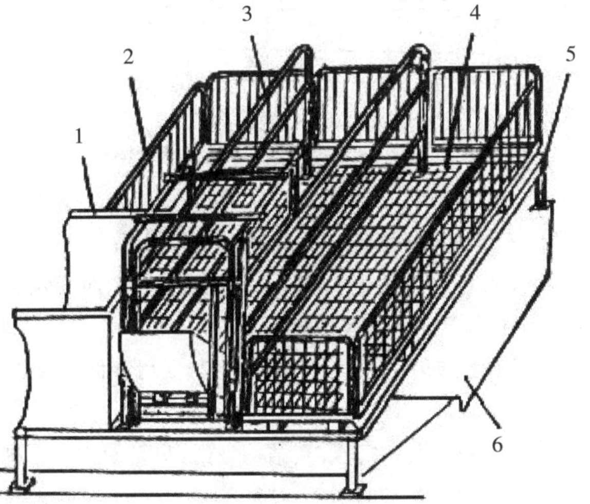

图2.5　母猪分娩栏

1.保温箱　2.仔猪围栏　3.分娩栏　4.漏缝地板　5.支腿　6.粪沟

如图2.5所示，分娩栏的栅栏均用铝合金型材料焊接而成，然后用螺栓、插销等组装。母猪限位区前方为饲料槽和饮水槽，槽体分为两部分，饮水槽内装有自动饮水器。饲料槽上部装有铰链，可从下往上转动整个饲料槽，便于清洗。分娩栏后部为金属漏缝地板、粪尿漏至下面的粪沟。母猪限位区设有前后栏门，母猪可从后门进前门出，移动方便。前栏门上设有喷塑的金属食槽。槽下装有铰链，可将食槽向外转动约90°，便于清洗，前栏门内侧上方或下方装有自动饮水器，供母猪饮水用。分娩栏一侧装有仔猪保温箱。分娩栏采用直杆式防压杆和耙齿式防压装置。

我国在现代化猪场饲养分娩母猪的实践中，结合我国实际，研制出了一种新型的高床分娩栏，这种分娩栏是将金属漏缝地板铺设在粪沟的地上面，再在金属地板网上安装母猪限位架、仔猪围栏、仔猪保温箱等，这样母猪分娩和仔猪哺乳在网上，母猪和仔猪的粪尿及时通过漏缝地板掉入粪沟，使仔猪和母猪脱离了粪尿污物和地面的低温潮湿，改善了饲养环境，大大地减少了仔猪下痢等疾病，从而提高了仔猪的成活率、生长速度和饲料转化率。高床分娩栏是当前饲养分娩、泌乳母猪和哺乳仔猪的理想设备。

（四）仔猪保育栏

仔猪保育栏一定要为小猪提供一个清洁、干燥、温暖、空气新鲜的生长环境。目前我国现代化猪场多采用高床网上保育栏（图2.6），主要用金属漏缝地板网（也称金属编织网）、围栏、自动食槽，连接卡、支腿等组成，金属编织网通过支架设在粪沟上（或实体水泥地面上），围栏由连接卡固定在金属漏缝地板网上，相邻两栏在间隔处设有一个双面自动食槽，供两栏仔猪自由采食，每栏安装一个自动饮水器。网上饲养仔猪，粪尿随时通过漏缝地板落入粪沟中，保持网床上干燥、清洁，使仔猪避免粪便污染，减少疾病发生，大大提高仔猪的成活率，是一种较为理想的仔猪保育设备。

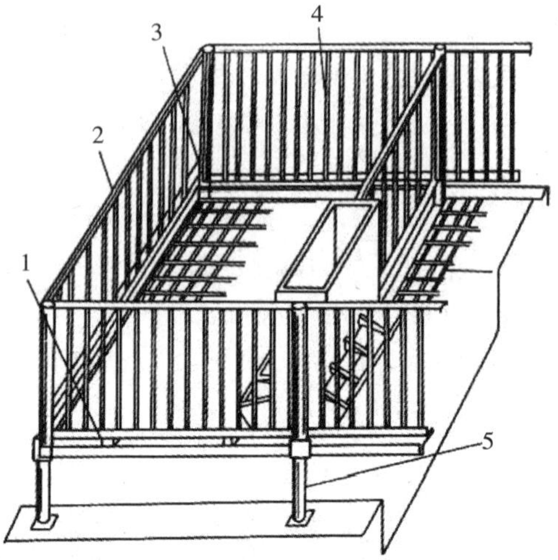

图2.6 仔猪保育栏

1.连接板 2.围栏 3.漏缝地板 4.自动落料饲槽 5.支腿

仔猪保育栏的长、宽、高尺寸，视猪舍结构不同而定。常用的栏长2 m，栏宽1.7 m，栏高0.6 m，侧栏间隙6 cm，离地面高度为25～30 cm，可养10～25 kg的仔猪10～12头，实用效果很好。

在生产中，因地制宜，仔猪保育栏也采用金属和水泥混合结构，东西面隔栏用水泥结构，南北面栅栏仍用金属，这样既可节省一些金属材料，又可保持良好通风。

仔猪保育栏也可以全部采用水泥结构，既可节省金属材料，又可降低造价。

（五）生长与育肥栏

现代化猪场的生长与育肥栏均采用大栏饲养，其结构类似，只是面积大小稍有差异，有的猪场为了减少猪群转群麻烦，给猪带来应激，常把这两个阶段并为一个阶段，采用一种形式的栏。生长与育肥栏有实体、栅栏和综合三种结构。常用的有以下几种，一种是采用全金属栅栏和全水泥漏缝地板条，也就是全金属栅栏架安装在钢筋混凝土板条地面上，相邻两栏在间隔栏处设有一个双面自动饲槽。供两栏内的生长猪或育肥猪自由采食，每栏安装一个自动饮水器供自由饮水。另一种是采用水泥隔墙及金属大栏门，地面为水泥地面，后部有0.8～1.0 m宽的水泥漏缝地板，下面为粪沟。生长与育肥栏的栏栅也可以全部采用水泥结构，只留一金属小门。

【案例分析】某新建现代化猪场，计划年出栏万头商品肉猪，为达到全年均衡出栏，每批全进全出，应如何配置各种猪栏？

分析：现代化养猪生产能否按照工艺流程进行，关键是猪舍和栏位配置是否合理。猪舍的类型一般是根据猪场规模按猪群种类划分的，而栏位数量需要准确计算，计算栏位需要量方法如下：

各饲养群猪栏分组数 = 猪群组数 + 消毒空舍时间(d)/生产节律(7 d)

每组栏位数 = 每组猪群头数/每栏饲养量 + 机动栏位数

各饲养群猪栏总数 = 每组栏位数×猪栏组数

如果采用空怀待配母猪和妊娠母猪小群饲养、泌乳母猪网上饲养，消毒空舍时间为7 d，则万头猪场的栏位数如表2.1。

表2.1 万头猪场各饲养群猪栏配置数量(参考)

猪群种类	猪群组数(组)	每组头数(头)	每栏饲养量(头/栏)	猪栏组数(组)	每组栏位数	总栏位数
空怀配种母猪群	5	30	4~5	6	7	42
妊娠母猪群	12	24	2~5	13	6	78
泌乳母猪群	6	23	1	7	24	168
保育仔猪群	5	207	8~12	6	20	120
生长肥育群	13	196	8~12	14	20	280
公猪群(含后备)	–	–	1	–	–	28
后备母猪群	8	8	4~6	9	2	18

讨论:实体地面、漏缝地板、网床猪舍有何区别和各自优劣是什么?

二、地板

地板是猪生活、生产的主要承载物,其表面状态对猪只健康有重要影响。若表面太滑,易滑倒跌伤,而表面粗糙有尖角时易刺伤猪蹄。猪舍地板一般分实体、部分漏缝、全漏缝地板三种。

实体地板由混凝土制成,可以铺草或不铺草,建筑成本相对便宜,但难以保持清洁和干燥。

部分漏缝、全漏缝地板是现代化猪场为了保持栏内的清洁卫生,改善环境条件,减少人工清扫,普遍采用粪沟上铺设漏缝地板,漏缝地板有钢筋混凝土板条、板块、钢筋编织网、钢筋焊接网、塑料板块、陶瓷板块等。对漏缝地板的要求是耐腐蚀,不变形,表面平,不滑,导热性小,坚固耐用,漏粪效果好,易冲洗消毒,适应各种日龄猪的行走站立,不卡猪蹄。

三、饲槽

在养猪生产中,无论采用机械化送料饲喂还是人工饲喂,都要选配好食槽和自动落料饲槽,对于限量饲喂的公猪、母猪、分娩母猪一般都采用钢板食槽或混凝土地面食槽;对于自由采食的保育仔猪、生长猪、育肥猪多采用钢板自动落料饲槽,这种饲槽不仅能保证饲料清洁卫生,而且还可以减少饲料浪费,满足猪的自由采食。

1. **限量饲槽** 采用金属或水泥制成,每头猪喂饲时所需饲槽的长度大约等于猪肩宽(图2.7)。

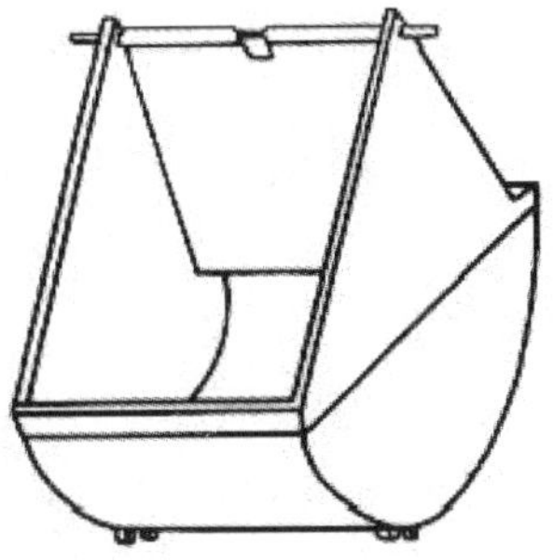

图2.7 限量饲槽(铸铁制造)

2. **自动饲槽** 在保育、生长、育肥猪群中,一般采用自动食槽让猪自由采食。自动食槽就是在食槽的顶部装有饲料贮存箱,贮存一定量的饲料。随着猪只的吃食,饲料在重力的作用下不断落入食槽内。因此,自动食槽可以隔较长时间加一次料,大大减少了喂饲工作量,提高劳动生产率,同时也便于实现机械化、自动化喂饲。

自动食槽可以用钢板制造,也可以用水泥预制板拼装。在国外还有用聚乙烯塑料制造的自动食槽。自动食槽有长方形、圆形等多种形状。

图2.8是一种钢板制造的长方形自动饲槽,它分双面、单面两种形式。双面自动食槽供两个猪栏共用,单面自动食槽供一个猪栏用。每面可同时供3头猪吃料。图2.9是一种圆形自动饲槽。

图2.8　长方形自动饲槽(钢板制造)

图2.9　圆桶形自动饲槽

四、饮水设备

现代化猪场不仅需要大量饮用水,而且各生产环节还需要大量的清洁用水,这些都需要由供水饮水设备来完成。因此,供水饮水设备是猪场不可缺少的设备。

1. **供水设备**　猪场供水设备包括水的提取、贮存、调节、输送分配等部分,即水井提取、水塔贮存和输送管道等。供水可分为自流式供水和压力供水。现代化猪场的供水一般都是压力供水,其供水系统主要包括供水管路、过滤器、减压阀、自动饮水器等。

2. **自动饮水器**　猪必须能够随时饮用足够量的清洁水。一头育成猪一昼夜需饮水8~12 L,妊娠母猪14~18 L,泌乳母猪18~22 L;一周龄的仔猪每千克体重日需水量为180~240 g,四周龄的仔猪每千克体重需水量为190~255 g。

猪用自动饮水器的种类很多,有鸭嘴式、碗式等(图2.10,图2.11),应用最为普遍的是鸭嘴式自动饮水器。

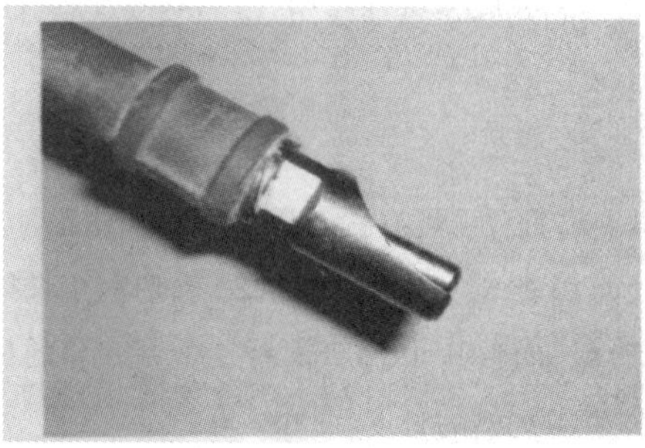

图2.10　鸭嘴式饮水器

图2.11　碗式饮水器

思考:你熟悉的猪的喂料设备和饮水器有哪些?

五、降温与采暖设备

(一)供热保温设备

猪场供热保温设备大多是针对小猪的,主要用于分娩舍和保育舍。在分娩舍为了满足母猪和仔猪的不同温度要求,如初生仔猪要求30~32℃而对于母猪则要求17~20℃。因此,常采用集中供暖,维持分娩哺乳猪舍温18℃,而在仔猪栏内设置可以调节的局部供暖设施,保持局部温度达到30~32℃。

目前大多数猪场实现高床分娩和育仔。因此,最常用的局部环境供暖设备是采用红外线灯或远红外板,前者发光发热,后者只发热不发光,功率规格为250W。这种设备本身的发热量和温度不能调节,但可以调节灯具的吊挂高度来控制小猪群的受热量,如果采用保温箱,则加热效果会更好。这种设备简单,安装方便灵活，只要装上电源插座即可使用。但红外线灯泡使用寿命短，常由于舍内潮湿或清扫猪栏时水滴溅上而损坏，而电热板优于红外线灯。另外也可以采用下图（图2.12，图2.13）所示的热风采暖。

图2.12 空气加热器

图2.13 吊顶式电暖风机

（二）通风降温设备

为了排除猪舍内的有害气体，降低舍内的温度和局部调节温度，一定要进行通风换气。是否采用机械通风，可依据猪场具体情况来确定，对于猪舍面积小、跨度不大、门窗较多的猪场，为节约能源，可利用自然通风。如果猪舍空间大、跨度大、猪的密度高，特别是采用水冲粪或水泡粪的全漏缝或半漏缝地板养猪场，一定要采用机械强制通风。适合猪场使用的通风机多为大直径、低速、小功率的通风机。这种风机通风量大、噪音小、耗电少、可靠耐用，适于长期使用。

猪舍降温常采用水蒸发式冷风机，它是利用水蒸发吸热原理以达到降低舍内温度的目的。由于这种冷风机是靠水蒸发的，在干燥的气候条件下使用时，降温效果好，如果环境空气湿度较高时，降温效果稍差。

有的猪场采用猪舍内喷雾降温系统，其原理是冷却水由加压水泵加压，通过过滤器，进入喷水管系统，通过喷雾器喷出成水雾，在猪舍内空间蒸发吸热，使猪舍内空气温度降低。如果猪场内自来水系统压力足，可不用水泵加压，但过滤器还是必需的，否则易造成喷雾器孔堵塞，不能正常喷雾。

在母猪分娩舍内，由于母猪和仔猪要求不同，有的猪场采用滴水降温法，即冷却水通过管道系统，在母猪上方留有滴水孔对准母猪的头颌部和背部下滴，水滴在母猪背部体表蒸发，吸热降温，未等水滴流到地面上已全部蒸发掉，不易使地面潮湿，这样既保持了仔猪干燥，又使母猪和栏内局部环境温度降低。实际使用时，要注意调节好适度滴水量。

猪舍也可安装水帘降温，利用水帘墙降温系统,水蒸发吸热原理, 负压通风原理,来排出舍内的废气、污气及解除高温闷热。安装后可以非常有效地改善舍内的高温闷热环境,可使舍内的温度（32～45℃的高温环境）迅速地在10 min内下降,并将温度保持在26～30℃。如图2.14。

图2.14 水帘降温

图2.15 风机

供热保温、通风降温均可通过自控装置实现自动调节。如果温度较高、空气污浊时,冷风机或通风机接通工作,进行降温通风换气;如果温度较低时,关闭冷风机和通风机则保温设备开始启动工作,使舍内保持适宜的温度(如图2.15)。

六、清洁与消毒设备

集约化养猪场,由于采用高密度限位饲养工艺,必须有完善严格的卫生防疫制度,对进场的人员、车辆、种猪和猪舍内环境都要进行严格的清洁消毒,才能保证养猪高效率安全生产。

(一)人员、车辆清洁消毒设备

凡是进场人员都必须经过温水彻底冲洗、更换场内工作服,工作服应在场内清洗、消毒,更衣间主要设有更衣柜、热水器、淋浴间、洗衣机、紫外线灯等。

集约化猪场原则上要保证场内车辆不出场,场外车辆不进场。为此,装猪台、饲料或原料仓、集粪池等设计在围墙边。考虑到其他特殊原因,有些车辆必须进场,应设置进场车辆清洗消毒池、车身冲洗喷淋机等设备。

(二)环境清洁消毒设备

国内外常用的环境清洁消毒设备有以下两种:

1. 地面冲洗喷雾消毒机 94×P220冲洗喷雾消毒机,工作时,柴油电动机启动带动活塞和隔膜往复运动,清水或药液先吸入泵室,然后被加压经喷枪排出。该机工作压力为15~20 kg/cm^2,流量为20 L/min,冲洗射程为12~14 m,是工厂化猪场较好的清洗消毒设备。其主要优点是:(1)高压冲洗喷雾,冲洗彻底干净,节约用水和药液;(2)喷枪为可调节式,既可冲洗,又可喷雾;(3)活塞式隔膜泵可靠耐用;(4)体积小,机动灵活,操作方便;(5)工效高,省劳力(如图2.16)。

2. 火焰消毒器 用药物消毒平均杀菌率只有84%,达不到杀菌率95%以上的要求。因此,一般猪场必须采用药物消毒两遍,这就加大了工作量和作业成本。此外,用药物消毒残留较多,而火焰消毒克服了以上缺点,火焰消毒器是利用煤油高温雾化,剧烈燃烧产生高温火焰对舍内的猪栏、舍槽等设备及建筑物表面进行瞬间高温燃扫,达到杀灭细菌、病毒、虫卵等消毒净化目的。其优点主要有:(1)杀菌率高达97%;(2)操作方便、高效、低耗、低成本;(3)消毒后设备和栏舍干燥,无药液残留(如图2.17)。

图2.16 94×P220地面冲洗喷雾消毒车

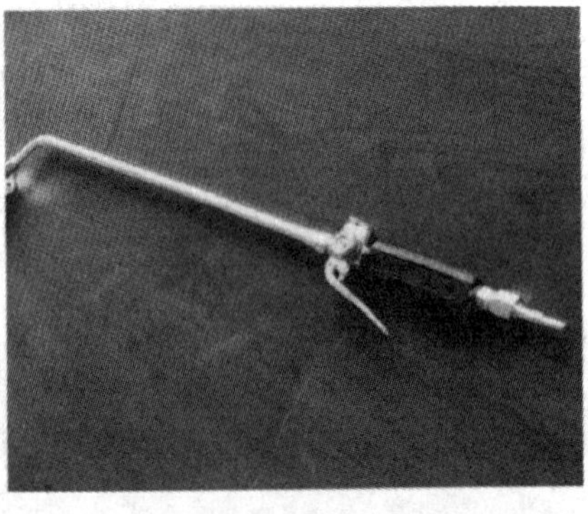

图2.17 火焰消毒器

【注意事项】猪舍消毒时应注意哪些问题?

1. 消毒之前必须将舍内的粪便等有机物清除、清扫、冲洗,可消除细菌70%左右,消毒可消除细菌20%~30%,只有彻底清扫、冲洗,才能保证消毒效果。

2. 消毒剂要严格按说明使用。消毒要彻底,不留死角。

(1)消毒的适宜温度为10~30℃,温度越高消毒效果越好。

(2)药物消毒时间不少于半小时,火焰消毒以每平方米喷射70 s为好。

(3)预防消毒一般采用中等浓度即可,患病期消毒时应采用说明的最高浓度。

(4)不同消毒对象需要喷洒稀释后的消毒液数量不同。圈栏30~50 mL/m^2,木制建筑100~200 mL/m^2,混凝土建筑300~500 mL/m^2,黏土建筑50~100 mL/m^2,土地和运动场200~300 mL/m^2。

【本章小结】

建造一个猪场,首先要考虑选址问题。场址选择是否得当,不仅关系到猪场的卫生防疫、猪只的生长以及饲养人员的工作效率,而且关系到养猪的成败和效益以及周围环境的保护。场址选择要考虑综合性因素,如面积、地势、朝向、交通、水源、电源、防疫条件、自然灾害及经济环境等,其次根据猪舍基本结构要求,科学规划布局、设计栏舍和修建猪场,最后选用方便实用的养猪生产设施与设备是保证猪场高效运转的根本。

【思考题】

1. 如何选址建猪场?
2. 猪舍基本结构要求有哪些?
3. 各类猪舍如何排列布置?
4. 栏舍设计有哪些要求?
5. 养猪生产设施与设备的种类及要求有哪些?

第三章　猪的生物学特性和饲养管理的一般原则

家猪是由野猪进化而来的。猪在长期的进化过程中，因自然和人工选择的作用，逐渐形成了其特有的一些生物学特性。不同的猪种既有共性，又各有其独特之处。猪和其他动物一样，对其生活环境、气候条件和饲养管理条件等反应，在行为上都有其特殊的表现，而且有一定的规律性。只有充分认识和掌握猪的各种特性和行为表现规律，加以充分利用和改造，采取科学合理的饲养管理，才能提高养猪生产水平和经济效益。

第一节　猪的生物学特性

猪的生物学特性就是猪的生理特点和生活习性。猪在进化过程中形成了许多生物学特性，不同的猪种或不同的类型，既有种属的共性，又有它们各自的特性。在饲养生产实践中，要不断地认识和掌握猪的生物学特性，并按适当的条件加以充分利用和改造，以便获得较好的饲养和繁育效果。

1. 多胎高产，世代间隔短，繁殖率高

猪的性成熟早，初配早，妊娠期短，年产多胎，一胎多仔。

我国地方品种猪一般4～5月龄达到性成熟，6～8月龄就可以初次配种，妊娠期只有114 d，可年产两胎或两年产五胎，年提供仔猪20～30头。

2. 食性广，饲料转化率高

猪是杂食动物，牙齿发达，胃介于肉食动物的单胃和反刍动物复胃之间的中间类型，肠道较长，是体长的15～18倍，因而能充分利用各种动植物饲料和矿物质饲料。

猪对精料中的有机物消化率为76%，对青草和优良干草的有机物消化率分别为64.6%和51.2%。但猪对粗纤维的消化能力有限，随着日粮中粗纤维含量升高，猪对其日粮的消化率大幅度下降。因此，在配制日粮时应注意控制日粮中粗纤维含量，当然，中国品种对粗纤维的消化能力又高于外国品种，种猪高于幼猪和生长育肥猪。

讨论：猪对粗纤维利用的能力如何及怎样控制粗纤维水平？

3. 生长强度大，生长发育快，生长期短，周转快

由于猪的妊娠期短，因此出生体重较小，占成年体重的1%，但出生后生长迅速，30日龄时仔猪体重为初生重的5～6倍，60日龄仔猪体重为初生重的15～20倍。在中等营养条件下，8～10月龄体重可达75～90 kg，在高营养水平下6月龄体重可达90～100 kg，自繁自养一年可出栏两批肉猪，专门育肥一年可出栏三批肉猪。猪的屠宰率在70%以上，产肉率60%以上，均高于牛、马、羊。

4. 嗅觉和听觉灵敏，视觉不发达

猪的嗅觉非常灵敏，猪对气味的识别能力比狗高1倍，比人高7～8倍。仔猪在出生以后几小时内就能很好地鉴别不同气味，大猪和成年猪鉴别气味能力非常强。

小猪生下来就靠嗅觉寻找奶头，母猪也靠嗅觉识别自己的子女，以防外来的仔猪偷吃自己的奶。放牧时靠嗅觉寻找地下食物。公猪闻到母猪尿液就会引起性激动，发情母猪嗅到公猪气味也会兴奋，就会表现出“发呆”反应，生产上利用它做母猪发情鉴定和训练公猪采精。另外生产中“仔猪寄养”工作必须考虑到其嗅觉灵敏的特点，否则就不能成功。

猪的听觉分析器相当完善，能够很好地识别声音来源、强度、音调和节律，容易对口令和其他声音刺激形成条件反射。据此，有人尝试在母猪临产前播放轻音乐，可在一定程度上降低母猪难产的比例。

猪的视觉很弱，对色彩的识别能力很差，属高度近视加色弱，据此，生产上通常把并圈时间定在傍晚时。另外，猪常会跑错圈门。可以利用假母猪进行公猪采精训练。

猪对痛觉刺激特别容易形成条件反射。如利用电围栏放牧，猪受到1～2次微电击后，就再也不敢接触围栏。鼻端对痛觉特别敏感，用铅丝捆紧鼻端，可固定猪只，便于打针、抽血。

5. 小猪怕冷，大猪怕热

小猪怕冷，尤其是初生仔猪对低温特别敏感，因为初生仔猪大脑皮层体温调节中枢发育不完善，对体温调节能力差，再加上小猪皮下脂肪少，皮薄毛稀，抗寒力差，冬春季节都应注意防寒保温。

大猪怕热，特别是肥猪怕热，主要原因是猪的汗腺退化，皮下脂肪厚，不利于散热，因此，夏天应注意防暑降温。

思考：小猪怕冷大猪怕热的原因是什么？

6. 喜清洁，易调教

猪有爱清洁的习惯，喜欢在干燥清洁的地方躺卧，排粪尿也有一定的时间和地点，一般都在采食后起卧时排泄，排泄地点多在阴暗、潮湿肮脏的角落。但圈舍过小，饲养密度过大时，易破坏其良好的生活习惯。

7. 群居漫游，群体位次明显

猪有成群生活在一起的习性，几头公猪从小养在一起，长大后很少打架，同窝仔猪生活在一起，很少打架，生长也比较好，这就是猪的群居性，但新合群猪只或猪群过大密度过高时，则往往发生争斗，以至打得皮开肉裂，鲜血直流，缺耳少尾。特别是当饲料不够，饲槽太小，猪只又处于饥饿状态时，争斗现象更为突出，一般通过几天的争斗，很快就会排出群体位次，并保持相对稳定，若遇生活环境有较大改变时，就会重新建立群体位次。因此，生产上提倡原窝原圈育肥，减少分群调圈次数，以减少打架次数。

思考：生产上为何要提倡原窝原圈肥育？

【注意事项】在生产实践中利用猪的生物学特性应注意哪些问题？

1. 有利的要加以利用或创造条件以得到最佳生产性能。如：仔猪寄养；甜料诱食；调节温湿度；公猪调教，人工采精；三点定位；饲槽大小；公母混群诱导发情；口令等条件反射的利用等。

2. 对生产有不利影响的要避免或加以克服。如：合群并栏；外来人员参观；人、猪接触，情感交流；生人及动物出入；频繁更换饲养员等。

第二节 猪群类别划分

为了使猪场有计划地组织生产和更好地根据各类猪的生理特点进行饲养管理，对猪的年龄、性别、生理阶段和用途进行分类：

(1)哺乳仔猪：从出生到断奶前的仔猪，一般断奶时间为45～60日龄，早期断奶21～35日龄。

(2)育成猪：从断奶到4月龄留作种用的小猪。其中公的叫育成公猪，母的叫育成母猪。

(3)后备猪：生后4月龄到开始配种以前留作种用的猪。公的叫后备公猪，母的叫后备母猪。

(4)种公猪：指正式参加配种的公猪。

(5)种母猪:指已配种产仔的母猪。

(6)检定公猪:指1~2岁的配种公猪。根据它所配种母猪产仔断奶成绩确定其是否转入基础群。

(7)基础公猪:经检定合格留作种用的公猪,其年龄在2岁以上。

(8)检定母猪:指产仔1~2胎的母猪,据其性能确定是否转入基础群。

(9)基础母猪:经检定合格的1~2胎以上的母猪。是猪群的主要部分。

(10)育肥猪:不作种用,专门用来育肥提供肉食的猪。根据育肥猪不同饲养阶段又分为小猪、架子猪、催肥猪三类。

【案例分析】某新建现代化猪场,预计母猪窝平均产活仔数10头,哺乳仔猪成活率90%,断奶仔猪成活率95%,生长肥育猪成活率98%,自繁自养年出栏万头杜长大"洋三元"商品肉猪,该如何配置计算猪群结构?

分析:根据猪场规模、生产工艺流程和生产条件,将生产过程划分为若干阶段,不同阶段组成不同类型的猪群,计算出每一类群猪的存栏数量就形成了猪群的结构。饲养阶段划分目的是为了最大限度地利用猪群、猪舍和设备,提高生产效率。年产万头商品肥育猪的猪场的猪群结构计算方法如下:

(1)年产总窝数

$$年产总窝数=\frac{计划年出栏头数}{窝产仔数\times从出生至出栏的成活率}=\frac{10000}{10\times0.9\times0.95\times0.98}=1193(窝/年)$$

(2)每个节律转群头数 以7为一个节律。即每周有:

① 产仔窝数 = 1193÷52 ≈ 23头,一年52周,即每周分娩泌乳母猪数为23头;

② 妊娠母猪数 = 23÷0.95 ≈ 24头,分娩率95%;

③ 配种母猪数 = 24÷0.80 ≈ 30头,情期受胎率80%;

④ 哺乳仔猪数 = 23×10×0.9 ≈ 207头,成活率90%;

⑤ 保育仔猪数 = 207×0.95 ≈ 197头,成活率95%;

⑥ 生长肥育猪数 = 196×0.98 ≈ 192头,成活率98%。

(3)各类猪群组数 生产以7为节律,故猪群组数等于饲养的周数。

(4)猪群的结构 各猪群存栏数 = 每组猪群头数×猪群组数

猪群的结构见表3.1,生产母猪的头数为576头,公猪、后备猪群的计算方法为:

① 公猪数:576÷25 ≈ 23头,公母比例1:25;

② 后备公猪数:23÷3 ≈ 8头,若半年一更新,实际养4头即可;

③ 后备母猪数:576÷3÷52÷0.5 ≈ 7头/周,选种率50%。

表3.1 万头猪场猪群结构

猪群种类	饲养期(周)	组数(组)	每组头数(头)	存栏数(头)	备 注
空怀配种母猪群	5	5	30	150	配种后观察21 d
妊娠母猪群	12	12	24	288	–
泌乳母猪群	6	6	23	138	–
哺乳仔猪群	5	5	230	1150	按出生头数计算
保育仔猪群	5	5	207	1035	按转入的头数计算
生长肥育群	13	13	196	2548	按转入的头数计算
后备母猪群	8	8	8	64	8个月配种
公猪群	52	–	–	23	不转群
后备公猪群	12	–	–	8	9个月使用
总存栏数				5404	最大存栏头数

第三节 猪饲养管理的一般原则

一、科学配合日粮

日粮:是指家畜在一昼夜(24 h)内所采食的各种饲料的总量。

科学配合日粮就是按照饲养标准所规定的能量和营养物质的需要量,选用适当的饲料配合成日粮。

要做到科学配合日粮,须把握住以下几个方面:一是根据不同猪只选定饲养标准;二是选定饲料原料,多品种原料配合;三是计算配方;四是兼顾价廉物美、消化性好、适口性好和饲喂效果好;五是日粮对猪体及其产品无毒无害。

传统的单一饲料喂猪营养不全,利用率低。

二、合理调制饲料

合理调制饲料就是根据饲料的性质对饲料进行合理的处理以提高饲料的适口性和利用率,据试验,整粒大麦喂猪消化率为67%,粉碎后饲喂消化率就提高到85%。因此,精料、粗料应粉碎后喂猪,粒径小于1 mm,青料应切碎或打浆后饲喂,豆类应炒熟或膨化处理以提高消化利用率。

三、提倡生饲干喂

熟饲稀喂是农村养猪的传统和习惯,它有许多不足和缺陷。既费人工,又浪费柴火,还消化不充分,造成饲料营养损失,甚至煮制不当造成亚硝酸盐中毒。所以,应提倡生饲干喂。最好是用颗粒饲料直接喂猪,既营养全面,又不会浪费。饲料利用率最好。粉料喂猪时可采用料水比1:1的湿拌料饲喂,优于干粉料和稀拌料的饲喂效果。

四、限量饲喂与自由采食

限量饲喂就是将日粮分顿次饲喂,做好“四定”,即:定时、定量、定质、定温是关键。一般每天饲喂2~3次,架子猪和妊娠后期母猪可适当增加饲喂次数。

自由采食又叫不限量饲喂,就是将饲料装入自动饲槽或饲箱,随各个猪的食欲自由采食,不加限制。这种饲喂方法的优点是能充分满足猪的营养需要,不会出现饥饿或过饱的现象,比限量饲喂增重快,育肥期短,料重比低。

五、供给清洁充足的饮水

水是猪体重要的组成部分之一,据测定,猪体内水占体重的百分比是36.7%~59.1%。年龄、体重越小水占的比重越大。

水参与饲料的消化、吸收和体温调节等生理机能,所以要求每天供给充足清洁的饮水。

猪的需水量夏季多,冬季少,饲喂干料、湿拌料需水多,稀喂需水少。

供水方法:设自动饮水器、专用水槽或共用水槽。

六、精心管理猪群

1. 合理分群

分群的目的是为了充分利用圈舍和便于饲养管理,提高生产效率,降低成本,合理分群的目的是为了避免或减轻争斗性。

合理分群的原则是根据猪的品种、性别、体重大小、体质强弱、性情好坏和采食快慢等进行分群分圈饲养。

分群方法：采取留弱不留强，拆多不拆少，夜并昼不并的原则。种公猪和怀孕后期母猪应单圈饲养，不宜群养。

2. 耐心调教

饲养员对猪应温和。不要踢打和惊吓它，要使猪见了人不害怕，便于管理，并做好"吃、拉、睡"三点定位调教，以便养成良好的生活习惯。

3. 搞好清洁卫生

圈舍应清洁干燥，通风良好，做到勤扫圈、勤除粪、勤换垫草，做到圈干槽净、无积存粪尿、无蚊蝇干扰，定期消毒，母猪产前一周应清扫消毒圈舍，消毒药常用2% NaOH或10%石灰水。

猪体应经常刮刷，夏季经常给猪冲凉以保持皮肤清洁，防止皮肤病和体外寄生虫病。

4. 给予适当运动

适当运动可促进食欲，帮助消化，增强体质。要增加阳光，阳光中的紫外线可使猪皮下的7-脱氢胆固醇转为维生素D_3，促进钙的吸收，运动接触土壤还可获得矿物质营养，适当运动可提高公猪的配种能力，对母猪可提高受胎率和产力，防止难产。对小猪和后备猪能促进骨骼及肌肉的发育，但对育肥猪则要限制运动，减少能量消耗，以利增重。

运动方式有三种：驱赶运动、放牧运动和自由运动。

工厂化养猪没有运动场，就只力求饲料全价。

思考：运动对猪的必要性是什么及如何运动？

5. 注意防寒防暑

猪圈内应保持适宜的温度和湿度，育肥猪的增重和饲料利用率受环境温度影响较大。低温造成体热散失多，能量消耗增加，饲料利用率降低，高温造成采食量下降，增重降低。环境温度对生产育肥猪增重和饲料转化率的影响见表3.2。

表3.2 环境温度对生产育肥猪增重和饲料转化率的影响

气温(℃)	日采食量(g)	日增重(g)	耗料:增重
0	5.07	540	9.45:1
5	3.76	530	7.10:1
10	3.50	800	4.37:1
15	3.15	790	3.99:1
20	3.22	850	3.79:1
25	2.63	720	3.65:1
30	2.21	450	4.91:1
35	1.51	310	4.87:1

因此，在生产中应创造条件使猪舍内温度接近猪只的最适温度，以获得最佳的日增重和最低的料重比。常用的防寒防暑措施有：

(1)防寒措施

①加强保温和防湿，保持圈舍干燥，勤换垫草，调教猪只在固定地点排粪尿，防止尿窝，减少饮水。

②维修猪舍，堵塞风洞，可在门窗上悬挂草帘挡风。

③加强饲养管理，提高抗寒能力，增加精料喂量，加夜餐等。

(2)防暑措施

①有条件安装空调降温，安装排风扇通风。

②在运动场上设置凉棚或植树遮荫。

③保证供给充足清洁的饮水。

④在运动场上修浅水浴池让猪自由洗澡。

⑤定期喂防暑药。如车前草、金银花、野菊花、茅草根煎水凉后喂服。

【案例分析】某传统型猪场妊娠母猪舍采用三列式布局，夏季常出现母猪采食量减少，个别猪出现高烧，流产比例偏高达到6%，该猪场技术人员怀疑是某种疾病导致，通过添加各种抗生素后未见改善。观察发现该猪舍采用的母猪颈部滴水结合吊顶风扇降温，但风扇数量偏少，并且发病猪主要集中在猪舍的中间区域。试分析原因并提出解决措施。

分析：猪的生物学特性大猪怕热，小猪怕冷，猪汗腺不发达，身体上的水蒸发不了太多的热气，因此单一的滴水或风扇降温均不会产生良好的降温效果。只有二者科学合理结合使用才能达到理想的降温效果。建议该猪场改变降温方式，采用水帘降温或者增加风扇个数或功率，只有通过良好的通风结合滴水才能对猪起到好的降温效果。

【案例分析】某专业育肥猪场，从外购入仔猪从事育肥工作，在生产过程中总是发觉猪舍内很脏，猪不爱干净到处排泄，猪舍清洁工作量大，并且猪只总是散发性地发病。观察发现该猪舍采用实体地面，猪的养殖密度约每头1.5 m²，但地面较潮湿。试分析原因，并提出解决方案。

分析：猪是爱清洁的动物，喜欢在干燥清洁的地方躺卧，而排泄地点多在阴暗、潮湿肮脏的角落。针对该猪场是由于地面潮湿，猪进栏时没有进行很好的调教引起的圈舍脏，地面湿度大猪只易染病，建议该猪场对猪的环境进行改变，用一个轮换圈，清洗，干燥后，进猪前在食槽里撒点饲料，在排泄区的地面撒上水，猪进圈后头两天应增加清扫频率，但清扫的粪便不运走堆在排泄区这样才能做好三点定位的调教。

6. 建立正常的工作日程

工作日程就是一天的工作安排，建立正常的工作日程对猪和饲养员都有好处，对于猪可养成良好的生活习惯，对饲养员工作有条不紊，便于操作。

【案例分析】为什么要制订各种猪群的饲养管理日程？如何制订各种猪群的饲养管理日程？

为了充分利用猪的生物学特性和行为习性，获得理想的生产成绩，各猪场应合理制订各种猪群的饲养管理日程。

不同猪舍工作内容不同，工作时间随季节变化，工作日程应作相应的前移或后移。下面是重庆市某猪场的春季各舍工作日程。

配种妊娠舍工作日程

上午7:30～11:30 下午 14:00～17:30

7:30～9:00 发情检查(采精,输精)、配种

9:00～9:30　喂饲
9:30～10:30　观察猪群、治疗
10:30～11:30　清理卫生、其他工作
14:00～15:30　冲洗猪栏猪体、其他工作
15:30～17:00　发情检查(采精,输精)、配种
17:00～17:30　喂饲

分娩舍工作日程

上午7:30～11:30　下午14:00～17:30

7:30～8:30　母猪、仔猪喂饲
8:30～9:30　治疗、打耳号、剪牙、断尾、补铁等工作
9:30～11:30　清理卫生、其他工作
14:30～16:00　清理卫生、其他工作
16:00～17:00　治疗、报表
17:00～17:30　母猪、仔猪喂饲

隔离舍(后备猪)工作日程

上午7:30～11:30　下午14:00～17:30

7:30～8:00　观察猪群
8:00～8:30　喂饲
8:30～9:30　治疗
9:30～11:30　清理卫生、其他工作
14:00～15:30　冲洗猪栏、清理卫生
15:30～17:00　治疗、其他工作
17:00～17:30　喂饲

【本章小结】

猪的生物学特性就是猪的生理特点和生活习性。猪的行为特性,是其对生活环境、气候条件和饲养管理条件等的反应,在行为上都有其特殊的表现,而且有一定的规律性。只有把握猪的生物学特性和猪的行为特性,在生产中加以科学地利用,设计新型的猪舍和设备,改革传统饲养技术方法,最大限度地创造适于猪只习性的环境条件,遵循猪的饲养管理一般原则要求,才能提高猪的生产性能,获得最大的经济效益。

【思考题】

1. 猪的生物学特性有哪些?
2. 猪的行为习性有哪些?
3. 明确猪生产流程图及猪群组成?
4. 猪的饲养管理一般原则有哪些?
5. 如何制订工作日程?

第四章　猪的营养与饲料配合

饲料是发展养猪生产的物质基础。根据猪的营养需要备足饲料和保证饲料质量，是猪场养好猪的关键。饲料成本占养猪生产总成本的70%左右，科学降低饲料成本是养殖盈利的必由之路。而降低饲料成本必须在保证品质的情况下，以科学的方法来实现。但由于缺乏营养知识，对饲料和饲料原料的品质缺乏辨别能力，往往在降低价格的同时，降低了质量，反而增加了使用成本。养猪能否盈利，很大程度上取决于饲料解决得如何。

第一节　饲料养分及功能

饲料是动物的食物。饲料主要来源于植物及其副产品，其次是动物性饲料及其他添加物。饲料内含有蛋白质、脂肪、碳水化合物、矿物质、维生素和水分六类养分。

一、蛋白质

（一）蛋白质的营养

1. 蛋白质的概念

蛋白质指饲料中的一类含氮化合物。包括真蛋白质和一切非蛋白质结构的含氮化合物，如酰胺、多肽、游离氨基酸、硝酸盐等。

蛋白质由氨基酸组成。饲料蛋白中的氨基酸和猪体内整个代谢越适应，其品质越好。具体地说，饲料蛋白质的必需氨基酸的含量及其比例平衡性越好，则饲料蛋白质的品质越好。

2. 蛋白质的组成与存在

蛋白质存在于猪的细胞和组织之中，是猪体的重要成分之一，猪的各种组织、器官与产品中都含有大量的蛋白质。猪所需要的蛋白质只能从饲料中提供。蛋白质的基本结构是氨基酸。自然界的氨基酸多达200种以上，但多数蛋白质降解成的氨基酸只有20种。

蛋白质的生物学意义表现在凡是与生命有关的机制都有蛋白质参加。蛋白质的营养作用表现为：

(1) 维持动物的生命活动，为生长繁殖所必需。(2)组成和更新动物的细胞、组织和器官。(3)蛋白质是各种酶、抗体以及一些激素的成分。(4)形成肉、乳等动物产品。(5)在能量不足时，可以转化为热能供猪体利用。

饲料中的蛋白质在猪的消化道内，分解成氨基酸，被肠壁吸收进入血液供猪体利用。饲料中的蛋白质消化率一般为80%～85%。

猪日粮中缺乏蛋白质或蛋白质不足，会影响猪的健康、生长发育与繁殖，降低生产力与产品品质。对仔猪血红蛋白减少，发生贫血症，抗病力下降，生长发育减缓或停滞。使公猪性欲减退、精子畸形、精子活力不强，影响配种繁殖，使受胎率与产仔数下降。使母猪发情不正常，排卵数减少，受精卵与胚胎早期死亡，造成死胎、流产及产后泌乳力下降等。

（二）氨基酸的营养

蛋白质营养实质上是氨基酸营养。构成猪体及产品的多种氨基酸，对猪来说都是必不可少的，但并不是都由饲料直接提供。

凡是猪体内不能合成或合成的速度及数量不能满足动物正常生长所需，必须由饲料来供给的一类氨基酸叫必需氨基酸。其余的叫非必需氨基酸。常用氨基酸的分类见表4.1。

表4.1　常用氨基酸在营养上的分类

必需氨基酸	非必需氨基酸
赖氨酸	甘氨酸
苏氨酸	丙氨酸
缬氨酸	丝氨酸
组氨酸	谷氨酸
苯丙氨酸	天门冬氨酸
异亮氨酸	脯氨酸
亮氨酸	羟脯氨酸
蛋氨酸	胱氨酸
色氨酸	半胱氨酸
精氨酸	酪氨酸

必需氨基酸是重要的氨基酸，但是，尽管必需氨基酸的数量和比例都合适，如果非必需氨基酸含量不足，猪的生长同样受阻。非必需氨基酸和必需氨基酸之间的比例，一般为45%和55%。

在猪的饲养上，不但要满足所有必需氨基酸的绝对数量，而且各种必需氨基酸之间的比例要平衡，作为一个整体，以摄入量比营养需要量最小的某一氨基酸为标准，进行氨基酸平衡。如果这个氨基酸的摄入量只是需要量的50%，则其他氨基酸的摄入量不论多少，都要以这个氨基酸需要量的半量为基准，成比例地参加代谢，如表4.2。

表4.2　氨基酸平衡的有效代谢模式　　(单位:%)

	赖氨酸	蛋氨酸	精氨酸	苏氨酸	缬氨酸	异亮氨酸	亮氨酸
需要量	0.85	0.32	1.00	0.56	0.62	0.60	1.00
摄入量	0.43	0.31	1.21	0.66	0.77	0.69	1.43
参加总的代谢	0.43	0.16	0.50	0.28	0.31	0.30	0.50
多余的	0.00	0.15	0.71	0.38	0.46	0.39	0.93

由表4.2可见，蛋氨酸在日粮中的含量虽然与需要量相差无几，但只能以0.16%与赖氨酸(0.43%)成比例地参加总的代谢，而其余的0.15%则是多余的。其他必需氨基酸也是这种情况。多余的这些氨基酸不能参加合成肉、蛋的总的有效代谢，它们经过脱氨基作用，含氮部分随尿排出体外，不含氮部分降解为水和二氧化碳释放出能量，或形成脂肪沉积，在这种情况下，氨基酸的利用率降低，蛋白质饲料浪费。

在猪的蛋白质营养中，常常感到赖氨酸和蛋氨酸的不足，赖氨酸与动物生长有关，生长速度越快，生长强度越高，需要的赖氨酸也越多。因而赖氨酸可叫做“生长性氨基酸”。

蛋氨酸在猪体内的作用是多方面的，有人统计，猪体内有80种以上的反应都需要蛋氨酸的参与，故称蛋氨酸为“生命性氨基酸”。

一般在猪只生长强度大时，赖氨酸需要量大，蛋氨酸需要量小。在限制饲养时或在生长停止(成熟)时期，赖氨酸的需要量相对较少，蛋氨酸的需要量相对较多。

【案例分析】传统农户养猪喜欢出产什么喂什么，夏秋季节以玉米为主，冬春季节以红苕为主。饲料原料品种单一，营养不全，饲料利用率很低，经济效益很差，如何解决这一普遍问题？

分析：猪的营养需要告诉我们猪饲料要全价和平衡。农户养猪必须注意蛋白质饲料的补充，特别是注意氨基酸的互补，饲料蛋白质中氨基酸的种类和数量有很大差异，有些饲料含甲种氨基酸多，乙种少，而另一种饲粮含甲少乙多，如果在配合饲粮时有意识地按适当比例将两种或两种以上饲料配合使用，相互间则可取长补短，互相补充，以提高整个饲粮的营养价值，这种作用叫做氨基酸的互补。比如苜蓿中含赖氨酸5.4%，蛋氨酸1.1%；玉米籽实蛋白质中含赖氨酸2.0%，蛋氨酸2.5%；二者以适当比例混用则两种限制性氨基酸的有效利用率都有所提高。

二、脂肪、碳水化合物

饲料中的脂肪、碳水化合物和蛋白质在体内氧化所释放出的热能，称为能量。它是维持猪的体热、生理活动和进行生产活动必不可少的。热能的单位是卡（卡路里，Calorie），也叫小卡。在标准大气压下，1 g纯水从14.5℃上升到15.5℃所需要的热量，叫做1卡。在猪饲料与营养方面的能量以卡计量。千卡等于1000个小卡。千卡也叫大卡。1兆卡等于1000千卡，等于100万小卡。我国规定，能量以焦耳计量。我国动物营养研究会建议，卡转换成焦耳的系数采用化学上的4.184。

即：1卡（cal）= 4.184焦（J）

1千卡（kcal）= 4.184千焦（kJ）

1兆卡（Mcal）= 4.184兆焦（MJ）

1焦（J）= 0.239卡（cal）

1千焦（kJ）= 0.239千卡（kcal）

1兆焦（MJ）= 0.239兆卡（Mcal）

每克碳水化合物可产生17.36kJ热能，脂肪可产生39.08kJ，蛋白质可产生23.285kJ。

猪的能量来源主要是碳水化合物。当能量饲料过剩时，猪体把过多的热能转化为脂肪储存在体内；相反，如果能量饲料供应不足时，猪体内储备的脂肪，甚至体蛋白都可用来作能量供应。因此，体脂肪是能量的“调节站”。

碳水化合物包括淀粉、糖与粗纤维三类物质，前两种猪容易消化吸收，而且产热能高。粗纤维内除含纤维素外，还含有少量的木质素。猪消化道内没有消化粗纤维与木质素的酶，除大肠与盲肠内有少量可分解一部分粗纤维的微生物外，对粗纤维的消化能力极差，特别是含木质素较多的饲料，猪几乎不能消化。在猪的日粮中，如果粗纤维太多，猪不仅不能利用，还会妨碍猪对其他营养物质的消化吸收。

三、矿物质

猪所必需的矿物质元素，主要有16种。通常把占体重0.01%以上的叫做常量矿物质元素，如钙（Ca）、磷（P）、镁（Mg）、钾（K）、钠（Na）、硫（S）、氯（Cl）；把占体重0.01%以下的矿物质元素叫做微量元素，如铁（Fe）、铜（Cu）、锌（Zn）、锰（Mn）、碘（I）、钴（Co）、钼（Mo）、硒（Se）等。矿物质在猪体内所占比例虽然不太高，一般只占3%～4%，但它的作用却非常重要。猪体内如果缺乏矿物质，轻则停止生长，重则出现缺乏症，严重则造成死亡。

（一）常量矿物质

1. 钙与磷

钙与磷是构成骨骼与牙齿的主要成分，两者加在一起，占猪体矿物质含量的75%。日粮中缺乏钙与磷，或钙与磷比例不当，猪就出现各种钙、磷缺乏症。

(1) 钙、磷缺乏症:

早期症状:食欲减退,消瘦,有啃石子,吃土,舔墙皮等异食癖。

哺乳仔猪:缺乏钙、磷,会出现抽搐、昏迷,头扭向一侧,四肢同时大跳跃等。

幼猪:缺钙、磷时,则生长缓慢,骨骼发育不良,严重时发生佝偻症。

妊娠母猪:缺钙、磷时,会产生死胎,畸形,产弱仔。

泌乳母猪:缺钙、磷时,泌乳量减少,泌乳后期会出现跛行,后躯麻痹,严重时发生奶瘫。

公猪:缺钙、磷时,精子发育不正常,影响配种工作。

(2)钙与磷的比例:对猪来说,钙比磷容易缺乏,因为日粮中一般含谷物和糠麸较多,而在这些饲料中磷多于钙,为此给猪补充钙更为迫切。猪日粮中钙、磷比例保持在1.1∶1或1.5∶1均可。

一般说来,青绿多汁饲料中含钙、磷较多,且比例合适。精料和糠麸类饲料中含磷较多,含钙较少。但是,谷物与糠麸中所含的磷,有半数或半数以上是猪不能利用的植酸磷,其消化率仅为30%左右,为此,在以精饲料为主的日粮中,最好补加一些既含钙又含磷的骨粉或磷酸氢钙。

2. 氯化钠

氯化钠即食盐。这两种元素广泛存在于猪体的各组织与乳汁中,对维持机体渗透压、酸碱平衡与水的代谢有重要作用。

食盐既是营养物质又是调味剂。它能增进猪的食欲,促进消化,提高饲料利用率,是猪不可缺少的矿物质饲料。

食盐在猪饲料中以占0.3%~0.5%为宜,如果用盐过多则易发生食盐中毒。

(二) 微量矿物质

这类矿物质因需要量极少,并且在猪体内的含量仅占体重的百万分之一以下,故称微量元素。

1. 铁

铁为形成血红蛋白、肌红蛋白等必需的元素。

65%的铁在猪体内存在于血液中,它与血液中氧的运输、细胞内的生物氧化过程关系密切,一旦缺铁就会发生营养性贫血症。其症状是:生长减慢,精神不振,背毛粗糙,皮肤多皱及黏膜苍白。

青饲料中含铁较多,经常饲喂青饲料的猪不易缺铁。猪乳中含铁很少,因此,以吃奶为主的哺乳仔猪,容易因缺铁而发生贫血,影响生长发育,甚至死亡。在猪饲料中,补充硫酸亚铁有防止缺铁的功效。

2. 铜

铜虽不是血红素的组成成分,但它在血红素与红细胞的形成过程中起催化作用。铜除了与造血有关外,还与骨髓发育、中枢神经系统的正常代谢有关,也是机体内各种酶的组成成分与活化剂。

缺铜会引起贫血,骨髓生长发育不良,运动失调等。

猪对铜的需要量不大,一般饲料均能满足。

日粮中含铜过多表现为生长缓慢,血红素含量低,黄疸与死亡。

3. 锌

锌是猪体多种代谢所必需的营养物质。

缺锌使皮肤抵抗力下降,发生皮肤角化不全(表皮粗糙、皮屑多),结痂,脱毛,食欲减退,日增重下降,饲料利用率降低。母猪则产仔数减少,仔猪初生重下降,泌乳量减少等。

4. 锰

锰是几种重要生物催化剂(酶系)的组成部分,与激素的关系十分密切。它对发情、排卵、泌乳,胚胎、乳房及骨骼发育及生长都有影响。

缺锰导致骨骼变形,生长缓慢,性机能衰退等。

5. 碘

碘是合成甲状腺素的主要成分。妊娠母猪如果日粮中缺碘，所产仔猪颈大(甲状腺肿大)，无毛与少毛，皮肤粗厚并有黏液性水肿。大多数仔猪出生时还存活着，身体虚弱，经常是在出生后几天内陆续死亡，成活率较低。

碘的缺乏有地区性，缺碘地区可向食盐内补加碘化钾。如应用含碘化钾0.007%的食盐，在日粮中加入0.5%食盐，即可满足需要。

6. 硒

硒是猪生命活动必需的元素之一。经调查已发现，我国东北、西北及山东省不少地区土壤与饲料中，常有缺硒的情况。用缺硒的饲料喂猪，容易发生缺硒症。

硒的作用与维生素E的作用相似，补硒可降低猪对维生素E的需要量，并减轻因维生素E的缺乏给猪带来的损害。

母猪缺硒时，会产生发情不规律或不发情，受胎率低，胚胎易被吸收或中途死亡，产弱仔等。

种公猪缺硒，睾丸退化，性欲下降，影响配种。

仔猪缺硒，除发生贫血、下痢外，还使肌肉球蛋白合成作用遭到破坏，肌肉萎缩退化，颜色变得苍白，患白肌病。

四、维生素

(一) 维生素的概念

维生素不是构成体组织的原料，也不能提供能量，但它是代谢中辅酶的组成成分，参与各种物质代谢，调节体内各种生理机能的正常运行的一类有机化合物。机体对维生素的需要量小，缺乏时会出现代谢紊乱，引起各种维生素缺乏症。维生素缺乏引起的障碍，常常是不局限在某一器官，而是影响到机体一系列与生命活动有关的机能。由于维生素缺乏表现往往不明显，容易被忽视而使生产力下降，甚至出现死亡。

(二) 维生素的分类

1. 脂溶性维生素

脂溶性维生素是指维生素A、维生素D、维生素E、维生素K四种，这类维生素与脂肪相联，随脂肪一起被吸收利用。脂溶性维生素能大量贮存于体内，不致出现缺乏症。在四种脂溶性维生素中，每一种在天然饲料中都有多种形式维生素前体物存在。人工合成的这些维生素也都具有高度的活性。

(1)维生素A

维生素A对猪来说是最重要的一种维生素。它的主要功能是保护黏膜上皮健康，保持正常的生殖机能，促进生长发育，维持呼吸系统与视神经系统的健康。

缺乏维生素A使食欲减退，发生夜盲症。仔猪生长停滞，眼睑肿胀，皮毛干枯，易患肺炎；母猪不发情或发情微弱，容易流产，产死胎与无眼球仔猪，公猪性欲不强，精液品质不良等。

维生素A在动物性饲料与肝脏内含量较多。青绿多汁饲料含有大量的胡萝卜素，胡萝卜素又称维生素A原，在猪的肝脏、小肠及乳腺中转化为维生素A，供机体利用。多喂青绿多汁饲料就能获得足够的胡萝卜素。必要时，可用人工合成的维生素添加剂或鱼肝油给以补充。

(2) 维生素D

维生素D的主要功能是降低肠道pH，从而促进钙、磷的吸收，保证骨骼正常发育。饲料内钙、磷含量充足，比例也合适，如果维生素D不足，也会影响钙、磷的吸收与利用。如果维生素D十分充足，钙、磷比例达6.5∶1都不会影响钙、磷的吸收。

缺乏维生素D影响钙、磷的吸收，其缺乏症如同钙、磷缺乏症。维生素D在动物性饲料中，如鱼肝油内含量较多；青干草内含麦角固醇，在紫外线照射下转变为维生素D_2；猪皮肤下含7-脱氢胆固醇，在紫外线照射下转变为维生素D_3。因此，经常喂绿色干草粉或让猪多晒太阳，就不会发生维生素D的缺乏症。对于规模化养猪，不见阳光，其日粮中必须补充维生素添加剂或鱼肝油。

(3)维生素E(生育酚)

主要功能是保持猪的正常生殖机能，并有抗氧化的作用。

缺乏维生素E使公猪射精量少，精子活力大大下降；母猪受胎率下降。

【案例分析】某猪场出现公猪射精量少，精子活力大幅下降，睾丸萎缩退化，进而不产生精子的现象。分析原因如何解决？

分析原因，如果公猪没有过度利用，可能是猪日粮中缺乏蛋白质或蛋白质不足或饲料中缺乏维生素E造成的，如果饲料中蛋白质达标那就是维生素E不足或缺乏造成的，生产中应注意补充含有较丰富的维生素E的青绿饲料、麦芽、种子的胚芽与棉籽油，也可以直接添加亚硒酸钠维生素E添加剂或口服维生素E胶丸，就可以解决上述问题。

(4)维生素K

维生素K的功能与凝血作用有关。

缺乏维生素K时凝血时间过长，出现血尿与呼吸异常，仔猪会发生全身性皮下出血。

绿色植物如苜蓿、菠菜等含维生素K较多，动物的肝脏内含量也不少。

2. 水溶性维生素

水溶性维生素：是指B族维生素、维生素C。水溶性维生素可溶于水，除维生素B_{12}外都不能在体内贮存，过量时很快从尿中排出。

(1)维生素B_1(硫胺素)

维生素B_1作为一种酶参与碳水化合物的代谢过程。

缺乏维生素B_1使食欲减退，胃肠机能紊乱，心肌萎缩或坏死，神经发生炎症、疼痛、痉挛等。

维生素B_1在米糠、麸皮、豆类、青绿饲料中含量丰富。

(2)维生素B_2(核黄素)

维生素B_2作为一种酶参与碳水化合物与蛋白质代谢，还有提高饲料利用率的功能。

缺乏维生素B_2使食欲不振，生长停止，皮毛粗糙，有时有皮屑、溃疡及脂肪溢出的现象，眼角分泌物增多；母猪怀孕期缩短，胚胎早期死亡，泌乳力下降；公猪睾丸萎缩。有时会出现所产仔猪全部死亡，或产后死亡的现象。当猪舍寒冷时，猪的核黄素需要量就会增加。

维生素B_2在青绿饲料、动物性饲料及酵母中含量较丰富。

(3)维生素B_3(泛酸)

维生素B_3作为一种酶参与蛋白质、碳水化合物与脂肪的代谢。

缺乏维生素B_3使运动失调，四肢僵硬，鹅步，脱毛等。怀孕母猪发生胚胎夭折或吸收，严重时，母猪几乎不能繁殖。长期喂用以玉米为主的熟料，易患泛酸缺乏症，可采用生饲料喂猪，并在日粮中搭配豆科青草、糠麸、花生饼等含泛酸多的饲料。

(4)维生素B_4(胆碱)

维生素B_4作为一种酶参与脂肪代谢，并具有兴奋消化器官的作用。

缺乏维生素B_4猪只精神萎靡，行动失调，后腿劈叉，肝脏脂肪浸润，繁殖率低、泌乳力低与仔猪成活率低。

苜蓿草粉、大豆饼、肝脏、鱼粉、大麦、燕麦等含胆碱较多。

(5) 维生素B_5(烟酸)

维生素B_5作为一种酶参与碳水化合物代谢。

缺乏维生素B_5猪只患皮肤脱落性皮炎,食欲下降或消失,下痢,后肢肌肉麻痹,唇舌有溃疡病变,贫血,大肠有溃疡病变,心肝及体重减轻、呕吐等。

鱼粉、酵母、麦芽、米糠、花生饼及青绿饲料含量较多。

(6)维生素B_{12}

维生素B_{12}是一种含金属元素钴的维生素。

维生素B_{12}参与蛋白质代谢,并有促使红血球形成的作用。

缺乏维生素B_{12}造成贫血,仔猪食欲减退,被毛粗乱,生长停止;母猪产仔少,仔猪生活力低,成活率低等。

动物肝脏、鱼粉、牛羊粪便、污泥及酵母内含量较多。

五、水分

水是生命之源,是一切细胞和组织的构成成分,猪含水量为1/3~2/3。水在物质代谢中有特殊功能,养分的消化吸收和运转,代谢过程和代谢产物的排泄、血液循环、体温调节都需要水分。缺水或饮水不足危害极大,体内水分减少8%时出现严重干渴感觉,食欲丧失,消化作用减慢;减少10%时导致严重代谢紊乱;减少20%时会导致死亡。

猪可以从以下三个方面获得水:一是碳水化合物、脂肪与蛋白质分解产生的代谢水;二是饲料本身含的水;三是饮水。其中饮水是猪体水的主要来源。

第二节　猪的营养需要与饲养标准

猪的营养需要是指不同类型和处于不同生产阶段的猪只,为满足生命活动和从事生产活动对营养物质的种类和数量的需求。将猪只对主要营养物质的这种需求,从饲养学角度作为满足猪只对主要营养物质种类和数量的标准化规定,并按此规定在饲养实践中去满足猪只的营养需求,这就是饲养标准的含义。随着科技的发展,饲养标准不断地被修改。所以,饲养标准也是处于不断地修订、完善的过程。

一、仔猪的营养需要

仔猪从出生到体重20 kg左右可分为两个阶段,即初生至断奶的哺乳阶段,断奶到转群的保育阶段。

仔猪处于生长快,消化机能不完善而正在发育的阶段。哺乳仔猪体重最明显的变化是体脂猛增,出生时为1%~2%,到4周龄可达到18%,所以,仔猪对营养要求很高。在3周龄前,仔猪日增重不到200 g,母猪的乳汁能满足需要,从3周龄起,只吃母乳已不能满足需要,需补料。仔猪对饲料营养物质需要的特点是对能量、蛋白质、钙、磷和维生素需求强烈,且对蛋白质和饲料的品质要求较高,所以本阶段对仔猪实行高能量、高蛋白饲养。初生后2~3日龄,母乳中铁不能满足需要,还需要补铁150~200 mg。仔猪每日营养需要量及每千克饲粮中营养成分列于表4.3、表4.4。

二、生长猪的营养需要

生长猪包括生长育肥猪和后备种猪,都是处于生长发育阶段,但育肥猪是生产猪肉,而后备种猪是配种繁殖,两类猪的营养需要既有共同点又各有差异。

（一）生长育肥猪

主要是要求生长速度、饲料利用率和瘦肉率来体现生长育肥猪的效益。从体重20～100 kg这一生长过程中，多划分生长期和育肥期两个阶段，一般以体重20～60 kg（肉脂型为50 kg）为生长期，后为育肥期。生长期要求能量和蛋白质水平高，促进肌肉和体重增长，育肥期则控制能量，减少脂肪沉积。

育肥猪饲粮含消化能12.55～13.28 MJ/kg，粗蛋白水平在生长期为16%～18%，育肥期为13%～14%。以谷实、豆饼为基础的生长育肥饲粮，补加0.1%～0.15%赖氨酸，饲粮粗蛋白水平可下降2个百分点。瘦肉型生长育肥猪每千克饲粮养分含量及每日每头营养需要量见表4.3、表4.4。

（二）后备种猪

要求生长发育正常，到配种时又不过肥。对国外引进品种可以有两种处理：一是按生长育肥猪饲养，到配种前2个月限食以控制肥度；二是在整个培育期按标准限量饲喂，其生长速度控制在8～9月龄配种时体重达100～120 kg。地方猪种沉积脂肪早，需限制饲养，以防配种时过肥。

三、种公猪的营养需要

种公猪要保持种用体况，性欲旺盛，精力充沛，配种能力强，精液品质优良，合理营养供给是基础。蛋白质水平是影响精液品质的重要因素之一。培育期种公猪、青年种公猪和配种期种公猪饲粮粗蛋白质水平应保证14%，成年种公猪和非配种期种公猪为12%，每千克饲粮消化能12.35 MJ，还要注意其他营养的供给。种公猪营养需要见表4.5。

四、母猪的营养需要

（一）妊娠母猪

对妊娠母猪的营养供给的要求是保证胎儿发育和母猪自身对营养的需求，以及提高仔猪初生重和母猪产后泌乳的营养贮备。妊娠母猪增重约40 kg，子宫内容物约20 kg，胎儿的体重在妊娠80 d后增长，可以妊娠80 d为界分为妊娠前期和妊娠后期，妊娠后期营养需要大于妊娠前期。在妊娠前期，母猪处于稍高于维持需要的水平即可。但是为了保证胎儿正常发育，必须保持日粮有较高粗蛋白水平，注意蛋白质平衡，有足够的钙、磷及多种维生素的供给。在妊娠后期，在营养供给上，则需数量和质量皆优。妊娠母猪的每日营养需要量及每千克饲粮养分含量见表4.5、表4.6。

（二）哺乳母猪

哺乳母猪营养需要较高，随仔猪体重大小和带仔多少有差别，带仔多的母猪泌乳量多。母猪泌乳1 kg需消化能8.37 MJ，以每头仔猪每日吃乳0.5 kg计，母猪每天泌乳5 kg就需消化能41.85 MJ，母猪还需维持正常生命活动的营养，所以，哺乳母猪营养需要由泌乳和维持两部分需要组成。体重150～180 kg带仔的瘦肉型母猪，每日需消化能62.76 MJ，一般体重地方品种母猪约需46 MJ，粗蛋白质14.5%能满足需要。哺乳母猪营养需要量及每千克饲粮养分含量见表4.5、表4.7。

五、美国NRC猪饲养标准（90%干物质）（第十版）

美国NRC猪自由采食营养需要表见表4.3、表4.4、表4.5、表4.6、表4.7。

表4.3　瘦肉型生长育肥猪每千克饲粮养分含量(NRC)

指　标	体　重(kg)					
	3～5	5～10	10～20	20～50	50～80	80～120
消化能(MJ/kg)	14.24	14.24	14.24	14.24	14.24	14.24
代谢能(MJ/kg)	13.67	13.67	13.67	13.67	13.67	13.67
粗蛋白质(%)	26.0	23.7	20.9	18.0	15.5	13.2
消化能摄入(MJ/d)	3.58	7.08	14.24	26.40	36.68	43.75
日采食风干料(g/d)	250	500	1000	1855	2575	3075
钙(%)	0.90	0.80	0.70	0.60	0.50	0.45
总磷(%)	0.70	0.65	0.60	0.50	0.45	0.40
有效磷(%)	0.55	0.40	0.32	0.23	0.19	0.15
钠(%)	0.25	0.20	0.15	0.10	0.10	0.10
氯(%)	0.25	0.20	0.15	0.08	0.08	0.08
镁(%)	0.04	0.04	0.04	0.04	0.04	0.04
钾(%)	0.30	0.28	0.26	0.23	0.19	0.17
铜(mg)	6.00	6.00	5.00	4.00	3.50	3.00
碘(mg)	0.14	0.14	0.14	0.14	0.14	0.14
铁(mg)	100	100	80	60	50	40
锰(mg)	4.00	4.00	3.00	2.00	2.00	2.00
硒(mg)	0.30	0.30	0.25	0.15	0.15	0.15
锌(mg)	100	100	80	60	50	50
维生素A(IU)	2200	2200	1750	1300	1300	1300
维生素D(IU)	220	220	200	150	150	150
维生素E(IU)	16	16	11	11	11	11
维生素K(mg)	0.50	0.50	0.50	0.50	0.50	0.50
生物素(mg)	0.08	0.05	0.05	0.05	0.05	0.05
胆碱(g)	0.60	0.50	0.40	0.30	0.30	0.30
叶酸(mg)	0.30	0.30	0.30	0.30	0.30	0.30
可利用尼克酸(mg)	20.00	15.00	12.50	10.00	7.00	7.00
泛酸(mg)	12.00	10.00	9.00	8.00	7.00	7.00
核黄素(mg)	4.00	3.50	3.00	2.50	2.00	2.00
维生素B_1(mg)	1.50	1.00	1.00	1.00	1.00	1.00
维生素B_6(mg)	2.00	1.50	1.50	1.00	1.00	1.00
维生素B_{12}(μg)	20.00	17.50	15.00	10.00	5.00	5.00
	以总氨基酸为基础(%)					
精氨酸	0.59	0.54	0.46	0.37	0.27	0.19
组氨酸	0.48	0.43	0.36	0.30	0.24	0.19
异亮氨酸	0.83	0.73	0.63	0.51	0.42	0.33
亮氨酸	1.50	1.32	1.12	0.90	0.71	0.54
赖氨酸	1.50	1.35	1.15	0.95	0.75	0.60
蛋+胱氨酸	0.86	0.76	0.65	0.54	0.44	0.35
苯丙+酪氨酸	1.41	1.25	1.06	0.87	0.70	0.55
苏氨酸	0.98	0.86	0.74	0.61	0.51	0.41
色氨酸	0.27	0.24	0.21	0.17	0.14	0.11
缬氨酸	1.04	0.92	0.79	0.64	0.52	0.40

表4.4 瘦肉型生长育肥猪每日每头营养需要量(NRC)

指　标	体　重(kg)					
	3～5	5～10	10～20	20～50	50～80	80～120
消化能(MJ/kg)	14.24	14.24	14.24	14.24	14.24	14.24
代谢能(MJ/kg)	13.67	13.67	13.67	13.67	13.67	13.67
粗蛋白质(%)	26.0	23.7	20.9	18.0	15.5	13.2
消化能摄入(MJ/d)	3.58	7.08	14.24	26.40	36.68	43.75
代谢能摄入(MJ/d)	3.43	6.78	13.67	25.33	35.21	41.99
采食风干料(g/d)	250	500	1000	1855	2575	3075
钙(g)	2.25	4.00	7.00	11.13	12.88	13.84
总磷(g)	1.75	3.25	6.00	9.28	11.59	12.30
有效磷(g)	1.38	2.00	3.20	4.27	4.89	4.61
钠(g)	0.63	1.00	1.50	1.86	2.58	3.08
氯(g)	0.63	1.00	1.50	1.48	2.06	2.46
镁(g)	0.10	0.20	0.40	0.74	1.03	1.23
钾(g)	0.75	1.40	2.60	4.27	4.89	5.23
铜(mg)	1.50	3.00	5.00	7.42	9.01	9.23
碘(mg)	0.04	0.07	0.14	0.26	0.36	0.43
铁(mg)	25.00	50.00	80.00	111.3	129.8	123.0
锰(mg)	1.00	2.00	3.00	3.71	5.15	6.15
硒(mg)	0.08	0.15	0.25	0.28	0.39	0.46
锌(mg)	25.00	50.00	80.00	111.3	129.8	153.8
维生素A(IU)	550	1100	1750	2412	3348	3998
维生素D(IU)	55	110	200	278	386	461
维生素E(IU)	4	8	11	20	28	34
维生素K(mg)	0.13	0.25	0.50	0.93	1.29	1.54
生物素(mg)	0.02	0.03	0.05	0.09	0.13	0.15
胆碱(g)	0.15	0.25	0.40	0.56	0.77	0.92
叶酸(mg)	0.08	0.15	0.30	0.56	0.77	0.92
可利用尼克酸(mg)	5.00	7.50	12.50	18.55	18.03	21.53
泛酸(mg)	3.00	5.00	9.00	14.84	18.03	21.53
核黄素(mg)	1.00	1.75	3.00	4.64	5.15	6.15
维生素B_1(mg)	0.38	0.50	1.00	1.86	2.58	3.08
维生素B_6(mg)	0.50	0.75	1.50	1.86	2.58	3.08
维生素B_{12}(μg)	5.00	8.75	15.00	18.55	12.88	15.38
	以总氨基酸为基础(g/d)					
精氨酸	1.5	2.7	4.6	6.8	7.1	5.7
组氨酸	1.2	2.1	3.7	5.6	6.3	5.9
异亮氨酸	2.1	3.7	6.3	9.5	10.7	10.1
亮氨酸	3.8	6.6	11.2	16.8	18.4	16.6
赖氨酸	3.8	6.7	11.5	17.5	19.7	18.5
蛋+胱氨酸	2.2	3.8	6.5	9.9	11.3	10.8
苯丙+酪氨酸	3.5	6.2	10.6	16.1	18.0	16.8
苏氨酸	2.5	4.3	7.4	11.3	13.0	12.6
色氨酸	0.7	1.2	2.1	3.2	3.6	3.4
缬氨酸	2.6	4.6	7.9	11.9	13.3	12.4

表 4.5　种母猪与种公猪饲养标准(NRC)

指　标	每千克饲粮养分含量			每日每头营养需要量		
	妊娠	泌乳	公猪	妊娠	泌乳	公猪
消化能(MJ/kg)	14.24	14.24	14.24	14.24	14.24	14.24
代谢能(MJ/kg)	13.67	13.67	13.67	13.67	13.67	13.67
粗蛋白质(%)	12.80	17.50	13.0	12.80	17.50	13.0
消化能摄入(MJ/d)	26.33	74.73	28.47	26.33	74.73	27.34
代谢能摄入(MJ/d)	25.29	71.74	27.37	25.29	71.74	6530
采食风干料(kg/d)	1.85	5.25	2.00	1.85	5.25	2.00
钙(%)	0.75	0.75	0.75	13.9g	39.4g	15.0g
总磷(%)	0.60	0.60	0.60	11.1g	31.5g	12.0g
有效磷(%)	0.35	0.35	0.35	6.5g	18.4g	7.0g
钠(%)	0.15	0.20	0.15	2.8g	10.5g	3.0g
氯(%)	0.12	0.16	0.12	2.2g	8.4g	2.4g
镁(%)	0.04	0.04	0.04	0.7g	2.1g	0.8g
钾(%)	0.20	0.20	0.20	3.7g	10.5g	4.0g
铜(mg)	5.00	5.00	5	9.3	26.3	10
碘(mg)	0.14	0.14	0.14	0.3	0.7	0.28
铁(mg)	80	80	80	148	420	160
锰(mg)	20	20	20	37	105	40
硒(mg)	0.15	0.15	0.15	0.3	0.8	0.3
锌(mg)	50	50	50	93	263	100
维生素 A(IU)	4000	2000	4000	7400	10500	8000
维生素 D(IU)	200	200	200	370	1050	400
维生素 E(IU)	44	44	44	81	231	88
维生素 K(mg)	0.5	0.5	0.50	0.9	2.6	1.0
生物素(mg)	0.20	0.20	0.20	0.4	1.1	0.4
胆碱(g)	1.25	1.00	1.25	2.3	5.3	2.5
叶酸(mg)	1.30	1.30	1.30	2.4	6.8	2.6
可利用尼克酸(mg)	10	10	10	19	53	20
泛酸(mg)	12	12	12	22	63	24
核黄素(mg)	3.75	3.75	3.75	6.9	19.7	7.5
维生素 B_1(mg)	1.00	1.00	1.0	1.9	5.3	2.0
维生素 B_6(mg)	1.00	1.00	1.0	1.9	5.3	2.0
维生素 B_{12}(μg)	15	15	15	2.8	79	30

表 4.6　妊娠母猪每千克饲粮总氨基酸与可消化氨基酸含量(NRC)

配种体重(kg)	125	150	175	200	200	200
妊娠期体增重(kg)	55	45	40	35	30	35
预期窝产仔数(头)	11	12	12	12	12	14
消化能(MJ/kg)	14.24	14.24	14.24	14.24	14.24	14.24
代谢能(MJ/kg)	13.67	13.67	13.67	13.67	13.67	13.67
粗蛋白质(%)	12.9	12.8	12.4	12.0	12.1	12.4
消化能摄入量(MJ/d)	27.88	26.23	26.82	27.36	25.60	26.27
代谢能摄入量(MJ/d)	26.77	25.18	25.75	26.27	24.58	25.23
采食风干料量(kg/d)	1.96	1.84	1.88	1.92	1.80	1.85
			以总氨基酸为基础(%)			
精氨酸	1.3	0.5	0.0	0.0	0.0	0.0
组氨酸	3.6	3.4	3.3	3.2	3.0	3.2
异亮氨酸	6.4	6.0	5.9	5.7	5.4	5.8
亮氨酸	9.9	9.0	8.6	8.2	7.7	8.3
赖氨酸	11.4	10.6	10.3	9.9	9.4	10.0
蛋+胱氨酸	7.3	7.0	6.9	6.8	6.5	6.9
苯丙+酪氨酸	10.6	9.9	9.6	9.4	8.9	9.5
苏氨酸	8.6	8.3	8.3	8.2	7.8	8.3
色氨酸	2.2	2.0	2.0	1.9	1.8	2.0
缬氨酸	7.6	7.0	6.8	6.6	6.2	6.7

表4.7　哺乳母猪每千克饲粮总氨基酸与可消化氨基酸含量(NRC)

母猪产后体重(kg)	175	175	175	175	175	175
泌乳期体重变化(kg)	0	0	0	−10	−10	−10
仔猪日增重(g)	150	200	250	150	200	250
消化能(MJ/kg)	14.24	14.24	14.24	14.24	14.24	14.24
代谢能(MJ/kg)	13.67	13.67	13.67	13.67	13.67	13.67
粗蛋白质(%)	16.3	17.5	18.4	17.2	18.5	19.2
消化能摄入量(MJ/d)	61.23	76.22	91.13	50.74	65.65	80.55
代谢能摄入量(MJ/d)	58.57	73.16	87.48	48.71	63.03	77.33
采食风干料量(kg/d)	4.31	5.35	6.40	3.56	4.61	5.66
			以总氨基酸为基础(%)			
精氨酸	0.40	0.48	0.54	0.39	0.49	0.55
组氨酸	0.32	0.36	0.38	0.34	0.38	0.40
异亮氨酸	0.45	0.50	0.53	0.50	0.54	0.57
亮氨酸	0.86	0.97	1.05	0.95	1.05	1.12
赖氨酸	0.82	0.91	0.97	0.89	0.97	1.03
蛋+胱氨酸	0.40	0.44	0.46	0.44	0.47	0.49
苯丙+酪氨酸	0.90	1.00	1.07	0.98	1.08	1.14
苏氨酸	0.54	0.58	0.61	0.58	0.63	0.65
色氨酸	0.15	0.16	0.17	0.17	0.18	0.19
缬氨酸	0.68	0.76	0.82	0.76	0.83	0.88

NRC饲养标准说明：

(1)标准以玉米-豆粕型饲粮为基础(3～10 kg猪除外)。

(2)3～20 kg猪的赖氨酸需要量是根据经验数据估测的，其他氨基酸是根据其与赖氨酸的比例估测的；20～120 kg猪的氨基酸需要量是根据生长模型估测的。

(3)妊娠母猪消化能及饲料摄入量、氨基酸需要量根据妊娠模型估计。

(4)泌乳母猪消化能及饲料摄入量、氨基酸需要量根据泌乳模型估计，假定每窝10头仔猪，哺乳期为21 d。

(5)假定代谢能为消化能的94%～96%。

(6)换算关系1 kcal=4.184 kJ;1IU维生素A=0.344 μg维生素A醋酸酯；1IU维生素D_3=0.025 μg胆钙化醇；1IU维生素E=0.67 mg D-α-生育酚或1 mg DL-α-生育酚醋酸酯。

思考：生产实践中如何选择利用饲养标准？

第三节　饲料的分类及各类饲料的营养特性

一、饲料的概念及分类

饲料是指具有一定的饲用价值，且对动物及其产品无毒、副作用的物质。按照这个概念，它包含了凡对动物及其产品无害，又能被动物采食，能发挥一定的饲养效果的植物、动物、微生物、矿物质以及工业合成物质。猪饲料以植物性饲料为主。

猪饲料是养猪业的物质基础，它能满足猪的生命和生产的营养需要，从而生产出猪产品。因此，饲料的数量和质量，以及在养猪生产实践中如何科学地使用饲料，影响到猪只的健康、生产水平的高低，最终决定养猪业的经济效益。

根据国际饲料命名及分类原则，按猪饲料特性共分为：粗饲料、青绿饲料、青贮饲料、能量饲料、蛋白质饲料、矿物质饲料、维生素饲料和添加剂饲料。

二、各类饲料的营养特点

（一）能量饲料

这类饲料含能值高，其消化能在10.5 MJ/kg以上，粗纤维低于18%，消化率高，适口性好，但蛋白质含量低于20%，钙磷比例不当，维生素不足，用之能提高日粮能量水平。

1. 谷实类饲料

为禾本科农作物成熟的种子，又称作粮食。

（1）玉米

玉米籽粒能值高，被誉为“饲料之王”。饲料玉米以黄玉米为主。

玉米是养猪业中最常用的一种能量饲料，具有很好的适口性和消化性，在所有能量饲料中，玉米消化能含量最高，无氮浸出物高达70%左右，而且主要为淀粉，粗纤维含量低，仅2%左右，玉米的脂肪含量为3.5%～4.5%，是小麦或大麦的1倍，而脂肪的可利用能量是碳水化合物的2.25倍。玉米含亚油酸较高，玉米亚油酸含量可达2%，是所有谷实类饲料中含量最高者，如玉米在猪日粮中的配比达50%以上，则仅玉米即可满足猪对亚油酸的需要量，蛋白质含量偏低，为8.6%左右，且品质欠佳，比小麦、大麦类谷实的含量少，但与高粱、糙大米、碎大米等的含量接近。玉米的氨基酸组成不良，赖氨酸、蛋氨酸和色氨酸不足，因此用玉米喂猪时，必须与豆粕（饼）、蚕蛹等动、植物性蛋白质饲料配合，以补充蛋白质和氨基酸的不足，才能获得良好的饲养效果。

玉米的维生素含量不高，但黄色玉米含胡萝卜素和黄色素较多。黄色玉米中维生素含量少，含硫氨素多而核黄素、泛酸都较少，烟酸也处于被束缚状态，维生素D缺少。所以，在配制饲料时应注意补充多种维生素。

玉米中的钙、磷含量均较少，比例不平衡。玉米的钙含量一般在0.01%～0.04%，磷0.16%～0.32%，由于磷的含量高于钙，钙、磷比例不平衡。在饲粮配合时，应注意与含钙饲料相配使用。

（2）大麦

大麦籽粒有两种，带壳者称“草大麦”，不带壳者称“裸大麦”。带壳大麦，即通常所说的大麦，其代谢能水平较低，约为11.51 MJ/kg。适口性好，含粗纤维5%左右，可促进动物肠道的蠕动，使消化机能正常。大麦是猪只较为喜爱的一种饲料。

大麦的蛋白质含量较高，约为11%，赖氨酸、色氨酸和异亮氨酸的含量都比玉米籽实高，但按动物需要量计算，仍然不足。粗脂肪含量约2%，脂肪酸中一半以上为亚油酸。

大麦不宜用于仔猪，但若是裸大麦或经脱壳、压片及蒸汽处理后的大麦则可取代部分玉米饲喂仔猪。以大麦喂育肥猪，日增重与玉米相当，但饲料转化率不如玉米。猪饲粮中以不超过25%为宜。由于大麦脂肪含量低，蛋白质含量高，是育肥后期的理想饲料，能获得脂肪白、硬度大、背膘薄、瘦肉多的猪肉。我国著名的“金华火腿”产区，历史上曾将大麦作为养猪必备精料之一。

（3）小麦

小麦是人的主要粮食之一，因其能值较高，亦有用作饲料的。饲用小麦包含春小麦和冬小麦籽粒。

小麦含淀粉70%～73%，粗纤维2.5%左右，能值高，易消化，适口性好，粗蛋白质达14%左右，必需氨基酸含量较低，尤其是赖氨酸含量较低。小麦与玉米一样，钙少磷多，且磷主要是植酸磷（约1.8%），微量元素铁、铜、锰、锌的含量较少。小麦含B族维生素和维生素E多，而维生素A、维生素D、维生素C极少。

（4）稻谷

水稻籽粒是人类的主要粮食，当年新产的稻谷一般不用作饲料，以贮存期过长而影响其大米品质的陈年稻谷作饲料。

稻谷含粗蛋白质为8.6%左右，含淀粉65%，因有稻壳含粗纤维较高(10.3%)，其能值不及玉米，矿物质仍是钙少磷多，维生素缺乏。在猪的日粮配合中，稻谷用量可不受限制，但带壳稻谷直接使用会提高日粮粗纤维含量。尤其对幼猪不利。除去稻壳可以提高能值和可消化性。另外须与蛋白质饲料搭配，重视钙磷平衡，补充多种维生素。

高粱营养成分比玉米略低，其价值相当于玉米的70%～95%；其蛋白质品质也稍差，缺乏胡萝卜素。另外，高粱中含有单宁，有涩味，适口性差，喂量过多易引起便秘，但对仔猪非细菌病毒性拉稀有止泻作用。

2. 糠麸类

糠麸类是粮食加工业的副产品。

(1)麦麸

麦麸是由小麦的果皮、种皮、糊粉层和未剥脱干净的胚乳粉粒所组成的。因具有一定的能值，含粗蛋白质也多达14%～16%，无氮浸出物达55.5%，粗纤维含量高达11.6%。兼之价格比较便宜，故在饲料中应用广泛。麦麸含B族维生素很高。最大缺点是磷多钙少，比例极不平衡。由于质地松软，适口性好，具轻泻性，是妊娠后期和哺乳母猪的良好饲料。喂肥猪效果稍差，但能生产白色硬体脂。对幼猪喂量不能太多，以免消化不良。在猪日粮内，麦麸的用量不宜超过20%。

麦麸吸水力强，易发霉变、腐败，应贮存在通风干燥处，不宜久贮。

(2) 次粉

次粉是在小麦加工精面粉时得到的副产品。次粉的规格目前尚未统一，用作饲料时，一般粗蛋白质和粗纤维含量较麦麸稍低，而含无氮浸出物较高，因而能值较高，是一种较好的能量饲料。应当注意，由于粒度细，散落性差，在制作配合饲料时，容易造成结块现象。在仔猪和生长速度较快的育肥猪日粮中，其比例分别以不超过15%和25%为宜。

(3) 米糠

米糠是以稻谷为原料的磨米工业制取大米后的副产品。米糠分为：细米糠、统糠、砻糠。

细米糠：是以糙米为原料精制大米后的副产品，主要含米皮、胚芽，其能值高。与稻谷及玉米比较，干物质中的粗蛋白质、粗脂肪、粗纤维和粗灰分含量都高。新鲜的米糠适口性好。由于含油脂较多，同时钙少磷多，用量要适当，一般控制为占日粮的25%～30%，过多会引起腹泻，用于育肥猪后期会导致屠体肉脂松软。细米糠含脂高，贮存中因脂肪易氧化酸败，不宜久贮。

统糠：是用稻谷直接碾米除去米粒后的剩余物，它包括稻壳、果皮、胚芽和碎米粒等。统糠又按其出米率高低，分为“二、八”糠(即100 kg稻谷碾80 kg米，剩20 kg统糠，余类推)，“三、七”糠和“四、六”糠等。统糠的营养价值因出米率高低而差异大。出米率越高，粗纤维含量越高，饲用价值越低。

砻糠：又称谷壳糠或糠粉。它是用纯稻壳加工粉碎过筛的粉状物。粗纤维含量高达46.23%，如果在以精饲料为基础的日粮中添加砻糠，会降低日粮消化率，得不偿失，砻糠不宜作猪饲料。由于砻糠有较好的松散性和吸附作用，常在工业饲料生产中用作预混料的载体。

(4) 糠饼

糠饼是米糠榨油后的产品，因蛋白质含量达不到标准，不属于油饼类，故称之为脱脂米糠，其性质由于油脂减少而能量下降，别的和米糠一样。用脱脂米糠喂仔猪适口性好，也不会引起腹泻，较米糠耐贮藏。

3. 块根、块茎类

(1) 甘薯(红苕)

在甘薯产区是常用来喂猪的好饲料。产量高,以块根中干物质计算,比水稻、玉米产量高得多。茎叶是良好的青饲料。薯块含水分高且淀粉多,粗纤维少,是很好的能量饲料,但粗蛋白质含量低,钙也较少,富含钾盐。黄芯甘薯含胡萝卜素较多。

用薯块喂猪,生喂或熟喂猪都喜食,对育肥猪和母猪,有促进消化和增加乳量的效果。染有黑斑的甘薯,有苦味,含有毒性酮,不宜食用。

(2) 马铃薯

马铃薯也可用于喂猪,但多用作粮食、蔬菜和工业原料。块茎的主要成分是淀粉,粗蛋白质含量不高,但超过甘薯,其中非蛋白氮很多。应当注意的是,含有的茄素(龙葵精)为有毒物质,以发芽的芽和芽眼中含量多,在呈绿色的马铃薯皮中亦多,喂猪时去掉芽和芽眼,并蒸煮熟即可。

猪吃马铃薯的消化率比其他家畜高。蒸煮熟更可提高适口性和消化率,生喂不仅消化率较低,还会发生生长受阻现象。喂肥猪,生成硬脂,胴体适用于加工用。煮熟饲喂,要求配合适量的蛋白质饲料。生喂时,开始量要小,使猪逐渐适应,可从幼猪起就喂。

(3) 南瓜

南瓜多用作蔬菜,也是喂猪的优质高产饲料。南瓜中无氮浸出物含量高,其中多为淀粉和糖类,还含有丰富的胡萝卜素,各类猪都可喂,特别适于繁殖和泌乳母猪。喂肥猪肉质具香味,但肉色会发黄。

南瓜应充分成熟时收获,即此时瓜面出现白粉,外皮硬化,瓜梗变硬,过早收获,含水量较大,干物质少,适口性差,不耐贮藏。

(4) 甜菜

甜菜分饲用和糖用两种,饲用甜菜中的无氮浸出物主要是糖分(蔗糖),也含有少量淀粉与果胶物质。

甜菜适用于喂肥猪。成年猪日喂量5.0~7.5 kg,幼猪酌减。切碎或打浆投给。收获的甜菜如立即喂猪,易引起腹泻,须经短暂贮存后再喂,使其中大部分硝酸盐转化为天门冬酰胺而转变为无害。甜菜青贮,一年四季都可喂猪。

用甜菜叶喂猪,生喂较好,因含多量草酸,若切碎打浆再加0.2%石灰石粉处理,饲喂效果好。熟喂不仅破坏维生素,在放置期间还易产生亚硝酸盐,使猪急性中毒。

4. 饲用油脂

饲用油脂是指添加在饲料配方中的用油。这类油脂含消化能均在33.4 MJ/kg以上,日粮中添加一定量的油脂,可以提高能量浓度。

饲料油脂一般在工业饲料生产中应用,添加量一般为1%~2%,饲料油脂易氧化酸败,尤其在高温季节,须在加油脂的同时添加抗氧化剂。饲用油脂主要有:牛油、鱼油、菜籽油、玉米油、棉籽油、棕榈油等。

(二) 蛋白质饲料

蛋白质饲料指含粗蛋白质20%以上的饲料,蛋白质品质好,所含氨基酸全面。饲料中配合蛋白质饲料的作用在于提高饲粮的粗蛋白质水平,平衡氨基酸,从而改善饲粮蛋白质品质,提高饲料消化率。

1. 豆科籽实

豆科籽实指豆科植物大豆、豌豆和蚕豆(胡豆)等的籽粒。大豆在我国的种植面积较大,总产量比豌豆、蚕豆多,约30%用作饲料。这类饲料除具有植物性蛋白质饲料的一般营养特点外,最大的优点是蛋白质品质好,赖氨酸含量接近2%,与能量饲料配合使用,可弥补部分赖氨酸缺乏的弱点。但该类饲料含硫氨基酸受限。另一特点是脂溶性维生素A、维生素D较缺。豌豆、蚕豆的维生素A比大豆稍多,B族维生素也仅略高于谷实类。

豆科籽实含有抗胰蛋白酶、皂素、血球凝集素等有害物质，它们影响该类饲料的适口性、消化率以及动物的一些生理过程，这些物质经适当热处理（焙炒、膨化等）即会失去作用。因此，这类饲料应当熟喂，且喂量不宜过高，一般在饲粮中配给10%～20%。否则，会使肉质变软，影响胴体品质。

2. 饼粕类

饼粕类是制油工业副产品，为油料经压榨或浸提取油后的剩余物。

(1) 大豆饼（粕）

豆粕和豆饼是制油工业不同加工方式的副产品。豆粕是浸提法或预压浸提法取油后的副产物，粗蛋白质含量在43%～46%；豆饼的加工工艺是经机械压榨浸油后的副产物，粗蛋白质含量一般在40%以上。大豆粕（饼）是最优质的植物性蛋白质饲料，富含赖氨酸和胆碱，消化率高，适口性好，易消化等，但蛋氨酸不足，含胡萝卜素、硫胺素和核黄素较少。大豆饼（粕）的质量与加工工艺条件有关。品质良好的大豆饼（粕）颜色应为淡黄色至淡褐色。太深表示加热过度，蛋白质品质变差。太浅可能加热不足，大豆中的抗胰蛋白酶灭活不足，影响消化，使用时易导致仔猪拉稀。大豆饼（粕）适口性好，不同生理阶段的猪均可饲用。仔猪配合饲料中，大豆饼（粕）用量15%～25%；生长育肥猪前期用量10%～25%，后期用量6%～13%，不能过高，否则产生软脂猪肉；妊娠母猪配合饲料中用量4%～12%，哺乳母猪用量10%～20%。

(2) 菜籽饼（粕）

菜籽饼（粕）是我国南方地区最有潜力的蛋白质饲料资源，年产量近万吨，其中仅5%～10%用作饲料。

菜籽饼（粕）均含有较高的蛋白质，达34%～38%。氨基酸组成较平衡，含硫氨基酸含量高是其突出的特点，且精氨酸与赖氨酸之间较平衡，但精氨酸含量较低，赖氨酸含量亦低，比国外同类产品低30%左右，比大豆饼（粕）低40%左右。

菜籽饼（粕）的粗纤维含量较高，为8%～14%，影响其有效能值。菜籽饼（粕）含钙较高，磷高于钙，且大部分是植酸磷。微量元素中含铁量丰富，而其他元素则含量较少。

菜籽饼（粕）含有芥子甙，它既影响饲料适口性，也会因食入量大而中毒，未经脱毒处理的菜籽饼（粕）应限量使用，猪饲粮内不宜超过10%～15%，对仔猪、妊娠母猪慎用。

(3) 棉籽饼（粕）

棉籽饼（粕）在我国产量较大，年产约400万吨，用于饲料的仅占16%左右。因此，棉籽饼（粕）也是一种很有开发潜力的植物蛋白饲料资源。

棉籽饼（粕）粗蛋白质含量为36%～41%，氨基酸组成中赖氨酸较缺；粗纤维含量为10%～14%，消化能12.13 MJ/kg左右；矿物质含量很不平衡，钙低（0.16%），磷高（1.2%）。

棉籽饼（粕）含有游离棉酚等毒素，必须限量饲喂，或脱毒处理后与其他饲料配合饲喂。在猪饲料内占5%～10%为宜，幼猪宜少用。

(4) 花生仁饼（粕）

我国花生仁饼（粕）产量仅次于大豆饼（粕）、菜籽饼（粕），是居第四的植物性蛋白质饲料资源，年产量约为125.9万吨，黄淮海平原地区是生产区，年产量约为103.5万吨。

花生仁饼（粕）粗纤维含量低，蛋白质含量高，富含精氨酸、组氨酸，但赖氨酸、蛋氨酸较缺，是猪喜爱的一种植物性蛋白饲料。但因其脂肪含量高，且饱和性低，喂量不宜过多。生长育肥猪饲粮中用量不超过15%，否则胴体软化；仔猪、繁殖母猪的饲粮中用量以低于10%为宜。花生仁饼（粕）、鱼粉、血粉等应配合饲喂，或加入氨基酸添加剂，补充赖氨酸和蛋氨酸。

花生仁饼（粕）宜贮藏在低温干燥处，高温高湿条件下易感染黄曲霉而产生黄曲霉素，致猪中毒，幼猪最为敏感，切忌饲喂霉变的花生仁饼（粕）。

3. 动物性蛋白质饲料

(1)鱼粉:鱼粉是以鱼、虾、蟹等水产动物或对鱼品加工所得副产物(头、尾、内脏等)原料进行干燥、脱脂、粉碎;或先经蒸煮、压榨、干燥粉碎而成的粉状物。鱼粉蛋白质丰富,氨基酸全面,其中氨基酸含量高达3.6%~4.5%,还含有较高的钙、磷、维生素A、维生素D等,它是一类优质的蛋白质饲料,尤其适合于生长、繁殖猪只。鱼粉价格较贵,多用增加饲料成本。

鱼粉在日粮中比例,仔猪8%~10%,繁殖公母猪5%~6%,生长育肥猪前期5%~8%,后期3%~5%,宰前一月停喂鱼粉。鱼粉有进口和国产两种,国产鱼粉食盐含量高,使用时注意防止食盐中毒。

(2)蚕蛹　以蚕桑为原料,经缫丝后所得蚕蛹,再经干燥后即为饲料。蚕蛹蛋白质高(50%以上),脂肪高(26%左右),而且氨基酸全面,尤以必需氨基酸含量高(赖氨酸3.03%,蛋氨酸1.6%,色氨酸0.68%),因而蚕蛹蛋白质生物学价值高,蚕蛹还含有多种维生素,尤以核黄素为多,蚕蛹具有特殊气味,影响适口性。因其产量少,价格高,饲料中使用仅3%~5%。

(3)血粉:用屠宰牲畜时收集到的无污染鲜血,经蒸煮,干燥粉碎而成细粒状,即为血粉。血粉粗蛋白质高达80%以上,但其蛋白质消化率低,仅为60%~70%。血粉在猪饲料中,一般添加30%左右。血粉与花生粕或棉籽粕搭配,效果更好。

4. 单细胞蛋白质饲料

单细胞蛋白质饲料主要包括一些微生物和单细胞藻类,如各种酵母、蓝藻、小球藻类等。其营养特点为:蛋白质含量较高(40%~80%),但蛋氨酸、赖氨酸和胱氨酸有限。核酸含量较高:酵母类含6%~12%,藻类含3.8%,细菌类含20%。维生素含量较丰富:特别是酵母,它是B族维生素最好的来源之一。矿物质含量不平衡,钙少磷多。适口性较差:如酵母带苦味,藻类和细菌类具有特殊的不愉快的气味。在饲粮中一般占4%~5%。

(三) 糟渣类饲料

糟渣类饲料系指某些食品工业如酿造业、制糖业、制粉业、豆腐坊等的副产品,如粉渣、粉浆、豆腐渣、甜菜渣、糖浆、啤酒糟、酱糟、醋糟等。糟渣类饲料的主要成分为无氮浸出物,粗纤维含量较高,营养价值因制作方法不同差异很大,营养不平衡,应与其他能量饲料、蛋白质饲料、青绿饲料搭配饲喂,不可单一喂猪。

(四) 青饲料与青贮饲料

1. 青饲料

凡用作饲料的绿色植物,均称为青饲料。它包括人工栽培牧草、野草、野菜、蔬菜类、作物茎叶和藤蔓、树叶、水生植物等。

青饲料营养丰富、全面,蛋白质含量较高,氨基酸齐全,蛋白质品质好。钙、磷、铁含量高,钙、磷比例恰当。富含胡萝卜素和B族维生素,是猪只维生素的重要来源。青饲料适口性好、易消化、具有轻泻性,能防止便秘。

青饲料虽有较好的营养价值,但因其含水量高(75%~90%),能值低,必须搭配能量饲料。青饲料适宜各类猪饲喂,提倡生喂。

2. 青贮饲料

青饲料生长有季节性,为了让猪常年吃上青绿饲料,将青饲料在厌氧条件下,经乳酸菌发酵调制保存的青绿多汁饲料。青贮的目的是防止饲料养分继续氧化分解而损失,保质保鲜。

(1) 青贮设施

生产中常用的青贮设施主要有青贮窖、青贮壕、青贮塔和青贮袋。对青贮设施的要求是不漏水,不透气,密封性好,内部表面光滑平整。

(2) 青贮方法

常规青贮:塑料袋青贮是将切短的原料装填于袋内,原料压紧压实,袋口结扎密封,放置于广敞空间处,防止老鼠啃咬或锐物刺破塑料袋漏气。

半干青贮：原料收割后适当晾晒，使原料含水量迅速降到45%～55%，切碎，迅速装填，压紧密封，控制发酵温度在40℃以下。日常管理同常规青贮。半干青贮能减少饲料营养损失，半干青贮兼有干草和常规青贮的优点，干物质含量比常规青贮饲料高1倍。

混合青贮：混合青贮指将营养含量不同的青饲料合理搭配后进行青贮。常用的混合青贮法有干物质含量高、低搭配青贮和含可发酵糖太少的原料与富含糖的原料混合青贮两种方法。

（3）青贮饲料的品质鉴定

青贮饲料在饲用前或饲用过程中要进行品质鉴定，确保饲用优良的青贮饲料。

化学鉴定法：化学鉴定法主要测定青贮饲料的pH、有机酸含量和腐败与否。pH3.8～4.2，游离酸含量2%左右，其中乳酸占1/3～1/2，不含高丁酸，无腐败者为优良青贮饲料。pH4.6～5.2者为低劣青贮饲料。

感官鉴定法：生产中常用此法，简便易行，快速准确，鉴定指标见表4.8。

表4.8　感官鉴定青贮饲料等级指标

等级	气味	酸味	颜色	质地
优良	芳香酸味，给予人以舒适感	较浓	绿色或黄绿色	柔软湿润，保持茎、叶、花原状，松散，叶脉及绒毛清晰可见。
中等	芳香味弱，稍有酒精或酪酸味	中等	黄褐色或暗绿色	–
低等	刺鼻腐臭味	淡	严重变色，褐色或变黑	茎、叶结构保持极差，黏滑或干燥、粗硬、腐烂。

（4）青贮饲料的使用

青贮封窖一个月后，即可成熟，可开窖使用。生长育肥猪日喂量1～1.5 kg，哺乳母猪1.2～2.0 kg，妊娠母猪3.0～4.0 kg，妊娠最后1个月用量减半。

青贮饲料不宜过多饲喂，否则可能因酸度过高而影响胃内酸度或体内酸碱平衡，降低采食量。质量差的青贮饲料按一般用量饲喂，也可能产生不适或引起代谢病。

青贮饲料一旦开封启用，就必须连续取用，用多少取多少。由表及里一层一层地取，使青贮料始终保持一个平面，切忌打洞取用。取料后立即封盖，以防二次发酵或雨水浸入，使其腐烂。发现霉烂变质的青贮饲料，应及时取出抛弃，防止猪食用后中毒。

（五）粗饲料

凡饲料干物质中粗纤维含量在18%以上（包括18%），体积大，质地粗硬，不易消化，营养价值较低的饲料称为粗饲料。这类饲料来源极广，包括青草粉、树叶粉、秸秆粉和秕壳粉。

（六）矿物质饲料

主要指为猪只提供常量矿物质元素的矿物质饲料。

1. 食盐：即氯化钠，为猪只提供氯、钠元素。食盐在猪饲粮中有调味、增进食欲、提高饲料消化率的作用。在饲粮中的添加量一般为0.3%，最多不超过0.5%，过多易造成食盐中毒，尤以仔猪最敏感。

2. 钙、磷补充料：这类补充料在饲粮内添加，在于提高饲粮钙、磷水平和平衡钙磷比例。这类饲料主要有：

钙粉（又称石粉、重钙、碳酸钙），以石灰石粉碎加工而成。一般含钙35%以上，还含有氯、铁、锰、镁、磷、钾、钠、硫等元素，是一种廉价的钙补充料。

磷酸氢钙：它含钙23.1%，磷18.7%，为白色粉末，为钙磷平衡补充料，用作补充饲粮钙磷含量。

磷酸二氢钙：为白色粉末，含钙17.0%，磷21.1%。

（七）饲料添加剂

饲料添加剂是指为特定目的在配合饲料内添加的微量成分，一般按配合饲料最终产品的百万分之一计量（mg/kg）。猪饲料添加剂种类很多，并且经常有新的饲料添加剂品种问世，同时，也经常有一些饲料添加剂被淘汰或禁用，因而饲料添加剂的品种经常处于新旧更替之中。根据添加剂所起的作用，一般可分为营养性添加剂和非营养性添加剂两大类。

1. 营养性添加剂

主要用于平衡饲粮营养，包括：

(1)微量元素添加剂：这类添加剂是含有微量元素的化合物，用于补充饲粮中的微量元素。如硫酸铜、硫酸铁、硫酸锌、硫酸锰、碘化钾、亚硒酸钠、氯化钴等。

(2)维生素添加剂：用于补充饲粮维生素。包括维生素A、维生素E、维生素K_3、维生素B_1、维生素B_2、维生素B_6、泛酸、烟酸、叶酸、维生素B_{12}、胆碱、维生素C等。市场上销售的猪用多维，是根据猪对维生素的需要，用多种维生素配合而成的复合维生素。

(3)氨基酸：用于补充和平衡饲粮的氨基酸。主要是工业合成的赖氨酸和蛋氨酸。两种都有L型和D型之分；猪只能利用L型赖氨酸，D型和L型蛋氨酸都能为猪所利用。

2. 非营养性添加剂

这类添加剂具有刺激动物生长、提高饲料利用率、改善动物健康等功效，包括抗生素与抗菌药物、酶制剂、调味剂、有机酸、驱虫剂、防霉剂(防腐剂、保存剂)、着色剂、调味剂、加工工艺用的添加剂等。

【注意事项】饲料配制中使用鱼粉注意哪些问题？

1. 使用优质鱼粉：金黄色，鱼松状，芳香鱼腥味，不带霉变味、焦味。

2. 用量：2%～8%，不超过10%，最好控制在0%～3%。

3. 避免食盐中毒。

4. 为高不饱和脂肪酸，易酸败，久贮不用或少用，易引起幼猪腹泻；同时生长育肥猪后期不用或少用，否则会产生软脂，屠宰前1月停喂，以防肉质出现异味。

5. 注意鱼粉掺假。

6. 慎用生鱼粉或生鱼，以防维生素B_1缺乏。

第四节　猪的配合饲料与饲料配合技术

一、配合饲料

配合饲料是根据猪的饲养标准(营养需要)，将多种饲料(包括添加剂)按一定比例和规定的加工工艺配制成的均匀一致、营养价值完全的饲料产品。

配合饲料按照营养成分、饲料形态、饲喂对象等分成很多种类。

1. 按营养成分和用途分类　按营养成分和用途将配合饲料分成添加剂预混料、浓缩饲料和全价配合饲料。

(1)添加剂预混料　它是指用一种或几种添加剂(如微量元素、维生素、氨基酸、抗生素等)加上一定数量的载体或稀释剂，经充分混合而成的均匀混合物。根据构成预混料的原料类别或种类，又分为微量元素预混料、维生素预混料和复合添加剂预混料。预混料既可供养猪生产者用来配制猪的饲粮，又可供饲料厂生产浓缩饲料和全价配合饲料。市售的添加剂预混料多为复合添加剂预混料，一般添加量为全价饲粮的0.25%～3%，具体用量应根据实际需要或产品说明书确定。

(2)浓缩饲料　浓缩饲料是由添加剂预混料、常量矿物质饲料和蛋白质饲料按一定比例混合而成的饲料。养猪场或养猪专业户可用浓缩饲料加入一定比例的能量饲料(玉米、麸皮等)即可配制成直接喂猪的全价配合饲料。浓缩饲料一般占全价配合饲料的20%～30%。

(3)全价配合饲料　浓缩饲料加上一定比例的能量饲料，即可配制成全价配合饲料。它含有猪需要的各种养分，不需要添加其他任何饲料或添加剂，可直接喂猪。

【案例分析】某农户乱用添加剂预混料、浓缩饲料及全价饲料，误以为不同厂家生产的产品混合使用效果会更好，结果反而不理想，甚至产生中毒等不良反应。试分析其原因。

分析：生产实践中应注意无论是添加剂预混料、浓缩饲料或全价饲料，都有其专用性，不能一料多用、混用。比如，仔猪饲料不宜用于生长育肥猪，相反育肥猪饲料不能用于仔猪。因为某一个饲料产品是根据适宜它的猪的营养要求而配制生产的，一料多用、乱用不能满足猪只营养要求，从而达不到饲养目的。在利用添加剂预混料或浓缩饲料自配饲料时，一定要混合均匀，否则，造成某些猪只个体对添加物的多食而发生不良后果。另外，自配全价料一定要遵照产品说明书配方要求配合，如果确实因某原料缺乏，可以用同类饲料原料代替。自己配合饲料一次配合量不宜太多，以免长时间喂不完变质。

2. 按饲料物理形态分类　根据制成的最终产品的物理形态分成粉料、湿拌料、颗粒料、膨化料等。

3. 按饲喂对象分类　按饲喂对象可将饲料分成乳猪料、断乳仔猪料、生长猪料、育肥猪料、妊娠母猪料、泌乳母猪料、公猪料等。

二、饲料配合原则

饲料配合须按照以下原则：

(1)根据饲养标准，确定配合饲料的各项营养指标。猪的饲养标准是配合猪饲料的科学依据，不同类型和生产阶段猪只有不同的标准和由标准规定的各项营养指标，须依照这些指标配合。我国制定的猪用饲养标准和饲料营养成分及营养值表是饲料配合的依据，也可以参考NRC。

(2)根据不同类型和生长阶段猪要求的特点，选用相宜的饲料原料，要求饲料原料要有良好的适口性和可消化性。

(3)做到饲料多样化，配合饲粮时宜多选用几种饲料，达到营养互补，从而提高饲料的营养价值。

(4)配合饲粮既要满足标准所规定的各项营养指标，还必须注意到配合成的饲粮的干物质含量，使饲粮有一定的体积，猪食后有饱感。

(5)在符合猪的生理特点，满足其营养需要前提下，尽可能选用价格低，当地数量多的饲料原料，以降低成本。

三、饲料配方设计要点

(一)根据不同的生理阶段设计配方

乳猪(3～5周以前)、仔猪(6～8周以前)和生长猪(20～50kg体重)配合饲料配方设计，重点考虑保证消化能、粗蛋白、赖氨酸和蛋氨酸的数量和质量。3～5周以前的小猪更应坚持高消化能、高蛋白质的配方设计原则。50kg以前的猪，生产性能的80%～90%靠这些营养物质发挥作用。此外，尽可能考虑使用生长促进剂和与仔猪健康有关的保健剂，有利于乳、仔猪和生长猪最大限度提高生长速度和提高饲料利用效率。

育肥猪的饲料配方设计，重点考虑满足猪生长所需要的消化能，其次是满足粗蛋白质需要。微量营养物质和非营养性添加剂可酌情考虑。育肥最后阶段的饲料配方应考虑饲料对胴体质量的影响，保证适宜胴体质量具有重要商品价值，但应选用符合安全肉猪生产有关规定的添加剂。

泌乳母猪饲料配方设计考虑的营养重点是消化能、蛋白质和氨基酸的平衡。泌乳高峰期更要保证这些营养物质的质量。否则，会造成母猪动用体内储存营养物质维持泌乳，使体况明显下降，严重影响下一周期的繁殖性能。泌乳母猪泌乳量大，采食量也大，特别是微量元素不适宜超过需要量供给。

妊娠母猪饲料配方可以参考育肥猪饲粮配方设计。微量营养素的考虑原则与泌乳母猪明显不同。应根据妊娠母猪的限制饲养程度,保证在有限的采食量中能供给充分满足需要的微量营养物质,特别要注意有效供给与繁殖有关的维生素A、维生素D、维生素E、生物素、叶酸、尼克酸、维生素B_6、胆碱及微量元素锌、碘、锰等。

(二)饲料配方设计中如何选料

制作配合饲料选用5~7种能量、蛋白质饲料较为适宜。

1. 乳猪饲料配方的选料　对饲料的选择很严格,应尽量按近似乳蛋白质和乳碳水化合物的质量选用饲料原料。首选奶产品,如脱脂奶粉、乳清粉等,糖类如葡萄糖、蔗糖等,其次选其他动物性饲料如鱼粉、蚕蛹、喷雾血粉、水解蛋白等,再次选用常规植物性饲料,如玉米、豆粕、小麦、燕麦等。非常规饲料,如菜粕、棉籽粕、统糠等一般不选用。选用非首选的原料,以经过适当的加工处理后再用为好。植物性蛋白质饲料经过热、压处理,如膨化挤压大豆,自然淀粉经过膨化处理或糊化处理如膨化玉米,或一些经过酶解、发酵处理的产品如水解蛋白等均可以视为是对小猪具有较高质量的饲料。外源性酶制剂如蛋白酶、糖化酶、纤维素酶等也可以考虑使用。维生素、微量元素、生长促进剂、保健剂必须选用。在首选饲料有限的情况下,适当选用具有乳香味的物质如乳猪香等,有利于促进小猪多采食。合理选用酸化剂如柠檬酸、醋酸、富马酸等,有利于提高小猪对饲料的消化利用率。

2. 仔猪饲料配方的选料　对常规饲料选用不受限制,动、植物性饲料均可选用。对非常规饲料,特别是粗纤维含量高或含有抗营养因子的饲料如棉籽粕、葵花籽粕、统糠等只能适当选用,80%消化率以下的饲料原料在配合饲料中的总量不宜超过10%,见表4.9。微量饲料成分选用参考乳猪饲料配方设计的选料原则。

表4.9　仔猪对不同饲料的消化率

消化率(%)	饲料			
大于95	脱脂奶粉	乳清粉	蔗糖	
90~94	玉米 木薯粉 洋芋干	鱼粉 豌豆	糖蜜 糖甜菜	全脂奶粉 甘薯(红苕干)
85~89	豆粕 稻谷	黑麦 花生粕	小麦	高粱
80~84	鱼粉 蚕豆(胡豆)	小麦次粉 玉米蛋白粉	玉米(含芯)	大麦
75~79	肉粉 甘薯粉渣	蚕蛹	亚麻籽粕	洋芋粉渣
70~74	燕麦	菜籽饼	米糠	麦麸
65~69	棉籽粕	玉米胚芽粕	玉米蛋白饲料	麦麸
55~64	苜蓿粉	三叶草粉	干甘薯茎叶粉	玉米青贮
小于54	啤酒糟	酒糟	统糠	

3. 生长猪饲料配方的选料　以植物性饲料为主,动物性饲料酌情选用。有条件的情况下,适当选用少量动物性饲料,有利于提高配方设计质量。低质饲料和非常规饲料,特别是消化率在70%以下的饲料原料,选用的比例不宜超过所用饲料总数的20%~30%,微量饲料成分中,调味剂可选也可不选。

4. 育肥猪饲料配方的选料　可以全部选用植物性饲料原料。在不明显影响饲料能量浓度的情况下,非常规饲料如饼粕类和糠麸类等的使用比例可达50%左右。消化率在50%以下的饲料也可占到配方的10%以上。调味剂、微量元素添加剂可选可不选。抗生素在育肥期最后2~3周停止使用。

5. 妊娠母猪饲料配方的选料 可以采取常规饲料原料和非常规饲料原料并重的方法，充分合理地选用粗饲料，有利于自动限饲，防止母猪过量摄入营养物质，影响繁殖性能。对繁殖性能有直接影响的饲料原料如菜籽粕、棉籽粕等应尽量少用或不用。对繁殖性能有好处，含未知促生长因子丰富的饲料原料如苜蓿、发酵副产物等应尽可能多选用。

6. 泌乳母猪饲料配方的选料 选用的原料应充分考虑泌乳高峰期泌乳能力大于母猪采食的特点，参照生长猪配合饲料选用原料比较适宜。这样有利于减少饲料容积，促进母猪有效摄入营养物质。

（三）配合饲料配方的用料技术

1. 能量、蛋白质饲料的合理利用

饲料配合利用饲料原料的最基本技术是要把握好原料的适宜用量。同样的饲料原料可以配制出营养价值不同的配合饲料，其奥妙也主要在此。任何一种饲料原料，不是能被动物采食就可以随便配制。饲料原料在一定范围内具有线性相加效应。选用适宜的饲料原料、适宜的用量组合，配制的配合饲料饲养效果最好。不适宜饲料、不适宜用量组合或适宜饲料、不适宜用量组合都不能达到最好的饲养效果。表4.10列出了一些常用饲料在不同饲料配合中的适宜参考用量。

表4.10 部分猪用饲料适宜使用量范围(%)

饲　料	妊娠料	产奶料	开口料	生长育肥料	浓缩料
动物脂(稳定化)	–	–	0~4	–	–
大麦	0~80	0~80	0~25	0~85	–
血粉(喷雾)	0~3	0~3	0~4	0~3	0~10
玉米	0~80	0~80	0~40	0~85	–
棉籽饼	0~5	0~5	–	0~5	0~20
菜籽饼	0~5	0~5	0~5	0~5	0~5
鱼粉	0~5	0~5	0~5	0~12	0~40
亚麻籽饼	0~5	0~5	0~5	0~5	0~20
骨肉粉	0~10	0~5	0~5	0~5	0~30
高粱	0~80	0~80	0~30	0~85	–
糖蜜	0~5	0~5	0~5	0~5	0~5
燕麦	0~40	0~15	0~15	0~20	–
脱脂奶	–	–	0~20	–	–
大豆饼	0~20	0~20	0~25	0~20	0~85
小麦	0~80	0~80	0~30	0~85	
麦麸	0~30	0~10	0~10	0~20	0~20
酵母	0~3	0~3	0~3	0~3	0~5
稻谷	0~50	0~50	0~20	0~50	–
燕麦(脱壳)	–	–	0~20	–	–

【案例分析】

据研究早籼稻替代断奶仔猪日粮50%的玉米可显著改善其平均日增重、采食量和饲料转化率（$P<0.05$）。生长猪日粮中早籼稻分别替代日粮中33.3%, 66.7%和100%的玉米可不同程度地提高猪只生产性能，其中33.3%替代组生产性能最佳。早籼稻中总能量、粗蛋白和干物质的粪消化率高于玉米日粮。

早籼稻中氨基酸和代谢能的回肠消化率显著高于玉米日粮（$P<0.05$）。

2. 矿物元素及维生素等饲料的合理利用

常量矿物元素中，钙、磷、钠、氯源的合理利用十分重要。磷是一种很难用好的元素。生产实践中进行饲料配合，按保证无机磷的适宜比例和用量考虑磷源的利用比较简单易行。只要无机磷源如磷酸氢钙等提供的磷不低于营养标准需要量63%，即可认为其配合的饲料磷含量满足了需要。若在饲料有效磷含量比较齐全的情况下，按有效磷的数据进行配制更为可靠。钠和氯常用食盐补充饲料配合中的不足部分。但是，食盐很难使配合饲料中的钠和氯按营养需要标准平衡，若在使用了氯化胆碱和盐酸赖氨酸的情况下，钠和氯更难平衡。因此，在配合饲料的计算过程中，以食盐满足氯需要，用0.1%～0.5%的碳酸氢钠平衡配合饲料中的钠是一个平衡钠和氯的有效方法，而且也在一定程度上保证了钠、氯、钾之间的平衡。

维生素易受饲料加工、贮藏及微量元素的影响。复合多种维生素仅按猪的正常需要量补充到天然饲料中，较难保证其有效供给，特别是热、压、湿加工工艺如蒸汽制粒，正常损失也在40%以上。因此，用这种工艺进行饲料配合，维生素用量最低限度应增加50%。用于膨化制粒工艺，饲料配合的维生素用量应增加1倍以上。在经济成本允许的条件下，维生素按营养标准需要量3倍以上使用，可提高猪抵抗应激的能力。

表4.11 种猪饲料配方实例

组成	配方	妊娠饲料配方			泌乳饲料配方		
		1	2	3	1	2	3
玉米	(%)	74.50	75.52	59.01	76.03	65.42	62.79
统糠	(%)	–	–	6.43	–	6.99	7.52
麦麸	(%)	8.13	10.54	12.18	3.27	9.41	10.2
鱼粉(CP60%)	(%)	5.06	3.2	5.62	3.03	5.07	3.33
豆粕	(%)	–	4.22	6.56	6.06	–	–
饲料酵母	(%)	–	–	–	–	4.34	–
葵花籽粕	(%)	–	–	–	–	–	2.83
棉籽粕	(%)	–	–	–	–	–	5.10
苜蓿	(%)	4.34	3.26	8.43	–	–	–
菜籽粕	(%)	–	–	–	3.93	7.24	5.67
大豆	(%)	5.79	–	–	4.92	–	–
碳酸钙	(%)	0.34	0.02	0.12	0.24	0.20	0.42
磷酸氢钙	(%)	1.16	1.67	1.00	1.68	0.61	0.80
食盐	(%)	0.30	0.30	0.30	0.30	0.30	0.30
预混料①	(%)	0.30	0.30	0.30	0.30	0.30	0.30
复合多种维生素②	(%)	0.04	0.04	0.04	0.04	0.04	0.04
赖氨酸	(%)	0.02	–	–	0.13	0.07	0.09
蛋氨酸	(%)	0.01	–	–	0.06	–	–
抗生素③	(%)	0.01	0.01	0.01	0.01	0.01	0.01
营养指标							
消化能④	(MJ/kg)	13.79	13.38	12.54	13.79	12.96	12.54
粗蛋白质	(%)	13	12	14	14	14	14
钙	(%)	0.75	0.75	0.75	0.75	0.75	0.75
磷	(%)	0.60	0.60	0.60	0.60	0.60	0.60
赖氨酸	(%)	0.55	0.47	0.59	0.70	0.60	0.60
蛋氨酸	(%)	0.18	0.15	0.18	0.25	0.27	0.24
蛋氨酸+胱氨酸	(%)	0.55	0.54	0.55	0.61	0.72	0.67
色氨酸	(%)	0.14	0.13	0.16	0.15	0.16	0.15

注：周安国等，1998。
①预混料组成：硫酸亚铁5.2305%，硫酸铜0.3306%，硫酸锰0.8748%，碘化钾0.0052%，亚硒酸钠0.0119%，碳酸钙20.0828%以及一些硫酸锌。
②复合多种维生素采用商品高浓度产品。
③选用四环素族比较适宜。如土霉素、金霉素等。
④消化能单位为MJ/kg。

四、配合饲料配方实例

(一)种猪饲料配方

种猪(包括公猪和母猪)营养需要变化较大。按满足不同繁殖性能营养需要设计配方,配合日粮种类显得很复杂。配方、配合饲料不变,不同繁殖性能只改变喂给量,可便于养猪生产者管理、使用配合饲料。

表4.11按妊娠和泌乳两个重要繁殖生理状态列出了部分配方实例。妊娠饲料配方也适用于种公猪。

(二)乳仔猪配合饲料配方

1. 代乳饲料配方

代乳饲料是一种高度营养平衡,高度强化营养物质,饲料品质极高,通过科学加工生产而成的一种特殊全价配合饲料。

部分典型代乳饲料配方列于表4.12。

表4.12　代乳饲料配方实例

		1	2	3	4	5	6	7
玉米	(%)	36.94	36.18	39.20	38.10	31.60	38.93	32.33
高粱	(%)	–	–	8.20	7.08	–	–	–
豆粕	(%)	27.00	6.93	8.43	6.87	13.28	18.92	10.72
大豆(膨化)	(%)	–	10.40	7.37	9.62	11.07	–	12.37
燕麦(炒)	(%)	–	–	–	11.08	11.88	–	–
小麦(炒)	(%)	–	12.91	–	10.10	–	–	12.61
脱脂奶粉	(%)	11.74	–	9.48	–	11.07	18.10	11.55
乳清粉	(%)	8.23	16.13	18.96	–	15.45	12.74	11.59
鱼粉(CP 60%)	(%)	–	4.85	5.79	5.50	3.32	5.76	5.77
血粉(喷雾)	(%)	–	2.77	–	3.23	–	–	1.65
饲料酵母	(%)	–	2.08	–	2.06	–	–	–
蔗糖	(%)	12.95	4.83	1.01	2.17	0.37	3.23	0.04
油脂	(%)	–	1.10	0.23	1.72	0.34	0.79	0.01
碳酸钙	(%)	0.41	0.53	0.38	0.64	0.49	0.35	0.47
磷酸氢钙	(%)	1.44	0.65	0.36	0.99	0.54	0.14	0.27
食盐	(%)	0.25	0.25	0.25	0.25	0.25	0.25	0.25
预混料①	(%)	0.30	0.30	0.30	0.30	0.30	0.30	0.30
复合多种维生素②	(%)	0.03	0.03	0.03	0.03	0.03	0.03	0.03
赖氨酸	(%)	0.53	0.04	–	0.04	–	0.20	–
蛋氨酸	(%)	0.17	0.01	–	0.01	–	–	0.03
生长促进剂③	(%)	0.01	0.01	0.01	0.01	0.01	0.01	0.01
营养指标								
消化能④	MJ/kg	14.21	14.21	14.21	14.21	14.21	14.21	14.21
粗蛋白	(%)	20	20	20	20	22	23	24
钙	(%)	0.8	0.8	0.8	0.8	0.8	0.8	0.8
磷	(%)	0.65	0.65	0.65	0.65	0.65	0.65	0.65
赖氨酸	(%)	1.58	1.20	1.30	1.20	1.30	1.58	1.46
蛋氨酸	(%)	0.45	0.30	0.32	0.30	0.33	0.40	0.40
色氨酸	(%)	0.25	0.23	0.23	0.23	0.26	0.28	0.29

注:周安国等,1998。

①预混料组成:硫酸亚铁7.8594%,硫酸锌6.9435%,硫酸铜8.2722%,硫酸锰3.0972%,碘化钾0.0045%,亚硒酸钠0.0117%,碳酸氢钠3.2.8115%。添加剂原料粉碎到30目细度,彻底混合均匀。

②复合多种维生素采用商品高浓度产品。

③生长促进剂可选用土霉素、喹乙醇或其他抗生素。

④消化能单位为MJ/kg。

2. 仔猪配合饲料配方实例

小猪生长到6～8周龄阶段，体重接近10 kg，消化道发育逐渐成熟，初步有了消化自然饲料的能力，对自然淀粉的消化能力有了很大的提高。这一阶段小猪生长特别快。若饲料适宜，10～20 kg体重阶段，日增重可达到800 g左右。此阶段配合饲料质量越高，仔猪饲养效果越好。

仔猪饲料配方实例如表4.13 。

表4.13　仔猪饲料配方实例

		1	2	3	4	5	6
玉米	(%)	62.40	59.31	59.85	65.25	56.62	43.29
小麦(炒)	(%)	–	–	–	–	–	13.18
麦麸	(%)	6.54	10.23	10.97	–	6.84	–
豆粕	(%)	16.21	–	19.57	9.35	16.13	11.68
大豆(膨化)	(%)	5.40	24.27	–	17.01	–	6.34
乳清粉	(%)	–	–	–	3.23	9.77	10.85
鱼粉(CP 60%)	(%)	1.89	4.04	4.66	2.55	6.15	6.34
蚕蛹	(%)	1.35	–	–	–	–	–
菜籽粕	(%)	2.16	–	–	–	–	3.5
饲料酵母	(%)	–	–	–	–	–	1.81
油脂	(%)	1.44	–	2.70	–	2.65	1.25
碳酸钙	(%)	0.58	0.65	0.59	0.45	0.46	0.51
磷酸氢钙	(%)	1.30	0.91	0.89	1.34	0.54	0.21
食盐	(%)	0.10	0.20	0.30	0.30	0.30	0.20
预混料①	(%)	0.30	0.30	0.30	0.30	0.30	0.30
复合多种维生素②	(%)	0.03	0.03	0.10	0.03	0.03	0.03
赖氨酸	(%)	0.08	0.02	0.02	–	–	–
蛋氨酸	(%)	0.01	0.02	0.01	0.03	–	–
生长促进剂③	(%)	0.01	0.01	0.01	0.01	0.01	0.01
碳酸氢钠	(%)	0.25	–	–	–	0.20	0.20
调味剂④	(%)	0.04	0.05	–	0.15	–	0.10
			营养指标				
消化能⑤	MJ/kg	14.21	14.21	14.21	14.21	14.21	14.21
粗蛋白	(%)	18	18	18	18	18	20
钙	(%)	0.7	0.7	0.7	0.7	0.7	0.7
磷	(%)	0.60	0.60	0.50	0.50	0.50	0.65
赖氨酸	(%)	0.95	0.95	0.95	0.95	0.95	1.08
蛋氨酸	(%)	0.25	0.25	0.25	0.25	0.25	0.29
色氨酸	(%)	0.20	0.19	0.22	0.19	0.21	0.24

注：周安国等，1998。

①预混料组成：同前表。

②复合多种维生素采用商品高浓度产品。

③生长促进剂可选用土霉素，喹乙醇或杆菌肽锌。

④调味剂选用乳香味型。

⑤消化能单位为MJ/kg。

(三)生长育肥猪配合饲料配方实例

在生长育肥猪的饲养实践中已制订了许多较好的配方,现将部分配方实例列于表4.14。

表4.14 生长育肥猪配合饲料配方实例

	配方编号	1	2	3	4	5	6	7	8	9
	体重阶段(kg)	30~60	30~60	30~60	30~60	60~90	60~90	60~90	60~90	60~90
配方组成(%)	玉米	68.60	66.00	69.90	60.00	65.00	66.85	40.00	31.00	46.90
	高粱	–	–	–	–	16.00	–	–	–	–
	大麦	–	–	–	–	–	–	26.20	24.00	–
	麦麸	–	11.00	13.00	1.00	–	16.50	16.70	18.50	19.70
	次粉	–	–	–	16.00	–	–	–	–	–
	小麦	–	–	–	–	–	–	–	–	20.00
	统糠	6.30	–	–	–	–	–	–	–	–
	稻谷	–	–	–	–	–	–	–	5.00	–
	米糠饼	–	–	–	–	–	–	9.50	10.50	–
	酵母	–	–	–	4.00	–	–	–	–	–
	豆粕	10.43	20.00	14.00	8.00	15.84	13.80	–	–	7.00
	菜籽粕	3.00	–	–	–	–	–	5.00	3.00	4.00
	棉籽粕	6.00	–	–	8.00	–	–	–	5.00	–
	鱼粉	3.00	–	–	–	–	–	–	–	–
	骨粉	0.30	0.80	0.85	0.82	–	0.50	–	–	–
	石粉	1.00	0.82	0.85	0.78	0.86	1.00	1.00	1.20	1.00
	磷酸二钙	–	–	–	–	1.00	–	–	–	–
	食盐	0.30	0.30	0.30	0.30	0.30	0.30	0.30	0.30	0.30
	添加剂	1.00	1.00	1.00	1.00	1.00	1.00	1.00	1.00	1.00
	L-赖氨酸盐酸盐	0.07	0.08	0.10	0.10	–	0.05	0.20	0.15	0.10
营养水平	消化能(MJ/kg)	14.00	13.40	13.40	13.50	12.85	12.81	12.52	12.12	12.68
	粗蛋白质(%)	16.50	16.00	14.00	15.30	13.81	14.13	12.41	13.61	14.14
	钙(%)	0.71	0.75	0.75	0.74	0.60	0.64	0.55	0.60	0.53
	磷(%)	0.67	0.68	0.68	0.66	0.50	0.48	0.62	0.68	0.48
	赖氨酸(%)	0.78	0.80	0.70	0.72	0.58	0.66	0.63	0.63	0.62
	蛋氨酸+胱氨酸(%)	0.58	0.60	0.56	0.56	0.55	0.55	0.47	0.49	0.54

配方1~4引自中国农大“八五”攻关课题,这些配方在饲养过程中都获得了较好的增重效果,且应用了不同的粮食加工副产品,如我国北方地区拥有量较多的小麦加工副产品和南方地区的大量水稻加工副产品。配方5~6为玉米-豆粕型日粮,其中分别以高粱、麦麸部分替代玉米作为能量饲料,适合于盛产玉米和豆粕的东北、华北地区。配方7~8适合于南方,以玉米、大麦、稻谷作为能量饲料,以棉籽粕、菜籽粕、米糠饼作为蛋白质饲料。配方9中则用小麦作为能量饲料替代了部分玉米。

讨论：饲料配方在养猪生产中的作用是什么？

【本章小结】

饲料内含有水分、蛋白质、脂肪、碳水化合物、矿物质和维生素六类养分。具有不同营养功能，不同的饲料营养成分含量有差异，在营养需要上，处于不同阶段和不同生产类型的猪只，对饲料营养物质的需求又各不相同。根据猪只的营养需要，按不同的需要量将多种饲料科学地配合，发挥饲料营养物质的互补，从而提高饲料的全价性，在满足猪只营养需求的基础上，实现科学养猪，只要饲料种类选择得当，营养搭配合理，加工调制适宜，猪就长得快、省饲料，生产成本就低，经济效益好。

【思考题】

1. 蛋白质和氨基酸有哪些营养功能？
2. 什么是必需氨基酸和非必需氨基酸？
3. 在日粮配合时，为什么要考虑氨基酸平衡？
4. 能量由饲料中哪几种营养物质转化而来？
5. 什么是常量元素和微量元素？
6. 钙、磷有什么营养功能？
7. 维生素有哪些？分别有什么营养功能？
8. 能量饲料包含哪几类？其主要特点是什么？
9. 植物蛋白质饲料有哪几类？使用时应注意哪些问题？
10. 青饲料包括哪几类？有什么营养特点？
11. 添加剂分为哪几类？使用添加剂应该遵循哪些原则？
12. 比较添加剂、添加剂预混料、浓缩饲料、全价饲料的区别和相互之间的关系。
13.饲料配合有哪些原则？

第五章 种猪生产技术

种猪生产主要包括配种、妊娠、分娩和泌乳等技术环节，是整个养猪生产的基础。饲养种猪的目的就是要获得数量多、质量好的仔猪。种公猪在猪群繁殖中起着重要作用，种公猪的优劣，对猪群的影响很大，母猪在猪群繁殖中对年产或窝产仔猪的优劣亦起着重要作用，因此种猪的饲养技术对养猪业的发展具有重要意义。

第一节 配 种

一、种公猪的饲养管理

种公猪在养猪生产中承担着猪群的品种改良任务，种公猪的饲养管理是一个猪场的核心，种公猪直接影响着猪群整体繁殖性能的发挥及生产任务的完成，而种公猪的科学饲养和合理利用是发挥其最佳种用性能的前提和保证。

【案例分析】采精用长白种公猪，年龄4岁，体重250 kg，膘体肥大。原来以本交方式进行配种，后经调教徒手采精，射精量每次取浓份精液160 mL左右，镜检活力0.8级左右，密度中等。每采精3～5 d后，休息1 d，饲料每天提供配合料5 kg，配合饲料的营养水平为粗蛋白含量17%、消化能13.4 MJ/kg、青料5 kg。由于运动限制，种公猪增重较快，膘情过于肥胖，性欲逐渐减退，表现为不愿爬跨，阴茎萎而不举，偶尔爬跨，射精量也少，精液质量下降，后肢无力。

分析：本例中种公猪年龄过大，本交配种过度，造成一定的亏损，购进后饲喂过度，且又缺少运动，膘体突然肥壮，造成公猪使用障碍，经加强运动，调整营养结构增加蛋白质饲料和能量饲料，结合相关药物中西药综合治疗，可使该种公猪性欲得以恢复。

(一)射精量和精液组成

种公猪射精量一般为150～250 mL，但也可能有少于50 mL或多于500 mL的情况。精液是由精子和精清组成的，精子产生在睾丸内，贮存在附睾里，精子悬浮在精清中，精清中副性腺的混合分泌物，占15%～20%，前列腺分泌物占55%～70%，尿道球腺分泌物占10%～25%。

(二)公猪的饲养

饲养种公猪是为了得到质量好的精液，加强对种公猪的饲养管理，使种公猪具有健壮的体质和旺盛的性欲。营养是维持种公猪生命活动、产生精子和保持旺盛配种能力的物质基础。

1. 营养需要 种公猪的日粮要合理搭配，营养均衡，喂给种公猪营养价值高的日粮，实行合理的饲养，才能使种公猪经常保持种用体况，体质结实，精力充沛，性欲旺盛，精液品质好，配种成绩高。种公猪日粮中蛋白质含量一定要适量，成年种公猪或非配种期种公猪饲料中蛋白质应占12%，而配种公猪饲料中每千克消化能不能低于12.97 MJ，粗蛋白质以14%～15%为宜。日粮中应保证有适量的微量元素、维生素添加剂，钙磷比以1.5∶1为宜，如日粮中缺乏钙、磷，易使精液品质降低，影响配种和受胎率，如日粮中缺乏维生素A、维生素D、维生素E等，会逐渐使种公猪睾丸退化萎缩，性欲减退，丧失繁殖能力。

2. 饲料与饲喂技术 种公猪的饲喂应定时定量，并使用专门的种公猪料，粗饲料使用过多易造成垂腹而影响配种利用。饲喂量每天2.5～3 kg，分2次添加，自由饮水，并根据种公猪体况、品种、体重、配种(采精)次数增减料量。饲料的形态宜采用生干料或湿料。

（三）种公猪的管理

种公猪除和其他猪一样应该生活在清洁、干燥、空气新鲜、阳光充足的舒适环境中外，还应注意以下几方面工作。

1. 建立良好的管理制度 为便于管理操作，在种公猪管理过程中，种公猪的饲喂、运动、采精、配种及擦拭等各项工作都应在大体固定的时间内进行，以利用条件反射给种公猪养成规律性的生活制度，例如在人工授精种公猪的使用上，如果配种任务少，没有配种任务的公猪也要一周左右采精一次，以保证其良好的生活习惯。

2. 饲养方式 配种公猪一见面会打斗，严重影响种用，必须单圈饲养。单圈饲养的公猪比较安宁，减少了外界的干扰，食欲正常，杜绝了爬跨和自淫的恶习。单圈饲养常见有两种方式：限位饲养和小栏单圈喂养。限位饲养适宜于规模养猪，便于管理，有利于提高圈舍利用率和饲养效益，空间减少方便对环境温度的控制。小栏单圈喂养，公猪有一定的活动空间，有利于公猪的运动。一般每栏的面积约为7～9 m^2。

3. 合理的运动 运动可促进种公猪的食欲和消化，增强体质，避免肥胖，提高种公猪的性欲和精子活力，因此，在非配种期和配种准备期要加强运动，配种期应适度运动。运动不足会严重影响公猪配种能力，淘汰率增加。

4. 适宜的环境温度 种公猪最适宜温度为18～20℃，当环境温度高于30℃时，种公猪生精功能会产生障碍。高温会降低精液品质，甚至发生严重死精。高温也会影响种公猪的性行为，降低性欲，必须因地制宜采取防暑降温措施，现生产中针对种公猪的温度控制常采用空调、湿帘、喷淋加通风等方法，防止热应激的负面效应。

5. 体况管理 种公猪应保持中等的种用体况，饲养员应经常检查种公猪的膘情，根据膘情调整喂料量。

6. 精液品质检查 经常检查精液品质，根据精液品质的优劣调整营养、运动和配种次数，以保证种公猪的健康和提高受胎率。

（四）种公猪的利用

养种公猪的唯一目的是配种，影响种公猪利用的因素包括以下方面：

1. 初配年龄 种公猪初配年龄过早，不仅影响种公猪生长发育和健康状况，降低性欲和精液品质，缩短利用年限，还会使受配母猪受胎率降低，所生仔猪减少，而且体小而瘦弱，生长缓慢。种公猪的初配年龄随品种、饲养管理等条件的不同而有所变化。种公猪性机能的发育分为初情期和性成熟两个阶段。一般来说，我国地方猪种公猪性成熟较早，引入的国外品种性成熟较晚。种公猪性成熟，但不意味着即可配种利用，最适宜的初配年龄，小型早熟品种在7～8月龄，体重75 kg左右；瘦肉型种公猪的适宜初配年龄为10～12月龄，体重在120 kg以上。但对种公猪也不宜使用过晚，不仅经济上不合算，而且会使种公猪烦躁不安，影响性欲，不利于正常发育，甚至造成自淫等恶癖。

2. 调教 后备种公猪多在隔离单栏的状态下长大，往往没机会学习如何爬跨母猪并与之交配，而如果公猪有数次不成功的配种尝试，很可能丧失再交配的勇气，因此初配前应进行调教，这对引入的国外品种尤为重要。调教应选择体型较小并且处于发情盛期的经产母猪，调教时间应在早、晚空腹时或喂料后1 h进行，调教地点要求环境安静、地面要平坦并尽可能在固定时间和地点进行；每次调教以10～15 min为宜，如果不成功下次再尝试。青年种公猪能够观摩到有经验种公猪的正确配种行为有助于调教成功。

3. 利用强度 种公猪精液质量和利用年限，除受营养和饲养管理条件的影响外，利用强度也是一个很重要的影响因素。种公猪应按品种、年龄、体质合理使用，利用过度则精液品质下降，配种效果和种公猪利用年限也受到影响，但是如果长期不用，也会造成种公猪性欲减退，繁殖力降低。采精频率对采精量的影响较小，而对一次采得的精子总数和一次采得的活精子总数影响较大。青年公猪，每3天配种1次，成年公猪每周使用3～5次为宜，若连续使用不能超过4次。即使配种任务繁重也要休息1～2 d才能使用。

4. 定期检查种公猪精液的质量 每隔10天检查一次精液质量，主要检查精子的数量、密度、活力、畸形率、颜色和气味等，根据检查结果调整配种次数、营养和运动量，保证配种期的高受胎率，在本交情况下，一头公猪可负担20～30头母猪的配种任务，在使用人工授精情况下，一头种公猪可负担500～1000头母猪的精液使用量。

二、母猪发情管理

猪场生产需要繁殖大量品质优良的仔猪，仔猪的获得除需保证量多质优的精液外，还必须使母猪正常发情并排出大量优质的卵子。

(一)后备母猪的初配期

后备母猪的初配期随品种、体重和饲养管理条件而定。一般说来，地方品种6～8月龄、体重50～60 kg即可配种，国外引入猪种一般在第二或三个情期，体重达到120～130 kg开始配种。后备猪各组织器官还远未完善，如过早配种，不仅影响第一胎的繁殖成绩，还将影响猪体自身的生长发育，进而影响其终身繁殖成绩，并且利用年限较短；配种过晚，体重过大，会增加后备母猪发生肥胖和难产的概率，同时会增加后备猪的培育费用。

(二)后备母猪发情前的饲养管理

为了充分发挥母猪的优良特性，使其繁殖系统能充分发育，有更明显的发情表现，建议后备母猪应采取如下的饲养管理：

1. 后备母猪提供良好的饲料 后备母猪饲料粗蛋白≥16%，刚到的母猪(50 kg)使用中猪料，一直喂到90 kg(自由采食)，接下来使用后备母猪料，如果没有后备母猪料，可使用哺乳母猪的预混料来配制全价料，以保证充足的维生素和矿物质的供给；催情补饲：后备母猪配种前14 d自由采食或增加至3.5～3.75 kg/d，在配种前14 d增加能量摄入能增加排卵数量。

2. 后备母猪的环境 后备母猪的理想温度为19～21℃，冬天的猪舍应添加垫草；后备母猪从80 kg开始应每天保证15 h的光照，具体操作可照明到晚上22:00；每头后备母猪保证1 m^2的面积，合理的群体大小，后备母猪合群饲养有助于发情，但群体大小每圈不能超过20头。

3. 公猪接触诱情 发情可通过许多日常管理控制，包括同成熟公猪的接触刺激，这种方法可使后备母猪的发情日龄提前。引入国外猪种通常初情期一般在165日龄，有效刺激发情的方法是定期与成熟种公猪接触，看、听、闻、触种公猪就会产生静立反射。后备母猪从160日龄开始使用种公猪诱情，每天1～2次，诱情种公猪进入母猪圈内每次接触15～20 min，高温季节选择在气温较低的清晨。

4. 建立完善的发情档案 后备母猪在160日龄以后，在诱导发情的同时，应及时鉴定发情的后备母猪，对发情的后备母猪要建立完善的发情记录，为以后配种做好准备，及时发现不发情后备母猪并及时处理。

5. 良好的免疫 根据当地疾病情况和供种场的健康状态，后备母猪进入繁殖群前进行合理的疫病免疫。

思考：如何提高后备种猪的育成率？

(三) 母猪断奶后的饲养管理

母猪断奶后饲养的目的是让母猪产生尽可能多的健康卵子，高水平的饲喂即可产生较多的健康卵子，在断奶后的母猪要供给营养全面的日粮，保持种用体况，断奶母猪的日常管理应重点放在发情刺激。母猪过肥会出现不发情、排卵少、卵子活力弱和空怀等现象；母猪太瘦也会造成产后发情推迟等不良后果。因此断奶母猪体况差的应自由采食，湿拌料将有助于增加采食。

1. 营养需要 断奶至配种前继续使用营养水平高的哺乳料，饲喂量根据母猪的体况调整，过肥母猪在配种前应采取减膘措施；体况较瘦的母猪尽量多投一些。这样有利于母猪体况的恢复，有利于促进卵泡的发育，并有助于雌激素、促卵泡素的分泌，最终有利于母猪的发情、排卵和受孕。断奶后体况很差的母猪，提高投料量，甚至自由采食，并推迟一个情期再配种。母猪经过哺乳期后，体况相对较瘦，会影响发情和排卵，应在断奶次日进行短期优饲，可增加蛋白质饲料供给，添加V_A、V_D、V_E，使母猪恢复膘情，及早发情，达到多排卵和容易受胎的良好作用。通过对空怀母猪配种前的短期优饲，适当调整膘情，保持合理的种用体况。

2. 加强管理　空怀母猪有限位栏单栏饲养和小圈群养两种方式。限位栏单栏饲养空怀母猪是近年来工厂化养猪生产中采用的一种形式。小圈群养是将4～6头同时断奶的母猪饲养于同一圈内，能够自由运动。实践表明，群饲空怀母猪可促进发情，群内一旦出现发情母猪后，由于爬跨和外激素的刺激，可以诱导其他空怀母猪发情，同时便于管理人员观察和发现发情母猪，也方便公猪试情。

（四）发情鉴定

当母猪性成熟后，除了在怀孕期和哺乳期外，健康母猪的卵巢会有规律、周期性地进行着卵泡成熟和排卵过程，从上次发情开始到下次发情开始的这段时间，称为发情周期，母猪的发情周期约为21 d。猪的发情周期大致分为发情前期、发情期、发情后期和休情期四个阶段。而配种成功的关键是正确掌握发情症状。母猪的发情与排卵的时间见表5.1。

表5.1　母猪的发情与排卵

		平均	变化范围
发情周期(d)		21	18～23
发情时间(h)		53	12～72
发情后排卵(h)		40	38～42
排卵持续时间(h)		3.8	2～6
排卵数量	后备母猪	13.5	7～16
	经产母猪	21.4	15～25

1. 发情前期　发情前期是指从出现神经症状到接受公猪爬跨为止。此阶段，母猪卵泡迅速增长，生殖腺体活动强烈，阴道黏膜由浅红变深红，阴道分泌物增加，阴道上皮细胞增生加厚，主要表现为：精神不安、兴奋、鸣叫，食欲减退，爬跨其他母猪，但不接受爬跨，外阴红肿并逐渐增大，黏液没有或稀少、液体清亮，持续时间12～36 h。

2. 发情期　这是性周期的高潮阶段。从接受公猪爬跨到拒绝爬跨为止，持续时间6～36 h。此阶段，卵巢中卵泡成熟并排卵，生殖道分泌物增加，子宫颈开放，外阴部肿胀到高峰，阴道黏膜颜色呈深红色，主要表现为：两耳竖立，时而呆立，乐意接触公猪，接受爬跨（静立反射），外阴肿大明显，黏液量多而稠，可拉成丝状。

3. 发情后期　又叫恢复期，从拒绝公猪爬跨到发情征状完全消失为止。持续时间12～24 h。卵巢排卵后，卵泡腔开始充血并形成黄体。主要表现为：外阴肿胀消失，可见皱纹，不愿意接受公猪爬跨。

4. 休情期　又叫间情期。从这次发情征状消失至下次发情征状出现的时期。继发情之后，黄体逐渐萎缩，新卵泡开始发育，母猪精神保持安静状态逐步过渡到下一个性周期。

（五）促进发情排卵的措施

为使母猪达到多胎高产提高母猪年产仔窝数，或使不发情的母猪正常发情排卵，在加强饲养管理的基础上，可采取措施促进发情，促进母猪发情的方法如下：

1. 公猪诱情　用试情公猪追逐不发情的空怀母猪，由于公猪的接触、爬跨等刺激，通过公猪分泌的外激素气味和接触刺激，能通过神经反射作用引起母猪脑垂体产生促卵泡激素，以促进发情排卵；空怀母猪每天用公猪刺激1～2次（上午、下午各一次，每次20 min），一般在喂料后30 min，用走动缓慢，口腔泡沫多的12月龄以上的公猪，公猪进入母猪栏，并有鼻对鼻的接触效果更佳。现在也有播放公猪求偶声或在圈舍喷含有公猪外激素喷剂的方式，利用条件反射作用诱情。

2. 合群并圈　小群饲养有利于促进母猪的发情，空怀母猪合群，或者把不同圈的母猪合群并圈，通过人为的环境改变刺激，促进空怀母猪发情排卵。

3. 增加母猪的运动　每天将母猪放出运动，特别针对体况偏肥的母猪，可促进其发情排卵。

4. 激素催情　针对个别长期不发情的母猪，没有别的措施可用的情况下可考虑用激素进行处理。在实践中使用的激素有孕马血清促性腺激素(PMSG)、人绒毛膜促性腺激素(HCG)和合成雌激素等。

三、适时配种

精子和卵子是在输卵管上端结合的，公、母猪交配时间是否适当，是决定能否受胎与产仔多少的关键。正确掌握母猪发情与排卵规律及时交配与输精，使精子与卵子在生命力最旺盛的时候相遇，达到受胎的目的。母猪一般在发情开始后24～36 h排卵，排卵持续时间为10～15 h，卵子在输卵管中8～12 h内有受精能力，精子在母猪生殖道内要经过2～3 h游动到达输卵管，精子在母猪生殖道内一般存活10～20 h。据此推算，配种适宜时间，是在母猪排卵前的2～3 h，但排卵肉眼不可见，且是一个持续的过程，精子运动到受精部位也需要时间，因此应该什么时候开始配种？实践表明，排卵开始的早晚与发情期长短有关，发情期短的母猪，排卵开始较早，发情期长的母猪，排卵开始较晚。母猪的年龄会影响发情排卵，一般是老年母猪发情时间短、排卵早；青年母猪发情时间长、排卵稍晚；中年母猪发情时间长短适中；另外母猪断奶后，早期发情(断奶后3～4 d)和迟发情(断奶后5 d以上)，母猪的发情与排卵持续时间也不同，相应的其最适配种时间也应有所不同。断奶至配种间隔越短，发情持续时间就越长，发情症状越明显。因此，发情持续时间短的要早配、发情持续时间长的要晚配。

母猪的发情时间要根据母猪的阴户变化，母猪行为、精神状态及试情和压背法结果来判定，但因为母猪发情时阴户、行为及精神状态变化有时不太明显，因此生产实际中，往往认为母猪愿意接受公猪的爬跨和用手压背部静立不动时判定母猪进入发情期，阴户变化仅仅作为参考。但人们也在长期的生产实践中发现，母猪接受公猪爬跨或用手按压母猪背部母猪静立不动的时间，并不一定是母猪刚开始接受公猪爬跨或按压背部静立不动的时间，可能该表现已持续一段时间了，因此，若以此作为进入发情期的标记，在此后1 d配种的话，可能并不是配种的最佳时机。

现代生产常用的猪配种方法有本交(人工辅助交配)和人工授精，规模猪场主要采用人工授精。本交是把母猪和公猪赶到配种栏，直接用公猪爬跨母猪，配种员将母猪的尾巴拉向一侧，使阴茎顺利插入阴户中，完成配种操作。本交的公、母猪的体格最好相仿。人工授精减少了种公猪的使用量，可提高优良公猪利用率，还可克服本交时体格大小的障碍，避免疫病传播，克服时间和区域的差异，养猪规模较大的猪场使用人工授精也可提高劳动效率，缩短每头母猪配种所需时间。

表5.2为许多猪场的典型配种模式案例。

表5.2　猪场的配种模式案例

断奶后的天数	第一次站立反应	配种制度
3 d	上午　推迟配种	当天下午，第二天下午，第三天上午
	下午　推迟配种	第二天上午，第三天上午，第三天下午
5 d	上午	当天上午，第二天上午，第二天下午
	下午	当天下午，第二天上午，第二天下午
6 d以后和返情猪	上午	当天上午，当天下午，第二天上午
	下午	当天下午，第二天上午，第二天下午
后备猪	上午	当天下午，第二天上午，第二天下午
	下午	当天下午，第二天上午，第二天下午

四、人工授精

猪人工授精技术是以种猪的培育和商品猪的生产为目的而采用的最简单有效的方法，是进行科学养猪、实现养猪生产现代化的重要手段。

（一）采精公猪的调教

公猪的调教人员要求：有耐心、性格温和、非敌意，通过有规律地接触、抚摩、轻拍公猪达到“人畜亲善”，在调教的过程中不可粗暴地对待公猪，更不可以殴打公猪。在采精栏调教会更好些，地板必须有较大的摩擦力。

瘦肉型公猪一般从7～8月龄开始调教，有性经验的公猪，也可调教成功，但调教成功率要低些。调教前可用发情母猪尿液或阴道黏液，最好是刚交配过的母猪阴道黏液，或其他公猪的精液或其胶体，涂在假台畜后躯上，引诱公猪爬跨，也可先调教性欲旺盛的公猪，下一头待调教公猪隔栏观摩、学习。用发情母猪刺激公猪，让公猪空爬几次，在公猪性兴奋时赶走发情母猪也是比较有效的方法。

进行后备公猪调教的工作人员，要有足够的耐心，每天可训练两次，每次调教的时间一般不超过15～20 min，直至公猪开始爬跨。调教时间太长，容易引起公猪厌烦，起不到调教效果。公猪爬跨后一定要进行采精，调教成功后，加点饲料或轻抚等方式给予公猪奖励，并连续3 d，每天采精1次，以期建立条件反射，巩固和加强其记忆。以后，调教成功的公猪每周可采精一次，至12月龄后每周采两次，一般不要超过3次。

（二）采精方法

公猪精液的获得，一般有两种采集方法，手握采精法和假阴道采精法。

1. 手握采精法　是目前广泛使用的一种方法，具有设备简单、操作方便可以人为有选择性接取公猪精液等优点，缺点是：操作不当时，公猪的阴茎容易受伤和精液容易被污染。将采精公猪赶到采精室，采精员应戴双层手套，公猪爬跨假台畜前，用0.1%高锰酸钾溶液将公猪包皮附近洗净消毒，并用清水冲洗干净后，去掉表层的手套，当公猪爬跨假台猪后，并伸出阴茎龟头来回抽动，采精员用清洁温暖的手（戴有采精手套）握紧伸出的龟头，紧握阴茎螺旋部的第一和第二褶，在公猪前冲时容许阴茎自然伸展，不必强拉，充分伸展后，阴茎将停止前冲，开始射精，手握阴茎的力度适中，应以不让其滑落并能抓住为度。用力太小，阴茎容易脱掉，用力太大，一是容易损伤阴茎，二是公猪很难射出精液。当公猪射精时，开始射出的清亮液体部分应弃去不要，这部分液体是尿道球腺的分泌物，不含精子，用来冲洗尿生殖道的积尿，尿液对精子有害，因此开始射出的20 mL左右不接取。当射出乳白色的液体时，即为浓精液，就要用采精杯收集起来。采完精后，公猪一般会自动跳下母猪台，公猪每次采精应将精液采集完全。对于采得的精液，先将过滤纱布及上面的胶体丢掉，然后将卷在杯口的精液袋上部撕去，或将上部扭在一起，放在杯外，用盖子盖住采精杯，迅速传递到精液处理室进行检查、处理。

2. 假阴道采精法　利用假阴道提供类似母猪阴道的压力、温度、润滑度等，诱使公猪射精而获得精液的方法，这种方法逐步被淘汰。除了这两种常规的方法外，目前还有公司研制出了全自动的采精设备，可以自动进行精液采集。

（三）精液处理

精液处理包括品质评定、稀释和保存。

1. 精液处理室配置的仪器

精液处理要求在无菌室内进行，环境要求严格避光，室内恒温（25℃）条件。精液处理过程中常用的仪器及用途：

（1）17℃恒温箱：保存精液，要求温差不超过1℃；

（2）显微镜：自带光（电源光），最好是配有摄像显示屏系统的相差显微镜；

（3）精子密度仪：测定精子密度；

（4）电子天平：称量精液和稀释液，要求精确至1～2 g，最大称重3～5 kg；

（5）37℃恒温板：预热载玻片和盖玻片，以观察精子活率；

（6）磁力搅拌器：溶解稀释粉；

(7)双蒸水器:制备溶解稀释粉用的双蒸水;

(8) 37℃恒温箱:预热采精杯;

(9) 普通冰箱:保存稀释粉和稀释液等;

(10) 水浴锅:预热稀释液;

(11)精液自动包装机:精液的自动分装。

2. 精液品质评定

精液品质评定包括数量、气味、颜色、精子形态、密度、活力六项指标。检查精液量一般用电子天平直接称量,按每克1 mL计。公猪一次射精量为200~250 mL,多者可达500 mL以上。正常精液有微腥味,如有臭味不可用于输精,应废弃。正常精液的颜色为乳白色或灰白色,精子的密度愈大,颜色愈白;越小,则越淡。如果精液颜色有异常,则说明精液不纯或公猪有生殖道病变,如呈绿色或黄绿色时则可能混有化脓性的物质;呈淡红色时则混有血液;呈淡黄色时则可能混有尿液等。凡发现颜色有异常的精液,均应弃去不用,同时对公猪进行对症处理、治疗。

正常精液为乳白色或灰白色;不正常精液为淡黄色或淡红色,应废弃。精子形态则用显微镜检查,正常精子形状如蝌蚪。如看到双头、双尾、无尾等畸形精子数超过20%,精液应废弃。精子的密度检测有目测法、血球计数板法和精子密度仪法。目测法是在显微镜视野中,将精子的密度分为密、中、稀、无四级,精子间的空隙小于1个精子者为密级,小于1~2个精子者为中级,小于2~3个精子者为稀级,无精子者应废弃;血球计数板法是使用红细胞计数板对猪精子的密度进行测量最准确的方法,但有速度慢的缺陷;精子密度仪法基本原理是精子透光性差,精清透光性好利用分光光度计来测量密度,是生产中较常用的方法。精子活力评定是在显微镜下靠肉眼估测,一般采取10级评分法。在载玻片温度保持35~38℃的条件下,直线前进运动的精子占100%者评为1分,占90%评为0.9分,占80%者评为0.8分,以此类推。鲜精液的精子活率以大于或等于0.7才可使用。

3. 精液稀释

猪精液使用专用稀释剂进行稀释。现代商品化的稀释液分为长效(5~7 d)、中效(3~4 d)和短效(1~2 d)型。稀释液的生产商一般都使用分析纯级的配料,稀释剂多数在避光、干燥的条件下保存。一些精液销售组织会选择自己配制稀释剂。

精液可使用瓶装和袋装两种封装方式。瓶装多采用塑料软瓶,操作较简便。但由于瓶子存在固有形态,输精时需要人为进行挤压或在底部开口。而袋子一般较软,输精时精液可自动流出。有研究认为,袋装的精液在保存时间、精子活力等方面均优于瓶装精液。

稀释精液的目的是为了增加精液量,扩大配种头数,延长精子存活时间,便于保存和长途运输,充分发挥优良公猪的配种效能,每头输精量为60~80 mL,有效精子的数量为40亿个。精子能直接吸收葡萄糖,减少自身的营养消耗,从而延长存活时间。另外,精液中副性腺分泌物对精子有不良影响,稀释后冲淡了分泌物的浓度,也有利于精子的存活。

(四)输精

输精是人工授精的最后一个步骤,也是成败的关键。基本过程如下:

(1)输精前准备:准备好输精栏、清水、抹布、干燥清洁的毛巾、一次性输精管、润滑剂等。

(2)清洁母猪外阴周围、尾根,以干净的毛巾擦干外阴部水珠。

(3)将试情公猪赶至待配母猪栏前或隔壁栏(使母猪在输精时与公猪有口鼻接触)。

(4)从密封袋中取出无污染的一次性输精管(手不能接触其前2/3部),在海绵头前端涂上对精子无毒的润滑液。

(5)将输精管沿着稍斜向上方的角度慢慢插入阴道内。当感到有点阻力,此时,输精管头部已到子宫颈口,用手再将输精管左右旋转,稍一用力,海绵头进入子宫颈第2~3皱褶处,将会感到输精管被锁定,回拉时则会感到有一定的阻力,此时便可进行输精。

(6)小心混匀精液,将精液瓶接上输精管,开始输精。

(7)输精过程中,输精人员尽量模仿公猪本交的动作,输精人员倒骑在母猪背上,同时要对母猪阴户或胁部进行按摩,使子宫产生负压将精液吸纳,绝不允许将精液挤入母猪的生殖道内。正常的输精时间应和自然交配一样,一般为3~10 min,时间太短,不利于精液的吸纳,太长则不利于工作的进行。

(8)输精时间的控制通过输精瓶高低调节,一般在5~10 min输完,防止吸得快发生倒流,最快不要少于5 min。

(9)为了防止精液倒流,输完精后,不要急于拔出输精管,将精液瓶或袋取下,将输精管尾部打折,插入去盖的精液或袋孔内,这样既可防止空气的进入,又能防止精液倒流。

(10)输完一头母猪后,立即登记配种记录,如实评分。

【案例分析】某猪场基础母猪存栏600头,饲养了20头公猪,配种受胎率只有60%,大部分公猪年龄在4周岁以上,没对精液质量进行监测。请分析该猪场的猪群结构是否合理,并给出处理建议。

分析:建议该猪场首先应配置精液质量检测的设备,对现有公猪的精液质量进行检测,按照精液质量、公猪年龄逐步更换现在的公猪,以合理强度对公猪进行使用。其次对母猪的生理状态进行统计,将空怀母猪合圈小群饲养,每天用诱情公猪到圈内追逐2次,每次20 min左右,一般合圈后4~7 d会有部分母猪出现发情,另外没发情的用新鲜公猪的精液刺激,或者人工控制饲料每天只饲喂1.5 kg左右的维持需要量,人工应激促使母猪发情。

思考:自然交配和人工授精效果不同的原因是什么?

【注意事项】种猪配种时应注意哪些问题?

(1)配种时间应在采食后2h较好。夏季炎热天气应在早晚凉爽时进行。

(2)配种场地应距公猪舍较远,地面平整。

(3)配种环境应安静,不要喊叫或鞭打公猪。

(4)下雨或风雪天应在室内交配。

(5)交配后用手轻轻按压母猪腰部,防止母猪弓腰引起精液倒流。

(6)公猪交配后不要立即对其洗澡、喂冷水或使其在阴冷潮湿的地方躺卧,以免受凉得病。

第二节 妊 娠

母猪的妊娠期一般为108~120 d,平均为114 d,为了便于记忆,可用"三、三、三"来表示,即母猪妊娠为三个月三周零三天。妊娠母猪的管理可以影响到母猪的分娩率、窝平(均)活产仔数及仔猪的初生重,饲养妊娠母猪的任务是保证胚胎和胎儿在母体内的正常发育,防止化胎、流产和死胎的发生,使每窝都能生产大量健壮、生命力强、初生重大的仔猪,并保持母猪有中上等的体况。

一、妊娠期母猪的变化

妊娠期并不只是一个单一的阶段，它按照饲养水平一般分为妊娠前期、妊娠中期和妊娠后期，这些阶段中每一个阶段的管理都会影响母猪的效率，妊娠期间饲养管理水平可影响仔猪初生重、母猪泌乳量、仔猪成活率以及母猪以后的繁殖性能。

妊娠前期母猪主要是恢复哺乳期的体况损失，妊娠母猪的代谢增强，对饲料的利用率提高，蛋白质合成增强，在喂等量饲料的条件下，妊娠母猪比空怀母猪增重较多。妊娠中期，胚胎肌肉细胞分化，也是母猪乳腺发育的关键时期；妊娠后期是胎儿发育迅速的时期，胎儿增重约2/3是发生在妊娠的最后1个月。初产母猪妊娠全程增重为36～50 kg，而经产母猪只需增重27～39 kg。

母猪每次发情排出20枚左右卵细胞，卵子受精率约95%，受精卵在胚胎发育过程中会损失很大部分。胚胎死亡有四个重要的时期：合子在第9～13 d内的附植初期，这一阶段死亡率约占胚胎总数的20%～25%。妊娠后约第三周，还出现第二次胚胎死亡的较小高峰，此期正处于胚胎器官形成阶段，胚胎争夺胎盘分泌的营养物质，在竞争中强者存弱者亡，此期胚胎的死亡约占10%～15%；妊娠至第60～70 d，怀孕60～70 d后胎盘发育停止，而胎儿发育加快，互相排挤，造成营养供应不均，使一部分胎儿死亡或发育不良这是胎儿死亡的第三个高峰。而妊娠后期和临产前的死亡亦占到5%～10%。由于这些损失，一般母猪所排出的卵子，大约只有一半能正常受精并发育为活产仔猪。

二、妊娠母猪的妊娠管理

表5.3　母猪预产期推算表

月	1	2	3	4	5	6	7	8	9	10	11	12
日	Ⅳ	Ⅴ	Ⅵ	Ⅶ	Ⅷ	Ⅸ	Ⅹ	Ⅺ	Ⅻ	Ⅰ	Ⅱ	Ⅲ
1	25	26	23	24	23	23	23	23	24	23	23	25
2	26	27	24	25	24	24	24	24	25	24	24	26
3	27	28	25	26	25	25	25	25	25	25	25	27
4	28	29	26	27	26	26	26	26	27	26	26	28
5	29	30	27	28	27	27	27	27	28	27	27	29
6	30	31	28	29	28	28	28	28	29	28	28	30
7	1/5	1/6	29	30	29	29	29	29	30	29	1/3	31
8	2	2	30	31	30	30	30	30	31	30	2	1/4
9	3	3	1/7	1/8	31	1/10	31	1/12	1/4	31	3	2
10	4	4	2	2	1/9	2	1/11	2	2	1/1	4	3
11	5	5	3	3	2	3	2	3	3	2	5	4
12	6	6	4	4	3	4	3	4	4	3	6	5
13	7	7	5	5	4	5	4	5	5	4	7	6
14	8	8	6	6	5	6	5	6	6	5	8	7
15	9	9	7	7	6	7	6	7	7	6	9	8
16	10	10	8	8	7	8	7	8	8	7	10	9
17	11	11	9	9	8	9	8	9	9	8	11	10
18	12	12	10	10	9	10	9	10	10	9	12	11
19	13	13	11	11	10	11	10	11	11	10	13	12
20	14	14	12	12	11	12	11	12	12	11	14	13
21	15	15	13	13	12	13	12	13	13	12	15	14
22	16	16	14	14	13	14	13	14	14	13	16	15
23	17	17	15	15	14	15	14	15	15	14	17	16
24	18	18	16	16	15	16	15	16	16	15	18	17
25	19	19	17	17	16	17	16	17	17	16	19	18
26	20	20	18	18	17	18	17	18	18	17	20	19
27	21	21	19	19	18	19	18	19	19	18	21	20
28	22	22	20	20	19	20	19	20	20	19	22	21
29	23	–	21	21	20	21	20	21	21	20	23	22
30	24	–	22	22	21	22	21	22	22	21	24	23
31	25	–	23	–	22	–	22	23	–	22	–	24

注：上行月份为配种月份，左侧第一列为配种日期；下行月份为预产期月份，从左侧第2~12列的数字为预产日期。

(一)母猪预产期的推算

根据妊娠期,可以推算预产期,以便做好日常饲养管理工作和在母猪临产前做好接助产准备,避免在母猪分娩时忙乱而发生意外的损失。

预产期可以按配种月份加4,日期减6,再减大月数,过2月加2 d的方法推算。

某母猪8月27日配种,月份加4是12月,日期减6是21,再减2个大月(经8月、10月2个大月),即减2 d。因此,这头母猪的预产期是当年12月19日。

某母猪1月5日配种,月份加4是5;日期减6不够减,须借1月,月份变为4月。日期是35日(借1个月按30 d计算),减6是29。从1月到4月经过2个大月(1月和3月)须减2,过2月须加2,即不增不减。所以这头母猪的预产期是当年的4月29日。

利用速查表(表5.3)可以直接查出预产期,例如,某母猪4月2日配种,经查表后,其预产期为7月25日。

(二)妊娠检查

母猪配种后,经一个发情周期未表现发情,基本上认为母猪已妊娠,其外部表现为“疲倦贪睡不想动,性情温驯动作稳,食欲增加上膘快,皮毛发亮紧贴身,尾巴下垂很自然,阴户缩成一条线”。但配种后不再发情的母猪并不绝对肯定已妊娠,因为有的母猪发情周期有延迟现象,有的母猪受精后,胚胎在发育早期死亡或因营养太差,胚胎被母体吸收而造成长期不发情。所以,根据配种后是否再发情来判断其妊娠,也会有一定的差错。母猪妊娠检查常用的方法有:

1. 公猪试情法

配种后一天,用性欲旺盛的成年公猪试情,若母猪拒绝公猪接近,并在公猪试情后一天始终不发情,可初步确定为妊娠。

2. 观察法

母猪配种后20多天不再出现发情,即认为已基本配上种,等到第二个发情期仍不发情,就可认为已经妊娠。个别母猪妊娠后,有时会表现发情症状,此种发情称为假发情。配种后发现母猪不久重新发情,而没有发情的就认为已经妊娠,或者是观看外阴户,母猪配种后如阴户下联合处逐渐收缩紧闭,且明显地向上翘,说明已经妊娠。但实际上没有返情的母猪可能不一定是妊娠,其他一些原因,如激素分泌紊乱、子宫疾病等都有可能引起不返情。因此,观察法不够准确,但该方法简单易行,是最常用的妊娠诊断方法。

3. 超声波测定法

利用超声波妊娠诊断仪诊断是近些年工厂化养猪常用的方法,采用诊断仪对母猪腹部进行扫描,观察胚胞液或心动的变化,这种方法在28 d时有较高的检出率,可直接观察到胎儿的心动。因此,不仅可确定妊娠,而且还可以确定胎儿的数目,晚期还可以判定胎儿的性别,无伤无痛,可重复使用,缺点是一次性投资较高。多普勒原理的仪器,有A型、B型和D型,现在多用B型。该仪器诊断时将其探头在脐部向后约5 cm处贴紧皮肤探测或用直肠探头插入直肠内探测,诊断妊娠和空怀的准确率都很高(98%~100%),但价格昂贵。

三、妊娠母猪的饲养管理

(一)妊娠母猪的营养需要

妊娠前期母猪对营养的需要主要用于自身的维持生命和恢复体况,初产母猪还要用于自身的生长发育,而用于胚胎发育所需极少。妊娠后期胎儿生长发育迅速,对营养要求增加。同时,根据前述妊娠母猪的营养利用特点和增重规律加以综合考虑,对妊娠母猪饲养水平的控制,应采取前低后高的饲养方式,即妊娠前期在一定限度内降低营养水平,到妊娠后期再适当提高营养水平。整个妊娠期应根据母猪的体况进行饲喂,整个妊娠期内,经产母猪增重保持30~35 kg为宜,初产母猪增重保持35~45 kg为宜(均包括子宫内容物)。国外对妊娠母猪营养需要的研究认为,妊娠期营养水平过高,母猪体脂贮存较多,是一种很不经济的饲养方式。因为母猪将饲粮蛋白合成体蛋白，又利用饲料中的淀粉合成体脂肪，需消耗大量的能量，到了哺乳期再把体蛋白、体脂肪转化为猪乳成分，又要消耗能量。因此，主张降低或取消泌乳贮备，采取“低妊娠高哺乳”的饲养方式。

（二）妊娠母猪饲养管理要点

1. 选择适当的饲养方式 母猪的饲养方式主要是限位饲养和小群饲养，限位饲养是目前国内大型猪场中主要采用的方式，母猪饲养在长度2～2.2 m，宽60～70 cm的单体栏内，其优点为管理方便、母猪采食量可以个性化控制、节约空间等，但也有母猪不能自由运动，肢蹄疾病较多，母猪淘汰比例增加等缺点。小群饲养舍采用群养的方式饲养母猪，根据母猪的生物学特性，将猪舍划分出了各功能区域，包括采食区、饮水区、躺卧区和排泄区，每头母猪占地2～2.5 m^2，母猪可利用空间增大，并且可以在猪舍自由活动，故不需要专门修建运动区，母猪不再生活在狭小的限位栏里，生活环境得到了很好的改善，生物学特性也得到了充分的尊重，母猪的生产成绩、利用年限较生活在限位栏时都有所提高。

2. 环境条件 妊娠母猪适宜的环境温度为15～21℃，讲究饲料品质。无论是精饲料还是粗饲料，都要保证其品质优良，不喂发霉、腐败、变质、冰冻或带有毒性和强烈刺激性的饲料，否则会引起流产。饲料种类也不宜经常变换。饲料变换频繁，对妊娠母猪的消化机能不利。

3. 做好母猪的防疫 妊娠期间根据所在地区的疫情，应对母猪做好猪口蹄疫、伪狂犬、传染性胃肠炎、乙型脑炎、大肠杆菌等疫病的疫苗接种工作。

4. 精心管理 对妊娠母猪要加强管理，防止流产。夏季注意防暑，严禁鞭打，跨越污水沟和门栏要慢，防止拥挤和惊吓，防止急拐弯和在光滑泥泞的道路上运动。雨雪天和严寒天气应停止运动，以免受冻和滑倒，保持安静。妊娠前期可合群饲养，后期应单圈饲养，临产前应停止运动。

第三节 分 娩

分娩是养猪生产中最繁忙的生产环节，是解决猪源的关键。其任务是保障母猪安全分娩，尽可能提高仔猪成活率。

一、分娩前的管理

准确的配种记录对于良好的产仔管理是很重要的，有助于饲养员在适当的时候采取正确的措施。在分娩前应注意以下几方面的管理措施。

（1）产仔前20～30 d应接种大肠杆菌、梭状芽孢杆菌疫苗，以便提高初乳的抗体水平。

（2）怀孕第90～110 d，妊娠母猪的采食量应增加到3.0～3.5 kg，以避免胎儿的快速生长会分解母体的钙储存。

（3）怀孕第110 d至产仔，应逐渐减少日粮至1.8 kg，以缩短产仔时间，避免子宫炎、乳房炎、无乳综合症的发生，减少死胎头数。

（4）室内饲养的母猪在转群至产房前应彻底清洗消毒。母猪可能会感染蚧螨或肠道寄生虫，所以在产仔前7～10 d，应对母猪进行体表用药、注射用药或饲料投药等方式驱虫，以便除去身上的粪便及虫卵。

（5）接收产仔母猪前，产房应彻底清洁消毒、保持干燥，并空置一段时间。断奶后应对产房采用高压冲洗并消毒。强烈推荐采用全进全出制，并采用正确的清扫及干燥措施。

（6）怀孕第108～110 d时应将妊娠母猪轻柔地转至产房。尤其是首次经历产仔的初产母猪需一定的时间去适应新的环境。此外需强调的是：产房饲养员要非常准确地把握好产仔前母猪的低水平饲喂量。

（7）产仔前5～7 d的理想室温为18～20℃，临产母猪还应避免热应激、贪食和嗜睡。

（8）饲养员及母猪间应进行一些轻柔的接触交流，以便母猪在产仔及哺乳期间适应有关的操作。

(9)产前要将猪的腹部、乳房及阴户附近的污物清除,并用2%～5%来苏尔溶液消毒,然后清洗擦干。

(10)产箱、加热灯检查。仔猪出生后需要34℃的环境温度,应确保加热灯具安全、正常工作,电源线应远离母猪和仔猪,环境温度的控制应结合加热灯的功率、地面的结构以及加热灯安装的高度进行调整,一般来说,250 W的灯安装在离地45 cm的地方可保证环境温度在34℃左右。

二、分娩过程

(一)分娩前母猪的行为

随着临产期的临近母猪表现非常不安,频繁站立和躺下,当临产期更近时,乳头中可挤出初乳。一般情况下,当母猪前面的乳头能挤出少量的浓稠乳汁后24 h左右可能分娩,中间乳头出现浓乳汁后12 h左右可能分娩,后边乳头出现浓乳汁后3～6 h分娩。若用手轻轻挤压母猪的任意一个乳头,都能挤出很浓的黄白乳汁时,可能马上就要分娩。

(二)分娩持续时间和出生间隔

母猪分娩的时间范围在30 min到6 h之间,平均时间为2.5 h,平均出生间隔为15～20 min。接近分娩时,一天应对母猪进行多次检查 ,分娩舍交接班时也应进行交接检查,记录产仔时间和产仔间隔很重要,可以帮助判断分娩是否顺利,如果母猪比较安静,仔猪出生只间隔几分钟,说明产仔过程正常,如果产仔间隔超过了45 min,就应考虑人工干预了。一般正常分娩结束30 min内母猪排出胎盘。分娩结束标志包括胎衣完全排出;母猪腹部收缩回弹;母猪安定下来,安静休息,给小猪哺乳。胎儿和胎盘排出之后,子宫恢复到正常未妊娠时的大小,称为子宫复原,子宫体复原约需10 d左右,但子宫颈的回缩比子宫体慢,到第三周末才完成复原。

(三)分娩过程中异常情况的处理

1. 难产　仔猪分娩过程中,胎儿由于多种原因不能顺利产出称为难产。母猪发生难产比例一般不高,约占分娩的0.25%～2%,母猪难产常常是由于仔猪太大,或者两头仔猪堵在骨盆入口处而引起的产道的阻塞所致,母猪出现反复起卧,强烈努责、频频举尾收腹,躺卧时两后肢不时前伸、弓腰,但不见胎儿产出。有的母猪产下一两头仔猪后努责轻微或不见努责,长时间静卧。如果母猪出现难产问题可以采取以下步骤:

(1) 用手检查产道内是否有障碍物。首先要做好清洁和消毒,要彻底冲洗手和胳膊,手指甲要剪短,或戴上手套,以免对母猪造成伤害。进行检查时动作要轻柔,以便将对母猪生殖道的感染减到最低,同时给予抗生素,以预防感染。

(2)当母猪产仔太慢或帮助母猪结束产仔时,可以谨慎地使用催产素,注意不合理地使用催产素对母猪有害。在母猪至少产出一头小猪时,才能使用催产素,每次注射剂量不超过1 mL;在20 min以内不能再使用催产素,且每头猪给药量不能超过2头份;按摩乳房可以促进母猪自然分娩。

(3)运动对产仔有问题的母猪也有帮助。让母猪站立或让其来回走动能促进其继续产仔。

2. 母猪咬仔　有时母猪在产仔时会攻击甚至咬死小猪,通常发生在初产母猪身上;当这种情况发生时,立即将小猪转移,等到母猪产仔结束表现稳定时,再把它们放入母猪栏内,观察母猪是否接受小猪,在没有其他办法时,才能使用镇静剂;母猪不会因为咬仔猪而被淘汰,但要把情况写在母猪的记录卡上,以便将来作为参考。

三、接产

(一)接产操作

母猪正常分娩常在夜晚,保持环境的安静对正常的分娩很重要。

(1)仔猪产出后,接产人员首先应立即用手指将仔猪的口、鼻的黏液掏出并擦净,再用干净抹布将仔猪全身黏液擦净,擦干。

(2)当小猪出生后必须对脐带进行消毒，止血处理，用消毒的线扎好脐带,然后留 8～10 cm 用手指掐断，并用碘酒消毒;现代猪场使用干燥剂(在小猪出生时可用于吸干体表的羊水)，则可以不用断脐，让脐带干后自动脱落。

(3)编号便于记载和鉴定，编号的标记方法很多，目前常用剪耳法，耳刺法。

(4)记录每头仔猪的出生重，完成母猪分娩卡(见表5.4)，记录分娩过程。

(5)吃奶固定奶头，立即将仔猪送到母猪身边固定奶头吃奶，有个别仔猪出生后不会吃奶，需进行人工辅助，用红外线灯泡提高局部温度。

表5.4　母猪分娩卡(分娩记录)

周次：	圈栏：		护理员：	
母猪号：				
品种：	品系：		预产期：	
胎次	配种日期	与配公猪	实际分娩日期	
活仔	死胎	木乃伊	弱仔	窝重
哺乳仔猪清单：	转出	转入	原因	
发病症状	发病日期	治疗	死亡日期	死亡原因

(6)清洗母猪阴门和其周围，助产者洗手，戴上乳胶手套，手套外涂上消毒药和润滑剂(也可用肥皂)，戴手套的手在母猪努责的间隙进入子宫，调整胎位，如果是多头仔猪堵住了子宫口，将仔猪推回子宫内，一头一头地抓住拉出来，拉出来时，应该顺着母猪的努责频率向外拉，避免拉伤产道，助产后的母猪应给予一个疗程的抗生素治疗，以防助产过程感染。

(7)有的仔猪产下后呼吸停止，但心脏仍在跳动，称为“假死”。急救办法以人工呼吸最为简便，操作时可将仔猪的四肢朝上，一手托着肩部，另一手托着臀部，然后一屈一伸反复进行，直到仔猪叫出声后为止，也可采用在鼻部涂酒精等刺激物或针刺的方法来急救。如果脐带有波动，“假死”的仔猪一般都可以抢救过来。

【案例分析】生产中个别母猪产仔过多或体况过肥，产仔时间过长，有时会出现“假死”仔猪，采用“捋脐法”抢救假死仔猪，救活率达98%。

具体操作方法是：尽快擦净胎儿口鼻内的黏液，将头部稍高置于软垫草上，在脐带 20～30 cm 处剪断；术者一手捏紧脐带末端，另一手自脐带末端捋动，每秒1次，反复进行不得间断，直至救活。一般情况下，捋30次时“假死”仔猪出现深呼吸，40次时仔猪发出叫声，60次左右仔猪可正常呼吸。特殊情况下，要捋脐120次左右“假死”仔猪方能救活。对救活的“假死”仔猪必须人工辅助哺乳，特殊护理2～3 d，使其尽快恢复健康。

(8)产仔结束后，应及时将产床、产圈打扫干净，排出的胎衣随时清理，以防母猪吃胎衣养成吃仔猪的恶癖。

第四节　泌　乳

哺乳母猪饲养管理的好坏，不仅直接影响母猪的泌乳量、仔猪的成活率和仔猪的断奶体重，而且还会影响断奶后母猪的正常发情、配种。所以加强哺乳母猪的饲养管理，是提高养猪经济效益的重要环节。提高母猪的泌乳力，首先必须掌握母猪的泌乳生理，了解影响泌乳的因素，在此基础上，采取有效的饲养管理措施提高母猪的泌乳量。

一、母猪泌乳的生理特点

母猪乳房由乳腺泡、导管系统构成的腺体组织和由纤维结缔组织、脂肪组织构成的间质构成，乳腺泡由一层分泌上皮细胞构成，是分泌乳汁的部位。每个腺泡相连一条细小乳导管，各条细小乳导管相互汇合成中等乳导管，中等乳导管又汇合成粗大的乳导管，最后汇合成乳池。乳池是贮存乳汁的较大腔道，乳池经乳头末端的乳头管向外开口。猪的每个乳房有2～3个乳池和乳腺管，母猪乳池不发达，不能贮存大量的乳汁，也就不能随时排乳，即仔猪不能随时吃到母乳。母猪的排乳受神经—激素的调节。当仔猪用鼻吻突拱母猪乳房，嘴衔住乳头吸吮乳汁时，这种外界刺激，通过传入神经传到中枢神经，兴奋了下丘脑的室旁核以合成催产素，同时下丘脑的视上核合成血管加压素（即抗利尿激素，ADH），从垂体后叶释放，该激素经血液到达乳房，刺激乳房上皮细胞收缩，这种收缩增加了乳房内压，迫使乳汁由腺泡腔经细小乳导管流入中乳导管，再由中乳导管流入大乳导管，通过乳头管向外排出。仔猪用鼻吻突拱母猪乳房需经2～5 min后，才能排乳，母猪放乳的持续时间30～60 s，两次排乳间隔时间约1 h，一昼夜可排乳20次以上。

猪乳可分为初乳与常乳，分娩后3 d以内的乳为初乳，初乳为初生仔猪提供抗体，还能提供其他因子促进仔猪肠道的生长发育。初乳干物质和蛋白质较常乳高，而乳脂、乳糖、灰分等较常乳低。

二、泌乳母猪的营养需要

母猪泌乳期间，负担很重，除维持本身活动外，每天还要产乳汁。因此在哺乳期间母猪本身要失重，如供给的营养物质不足，就会导致母猪的失重超过正常的范围。哺乳期的饲喂不是孤立的，应与妊娠期及其他时期协同一致，为最大限度地开发现代种猪的性能，需考虑整个繁殖生命周期及相应的饲喂计划。确定母猪的营养需求时需要考虑母猪的体重、泌乳量、乳汁成分及体组织的代谢。

母猪在哺乳期间，要分泌大量乳汁，现代母猪每天分泌乳汁10～12 kg，21 d达到泌乳高峰，因此母猪在哺乳期间，尤其是在泌乳高峰期物质代谢比空怀母猪要高得多，所需要的饲料量也就显著增加。哺乳母猪能量需要取决于母猪的体重、产奶量、奶成分以及体组织的动员情况。哺乳母猪能量需要包括维持需要和泌乳需要两部分。饲粮蛋白质转化为乳蛋白的效率在0.3～0.4之间，并受产奶量、蛋白质种类和蛋白质及能量摄入量的影响。因此，实际情况下泌乳的蛋白质需要量变化很大。例如，当哺乳母猪饲粮中能量不足限制了泌乳时，增加再多蛋白质也不一定能提高泌乳量；如果能量足够，泌乳量将随着蛋白质摄入量的增加而增加，从而提高仔猪断奶体重。我国瘦肉型泌乳母猪推荐每千克配合饲料含消化能13 MJ以上，粗蛋白质16%、钙0.9%、磷0.7%、食盐0.4%、赖氨酸0.88%～0.94%。对哺育5头仔猪的母猪，可饲喂4 kg饲粮，一窝仔猪超过5头时，每多一头仔猪，需多喂0.4 kg饲粮，母猪带10头仔猪，每天应喂给6 kg的全价日粮。

三、泌乳母猪的饲养管理

乳腺分泌乳汁的量受遗传和营养因素影响，要实现母猪的最大泌乳量，除遗传和营养之外还需要考虑其他许多因素，这些因素包括采食量（饲喂频率）、环境（产房温度）、泌乳期长短、体况以及饮水量。

（1）母猪产后前3 d限饲，之后从第4 d开始自由采食饲喂，直到泌乳期结束，这样可以提高采食量，降低体重丧失。

（2）为提高母猪采食量，可适当增加哺乳母猪的饲喂总次数，一般日喂3～4次，间隔均匀。湿拌料可增加猪采食量。

（3）供给充足的清洁饮水，泌乳母猪日饮水量在20～30 kg，饮水器应保证出水量及速度。

（4）泌乳期母猪饲料结构要相对稳定，不要频变、骤变饲料品种，不喂发霉变质和有毒饲料，以免造成母猪乳质改变而引起仔猪腹泻。

（5）猪舍内要保持温暖、干燥、卫生、空气新鲜，除每天清扫猪栏、冲洗排污道外，还必须坚持每2～3 d用对猪无副作用的消毒剂喷雾消毒猪栏和走道。尽量减少噪音、大声吆喊、粗暴对待母猪等各种应激因素，保持安静的环境条件。

讨论：比较地方母猪、外国母猪、杂种母猪繁殖特点及如何提高母猪生产力？

【本章小结】

提高种猪的生产性能，对猪场的意义重大，对于后代而言，公猪和母猪对其遗传影响是相等的，本章主要介绍了种猪生产过程中的配种、妊娠、分娩、哺乳四大环节的影响因素，各环节的技术细节及饲养管理措施。

【思考题】

1. 母猪发情有何征状？如何进行发情鉴定？
2. 生产实践中如何判断和确定配种适期？
3. 母猪久配不孕可能的原因有哪些？
4. 母猪的妊娠期是多少天？如何推算预产期？
5. 妊娠母猪饲养管理要点有哪些？
6. 母猪临产征状有哪些？
7. 简述母猪正常分娩进行接助产的操作要领。
8. 泌乳母猪的饲养管理要点有哪些？

第六章　幼猪培育

幼猪是发展养猪生产的物质基础，生产中将其分为哺乳仔猪和保育仔猪两个阶段。哺乳仔猪是猪一生中生长发育最快的时期，初生仔猪重1～2 kg，经过3～4周的饲养后，断奶时的体重可达到6 kg，一般是初生重的5倍。如果掌握了仔猪的生长规律，又了解影响生长的主要因素，就可以培育出好的幼猪。

第一节　哺乳仔猪的培育

一、哺乳仔猪的生理特点

（一）体温调节机能差

新生仔猪体脂仅占体重和体能储备的1%，自身体温调节能力及保温能力较差。成年猪的正常体温为38.5℃，初生仔猪的体温较成年猪高1℃左右，初生仔猪的临界温度为35℃，当环境温度低于此温度时，体温已不能依靠物理调节维持正常，体内就要靠化学调节提高物质代谢增加产热量，若化学调节也不能维持正常体温时，才出现体温下降乃至冻僵。由于仔猪大脑皮层调节体温的机制发育不全，不能协调进行化学调节，因此，仔猪体温降低是在寒冷的直接刺激下产生的。哺乳仔猪要到第9日龄化学调节能力才会得到改善，20日龄时体温调节能力接近完善。所以，对哺乳仔猪保温是养好仔猪的最重要措施之一。

（二）消化器官不发达，消化机能不完善

哺乳仔猪消化器官相对重量和容积较小，消化酶系统不完善，从而导致哺乳仔猪消化机能不健全。初生仔猪胃的重量约为6～8 g，容积仅有30～40 mL，故乳猪胃排空时间短，速度快，每天要求吮乳的次数多。在出生时仔猪胃内仅有凝乳酶，胃蛋白酶很少，不能很好地消化蛋白质尤其是植物性蛋白。初生仔猪肠腺和胰腺发育比较完善，因此，乳猪消化道里的胰蛋白酶、乳糖酶和胰淀粉酶的活性较高，其食物的消化主要在肠道内进行。乳糖酶在出生后一周内活性最强，但随着日龄的增加逐渐被胰淀粉酶替代，胰淀粉酶在3周龄活性增强，对淀粉和其他糖类消化作用较好；胰脂肪酶随着日龄的增加和胆汁的分泌逐渐增多，出生时胆汁分泌较少，消化脂肪能力弱，但乳中的脂肪呈乳化状态，仔猪可直接吸收消化，故初生仔猪只能吃乳而不能利用植物性饲料。

生产中应采取提早补饲以刺激盐酸和胃液的分泌。同时补充饲料中应注意多用动物蛋白，少用植物蛋白，并添加酶制剂等。另外，由于哺乳仔猪胃的容积小，食物排入十二指肠的时间较短，所以应适当增加饲喂次数，以保证仔猪获得足够的营养。

（三）缺乏先天免疫力，抵抗疾病能力差

由于母猪血清中的免疫球蛋白不能通过母猪血管与胎儿脐血管传递给仔猪，因而初生仔猪没有先天免疫力。仔猪只有吃到初乳后，靠初乳把母体的免疫抗体传递给仔猪，并逐渐过渡到自体产生抗体而获得免疫力。和常乳相比，初乳中的蛋白质含量明显升高，二者的营养成分差异见表6.1。母乳中的免疫球蛋白对仔猪免疫力的作用不仅取决于乳中的含量和种类，还受到仔猪的利用能力的影响。新生仔猪的肠道上皮处于原始状态，大分子物质直接通过渗透作用，可不经转化直接被吸收到仔猪血液中，使仔猪血清中球蛋白的水平很快提高，免疫力迅速增加，但仔猪肠壁的渗透作用随肠道的发育而改变，出生后36 h明显降低。此初乳中含有胰蛋白酶抑制剂，能使抗体蛋白不被分解。研究证实，仔猪生后3 h吸收能力下降50%，如果生后12 h才让仔猪吃奶，则只能吸收6%，这时完全可以不考虑初乳中抗体浓度明显下降的因素，仔猪要获得免疫已十分困难。相反，初生仔猪如在3 h内吃到初乳，初乳中不仅γ-球蛋白的数量多，而且吸收率也相当高，可起到完全的保护作用。最迟在3 h内让仔猪吃到初乳才能保证1周龄内仔猪获得足够有效的免疫能力。由于仔猪出生10日龄后才开始自身产生抗体,直到30～35日龄前数量还很少。因此,3周龄以内是免疫球蛋白青黄不接的阶段,此时胃液内又缺乏游离盐酸,对随饲料、饮水等进入胃内的病原微生物没有消灭和抑制作用,因而造成仔猪容易患消化道疾病。所以生产上应注意饲料、饮水、环境的清洁卫生,防止病从口入。

表6.1　初乳与常乳中的营养成分

项目	出生后时间(h)					常乳
	出生	3	6	12	24	
脂　肪(%)	7.2	7.3	7.8	7.2	8.7	7～9
蛋白质(%)	18.9	17.5	15.2	9.2	7.3	5～6
乳　糖(%)	2.5	2.7	2.9	3.4	3.9	5

讨论:初乳的营养特点是什么,怎样保证初生仔猪吃好初乳?

(四)生长发育快、代谢机能旺盛、利用养分能力强

仔猪出生体重约1 kg,体重相对较小,还不到成年猪体重的1%,10日龄时体重达出生重的2倍以上,出生后在20日龄可达到5 kg,30日龄达5～6倍,60日龄增长10～13倍或更多,体重达到15 kg以上。仔猪生后的快速生长,是以旺盛的物质代谢为基础的。每千克体重每天要沉积蛋白质9～14 g,相当于成年猪的30～35倍;仔猪每千克体重所需代谢净能是成年母猪的3倍,矿物质代谢也高于成年猪,每千克增重中含钙7～9 g、磷4～5 g。仔猪生长发育快,新陈代谢旺盛,对营养物质的需要在数量上和质量上都要求较高,对营养不全反应非常敏感。

二、哺乳仔猪饲养管理

(一)确保充足的初乳

初生仔猪不具备先天性免疫能力,必须通过吃初乳获得抗体。初乳是初生仔猪获得抵抗各种传染病抗体的唯一有效途径,初乳中除含有足够的免疫抗体外,还含有仔猪所需要的各种营养物质、生物活性物质。饲养员的任务就是确保新生仔猪迅速从胎衣中脱出、擦干并放到乳房旁边吸食初乳。较大的仔猪和先出生的仔猪通常需要帮助才能寻找到奶头,并吃到至少50 mL的初乳。出生后1 h仔猪可平均采食100 mL的初乳。生产中对弱小仔猪饲养员应帮助将奶头塞入其嘴中并叼住。看起来太弱以致不能吮乳的小猪应先把初乳挤出,再用一个胃管喂20 mL初乳,在出生的头几天内每天应进行2～3次胃管饲喂,以提高这些弱小但有潜在价值的小猪的存活率。

(二)温度管理

仔猪出生前在母猪子宫内的环境温度是39～40℃。分娩后就要接受自然环境的挑战,环境温度与母体的温度相差甚大,而初生仔猪的体脂薄,自身的体温调节系统又尚未发育完善。因此,寒冷会使仔猪食欲减退,不愿去吃初乳,更重要的是会因此而降低仔猪的免疫机能,无法抵抗疾病的侵袭,且寒冷可破坏仔猪肝脏和肠道的机能,最终导致严重腹泻或肝昏迷。所以,哺乳期间应采取保温措施,第一周维持在35℃,第二周为31℃,第三周为27℃。目前的新型保温箱设备,可提高保温效果。

生产中要满足新生仔猪对较高环境温度的要求,即最低临界温度为34℃,同时也应考虑产仔母猪的临界温度,即15～20℃。通过为仔猪提供垫草及保温灯,可使保温箱达到较高的温度34℃靠近仔猪出生的位置使用加热灯,可以改善新生仔猪的环境条件。产后24～48 h,仔猪会本能地靠近母猪乳房,因此在母猪的一侧给以加热灯和垫草会很有用。

【案例分析】为何某一新建猪场冬季产仔存活率不到50%？

分析原因，一是新圈地面潮湿保温差，二是初产母猪奶水不足。所以新猪舍地面应铺垫草或保温板等加强保温并给奶水不足仔猪补充牛羊乳和提早开食补料。因为初生仔猪皮薄毛稀，皮下脂肪少，脂肪还不到体重的1%。保温隔热能力很差，在气温较低的环境下，仔猪不易维持正常体温。在20～25℃的环境条件下，都要2～3 d才能恢复正常体温，当环境温度为10℃时，体重小的仔猪会出现冻死，5℃时体重大的也会冻死。生产中应做好0～7日龄初生仔猪保温防冻工作，并使其尽可能早地吃到初乳，增加能源。仔猪适宜温度，1～3日龄为30～32℃，4～7日龄为28～30℃，15～30日龄为22～25℃。

（三）固定乳头

仔猪哺乳时应固定乳头。母猪的乳房各自独立，互不相通，自成一个功能单位。各个乳房的泌乳量差异较大，一般前部乳头奶量多于后部乳头（表6.2），母猪乳房无乳池，乳汁的分泌除分娩后最初2 d是连续分泌外，以后是通过刺激有控制地放乳，不放乳时仔猪吃不到乳汁。仔猪吸乳时，先拱揉母猪乳房，刺激乳腺活动，然后放乳，仔猪才能吸到乳汁，哺乳时放乳时间很短，一般每次只有10～20 s，哺乳间隔约为1 h，后期间隔加大，日哺乳次数减少。固定乳头才可保证仔猪在母猪放乳时全窝都能及时吃到母乳，否则，仔猪互相争夺，有的就吃不到母乳，而要等到下一次放乳，长此下去就会影响仔猪的成活与增重。

表6.2　不同位置乳头产奶量

项目	乳头位置						
	1	2	3	4	5	6	7
泌乳量（%）	23	24	20	11	9	9	4

仔猪有固定乳头吮吸的习惯，固定乳头时应以仔猪自选为主，个别进行调整，对特别强壮的可先将其放在一边，对特别弱小的可将其放在前胸部乳头吃奶，待其余的仔猪都找到乳头以后，再把强壮仔猪放到固定的乳头上。这样经过几次调教之后，即可建立固定的吮乳位置了。若仔猪少而乳头多时，对瘦弱仔猪可让其占两个乳头，不要留空乳头，避免因不用而退化萎缩。

（四）仔猪的处理

仔猪的常规处理是：剪犬齿、断尾、打耳号（或做标记）和补铁以防贫血。剪牙通常在第一天进行，一些生产者同时完成以上所有处理程序。具有稳定健康状况的猪场在第3～5 d进行补铁和打耳号会获得良好的效果。

1. 剪犬齿

剪掉犬齿可防止小猪伤害母猪乳头或吮乳争抢时伤害同窝仔猪。剪牙时应尽可能小心地接近牙床表面剪断牙齿，切勿伤及牙龈，一旦伤害牙床，不仅妨碍小猪吮乳，而且受伤的牙床将成为潜在的感染点，将碎牙小粒留在牙床会增加创面的感染和脓肿区域。

2. 断尾

仔猪剪尾可以减少保育和生长阶段的咬尾。所有的猪尾长度一般预留大约2个手指的宽度，残留部分应用碘酒消毒，防止感染。

3. 补铁

仔猪生长每天需要铁7 mg，而母乳中提供的铁只有仔猪生长需要的1/10，新生仔猪体内只有少量的铁储备，因此应给所有仔猪补铁。补铁的方法通常在颈部松弛皮肤处补1～2 mL可溶性复合铁针剂，一般在3～4日龄时注射（应根据制造商建议）。出生时就补铁容易对仔猪产生负面影响，产生严重的应激。

（五）寄养仔猪

营养不良和饥饿是仔猪死亡的主要原因。将仔猪寄养给合适的母猪，对于减少仔猪营养不良和饥饿问题是非常有效的方法。当有仔猪数量多于母猪的有效乳头数、同窝仔猪个体参差不齐、母猪终止泌乳等情况均需要寄养。在实践中，最好是将多余仔猪寄养到迟1～2 d分娩的母猪，尽可能不要寄养到早1～2 d分娩的母猪。为了使寄养顺利实施，可在被寄养的仔猪身上涂抹收养母猪的奶或尿，同时把寄养仔猪与收养母猪所生的仔猪合养在一个保育箱内一定时间，干扰母猪的嗅觉，使母猪分不出它们之间的气味差别。

仔猪要成功寄养必须遵循以下原则：

（1）确保所有被寄养的仔猪已吸吮足够的初乳。这对将仔猪寄养给后产1～3 d的母猪尤为重要。越来越多的猪场不会在产房间转移仔猪，并将寄养限制在产后24 h内。

（2）及时寄养，避免让仔猪在寄养前的状况恶化。

（3）寄养要有利于窝中最弱小的仔猪。假如弱小仔猪能在自己母亲那里生长得更好，那么强壮的仔猪应被寄养；若寄养给刚产的一窝仔猪头数不多的母猪，弱小的仔猪会有更好的生存机会，那么可寄养弱小仔猪。

（4）根据仔猪能吮吸的母猪的有效乳头数确定母猪的抚养能力。

（5）观察吮乳行为，确定哪些仔猪没有固定奶头，哪些的状况可能会恶化，仔猪应从寄养中受益。

（6）通过交叉寄养可减少一窝仔猪的出生重差异，提高弱小仔猪的存活率和生长速度。

（六）仔猪补饲

仔猪补饲一般在5～7日龄开始，哺乳仔猪补饲的作用主要体现在两方面，一方面是锻炼哺乳仔猪的胃肠道，促进仔猪胃肠道酶系统的发育；另一方面，补充仔猪营养物质，提高断奶体重。母猪通常在第三周达到产奶最高峰，然后产奶量逐渐缓慢下降，而此后仔猪生长速度越来越快，产奶量满足不了仔猪的生长需要，补料可缓解母乳不足对仔猪的影响。

开始少量补饲时可以把料洒在栏内地板上让仔猪在有兴趣时采食，但补饲的料最好放在小的、轻的、易清洁的料槽中，料槽应避免仔猪在采食时被拱动，同时便于清洁。料槽应放置在小猪和母猪不容易弄脏的地方，且不要放置在保温灯下，放在实心地板和漏缝地板交汇处是合适的，不要过分靠近饮水器。仔猪每天应分3～4次提供少量的、干净的、新鲜的补饲料。当仔猪采食量增加时应增加饲喂量。

（七）预防腹泻

腹泻是哺乳仔猪最常见的现象，是影响仔猪生长发育的最重要因素之一，也是导致哺乳仔猪死亡的最常见病症。预防仔猪下痢是养育哺乳仔猪的关键技术之一，由传染性病原体引起的下痢病，如痢疾、副伤寒、传染性胃肠炎，特别是哺乳仔猪的大肠杆菌性痢疾，都有很高的死亡率，尤其表现在抵抗力弱的仔猪身上。

在生产实践中，以下情况易发生仔猪腹泻：（1）初产母猪所产仔猪常发生腹泻，原因是初产母猪体内缺乏某种特定的抗体；（2）当母猪生病或消化系统紊乱、母猪泌乳不足时，仔猪易发生下痢；（3）窝产仔数较多，发生的几率增加，这可能是由于仔猪得不到或缺乏从母乳中获得抗体的机会；（4）分娩栏内卫生状况较差，仔猪发病及死亡率提高；（5）分娩舍内寒冷使仔猪抵抗力减弱，特别是弱小的仔猪发病率更高；（6）感染其他疾病、如呼吸系统疾病，复合性炎症等均会与腹泻共同作用导致仔猪死亡率提高。

【案例分析】2010年9月西南某新建猪场，母猪相继产仔10窝，共有仔猪122头，另有15头母猪待产，10窝仔猪相继在产后3～7 d下痢，排黄色或黄白色水样稀粪，内含凝乳块，迅速死亡，病程稍长，病猪精神沉郁，迅速消瘦，严重脱水，甚至死亡，肛门呈红色，体温无变化。

分析：预防哺乳仔猪腹泻必须采用综合措施，首先是提高青年母猪的免疫力，才能使仔猪从初乳中获得某种特定的抗体，生产实践中可以将初产母猪与经产母猪放在同一栏内饲养，或者让初产母猪接触到经产母猪的粪便。其次是通过寄养仔猪，以平衡每窝仔猪数。第三，要注意保温，防止湿冷及污浊空气，提高母猪的泌乳量，严格实行全进全出制度，保持良好的环境卫生。实践证明，免疫注射对于防止肠道病原菌感染是有效的。帮助仔猪抵抗病原菌的同时要注意补水，当下痢仔猪失去体液10%时，即面临死亡。补水时给仔猪施以胃管直接补水的效果最好，通常补水量应在体液的1/10左右，每千克体重每天需补水75 mL；对严重的腹泻仔猪可腹腔注射葡萄糖生理盐水，一般可令其自由饮服补液盐加抗菌药物水溶液。

思考：在生产中如何利用哺乳仔猪的生理特点？

【注意事项】哺乳仔猪的饲养管理应注意哪些关键问题？

1. 确保每头仔猪摄取足量的初乳
2. 加强保温，防冻防压。
3. 加强环境卫生，严格消毒。
4. 加强仔猪防病，提高仔猪的成活率。
5. 采取一切措施，防止仔猪下痢，提高仔猪断奶体重。

第二节 断奶仔猪的饲养管理

断奶仔猪是指从断奶至70日龄左右的仔猪。断奶仔猪通常饲养在保育舍内，饲养目标是让断奶仔猪平稳度过困难的断奶期并保持稳定的生长速度。断奶仔猪在断奶后的生长潜能较高，但许多因素会影响这种潜能的发挥，如断奶日龄、断奶体重、营养、健康控制、保育舍的环境和饲养员技术。断奶仔猪面临三大挑战，第一，食物供给的改变：由液体奶变成了固体饲料；第二，物理环境的改变：从分娩舍改变到了保育舍，由依靠母猪到独立生存；第三是由于转栏、混群造成的心理应激。面对应激如果饲养管理不当，会引起仔猪烦燥不安，食欲不振，生长发育停滞，形成僵猪，甚至患病或死亡。

一、断奶仔猪的断奶

（一）断奶日龄

仔猪的自然断奶一般在8～12周龄，由于母猪的产奶量降入低谷，而在此阶段仔猪采食固体饲料的能力较强，因此自然断奶对仔猪的生长没有太大的不良影响。传统养殖都采用2月龄断奶，而现代商品猪生产中，许多国家通常是在3～4周龄，仔猪体重超过6 kg时断奶，但是在北美有些国家实行21 d断奶。早期断奶可以减少母源性疾病的垂直传播，提高母猪的利用率，增加年产仔窝数、仔猪头数以及设备的利用率。从理论上推算断奶时间每提前7 d，母猪年产断奶仔猪数会增加1头左右。但是早期断奶的仔猪对饲料质量和培育设施、管理水平和饲养人员的素质等要求更高，仔猪早期断奶会增加饲养成本，并在一定程度上抵消了母猪增产的利润。

（二）断奶方法

选择适当的断奶方法可以有效减少断奶应激所造成的影响。目前主要采用的断奶方法有一次断奶、分期断奶和逐渐断奶。而在工厂化猪场主要采用的是一次断奶法。

（1）一次断奶法指同舍仔猪大部分达到断奶日龄（断奶体重）时，直接将母猪隔出，仔猪留原圈饲养或者同时赶到保育舍，完成断奶。一次断奶的方法简便，适于工厂化养猪使用。

（2）分期断奶法：具体做法是在母猪断奶前数日先从窝中取走一部分个体大的仔猪，剩下个体小的仔猪数日后再行断奶，以便仔猪获得更多的母乳，增加断奶体重。一般是在断奶前7 d左右取走窝中的一半仔猪，留下的仔猪不得少于5～6头以维持对母猪的吮乳刺激，防止母猪在断奶前发情。

（3）逐渐断奶法：在断奶前4～6 d开始控制哺乳次数，第一天让仔猪哺乳4～5次，以后逐渐减少哺乳次数，使母猪和仔猪都有一个适应过程，最后到断奶日期再把母猪隔离出去。逐渐断奶法对断奶仔猪体重的影响尚不清楚，但能够缩短母猪从断奶到发情的时间间隔。

（三）隔离式早期断奶

1. 隔离式早期断奶法的概念

隔离式早期断奶法（Segregated Early Weaning, SEW）是美国养猪界在1993年开始试行的一种新的养猪方法，这种方法使养猪生产有很大程度提高。其实质内容是母猪在分娩前按常规程序进行有关疾病的免疫注射，仔猪出生后保证吃到初乳，按常规免疫程序进行疫苗预防接种后，在10～21日龄断奶，然后把仔猪在隔离条件下保育饲养。保育仔猪舍要与母猪舍及生产猪舍分离开，隔离距离在0.25～10 km，根据隔离条件不同而不同。这种方法我们称为隔离式早期断奶法。

2. SEW法的主要特点

（1）母猪在妊娠期免疫后，对一些特定的疾病产生的抗体可以垂直传给胎儿，仔猪在胎儿期间就获得一定程度的免疫。

（2）初生仔猪必须吃到初乳，从初乳中获得必要的抗体。

（3）仔猪按常规免疫，产生并增强自身免疫能力。

（4）仔猪22日龄以前，即特定疾病的抗体在仔猪体内消失以前，就将断奶仔猪转移到洁净、具备良好隔离条件的保育舍养育。保育舍要严格实行全进全出制度。

（5）配制早期断奶仔猪饲粮，要保证饲料有良好的适口性，易消化吸收和营养全面。

（6）断奶后保证母猪及时配种和妊娠。

（7）由于仔猪本身健康无病，不受病原体的干扰，免疫系统没有激活，从而减少了抗病的消耗，加上科学配制的仔猪饲料，仔猪生长很快，到10周龄时体重可达30～35 kg，比常规饲养的仔猪提高增重10 kg左右。

3. SEW法断奶猪的饲养管理

（1）断奶日龄的确定　断奶日龄主要是根据所需消灭的疾病及养猪场的技术水平而定，一般16～18日龄断奶较好（表6.3）。

（2）饲料的配制原则　用于SEW法的饲料要求较高，一般可分为三个阶段配制混合料，第一阶段为诱食料和断奶后一周，第二阶段为断奶后2～3周，第三阶段为4～6周。第一阶段饲料的粗蛋白质可在20%～22%，赖氨酸1.38%，消化能15.40 MJ/kg；第二阶段粗蛋白质20%，赖氨酸1.35%，消化能15.02 MJ/kg；第三阶段粗蛋白质与第二阶段相同，消化能为14.56 MJ/kg。三个阶段饲粮的主要差异是蛋白质原料的不同，美国研究人员建议，第一阶段必须用血清粉、血浆粉和乳清粉，第二阶段不需血清粉，第三阶段只需乳清粉。

（3）饲养管理原则　仔猪采用全进全出方式饲养，猪舍每间养100头仔猪左右，保证环境适宜，通风良好。保育舍隔离条件及防疫消毒条件一定要良好，仔猪在运输途中，运输车也要有隔离条件。饲料加工成小颗粒为好。

表6.3　消除不同传染病原的最迟断奶日龄和用药及免疫时间

病 原	断奶时间(d)	用 药		免 疫	
		母猪	仔猪	母猪	仔猪
猪副嗜血杆菌	10	−	+[a]	+	−
支气管败血性波氏杆菌	10	−	+[a]	+	−
多杀性巴氏杆菌	8 ~ 10	−	+[a]	+	−
胸膜肺炎放线杆菌	21 ~ 28	−	+	+	−
猪肺炎支原体	20	−	+[a]	+	−
沙门氏菌	14 ~ 16				
螺旋体	14 ~ 16	−	+[a]	+	−
伪狂犬病毒	20	−	−	+	−
猪流感病毒	20	−	−	+[b]	−
繁殖与呼吸综合征病毒	14 ~ 16	−	−	+[b]	−
传染性胃肠炎病毒	20	−	−	+[b]	−

注:-表明不需用药或免疫;+表示需要用药或免疫,a:确实需要用药尤其当断奶日龄加大时,b:无需免疫。

二、断奶仔猪的管理

断奶期是非常严重的应激阶段,因此要建立一套理想的操作规程以减少断奶问题的出现。

(一)保育舍进猪前的准备

进猪前应对相应的设备进行维修,重点检查仔猪料槽、饮水器,加热器、风扇、照明状况。根据保育仔猪第一阶段的饲料来调节料箱,检查饲料的流量及开关,调整饮水器高度,确保药物处理到位,设定最小通风率,设定房间温度并预热房间,确定断奶仔猪头数,制订每圈的进猪计划。

(二)保育舍环境

断奶仔猪的健康和生产性能取决于适宜的环境。环境包括气候、自然和社会因素。

1. 圈栏面积　应让猪只在离开该圈栏时有足够的空间。若猪只在高床保育栏中饲喂到8周龄左右(20 kg体重),那么在转入仔猪时应给每头猪提供0.22 m^2的圈栏面积。

2. 饲喂宽度　与饲喂方式有关,自由采食断奶后头3周每头猪需要3 cm的饲喂宽度,7 ~ 18 kg的猪自由采食时需要6 cm。表6.4显示出6 cm/头的饲喂宽度是最低要求。

表6.4　7 ~ 18 kg体重猪只自由采食时所需饲喂宽度比较

	饲喂宽度/猪(cm)			优势(%)
	9	6	3	6 cm与3 cm相比
采食量(g)	590	586	572	2.4
日增重(g)	322	322	304	5.9
料肉比	1.84	1.83	1.89	3.2

引自 Lindemann Kornegay . *Meldrum Schurig and Gwazdauskas* 1984

作者更进一步的研究表明: 18 kg的猪饲喂宽度为4.5 cm,20 ~ 40 kg的猪为6.0 cm,85 kg的猪为8.0 cm。然而,饲喂宽度随料槽的类型而变化,30 cm长的单面饲槽可供13头体重为100 kg的猪只使用,新型的圆形料槽可供50头体重为100 kg的猪只使用。限制饲养:料槽宽度应让圈中猪只可同时采食,以便达到理想的采食量。

3. 供水

饮水器的数量、类型、位置和流量都会影响保育舍猪只的饮水和采食量。在断奶仔猪逐渐适应陌生环境时,饮水不足危害很大。目前鸭嘴式和滴水式饮水器正被广泛使用,但小猪更喜欢鸭嘴式饮水器,每10头猪应有1个饮水器。饮水器的高度应根据7 ~ 30 kg仔猪的需要来调节。

4. 温度

特定体重的猪只,其温度需求随采食量、同栏头数、地板类型及通风等变化而变化。在寒冷环境中动物产热多,用于生长的能量低。当圈舍温度保持在最适温区时,断奶仔猪的生产性能最好。表6.5显示了断奶仔猪所需的圈舍温度。然而,断奶仔猪的温度需求会随采食量及空气速度而变化,因此,猪只的躺卧方式可用于测定其舒适度,当猪只打堆时表明寒冷。

表6.5 断奶仔猪所需的圈舍温度

体重(kg)	日龄(d)	温度(℃)
5	17	29
7	25	26
9	32	24
12	39	22
15	46	21
19	53	21
23	60	21

(三)营养

刚断奶仔猪的消化系统还没有发育完善,断奶后就需要有一段时间适应。断奶延缓了消化和吸收能力的发育,如果管理良好,断奶仔猪几天就可恢复,否则会持续几周。仔猪习惯了同母猪一起喂养,在断奶后也喜欢继续这种群居行为,常常会模仿同栏猪只的采食行为,因此,饲喂设施应允许所有猪只同时采食。料槽的类型及采食开口非常重要,料槽结构应允许仔猪面对面地竞争采食,以增加采食量。生产中以下方面会影响断奶仔猪采食量。

1. 饲喂次数 哺乳期猪只习惯于少给勤添的饲喂制度,每小时都要吮乳一次。断奶后,定期引诱猪只到料槽能有效增加采食量。

2. 饲料形态 仔猪断奶后采食的饲料要从液体乳汁改变为固体饲料。试验表明仔猪喜欢采食粉料、小而软的颗粒料,而不愿意采食大而硬的颗粒料。然而粉料的浪费大,若采用干喂,应该采用2 mm的柔软颗粒料。当断奶日龄下降时,饲料的形态就更加重要,饲喂粥状粉料可提高饲料采食量25%。

3. 饲料新鲜度 若向猪只投放大量的饲料,则新鲜度和接受能力会降低。当料槽中装满饲料时,一方面,仔猪会流出大量唾液使饲料结块,而被猪只拒食并很快霉变。另一方面,猪只咬碎饲料后只吃其中的颗粒料,而剩下粉料,同样会出现拒食和霉变。少给勤添能保证饲料的新鲜度,但料槽设计、饲料存放和管理同样会影响新鲜度和采食量。每天都应检查、清洁所有料槽,及时清理沾有粪便、尿液的块状饲料。料槽中的剩余饲料和灰尘会使饲料不新鲜而降低猪的采食量,因此每天都应及时清理。

4. 饲料的变换 突然变换饲料会降低采食量,应逐渐变换饲料使猪只有一个逐渐适应的过程,大多数生产者在变换饲料时采用4 d的适应期。

5. 料槽设计 设计自由采食的料槽会最大限度地减少饲料浪费。设计合理的料槽应让猪只平稳地采食到从料箱中出来的颗粒料。新的圆形料槽比长方形料槽更有利于猪只的同时采食和性能的提高。猪只会拱动调节装置来采食从料箱中出来的少量的新鲜饲料,因此采用圆形料槽会提高采食量。

三、健康

猪繁殖与呼吸障碍综合征(PRRS)和猪流行性感冒以及其他病毒确实给多年来的生产管理带来巨大的威胁。隔离早期断奶就是要打破疾病的周期性循环。爱荷华州立大学Willians 和Stahly 的研究表明,采用隔离早期断奶料肉比提高12%,日增重提高22%。然而,隔离早期断奶系统并不能解决所有的生产问题,事实上也为许多疾病的烈性爆发提供了机会。在美国,许多超早期断奶系统(12日龄断奶)常有规律地爆发疫病,如链球菌2型、副猪嗜血杆菌。而其他的则规律性地爆发支原体肺炎等,造成育成阶段的巨大损失。但采用隔离早期断奶的利大于弊。隔离早期断奶的猪只生长存活较好,生产成本较低。隔离生产系统通过圈舍的隔离来提供健康保障,当问题发生在一幢猪舍时,不会损失整个猪场。当猪场采用换群等新技术时,隔离断奶系统会更有生命力,隔离断奶系统控制了主要的疾病问题,而循环式流程则局限较大。保育舍建立在远离种猪舍和育成舍的位置。该系统最完整的形式是真正的多点式。即在一个大型育种场，分布着能容纳一周甚至更少猪只且相互隔离的猪舍。隔离早期断奶系统使生产者要加强产房的管理，使所有断奶仔猪都能转出产房。当采用隔离早期断奶时，千万不要忘记保育舍要通过饲料、环境、圈舍和饲养员的共同作用才能保持猪只良好的健康水平。

思考：断奶仔猪的特点及饲养管理的关键点是什么？

第三节　育成猪与后备猪

育成猪是指70日龄至4月龄留作种用的猪。后备猪是指仔猪育成阶段结束到初次配种前的青年种猪。培育后备猪的目标是获得发育良好、体格健壮、符合品种典型特征和具有高度种用价值的种猪。培育优秀的后备种猪是提高养猪生产水平，获得经济效益的基础。

一、育成猪与后备猪的生长发育特点

猪的生长发育是一个十分复杂的过程。猪也是最容易通过定向选育和控制营养而达到育种目标的动物。根据猪的生长发育规律，在不同的生长阶段，通过控制日粮中的营养水平，可以调节其某些部位和组织器官的生长或相对发育程度，使后备猪发育良好、体格健壮、骨骼结实、肌肉发达、消化系统和生殖器官发达而机能完善。但是，肌肉过度发达或脂肪大量沉积都会影响繁殖性能。

二、育成猪的饲养管理

（一）育成猪的饲养

在育成猪饲养中保证饲粮中矿物质、蛋白质和必需氨基酸水平极为重要，采用高蛋白、高能量饲粮，自由采食，或不限量按顿饲喂，以促进育成猪骨骼的充分发育和肌肉的快速生长。

（二）育成猪的管理

育成猪的管理是断奶仔猪的继续，公、母猪可继续混养，根据圈栏大小而确定圈养头数，采用地面平养、自由采食，应注意防寒保暖、清洁卫生、防疫驱虫，圈舍条件有限时还可与商品猪混养。

三、后备猪的选留

选择后备猪应根据品种类型特征、体型外貌和仔猪的健康状况进行，同时要考虑后备猪的生长表现。

1. 外形选择

后备猪的体型应具备品种的典型性和年龄特征，健康仔猪的表征是：食欲旺盛，动作灵活，尤其在采食时，贪食，好强；皮毛光洁，没有卷毛、散毛、皮垢、眼屎和异臭；没有隐睾、单睾、疝气、内翻乳头等遗传疾患。后备猪要肢蹄健壮，后臀丰满，体躯长而平直，无垂腹体型。对过于肥胖、瘦弱的猪不能留作后备猪。

2. 生长表现选择

后备猪的培育过程，必须是健康而顺利的生长过程，防止按育肥猪方式饲养。后备母猪的生长速度不能过快，一般到第1次配种前，日增重控制在550～650 g范围内。后备公猪的日增重宜控制在650～750 g范围内。若生长过快，则会使一些猪骨骼发育跟不上肌肉、脂肪等组织的生长，导致关节软骨和骨干软骨不成熟，承受不了快速生长的体重，以致出现四肢的相应变形。从某种意义上讲，后备猪选择主要是选择骨骼形成良好，肌肉丰富发达，特别是四肢坚实正常的猪。

【案例分析】四川绵阳某猪场，从某公司引入200头后备母猪，有2头出现了3个以上的瞎乳头，使用2年后，又发现一头产了两胎的母猪居然有疝气。

分析：后备种猪的选择除了从生产性能方面进行选择外，外形选择应注意外生殖器官发育良好，无疝气、隐睾、单睾、乳头内陷等遗传疾病，以免影响其繁殖性能的充分发挥。后备猪的体型外貌选择要求可参见图6.1。

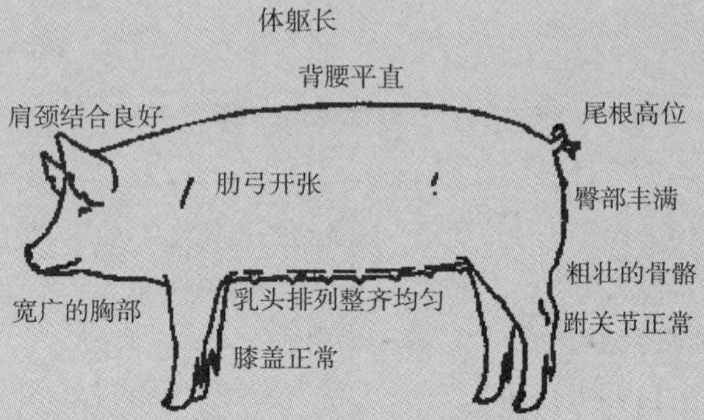

图6.1　后备猪的体型外貌要求

四、后备猪的饲养管理

(一)后备猪的饲养

后备猪培育期的饲养水平要合理控制，因为生长发育过快，使体重提前到生理上的早期阶段，从而导致初产母猪的配种困难。而且在整个培育期把遗传生长潜力都消耗尽，则对以后繁殖力有不利影响。所以，要适当控制后备猪培育期的增重。后备猪生后5月龄体重应控制在75～80 kg，6月龄达到95～100 kg，7月龄控制在110～120 kg，8月龄控制在130～140 kg。适宜的喂料量，既可保证后备猪的良好发育，又可控制体重的快速生长。

(二)后备猪的管理

1. ***分群管理***　后备猪在体重60 kg以前，可以4～6头为一群进行群养。60 kg以后，按性别和体重大小再分成2～3头为一小群饲养，这时可根据膘情进行限量饲养，直到配种前，或视猪场的实际情况而定。

2. ***测量体长及膘厚***　后备猪于6月龄以后，应测量活体背膘厚，按月龄测量体长和体重。要求后备猪在不同月龄阶段有相应的体长与体重。对发育不良的后备猪，要及时淘汰。

3. ***调教***　后备猪生长到一定月龄以后，要加强调教，建立人畜亲和关系，让猪不惧怕人，为以后的采精、配种、接产打下良好基础。饲养人员要经常接触猪只，抚摸猪只的敏感部位，如耳根、腹侧、乳房等处，促使人畜亲和。

4. ***日常管理***　后备猪同样需要注意防寒保暖，防暑降温，清洁卫生等适宜的环境条件。另外，后备公猪达到性成熟后，会烦躁不安，经常相互爬跨，食欲减退，生长缓慢，尤其是性成熟早的品种更是如此。因此，在后备公猪达到性成熟后，应实行单圈饲养，合群运动，除自由运动外，可进行驱赶运动，这样既可保证食欲，增强体质，又可避免造成自淫恶癖。

5. ***环境适应***　后备母猪要在猪场内适应不同的猪舍环境，与老母猪一起饲养，与公猪隔栏相望或者直接接触，这样有利于促进母猪发情。

6. ***淘汰***　对于超过9个月不发情的后备母猪应该及时淘汰，以减少不必要的损失。

【本章小结】

幼猪阶段是猪一生中生长发育最强烈、可塑性最大、饲料效率最高、最有利于定向选育的时期。幼猪培育包括哺乳仔猪、断奶仔猪、育成猪和后备猪培育。把握幼猪生理特点，创造舒适的环境条件，再加以科学的饲养管理，就可以提高幼猪成活率和生产效益。

【思考题】

1. 哺乳仔猪的生理特点及相关措施有哪些？
2. 哺乳仔猪的饲养管理技术措施有哪些？
3. 哺乳仔猪、断奶仔猪、育成猪、后备猪如何定义？
4. SEW法的定义及机理是什么？
5. 哺乳仔猪腹泻的原因及综合防治措施有哪些？
6. 育成猪与后备猪的饲养管理技术有哪些？

第七章　无公害肉猪生产

70～180日龄是肉猪生长速度最快的时期，即从育成到最佳出栏上市，该阶段饲料消耗占养猪饲料总消耗的78%，占全部生产成本的60%以上，也是养猪生产者获得最终经济效益高低的关键时期。为此，生产者必须根据猪的生长发育规律，应用猪遗传育种、饲料营养、环境控制等方面的研究成果，采用科学的饲养管理与疫病防治技术，达到猪只增重快，耗料少，胴体品质优，成本低和效益高的目的。

第一节　生长育肥猪的生长发育规律

一、体重生长

猪的生长受到品种、营养和饲养环境的影响，不同猪种的绝对生长和相对生长不尽相同，但其生长规律是一致的。生长育肥猪的生长速度是先增快（加速度生长期），到达最大生长速度（拐点或转折点）后降低（减速生长期），转折点发生在成年体重的40%左右，相当于育肥猪的适宜屠宰期。根据生产实践，猪只体重达到90～100 kg时生长速度最快，但也因遗传类型和饲养条件的不同而异。

二、体组织的生长

猪的各种体组织增长速度类似于体重增长，其生长顺序和强度是不平衡的，但各部分的生长顺序是有一定规律的，其总的顺序是：神经组织-骨骼-肌肉-脂肪。皮肤的生长势一般出现于肌肉之前，但有些猪种如民猪、内江猪、太湖猪等，其肌肉组织比皮肤组织更为早熟，即生长后期皮肤的生长势强于肌肉，从而导致胴体肉少、皮厚，降低了肉用价值。一般猪只体重在20～30 kg时出现骨骼生长高峰期，肌肉生长高峰期为60～70 kg，猪体重在90～110 kg时达到脂肪生长的高峰期。腹腔、皮下和肌肉间为育肥猪体脂肪贮积部位。从时间来看，一般以腹腔中沉积脂肪最早，皮下次之，肌肉间最晚；从数量来看，腹腔脂肪最多，皮下次之，肌肉间最少；从沉积速度而言，腹腔内脂肪沉积最快，肌肉间次之，皮下脂肪最慢。根据肌肉脂肪沉积的规律，生长育肥猪在60～70 kg前给予高营养的饲粮，之后就要适当限饲，控制能量饲料的比例，以抑制脂肪沉积，提高胴体瘦肉率。

三、猪体化学成分的变化

猪体的化学成分也按一定规律变化，即幼龄时猪体的水分、蛋白质、矿物质的相对含量较高，随年龄增长而逐步降低；幼龄时猪体的脂肪含量相对较低，以后则迅速增高。生长育肥猪一生中，体内水和脂肪的含量变化最大，而蛋白质和矿物质的含量变化较小。从增重成分看，年龄越大，则增重部分所含水分愈少，含脂肪愈多。蛋白质和矿物质含量在胚胎期与生后最初几个月增长很快，以后随年龄增长而减速，其含量在体重45 kg（或3～4月龄）以后趋于稳定。

讨论：肉猪生长发育规律及影响瘦肉率的因素是什么？

第二节　生长育肥猪的饲养管理

一、育肥方式的选择

不同的育肥方式对生长育肥猪的增重速度、饲料转化率和胴体瘦肉率均有很大影响。生长育肥猪的育肥方式一般可分为直线育肥法、吊架子育肥法和一贯限制育肥法。

1. 直线育肥法 也叫“一条龙”育肥法，由断奶开始到育肥结束，猪只一直自由采食高能日粮，整个育肥期没有明显的阶段性，这种方法增重快，饲料利用率高，饲养周期短，商品率高，便于规模化生产，经济效益显著，这是现代集约化养猪生产普遍采用的方式。

2. 吊架子育肥法 将猪的整个育肥期划分为小猪、中猪（架子猪）和育肥阶段，小猪阶段饲喂较高比例精料，而到其骨骼发育较快的中猪阶段时，利用低能量和低蛋白质的饲料限制饲喂，饲粮以青粗饲料为主，饲养4～5个月。而催肥阶段则利用肥猪易于沉积脂肪的特点，提高饲粮中能量和蛋白质的供给水平，快速育肥。这种育肥方式可通过“吊架子”来充分利用当地青粗饲料等自然资源，降低生长育肥猪饲养成本，但它拖长了饲养期，生长效率低，是经济欠发达地区根据当地饲料条件所采用的一种育肥方式，已不适应现代集约化养猪生产的要求。

3. 一贯限制育肥法 由断奶到育肥结束，始终用低能量日粮让猪随意采食。这种方式主要是原始的饲养方式，已经被淘汰。

二、饲喂方法

1. 科学配搭日粮 日粮的搭配应根据生长育肥猪的营养需要、饲养标准以及当地饲料原料资源确定其配合饲料的配合种类，并进行合理的加工配合，要求实行全价日粮饲养。

2. 合理调制饲料 饲料的调制与其适口性、饲料转化率有关，猪的饲料只有经过科学加工调制，才能提高饲料利用率，改善其适口性。在猪只的饲养过程中，饲料应生喂还是熟喂要根据原料的特点进行选择，谷实饲料如玉米、大麦、小麦等及其加工副产物糠麸类，适宜生喂，煮熟后饲料营养价值约降低10%，尤其是维生素会被严重破坏。但大豆、豆饼、棉籽饼、菜籽饼等以煮熟喂为好，这样可破坏其内含的胰蛋白酶抑制因子，提高蛋白质的消化率。

饲料的各种饲喂形态对生长育肥猪的增重和饲料转化率产生不同的效果。粉碎的谷物比整粒的谷物利用率高，颗粒料比粉状料的利用率高，而且相对于粉状料，颗粒料方便投食，损耗少，不易发霉，并能提高营养物质的消化率，已被规模化猪场广泛利用。湿喂对猪有利，湿拌料一般以料水比1:(0.9～1.8)为好，以手捏成团，放手落地即散开为好，湿拌料容易出现腐败变酸，宜现拌现喂。当需要饲喂大量青绿饲料和苕瓜类作为饲粮时，应该遵守先精后粗的原则。在青绿饲料的调制方法上应该改变传统的煮熟稀喂的方法，采用精料拌湿，青绿料洗净切碎，先喂精料，待精料采食完后再喂青绿料，最后供给充足清洁饮水。在产红苕季节，可用鲜红苕代替部分配合料中的玉米（小猪料可代替30%～50%；大猪料可代替70%～80%）。饲喂时采用：配合料湿拌，红苕切碎，先喂精料，然后喂红苕，再喂青绿料和饮水；也可先将精料和切碎的红苕混合后，按精、青、水的顺序投喂。

3. 饲喂次数 育肥猪饲喂有自由采食和限制饲喂两种方式，自由采食时不必考虑饲喂次数，在限制饲喂或定时投料时，当营养供给一定的情况下，限量饲喂集约化猪场采取每日两次饲喂的方法，从猪的食欲与时间的关系来看，猪的食欲以傍晚最盛，早晨次之，午间最弱，这种现象在夏季更趋明显。所以，对生长育肥猪可日喂2次，早晨上班、下午下班时饲喂。

4. 合理分群 生长育肥猪一般采取群饲的大圈饲养方式，最适当的猪群大小应该根据生产成本高低以及是否易于管理来决定，育肥猪群的大小一般在20头左右，但研究表明对于育肥阶段而言，大群体（大于100头）对于猪的生长性能没有明显的影响。不同性别的猪只的生长速度不同。公猪生长速度最快，青年母猪生长最慢，而阉公猪的生长速度介于它们两者之间。研究表明，公猪的饲料转化率比青年母猪高3%，比阉公猪高7%。公猪的瘦肉率比阉公猪高，青年母猪在它们两者之间。故公母分开饲养不仅能提高猪只的生产性能，还可以提高猪的整齐度和圈舍的利用率。目前，分性别饲养已成为大规模猪场标准化的饲养方式。

分群时，除考虑性别外，还应考虑猪只的来源、体重、性情和采食习性等方面对猪进行合理的分群饲养。分群后要保持猪群相对稳定，除对个别患病、体重差别太大、体质过弱的个体进行适当调整外，不要任意变动猪群。

5. 保证充足的饮水 水是维持猪体生命最重要的物质，猪体重的50%~65%是水分。水是细胞和体液的重要组成部分之一，水参与猪体的体温调节以及猪体内新陈代谢的全过程。因此，必须供给猪充足的清洁饮水。如果饮水不足，会引起食欲减退，采食量减少，致使猪的生长速度减慢，并导致疾病。

【案例分析】湖南某育肥猪场，新购入200头仔猪，第三天部分仔猪出现毛乱，无光，猪群食欲差，出现明显的厌食。

分析：检查发现由于新饲养员缺乏经验，猪舍饮水器阻塞，猪没有饮水，从而影响猪采食，造成应激，猪的饮水量受环境温度、饲料形态、猪的生理状态和采食量等影响，一般在春秋季节其正常饮水量应为采食饲料风干重的4倍或体重的16%，夏季约为5倍或体重的23%，冬季则为2~3倍或体重的10%左右。猪饮水一般安装自动饮水器，让猪自由饮用。

三、适宜的环境条件

1. 温度 猪自身调节温度的能力特别差，猪的温度要求受体重、采食量、空气流速和地板类型的影响，因此猪的温度要求将由猪舍类型和体重来决定。生长育肥猪的适宜环境温度20℃左右，猪生长前期为20~23℃，生长后期为16~20℃，在此范围内，猪的增重最快，饲料转化率最高。Nichols等对体重75 kg的生长育肥猪的试验表明，气温20℃时猪的增重最快、饲料转化率也较高（表7.1）。

环境温度过低，猪为了维持体温需要消耗更多饲料用于产热，采食量增加，食物能量中的大部分将用于产热，而不是产肉，日增重降低，从而使饲料转化率降低。当环境温度在12~20℃之间时，每降低1℃，每头猪每天将要多消耗15~33 g的饲料。因此，在寒冷季节要做好猪的防寒保暖工作，增加圈舍的隔热保暖性能，关好门窗以防止寒风侵袭、保持圈舍干燥、增加猪的养殖密度，圈内铺以干燥垫草等。

表7.1 环境温度对生长育肥猪增重和饲料转化率的影响

气温(℃)	日采食量(kg)	日增重(kg)	耗料:增重
0	5.06	0.54	9.45
5	3.75	0.53	7.10
10	3.49	0.80	4.37
15	3.14	0.79	3.99
20	3.22	0.85	3.79
25	2.62	0.72	3.65
30	2.21	0.44	4.91
35	1.51	0.31	4.87

引自堪萨斯州立大学。

【案例分析】重庆荣昌县某猪场因资金紧缺，育肥猪舍房顶用水泥瓦覆盖，没吊顶，且未做保温隔热层，结果冬夏季生长育肥猪增重慢，料重比高。

分析：生长育肥猪对环境温度非常敏感，生产实践证明，无论高温或低温都将影响生长育肥猪增重和料重比，当温度降到10℃和5℃时，猪的采食量分别增加10%和20%，而日增重则下降；当生长肥育猪处于下限临界温度以下时，每下降1℃，日增重减少11~20 g，日耗料增加25~35 g。

在寒冷环境下，猪的呼吸道、消化道的抗病力降低，常发生气管炎、支气管炎、胃肠炎等。因此，猪舍房顶最好不用水泥瓦，如用水泥瓦则必须吊顶和做保温隔热层。而且在寒冷季节要做好猪的防寒保暖工作，如关好门窗以防止寒风侵袭、保持圈舍干燥、圈内铺以干燥垫草等。环境温度过高时，猪为了散发体热而呼吸频率加快，新陈代谢受到影响，食欲减退，采食量明显下降，导致生产力降低。当猪处于上限临界温度以上时，每升高1℃，日增重减少约30 g，日耗料减少60～70 g。因此，夏季要防止猪舍曝晒，保持通风，勤冲洗圈舍和给猪淋浴，多喂凉水和青绿多汁饲料，尽力做好防暑降温工作。

猪舍内相对湿度以50%～70%为宜，在温度适宜的情况下，猪对湿度的适应力很强，当相对湿度从45%升到70%或95%时，对猪的采食量和增重速度影响不大。

2. 养殖密度 养殖密度指每头猪占有的圈舍面积，生产中育肥阶段一般不再合并栏，因此每头猪所需的面积从开始进猪就必须考虑好猪只达到出栏时所需的空间和面积，育肥猪圈舍面积以每头0.8～1.0 m^2为宜，过密或过稀都会对生产有一定的影响。地面结构、气候条件等对猪的合理的养殖密度均有影响。

3. 圈舍卫生状况 生长育肥猪舍要清洁干燥、空气新鲜。应每天清除被污染的垫草和粪便，在猪躺卧的地方铺上干燥的垫草。定期对猪舍进行消毒，对重新组群的个体应该及时“三角定位”进行调教，以尽快养成采食、卧睡和定点排泄的习惯。保持舍内空气清新，经常排通粪污，保持舍内清洁干燥，通风良好，定期消毒，加强环境绿化，注意对氨气、二氧化碳、硫化氢等有毒有害气体的监控。

第三节 无公害猪肉的生产技术

无公害猪肉特指猪肉在生产过程中严格按照国家相关法律法规的规定和标准，从种猪培育到商品猪生产、圈舍设计、饲料生产、饲养管理、疫病防治、屠宰加工、储存、运输等各个环节都经过有效而严格的管理控制，肉品的感官指标、理化指标尤其是安全卫生指标均达到或超过国家及国际质量标准、不含有可能损害或威胁人体健康的物质，不会导致消费者发生急性、慢性毒害或感染疾病或产生危及消费者及其后代健康的安全猪肉。

一、选用优良的杂交猪

品种是决定猪肉肉质的关键因素，在我国许多猪场采用DLY三元杂交(三个国外瘦肉型猪种之间杂交)，其杂种猪生长快、瘦肉率高，但肉质较差。我国地方猪种的增重速度和饲料转化率不及瘦肉型猪种，其胴体短、膘厚、脂肪多、瘦肉少，但是对粗纤维的消化率较高，肉质优良，因此从生产优质猪肉角度出发，在杂交组合中适当安排我国优良地方猪种参与很有必要。不同品种或品系之间进行杂交，利用杂种优势，是提高生长育肥猪生产力的有效措施。

二、提高肉猪的始重及其均匀度

生长育肥猪起始体重受仔猪的初生重和断奶重的影响，仔猪出生体重越大，生活力越强，生长速度越快；断奶体重越高，育肥增重越快，饲料报酬越高，它们之间有很大的关联性。因此，要养好育肥猪，必须要养好哺乳仔猪，提高哺乳仔猪的断奶体重。对于群饲的肉猪，育肥期越均匀一致，就越有利于提高育肥效果和猪舍的利用率。故应该强调仔猪哺乳期的培育，提高仔猪断奶体重和均匀性。

三、合理的营养调控

在品种、杂交组合、经济类型等遗传因素确定后，营养调控对育肥效果起着重要作用。

（一）蛋白质和氨基酸的调控

猪饲粮蛋白质水平对商品猪的平均日增重、饲料转化率和胴体品质的影响极大，并受猪的品种、饲粮的能量及蛋白质的比例所制约。猪饲粮蛋白质水平在9%～18%范围内，在可消化能和赖氨酸都满足需要的条件下，随着蛋白质水平的增高，日增重提高，饲料转化率降低，但超过17.5%时日增重不再增加，但瘦肉率会出现提高。不同阶段给予不同营养水平的蛋白质，在前期（体重20～55 kg）饲粮的蛋白质水平瘦肉型猪控制在16%～17%，肉脂型猪控制在16%；育肥后期（体重55～100 kg）两种类型猪的饲粮蛋白质水平分别为14%和12%（许振英，1991）。

蛋白质对育肥性能的影响不仅在于其在日粮中的比例，更为重要的是其氨基酸的比例，特别是猪的必需氨基酸的配比，猪有10种必需氨基酸，缺乏任何一种都会对生产产生影响，适当添加氨基酸可实现饲粮的低蛋白化。在饲粮中添加第一限制性氨基酸（赖氨酸），可使饲粮蛋白水平降低1%～2%而不影响生产成绩；再添加第二（色氨酸）、第三限制性氨基酸（蛋氨酸），可降低2%～4%。

（二）能量摄入量的调控

生长前期，在满足其他营养物质（蛋白质、氨基酸）需要的基础上，在一定范围内，日摄入能量越多则日增重越快，饲料消耗越低，背膘越薄。生长育肥猪每天摄入的能量，除用于维持和增重之外，多余部分将以脂肪的形式沉积在体内，故胴体脂肪也逐渐增多。通常，采取前期自由采食，以充分生长，后期适当限制能量摄入，以适当控制脂肪沉积，从而达到提高饲料利用率、降低背膘厚和改善胴体组成的目的。

（三）正确使用某些添加成分

矿物质和维生素是猪生存和生长发育的必需营养物质，长期过量或不足将导致代谢紊乱，轻者增重减慢，重者发生缺乏症，甚至死亡。这类物质不可不用，但也不可滥用，可按说明适度添加各种微量元素和维生素添加剂，但切忌滥用。

酶制剂：可提高能量、蛋白质和磷的利用率，使不被内源性酶分解的多糖和蛋白质释放出可利用的养分，同时还可以分解饲料中的抗营养因子，减轻毒素作用，还可弥补内源性酶在高温条件下活性下降的损失。

Gebert等（1995）对26～106 kg生长育肥猪的试验表明，在低磷饲料中添加植酸酶，可提高日增重17.11%，饲料转化率可提高6.54%。汪儆等（1997）报道，在生长猪日粮中添加木聚糖酶，可提高日增重8.1%，饲料转化率提高4.3%。胡忠泽等（1998）采用复合酶制剂（主要成分为木聚糖酶、β-葡萄糖酶、纤维素酶、α-淀粉酶、酸性蛋白酶、甘露聚糖酶）对生长猪进行试验，结果可提高日增重8.29%，每千克增重耗料减少8.89%。

饲用微生物添加剂：包括益生素和微生物生长促进剂，是一类既具有抗生素的应用效果，又可克服其缺点的添加剂。益生素可通过有益微生物形成优势菌群、产酸或竞争营养物质等方式抑制有害微生物的生长繁殖，或通过产生B族维生素、增强机体非特异性免疫功能来预防疾病，从而间接地起到提高生长速度和饲料转化率的作用。微生物生长促进剂是指能直接提高动物对饲料的转化率和生长速度的活的微生物培养物。

刘春发（1997）报道，"强力益生素Ⅱ"可使猪的日增重提高25.25%，饲料转化率提高21.61%。加拿大生产的活菌制剂Prosuis Paste（主要含乳酸杆菌、粪链球菌、双歧杆菌等）可使育肥猪日增重提高9.5%。EM（Effective Microorganisms）是日本琉球大学比嘉照夫教授于20世纪80年代初研制的，由光合细菌、乳酸菌、酵母菌和放线菌等80多种微生物复合培养而成的有效微生物群，具有提高饲料转化率和日增重、改善环境和产品品质、防治肠道疾病等作用。沈迪翠等（1997）报道，育肥猪使用EM后可提高日增重23.31%，每千克增重的耗料量减少11.26%。

抗菌素是最常用的一种非营养性添加剂。对年龄越小，环境条件越差的猪，添加效果越显著。抗菌素的添加必须按规定量使用[一般在(10～50)×10^{-6}单位]，要注意不能随意超量使用，并应按规定时间停用。不得超剂量滥用，否则会出现耐药性和药物残留等问题。

(四)适宜的粗纤维水平

猪是单胃杂食动物，对粗纤维的利用率很低，在一定条件下饲粮中粗纤维的增加导致猪只能量摄入量减少、增重速度与饲料利用率降低、脂肪沉积受限、肥度降低、瘦肉率相对提高。故饲粮中粗纤维含量不宜太高，一般幼猪期不应超过4%，育肥期不超过8%，成年猪可达到10%～12%。在饲粮蛋白质和消化能水平正常时，体重20～35 kg阶段，粗纤维含量在5%～6%；35～90 kg阶段在7%～8%，最好不要超过10%。

四、适时屠宰

在一定饲养管理条件下，肉猪达到一定体重时就达到了增重高峰。此外，随体重增长，胴体瘦肉率降低(据研究，体重在60～120 kg阶段，大致活重每增加10 kg，瘦肉率就下降0.5%)。故出栏体重越大，胴体就越肥，生产成本就越高。但活重过小就出售或屠宰也不经济，因为此时育肥不够，尚未达到经济成熟，瘦肉量少，屠宰率低。故应该在增重高峰过后不久屠宰为宜。在决定屠宰体重时，还应该考虑不同的市场需求。如：供应香港特区和东南亚市场的活猪以90 kg体重，瘦肉率58%以上为宜；供应日本及欧美市场的体重要求110～120 kg，瘦肉率60%以上；国内的市场要求屠宰体重在90～110 kg为宜；农村市场可根据消费习惯适当增加屠宰体重。

【案例分析】在肉猪生产中，自由采食和限量饲喂各有优劣，究竟如何选择饲喂方式呢？

分析：有人以英国ARC饲养标准为100，增加5%和降低10%、20%饲喂20～90 kg肥育猪，得到如表7.2的结果。因此，若要得到较高日增重，以自由采食为好；若只追求瘦肉多和脂肪少，则以限量饲喂为好。如果既要求增重快，又要求胴体瘦肉多，则以两种方法结合为好，即在肥育前期采取自由采食，让猪充分生长发育，而在肥育后期(55 kg后)采取限量饲喂，限制脂肪过多地沉积。

表7.2　饲养水平与育肥猪增重及胴体的关系

饲养水平(%)	105	100	90	80
日增重(g)	840	790	730	650
口增重(%)	106	100	92	82
瘦肉率(%)	54.6	54.7	55.8	57.4

【注意事项】我国猪肉安全生产应注意哪些环节？

1. 创建安全的饲养环境。
2. 选择优秀的生产猪群。
3. 使用安全的全价饲料。
4. 实施科学的饲养管理。
5. 进行高效的疫病防控。
6. 妥善处理粪尿等污物。

第四节　猪的肉质

随着人们生活水平的提高和保健意识的增强，对猪肉品质的要求也不断提高。在目前的鲜肉市场和将来的鲜肉超市，猪肉的外观品质及品牌信誉将直接影响消费者的购买行为。猪肉品质定义为四个方面，即感观品质、技术加工品质、营养品质和卫生质量。肉的卫生品质是人们最关心的方面，在接连发生关于肉的安全事件（比如瘦肉精事件）后，肉的卫生品质更是提高到首要位置。

思考：猪肉质评定指标有哪些？

一、猪的屠宰要求和猪肉卫生标准

为了保证消费者吃上优质、安全的猪肉。国家出台了许多与生猪屠宰及其产品质量有关的国家强制性标准和推荐性标准。GB/T 17236-2008 是现行的生猪屠宰操作规程。

（一）猪的屠宰要求

（1）瘦肉型猪一般于活重 90～100 kg 左右屠宰。

（2）屠宰前禁食 12～24 h，屠宰前 3 h 停止喂水。

（3）应将待宰猪喷淋干净，猪体表面不应有灰尘、污泥、粪便。

（4）严禁鞭打、急赶、过度拥挤、高温等强烈有害刺激。

（5）采用电致昏或二氧化碳麻醉法进行致昏。猪致昏后应心脏跳动，呈昏迷状态。不应暴力使其致死或反复致昏。

（6）刺杀放血。从致昏到刺杀放血时间不应超过 30 s，刺杀放血刀口长度约 5 cm。沥血时间不宜少于 5 min。

（7）烫毛时水温 58～63℃，烫毛时间为 3～6 min。

（二）猪肉卫生标准

猪肉一般以鲜猪肉或者冻猪肉的形式进入流通，都必须经过兽医卫生检验，符合卫生标准的，才可投入市场销售或是出口外销。

1. 鲜猪肉卫生标准　鲜猪肉系指生猪屠宰后，经兽医卫生检验符合市场鲜销而未经冷冻的猪肉。鲜猪肉的感官指标和理化指标要求分别见表 7.3 和表 7.4。

2. 冻猪肉卫生标准　冻猪肉系指生猪屠宰后，经兽医卫生检验符合市场鲜销，并符合冷冻条件要求冷冻的猪肉。冻猪肉的感官指标要求见表 7.5。

表 7.3　鲜猪肉的感官指标

项目	一级鲜度	二级鲜度
色泽	肌肉有光泽，红色均匀，脂肪洁白	肌肉色稍暗，脂肪缺乏光泽
黏度	外表微干或微湿润，不黏手	外表干燥或黏手，新切面湿润
弹性	指压后的凹陷立即恢复	指压后的凹陷恢复慢且不能完全恢复
气味	具有鲜猪肉正常气味	稍有氨味或酸味
煮沸后肉汤	透明澄清，脂肪团聚于表面，具有香味	稍有混浊，脂肪呈小滴浮于表面，无鲜味

参考[GB 2722-81]

表 7.4　鲜猪肉的理化指标

项　目	指标	
	一级鲜度	二级鲜度
挥发性盐基氮（mg/100g）	≤15	≤25
汞（mg/kg，以 Hg 计）	≤0.05	≤0.05

参考[GB 2722-81]

表7.5 冻后猪肉的感官指标

项 目	指标	
	一级鲜度	二级鲜度
挥发性盐基氮(mg/100g)	≤15	≤25
汞(mg/kg，以Hg计)	≤0.05	≤0.05

参考[GB 2707-81]

3. ***无公害食用猪肉的安全指标*** 近年来，国内外出现了多起含有毒有害物质(重金属、激素、β-兴奋剂、抗生素等)残留的猪肉危害人类健康的事件，猪肉的安全问题越来越受到消费者和政府的关注。为此，我国农业部在2001年制定并颁布了《无公害食品—猪肉》的行业标准(NY 5029-2001)，其主要内容见表7.6、表7.7和表7.8。另外，也可参考国标《农产品安全质量无公害畜禽肉安全要求(GB 18406.3-2001)》对照执行。

表7.6 感官指标

项 目	指 标
色泽	红色，有光泽，无淤血，脂肪乳白色
组织状态	坚韧，有弹性，指压后凹陷立即恢复
黏度	外表微干或微湿润，不黏手
气味	有鲜猪肉正常气味，无异味
煮沸后肉汤	澄清透明，脂肪团聚于表面
肉眼可见杂质	无

表7.7 理化指标(mg/kg)

项 目	指 标	项 目	指 标
挥发性盐基氮	≤15	六六六(以脂肪计)	≤4.0
汞(以Hg计)	≤0.05	滴滴涕(以脂肪计)	≤2.0
铅(以Pb计)	≤0.5	敌敌畏	0
砷(以总As计)	≤0.5	β-兴奋剂	0
镉(以Cd计)	≤0.1	土霉素	≤0.1
铬(以Cr计)	≤1.0	磺胺类	≤0.1
解冻失水率(%)	≤8	伊维菌素	≤0.02
金霉素	≤0.1	氯霉素	0

表7.8 微生物指标

项 目	指 标
菌落总数CFU/g	$\leq 5\times10^6$
大肠菌群MPN/100g	$\leq 1\times10^4$
沙门氏菌	0

二、猪肉品质评定

选择哪些指标来表征食肉的品质，不能从某一相关行业或部门的局部利益出发，而应该根据现代肉类科学的研究成果和消费者最关心的食用品质，并考虑该指标的经济重要性进行审慎选择。在我国加入WTO后，还应考虑与国际通用指标接轨，并能反映出中国猪肉品质特性。据此，建议现阶段以肌肉的颜色、pH和保水力这三项国际通用区分生理正常与异常猪肉(PSE)的指标，以及肉色和肌肉嫩度这两项能突出反映中国地方猪种质特性的性状作为首选指标。

(一)肉色

它是由肌红蛋白和少量残留的血红蛋白形成的。肉色受肌纤蛋白含量、氧化状态和表面的光线反射能力影响。当猪肉被切开后，呈现出肌红蛋白的颜色——紫红色，随着与氧结合转变为鲜红色，这是顾客喜爱的颜色，然后随着时间的延长，肌红蛋白中二价铁被氧化为三价铁，而呈暗红色。肉色可以采用色度仪测定，如Minolat Chronometer 300。取最末胸椎处背最长肌横断面，测定L*(亮色)、a*(红色)、b*(黄色)。我国肉质测定试用方法(1985)建议采用5分评分法。

（二）嫩度

嫩度是指人对肉入口后咀嚼过程中的感受，包括三个方面。第一，入口开始咀嚼时，是否容易咬开；第二，是否容易咬碎；第三，咀嚼后留口中的残渣量。影响猪肉嫩度的因素包括品种、年龄、肌纤维的直径、肌束膜的含量、尸僵状态、外界温度、肌肉脂肪的含量、嫩化（由钙蛋白酶、组织蛋白酶起作用）等。

发生尸僵的是在猪被屠宰后，肌肉中的氧气供应停止，此时肌肉中尚残留少量ATP（以满足肌肉收缩与舒张过程）和少量的氧气，借助于残存的氧气进行有氧呼吸，产生的ATP，依靠非收缩性ATP酶，使肌肉能够保持舒张状态。但由于氧气很快耗竭，肌肉内由有氧代谢迅速转变为无氧代谢，ATP的合成速度下降，效率降低，同时产生乳酸。当ATP的含量很低时（2～4 μmol/g），肌肉的伸展性变得低，约为正常的5%～10%。此时肌动蛋白和肌球蛋白结合在一起难以解除铰链，成为不能伸展的僵硬的肌动肌球蛋白复合物，整个肌肉组织发生僵直现象。猪屠宰后出现尸僵的时间因猪种、环境温度和屠宰前的生理状态而定，通常为4～6 h，尸僵前的肉较嫩，尸僵后肌纤维收缩程度越大，嫩度越差。研究发现肌纤维在37℃的收缩程度显著比在15℃时大（Hertzman等，1993）。尸僵时存在热收缩和冷收缩现象。

猪肉的嫩度可以用嫩度仪测定剪切力，还可用其他仪器测定挤压力和扭矩力。直接有效的方法是请品尝专家品尝打分。肉的嫩度与肌肉脂肪的含量密切相关，随着瘦肉率的提高，肌肉脂肪逐渐减少，目前，多数猪的品种肌肉脂肪含量不到2%，肉质有变粗的趋势。研究表明，为获得较好的嫩度，肌肉内脂肪含量至少应达到2%，高于3%对嫩度无进一步的改善作用。

（三）系水力与多汁性

系水力是指肌肉组织保持水分的能力，正常肌肉组织中含有大量的水分，平均为75%左右。肌肉中的水分从分布来看，约70%存在于肌原纤维，依靠毛吸作用维持，20%存在于肌浆，10%存在于细胞间。从存在的状态来看，绝大多数以游离形式存在，只有4%～5%以结合形态存在。系水力不仅影响鲜肉的颜色、多汁性，而且影响加工肉的产量、颜色和结构。

影响系水力的因素包括最终pH（24 h）及pH的下降速度、肌节长度、离子强度、渗透压、蛋白质的变性程度、尸僵状态和热化调制状态。系水力的测定采用吊袋法或离心法。如采用吊袋法，常以失水率表示：

失水率=（吊挂前肉样重－吊挂后肉样重）/吊挂前肉样重

煮熟肉的多汁性有两个方面的含义：一是开始咀嚼时的湿润感，这是由肉中汁液快速释放引起的；二是持续的多汁性，主要由于脂肪对唾液分泌的刺激引起。

（四）风味

包括气味和味道，主要由猪肉中碳水化合物和蛋白质及二者的降解产物在受热过程中反应产生。肌苷、磷酸、核糖是呈味物质的需要前体物；杂环类、酚类和含硫化合物也是产生风味的重要物质。脂类通过它的降解产物醛、醇和酮而品味，这些物质对风味起直接作用，同时也参与类似的美拉德反应。目前还很难客观确定哪一种物质对风味起关键作用。猪肉风味的评定主要是请专家品尝。

三、异常肉及其预防

异常肉一般可分为肌肉异常和脂肪异常。肌肉异常的主要有PSE肉、DFD肉和白肌肉等；脂肪异常的包括黄膘肉、软脂肉、水膘肉和腐败肉等。

（一）PSE猪肉

指猪宰后呈现苍白颜色（Pale）、质地松软（Soft）和汁液渗出（Exudative）征状的肌肉。PSE肉表面粗糙，结构松散，宰后45 min肌肉pH低于6.0，发生酸败，肉色评分为1分或2分，贮存时有水分渗出，煮熟或烹调后损耗大，营养成分损失多，因而不宜作为鲜食或加工用。

PSE猪肉的发生受遗传因素（内因）和环境因素（外因）共同影响。一方面，品种本身具有易发性，如皮特兰猪、长白猪等猪种，其隐性氟烷基因（Hal^n）的频率高，即应激敏感性强，容易发生PSE猪肉，由分子水平研究发现，兰尼定受体（Ryanodine receptor,*RYR1*）基因的突变导致猪的应激综合征，产生PSE猪肉，*RYR1*基因就是隐性氟烷基因。另一方面，外界环境中各种刺激因子的作用，即饲养管理、运输、屠宰过程中造成的应激以及屠宰后处理不当，都可加剧PSE猪肉的发生。

由于宰前运输、囚禁、强制性驱赶以及屠宰时电麻、热刺激等，使应激敏感猪处于高度亢奋和狂躁状态，肌肉剧烈收缩，使三磷酸腺苷（ATP）分解，肌细胞也过快地消耗掉ATP，导致热胴体的早期尸僵化。猪在应激条件下，肾上腺素大量分泌，激活了磷酸化酶系统，促使肌肉的糖原酵解过程加速、加强。如果在屠宰时肌肉中能量水平高，糖原贮备较多，则这些糖原急剧而大量地生成乳酸，致使肌肉pH迅速降低，导致肌红蛋白变性，肌纤维急剧收缩，肌内膜断裂而致肌浆游离，进而发生肌球蛋白变性，最终产生PSE肉。

为了预防PSE猪肉的发生，可采取如下措施：

1. 选育抗应激品系 凡氟烷阳性或兰尼定受体基因突变的猪皆不作种用。

2. 饲粮中添加维生素E和硒 维生素E和硒具有抗应激、抗氧化、防止骨骼肌及心肌衰退、促进末梢血液循环等作用。

3. 减少宰前的各种应激刺激 保持相对稳定的饲养管理方式，运输时不能过挤、追赶和鞭打，宰杀前让猪充分休息，电麻时电压不要过高。

4. 做好宰后处理 屠宰过程要迅速，应在30～45 min内完成。屠体应在15℃以下预冷，然后再进入5℃下冷却。

（二）DFD猪肉

宰前猪处于持续和长期的应激下，肌糖原都用来补充动物所需要的能量而消耗殆尽，屠宰时猪呈衰竭状态。宰后肌肉外观呈暗红色（Dark）、质地坚硬（Firm）、肌肉表面干燥（Dry）征状的肉，即DFD肉。这类肉由于肌肉表面干燥、结构致密、嫩度差，同样既不适合鲜食用也不适合加工用。

猪宰后肌肉呈现DFD征状与遗传因素无关，所有的猪都可能发生，唯一条件是屠宰时肌肉中能量水平低，肌糖原耗竭，此时不能产生乳酸，既不能产生正常的酸化，pH也不会降低到5.5以下，因此细胞内各种酶的活性得以保持，特别是氧合肌红蛋白的氧被细胞色素酶系消耗掉而呈紫红色。同时，由于pH高，肌纤维不发生萎缩。为了防止DFD猪肉的产生，应避免使猪长期处于应激条件下，以保证屠宰时肌肉中能量水平适宜。

（三）黄膘肉

有时可见到脂肪呈淡黄色的猪肉称为黄膘肉或黄脂。这种猪肉除脂肪呈黄色外，脂肪松软不坚实，有时出现异常腥味，外观品质差，经济价值也低。

黄膘猪的脂肪组织与正常猪不同，正常猪的脂肪组织有许多脂肪细胞聚集在一起，由大量的结缔组织所包围形成脂肪小叶；黄膘猪的脂肪组织里脂肪细胞间质增殖出圆形色素颗粒细胞和特殊的细胞群，它们形成集团，呈五角形的岛屿状物分布于脂肪细胞的间隙中。

【案例分析】沿海某县多家养猪户用某公司饲料饲养的猪在屠宰后出现黄膘肉。请分析出现的原因。

分析：黄膘主要由色素和黄疸所引起。由色素引起的黄膘，主要与饲料有关，如长期地、高比例地饲喂蚕蛹、生鱼渣、鱼油等。据试验，日粮中拌入30%的生鱼渣饲喂4个月，会出现轻度黄膘；用10%的鱼油饲喂40 d，就会出现黄膘。这是由于在这些动物性饲料中含有较多的高级不饱和脂肪酸，因过多或因缺乏抗氧化作用，它们容易被氧化，在氧化腐败中形成过氧化物后发生黄膘。由黄疸引起的黄膘，多为能引起肝、胆严重病变的疾病和饲料中毒症所造成。如棉籽饼中毒、霉玉米中毒、患钩端螺旋体病的猪等，都会发生黄膘。为了防止黄膘的发生，应使鱼油量控制在给料量的5%以下；一般生鱼渣的给量限制在饲料量的15%，并以淀粉类和维生素E等配合成混合料为佳。据试验，每日服维生素E 50 mg，可预防黄膘的发生。

(四)其他异常肉

“白肌肉”也是一种异常肉,发生“白肌肉”的猪,其心肌和骨骼肌变性,肌肉变白。发病的主要原因是饲料中缺乏硒和维生素E。因此,应多喂富含维生素E的青绿饲料;在缺硒地区可按每千克体重肌肉注射0.1~0.2 mg亚硒酸钠,防止缺硒症。

软脂肉的脂肪里不饱和脂肪酸的含量高,熔点低,屠宰后经24 h冷藏保存,其体脂仍然是软而松弛的。这种猪肉容易变质,也不易切成薄片,不受消费者欢迎。软脂肉发生的主要原因是饲料配制不合理,如果在屠宰前3个月内大量喂给含有植物油4%以上的饲料,如大豆、玉米、花生、油饼、米糠等,会使猪体的脂肪变软。因此,需合理搭配饲料。

腐败肉则主要由于加工贮藏方法不当而引起,为此应创造良好的卫生条件采取有效的贮藏方法和必要的预防措施。

思考:劣质肉分几类?产生的原因是什么?

【本章小结】

随着养猪业的不断发展壮大,养猪者对优良品种、优质饲料、加强管理和严格防疫的认识越来越高。而猪的肥育是养猪生产的最后阶段,该期的目的是以最短的时间、最少的饲料获得最好的效益。因此,提高日增重、缩短育肥期、提高饲料转化率、降低养猪成本、提高养猪户的经济效益是育肥阶段的关键。本章重点阐述了育肥猪饲养管理的技术要点。

【思考题】

1. 生长育肥猪的生长发育规律有哪些?
2. 生长育肥猪的育肥方式有哪几种?
3. 生长育肥猪饲养管理的主要技术措施有哪些?
4. 提高肉猪出栏率的综合技术措施有哪些?
5. 提高商品肉猪瘦肉率的综合技术措施有哪些?
6. 无公害猪肉的生产技术关键有哪些?
7. 猪的屠宰要求是什么?
8. 猪肉卫生标准有哪些内容?
9. 简述异常肉产生原因及其预防方法。

【主要参考文献】

[1]张仲葛,等.中国实用养猪学.北京:中国农业出版社,1990

[2]杨公社.猪生产学.北京:中国农业出版社,2002

[3]罗安治.养猪全书.成都:四川科学技术出版社,1997

[4]陈瑶生,等.生猪标准化养殖技术图册.北京:中国农业科学技术出版社,2012

[5]周安国.饲料手册.北京:中国农业出版社,2002

[6]刘凤翥.跟我学规模化养猪技术.北京:农村读物出版社,2004

[7]蔡辉益.常用饲料添加剂无公害使用技术.北京:中国农业出版社,2003

[8]齐广海.饲料原料配制技术手册.北京:中国农业出版社,2000

[9]孙秉忠,等.饲料原料简易检测与掺假识别.沈阳:辽宁科学技术出版社,1998

[10]程德君,等.规程化养猪生产技术.北京:中国农业大学出版社,2003

[11]王爱国,主译.养猪学(第7版).北京:中国农业大学出版社,2007

[12]修金生.生态环保猪场设计与管理.福建:福建科学技术出版社,2010

第二篇　禽生产

第一章　家禽的生物学特性

鸡、鸭、鹅等统称为家禽，它们之间有许多共同的生物学特性，也存在一些明显的差异。各种禽蛋的形成过程是大致相同的，一般包括以下3个过程：卵细胞的生长、成熟和排卵，蛋的形成及蛋的产出，但不同品种的家禽产蛋规律有所不同。虽然各种禽蛋的大小不同，但其基本结构是大致相同的，一般由蛋壳、壳膜、气室、蛋白、蛋黄和系带等部分组成。家禽为鸟纲动物，从动物分类学上看，鸡属于鸟纲、鸡形目、雉科、鸡属的一个物种；鸭属于鸟纲、雁形目、鸭科、河鸭属；鹅属于鸟纲、雁形目、鸭科、雁属；火鸡属于鸟纲、鸡形目、雉科、火鸡属；鹌鹑属于鸟纲、鸡形目、雉科、鹌鹑属。

第一节　家禽的外貌与体尺测量

一、家禽的外貌

（一）家禽的一般特征

鸟类一般具有适于飞翔的身体构造。家禽属于鸟类，经过人类的驯养，大多数家禽不再具有飞翔的能力，但仍保留着鸟类的主要特征。

家禽的一般特征主要为：全身被羽毛覆盖；头小；没有牙齿；骨骼中有气室，且大量愈合，前肢演化为翼；胸肌与后肢肌肉非常发达；有嗉囊和肌胃；肺小且有气囊；没有膀胱；雌性仅左侧卵巢和输卵管发育；具有泄殖腔；睾丸位于体腔内；横膈膜只剩痕迹；靠肋骨与胸骨的运动进行呼吸；眼大，视叶与小脑很发达等。

（二）鸡的外貌

鸡的外貌及各部位名称见图1.1。

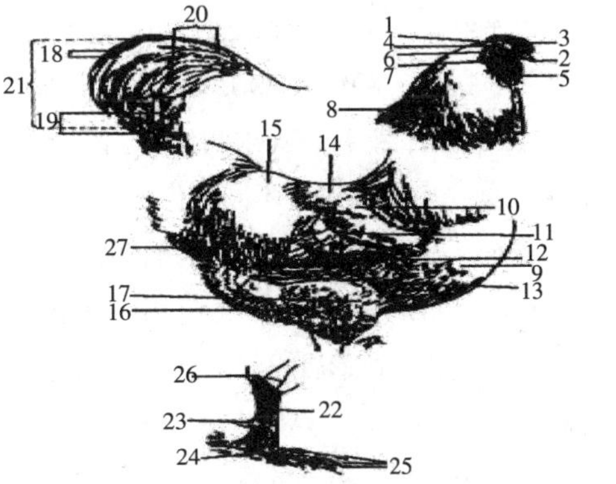

图1.1　鸡的外貌及各部位名称

1.头　2.喙　3.冠　4.眼　5.肉垂　6.耳　7.耳垂　8.梳羽（颈羽）　9.胸　10.肩　11.翼　12.副翼羽　13.主翼羽　14.背　15.鞍　16.腹　17.小腿　18.大镰羽　19.小镰羽　20.覆尾羽　21.主尾羽　22.胫　23.距　24.脚　25.趾　26.踝关节　27.蓑羽

1. **头部**　鸡头部的形态及发育程度能反映鸡的品种、性别、生产力高低和体质情况等。

(1)冠。为皮肤的衍生物，位于头顶。鸡冠的种类很多，是品种的重要特征之一，大多数品种的鸡冠为单冠。冠的发育受雄性激素控制，公鸡比母鸡发达；去势鸡与休产鸡萎缩因而无血色。为了防止冻伤或者作为标志，初生雏鸡可以剪冠。冠形是品种的重要标志，现代鸡种几乎所有蛋鸡都是单冠的。

(2)喙。由表皮衍生而来的特殊构造,是啄食与自卫器官,其颜色因品种而异,一般与跖部的颜色一致。健壮鸡的喙短粗,稍微弯曲。

(3)脸。蛋用鸡的脸清秀,无堆积的脂肪,脸毛细小,大部分脸皮赤裸,一般为鲜红色。强健鸡色润泽且无皱纹,老弱鸡苍白且有皱纹。

(4)眼。位于脸的中央。鸡眼圆大而有神,向外突出,眼睑单薄,虹彩的颜色因品种而异。

(5)耳叶。位于耳孔的下部,椭圆形或圆形,有皱纹,颜色视品种而异,最常见的为红、白两种。

(6)肉垂。颌下下垂的皮肤衍生物,左右组成一对,大小相称。

(7)胡须。胡为脸颊两侧羽毛,须为颌下的羽毛。

2. 颈部　头部与体躯之间的部分,俗称鸡脖子。颈部羽毛具有第二性征,母鸡颈羽端部圆钝,公鸡颈羽端尖形,像梳齿一样,特叫梳羽。

3. 体躯　体躯由背部、胸部、腹部和尾部等组成。胸部是心脏与肺所在的位置,宽、深、发达;腹部容纳消化器官和生殖器官,应有较大的腹部容积,特别是产蛋母鸡,腹部容积要大。胸骨末端到耻骨末端之间的距离和两耻骨末端之间的距离越大,则腹部容积越大,一般情况下产蛋能力也较强;家禽腰部叫做鞍部,母鸡鞍羽短而圆钝,公鸡鞍羽毛呈尖形,像蓑衣一样披在鞍部,特称蓑羽。尾部羽毛分主尾羽和覆尾羽两种,主尾羽公母鸡都一样,从中央一对起分两侧对称数去,共有7对。公鸡的覆尾羽发达,状如镰羽形,覆第一对主尾羽的大覆羽叫大镰羽,其余相对较小叫小镰羽。梳羽、蓑羽和镰羽都是第二性征。

4. 四肢

(1)前肢。鸟类前肢发育成翼,适应飞翔,家禽保留了这一特征。

翼羽中央有一较短的羽毛称为轴羽。由轴羽向外侧数,有10根羽毛称为主翼羽。向内侧数,一般有11根羽毛,叫副翼羽。每一根主翼羽上覆盖着一根短羽,称覆主翼羽,每一根副翼羽上,也覆盖一根短羽,称为覆副翼羽。

(2)后肢。鸟类后肢骨骼较长,胫骨肌肉发达,外貌部位称为大腿;跖骨细长,其外貌部位习惯上被称为胫部,为使骨骼和外貌部位相对应,统称为跖部。跖部鳞片为皮肤衍生物,年幼时鳞片柔软,成年后角质化,年龄愈大,鳞片愈硬,甚至向外侧突起。跖部因品种不同而有不同的色泽。

(三)鸭的外貌

鸭的外貌及各部位名称,见图1.2。

1. 头部　鸭头部较大、圆形;喙长而扁平,上喙较大,下喙略小,喙两侧呈锯齿形,当喙合拢时,形成细隙,在水中觅食时,有排出泥水的作用;上喙尖端有一坚硬角质的豆状突起,色略暗,称为喙豆;喙的颜色,为品种特征之一,不同品种有不同颜色。

2. 颈部　母鸭颈较细,公鸭较粗;蛋鸭颈较细,肉鸭颈粗。有色公鸭颈部和头部羽毛色深而有金属光泽。

3. 体躯　蛋鸭体形较小,体躯细长,胸部前挺提起,状似斜立或直立;肉鸭体躯肥大呈砖块形;兼用型鸭介于二者之间。公鸭尾羽中央的覆尾羽向上蜷曲,称为雄性羽,据此可分性别。

4. 四肢　前肢主翼羽尖狭,较短小,覆翼羽较大。覆翼羽上有带翠绿色的羽斑,称为镜羽。后肢跖部较短,脚除第一趾外,其余趾间有蹼,便于游水。

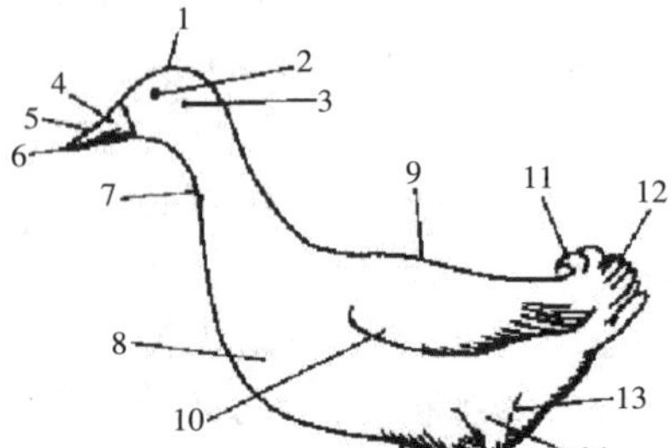

图1.2　鸭的外貌及各部位名称

1.头　2.眼　3.耳　4.鼻孔　5.喙　6.喙豆　7.颈　8.胸　9.背　10.翅　11.卷羽(公鸭)　12.尾羽　13.腹　14.腿　15.胫　16.蹼　17.趾

（四）鹅的外貌

鹅的外貌及各部位名称，见图1.3。

1. 头部 鹅的头部有两种类型，如中国鹅由鸿雁（*Anser cygnoides*）驯化而来，喙基部有肉瘤，俗称额包，颌下有垂皮，称为咽袋，都与性别有关，公鹅较发达。由灰雁（*Anser anser*）驯化而来的国外品种和新疆伊犁鹅没有肉瘤，也无咽袋。

2. 颈部 由鸿雁驯化而来的中国鹅颈部较长，微弯如弓。由灰雁驯化而来的国外品种和新疆伊犁鹅，颈直较粗短。公母比较，公鹅颈较粗，母鹅颈较细。

3. 体躯 中国鹅前躯提起，后躯发达，腹部下垂；外国品种体躯基本上与地面平行，后躯不如中国鹅发达。母鹅腹部皮肤有皱褶，下垂呈袋状，叫腹褶，俗称蛋窝。公鹅无蛋窝，因而可分公母。

4. 四肢 前肢翼羽发达较长，常折叠于背上。后肢跖、腿粗壮有力，公鹅跖部较长，母鹅跖部较短。跖色有橘红和黑色两种，因品种而异。

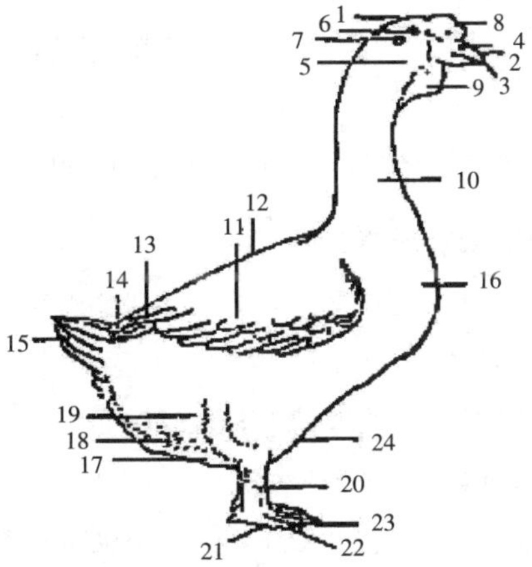

图1.3 鹅的外貌及各部位名称

1.头 2.喙 3.喙豆 4.鼻孔 5.脸 6.眼 7.耳 8.肉瘤 9.咽袋 10.颈 11.翼 12.背 13.臀 14.覆尾羽 15.尾羽 16.胸 17.腹 18.绒羽 19.腿 20.胫 21.趾 22.爪 23.蹼 24.腹褶

二、家禽的体尺测量

为了研究家禽生长发育和品种的特征，有时需要进行家禽的体尺测量。

1. 跖长

习惯称为胫长，是指跖（也写为蹠）骨的长度，用卡尺度量跖骨上关节到第三趾与第四趾间的垂直距离。跖长反映体高和长骨的发育情况，可作为衡量家禽生长发育的一个重要指标。

2. 胸角

为了解家禽尤其是肉鸡和肉鸭胸肌的发育情况，对胸角大小进行测定是必要的。将家禽仰卧在桌案上，将胸角器两脚放在胸骨前端，即可读出所显示的角度，理想的胸角应在90°以上。

3. 体斜长

用皮尺测量锁骨前上关节到坐骨结节间的距离即为体斜长。体斜长反映禽体生长发育方面的情况。

4. 胸宽

用卡尺测量两肩关节间距离即为胸宽。胸宽可反映家禽胸腔及胸肌发育的情况。

5. 胸深

用卡尺测量第一胸椎至胸骨前缘间的距离即为胸深。胸深可反映胸腔、胸肌及胸骨的发育情况。

6. 胸骨长

用皮尺度量胸骨前后两端间距离即为胸骨长。胸骨长可反映体躯长度及胸骨、胸肌的发育情况。

7. 背宽

左右两腰角外缘的距离即为背宽。它反映骨盆和后躯的发育情况。

8. 半潜水长

鸭鹅颈向前拉直，由喙前端到两髋关节连线中点之间的距离，即为半潜水长。它可反映鸭、鹅在半潜水时没入水中部分的最大垂直深度，与喙长、颈长、体躯长有关。

第二节 家禽的生物学特性

鸡、鸭、鹅等统称为家禽,它们之间有许多共同的生物学特性,但各种家禽之间也存在一些明显的差异。

一、新陈代谢旺盛

鸟类生长迅速,繁殖能力高。因此,新陈代谢旺盛是其基本生理特点,主要表现在以下几方面。

1. 体温高

家禽的体温比家畜高,一般在40~44℃。

2. 心率高、血液循环快

家禽心率的范围一般在160~470次/min,鸡平均心率为300次/min以上。而家畜中马仅为32~42次/min,牛、羊、猪为60~80次/min。

3. 呼吸频率高

禽类呼吸频率随品种和性别不同而不同,其范围在22~110次/min之间。禽类对氧气不足很敏感,它的单位体重耗氧量为家畜的2倍。

二、耐寒怕热

家禽对气候的适应性比较强,一般比较耐寒。家禽与其他恒温动物一样,依靠产热、隔热和散热来调节体温。隔热主要靠皮下脂肪和覆盖贴身的绒羽及紧密的表层羽片,可以维持比外界环境温度高得多的体温。

由于家禽皮肤没有汗腺,又有羽毛紧密覆盖而构成非常有效的保温层,但抗暑能力差。一般说来,鸡在5~30℃的范围内,体温调节机能健全,体温基本上能保持不变。若环境温度低于5℃,或高于30℃时,鸡的调节机能就不够完善,尤其对高温的反应比对低温的反应更明显。当鸡的体温升高到42~42.5℃时,则出现张嘴喘气,翅膀下垂,咽喉颤动。通常当鸡的体温升高到45℃时,就会昏厥死亡。

三、繁殖性

家禽属于卵生动物,胚胎的发育过程多在母体外进行。因此,家禽的种蛋可通过人工孵化而进行大量繁殖。当种蛋被排出体外,由于温度下降使胚胎发育停止,在适宜温度(15~18℃)下可以贮存10 d,长者到20 d,仍可孵出雏禽。

雌性家禽虽然仅左侧卵巢与输卵管的发育和机能正常,但繁殖能力很强。高产蛋鸡和蛋鸭年产蛋可以达到300枚以上。每年可以获得200多个后代。而鹅的繁殖力较差,通常6月龄以后开产,年产蛋20~100枚。

雄性家禽的繁殖能力也是很突出的。一只精力旺盛的公鸡,一天可以交配40次以上,每天交配10次左右是很平常的。一只公鸡配10~15只母鸡可以获得高受精率,配30~40只母鸡受精率也不低。家禽的精子不像哺乳动物的精子容易衰老死亡,一般在母鸡输卵管内可以存活5~10 d,个别可以存活30 d以上。

家禽产蛋是卵巢、输卵管活动的产物,是与禽体的营养状况和外界环境条件密切相关的。外界环境条件中,以光照、温度和饲料对繁殖的影响最大。在自然条件下,光照和温度等对性腺的作用常随季节变化而变化,所以产蛋也随之而有季节性,春、秋是产蛋旺季。随着现代化科学技术的发展,在现代养鸡业中,这一特征正在为人们所控制和改造,从而改变为全年性地均衡产蛋。

四、杂食性

家禽属于杂食性动物，且鸭、鹅比鸡的食性更广、更耐粗饲。家禽的采食量大，为体重的7%～8%。家禽对粗纤维的消化率很低，鸡和鸭饲料中粗纤维含量不宜过高。而鹅的肌胃比较发达，收缩时压力大，且盲肠中含有较多的厌氧纤维素分解菌，能将纤维素分解成脂肪酸，因而，鹅具有利用大量青绿饲料和部分粗纤维的能力。

讨论：家禽比较喜欢吃哪些类型的饲料？

五、群居性

家禽性情温和，合群性很强，很少单独行动。因此，适合于大群放牧和集约化饲养。

六、敏感性

家禽听觉很灵敏，突如其来的噪音或异常的声响均可能引起其惊恐不安。因此，在饲养家禽时，要保持环境的安静，防止噪音等引起其惊群而导致互相挤压。

七、抗病性

家禽的肺脏小，但连接很多气囊，通过空气传播的病原体容易通过呼吸道进入肺和气囊，从而进入体内，因此，家禽的抗病力较弱。

八、肥肝性

肥肝是鸭、鹅的特有产品，即用高能量饲料强制填饲鸭、鹅，使大量脂肪短期内在肝脏中沉积而形成的。肥肝中脂肪含量可达60%，且不饱和脂肪酸含量很高，是较好的高热能食品。

九、羽绒性

羽绒是鸭、鹅生产的重要产品之一，采用活拔羽绒技术，成年鸭、鹅常年可拔羽7～8次，可产羽0.6～1 kg。

第三节　家禽的产蛋规律

一、禽蛋的形成和构造

（一）禽蛋的形成

各种禽蛋的形成过程是大致相同的，一般包括以下3个过程：卵细胞的生长、成熟和排卵，蛋的形成及蛋的产出。

1. 卵细胞的生长、成熟和排卵　这一过程是在家禽的卵巢中完成的。卵巢分为内外两层，内层为髓质，外层为皮质。皮质上长有很多大小不等的白色球状突起物，称为卵泡。每个卵泡内包含着一个卵原细胞，发育成熟后即成为卵细胞。成熟后的卵泡，因卵细胞中含有大量的卵黄物质，呈现出黄色，所以人们常把成熟的卵细胞叫做卵黄。

家禽的排卵周期比较固定，鸡、鹌鹑一般为24 h，鸭一般为25～26 h。若母禽卵巢机能旺盛，可能同时成熟2个或3个卵子，故形成双黄蛋或三黄蛋。

2. 禽蛋的形成　卵黄（即卵子）脱离卵巢进入输卵管，输卵管为形成蛋的场所。卵黄通过漏斗部、膨大部、峡部、子宫部和阴道部，形成蛋白、壳膜和蛋壳。卵黄从卵巢排出到蛋产出，需23 h 15 min～25 h 15 min。加上母鸡产蛋后经30～75 min再排卵，故一般描述为一个蛋的形成需要24～26 h。

（1）漏斗部。形似喇叭，又称喇叭部或伞部，为输卵管的入口，周围薄而不整齐，分为漏斗区和管状区两部分，具有很大的自由活动性，产蛋期间长度自3 cm到9 cm不等，卵巢排出卵黄后，很快被喇叭部接纳。如母禽经过交配，精子即在此部分的管状区与卵子结合而受精，这个过程约需30 min。

(2)膨大部。是最长、最弯曲的一段，长30～50 cm，也称为蛋白分泌部。这一部分的管壁厚实而弯曲，腺体发达，包括管状腺和单细胞腺两种，前者分泌稀蛋白，后者分泌浓蛋白。分泌蛋白包裹卵黄，卵黄通过膨大部时被包上蛋白，在旋转前进中形成系带，约需3 h。

(3)峡部。是输卵管最狭窄、最短的一段，或称管腰部，长8～10 cm，内部纵褶不明显。其功能是形成内外壳膜，把已经包上蛋白的卵黄包围起来，蛋形成过程在峡部约需75 min。

(4)子宫部(蛋壳分泌部)。呈袋形的子宫部，管壁厚，肌肉发达，长10～12 cm，后端止于阴道部。子宫部分泌子宫液、蛋壳和壳上胶护膜，有色蛋壳的色素也在子宫部分泌。主要分泌出大量碳酸钙及少量硫酸镁等无机物，使蛋壳膜膨胀成为蛋的形状。子宫使蛋的重量成倍增加，蛋形成过程中在子宫停留的时间最长，需18～20 h。

(5)阴道部。是蛋产出的通道，长10～12 cm，为输卵管的最后一部分，为狭窄的肌肉管道，开口于泄殖腔背壁的左侧。阴道对蛋的形成不起作用，蛋到达阴道部，已形成一个完整的蛋，只待产出体外。

3. 蛋的产出 在脑下垂体后叶分泌的催产素和加压素的作用下，子宫和阴道的肌肉收缩，阴道向泄殖腔外翻，迫使蛋产出体外，蛋产出过程约需30 min。

二、禽蛋的结构

虽然各种禽蛋的大小不同，但其基本结构是大致相同的。一般是由蛋壳、蛋壳膜、气室、蛋白、蛋黄和系带等部分组成。

(一)蛋壳部分

蛋壳部分包括外蛋壳膜、蛋壳和蛋壳膜三部分。

1. 外蛋壳膜 是指鲜蛋表面覆盖的一层膜，又称壳上膜或胶护膜，它是蛋壳外面的一层透明的保护膜，由一种无定形结构、透明、可溶性的胶质黏液干燥后形成，其主要化学组成为糖蛋白。

外蛋壳膜有封闭气孔的作用，完整的膜能阻止蛋内水分蒸发、二氧化碳逸散及外部微生物的侵入，但水洗、受潮或机械摩擦均易使其脱落。因此，该膜对蛋的质量仅能起短时间的保护作用。

2. 蛋壳 厚度一般为0.3 mm左右，大多在0.27～0.37 mm。蛋壳越厚，蛋壳的耐压强度也越大。蛋壳上密布孔隙，称为气孔，总数为1000～12000个，用照蛋器可以清楚地看到气孔的分布。

气孔外大内小，为禽胚发育时与外界气体交换的通道；在鲜蛋存放过程中，蛋内水分由气孔蒸发造成失重；微生物在外蛋壳膜脱落时，通过气孔侵入蛋内，加速蛋的腐败；加工再制蛋时，料液通过气孔浸入。所以要根据需要，科学合理地对待气孔的作用。

3. 蛋壳膜 蛋壳膜分为两层，紧贴蛋壳的叫做外壳膜；包围蛋内容物的叫蛋白膜，也叫做内壳膜，外壳膜和内壳膜在蛋的钝端分离开而形成气室。气室的大小可反映禽蛋的新鲜程度。

(二)蛋白部分

蛋白由外稀蛋白、浓蛋白、内稀蛋白、系带浓蛋白组成。

1. 蛋白 亦称蛋清，是一种胶体物质，占蛋重的45%～60%，颜色微黄。禽蛋内蛋白似为一体，实分四层，由外向内其结构是：第一层为外稀蛋白层，贴附在蛋白膜上，占整个蛋白的23.3%；第二层为浓蛋白层(亦称中层浓厚蛋白层)，约占57.2%；第三层为内稀蛋白层，约占16.8%；第四层为内浓蛋白层，亦称系带浓蛋白层，为一薄层，加上与之连为一体的两端系带，约占2.7%。

2. 系带 在蛋黄的纵向两侧有两条相互反向扭转的白带叫做系带。系带膜状层分为膜状部和索状部。膜状部包在蛋黄膜上，一般很难与蛋黄膜分开。索状部是系带膜状层沿蛋中轴向两端的螺旋延伸，为白色不透明胶体。系带膜状层使蛋黄固定在蛋的中央。随存放时间的延长，系带弹性降低，浓厚蛋白稀薄化，这种作用就会失去。在加工蛋制品时，要将系带索状部除去。

（三）蛋黄部分

蛋黄位于蛋的中央，呈球状。包在蛋黄外周的一层透明薄膜称为蛋黄膜，厚0.016 mm，其韧性随存放时间的增加而减弱，稍遇震荡即会破裂，成为散黄。

蛋黄上部中央有一小白圆斑，在未受精时，圆斑呈云雾状，称为胚珠，直径1.6～3.0 mm。由于比重较小，一般浮于蛋黄的顶端。

受精后的蛋，其胚胎发育已进行相当程度，有明暗区之分，肉眼可见中央透明的小白圆斑，直径3.0～5.0 mm，称为胚盘。受精蛋的胚胎在适宜的外界温度下，便会很快发育，这样就会降低蛋的耐储性和质量。

蛋黄似为一色，实由黄卵黄层和白卵黄层交替形成深浅不同的同心圆状排列。这是由于禽昼夜代谢率不同所致，其分明程度随日粮中所含叶黄素与类胡萝卜素的含量而异。浅黄色蛋黄一般仅占全蛋黄的5%左右。

【案例分析】某市吴女士到超市购买鸡蛋，回家烹煮时发现鸡蛋里的蛋黄呈现橘红色，更不寻常的是，蛋黄还把菜瓜布染成橘红色，吓得吴小姐根本不敢再烹煮鸡蛋。试分析这种橘红色蛋黄的鸡蛋是否可以食用？

分析：橘红色蛋黄到底能不能吃，其实许多养殖场都可能会给鸡吃含有胡萝卜素和叶黄素一类的鸡饲料，鸡长期吃这种饲料，产出来的鸡蛋蛋黄色泽相对比较红也比较深，这种橘红色蛋黄的鸡蛋是可以食用的；鸡蛋里的蛋黄色泽无论是鹅黄色还是橘红色，都可以放心地烹煮。

思考：观察和比较新鲜鸡蛋与熟鸡蛋结构的异同。

三、家禽的产蛋规律

（一）鸡的产蛋规律

1. 按年终产蛋量的变化分类　根据其年终产蛋量的变化可分为始产期、主产期和终产期。

（1）始产期。始产期指从开始产第一个蛋到正常产蛋开始的1或2周，谓之产蛋始产期。在此期间，产蛋无规律性，产蛋不正常。一般有下列几种情况：①产蛋之间间隔长；②产双黄蛋；③产软壳蛋；④一天之内产一个异形蛋，一个正常蛋，或两个均为异形蛋。

（2）主产期。开产后产蛋模式趋于正常，每只母鸡均具有其自己特有的产蛋模式。在生产期产蛋率迅速增加，在32～34周龄，产蛋率达到最高峰，然后逐渐缓慢下降。产蛋高峰出现的早晚与饲养管理条件有关。在育成期内限饲程度越高，高峰出现越快。育成期限制光照的鸡群，产蛋高峰出现早于育成期不限制光照的鸡群。

达到产蛋高峰后，产蛋率一般能够达93%～94%，高者可达95%～97%，维持3～4周，以后每周降低0.5%～1%，呈直线平稳下降；直到72周龄产蛋率仍然可维持在65%～70%。下降的幅度受遗传因素的影响，因品种或品系不同而有一定的差异。饲养管理差，鸡群遭受应激、疾病或环境温度过高，则实际产蛋率每周下降幅度变大。

（3）终产期。此期相当短，虽然脑垂体仍可产生促性腺激素，但产蛋量迅速下降，直到不能形成卵子而结束。

2. 按第一个产蛋周期分类　蛋鸡第一个产蛋周期大约为1年，全程可分成产蛋前期、产蛋高峰期和产蛋后期三个阶段。

（1）产蛋前期。指从开始产蛋到产蛋率达到80%之前，通常是从21周龄初到28周龄末。特点是产蛋率增长很快，以每周20%～30%的幅度上升。鸡的体重和蛋重也都在增加，体重平均每周仍可增长30～40 g，蛋重每周增加1.2 g左右。

（2）产蛋高峰期。当鸡群产蛋率上升到80%时，即进入了产蛋高峰期。到最高峰值时产蛋率仍然上升得很快，通常3～4周便可升到92%～95%。90%以上的产蛋率一般可以维持10～20周，然后缓慢下降。当产蛋率降到80%以下，产蛋高峰期便结束了。现代蛋用品种高峰期通常可以维持6个月左右，72周时产蛋率仍保持在65%左右。

（3）产蛋后期。从周平均产蛋率在80%以下至鸡群淘汰，为产蛋后期，通常是指60～72周龄，产蛋后期周平均产蛋率下降幅度要比高峰期下降幅度大一些。

【注意事项】稳定蛋鸡产蛋高峰持续时间应注意的问题。

现代蛋用品种鸡产蛋高峰期很长，一般可达6个月或更长。因此，稳定蛋鸡产蛋高峰持续时间应注意以下几个方面：

1. 保证产蛋高峰期的营养需要。设计饲料配方时，应重点把握能量与蛋白的含量变化，同时保证钙及多种维生素的供给。

2. 保证饲料的品质。饲料存贮时间过长、虫蛀、变质发霉都不宜使用，葵花、棉籽、油菜之类的饼粕用量要适当减少，饲料的原料应尽量稳定。

3. 光照管理。密闭式鸡舍，光照强度掌握在20lx，光照时间应稳定在16或17h，人工补光开灯时间应保持稳定。

4. 规范管理，防止应激。饲养管理程序应规范，不能随意更改喂料、捡蛋、清粪等作业程序；防止异常的声响，陌生人、其他动物的出现及饲料变质、疾病、天气突变等应激的发生。

【案例分析】一个蛋鸡养殖场共饲养10000只罗曼商品蛋鸡，请分析进入产蛋高峰期后其产蛋率一般为多少？高峰期每天的产蛋数量大约是多少？产蛋高峰期可维持多少天？到72周龄其产蛋率可维持在多少？每天大约能产多少枚蛋？

分析：达到产蛋高峰后，产蛋率一般能够达93%～94%，高者可达95%～97%，高峰期每天的产蛋数量为9300～9400枚，可维持3～4周，以后每周降低0.5%～1%；直到72周龄产蛋率仍然可维持在65%～70%，每天的产蛋数量为6500～7000枚。

（二）鸭的产蛋规律

按鸭的最佳产蛋日龄，从出壳到120日龄左右开产，第一个产蛋年的产蛋率最高，圈养鸭年产蛋重量可达20 kg，第二个产蛋年一般下降5%～10%，到第三个产蛋年会下降更多。正常情况下，蛋鸭产蛋主要集中在午夜以后到黎明之前这段时间，通常不在白天产蛋。因此，要提高鸭的产蛋率应做到：晚上22:00准时关灯，停止照明，以保证蛋鸭次日1:00至4:00在安静环境中产蛋；如发现鸭产蛋普遍晚于5:00，并且蛋头较小，说明其日粮中精料不足，应及时按标准增加精料；如果鸭在白天产蛋，则多是因饲料单一、营养不足，早上放养过早或鸭舍内温度高、湿度大等恶劣环境所致。应有针对性地改善其饲养管理条件，并暂时推迟鸭每天早上放养时间（8:00）。

(三)鹅的产蛋规律

1. 产蛋具有明显的季节性 鹅是季节性繁殖动物,产蛋具有明显的季节性。一般每年9月到次年4月为母鹅的产蛋期。种鹅在繁殖期内,外观表现为羽毛光洁、身体发育良好。母鹅接受交配、产蛋;公鹅性欲旺盛、交配频繁。在繁殖季节内,受精率也呈现周期性的变化。一般繁殖季节初期和末期受精率较低,产蛋中期产蛋率高时,受精率也高。

2. 开产较晚,产蛋少 表现在性成熟较晚,6~8月龄或9~10月龄才性成熟;产蛋量较低,每只鹅年产蛋25~40枚或50~80枚;受精率和孵化率偏低,为60%~80%;不育现象普遍,尤其是公鹅,交配器官短、细、软,交配能力弱,受精率差。

留种时间对产蛋量有明显影响,大部分地区12月至次年2月间留种较适宜,1~2月留种最佳。北方地区最佳留种时间应在4月左右;广西、广东等地在3~4月留种较为适宜。

3. 产蛋年限 鹅的产蛋量在前3年随年龄的增长而逐年提高,到第三年达到最高,第四年开始下降。种母鹅的经济利用年限一般为4~5年,组群时种鹅群以2~3岁的鹅为主比较理想。

【本章小结】

本章对家禽的外貌特征、体尺测量方法、生物学特性及蛋的形成和构造、产蛋规律等内容等进行了较为详细的介绍,通过本章的学习,可了解家禽的外貌特征及主要生物学特性,并为学习家禽的孵化、饲养管理技术打下基础。

【思考题】

1. 禽的一般特性是什么?请比较鸡、鸭、鹅的体型外貌特征。
2. 鸡、鸭、鹅的产蛋规律有何不同?
3. 家禽的输卵管包括哪几个部分?禽蛋是如何形成的?
4. 禽蛋包括哪些部分?
5. 家禽的主要体尺指标有哪些?如何测量?
6. 家禽的主要生物学特性是什么?

第二章　家禽的品种

品种是决定畜禽生产性能的最大潜力，在养禽生产中占主要地位。本章主要讲述了家禽的品种分类方法以及家禽的主要品种与配套系等。

第一节　家禽的品种分类

一、鸡的品种分类方法

（一）标准品种分类法

标准品种分类法是国际公认的分类方法，即将家禽分为类、型、品种和品变种。

1. 类　即按家禽的原产地进行分类，将家禽分为亚洲类、美洲类、地中海类等，每类种又细分为品种和品变种。

2. 型　是根据家禽的用途进行分类的，分为蛋用型、肉用型、兼用型、观赏型等。

3. 品种　是指对某一种类或类型的家禽，通过选育使之形成具有大致相同生产性能和特殊外形的禽群。

4. 品变种　是指从品种中按羽色、冠形等的不同，细分为不同的变种。

（二）现代分类法

现代养鸡生产中一般按经济性状把鸡的品种分为蛋鸡系和肉鸡系，并对配套合成系冠以商品名出售。

1. 蛋鸡系　蛋鸡是指某些专门化的商品蛋用品系，依其蛋壳颜色不同，现代蛋鸡一般分为白壳蛋鸡、褐壳蛋鸡和浅褐壳蛋鸡三种类型。

（1）白壳蛋鸡。现代白壳蛋鸡全部来源于单冠白来航品变种，通过培育不同的纯系来生产两系、三系或四系杂交的商品蛋鸡。一般利用伴性快慢羽基因在商品代实现雏鸡自别雌雄。

（2）褐壳蛋鸡。褐壳蛋鸡特别重视利用伴性羽色基因来实现雏鸡自别雌雄。最主要的配套模式是以洛岛红（加有少量新汉夏血统）为父系，洛岛白或白洛克等带伴性银色基因的品种作母系。利用横斑基因作自别雌雄时，则以洛岛红或其他非横斑羽型品种（如澳洲黑）作父系，以横斑洛克为母系作配套，生产商品带褐壳蛋鸡。

（3）浅褐壳（或粉壳）蛋鸡。浅褐壳蛋鸡是利用轻型白来航鸡与中型褐壳蛋鸡杂交产生的鸡种。因此，用作现代白壳蛋鸡和褐壳蛋鸡的标准品种一般都可用于浅褐壳蛋鸡生产。目前主要采用的是以洛岛红型鸡作为父系，与白来航型母系杂交，并利用伴性快慢羽基因自别雌雄。

2. 肉鸡系　一般分为白羽快大型肉鸡和优质肉鸡及其配套系。

（1）白羽快大型肉鸡。是目前世界上肉鸡生产的主要类型，其父系一般都采用科什尼，也结合了少量其他品种的血缘；母系大多为白洛克，在早期还结合了横斑洛克和新汉夏等品种的血缘。

（2）优质肉鸡。主要集中在我国南方，可分为特优质型、高档优质型和优质普通型，这三种类型优质鸡的配套组合所采用的种质资源均有所不同。

①特优质型。生产特优质型所用的种质资源主要是各地历史上形成的优良地方品种，这方面较为成功的例子包括广东的清远麻鸡和江西的崇仁麻鸡、白耳鸡等。这一类型的配套组合目前尚未建成，常以经选育纯化的单一品系（群）不经配套组合直接用于商品肉鸡生产。

②高档优质型。高档优质型以中小型的石歧杂鸡选育而成的纯系(如粤黄102系,矮脚黄系等)为配套组合的母系,以经选育提纯系为父系进行配套。

③优质普通型。优质普通型最为普及,以中型石歧杂鸡为素材培育而成的纯系为父本,以引进的白羽快大型肉鸡(隐性白羽)为母本,三系杂交配套而成,其商品代一般含有75%的地方品种血统和25%的白羽快大型肉鸡血统,生长速度快,同时也保留了地方品种的主要外貌特征。

二、鸭的品种类型

根据鸭的经济用途,可把鸭品种划分为肉用型、蛋用型和兼用型三种类型。

1. 肉用型品种 肉用型品种颈粗、腿短,体躯呈长方块形,生产性能以产肉为主,体型大而丰满;早期生长特别迅速,一般成年鸭体重在3.5 kg左右,配套系商品肉鸭7周龄体重近3 kg,肉料比1∶(2.7～2.8)。

2. 蛋用型品种 头清秀颈粗,腿稍长;体型较小,体躯长,呈船形。一般成年鸭体重1.5 kg左右,不超过2 kg。高产鸭群500日龄产蛋量可达300枚或以上,总蛋重可达21～22 kg,蛋料比1∶2.9左右。

3. 兼用型品种 兼用型品种体型浑圆,较硕大;颈、腿粗短。一般年产蛋量150～200枚,蛋重达70～75 g;成年鸭体重达2.2～2.5 kg。

三、鹅的品种类型

为了有目的有计划地利用现有鹅品种资源,发展生产,培育新品种,开展利用鹅杂种优势,提高养鹅经济效益,人们从不同角度对现有鹅品种进行了分类。

(一)按经济用途分类

随着人们对鹅产品的需求不同,在养鹅生产中出现了一些优良的专用品种。

1. 肥肝用品种 如用于肥肝生产的专用品种,国内有广东的狮头鹅、湖南的溆浦鹅,国外有法国的土鲁斯鹅、朗德鹅、玛瑟布鹅,匈牙利的玛加尔鹅,意大利的奥拉斯鹅等。

2. 肉用品种 用于生产肉用仔鹅的品种,国内著名的肉用中型鹅种有浙东白鹅、四川白鹅等。国外如意大利的奥拉斯鹅8周龄仔鹅活重达4.5～5 kg,料肉比为(2.8～3)∶1;德国的莱茵鹅在适当的饲养条件下,8周龄活重可达4.2～4.3 kg,料肉比为(2.5～3)∶1。

3. 配套系 通过配合力测定,筛选出符合育种目标要求的纯系组合,这一特定纯系组合即构成配套系。如四川农业大学家禽育种场培育的天府肉鹅配套系,在放牧饲养条件下,10周龄活重达4.0～4.2 kg,料肉比为(1.5～1.8)∶1,适宜于大型养鹅场大批生产肉用仔鹅。

(二)按体型大小分类

国内外一般都以活重的大小作为划分体型小、中、大的标准。

1. 小型品种鹅 公鹅体重为3.7～5 kg,母鹅为3.1～4.0 kg。国内属小型鹅种的有乌鬃鹅、太湖鹅、豁眼鹅等。

2. 中型品种鹅 公鹅体重为5.1～6.5 kg,母鹅为4.4～5.5 kg,如溆浦鹅、雁鹅、浙东白鹅、皖西白鹅、马岗鹅、四川白鹅、伊犁鹅以及德国的莱茵鹅等。

3. 大型品种鹅 公鹅体重为10～12 kg,母鹅为6～10 kg。国内大型鹅如狮头鹅,国外的如土鲁斯鹅,成年公鹅活重可达10～12 kg,母鹅重可达8～10 kg,肉用仔鹅经填饲后活重可达12～14 kg。

(三)按羽毛颜色分类

中国鹅按羽毛颜色分为灰色、白色两种;国外鹅种羽色较丰富,有白、灰、浅黄、黑色、杂色等。

1. 灰羽鹅种 如狮头鹅、雁鹅、乌鬃鹅、凉山钢鹅等。

2. 白羽鹅种 如太湖鹅、豁眼鹅、皖西白鹅、浙东白鹅、四川白鹅等。

第二节　家禽的良种繁育体系

一、现代商品杂交鸡的繁育体系

鸡的杂交繁育体系是将纯系选育、配合力测定以及种鸡扩繁等环节有机结合起来形成……体系。在杂交繁育体系中，将育种工作和杂交扩繁任务划分给相对独立，而又密切配合的育种场和各级种鸡场来完成，使各个部门的工作专门化。鸡杂交繁育体系的建立决定了现代养鸡生产的基本结构。

思考：鸡的杂交繁育体系与猪的有区别吗？

（一）鸡的杂交繁育体系

鸡的杂交繁育体系包括育种体系和制种体系两大部分，见图2.1。

1. **育种体系**　由育种场、品种资源场和配合力测定站组成，承担纯系培育和品系配套任务。

2. **制种体系**　由原种鸡鸡场、祖代鸡场、父母代鸡场和孵化厂组成，担负两次（三系或四系配套）或一次（两系配套）的制种任务，为商品禽场的生产提供充足的高产商品杂交鸡。建立完善的家禽繁育体系，已成为发展现代化养禽业的核心问题。

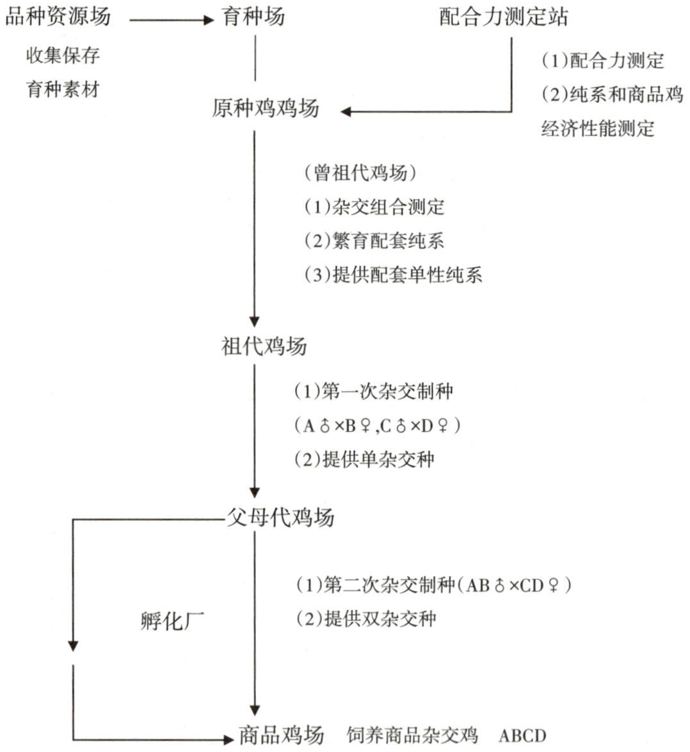

图2.1　鸡的杂交繁育体系

（二）杂交繁育体系的形式

杂交繁育体系根据参与杂交配套的纯系数目分为两系杂交、三系杂交和四系杂交甚至五系杂交等，其中以三系和四系杂交为普遍。

1. **两系杂交**　这是最简单的杂交配套模式，见图2.2。两系配套体系是比较原始的形式，从纯系育种群到商品代的距离短，因而遗传进化传递快。不足之处是不能在父母代利用杂种优势来提高繁殖性能，而且扩繁层次少，故供种量少，从育种公司的经济利润上讲是不利的。因此大型育种公司基本上已不提供两系杂交的配套组合。

祖　代	A♂×A♀♀		B♂×B♀♀
	⇓		⇓
父母代	A♂	×	B♀♀
		↓	
商品代		AB	

图2.2　两系配套模式（⇓表示纯繁制种，↓表示杂交制种）

2. 三系杂交　这种体系从本质上讲是最普遍的，见图2.3。三系配套时父母代母本是二元杂种，所以其繁殖性能可获得一定杂种优势，再与父系杂交仍可在商品代产生杂种优势，因此从提高商品代性能上讲是有利的。在供种数量上，母本经祖代和父母代二级扩繁，所以供种量可大幅度增加，而父系虽然只有一级扩繁，由于公鸡需求量本来就少，所以完全可满足需要。因此，三系杂交是相对较好的一种配套形式。

曾祖代	A♂×A♀♀		B♂×B♀♀		
	⇓		⇓		
祖　代	A♂	×	B♀♀		C♂×C♀♀
		↓			⇓
父母代		AB♀		×	C♂
				↓	
商品代				ABC	

图2.3　三系配套模式（⇓表示纯繁制种，↓表示杂交制种）

3. 四系杂交　商品生产中的四系杂交繁育体系是仿照玉米自交系双杂交的模式建立的，见图2.4。从育种公司的商业角度来看，按四系配套有利于控制种源、保证供种的连续性。

曾祖代	A♂×A♀♀		B♂×B♀♀		C♂×C♀♀		D♂×D♀♀
	⇓		⇓		⇓		⇓
祖　代	A♂	×	B♀♀		C♂	×	D♀♀
		↓				↓	
父母代		AB♂		×		CD♀♀	
				↓			
商品代				ABCD			

图2.4　四系配套模式（⇓表示纯繁制种，↓表示杂交制种）

【案例分析】罗曼褐壳蛋鸡为德国罗曼公司培育的四系配套杂交鸡种，其一日龄商品代雏鸡可根据羽毛颜色自别雌雄，公鸡、母鸡的羽毛各是什么颜色？并分析其杂交配套制种模式。

分析：一日龄商品代罗曼褐壳蛋雏鸡可根据羽毛颜色鉴别公母，其中金黄色绒羽的为母鸡，银白色绒羽的为公鸡。

四系杂交是双杂交模式，其制种模式图应为：

曾祖代	A♂×A♀♀		B♂×B♀♀		C♂×C♀♀		D♂×D♀♀
	⇓		⇓		⇓		⇓
祖　代	A♂	×	B♀♀		C♂	×	D♀♀
		↓				↓	
父母代		AB♂		×		CD♀♀	
				↓			
商品代				ABCD			

二、现代鸭的繁育体系

为了保证现代养鸭业具有高产、稳产、整齐、规格一致的优质鸭种，必须建立鸭种的繁育体系。这对推动我国养鸭业向集约化规模化发展起到了很好的促进和质量保证作用，其杂交繁育体系请参考鸡的杂交繁育体系。

三、鹅的杂交配套模式

目前我国鹅的繁育体系还不完善，有待进一步的建立和完善，其杂交繁育体系请参考鸡的杂交繁育体系。

第三节　家禽的主要品种

讨论：你熟悉的家禽（鸡、鸭、鹅）品种有哪些？

一、鸡的品种

（一）标准品种

标准品种是人类生活和生产活动的产物，也是人类长期发展过程中的生活资料和生产资料。人类从自己的需要出发，对野生鸟类进行驯化和培育，产生了各种各样的家禽。在20世纪前，家禽育种尚处于经验育种阶段，主要是由养禽爱好者作为业余爱好而进行的。他们对家禽的体型、外貌、羽色等进行选择，而对生产性状考虑得较少。经过他们的努力，创造了许多各具特色的标准品种。这些丰富的家禽品种资源作为珍贵的基因库，为家禽现代育种提供了可靠的物质基础。

1. 白来航鸡（White Leghorns） 是来航鸡的一个品变种，属轻型白壳蛋鸡。原产于意大利，现分布于全世界各地。是世界上最优秀的蛋用型品种，也是目前全世界商业蛋鸡生产中使用的主要鸡种。白来航鸡体型小而清秀，全身紧贴白色羽毛，单冠，冠大鲜红，公鸡直立，母鸡倒向一侧。喙、跖、皮肤均为黄色，耳叶白色。白来航鸡性成熟期早，产蛋量最高，蛋壳白色，饲料消耗少。成年公鸡体重2.5 kg，成年母鸡1.75 kg左右。

2. 洛岛红鸡（Rhode Island Red） 育成于美国洛德岛州，有单冠和玫瑰冠两个品变种。1904年正式被确认为标准品种，羽毛深红色，尾羽近黑色。体型中等，产蛋量高，蛋重较大，蛋壳褐色。目前广泛用于褐壳蛋鸡生产，用作杂交父系。利用其特有的伴性金色羽基因，通过特定的杂交形式可以实现后代雏鸡自别雌雄。

3. 新汉夏鸡（New Hampshire） 育成于美国新罕布夏州。为提高产蛋量、早熟性和蛋重等经济性状，对洛岛红鸡改良选育而成。1935年正式被确认为标准品种。体型与洛岛红鸡相似，但背部较短，羽毛颜色略浅，只有单冠，体大，适应性强。在现代蛋鸡商业杂交配套系中起着一定作用。

4. 横斑洛克鸡（Barred Plymouth Rock） 也称为芦花鸡，属于兼用型。育成于美国，在选育过程中，曾引进我国九斤鸡血液。体形浑圆，体型大，生长快，产蛋多，肉质好，易育肥。全身羽毛呈黑白相间的横斑，此特征受一伴性显性基因控制，可以在纯繁和杂交时实现雏鸡自别雌雄。单冠，耳叶红色，喙、跖和皮肤均为黄色。

5. 白洛克鸡（White Plymouth Rock） 与横斑洛克鸡同属洛克品种。单冠，冠、肉垂与耳叶均为红色，喙、跖和皮肤黄色，全身羽毛白色。产蛋量中等，蛋重较大，蛋壳褐色。近年来肉鸡业蓬勃发展，白洛克鸡经改良后早期生长快，胸、腿肌肉发达，作肉用仔鸡配套母系与白科尼什公鸡杂交，其后代生长迅速、胸宽体圆、屠体美观、肉质优良、饲料报酬高，是著名的肉鸡母系。

6. 白科尼什鸡（White Cornish） 原产于英格兰，为著名的肉鸡品种。体躯坚实，肩、胸很宽，体重大，胸、腿肌肉发达，跖部粗壮。显性白羽父系与有色羽母鸡杂交，后代均为白色或近似白色。目前主要是用它与母系白洛克品系配套生产肉用仔鸡。

7. 澳洲黑鸡(Australorps)　属兼用型，在澳洲利用黑色奥品顿鸡，注重产蛋性能选育而成。体躯深而广，胸部丰满，头中等大，喙、眼、跖均黑色，脚底为白色。单冠，肉垂、耳叶和脸均为红色，皮肤白色，全身羽毛黑色而有光泽，羽毛较紧密。此鸡适应性强，成熟较早，产蛋量中等，蛋壳褐色。

8. 狼山鸡(Langshan)　原产于我国江苏省南通地区如东县和南通县石港一带。19世纪引入英、美等国，1983年在美国被确认为标准品种。有黑色和白色两个品变种。体型外貌最大特点是颈部挺立，尾羽高耸，背呈"U"字形。狼山鸡的优点为适应性强，抗病力强，胸部肌肉发达，肉质好。

9. 丝羽乌骨鸡(Silkies)　原产于我国江西、广东和福建等省，分布遍及全国和世界各地，用作药用和玩赏。外貌特征总结为"十全"，即紫冠(冠体如桑葚状)、缨头(羽毛冠)、绿耳、胡须、五爪、毛脚、丝毛、乌皮、乌骨、乌肉。此外，眼、跖、趾、内脏及脂肪亦是乌黑色。成年公鸡体重为1.35 kg，母鸡为1.20 kg。年产蛋量约100枚，蛋重达40～42 g，蛋壳淡褐色，就巢性强。

(二)我国主要的地方品种

1. 仙居鸡　原产于浙江省中部靠东海的台州市，重点产区是仙居县，分布很广。体形较小，结实紧凑，体态匀称秀丽，羽毛紧密，羽色有白羽、黄羽、黑羽、花羽及栗羽之分。跖多为黄色，也有肉色及青色等。成年公鸡体重达1.25～1.5 kg，母鸡达0.75～1.25 kg，产蛋量目前变异度较大。

2. 大骨鸡　又名庄河鸡，属蛋肉兼用型。原产于辽宁省庄河市，单冠直立，体格硕大，腿高粗壮，结实有力，故名大骨鸡。身高颈粗，胸深背宽，腹部丰满，墩实有力。成年公鸡平均体重3.2 kg以上，母鸡2.3 kg以上。平均年产蛋量146枚，平均蛋重63 g以上。

3. 惠阳鸡　主要产于广东博罗、惠阳、惠东等地。惠阳鸡属肉用型，其特点可概括为黄毛、黄嘴、黄脚、胡须、短身、矮脚、易肥、软骨、白皮及玉肉(又称玻璃肉)10项。成年公鸡活重达1.5～2.0 kg、母鸡达1.25～1.5 kg。年产蛋量70～90枚，蛋重达47 g，蛋壳有浅褐色和深褐色两种。就巢性强。

4. 寿光鸡　原产于山东省寿光县，历史悠久，分布较广。寿光鸡分为大、中两种类型。寿光鸡蛋大，蛋壳深褐色，蛋壳厚。成熟期一般为240～270 d。

5. 北京油鸡　原产于北京市郊区，历史悠久。具有冠羽、跖羽，有些个体有趾羽。不少个体颌下或颊部有胡须。因此，人们常将这三羽(凤头、毛腿、胡子嘴)称为北京油鸡的外貌特征。生长缓慢，性成熟期晚，母鸡7月龄开产，年产蛋110枚。成年公鸡体重达2.0～2.5 kg，母鸡达1.5～2.0 kg。屠体肉质丰满，肉味鲜美。

(三)现代商用蛋鸡品种

鸡的品种、品变种、品系繁多，随着养鸡业日趋现代化与商品化，我国先后由国外引进和培育了许多优良的配套蛋鸡品种。而优良鸡种的选择是养鸡生产中的重要环节，优良蛋用型鸡应具有开产早、产蛋多、料蛋比低、就巢性弱、死亡率低等特点。

1. 褐壳蛋系鸡品种　多为四系配套杂交鸡种，其商品代雏鸡一般可以通过羽色鉴别雌雄。

(1)罗曼褐壳蛋鸡。是德国罗曼公司培育的四系配套杂交鸡种，其一日龄商品代雏鸡可根据羽毛颜色鉴别公母，金黄色绒羽的为母鸡，银白色绒羽的为公鸡。商品代蛋鸡20周龄体重为1.5～1.6 kg，开产日龄为152～158 d，每只入舍母鸡12个月平均产蛋量为285～295枚。

(2)迪卡·沃伦蛋鸡。简称迪卡蛋鸡，由美国迪卡·沃伦公司培育的四系配套褐壳蛋鸡良种。商品代雏鸡可根据羽毛颜色鉴别公母，金黄色的为母鸡，银白色的为公鸡。20周龄体重为1.7 kg，22～24周龄产蛋率达50%，每只入舍母鸡72周龄产蛋量为270枚，料蛋比2.46∶1。

(3)海兰褐壳蛋鸡。由美国海兰国际公司育成的高产褐壳系品种，商品代雏鸡可根据羽毛颜色鉴别公母，开产日龄为153～155 d，每只入舍母鸡72周龄产蛋量为283枚，1～18周龄耗料量为5.9～6.8 kg，产蛋期每只母鸡每日平均耗料115 g，料蛋比为(2.3～2.5)∶1，育成率为96%～98%，产蛋期成活率为92%～96%。

(4)伊莎褐壳蛋鸡。是法国伊莎公司培育的四系配套中型褐壳蛋鸡,其商品代雏鸡可根据羽毛颜色鉴别公母。商品蛋鸡18周龄体重为1.5 kg,每只入舍母鸡72周龄产蛋量为270～300枚,料蛋比为2.6∶1,产蛋期成活率为92%～97%。

(5)雅发褐壳蛋鸡。是以色列PBU家禽育种公司育成的四系配套褐壳蛋鸡良种,商品代雏鸡可根据羽毛颜色鉴别公母。商品蛋鸡20周龄体重为1.47 kg,开产日龄为160～170 d,72周龄产蛋量为290～309枚,平均蛋重64 g,料蛋比为2.4∶1。

(6)海赛克斯褐壳蛋鸡。是荷兰尤里布里德公司育成的四系配套蛋鸡高产良种,商品代雏鸡可根据羽毛颜色鉴别公母,开产日龄为158 d,入舍母鸡72周龄产蛋量为274枚,料蛋比为2.39∶1,1～18周龄共耗料5.9 kg。

(7)尼克红蛋鸡。由美国引进,产蛋性能优异。76周龄产蛋达314～320枚,总产蛋量达20～20.8 kg,开产体重为1.59 kg,育雏育成率为90%～98%,产蛋期存活率为94%～96%,料蛋比为(2.1～2.2)∶1,76周龄体重为2.2～2.3 kg,尼克红产褐壳蛋,尼克T产粉壳蛋。

2. 白壳蛋鸡系 鸡蛋多为白壳,其商品代雏鸡一般可根据快慢羽鉴别公母。

(1)北京白鸡。由北京市种禽公司培育而成,羽毛白色。商品代蛋鸡开产日龄为154 d,入舍母鸡72周龄产蛋量为287～291枚,平均蛋重达59～60 g,20周龄母鸡体重达1.35～1.42 kg,料蛋比(2.3～2.56)∶1 。

(2)滨白鸡。是我国东北农学院育成的四系配套白壳蛋鸡,羽毛白色,特点是产蛋多,商品代雏鸡可以根据羽速鉴别公母,快羽型(翅膀上的主翼羽比覆主翼羽长)的为母鸡,慢羽型(翅膀上的主翼羽和覆主翼羽等长或覆主翼羽比主翼羽长)的为公鸡。商品鸡20周龄体重为1.5～1.7 kg,开产周龄为23～24周,72周龄产蛋量为270～280枚,料蛋比为(2.5～2.6)∶1。

(3)海兰W-36白壳蛋鸡。由美国海兰公司育成,商品代雏鸡可根据羽速鉴别公母,快羽型的为母鸡,慢羽型的为公鸡。商品蛋鸡18周龄体重为1.28 kg,开产日龄为168 d,每只入舍母鸡14个月产蛋量为287～307枚,平均蛋重达56.7 g,料蛋比为(2.1～2.3)∶1。

(4)罗曼白壳蛋鸡。由德国罗曼畜禽育种公司培育而成,商品蛋鸡开产日龄为148～154 d,每只入舍母鸡年产蛋量为295～305枚,料蛋比为(2.1～2.3)∶1,育成率达96%～98%。

(5)海赛克斯白壳蛋鸡。为荷兰尤里布里德公司育成的四系配套杂交鸡,商品蛋鸡开产日龄为157 d,1～18周龄每只鸡共耗料5.8 kg,入舍母鸡82周龄产蛋量为333枚,平均蛋重60.7 g,料蛋比2.34∶1。

3. 粉壳蛋鸡系 鸡蛋多为粉壳,其商品代雏鸡一般可根据快慢羽鉴别公母。

(1)雅康粉壳蛋鸡。是以色列PBU育种公司育成的四系配套粉壳蛋鸡品种,商品代雏鸡可根据快慢羽鉴别公母。商品蛋鸡20周龄体重为1.5 kg,开产日龄为160～170 d,72周龄入舍母鸡产蛋量为262～277枚。

(2)京白939粉壳蛋鸡。是北京种禽公司新近培育的粉壳蛋鸡高产配套系,商品代能根据羽速鉴别雌雄。达50%产蛋率平均日龄为155～160 d;进入产蛋高峰期是24～25周;72周龄入舍鸡产蛋数达270～280枚,21～72周龄平均料蛋比为(2.30～2.35)∶1。

(3)星杂444蛋鸡。是加拿大雪佛公司育成的三系配套杂交鸡,其72周龄产蛋量265～280枚,平均蛋重为61～63 g,每千克蛋耗料为2.45～2.7 kg,产蛋期存活率为91.3%～92.7%。

(4)海兰粉壳蛋鸡。是美国海兰公司培育出的高产粉壳鸡,0～18周龄成活率为98%;达50%产蛋率平均日龄155 d,高峰期产蛋率达94%;20～74周龄饲养日产蛋数290枚,成活率达93%,72周龄产蛋量为18.4 kg,料蛋比为2.3∶1。

(5)尼克T粉壳(珊瑚粉)蛋鸡。是尼克国际公司最新研制的粉鸡配套系,产蛋率高,高峰期产蛋维持6～10个月,78周龄累计产蛋343枚;饲料报酬高,蛋料比为1∶(2～2.2),蛋壳质量好。

【案例分析】现有1000只1日龄罗曼粉壳商品代雏鸡，可根据快慢羽鉴别公母，请分析母鸡羽毛应是什么羽型？公鸡羽毛又是什么羽型？如何区别？

分析：一般自别雌雄配套系的商品代雏鸡在出壳24 h以内可根据其自身的特征鉴别公母，这1000只1日龄罗曼粉壳商品代雏鸡可根据羽速鉴别公母，其中快羽型的为母鸡，即翅膀上的主翼羽长于覆主翼羽在2 mm以上；慢羽型的为公鸡，即翅膀上的主翼羽长于覆主翼羽在2 mm以内，或主翼羽等长于覆主翼羽，或翅膀上的主翼羽短于覆主翼羽，或者主翼羽尚未长出来。

（四）现代商用肉鸡品种

我国先后由国外引进和培育了许多优良的肉鸡品种，优良肉用型鸡应具有增重快、饲养周期短、料肉比低、死亡率低、经济效益高等特点。

1. 白羽肉鸡系

(1)爱拔益加肉鸡。简称AA肉鸡，是美国爱拔益加公司培育而成的四系配套白羽肉用鸡品种，是世界上著名的肉仔鸡配套杂交种之一。AA肉鸡分布全球，占世界肉鸡的35%～40%，在许多国家中AA肉鸡是主要的肉鸡品种。商品代肉鸡七周龄公母混养平均体重为2.4 kg，料肉比为(1.9～2.1)∶1，成活率可达96%以上。

(2)艾维茵肉鸡。是美国艾维茵国际禽场有限公司育成的配套系白羽肉鸡品种，约占我国国内肉鸡饲养覆盖面的40%以上。商品代肉仔鸡7周龄公鸡体重可达2.513 kg，料肉比为1.93∶1；母鸡体重可达2.06 kg，料肉比为2∶1；公鸡平均体重为2.3 kg，料肉比为1.91∶1，成活率可达98%以上。

(3)明星肉鸡。是法国伊莎育种公司培育成的四系配套白羽肉鸡，该鸡体形矮小、增重快、耗料少、经济效益高。商品代肉仔鸡混合饲养8周龄体重为2.34 kg，料肉比为2.1∶1。

(4)宝星肉鸡。是加拿大谢佛种禽公司育成的四系配套白羽肉鸡，具有增重快、饲料转化率高的特点。商品肉仔鸡混合饲养8周龄体重为2.17 kg，料肉比为2.07∶1，成活率为94%。

(5)彼德逊肉鸡。是美国彼德逊公司培育的白羽肉鸡，我国从1989年引进祖代种鸡并向全国推广。该品种具有抗逆性强、生长速度快等特点，商品肉仔鸡公母混养8周龄体重可达3 kg，料肉比为2.12∶1。

(6)罗曼肉鸡。是德国罗曼公司培育的四系配套白羽肉鸡，商品代肉仔鸡具有生长快、饲料转化率高的特点，8周龄体重为2.35 kg，料肉比为2.20∶1。

(7)肉杂鸡“817”(简称“817”)。“817”是现在杂交的一类肉杂鸡的名称，基本来源就是用蛋鸡母鸡和肉种鸡公鸡杂交，产生的鸡比肉鸡生长慢，个体比较小，比蛋鸡生长快，料肉比和大肉鸡差不多。“817”制种简单，就是大肉食鸡(AA或是艾维茵)与商品代蛋鸡杂交的产物，生长速度比快大型肉鸡慢一倍，但比土鸡生长速度更快，6周末能达1200 g左右。饲料转化率也更加理想。肉蛋杂交鸡肉质较好，适合做扒鸡，卤鸡，更迎合当代小家庭的消费。因此市场日益扩大，大有问鼎之势，在市场上有替代AA肉鸡的趋势。

(8)哈巴德肉鸡。原产于美国哈巴德公司。1980年广州曾引入祖代鸡。该肉鸡不仅生长速度快，而且具有伴性遗传，通过快慢羽自别雌雄，出壳雏鸡公鸡主翼羽长度相等或短于覆主翼羽，小母鸡则主翼羽长于覆主翼羽。该鸡羽毛为白色，蛋壳褐色。

2. 有色羽肉鸡系

(1)红波罗肉鸡。又叫红宝肉鸡，是加拿大谢佛种禽公司培育的红羽肉鸡良种。肉仔鸡全身红羽、黄喙、黄胫、黄皮肤，屠体美观，味道鲜美。公母混合饲养60日龄平均体重为2.2 kg，料肉比为2.2∶1。

(2)狄高肉鸡。是澳大利亚狄高有限公司育成的黄麻羽色配套系肉鸡良种，商品代雏鸡可由羽色鉴别公母，适应性强、易饲养，其羽色深受消费者欢迎。肉仔鸡7周龄体重可达2.75 kg，料肉比为2.13∶1，成活率为97.3%。

(3)安纳克-40肉鸡。是以色列PBU公司育成的红羽肉鸡,具有生长速度快、抗逆性强、抗病力强等特点。商品代肉仔鸡全身为枣红色羽毛,黄腿、黄皮、黄嘴,7周龄体重可超过2.2 kg,料肉比为1.96∶1,是我国目前从国外引进的比较好的红羽肉鸡。

3. 优质肉鸡系

(1)石岐杂鸡雌雄自别高产系。由广东省家禽研究所育成,商品鸡14周龄体重公鸡为1.59 kg、母鸡为1.35 kg,料肉比为(2.6~3.2)∶1,成活率为98%。

(2)"882"优质黄羽肉鸡。由广州市国营白云家禽发展公司育成,该鸡以毛黄、脚黄、皮黄、肉嫩鲜滑、味美、生长速度快为主要特征。商品代肉仔鸡90日龄体重可达1.85 kg,料肉比为2.87∶1。

(3)北京石岐杂鸡。由中国农业科学院畜牧研究所选育而成,为我国优质黄羽肉鸡的又一高产配套系。商品鸡10周龄体重公鸡为1.5~1.75 kg,母鸡为1.3~1.4 kg,料肉比为(2.8~3)∶1。

(4)新兴黄鸡。由广东新兴温氏家禽育种有限公司培育而成,具有抗逆性强、耐粗放的特点。肉仔鸡10周龄平均体重为1.55 kg,料肉比为2.69∶1,成活率为97%。

(5)海新肉鸡。是由上海农科院畜牧所培育而成的三系配套的快速型和优质型黄羽肉鸡。商品代鸡饲养90 d平均体重为1.5 kg,料肉比为3.3∶1。

(五)鸡特色品种的开发利用

1. 矮小型蛋鸡 和普通蛋鸡比,矮小型蛋鸡的特点是:

(1)矮小型蛋鸡的性染色体上带有*dw*基因,致使鸡的体型变小,体重约轻25%。

(2)矮小型蛋鸡生产鸡蛋的成本较低。料蛋比可以达到2.0∶1,饲料转化率比普通型提高10%~15%。

(3)对马立克氏病有抗性,耐热性好。

(4)鸡蛋品质较好、破损率低、合格率高,综合经济效益比普通蛋鸡高。

在我国推广矮小型蛋鸡,对充分利用饲料资源、提高蛋鸡饲养的经济效益非常有利。

2. 矮小型肉鸡

(1)矮小型白羽肉鸡。商品鸡发生腹水率低,但矮小型商品代母鸡生长速度较慢,公母体重差距较大,推广起来比较困难。

(2)矮小型黄羽肉鸡。在我国饲养量逐年增加。

3. 绿壳蛋鸡 绿壳蛋是由遗传基因决定的。

(1)东乡黑羽绿壳蛋鸡。体型较小,产蛋性能较高,适应性强,羽毛全黑、乌皮、乌骨、乌肉、乌内脏,喙、趾均为黑色。该品种抱窝性较强,因而产蛋率较低。

(2)三凰绿壳蛋鸡。三凰绿壳蛋鸡有黄羽、黑羽两个品系。单冠、黄喙、黄腿、耳叶红色。

(3)新杨绿壳蛋鸡。商品代母鸡羽毛白色,但多数鸡身上带有黑斑;单冠,冠、耳叶多数为红色,少数黑色;60%左右的母鸡青脚、青喙,其余为黄脚、黄喙。

4. 乌鸡 通常意义上的乌鸡指丝羽乌骨鸡,有时也把一些具有黑羽、黑胫的鸡称作乌鸡。乌骨鸡由于体型外貌独特,性情温顺,适应性强,在国际标准中被列为观赏型鸡,世界各地动物园纷纷引入作为观赏型禽类。纯种乌骨鸡的外貌特征可归纳为以下十点:桑椹冠、缨头、绿耳、胡须、丝羽、五爪、毛脚、乌骨、乌肉、乌皮。除了白羽丝羽乌鸡,还培育出了黑羽丝毛乌鸡。

二、鸭的品种

(一)肉用型鸭品种

1. 北京鸭 是世界上最优良的肉鸭品种。原产于我国北京近郊,产蛋量较高,年产蛋量为200~240枚,蛋壳白色。性成熟期150~180日龄。商品肉鸭7周龄体重可达到3.0 kg以上,料肉比为(2.8~3.0)∶1。成年公鸭体重为3.5 kg,母鸭为3.4 kg。

2. 天府肉鸭　系四川农业大学家禽研究室选育而成的大型肉鸭商用配套系。父母代种鸭26周龄开产（产蛋率达5%），年产合格种蛋达240～250枚，蛋重达85～90 g，受精率达90%以上，每只种母鸭年产雏鸭170～180只，达到肉用型鸭种的国际领先水平。

3. 狄高鸭　狄高鸭是澳大利亚狄高公司引入北京鸭，选育而成的大型肉鸭配套系。年产蛋量200～230枚，平均蛋重88 g，蛋壳白色。初生雏鸭体重为55 g左右，商品肉鸭7周龄体重3.0 kg，肉料比1∶(2.9～3.0)。

4. 樱桃谷鸭　樱桃谷鸭是英国樱桃谷农场引入我国北京鸭和埃里斯伯里鸭为亲本，杂交选育而成的配套系鸭种。外貌特征与北京鸭大致相同，父母代母鸭66周龄产蛋220枚，蛋重85～90 g，蛋壳白色。商品代47日龄活重3.09 kg，肉料比为1∶2.81。

5. 瘤头鸭　瘤头鸭又称疣鼻鸭、麝香鸭，中国俗称番鸭。原产于南美洲和中美洲的热带地区。年产蛋量一般为80～120枚，高产的达150～160枚。蛋重达70～80 g，蛋壳玉白色。母鸭180～210日龄开产，公母配种比例1∶(6～8)，受精率达85%～94%，孵化期为35 d左右。

（二）蛋鸭品种

1. 绍鸭　原产于浙江省旧绍兴府所属的绍兴、萧山、诸暨等地。该鸭具有产蛋多，成熟早，体型小，耗料少等突出优点，是我国麻鸭类型中的优良蛋鸭品种。入舍母鸭500日龄平均产蛋310.2枚，总产蛋重平均超过20 kg，蛋料比1∶2.7，蛋壳多为白色，性成熟早，16周龄时陆续开始产蛋。

2. 金定鸭　原产于福建省龙海县、同安等县。年平均产蛋量可达300枚以上，母鸭开产日龄110～120 d，初生雏鸭体重达47 g，成年鸭体重公鸭达1.78 kg，母鸭达1.70 kg。

3. 卡基·康贝尔鸭　为英国选育而成的优良蛋鸭品种。公鸭头、颈、尾部羽毛为古铜色，其余部位羽毛为茶褐色；母鸭头、颈部羽毛为深褐色，其余部位羽毛为茶褐色。500日龄产蛋量270～300枚，蛋重70 g左右，蛋壳白色，开产日龄130～140 d。公母配种比例达1∶(15～20)，成年鸭体重公鸭达2.10～2.30 kg，母鸭达2.0～2.2 kg。

4. 连城白鸭　是我国比较有特点的小型白羽蛋鸭品种。主产于福建省连城县，全身羽毛白色紧密。喙、颈、蹼黑色或黑红色。年产蛋为220～230枚，蛋壳多数为白色，少数青色。母鸭120日龄开产，成年鸭体重公鸭达1.44 kg，母鸭达1.32 kg。

5. 莆田黑鸭　莆田黑鸭是中国现今仅有的一个全黑色鸭品种。主要分布于福建的晋江和莆田两地的沿海各县。全身羽毛浅黑色，着生紧密，年产蛋量达270枚左右，蛋重为70 g，蛋壳白色。母鸭开产日龄120 d左右，成年鸭体重公鸭达1.68 kg，母鸭达1.34 kg。

（三）兼用型品种

1. 建昌鸭　主产于四川凉山彝族自治州安宁河谷地带的西昌、德昌等县，是我国麻鸭类型中肉用性能、肥肝性能优良的品种。主要有三种羽色，即浅麻、褐麻和白胸黑羽羽色，其中以浅麻羽色最多，年产蛋量达150枚左右，蛋重为73～75 g，青壳蛋占60%左右。开产日龄150～180 d。

2. 四川麻鸭　广泛分布于四川省水稻产区，属体型较小的兼用型品种，比较早熟，蛋壳以白色居多，少数为青壳蛋。母鸭开产日龄120 d左右。初生雏鸭体重40 g左右，成年鸭体重公鸭为1.70 kg，母鸭为1.60 kg。

3. 大余鸭　原产于江西大余县及其周边地区，放牧补饲条件下500日龄可产蛋190枚，平均蛋重为70 g，蛋壳白色。在放牧补饲的条件下，90日龄体重达1.4～1.5 kg。成年鸭体重达2～2.2 kg。

4. 高邮鸭　主产于江苏省下河地区，是我国优良的兼用型麻鸭品种，以产双黄蛋著称。平均年产蛋量为140～160枚，蛋壳白色约占82.9%，青壳蛋占17.1%左右。母鸭开产日龄110～120 d，初生雏鸭体重为47.0 g，成年鸭体重公鸭为1.80 kg，母鸭为1.75 kg。

三、鹅的品种

（一）我国优良鹅种

1. 小型鹅品种

（1）太湖鹅。产于江苏、浙江的太湖流域各县，具有体型小、生长快、产蛋多、成熟早、就巢性弱、肉质细嫩等优点。成年鹅平均体重公鹅为4.5 kg，母鹅为3.5 kg。性成熟期约160 d，年产蛋量为50～60枚。

（2）豁眼鹅。又名五龙鹅、疤拉眼鹅或豁鹅，为中国鹅的白羽小型品变种，具有产蛋率高、就巢性弱等特点，成年鹅体重公鹅为4～4.5 kg，母鹅为3.5～4 kg。在半舍半牧条件下，初生体重达70～80 g；5月龄公鹅为3.2～4.5 kg、母鹅为2.8～3.7 kg，料肉比为2.76∶1。

（3）乌鬃鹅。属小型鹅种，因颈背部有一条由大渐小的深褐色鬃状羽毛带而得名。原产于广东省清远县，故又称清远乌鬃鹅。成年鹅体重公鹅为3.42 kg，母鹅为2.86 kg。性成熟为140 d，年平均产蛋为29.6枚。

2. 中型鹅品种

（1）四川白鹅。产于四川省及重庆市，是我国著名的地方良种，在我国中型肉用鹅种中以产蛋量高而著称。四川白鹅作为配套系母本，与国内其他鹅种进行杂交，具有良好的配合力和杂交优势。全身羽毛洁白、紧密；喙、胫、蹼橘红色，虹彩蓝灰色。成年公鹅平均体重为4.36～5.0 kg，母鹅平均体重为4.31～4.9 kg。蛋壳白色，平均蛋重为146.3 g。公鹅性成熟期为180日龄左右，母鹅在200～240日龄开产。

（2）浙东白鹅。浙东白鹅为生长快、肉质好、体型较大的白色中型鹅种。主要产于浙江东部的象山、定海等县（市）。成年鹅体重公鹅为5.04 kg，母鹅为3.99 kg。母鹅一般在150日龄左右开产，一年可产蛋40枚左右，蛋壳呈白色。

（3）皖西白鹅。皖西白鹅是我国的优良鹅种之一，产于安徽西部丘陵山区及河南固始地区。具有早期生长快、耐粗饲、耗料少、肉质好、羽绒品质优良等特点。尤以产羽绒量高为主要特色。成年鹅体重公鹅为6.12 kg，母鹅为5.56 kg。开产日龄180 d，年产蛋量25枚，平均蛋重达135.2 g，蛋壳白色。

（4）伊犁鹅。伊犁鹅主要产于新疆维吾尔自治区伊犁州各直属县市，是我国唯一起源于灰雁的鹅种，该鹅抗寒耐热，适应性强，耐粗放饲养，但生产性能不高。成年鹅平均体重公鹅为4.29 kg，母鹅为3.53 kg。

（5）天府肉鹅。是四川农业大学家禽育种试验场经十多个世代选育而成的肉鹅配套系，具有产蛋多、适应性和抗病力强，商品代肉鹅早期生长速度快等特点。母系母鹅体型中等，全身羽毛洁白。父系成年鹅体重公鹅为5.58 kg，母鹅为4.73 kg；母系成年鹅体重公鹅为4.22 kg，母鹅为3.94 kg。

3. 大型鹅种——狮头鹅　狮头鹅是亚洲唯一的一个大型鹅种，也是世界上少数几个大型鹅品种之一，因成年鹅的头形如狮头，故名狮头鹅。成年鹅体重公鹅为8.85 kg，母鹅为7.86 kg。开产日龄为160～180 d，产蛋季节集中在9月至翌年4月，母鹅就巢性强，每产完一期蛋就巢一次，就巢性较弱的只占5%左右。狮头鹅的产肝性能是我国鹅种中最好的，肥肝平均重和最大重，在国内品种中均居第一。

（二）引进的国外优良品种

1. 朗德鹅　原产于法国西南部的朗德地区，是当今世界上最适于生产鹅肥肝的鹅种。体型中等，成年鹅体重公鹅为7～8 kg，母鹅为6～7 kg。仔鹅生长快，8周龄活重可达4.5 kg。朗德鹅产蛋量低，母鹅年产蛋为35～40枚。在适当的填饲条件下，肥肝重为700～800 g，其缺点是肥肝太软，容易破碎。

2. 莱茵鹅　德国莱茵鹅在20世纪40年代即以产蛋量高、繁殖力强而著称。体型中等，成年鹅活重公鹅为5～6 kg，母鹅为4.5～5 kg。种鹅7～8月龄开产，年产蛋量达50～60枚，肉用仔鹅8周龄体重达4.2～4.3 kg，料肉比为（2.5～3）∶1。肥肝性能中等，一般填饲条件下肥肝重达350～400 g，料肉比为2.73∶1，成活率为99%，至12周龄时平均体重可达4 kg。

【注意事项】生产中引进家禽品种时应注意哪些问题？

引进家禽品种时应注意以下几方面：

1. 能适应当地生产环境。在引种过程中既要考虑品种的生产性能，又要考虑环境条件与原产地是否有很大差异，如南方从北方引种，是否适应湿热气候。

2. 与生产目的相符。根据市场需求确定在当地养禽的生产目的，引入品种的生产性能、特性必须要与生产目的相符。

3. 生产性能高而稳定。根据不同的生产目的，有选择性地引入生产性能高而稳定的品种。如从肉禽生产角度出发，既要考虑其生长速度，又要考虑种禽的产蛋量，有的情况下，还应考虑肉质，同时要求各种性状能保持稳定和统一。

【本章小结】

本章对家禽的繁育体系、家禽的品种分类及主要的家禽的品种进行了较为详细的阐述，通过本章的学习能了解目前家禽生产中饲养的主要品种、分类方法及其良种繁育体系、制种体系。

【思考题】

1. 按标准分类法鸡分为哪些类型？有哪些代表品种？
2. 鸭分为哪些类型？有哪些代表品种？
3. 鹅分为哪些类型？有哪些代表品种？
4. 按现代分类法鸡品种如何分类？各包括哪些主要品种？
5. 请写出鸡的杂交繁育体系。
6. 请画出鸡的杂交配套模式图。
7. 鸡的制种体系由哪些部分组成？

第三章　禽场规划设计与养禽设备

家禽生产水平的高低首先取决于内在的性能遗传力，而内在潜力表现的程度如何，又与其所处的生活环境是否适宜有着密切关系。掌握养禽场址选择的要求，并根据养禽场所处的地理位置进行科学、合理的布局；对不同的建筑按照技术要求进行建设，并能根据所饲养家禽的品种、生产用途来配置各种设备，做到科学的饲养管理在实际生产中具有重要意义。

讨论：一个可容纳10万只鸡的商品蛋鸡场，应该如何布局比较理想？

第一节　禽场的选址与规划

一、场址选择

养禽场应根据生产任务和经营性质的不同，分为育种场、种禽繁殖场、商品禽场三级。场址选择要综合考虑各方面因素，有必要做好自然条件和社会经济条件的调查研究。

1. **地势地形**　地势是指场地的高低起伏状况，地形是指场地的形状。平原地区场地一般比较平坦、开阔，场址应注意选择比周围地段稍高的地方，以利排水。这种场地阳光充足，地势高燥，有利于家禽的健康生长。建场以南向或东南向为宜。鸡怕潮湿，鸡场不应建在低洼积水的地方。即使是水禽，禽舍也必须建在地势高燥的地方。如在靠近河流、湖泊的地区，场地要选择较高的地方，应比当地水文资料中最高水位高1～2 m。

2. **水源水质**　禽场要求水源充足，水质良好，符合饮用水标准。水源大肠杆菌含量不能超标，否则禽群易发生肠炎、气囊炎、肝炎、关节炎。在选址时，首先要了解水源的水位、含水层次、厚度和流向情况；及水质的酸碱度、硬度、透明度以及有无污染源和有害化学物质等。

3. **地质土壤**　禽场的土壤要求未被传染病或寄生虫等病原体所污染，透气性和透水性良好，能保持场地干燥。对于采用机械化生产的养禽场，要求土壤团粒结构间的孔隙小而均匀，以承担建筑物的重量。特别要注意不能在断层、陷落、塌方及地下泥沼地层上建养禽场。

4. **气候因素**　主要需了解常年气象变化，包括平均气温，最高、最低气温，土壤冻结深度，降雨量与积雪深度，最大风力，常年主导风向，日照情况等。

5. **位置和交通**　禽场应建在环境比较安静而卫生的地方。一般离城市和居民点要不小于15 km。与其他禽场距离不小于20 km，并远离重工业区。禽场交通必须方便，接近公路，靠近消费地和饲料来源地等，以减少运输费用，降低成本。一般要求距离主要公路不小于500 m，距离次要公路100～200 m。

6. **供电**　电源对养禽场也是非常重要的。电力供应不足或一旦停电都会给养禽场造成严重损失。所以电源必须切实得到保证。

7. **环境疫情**　禽场及附近环境的兽医防疫条件好坏是影响禽场成败的关键因素之一。特别注意不要在原有旧禽场上建场或扩建，忽视这一点会给禽场防疫工作造成困难，甚至遭受损失。对附近的历史疫情也要做周密的调查研究，特别警惕附近的兽医站、畜牧场、集市贸易、屠宰场距拟建场地的距离、方位、有无自然隔离条件等，应以对本场防疫工作有利为原则。

【案例分析】某公司拟建一个蛋鸡养殖场，选择场址时应考虑哪些因素？距离公路的间距应为多少米？该公司能否在离县城10 km的区域选址建蛋鸡养殖场？

分析：建蛋鸡养殖场选择场址时应对当地地势地形、水源水质、地质土壤、气候因素、位置和交通、供电、环境疫情等方面情况进行综合考虑。蛋鸡场应建在环境比较安静而卫生的地方，一般离城市和居民点不小于15 km；与其他禽场距离不小于20 km，并远离重工业区；一般要求距主要公路不小于500 m，距次要公路100～200 m。该公司不能在离县城10 km的区域内选址建蛋鸡养殖场，应该考虑在远离城区且交通方便的区域选址。

二、禽场的平面布局

(一)禽场建筑物的种类

禽场建筑按建筑设施的用途分为五类：

1. 行政管理用房　包括办公室、传达室、接待室、会议室、财务室、实验室、门卫室以及配电、水泵、锅炉、车库、机修用房等。

2. 职工生活用房　主要解决职工生活福利的需要。一般生活用房应修建在场外的生活区内，包括职工宿舍、食堂、娱乐活动室、淋浴间、卫生间等。

3. 生产性用房　包括各类禽舍、孵化室、兽医室、实验室等。实验室分设病理解剖室、处理间和焚化炉，应设在生产区下风向的地方，并用围墙加以隔离。

4. 生产辅助用房　包括料库、蛋库、进场消毒更衣室、工作服间、发电间、垫料库等。家禽场的大门出入口应设有汽车消毒池，大小为300 cm × 300 cm × (15～20)cm，防止车轮带来疫病。

5. 粪污处理设施　含禽粪干燥机等。

(二)分区规划

禽场各种房舍和设施的分区规划：指根据场内地势高低和主导风向，将各种房舍和建筑设施按次序进行排列。禽场分区规划的总体原则是人、禽、污三者以人为先，污为后，风与水以风为主。

根据功能禽场的场区可分为职工生活区、行政管理区、辅助生产区、禽群饲养区、病禽和粪便污水处理区。通常将职工生活区和行政管理区统称为场前区。养禽场规划先后顺序如图3.1所示。

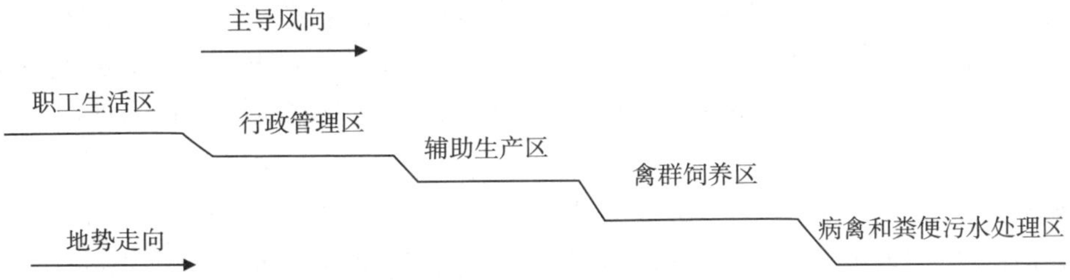

图3.1　禽场规划顺序

1. 禽场生产流程　在禽场内有两条最主要的流程，一条为饲料(库)—禽群(舍)—产品(库)，这三处间联系最频繁、劳动量最大；另一条流程为饲料(库)—禽群(舍)—粪污(场)，其末端为粪污处理场。因此，饲料库、蛋库和粪场均要靠近生产区，但不能在生产区内，因为这三处需与场外联系。饲料库、蛋库和粪场为相反的两个末端，因此，其平面位置也应是相反方向或偏角的位置。

2. 禽场道路 场内道路应净、污分道,互不交叉,出入口分开。净道是饲料和产品的运输通道;污道为运输粪便、死禽、淘汰禽以及废弃设备的专用道。为了保证净道不受污染,以沟渠或林带相隔。

3. 禽场的绿化 在总体设计时要统一规划,美化和改善环境。

第二节 禽舍的设计

一、生产工艺设计

养禽场的生产工艺设计,应主要有以下步骤:

1. 生产环节与房舍设置 综合性鸡场各鸡群生产工艺流程顺序为种鸡→种蛋→孵化→育雏→育成→产蛋。专业化种鸡场和蛋鸡场只有其中部分生产环节,肉鸡场多为一次育成出场,全期多采用一幢肉鸡舍。

2. 鸡舍间距 生产鸡群易发生疫情,其病原菌通过流动气体所携带的微粒进行传播,威胁着相邻鸡群的安全。鸡舍间距应取风向与鸡舍长轴垂直,背风面涡旋范围的最大间距。

3. 机械化生产条件 在我国目前的条件下,鸡场不宜提倡高度机械化,可在生产管理中某些环节使用机械操作,以减轻人的劳动强度。常用的机械设备有供水系统、输料系统、通风系统、清粪系统等。

4. 道路管线铺设 在保证鸡舍适宜间隔的前提下,各建筑物排列要紧凑,以缩短筑路、给排水管道和架设电线的距离,减少建设投资。

二、禽舍的基本结构

(一)鸡舍

鸡舍有开放式和密闭式两种类型。

1. 开放式鸡舍 开放式鸡舍是指舍内与外部直接相通,可利用光、热、风等自然能源,建筑投资低,但易受外界不良气候影响,需要投入较多的人工进行调节,开放式鸡舍主要有以下三种形式:

(1)棚式。又称全敞开式鸡舍,即四周无墙壁,用网、篱笆或塑料编织物与外部隔开,由立柱或砖条支撑房顶。这种鸡舍通风效果好,但防暑、防雨、防风效果差,适用于炎热地区或北方夏季使用,低温季节需封闭保温。

(2)半敞开式。鸡舍的前墙和后墙上部是敞开的,一般敞开1/2 ~ 2/3,敞开的面积取决于气候条件及鸡舍类型,敞开部分可以装上卷帘,高温季节便于通风,低温季节封闭保温。

(3)有窗鸡舍。鸡舍四周用围墙封闭,前后墙设有较大的窗口采光和通风,能通过调节换气量,在一定程度上调节舍温,这种鸡舍是目前采用最多的类型。

2. 密闭式鸡舍 这种鸡舍一般无窗与外界隔离,屋顶与四壁隔温良好,通过各种设备的控制与调节,使舍内小气候适宜于鸡体生理特点的需要,减少了自然界严寒、酷暑、狂风、暴雨等不利因素对鸡群的不良影响。但密闭式鸡舍建筑和设备投资高,对电的依赖性很大,饲养管理技术要求高,需要慎重考虑当地和自身的条件而选用。

(二)水禽舍

水禽舍的设计可借鉴鸡舍的设计方法,如育雏舍、肉禽舍等。但与鸡舍相比,结构相对简单些,造价也低。而水禽的种禽舍目前在生产上仍采用传统设计方法,即包括禽舍、陆上运动场和水上运动场三部分。

1. 禽舍 禽舍有双列式和单列式两种。双列式禽舍在中间设过道,两边都有陆上运动场和水上运动场,在冬季结冰的地区不宜采用。单列式禽舍冬暖夏凉,较少受季节和地区的限制,故大多采用这种方式,单列式禽舍的过道应设在北侧。种禽舍要求防寒、隔热性能要好,有天花板或隔热装置更好。

2. 陆上运动场 陆上运动场是水禽休息和运动的场所,面积为禽舍的1.5 ~ 2倍。运动场地面用砖、水泥或三合土铺成。运动场面积1/2应搭有凉棚或栽种葡萄等植物,形成遮阳棚,供舍饲喂禽之用。陆上运动场和水上运动场连接部用砖和水泥制成一个小坡度的斜坡,水泥地要有防滑面,延伸到水上运动场的水下10 cm。

3. **水上运动场**　水上运动场供水禽洗浴和配种用。水上运动场可利用天然沟塘、河流、湖泊，也可用人工浴池。如利用天然河流作为水上运动场，靠陆上运动场这一边，要用水泥或石头砌成。人工浴池一般宽2.5～3 m，深0.5～0.8 m，用水泥砌成。水上运动场的排水口要有沉淀井，在排水时可将泥沙、粪便等沉淀下来，避免堵塞排水管。

禽舍、陆上运动场和水上运动场三部分需用围栏将其围成一体。根据禽舍分间和家禽的分群需要进行分隔。水上运动场的水围应超出水面0.5～1m高，若是育种禽舍的水围应深入水底部，以免混群。

(三)饲料加工间和饲料库

家禽场的饲料加工间和饲料库，其建筑面积应根据禽群规模和不同日龄饲料需要量及当地供应的饲料种类等因素进行设计。饲料加工用房，应包括有原料贮存库、粉碎加工间、搅拌混合间或附设压粒和烘干间、成品贮藏库等。其粉碎、搅拌的动力和装备，至少应能满足一周以上的需要量；成品贮藏库的容量，应能贮备各种配合饲粮2～4周的需要量，以便在更换饲料品种时留有缓冲过度的余地。

第三节　养禽的主要设备

一、笼具

(一)育雏笼

1. **叠层式电热育雏笼**　这是一种有加热源的雏禽饲养设备，适宜于1～6周龄雏禽使用。电热育雏笼为四层叠层式结构，每层由加热笼、保温笼、雏禽活动笼三部分组成(如图3.2)。加热笼每层顶部装有远红外加热板或加热管，笼内温度由控制仪自动控温，并有照明灯、加湿槽、可调风门和观察窗，笼底采用涂塑的金属网。保温笼是从加热笼到运动笼的过渡笼，无加热源，外形与加热笼基本相同。雏禽活动笼是幼禽自由活动的场所，笼内放有小型饮水器，笼外放置食槽。

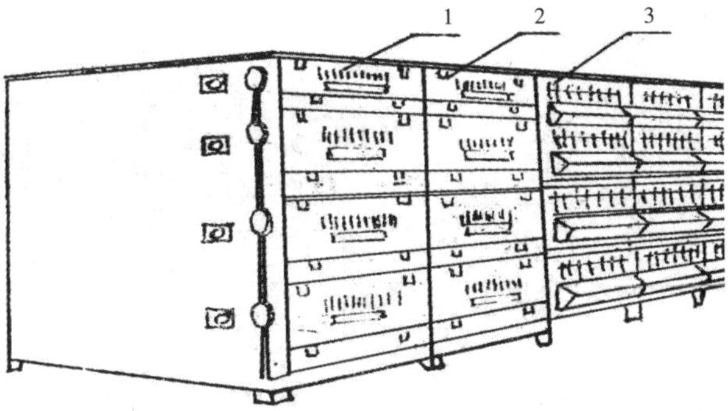

图3.2　9YCH四层电热育雏笼
1.加热笼　2.保温笼　3.雏禽活动笼

2. **叠层式育雏笼**　指无加热装置的普通育雏笼，常用的是4层或5层。整个笼组用镀锌铁丝网片制成，由笼架固定支撑，每层笼间设承粪板，间隙50～70 mm，笼高330 mm。

(二)育成笼

育成笼是用来饲养42～130日龄青年蛋禽的笼具，从结构上分为半阶梯式和叠层式两大类，有3层、4层和5层之分，可以与喂料机、乳头式饮水器、清粪设备等配套使用。3层全重叠育成鸡笼如图3.3。根据育成禽的品种与体型，每只禽占用底网面积为340～400 cm^2。采用育成笼饲养青年禽，其舍饲养密度高，大大降低了每只禽位的土建投资，是近来代替传统平养方式的一种养禽设备。

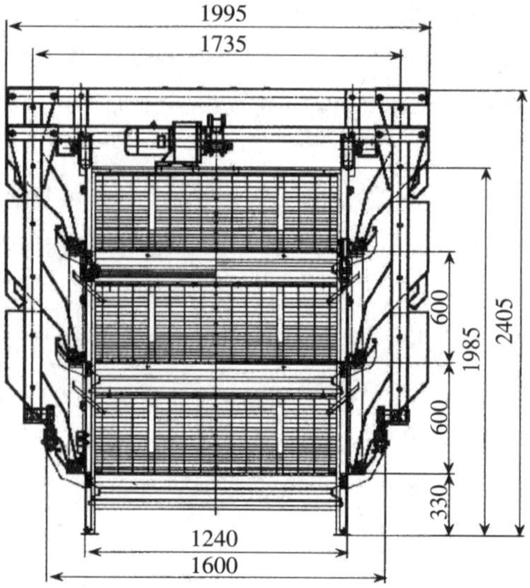

图3.3　全重叠育成鸡笼(单位:cm)

(三)蛋禽笼

蛋禽笼也称产蛋禽笼,有多种不同的配置形式,其结构也较复杂,形式分为以下几种。

1. 蛋禽笼的配置形式(如图3.4)

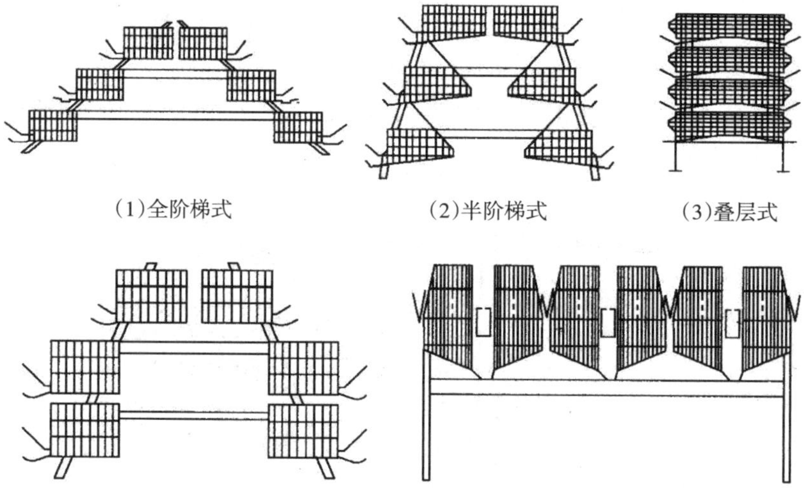

(1)全阶梯式　(2)半阶梯式　(3)叠层式

(4)阶叠混合式　(5)单层平置式

图3.4　笼养的类型

(1)全阶梯式。全阶梯式蛋禽笼有2层、3层和4层之分,其特点是相邻两层禽笼错开,无重叠或有小于50 mm的少量重叠,各层的禽粪可直接落入粪沟。各层笼敞开面积大,通风与光照面大。笼饲密度一般为每平方米22～24只。

(2)半阶梯式。半阶梯式蛋禽笼一般为3～4层,相邻两层笼有部分重叠,重叠部分占笼深度的1/3～1/2。为防止上层禽粪落到下层禽身上,下层禽笼后上角做成斜坡形,可以挂自流式承粪板。半阶梯式蛋禽笼饲养密度一般为每平方米27～32只。与全阶梯式相比,饲养密度提高1/4～1/3,但对通风、消毒、降温等环境控制设备的要求较高。

（3）叠层式。叠层式指上下几层笼全部重叠，笼架垂直于地面，一般为3～5层，上下层笼之间留有较大间隙，内装承粪板，以利清粪机作业。

（4）阶叠混合式。又叫阶梯叠层综合式。此种布局为三层中的下两层重叠，顶层与下两层之间完全错开呈阶梯式。该布局与半阶梯式在占地面积上是相等的，不同的是施工难度较半阶梯式低。同时，在低温环境下，重叠部分的小环境气温却相对较高。

（5）单层平置式。平置式是将所有鸡笼放于距地1.8～2m高的架空面上，两鸡笼背靠背的为一列。列与列之间，布有供饲、供水及集蛋的传送带装置，其间不留过道。

2. 蛋禽笼的基本结构

（1）几何形状。蛋禽笼是由前、后、顶、底及两侧网组成的空间六面体。根据各类禽笼的配置需要，可以制成不同的几何形状，如直角形、后斜角形、前倾菱形和前倾后直形。

（2）采食宽度。指每只禽占用笼前网外放置食槽的长度。家禽体形不同要求的采食宽度各异。为此，设计浅型蛋禽笼的前宽尺寸应大于或等于所容纳禽要求的采食宽度之和；深型蛋禽笼则比所容纳禽数少1只（即$n-1$）禽的采食宽度之和略大。

（3）滚蛋角。禽笼底网与水平面的夹角称为滚蛋角。其作用是使家禽产下的蛋以较平稳的速度，迅速从笼内滚落到蛋槽中。

（4）笼门。笼门有不同的型式，一般采用前开门和前顶角开门。前开门又分为上下拉动和横向拉动式，笼门型式由禽笼总体配置决定，要求进禽和抓禽方便而不易跑禽。蛋鸡笼的结构如图3.5。

（5）每小笼装禽数。以每小笼饲养3～4只禽的效果最好。目前国内生产的蛋禽笼，饲养轻型禽的以每小笼关4只居多；饲养中型禽的以每小笼关3只居多。

（6）笼架。起挂置并承受鸡笼的作用。其结构如图3.6。

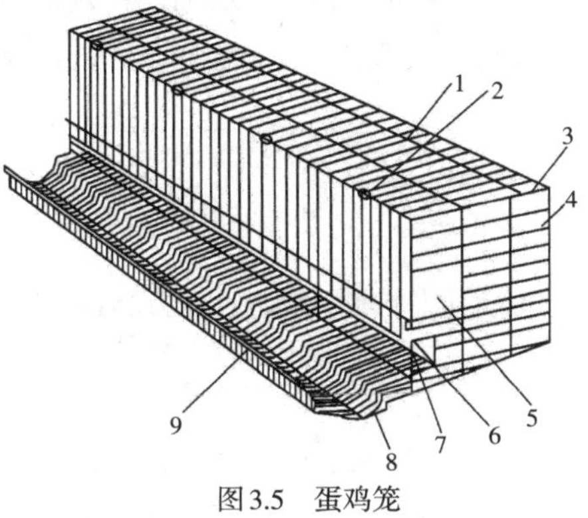

图3.5　蛋鸡笼

1.顶前网　2.笼门　3.笼卡　4.侧网　5.饮水口　6.护蛋板　7.挂钩　8.底后网　9.缓冲板

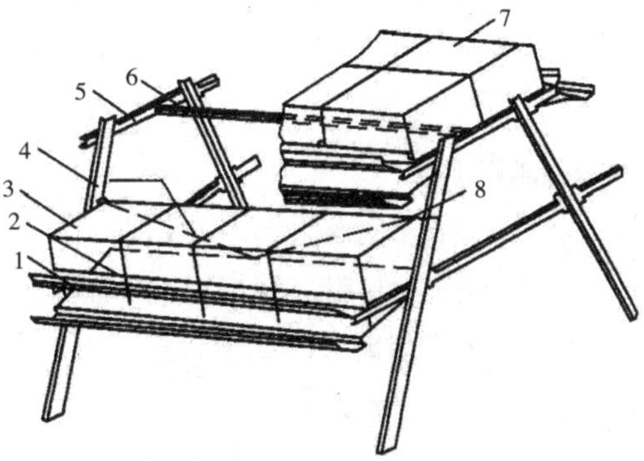

图3.6　鸡笼架

1.饲槽　2.挂钩　3.下层笼　4.斜撑　5.横梁　6.纵梁　7.上层笼　8.笼架挂钩

（四）种禽笼

种禽笼可分为蛋用种禽笼和肉用种禽笼，在配置方式上又可分为单层和两层全阶梯。随着人工授精技术的提高，种禽笼推广很快。种母禽笼与蛋禽笼设备结构差不多，只是种母禽笼的尺寸稍大一些，且在笼门结构上有所改进，以方便在进行人工授精时捉放母禽。

二、孵化设备

包括电孵化机、出雏机。由机体、风扇、翻蛋设施、加热装置、冷却设备、紧急通风设备、加湿装置、烟熏消毒用具、进出风口、蛋架车和出雏车、蛋盘和出雏盘、电器箱和自控电气系统组成。

三、饲料加工、配合和输送设备

(一)粉碎机械

粉碎机械有锤片式粉碎机和辊式破碎机。一般多使用锤片式,此机结构简单,坚固耐用,适于加工各种精、粗饲料。国内已有若干种定型产品。

粉碎机械最好准备两台,一台作为备用,以免发生故障影响生产。在选择粉碎机型号时,应考虑每台每小时生产量和配套动力的马力,以保证满足供料的需要。

(二)混合机械

家禽场常用的饲料混合机械有立式和卧式两种。

1. 立式混合机 又称垂直搅龙式混合机。容积常为0.8 ~ 2 m^3,每批混合时间需15 ~ 20 min(不包括卸料时间)。优点是混合均匀,动力消耗少(1 t容量的混合机约需3677.495 W的动力);缺点是混合时间长,生产率低,卸料不充分。

2. 卧式混合机 其主要工作部件是钢带制成的搅动叶片,叶片分内外两层,它们的螺旋方向相反。在工作中饲料受叶片的推动,使里外层饲料作对向移动,以达到混合的目的。

(三)配料计量机械

配料计量装置,按其工作原理可分为容积式和重量式两种。随着电子工业和计算机的发展,我国已成功研制出不同形式的电子秤和电脑控制设备。

(四)饲料颗粒机

肉用家禽的育肥期宜用颗粒饲料喂养。把配合好的全价粉料压制成颗粒饲料,必须使用颗粒机。禽用颗粒饲料,其直径大小约为3.2 mm,长度5 ~ 6 cm。

(五)输送设备

在加工配合饲料过程中,粉碎机和混合机都产生大量粉尘,为此在加工车间内必须设有吸风、除尘设备,以改善劳动条件和保护机械。在加工车间形成流水线时,可利用风机组成气力输送装置进行饲料的运送。

四、喂料设备

(一)开食盘

适合于育雏时使用,有方形和圆形等形状,面积大小视雏禽数量而定。圆形开食盘直径为35 cm或45 cm。一般为60 ~ 80只雏禽用1个开食盘。

(二)机械化喂料设备

机械化喂料设备有储料塔、输料机、喂料机等。

1. 储料塔 用于大、中型机械化养禽场,主要用于短期储存干粉料或颗粒料。储料塔下部呈圆锥形,出料口配有输料设备,定时向禽舍内输送饲料。

2. 输料机 输料机是料塔和舍内喂料机的连接纽带,将储料塔或储料间的饲料输送到舍内喂料机的料箱内。常用的输料机有螺旋弹簧式、螺旋叶片式两种。

3. 喂料机 目前,国内定型生产的喂料设备有链式喂料机、螺旋弹簧式喂料机、索盘式喂料机、行车式喂料机。

(1)链式喂料机。由驱动器和链轮来带动链片的移动,将料箱中的饲料均匀地输送到饲槽中,并将多余的饲料带回料箱,可用于平养或笼养。链式喂料机如图3.7。

(2)螺旋弹簧式喂料机。如图3.8,螺旋弹簧式喂料机属于直线型喂料设备。当饲料被家禽采食之后,在食盘料位降到料位器启动位置时电机又开始转动,螺旋弹簧又将饲料依次推送至每一个食盘。

(3)索盘式喂料机。适用于输送干粉状饲料。由传动装置驱动索盘钢丝绳,将料箱中的饲料输送到食盘内。

(4)行车式喂料机。行车式喂料机是一种骑跨在禽笼上的喂料车。沿禽笼上或旁边的轨道缓慢行走,将料箱中的饲料分送到各层饲槽内。

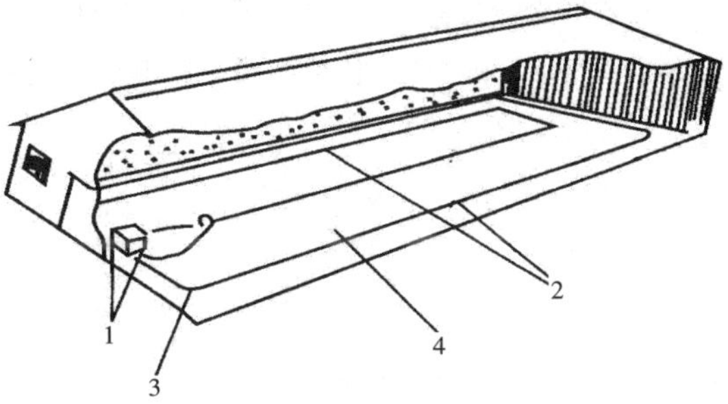

图3.7　链式喂料机

1.料箱及驱动器　2.饲槽　3.转角轮　4.饲槽支架

(三)料槽

在较小规模禽场或者机械化程度不高的规模禽场,目前还采用人工喂料,这种喂料方式比较简单,只需在笼的外面固定料槽即可。料槽材料可用金属铁皮或镀锌铁皮,也可用优质塑料,只要无毒,便于清洗、消毒的材料都行。可做成"V"型或"U"型,为防止饲料浪费,现多采用"U"型饲槽,宽度以90 mm为宜。

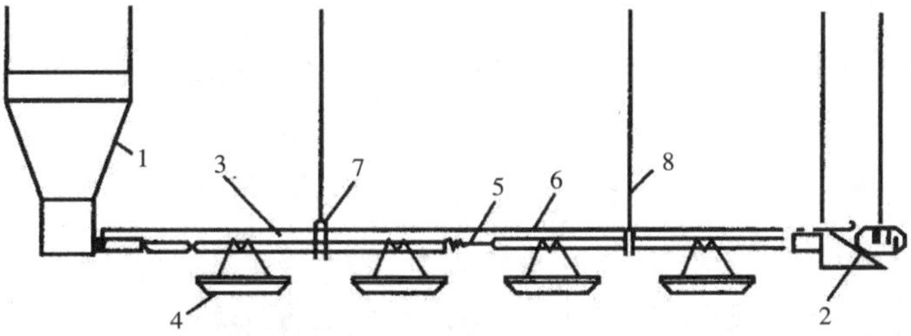

图3.8　螺旋弹簧式喂料机

1.料斗　2.驱动器　3.输料管　4.盘筒式饲槽　5.螺旋弹簧　6.防栖铁丝　7.悬挂接头　8.吊索

五、饮水设备

家禽饮水器主要分为以下几种:

(一)乳头式

乳头式饮水器使用十分广泛,适应家禽仰头饮水的习惯,能保持饮水清洁卫生,可节约用水等,如图3.9。给笼养和平养禽舍的成禽或两周龄以上雏禽供水,应配有适当水压和纯净的水源,使饮水器能正常供水。

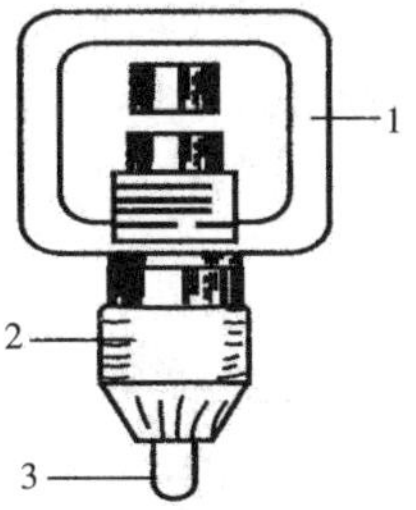

图3.9　乳头式饮水器

1.方形水管　2.外壳　3.阀杆

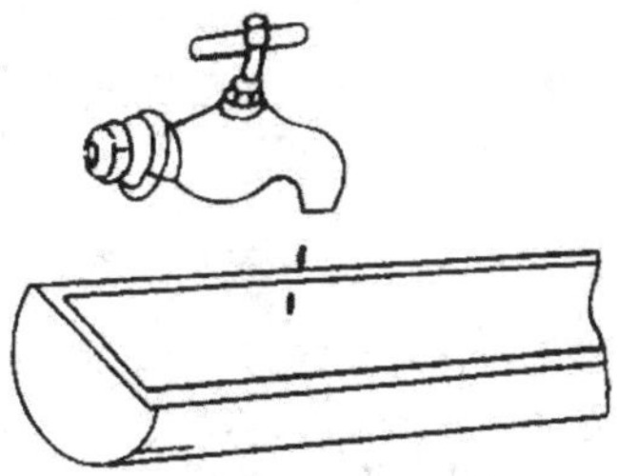

图3.10　直槽式饮水器

(二)直槽式

水槽一般安装在禽笼食槽上方,是由镀锌板、搪瓷或塑料制成的"V"或"U"型槽,每两米一根,由接头连接而成,如图3.10。直槽式水槽一头水长流入水槽内,使整条水槽内保持一定水位供禽只饮用,另一头流入管道将水排出禽舍。

（三）吊塔式

吊塔式饮水器又称普拉松饮水器，如图3.11。由阀体、饮水盘、防晃装置等组成。利用弹簧的调节作用和饮水器自身质量的变化，来启闭阀门，控制饮水盘中的水量。

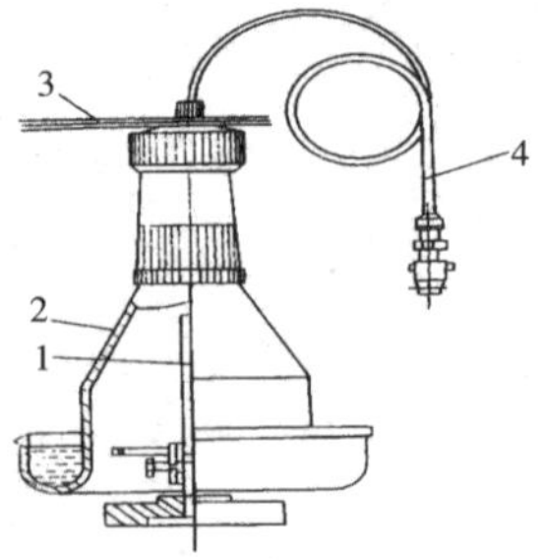

图3.11　吊塔式饮水器

1.防晃装置　2.饮水盘　3.吊攀　4.进水管

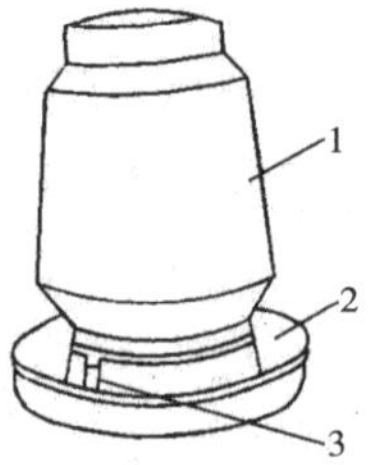

图3.12　真空饮水器

1.杯体　2.底盘　3.出水孔

（四）真空式

真空式饮水器由水筒和水盘两部分组成，如图3.12。多为塑料制品。将水筒装满水后反扣过来与水盘固定，水便从设置的小孔中流入水盘，能保持一定的水位。钟形真空式饮水器适用于平养禽舍使用，应依禽龄选择大、中、小型饮水器。

【案例分析】某公司养鸡场拟安装鸡舍的饮水系统，请建议选用什么类型的饮水器比较好？

分析：目前养鸡场常用的饮水器主要分为乳头式、直槽式、吊塔式、真空式几种，其中乳头式饮水器适应鸡仰头饮水的习惯，且能保持饮水清洁卫生，可节约用水等，其应用最为广泛，因此建议该公司安装乳头式饮水系统较好。

六、环境控制设备

（一）供温设备

1. 保温伞　保温伞适用于垫料地面和网上平养育雏期供温，有电热式和燃气式两类，如图3.13。常用的是电热式保温伞，它采用远红外管（板）或电热管作加温元件，向下辐射传热，为伞内雏禽提供温暖的环境。伞顶部装有控温仪，可将伞下距地面5 cm处的温度控制在26～35℃之间，温度调节方便。伞口面积1.7～2.5 m²，可育雏禽500只。

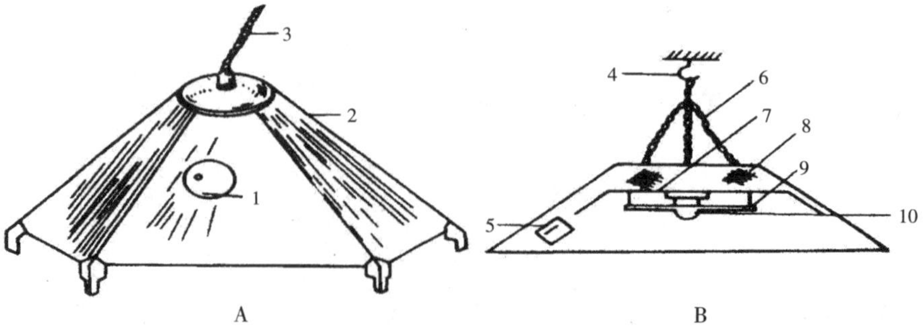

图3.13　保温伞

A电热式保温伞　　B燃气式保温伞

1.调节器　2.保温伞　3.电源线　4.吊钩　5.控温装置　6.悬挂链　7.辐射板　8.外壳　9.加热器　10.照明灯

2. 火炉 火炉是最经济的加温设备，一般每15～20 ㎡用一个火炉即可。使用火炉一定要注意防止火灾，要装排烟管道，防止煤气(一氧化碳)中毒。

3. 热风炉 热风炉供暖系统主要由热风炉、送风机、风机支架、电控箱、连接弯管、有孔风管等组成。热风炉有卧式和立式两种，是供暖系统中的主要设备。可根据禽舍供热面积选用不同功率的热风炉。

4. 其他设备

(1)红外线热灯泡。普通的红外线取暖灯泡，可用于对雏禽提供热量。红外线热灯泡的规格多为250 W，有发光和不发光两种，在使用时用4个灯泡等距离连成一组，悬挂于离地面40～60 cm高处，随所需温度进行调节升降。用红外线热灯泡育雏，因温度稳定，方便易行，效果较好；但耗电较多，成本较高。

(2)远红外线加热器。应用远红外线加热器培育雏禽，不仅能使室内温度升高，空气流通，环境干燥，并且还具有杀菌及增强禽体内血液循环，促进新陈代谢，增强抗病能力的作用。

(二)降温设施

在炎热的夏季，当外界温度超过32℃时，就从增加控制环境禽舍的通风量入手，并尽可能为禽群提供舒适而凉爽的环境。唯一实用且经济的降温方法是采用蒸发冷却。

1. 喷嘴系统 在整个禽舍的关键位置上安装喷嘴，尤其是气流最大的地方。水由喷嘴喷出即被雾化，然后蒸发于空气中。该方法可使室温下降4.5～5.6℃。

2. 湿帘—风机降温系统 湿帘—风机降温系统又叫湿垫系统。一般炎热夏季利用湿帘—风机降温系统，可将舍温降低5～8℃。

思考：在炎热地方，夏季降温的设施和方法有哪些？

(三)通风设备

1. 风机 指禽舍用来换气的通风机具。目前多采用纵向通风方式，采用轴流式风机使气流沿舍内纵向流动，阻力较小，近似于隧道式通风。它比横向通风节电40%～50%。

2. 湿垫系统 即湿帘—风机降温系统。当舍温达到27℃时启用该设备，在向蒸发垫停止供水时，风扇可继续运转以使鸡舍保持通风。

3. 通风方式 鸡舍通风按通风的动力可分为自然通风、机械通风和混合通风3种，机械通风又主要分为正压通风、负压通风。根据鸡舍内气流运动方向，鸡舍通风分为横向通风和纵向通风。通风机的不同安装方式如图3.14。

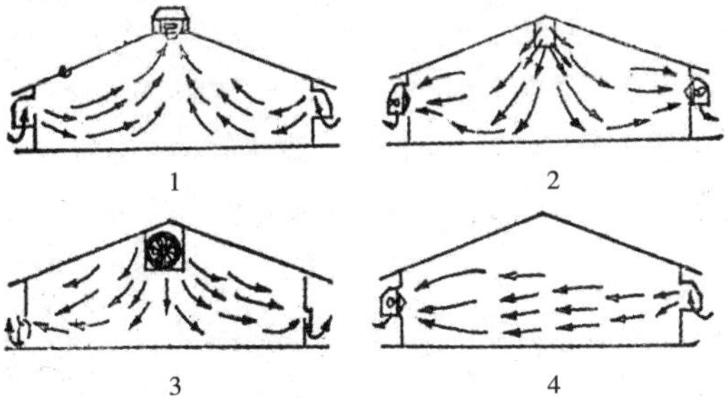

图3.14 通风机的安装方式

1.屋顶排气式通风 2.侧壁排气式通风 3.屋顶管道送风式通风 4.穿堂式通风

(四)照明设备

1. 人工光照设备 包括白炽灯、荧光灯、节能灯。

2. 照度计 是一种测量光照度的仪器。

3. 光照控制设备 目前生产的光照控制器型号很多，基本功能是自动启闭禽舍的照明灯，即利用定时器的多个时间段自编程序功能，实现精确控制舍内光照时间。有些定时器还辅有自动测光装置，在天亮时自动关灯，阴雨天气光线昏暗则自动开灯照明。有的还通过电压调整改变灯光亮度，使开关灯时由渐亮至渐暗过渡，不惊吓禽群，还使灯泡的使用时间延长。

（五）防疫设备

1. **多功能清洗机** 具有冲洗和喷雾消毒两种用途，使用220 V电源作动力，适用于禽舍、孵化室地面冲洗和设备洗涤消毒。该产品进水管可接到水龙头上，水流量大，压力高，配上高压喷枪，比常规手工冲洗快而洁净，还具有体积小、耐腐蚀、使用方便等优点。

2. **禽舍固定管道喷雾消毒设备** 采用此消毒设备，只需2～3 min即可完成整个禽舍消毒工作，药液喷洒均匀。在夏季与通风设备配合使用时，还可降低舍内温度3～4℃，配上高压喷枪还可作清洗机使用。

（六）清粪设备

1. **牵引式地面刮板清粪机** 适用于笼养或网上平养禽舍的纵向清粪。

2. **牵引可调式地面刮板清粪机** 最大特点是刮粪板的宽度在一定范围内可无级调节。刮粪机左右两个刮粪板在刮粪前处于收拢状态，在刮粪机前进时，它能按已调好的宽度自动张开进行清粪作业，当返回时两刮粪板又自动合拢，既灵活方便，又简化了规格系列。

3. **输送带式清粪机** 适用于叠层式笼养禽舍清粪，主要由电机和链传动装置以及主、被动辊与承粪带等组成。承粪带安装在每层禽笼下面，在启动时由电机、减速器通过链条带动各层的主动辊运转，将禽粪输送到一端，被端部设置的刮粪板刮落，从而完成清粪作业。

4. **（螺旋弹簧）横向清粪机** 横向清粪机是机械清粪的配套设备。当纵向清粪机将禽粪清理到禽舍一端时，再由横向清粪机将刮出的禽粪输送到舍外。在刮粪作业时清粪螺旋直接放入粪槽内，不用加中间支承，输送混有禽毛的黏稠禽粪也不会堵塞。

（七）禽粪处理设备

【案例分析】湿帘—风机降温系统对禽舍的降温效果如何？采用湿垫系统降温法，试计算其舍内所需排风量及蒸发垫的长度。

湿帘—风机降温系统又叫湿垫系统，一般炎热夏季利用湿帘—风机降温系统，可将禽舍温度降低5～8℃。

例如舍内有轻型初产蛋鸡4000只，每千克鸡通风量为每分钟0.11 m^3，平均每只鸡重1.82 kg，鸡总重7280 kg，因此总排风量应为每分钟800.8 m^3，亦即每只鸡每分钟0.2 m^3。

经过精确计算所需的排风量，就可以算出蒸发垫的面积。通常经过蒸发垫的风速应为每分钟约46 m，为计算蒸发垫面积，取静压在0.3 cm水柱时排风扇的每分钟排风量除以150，因此蒸发垫面积为：$800.8 \div 150 = 5.34\ m^2$

一般蒸发垫的高度为1.2 m，故该垫的长度应为$5.34 \div 1.2 = 4.45$ m。

禽粪处理的方法很多，应根据禽场需要选择不同的处理设备，包括利用发酵、快速干燥、太阳能温室发酵干燥、热喷膨化和微波处理等，加工成禽粪再生饲料或高效有机肥。

七、栖架和运输设备

1. **栖架** 鸡有向高处栖息过夜的习性，留作种用或非笼养产蛋用鸡群，从育成鸡开始即应在舍内安放栖架。目前，只有高湿地区以及在地面散养时，则仍需设置栖架。栖架用4 cm × 2.5 cm的木条钉制，木条上面的棱角稍略削成圆形，以利于鸡趾抓着木条栖息。栖架距地面不超过80 cm，每只成鸡占栖木长度为15～20 cm，栖木的间距至少为30 cm。

2. **运输设备**　家禽场的场址一般离市区较远，必须备有交通运输工具，为此应根据养禽场规模大小及运输量配备各种专用机动车辆。

【本章小结】

本章讲述了在场址选择时对地势、土壤、水源和交通等方面的要求；养禽场布局的原则，禽舍设计的相关要求与技术参数；不同养禽设备的使用等内容。其目的是让从业者形成按照无公害禽产品的要求对养禽场布局、建设、生产的总体认识，为生产优质的无公害禽产品打下基础。

【思考题】

1. 建立养禽场对场址的选择有何要求？
2. 养禽场的建筑物有哪些种类？
3. 鸡舍类型有哪几种？
4. 养禽主要有哪些设备？
5. 简述开放式禽舍和封闭式禽舍的特点。
6. 夏季给鸡舍降温主要有哪些措施？
7. 养禽场分区规划的总体原则是什么？
8. 种用水禽舍的建设与种鸡舍有何不同？
9. 养禽场的生产流程主要有哪些？
10. 养禽场的环境控制设备主要有哪些？
11. 高温季节对蛋鸡舍加强通风换气有何生产实际意义？
12. 在置于酷暑的蛋鸡舍内及时启用湿垫系统设备有何好处？

第四章　家禽繁育与孵化技术

自然条件下，家禽通常在合适的季节产一定数量的蛋后进行自然孵化，繁衍后代。自然孵化需要的温度主要来自家禽的体温，人工孵化就是人为创造适宜的孵化环境，对家禽的种蛋进行孵化，从而大大提高家禽的繁殖效率和生产效率，人工孵化已成为现代家禽生产的一项基本技术。本章主要讲述家禽的配种技术、配种公母比、种禽的使用年限及禽蛋的人工孵化技术等内容。

第一节　家禽的配种技术

思考：生产中笼养种鸡最常用的配种方法是什么？

一、种公禽的选择

（一）第一次选择

1. 鸡　出壳后，选择个体大，无杂色绒毛，精神活泼的留种。

2. 鸭　养到8～10周龄进行第一次选择。

3. 鹅　在育雏结束后进行，选择发育良好，无杂色羽毛的留种。

（二）第二次选择

1. 鸡　在35～45日龄选择冠形发育良好，颜色鲜红，体重较大的留种（特别是蛋用鸡的冠形大小与睾丸大小呈显著的正相关）。

2. 鸭　在6～7月龄进行第二次选择，选头大颈粗、眼大有神、喙宽而齐、身长体宽、羽毛紧密而有光泽、健康结实，第二性征明显的留种（鸭经两次选择即可）。

3. 鹅　在70～80日龄时进行选择，淘汰体型小，发育差，腿部有伤残的个体。

（三）第三次选择

1. 鸡　在转群前一周进行。选择体型大，发育良好，羽毛丰满，冠髯鲜红的公鸡。

2. 鹅　一般在开产前，即150～180日龄时进行第三次选种（鹅经三次选择即可）。

（四）第四次选择

人工授精的公鸡在27～28周龄应进行采精训练和第四次选择，选采精量大、精液品质好的公鸡。

二、种禽的配种公母比、使用年限

1. 配种公母比　家禽配种公母比应适当，以保证高的受精率。如果母禽过多，不能得到公禽配种；公禽过多，易产生争配现象，均会降低种蛋的受精率。家禽的一般公母比见表4.1。

表4.1　家禽适宜的配种公母比

品种	配种公母比	品种	配种公母比
轻型鸡	1:(12～15)	中型鸭	1:(10～15)
中型鸡	1:(10～12)	重型鸭	1:(8～10)
重型鸡	1:(8～10)	鹅	1:(4～6)
轻型鸭	1:(15～20)	火鸡	1:(10～12)

2. 种禽使用年限　利用年限一般种鸡为1～2年，种鸭2～3年，种鹅5～6年。

三、家禽的配种方式

（一）自然交配

主要对平面饲养条件下的种禽使用，种禽按规定的公母配比进行饲养管理，任公母禽彼此间自由交配，必须要设置产蛋窝（箱），及时收捡种蛋，防止种蛋破损和污染。只要公母比例适当，种蛋受精率较高。

（二）人工授精

1. 人工授精的优势 能充分发挥优良种公禽的利用率，减少公禽的饲养量，节约饲养成本。同时，可以克服公母禽间个体大小、体重差异或品种间差异以及笼养种母禽自然交配困难等问题，提高种蛋受精率和孵化率。另外，可以避免因公母禽直接接触、交配所造成的疫病传播。

2. 取精种公禽的选择

（1）选择优良品种。即选择适合当地饲养、品质优良且生产效益高的引入品种、地方品种或新培育的优良品种。

（2）挑选优良个体。即选择符合品种要求、生产性能及繁殖性能良好、机体发育正常、无生殖器官疾病及传染病、冠和肉垂鲜红、性欲旺盛且精液品质优良的种公禽。

（3）检查公禽的性反射能力。将公禽双翅提起，尾巴上翘、有性反射和泄殖腔大而松弛者，或用手指刺激公禽尾根、尾巴上翘者，适合用于人工授精。

（4）注意公禽本身的营养、发育和健康状况，合理选留种公禽。

①种公鸡：第一次选择一般在60～70日龄，选留体重符合标准、发育良好、无伤残的公鸡；第二次选择，蛋鸡约6月龄，兼用品种和肉用品种约7月龄，选留发育匀称、鸡冠鲜红、提起双翅尾巴上翘且有性反射的公鸡。

②种公鸭、种公鹅：应选留体质健壮、生长发育匀称且雄性特征明显的个体，同时检查其生殖器官的发育状况，选择交配器官长而粗且伸缩自如、性欲旺盛、精液品质优良者留作种用。

3. 采精前的准备

（1）种公禽的采精训练。对于选留的种公禽，在采精前1～2周，应隔离、单笼饲养，开始进行采精训练。采精前3～4 h，应停水、停料，以防止其采精时排便，影响精液质量。

（2）人工授精器具的准备及消毒。家禽人工授精器具包括集精杯、贮精器、输精器、保温杯、恒温干燥箱、显微镜、消毒锅及毛剪等。采精前，要将采精、输精所用器材用洗涤剂进行彻底冲洗，再将冲洗干净的器材煮沸消毒或蒸汽消毒，烘干备用。

4. 采精方法 主要有按摩法、台禽诱情法、假阴道法及电刺激法等。其中，按摩法最方便、安全、可靠，是目前家禽采精普遍采用的方法。

（1）鸡的按摩采精法。采精前，先将种公鸡肛门附近的羽毛剪去，用酒精棉球擦洗泄殖腔周围，待酒精挥发后再行采精。

①双人法。由保定人员和采精员共同完成。保定员将种公鸡挟于左腋下，鸡头向后，保持身体水平，泄殖腔朝向采精员，双手各握住鸡的双腿，使其自然分开，拇指扣住翅膀，呈自然交配姿势。采精员用右手中指与无名指夹着集精杯，杯口朝外；左手4指合拢与拇指分开，掌心向下，紧贴种公鸡腰部两侧向后轻轻滑动，按摩至尾脂区，反复数次；同时，右手的大拇指与食指在腹部做轻快抖动的触摸动作；当种公鸡尾部上翘、泄殖腔外翻露出交配器时，左手拇指与食指立即跨捏于泄殖腔两侧，轻轻挤压，种公鸡立刻射精，右手迅速将集精杯口贴于泄殖腔下缘接取精液。

②单人法。单人操作时，采精员坐在凳子上，将公鸡两腿夹在双腿之间，头部朝左后侧，空出双手，按上述双人法进行按摩采精。采精次数与要求：种公鸡一般隔日采精1次为宜，在配种季节也可每天采精1次，连采5 d后休息1 d，同时注意种公鸡营养平衡，确保精液质量和数量。1只公鸡每次采精量一般为0.4～1.0 mL，

将采集到的精液倒入保温瓶中的贮精管中，以备输精。采精时最好固定专人，以利种公鸡形成条件反射，有利于采精；还应注意不要伤害种公鸡，不污染精液。

(2)鸭、鹅的背腹式按摩采精法。采精时，采精员坐在矮凳上，将公禽放于膝上，尾部向外，头部夹于左臂下。助手位于采精员右侧，保定公禽双脚。采精员左手掌心向下紧贴公禽背腰部，自背部向尾部按摩；同时，用右手手指握住泄殖腔环按摩揉捏，一般8～10 s即可。鸭每次射精量0.6～1.2 mL，鹅每次射精量0.5～1.3 mL。鸭、鹅一般隔日采精1次为宜。

5. 家禽的精液品质评定与处理

(1)精液品质评定。精液品质评定包括外观检查、精液量及密度检查、精子活力检查等。经检查，颜色和黏稠度正常、无污染、精子活力强的精液，可以使用；而有污染、活力低下的精液，不能用于人工授精。

(2)精液的稀释与保存。家禽的精液采出后，如不作保存，可选用简单的稀释液进行稀释，并放在30～35℃的保温瓶内，在30 min内完成输精。若母鸡群规模大，可将精液稀释后低温保存，24～48 h内输完。

6. 家禽的输精

(1)鸡的输精。鸡的输精一般采用阴道输精法。

①输精方法　由3人1组进行操作，效率较高；翻肛人员站在两端，轮流抓鸡翻肛；输精员站在中间来回输精。操作时，翻肛人员用一只手抓鸡的双腿，鸡头向下，肛门向上，拉至笼边，另一只手的拇指和食指横跨泄殖腔上下两侧，施巧力按压泄殖腔，则泄殖腔外翻、露出阴道口；此时，输精员将输精管插入阴道2～3 cm深处，注入精液；在输精管插入阴道内输精的同时，翻肛人员快速松手，解除对母鸡腹部的压力，才可成功输入精液。

②输精剂量、时间及次数　采用原精液输精时，通常用量为0.025～0.030 mL，稀释精液则需0.050 mL，含有效精子约1亿个；第1次输精，剂量宜加倍。输精时间一般在15:00以后开始，此时鸡群产蛋基本结束，受精率较高。产蛋高峰期的母鸡，间隔4～5 d输精1次。

【注意事项】鸡人工授精操作过程中的注意事项。

鸡人工授精操作过程中应注意以下问题：

1. 避免笼丝碰到输卵管、损伤输卵管或引起输卵管发炎。

2. 翻鸡人员禁止推压母鸡的腹部，防止将输入的精液挤出。

3. 已经输精的鸡只在笼内出现剧烈抖动时，应重新再进行人工授精。

4. 使用移液器时，要贴着管壁轻轻吸液，且要从上层精液开始吸。

5. 输精人员将移液器沿输卵管口中央轻轻插入，不可用力过大，在有畅通感时插入；有阻力时，不可硬插，更不可刺破阴道壁。

6. 在输精过程中每次吸完精液后要用拇指盖住集精杯，同时吸出的精液不可在空气中停留，以防止精液的温度下降，活力降低，形成血蛋。

7. 输精过程中前后保温杯的温差不能超过2℃。

(2)鸭、鹅的输精。常采用直接插入阴道法进行输精。

①输精方法　输精时，助手用双手分别握住母禽的两腿和两翅尖，将其固定在输精台上；输精员面向鸭、鹅的尾部，右手持输精器，左手4指并拢，将尾羽拨向左侧，大拇指紧靠着泄殖腔下缘轻轻按压，使泄殖腔张开，右手将输精器插入后，再向左下方插进4～6 cm，注入精液。

②输精剂量、时间及次数　鸭、鹅使用原精液输精时，输精量为0.03～0.08 mL；采用稀释精液时输精量为0.05～0.10 mL，每次输入有效精子0.50亿～1.00亿个；首次输精时，应加倍。输精时间一般选在上午大部分鸭、鹅产蛋后进行。每隔5～6 d输精1次。

第二节　禽蛋的人工孵化技术

自然条件下，家禽通常在产一定数量的蛋后进行自然孵化，繁衍后代，自然孵化通常称抱窝，孵化需要的温度主要来自家禽的体温，在抱窝时母禽一般停止产蛋。人工孵化就是人为创造适宜的孵化环境，对家禽的种蛋进行孵化，从而大大提高家禽的繁殖效率和生产效率，人工孵化已成为现代家禽生产的一项基本技术。

一、种蛋的管理

种蛋的质量受种禽质量、种蛋保存条件等因素的影响，种蛋质量的好坏会影响种蛋的受精率、孵化率以及雏禽的质量。种蛋收集后需要进行筛选，经过消毒后才能进行孵化，有时还要进行运输和短期的贮存。

（一）种禽质量

为了提供高质量的种蛋，要求种禽生产性能高、无经蛋传播的疾病、饲料营养全面、管理良好、种蛋受精率高和无传染性疾病，尤其是要杜绝或严格控制经蛋传播的疾病。对于种鸡，经蛋传播的疾病主要有白痢、白血病和支原体病等。

（二）种蛋的选择

1. 清洁度　蛋壳粘有粪便或被破蛋液污染的污染蛋，不仅自身的孵化效果较差，而且还会污染其他正常的种蛋和整个孵化器，增加死胚和腐败蛋，导致孵化率降低和雏禽质量下降。因此，若发现轻度污染的种蛋，需要经过砂纸擦拭和消毒液消毒才能进行孵化。

2. 蛋的大小　大蛋和小蛋的孵化效果均不如正常的种蛋。对同一品系（品种）同一日龄的鸡群，所产蛋的大小越接近一致种蛋合格率越高。大蛋的孵化时间较长，而小蛋的孵化时间又较短，雏鸡质量都不太好，都不宜作种蛋。

3. 蛋形　接近圆形的种蛋用作孵化效果最好，选种蛋时剔除细长、短圆、枣核状、腰凸状等不合格种蛋。蛋壳有皱纹、砂皮的都属于遗传缺陷，不能作种蛋。

4. 蛋壳颜色　不同的品种蛋壳颜色不同，但是必须要求种蛋符合本品种特征。对于疾病或饲料营养等因素造成的蛋壳颜色突然变浅应千万注意，如确定为该原因造成的应暂停留作种蛋。

5. 蛋壳厚度　良好的蛋壳（鸡蛋壳厚度0.35 mm左右）不仅破损率低，而且能有效地减少细菌的穿透数量，孵化效果好。蛋壳过厚，孵化时蛋内水分蒸发慢，出雏困难；蛋壳太薄不仅易破，而且蛋内水分蒸发过快，细菌易穿透，不利于胚胎发育。

6. 内部质量　裂纹蛋、气室破裂、气室不正、气室过大的陈蛋以及大血斑蛋孵化率也低，在筛选种蛋时需要剔除。

7. 种蛋选择的次数和场所　一般情况下种蛋在禽舍内经过初选，剔除破蛋、脏蛋和明显畸形的蛋，然后在入蛋库保存前或进孵化室之后再进行第二次选择，剔除不适合孵化用的禽蛋。

思考：你知道的畸异蛋有哪些类型？

（三）种蛋的消毒

禽蛋从产出到入孵前会受到泄殖腔排泄物不同程度的污染，在禽舍内受空气、设备等环境污染，因此禽蛋的表面附着许多细菌。随着时间的推移，细菌数量迅速增加。细菌进入禽蛋内后会迅速繁殖，有时可导致禽蛋在孵化器内爆裂，污染整个孵化器，对孵化率和雏禽健康有很大影响。因此，种蛋应进行认真消毒。

1. 种蛋消毒时间 为了减少细菌穿透蛋壳的数量，种蛋产下后应马上进行第一次消毒；种蛋入孵后，可在入孵器内进行第二次熏蒸消毒；种蛋移盘后在出雏器进行第三次熏蒸消毒。

2. 消毒方法 种蛋消毒的方法有很多种。

（1）甲醛熏蒸。福尔马林（含40%甲醛溶液）和高锰酸钾按一定比例混合后产生的气体，可以迅速有效地杀死病原体。第一次种蛋消毒通常用的浓度为每立方米空间用42 mL福尔马林加21 g高锰酸钾，熏蒸20 min；第二次在入孵器内消毒，用的浓度为每立方米空间用28 mL福尔马林加14 g高锰酸钾；雏鸡熏蒸消毒时浓度再减半，用14 mL福尔马林加7 g高锰酸钾。甲醛熏蒸要注意安全，防止药液溅到人身上和眼睛里，消毒人员应戴防毒面具，防止甲醛气体吸入人体内。

（2）二氧化氯喷雾。种蛋收集后放在蛋盘中用8×10^{-5}的二氧化氯喷雾效果很好，但是种蛋必须晾干后才能保存。

（3）杀菌剂浸泡洗蛋。现代化鸡场可采用机械化洗蛋机对蛋进行有效的清洗，洗蛋液中可加入特制的杀菌剂，洗蛋后使用次氯酸溶液进行漂洗。洗蛋容易破坏蛋壳的胶质层，所以一般用于入孵前消毒。种蛋消完毒后应马上存放到蛋库中保存，防止再次被细菌污染。

（四）种蛋的保存

1. 种蛋保存的适宜温度 如果种蛋贮存一周之内，则要求保存温度是15～18℃；如果种蛋保存一周以上，则要求贮存温度在12～15℃。种蛋保存期间应保持温度相对恒定，忌温度忽高忽低。

2. 种蛋保存的适宜相对湿度 种蛋库的相对湿度要求75%～80%，可大大减慢蛋内水分的蒸发速度，同时又不会因湿度过大使蛋箱损坏。

3. 种蛋贮存时间 种蛋每多保存一天，孵化时间延长0.5～1h，而且雏鸡的质量也降低。如果种蛋需要保存较长时间，可将种蛋装在不透气的塑料袋内，充满氮气后保存，这样可以减少袋内氧气含量，阻止蛋内物质和微生物的代谢，防止蛋内水分蒸发，减少孵化率降低幅度。

4. 种蛋保存期间的其他注意事项

（1）种蛋放置的位置。一般要求种蛋在贮存期间大头向上，小头向下，这样利于种蛋存放和孵化时的种蛋码放和处理。

（2）转蛋。如果种蛋保存时间不超过1周，在贮存期间不用转蛋。保存2周时间，在贮存期间需要每天将种蛋翻转90°，以防止系带松弛、蛋黄贴壳，降低孵化率的下降程度。

（3）种蛋上的水汽凝结。当种蛋由种蛋库移出运到码盘室时，由于码盘室的温度较高，水蒸气会凝集到蛋壳上，形成水滴，注意不要用甲醛熏蒸有水汽的种蛋。

【案例分析】现有一间孵化室，其面积为20 m²，高度为3.5 m，采用甲醛熏蒸消毒法进行熏蒸，按每立方米空间用42 mL甲醛（福尔马林）和21 g的高锰酸钾进行熏蒸，请计算此间孵化室应该用多少甲醛和高锰酸钾？如何进行熏蒸？

分析：因为采用的浓度为每立方米空间用42 mL福尔马林加21 g高锰酸钾，该间孵化室的体积$=20\ m^2\times3.5\ m=70\ m^3$，因此：

福尔马林的用量$=70\ m^3\times42\ mL/m^3=2940\ mL$。

高锰酸钾的用量$=70\ m^3\times21\ g/m^3=1470\ g$

熏蒸方法为：关闭好孵化室的窗户，首先将称好的高锰酸钾1470 g放入玻璃或陶瓷容器中，然后将2940 mL福尔马林（含40%甲醛溶液）导入容器中，人员关好门后迅速离开孵化室。熏蒸福尔马林和高锰酸钾按比例混合后产生大量气体，可以迅速有效地杀死病原体。熏蒸时间为20～30 min，消毒后要打开门窗通风换气。

二、家禽的胚胎发育

家禽的胚胎发育与哺乳动物不同，它依赖种蛋中贮存的营养物质，而不从母体血液中获取营养物质。胚胎发育分为母体内发育和母体外发育两个阶段，正因为有母体外发育阶段，才使人工孵化能够实行产业化。

(一)早期胚胎发育

以鸡为例，成熟的卵细胞在输卵管内受精后形成受精卵大约需要24 h，才能形成完整的鸡蛋产出体外。由于受精蛋在体内形成鸡蛋的过程中已经开始发育，实际上鸡的种蛋整个孵化过程需要22 d，其中1 d是在母体内，21 d在母体外进行的。

(二)孵化过程中的胚胎发育

种蛋获得适合的条件后，可以重新开始继续发育，并很快形成中胚层。机体的所有组织和各个器官都由三个胚层发育而来，中胚层形成肌肉、骨骼、生殖泌尿系统、血液循环系统、消化系统的外层和结缔组织；外胚层形成羽毛、皮肤、喙、趾、感觉器官和神经系统；内胚层形成呼吸系统上皮、消化系统的黏膜部分和内分泌器官。

胚胎发育过程相当复杂，以鸡的胚胎发育为例，其主要特征如下：

第1 d，在入孵的最初24 h，即出现若干胚胎发育过程。4 h心脏和血管开始发育；12 h心脏开始跳动，胚胎血管和卵黄囊血管连接，从而开始了血液循环；16 h体节形成，有了胚胎的初步特征，体节是脊髓两侧形成的众多的块状结构，以后产生骨骼和肌肉；18 h消化道开始形成；20 h脊柱开始形成；21 h神经系统开始形成；22 h头开始形成；24 h眼开始形成。中胚层进入暗区，在胚盘的边缘出现许多红点，称“血岛”。

第2 d，25 h耳、卵黄囊、羊膜、绒毛膜开始形成，胚胎头部开始从胚盘分离出来，照蛋时可见卵黄囊血管区形似樱桃，俗称“樱桃珠”。

第3 d，60 h鼻开始发育；62 h腿开始发育；64 h翅开始形成，胚胎开始转向变成左侧下卧，循环系统迅速发育。照蛋时可见胚和延伸的卵黄囊血管形似蚊子，俗称“蚊虫珠”。

第4 d，舌开始形成，机体的器官都已出现，卵黄囊血管包围蛋黄达1/3，胚胎和蛋黄分离。由于中脑迅速增长，胚胎头部明显增大，胚体更为弯曲。胚胎与卵黄囊血管形似蜘蛛，俗称“小蜘蛛”。

第5 d，生殖器官开始分化，出现了两性的区别，心脏完全形成，面部和鼻部也开始有了雏形。眼的黑色素大量沉积，照蛋时可明显看到黑色的眼点，俗称“单珠”或“黑眼”。

第6 d，尿囊达到蛋壳膜内表面，卵黄囊分布在蛋黄表面的1/2以上，由于羊膜壁上的平滑肌的收缩，胚胎有规律地运动。喙和“卵齿”开始形成，躯干部增长，翅和脚已可区分。照蛋时可见头部和增大的躯干部两个小圆点，俗称“双珠”。

第7 d，胚胎出现鸟类特征，颈伸长，翼和喙明显，肉眼可分辨机体的各个器官，胚胎自身有体温，照蛋时胚胎在羊水中不容易看清，俗称“沉”。

第8 d，羽毛按一定羽区开始发生，上下喙可以明显分出，右侧蛋巢开始退化，四肢完全形成，腹腔愈合。照蛋时胚在羊水中浮游，俗称“浮”。

第9 d，喙开始角质化，软骨开始硬化，喙伸长并弯曲，鼻孔明显，眼睑已达虹膜，翼和后肢已具有鸟类特征。

第10 d，腿部鳞片和趾开始形成，尿囊在蛋的锐端合拢。照蛋时，除气室外整个蛋布满血管，俗称“合拢”。

第11 d，背部出现绒毛，冠出现锯齿状，尿囊液达最大量。

第12 d，身躯覆盖绒羽，肾脏、肠开始有功能，开始用喙吞食蛋白，蛋白大部分已被吸收到羊膜腔中，从原来占蛋重的60%减少至19%左右。

第13 d，身体和头部大部分覆盖绒毛，胫出现鳞片，照蛋时，蛋小头发亮部分随胚龄增加而减少。

第14 d，胚胎发生转动与蛋的长轴平行，其头部通常朝向蛋的大头。

第15 d，翅已完全形成，体内的大部分器官大体上都已形成。

第16 d，冠和肉髯明显，蛋白几乎全被吸收到羊膜腔中。

第17 d，肺血管形成，但尚无血液循环，亦未开始肺呼吸。羊水和尿囊也开始减少，躯干增大，脚、翅、胫变大，眼、头日益显小，两腿紧抱头部，蛋白全部进入羊膜腔。照蛋时蛋小头看不到发亮的部分，俗称"封门"。

第18 d，羊水、尿囊液明显减少，头弯曲在右翼下，眼开始睁开，胚胎转身，喙朝向气室，照蛋时气室倾斜。

第19 d，卵黄囊收缩，连同蛋黄一起缩入腹腔内，喙进入气室，开始肺呼吸。

第20 d，卵黄囊已完全吸收到体腔，胚胎占据了除气室之外的全部空间，脐部开始封闭，尿囊血管退化。雏鸡开始啄壳。

第21 d，雏鸡破壳而出，绒毛干燥蓬松。

(三)气体交换

胚胎在发育过程中，不断进行气体交换。孵化最初6 d，主要通过卵黄囊血液循环供氧，而后尿囊绒毛膜血循环达到蛋壳内表面，通过它由蛋壳上的气孔与外界进行气体交换。到10 d后，气体交换才趋于完善。第19 d以后，胚雏开始肺呼吸，直接与外界进行气体交换。鸡胚在整个孵化期需氧气4～4.5 L，排出二氧化碳3～5 L。

三、孵化厂和孵化设备

(一)孵化厂的建筑设计原则

1. 孵化厂规模的确定 应根据种禽饲养量和市场情况，预计每年需要孵化多少种蛋、提供多少雏禽，从而确定孵化批次、入孵种蛋量、每批间隔天数等。一般入孵器与出雏器数量的比例4∶1较为合理。

例如容蛋量10万枚的孵化室，使用19200型孵化器，可以有4台入孵器，1台出雏器，每4 d入孵一批，17 d转到出雏器，每月可以孵化7批鸡，按入孵蛋85%出雏率计算，可以出母雏5.7万只。

2. 厂址的选择 孵化室应建立在交通相对便利的地方，以方便种蛋和雏禽的运输，但又要远离交通干线、居民区、畜禽场，以免污染环境或被污染。如果是作为种鸡场的附属孵化厂，应建在鸡场的下风向，与养鸡场分开，离鸡场至少500 m以上，有独立的出入口。另外，孵化厂的电力供应需有保障，还必须配备发电机。

3. 孵化厂的工艺流程 孵化厂的建筑设计应遵循入孵种蛋由一端进入，雏鸡由另一端出去的原则。一般的流程是"种蛋→种蛋消毒→种蛋贮存→分级码盘→孵化→移盘→出雏→鉴别、分级、免疫→雏禽存放→外运"。在各室安排时应以孵化室和出雏室为中心，缩短种蛋的移动路程，减少职工在各室之间的来往。

4. 孵化厂的建筑要求 孵化室的墙壁、地面、天花板应选用防水、防潮、便于冲洗且耐腐蚀的材料，墙壁采用混凝土磨面，用防水涂料将表面涂光滑。天花板至地面的高度一般为3.2 m以上，天花板的材料最好用防水的压制木板或金属板，天花板上面使用隔热材料。门要求高度2.4 m以上，宽1.5 m以上，以利于运输车进出，门的密封性能要好。地面用混凝土浇注，并用钢筋镶嵌防止开裂，地面要平整，且有一定的坡度，使冲洗的水流进下水道。

孵化厂必须安装通风换气系统，目的是供给氧气，排除废气和驱散余热，保持室温在25℃左右。

(二)孵化厂的设备

孵化厂除了孵化器外，还需要多种配套设备。

1. 种蛋运输设备 孵化厂经常使用各种类型的设备以便于搬运，常用的有四轮车、半升降车、集蛋盘、输送机等。

2. 种蛋分级和洗蛋设备 孵化厂为了提高生产效率，经常使用真空吸蛋器、移蛋器、种蛋分级器、种蛋清洗机等设备。

3. 孵化设备 孵化器的类型大致分平面孵化器和立体孵化器两大类，立体孵化器分为箱式和巷道式。现在采用最多的是立体孵化器。

(1)箱式立体孵化器。分入孵器和出雏器，容蛋量可以几千枚到两万枚，适用于每年多批次孵化的孵化厂。一般中小型孵化厂使用箱式立体孵化器，也有较大规模的孵化厂采用这种孵化器。

(2)巷道式孵化器。分入孵器和出雏器，两机分别放置在孵化室和出雏室，入孵器容蛋量达8万～16万枚，甚至更大，出雏器容蛋量可达1.3万～2.7万枚。

另外孵化厂还需配备清洗机、雌雄鉴别台、照蛋器、疫苗注射器等设备。

四、孵化的基本条件

(一)温度

活的家禽胚胎必须有一个最适宜的环境温度，才能完成正常的胚胎发育，获得高孵化率和健康的雏禽。

1. 临界温度 低于某一温度胚胎发育就被抑制，要高于这一温度胚胎才开始发育，这一温度被称为“临界温度”，鸡胚的生理临界温度约为23.9℃。

2. 胚胎发育的最适温度 胚胎发育对环境温度有一定的适应能力，在环境温度得到控制的前提下(如24～26℃)，立体孵化器最适宜孵化温度1～19 d为37.5～37.8℃，出雏期间为36.9～37.2℃。其他家禽的孵化适宜温度和鸡差不多，一般在上下1℃的范围内，孵化期越长的家禽，孵化适宜温度相对低一些，而孵化期越短的家禽，孵化适宜温度相对高一些。

3. 高温的影响 胚胎在高于最适宜温度条件下孵化，会加速胚胎发育的速度，缩短孵化期，孵化率和雏鸡质量会有不同程度的下降。

4. 低温的影响 在低于最适合温度条件下孵化，胚胎发育变缓，延长孵化期。

(二)相对湿度

1. 相对湿度的重要性 相对湿度降低，蛋内水分蒸发过快，雏鸡提前出壳，雏鸡个体小于正常雏鸡，容易脱水；相对湿度较大，水分蒸发过慢，延长孵化时间，个体较大且腹部较软。

2. 适宜相对湿度 鸡的胚胎发育对环境的相对湿度的要求没有对温度的要求那样严格，一般在40%～70%均可。立体孵化器的适宜相对湿度，孵化期1～19 d为50%～60%，出雏期20～21 d为75%。出雏期要求湿度较高的理由是湿度和空气中的二氧化碳作用，即使蛋壳的碳酸钙变成碳酸氢钙，使蛋壳变脆，有利于破壳出雏。

鸭、鹅等水禽出雏湿度要求较高，一般相对湿度都在90%以上，有时需要向孵化器内喷热水以增加湿度。

(三)通风换气

为保持正常的胚胎发育，必须供给新鲜的空气，二氧化碳浓度不超过0.5%，如果超过1%，则胚胎发育迟缓，死亡率增高，出现胎位不正和畸形。氧气含量为21%时孵化率最高，每减少1%，孵化率下降5%。氧气含量过高孵化率也降低，每增加1%，孵化率下降1%左右。孵化后期胚胎代谢更加旺盛，产热更多，这些热量必须散发出去，否则会造成温度过高，烧死胚胎或影响其正常发育。

(四)转蛋

1. 转蛋的重要性 也称翻蛋，转蛋的目的是改变胚胎方位，防止胚胎粘连，使胚胎各部分均匀受热，促进羊膜运动。如果不转蛋，蛋黄易与浓蛋白相接触，发生粘连，造成胚胎死亡。

2. 种蛋放置位置方向 人工孵化时种蛋的大头应高于小头，但是不一定垂直，正常情况下雏鸡的头部在蛋的大头部位近气室的地方发育。相反如果蛋的小头位置较高，那么约有60%的胚胎头部在小头发育，雏鸡在出壳时，其喙部不能进入气室进行肺呼吸。

3. 转蛋次数、角度和时间 多数自动孵化器设定的转蛋次数1～18 d为每2 h一次，每天12次。19～21 d为出雏期，不需要转蛋。孵化的第一周转蛋最为重要，第二周次之，第三周效果不明显。

转蛋的角度应与垂直线成45°角位置，然后反向转至对侧的同一位置，转动角度较小不能起到转蛋的效果，太大会使尿囊破裂从而造成胚胎死亡。

五、孵化管理技术

(一)孵化前的准备

1. 消毒 孵化室的地面、墙壁、天棚均应彻底消毒。孵化器清洗后用福尔马林熏蒸,也可用消毒液喷雾消毒或擦拭。蛋盘和出雏盘往往粘连蛋壳或粪便,应彻底浸泡清洗,然后用消毒液消毒。

2. 设备检修 孵化前应做好孵化器的检修工作。电热、风扇、电动机的效力,温、湿度,通风和翻蛋自动化控制系统,温度计的准确性等均进行检修或校正。

3. 种蛋预热 入孵之前应先将种蛋由冷的贮存室移至22~25℃的室内预热6~12 h,可以除去蛋表面的冷凝水,使孵化器升温快,对提高孵化率有好处。

4. 消毒 入孵前对种蛋进行熏蒸消毒。

【案例分析】按1 m^3空间用30 mL福尔马林(37%~40%甲醛)加15 g高锰酸钾计,如何对一台5.2 m^3空间的立体孵化机采用熏蒸法予以消毒。

具体做法如下:

(1)将该孵化机置于20~26℃,相对湿度为60%~80%的孵化室内;并堵塞孵化机的各通气孔。

(2)称取高锰酸钾78 g,量取福尔马林156 mL,先将高锰酸钾倒入位于孵化机底部中央位置处的瓷盘内,然后将福尔马林倒在高锰酸钾上面,当两种药物混合时,立即产生烟雾,于是迅速关严机门,密闭用甲醛气体熏蒸对孵化机内进行消毒。

(3)待密闭熏蒸0.5 h后,取掉各通气孔的堵塞物并打开机门和孵化室窗户,让其排尽异味和烟雾方可达到消毒目的。

(二)孵化期的操作管理技术

1. 入孵 一切准备就绪以后,即可码盘孵化。码盘就是将种蛋码放到孵化盘上。入孵的方法依孵化器的规格而异,尽量整进整出。现在多采用推车式孵化器,种蛋码好后直接整车推进孵化器中。

2. 孵化器的管理 立体孵化器由于构造已经机械化、自动化,机械的管理非常简单。主要注意温度的变化,观察控制系统的灵敏程度,遇有失灵情况及时采取措施。注意非自动控湿的孵化器,每天要定时往水盘加温水。孵化器和孵化室的温度、湿度、通风情况也应经常记录,观察。

3. 照蛋 孵化期内一般照蛋两次,目的是及时验出无精蛋和死精蛋,并观察胚胎发育情况。第一次照蛋在5~7 d;第二次照蛋在移盘时进行。巷道式孵化器一般在移盘时照蛋一次。

4. 移盘 也称移蛋或落盘,在孵化第19 d或1%种蛋轻微啄壳时进行移盘,将入孵器蛋架上的蛋移入出雏器的出雏盘中,此后停止转蛋,移盘时可进行照蛋,以观察胚胎发育情况。移盘以后,出雏器的温度应调低到36.7℃左右,相对湿度调高到75%左右。

5. 凉蛋 孵化后期胚胎散热较快,热量散发不出去就会造成孵化器内温度升高,需要将种蛋从孵化器移出或将孵化器的门打开,使种蛋降温。鸡蛋孵化一般不需要凉蛋。

鸭和鹅等种蛋比较大的家禽,使用鸡蛋孵化器孵化后期需要凉蛋。凉蛋的方法是从第18 d开始每天凉蛋2~3次,每次20~30 min。而使用专门孵鸭蛋或鹅蛋的孵化器,由于空间较大、排风散热功能强,一般不需要凉蛋。

(三)出雏期的操作管理技术

胚胎发育正常时,移盘当时就有破壳的,满20 d就开始出雏。此时应关闭出雏机内的照明灯,以免雏鸡骚动影响出雏。出雏期间视出壳情况,拣出一次空蛋壳和绒毛已干的雏鸡,以利继续出雏,但不可经常打开机门。出雏期如气候干燥,孵化室地面应经常洒水,以利保持机内足够的湿度。现在孵化雏鸡一般都是一次性拣雏;孵化鸭、鹅等家禽需要多次拣雏。

（四）孵化记录

每次孵化应将入孵日期、品种、蛋数、种蛋来源、两次照蛋情况、孵化结果、孵化期内的温度变化等记录下来，以便统计孵化成绩或做总结工作时参考。孵化厂可根据需要按照上述项目需要自行编制记录表格。此外，应编制孵化日程表，以便工作。

六、孵化效果的检查

（一）衡量孵化效果的指标

1. 受精率(%) 指受精蛋数（包括死精蛋和活胚蛋）占入孵蛋的比例。鸡的种蛋受精率一般在90%以上，高水平可达98%以上。

2. 死精率(%) 指头照时的死精蛋数占受精蛋的百分比。正常水平应低于2.5%。

3. 受精蛋孵化率(%) 指出壳雏禽数占受精蛋比例，统计雏禽数应包括健、弱、残和死雏。一般鸡的受精蛋孵化率可达90%以上。此项是衡量孵化厂孵化效果的主要指标。

4. 入孵蛋孵化率(%) 指出壳雏禽数占入孵蛋的比例。高水平可达到87%以上。该项反映种禽繁殖场及种禽场和孵化厂的综合水平。

5. 健雏率(%) 指健雏占总出雏数的百分比。高水平应达98%以上，孵化厂多以售出雏禽视为健雏。

6. 死胎率(%) 指死胎蛋占受精蛋的百分比。死胎蛋一般指出雏结束后扫盘时的未出壳的胚蛋。

【案例分析】一个父母代种鸡养殖场，现有1000只种母鸡，如果平均每只种母鸡年产蛋320枚，种蛋合格率为93.75%，受精率和受精蛋孵化率均为90%，试分析该场一年能提供多少只商品代蛋鸡苗？如果健雏率为98%，则健康的雏鸡有多少只？

分析：如果饲养罗曼或海兰等优良蛋鸡，一年一只母鸡可产蛋320枚左右，如果种蛋合格率为93.75%，则平均每只种母鸡可产合格种蛋300枚；

如受精率为90%，受精蛋孵化率为90%，则可以孵化出小鸡的数量为1000×300×0.9×0.9=243000只；

雏鸡公母比例一般为1:1，则母鸡数量应为121500只左右，因此该场一年能提供大约12.15万只商品代蛋鸡苗。

如果健雏率为98%，则健康的雏鸡为11.907万只（121500×0.98=119070只）。

（二）孵化效果的检查——照蛋

1. 照蛋的目的 照蛋的主要目的是观察胚胎发育情况，并以此作为调整孵化条件的依据。头照挑出无精蛋和死精蛋，特别要观察胚胎发育是否正常。抽验仅抽查孵化器中不同点的胚蛋发育情况。二照在移盘时进行，挑出死胎蛋。一般头照和抽验作为调整孵化条件的参考，二照作为掌握移盘时间和控制出雏环境的参考。

2. 照蛋的时间 照蛋就是用照蛋灯透视胚胎发育情况。一般整个孵化期进行1～2次，头照在第6 d左右，第19 d落盘时二照，中间可以抽验。

3. 各种胚蛋的判别

（1）正常的活胚蛋。剖视新鲜的受精蛋，肉眼可以看到蛋黄上有一中心透明带，周围浅暗的圆形胚盘，有明显的明暗之分。白壳蛋头照时，正常的活胚蛋可以明显地看到黑色眼点，血管呈放射状且清晰，蛋色暗红。白壳蛋10胚龄抽检时尿囊绒毛膜合拢，整个蛋除气室外布满血管。二照时气室向一侧倾斜，有黑影闪动，胚蛋暗黑。

（2）弱胚蛋。头照胚体小，黑眼点不明显，血管纤细且模糊不清，或看不到胚体和黑眼点，仅仅看到气室下缘有一定数量的纤细血管。抽验时胚蛋小头未合拢，呈淡白色。二照时气室比正常的胚蛋小，且边缘不齐，可看到红色血管。因胚蛋小头仍有少量蛋白，所以照蛋时胚蛋小头浅白发亮。

(3)无精蛋。俗称"白蛋",头照时蛋色浅黄发亮,看不到血管或胚胎,气室不明显,蛋黄影子隐约可见。

(4)死精蛋。俗称"血蛋",头照时可见黑色血环贴在蛋壳上,有时可见死胎的黑点静止不动,蛋色透明。

(5)死胎。二照时气室小且不倾斜,边缘模糊,颜色粉红、淡灰或黑暗,胚胎不动。另外还有破蛋和腐败蛋需要在照蛋时剔除。

(三)出雏期间的观察

1. 出雏的持续时间 孵化正常时,出雏时间较一致,有明显出雏高峰,雏鸡一般21 d全部出齐;孵化不正常时无明显的出雏高峰,出雏持续时间长。

2. 初生雏观察 主要观察绒毛、脐部愈合、精神状态和体形等。

(1)健雏。发育正常的雏鸡体格健壮,精神活泼,体重合适,蛋黄吸收腹内;脐部愈合良好、干燥、无黑斑;绒毛干燥、有光泽、长度合适,用两个手指可以夹住绒毛;雏鸡站立稳健,叫声洪亮。

(2)弱雏。腹部潮湿发青,脐带愈合不良,绒毛污乱、无光泽,肚大或干瘪,手握无弹性,精神不振,叫声无力或尖叫呈痛苦状,反应迟钝。

(3)残雏、畸形雏。脐部开口并流血,蛋黄外露,腹部残缺,喙交叉或过度弯曲,眼瞎脖歪,绒毛稀疏焦黄。

(四)死雏和死胎外表观察及病理解剖

种蛋品质差或孵化条件不良时,除了孵化率低之外,死雏和死胎一般表现出病理变化。通过对死胎、死雏的外表观察和解剖,可以及时了解造成孵化效果不良的原因。检查时注意观察啄壳情况,然后打开胚蛋,确定死亡时间。观察皮肤、绒毛生长、内脏、腹腔、卵黄囊、尿囊等有何病理变化,胎位是否正常,初步判断死亡原因。

(五)死雏和死胎的微生物检查

定期抽验死雏、死胎及胎粪、绒毛等,做微生物检查。当种鸡群有疫情或种蛋来源较混杂或孵化效果较差时尤应取样化验,以便确定疾病的性质及特点。

【案例分析】现有15000枚种鸡蛋,如果请你用一台19200型的孵化机进行孵化,应该如何操作才能获得好的孵化效果。

(1)首先将种蛋进行预热。将种蛋放于20~25℃的环境下放置12~24 h,再放入孵化机内进行熏蒸消毒。

(2)码盘、入孵、消毒。钝端向上将种蛋放置在蛋盘上,入孵的时间最好安排在下午4点以后,将蛋码满盘后插入蛋架,插时一定要使盘卡入蛋架滑道内,插盘顺序为由下而上;种蛋在码盘后或上完蛋架后即进行熏蒸消毒。

(3)孵化日常管理。检查孵化机的正常运转情况;检查孵化机内外温湿度的变化;观察通风和翻蛋情况;做好孵化记录。

(4)照蛋。一照在5日龄,其目的是剔除无精蛋、死胚蛋、破壳蛋和不能继续发育的弱胚蛋;照检时,动作要快,轻拿轻放,在室温中放置不超过25 min,室温要求保持在22~28℃,操作过程中不小心打破胚蛋应及时剔出。二照在19日龄,目的是检查胚胎发育情况,适时落盘。中途在10~11日龄进行一次抽验,以观察胚胎的发育情况,并根据胚胎的发育情况适当调整孵化的条件。

(5)移盘。将孵化后期的禽蛋从孵化机的蛋盘中移到出雏盘或出雏机中继续孵化出雏的过程称移盘。

(6)拣雏。4 h拣一次,并进行拼盘,取出的雏禽置于25~28℃。

(7)机具清洗与消毒。出雏结束后,将出雏室、出雏机、盘进行彻底清洗;清洗完后,可选用任何一种消毒药物进行喷洒。

七、雏禽的雌雄鉴别

(一)初生雏禽雌雄鉴别的意义

可以节省饲料,商品蛋禽场仅饲养母雏,饲养公雏价值不大;节省禽舍、劳动力和各种饲养费用;可以提高母雏的成活和整齐度。公母分开饲养有利于母雏的生长发育,避免公雏发育快、抢食而影响母雏发育。

雏鸡雌雄鉴别方法主要有肛门雌雄鉴别和伴性遗传鉴别法。

(二)肛门雌雄鉴别

1. 初生雏鸡雌雄生殖隆起的组织形态差异

(1)外观。雌雏生殖隆起轮廓不明显,萎缩,周围组织衬托无力,有孤立感;雄雏的生殖隆起轮廓明显、充实,基础极稳固。

(2)光泽。雌雏生殖隆起柔软透明;雄雏生殖隆起表面紧张,有光泽。

(3)弹性。雌雏生殖隆起的弹性差,压迫或伸展易变形;雄雏生殖隆起富有弹性,压迫伸展不易变形。

(4)充血程度。雌雏生殖隆起血管不发达,且不及表层,刺激不易充血;雄雏生殖隆起,血管发达,表层也有细血管,刺激易充血。

(5)突起前端的形态。雌雏生殖隆起前端尖;雄雏生殖隆起前端圆。

2. 肛门鉴别的手法

肛门鉴别的操作可分为:抓雏和握雏、排粪和翻肛、鉴别和放雏三个步骤。

(1)抓雏和握雏。雏鸡的抓握法一般有两种,即夹握法和团握法。

(2)排粪和翻肛。左手拇指轻压腹部左侧髋骨下缘,借助雏鸡呼吸将粪便挤入排粪缸中。如左手握雏,左拇指从前述排粪的位置移至肛门左侧,左食指弯曲贴于雏鸡背侧,与此同时右食指放在肛门右侧,右拇指放在雏鸡脐带处,右手拇指沿直线往上顶推,右手食指往下拉、往肛门处收拢,左拇指也往里收拢,三指在肛门处形成一个小三角区,三指凑拢一挤,肛门即翻开。

(3)鉴别和放雏。根据生殖隆起的有无和形态差别,便可以判断雌雄。遇到生殖隆起一时难以分辨时,可用左拇指或右食指触摸,观察其充血和弹性程度。

3. 鉴别的适宜时间

最适宜的鉴别时间是出雏后2～12 h。刚孵出的雏鸡身体软绵,呼吸弱,蛋黄吸收差,腹部充实,不易翻肛,技术不熟练者甚至会造成雏鸡死亡。鉴别时间不宜超过24 h。

(三)雏鸡伴性遗传鉴别法

应用伴性遗传规律,培育自别雌雄品系,通过专门品种或品系之间的杂交,就可以根据初生雏的某些伴性性状准确地辨别雌雄。目前在生产中应用的伴性性状有:慢羽对快羽、横斑(芦花)对非横斑(非芦花)、银色羽对金色羽。

1. 快慢羽雌雄鉴别 决定初生雏鸡翼羽生长快慢的慢羽基因K和快羽基因k位于性染色体上,而且慢羽基因K对快羽基因k为显性,属于伴性遗传性状。用快羽公鸡和慢羽母鸡杂交,所产生的子代公雏全部为慢羽,而母雏全部为快羽。

快慢羽的区分主要由初生雏鸡翅膀上的主翼羽和覆主翼羽的长短来确定。主翼羽明显长于覆主翼羽的雏鸡为快羽,自别雌雄时为母雏。慢羽在羽速自别雌雄时为公雏,慢羽的类型比较多,有时容易出错,需要引起注意。慢羽主要有四种类型:①主翼羽短于覆主翼羽;②主翼羽等长于覆主翼羽;③主翼羽未长出;④主翼羽等长于覆主翼羽,但是前端有1～2根稍长于覆主翼羽,这种类型最容易出错。

2. 金银羽自别雌雄 由于银色羽基因S和金色羽基因s是位于性染色体同一基因位点的等位基因,银色羽基因S对金色羽基因s为显性,所以用金色羽公鸡和银色羽母鸡交配时,其子一代的公雏均为银色,母雏为金色。绝大部分褐壳蛋鸡商品代都可以羽色鉴别雌雄。

八、孵化效果的分析

（一）胚胎死亡原因的分析

1. 孵化期胚胎死亡的分布规律 胚胎死亡在整个孵化期存在着两个死亡高峰。第一个高峰在孵化前期，鸡胚在孵化前3～5 d；第二个高峰出现在孵化后期（第18 d后）。第一高峰死胚率约占全部死胚数的15%，第二高峰约占50%。对高孵化率鸡群来讲，鸡胚多死于第二高峰，而低孵化率鸡群第一、二高峰期的死亡率大致相似。

2. 胚胎死亡高峰的一般原因

（1）第一个死亡高峰。正是胚胎生长迅速、形态变化显著时期，各种胎膜相继形成而作用尚未完善。胚胎对外界环境的变化是很敏感的，稍有不适便使胚胎发育受阻，以致夭折。种蛋贮存不当，胚胎活力降低，此时也会造成胚胎死亡。另外，种蛋贮存期用过量甲醛熏蒸也会增加第一期死亡率，维生素A缺乏会在这一时期造成重大影响。

（2）第二个死亡高峰。正处于胚胎从尿囊绒毛膜呼吸过渡到肺呼吸时期，胚胎生理变化剧烈，需氧量剧增，其自温产热猛增。若通风换气、散热不好，势必有一部分本来较弱的胚胎死亡。另外，由于蛋的位置放置不是大头向上，它会使雏鸡因姿势异常而不能出壳。

孵化率高低受内部和外部两方面因素的影响。影响胚胎发育的内部因素是种蛋内部品质，它们是由遗传和饲养管理所决定的。外部因素包括入孵前的环境（种蛋保存条件）和孵化中的环境（孵化条件）。内部因素对第一死亡高峰影响大，外部因素对第二死亡高峰影响大。

（二）影响孵化效果的因素

影响孵化效果的三大因素是种鸡质量、种蛋管理和孵化条件，种鸡质量和种蛋管理决定入孵前的种蛋质量，是提高孵化率的前提。在实际生产中种鸡饲料营养和孵化技术对孵化效果的影响较大。

营养缺乏或毒素既影响产蛋率，又影响孵化率，影响的程度随营养缺乏或毒素的含量变化而变化。营养缺乏造成的影响往往来得慢，但是持续时间长，而孵化技术或疾病造成的影响一般是突发性的，采取措施可以较快恢复。

（三）孵化效果不良的原因分析

由于造成孵化率低的因素很多，为了能够及时找到造成这种现象的原因，以便采取措施，使孵化率迅速恢复到正常的水平，必须从孵化效果分析出具体的原因，然后结合孵化记录和种鸡的健康及产蛋情况，采取有效措施。

讨论：如何提高种蛋的孵化率？孵化率低的原因有哪些？

【案例分析】现用一台19200型的孵化机对15000枚种鸡蛋进行孵化，头照检出无精蛋750枚、死精蛋500枚，孵化结束时孵出小鸡13500只，其中健康雏鸡12000只，出雏结束时扫盘的死胎蛋250枚，请分析此次孵化种蛋的受精率、死精率、入孵蛋孵化率和受精蛋孵化率、健雏率和死胎率。

分析：受精率(%)指受精蛋数（包括死精蛋和活胚蛋）占入孵蛋的比例，因此受精率(%)=(15000−750)/15000=14250/15000=95%

死精率(%)通常统计头照时的死精蛋数占受精蛋的百分比，本例受精蛋数为14250枚，死精蛋为500枚，因此死精率(%)=500/14250=3.5%。

入孵蛋孵化率(%)为出壳雏禽数占入孵蛋的比例，本例孵化结束时孵出小鸡13500只，入孵蛋为15000枚，因此入孵蛋孵化率%=13500/15000=90.00%

受精蛋孵化率(%)为出壳雏禽数占受精蛋比例，本例孵化结束时孵出小鸡13500只，受精蛋数为14250枚，因此受精蛋孵化率%=13500/14250=94.74%

健雏率(%)是健雏占总出雏数的百分比，因出雏小鸡为13500只，健康雏鸡为12000只，因此健雏率%=12000/13500=88.89%

死胎率(%)为死胎蛋占受精蛋的百分比，出雏结束时扫盘的死胎蛋250枚，受精蛋数为14250枚，因此死胎率%=250/14250=1.75%

【本章小结】

本章对种禽的使用年限、配种比例、配种技术及禽蛋的人工孵化的条件、技术、孵化效果的分析等内容，进行了较为详细的介绍。通过本章的学习能达到了解掌握家禽的配种繁殖技术及孵化技术的目的。

【思考题】

1. 如何进行种公禽的选择？
2. 人工授精有哪些优越性？主要有哪些技术环节？
3. 孵化的基本条件是什么？影响孵化效果的三个主要因素是什么？
4. 种蛋保存的适宜温湿度和保存期限是多少？什么样的蛋不适宜作种蛋？
5. 照蛋的目的和时间是什么？
6. 什么叫封门、合拢？
7. 如何对孵化室和孵化机进行甲醛熏蒸消毒？
8. 如何分析孵化的效果？

第五章 蛋鸡生产

本章主要讲述蛋鸡育雏、育成期、产蛋期以及蛋用种鸡的生理特点、饲养管理技术。通过学习,应全面了解蛋鸡不同阶段的生理特点及饲养管理技术,并能熟练掌握饲养蛋鸡的基本技能。

第一节 蛋用雏鸡的培育

一、雏鸡的生理特点

(一)雏鸡培育的目标

蛋用雏鸡是指0~6周龄的雏鸡。其饲养管理总的要求是:应根据雏鸡生理特点和生活习性,采用科学的饲养管理措施,创造良好的环境,以满足鸡的生理需求,严格防止各种疾病发生,提高成活率。

(二)雏鸡的生理特点

1. 体温调节机能弱 雏鸡绒毛稀短、皮薄、皮下脂肪少,保温能力差。刚出壳的雏鸡体温比成鸡低2~3℃,3周龄以后体温调节机能才趋于完善。

2. 生长发育迅速、代谢旺盛 正常条件下2周龄和6周龄时蛋用雏鸡的体重分别为出壳时体重的3.5倍和12倍。由于生长迅速,雏鸡的代谢很旺盛,在管理上必须满足对新鲜空气的需要。

3. 消化能力弱 雏鸡消化道较短、容积小、消化能力差。所以,配制雏鸡料时,必须选用质量好,易消化,营养水平高的全价饲料。

4. 抗病力差 幼雏对外界的适应力差,对各种疾病的抵抗力弱,在饲养管理上稍有疏忽,即有可能患病。

5. 敏感性强 雏鸡比较神经质,对外界的异常刺激非常敏感,易引起混乱,影响正常的生长发育和抗病能力。所以需要环境安静以及避免新奇的颜色,防止鼠、雀、兽等动物进入鸡舍。

6. 群居性强、胆小 雏鸡胆小,缺乏自卫能力,喜欢群居。

二、育雏前的准备

育雏以前要做好各项准备,如育雏计划的制订、饲料与药品的准备,做好鸡舍及设备的消毒、维修和试温等工作。

(一)制订计划

1. 选择育雏季节 密闭鸡舍可全年育雏,不需要选择育雏季节;开放式鸡舍避开夏冬季节,选择春秋两季育雏效果好。

2. 制订育雏计划 包括进雏及雏鸡周转计划、饲料及物质供应计划、防疫计划、财务收支计划及育雏阶段应达到的技术经济指标等。

3. 确定育雏时间 育雏时间决定了本批鸡的性成熟期和产蛋高峰期所处的时间。

4. 确定育雏数量 应考虑本批更新成年鸡舍的容量、资金条件、生产技术与管理水平。

5. 确定所养鸡种 应考虑产品主要销售地区消费者的习惯来决定所养蛋鸡的类型(壳色、蛋重等)。以本地及周围地区的饲养实践作为确定欲养鸡种的参考依据。

(二)育雏器具的准备

1. 喂料器 料盘、长槽式饲槽、自流式喂料桶。

2. 饮水器 乳头饮水器、槽式饮水器、塔式真空饮水器。

(三)鸡舍及设备的检查与维修

雏鸡全部出舍后，应先将舍内的鸡粪、垫料、顶棚上的蜘蛛网、尘土等清扫出舍，再进行检查维修，如修补门窗，封死老鼠洞，检修鸡笼，使笼门不跑鸡，笼底不漏鸡。

(四)鸡舍及设备的消毒

育雏舍及设备在上批雏鸡离舍后应立即消毒、清扫、冲洗，为下次接雏做好准备。一般场区鸡舍消毒用0.03%的二氧化氯或2%的火碱，剂量为1500 mL/m^2药液。

(五)育雏舍预热、试温

在进雏前2～3 d，安装好灯泡，整理好供暖设备，地面平养的舍内需铺好垫料，网上平养的则需铺上塑料布。然后，把育雏温度调到需要达到的最高水平，观察室内温度是否均匀、平稳，加热器的控制元件是否灵敏，温度计的指示是否正确。

(六)饲料、垫料及药品的准备

1. 饲料 按雏鸡的营养需要及生理特点，配合好新鲜的全价饲料，在进雏前1～2 d要进好料，以后要保证持续、稳定的供料。保证饲料不霉变，无污染、营养完善、颗粒适中、适口性好、易消化。

2. 垫料 地面散养者在接雏前2 d铺好垫料，厚薄要均匀。对垫料的要求是干燥、松软、洁净、吸水性强、不发霉、无异味。

3. 药品的准备 事先准备好常用疫苗，如新城疫疫苗(冻干苗和油苗)、法氏囊中毒苗和弱毒苗、传支疫苗(H_{52}和H_{120})及抗白痢药、球虫病和抗应激药物(如电解质液营养和复合多种维生素)等。此外，要准备好常规的环境消毒药物。

(七)其他准备

如要断喙，还要配备好断喙器等。此外，还需要进行人员分工及培训，制订好免疫计划，准备好育雏记录本及记录表，记录出雏日期、存养数、日耗料量、鸡只死亡数、用药及疫苗接种情况，以及体重抽测和发育情况等。

三、育雏方式与供温方式

按其占地面积和空间的不同及给温方法的不同，育雏方式大致分为地面育雏、网上育雏和立体育雏3种方式。

(一)地面育雏

是指在室内地面上培育雏鸡的方式。

1. 方法 可以用水泥地面、砖地面、土地面或炕面等，在地面上铺上3～5 cm厚的垫料，室内需设有喂食器、饮水器及保暖设备等。

2. 供温方式 主要包括暖风炉、自动燃气暖风炉、火坑(地下温床)、育雏伞、红外线灯、煤炉等。

3. 优缺点 这种方式占地面积大，管理不方便，易潮湿，空气不好，雏鸡易患病，受惊后容易扎堆压死。为便于消毒，最好采用水泥地面。

(二)网上育雏

1. 方法 把雏鸡饲养在离地50～60 cm高的铁丝网或特制的塑料网或竹网上，网眼大小一般不超过1.2 cm×1.2 cm，要求稳固、平整，便于拆洗。对最初7～10 d的幼雏最好铺设麻袋或包装用麻布或小网孔塑料垫网，3周龄后拆去麻袋、包装用麻布或小网孔塑料垫网。

2. 保温 可用热风炉、自动燃气热风炉和电热伞等热源。

3. 优缺点 网上育雏的优点是可节省垫料，鸡粪可落入网下，减少了鸡白痢、球虫病及其他疾病的传播；雏鸡不直接接触地面的寒湿气，降低了发病率，育雏率较高。但造价较高，要加强通风，减少有害气体的产生。

(三)立体育雏

1. 结构 用分层育雏笼培育雏鸡,一般为3~5层叠式笼,每层笼子四周用铁丝、竹竿或木条制成栅栏,料槽和饮水器可排列在栅栏外。笼底多用铁丝网、涂塑铁丝网或竹条,鸡粪可由空隙掉到下面的承粪板上,定期清除。

2. 加热方式 多采用暖气、热风炉或笼内设计电热板,也可以采用煤炉或地下烟道等设施来提高室温。每层温度分为给温区、保温区和散温区。温度适宜时雏鸡均匀分布在笼内的网面上,温度低时雏鸡挤在给温区,温度高时则散在散温区。

3. 优缺点 优点是可增加饲养密度,节省垫料和热能,便于实行机械化和自动化,同时可预防鸡白痢和球虫病的发生和蔓延;但笼育投资大(农村可充分利用竹木结构),对营养、通风换气等要求较为严格。缺点是由于笼养鸡活动量很有限,饲养密度较大,鸡的体质较差,饲养管理不当时容易得营养缺乏症、笼养疲劳症、啄癖、神经质等各种疾病。

(四)供温方法

1. 暖风炉供暖 以煤等为原料进行加热,在舍外设立热风炉,将热风引进鸡舍上空或采用正压将热风吹进鸡舍上方,预热育雏室内空气,空气温度可以自动控制,效果较好。此法是目前国内大型种鸡场及商品场普遍采用的方式。

2. 电热伞供暖 常用育雏器是伞形的,故称为电热伞,也有方形、多角形与圆形等多种形状的育雏器。育雏器用铁皮、铝皮、木板或纤维板制成,热源为电热丝,也可用煤炉、煤油、液化石油气、远红外线等供热,伞内可安装自动调节装置控制温度。其优点是温度稳定而且容易调节,管理方便,节省劳力,室内清洁,育雏效果良好。然而电热伞育雏器余热很少,需另设火炉、暖气或暖风炉以提高室温。

3. 火炕供暖 在育雏舍外设一烧煤或柴的火炕提供热源,热源置于地下,热流沿鸡舍内地面下3~5 cm深处双列烟道传入,最后由舍外烟囱排出,舍内烟道附近地面形成温床。育雏舍内地面干燥,温度均匀平稳,雏鸡发病率低,育雏效果好。

4. 地上烟道供暖 在育雏舍里用砖或土坯垒成烟道,离开房屋墙1 m远,距离地面25 cm高,长度根据育雏舍大小而定。几条烟道汇合通向集烟柜,然后由烟囱通出室外,地面上铺设垫草。

5. 火墙供暖 把育雏室的墙壁砌成空墙,内设烟道,炉灶置于室外走廊内,雏鸡靠火墙壁上散发出来的热量取暖。

6. 煤炉供暖 在取暖的火炉上设置铁皮或木板制成的伞形罩,用烟囱将烟排出室外,用进风管调节进风量控制炉子燃烧,以调节炉火温度。要注意通风换气,防止缺氧及空气污浊,同时要注意严防煤气中毒及发生火灾。

7. 红外线灯供暖 利用红外线灯发射的红外线使其周围环境温度升高。一个功率为250 W的灯泡,可供100~250只雏鸡的供温用。灯泡距地面的高度可用吊绳调节,冬季为35 cm左右,夏季为50 cm左右。

四、雏鸡的选择与运输

(一)初生雏的选择

初生雏的选择有三种,包括种鸡选择、孵化场选择和感官选择。常常依据感官选择,一般在孵化室进行。可通过"一看、二摸、三听"来选择。

1. 一看 看雏鸡的精神状态。健雏一般活泼好动,眼大有神,羽毛整洁光亮,腹部卵黄吸收良好;弱雏一般缩头闭目,羽毛蓬乱不洁,腹大,松弛,脐口愈合不良、带血等。

2. 二摸 摸雏鸡的膘情、体温。手握雏鸡感到温暖、有膘、体态匀称、有弹性、挣扎有力的就是健雏;手感较凉、瘦小、轻飘、挣扎无力的就是弱雏。

3. 三听 就是听雏鸡的叫声。健雏叫声洪亮清脆;弱雏叫声微弱、嘶哑,或鸣叫不休,有气无力。

（二）初生雏的运输

1. 选好运雏人员　要求运雏人员必须具备一定的专业知识、运雏经验和较强的责任心。

2. 准备好运雏用具　运雏用具包括交通工具、雏鸡箱及防雨、保温用品等。运雏用具在装运雏鸡前，均要进行严格的消毒。

3. 掌握适宜的运雏时间　初生雏鸡体内还有少量未被利用的卵黄，最好能在出壳后24 h内运到目的地。运输过程力求做到稳而快，减少震动。运输中可喂水，尤其是夏季或运雏时间较长时。

4. 解决好保温和通风的矛盾　注意保温的同时要注意通风换气，否则会使雏鸡受闷、缺氧，以致窒息死亡。因此装车时要注意将雏鸡箱错开安排，箱子周围要留有通风空隙，重叠层数不能太多。气温低时要加盖保温用品，但不能盖得过严，路上要尽量避免长时间停车。运输人员要经常检查雏鸡状态，长时间停车时，要经常将中间层的雏鸡箱与边上的雏鸡箱对调，以防中间的雏鸡受闷。

5. 合理安放　雏鸡运到后，要及时接入准备好的育雏室内，将健雏和弱雏分开养育，及早处理掉过小、过弱及病残雏。拣鸡动作要轻，不要扔掷，否则会影响雏鸡日后的生长发育。

五、雏鸡的饲喂技术

（一）饮水

1. 初饮　雏鸡首次饮水称为“初饮”，一般应在其绒毛干后12～24 h开始初饮，此时不给饲料。

2. 水温　冬季水温宜接近室温（16～20℃），炎热天气尽可能提供凉水。

3. 防应激　最初几天的饮水中，通常每升水中可加入0.2 g呋喃唑酮（痢特灵）或0.1 g高锰酸钾，以利于消毒饮水和清洗胃肠，促进小鸡胎粪的排出。经过长途运输的雏鸡，饮水中可加入5%的葡萄糖或蔗糖、复合多种维生素或电解质营养液，以帮助雏鸡消除疲劳，尽快恢复体力。

4. 训练　育雏前几天，饮水器、盛料器应离热源近些，便于鸡取暖、饮水和采食。立体笼养时，第一周内在笼内饮水、采食，一周后训练在笼外饮水和采食。

5. 喂水原则　雏鸡出壳后一定要先饮水后喂食，保证清洁不断水，防止雏鸡脱水死亡。

6. 饮水管理注意事项

（1）保证良好的饮水质量。饮水要干净，在1周龄内最好饮用凉开水，以后可换用深井水或自来水，水质应符合国家饮用水卫生标准。

（2）保证充足的饮水供应。饮水器具数量要足够，尽可能保证饮水器具中有水。

（3）饮水添加物的应用。在育雏前期在饮水中添加一些添加物，用于增加营养摄入、调节体液电解质平衡、减轻应激、防治疾病等。常使用的添加物有糖（葡萄糖或蔗糖）、复合多种维生素（水溶制剂）、电解质营养液（补液盐）等。

（二）开食

1. 开食　给初生鸡第一次喂料叫“开食”。在初饮后应尽早开食，开食不宜过晚，否则会影响雏鸡的生长发育。

2. 开食时间　最好在出壳后24～36 h进行开食。

3. 开食方法　使用浅平食槽或食盘，或直接将饲料撒于反光性强的已消毒的硬纸、塑料布上，当一只鸡开始啄食时，其他鸡也纷纷模仿，全群很快就能学会自动吃料、饮水。

4. 开食料　要求新鲜、颗粒大小适中，易于雏鸡啄食，营养丰富易消化。

5. 合理的饲喂

（1）饲喂次数。一般第一天饲喂2～3次，以后每天喂5～6次，6周后逐渐过渡到每天4次。喂料时间要相对稳定，喂料间隔基本一致（晚上可较长），不要轻易变动。

(2)饲喂量。饲喂时要掌握“少喂、勤添、八成饱”的原则，每次喂食应在20～30 min内吃完，以免引起消化不良，食欲减退。

(3)饲喂方法。开食一般是把饲料撒在硬纸上或浅盘中，1周龄后换用小型料槽或料桶。

【案例分析】在生产中，刚出壳的雏鸡会遭受免疫、运输等应激，为缓解雏鸡的应激，应该采取哪些措施?

分析：为了缓解雏鸡的应激，在最初几天的饮水中，通常可在每升水中加入0.2 g呋喃唑酮(痢特灵)或0.1 g高锰酸钾，以利于消毒饮水和清洗胃肠，促进小鸡胎粪的排出；经过长途运输的雏鸡，饮水中可加入5%的葡萄糖或蔗糖、多种维生素或电解质液，以帮助雏鸡消除疲劳，尽快恢复体力。

六、雏鸡的管理

(一)保持适宜的环境条件

1. 育雏温度 第一周育雏温度在33～35℃，以后每周下降2～3℃，直至18℃脱温。

温度是否适宜还应参考雏鸡的行为表现：温度适宜时雏鸡采食、饮水后活泼爱动，休息时安静伏地而且伸颈，并均匀地分散在活动区内；温度偏高则雏鸡远离热源，双翅下垂、张口喘气，食欲减退；温度偏低则雏鸡拥向热源，聚集成堆，尖声鸣叫。

2. 相对湿度 10日龄以前室内相对湿度可控制在60%～70%，10日龄后宜为60%左右。

3. 通风换气 雏鸡新陈代谢旺盛，饲养密度大，耗氧量和二氧化碳排放量较多，进行适当的通风换气以保持室内空气的清新是雏鸡健康生长的前提。

4. 光照 光照管理的目的在于便于雏鸡采食、饮水、活动和休息，也便于操作管理。3日龄前为全天连续照明，4～7日龄每天照明20 h，每周缩减2 h，直至8～9 h。

5. 密度 单位面积饲养的雏鸡数即饲养密度。平养1周内每平方米50只雏鸡，以后逐步调整饲养密度。

(二)做好日常管理工作

1. 观察鸡群 主要观察采食情况、饮水情况、精神状况、粪便情况、群行为等。

2. 定期称重 定期随机抽测5%～10%的雏鸡体重，与品种的标准体重对比，以便及时修订饲养管理措施。

3. 适时断喙 防止饲料浪费、防止啄癖，断喙适宜时间为10～15 d。

4. 及时分群 鸡群的整齐度用进入平均体重±10%的鸡数占全群鸡数的百分比来表示，整齐度小于70%时应进行分群饲养。

(三)疾病预防与免疫接种

1. 免疫 接种鸡新城疫、鸡传染性支气管炎、鸡传染性法氏囊炎、鸡痘等疫苗。

2. 投药 在饲料中混加或饮水中添加治疗和预防疾病的保健药。

3. 卫生防疫 采用全进全出制和严格的消毒制度，并控制饮水饲料洁净程度。

(四)做好日常记录

记录每批育雏品种、入雏时间、入雏数量、死淘情况、喂料情况、喂药及疫苗免疫情况。综合分析总结育雏经验。

【案例分析】一个蛋鸡养殖场成鸡的笼位数为5000只，按照往年养殖的成绩来分析订购的进雏鸡数量。育雏率95%，育成率95%，鉴别率98%，合格率98%，保险系数1.05，那么订购的进雏鸡数应为多少？

分析：进雏鸡数应为：5000÷0.95÷0.95÷0.98÷0.98×1.05=6057（只）。

孵化场一般给予2%～4%的损耗，如按照4%计算，即6057×4%=242（只）。

则订购的数量应为：6057−242=5815只。

因此订购的进雏鸡数大约为5815只。

第二节　蛋用育成鸡的培育

一、育成鸡的培育目标及生理特点

（一）培育目标

育成鸡一般指7～20周龄的鸡，该阶段的培育目标是鸡体健康、体重达标、群体整齐，性成熟一致，体重符合该品种标准，肌肉发育良好，无多余脂肪，骨骼坚实，体质状况良好。

（二）育成鸡的生理特点

1. 适应性提高　体温调节健全、消化机能健全、免疫器官逐渐发育成熟。

2. 体重和骨骼生长旺盛　育成期绝对增重最快，骨骼发育加快，13周龄后易引起肥胖。

3. 生殖系统发育快　10周龄后性腺开始快速发育，16～17周龄接近性成熟。

（三）育成鸡培育的标准要求

1. 体重　育成期体重直接影响开产日龄、产蛋量、蛋重、蛋料比及高峰持续期，体重需符合本品种标准。

2. 体型　主要测量胫长来衡量骨骼发育情况。胫短而体重相对大者，表明鸡过于肥胖；胫长而体重相对轻者，表明鸡过瘦。

3. 均匀度　均匀度的标准由育种公司提供，必须遵循标准。蛋鸡从8周龄开始每周抽样检查1次，样本量不低于50只。按照测量结果分群饲养，在育成末期均匀度达到80%以上。体重、跖长一致的后备鸡群，成熟期比较一致，达50%产蛋率后迅速进入产蛋高峰期，且持续时间长。

二、育成鸡的饲养方式

（一）三段式

商品蛋鸡场生产区内有育雏、育成、产蛋三种鸡舍。设计完善的鸡场，将三种鸡舍分区建设，相互间留有一定的距离，并注意与饲料库、生活区有恰当的距离。雏鸡从6～8周龄由雏鸡舍转入育成鸡舍，一直饲养到性成熟再转入产蛋鸡舍。

（二）两段式

育成鸡分别在育雏舍或产蛋鸡舍中饲养，不需要专用的育成鸡舍。1日龄雏鸡在雏鸡舍内一直养到10周龄，再转入产蛋鸡舍，这种方式减少了一次转群，且在较小的年龄转入永久性产蛋舍，有预防应激的作用。

（三）一段式

这种方式多应用于种鸡地面、网上或板条饲养，从1日龄开始直至产蛋结束在同一鸡舍内完成，仅随着年龄的增长更换相应的设备。随着鸡龄的不断增加，逐渐分散鸡群，随时调整饲料槽、水槽的数量及高度，以保证足够的采食、饮水空间及适宜高度。

三、育成鸡的饲养

(一)日粮过渡

从5或7周龄的第1~2 d,用2/3的育雏期饲料和1/3育成期的饲料混合喂给;第3~4 d,用1/2的育雏期饲料和1/2育成期饲料混合喂给;第5~6 d,用1/3育雏期饲料和2/3育成期饲料混合喂给,以后喂给育成期饲料。

(二)限制饲养

鸡在育成期为避免因采食过多,造成产蛋鸡体重过大,在此期间对日粮实行必要的数量限制,或在能量蛋白质质量上给予限制,这一饲喂技术称限制饲养。

1. 限制饲养的目的

(1)防止育成鸡吃过多的饲料。一般蛋用型鸡限饲可节约7%~8%饲料。

(2)控制体重增长,维持标准体重。

(3)保证正常的脂肪蓄积。有利于维持产蛋持久性。

(4)育成健康结实、发育匀称的后备鸡。随时调整限饲日粮的营养水平和饲喂量,使育成鸡生长发育朝着预期的方向发展,保证育成鸡健康结实、发育匀称。

(5)防止早熟,提高生产性能。体重过轻或过大、早熟和延迟成熟的鸡群,产蛋量都不会达到标准水平。

(6)减少产蛋期间的死淘率。限制饲养虽然在生长期死淘率较高,但在产蛋期死淘率则较低。原因是一些未被发现的病弱鸡在生长期间因不能耐受限制饲养而死亡。

2. 限制饲养的方法 目前对蛋鸡的限制饲养多采用限量限时法和限质法。

(1)限量限时法。适用于中型蛋用育成鸡,有定量限饲、停喂结合、限制采食时间等方法。把每天每只鸡的饲料量减少到正常采食量的90%。

(2)限质法。限制日粮中的能量和蛋白质水平,适用于轻型蛋用育成鸡。

3. 限制饲养注意事项

(1)正确执行限制饲养方案。根据蛋鸡品系的发育标准、鸡舍类型及鸡场内饲料条件等,有针对性地制订出限制饲养计划。准备充足的水槽和食槽,让鸡群在相同时间吃上饲料。

(2)预防应激。限制饲养前做好断喙工作,并挑出病鸡、弱鸡。在鸡群因防疫注射、转群、运输、断喙、疾病、高温、低温等条件而发生应激反应,鸡群处于发病或应激状态时应停止限制饲养,恢复正常后再进行限制饲养。

(3)限制饲养标准。定期称重、及时调整饲喂量。

(4)不可盲目限制饲养。鸡的饲料营养条件不好,后备鸡体重较轻时,不可进行限制饲养。

(5)限制饲养时间。从8~12周龄开始,至18周龄转群上笼结束。

(三)饮水

育成期每只鸡的饮水位置要有足够的空间,一般为3 cm,要求饮水清洁卫生。一般情况下,周围的环境温度越高,鸡的采食量越少,会影响机体的生长发育。环境温度高时,可供应凉水并且经常更换。

(四)体重的测定与均匀度

1. 体重测定 轻型鸡每隔1~2周称重一次,便及时调整饲养管理措施。称测体重的数量上万只鸡按1%抽样,小群按5%抽样,但不能少于50只。

2. 均匀度测定 鸡群的均匀度是指群体中体重落入平均体重±10%范围内鸡所占的百分比。均匀度在70%~76%时为合格,达77%~83%认为较好,达到84%~90%为很好。一个良好的育成鸡群不仅体重符合标准,且均匀度也要高。

在鸡群密度大,过于拥挤,喂料不均匀或不按标准喂料,断喙不正确,每个笼或栏内饲养鸡的数量不一致以及疾病感染时,体重均匀度均会受到不利影响。

【案例分析】某鸡群10周龄平均体重为760 g，超过或低于平均体重±10%的范围是多少？在5000只鸡群中随机抽样5%的250只中，体重在±10%（684～836 g）范围内的有198只，该群鸡的均匀度为多少？

分析：（1）10周龄平均体重为760 g，平均体重±10%分别为760×10%=76 g，因此，平均体重±10%的范围应为：

$$760-(760\times10\%)=684(g)$$

$$760+(760\times10\%)=836(g)$$

（2）在5000只鸡群中抽样5%的250只中，体重在±10%（684～836 g）范围内的有198只，这群鸡的均匀度应为198÷250=79.2%。

四、育成鸡的管理

（一）育成前期的管理

1. 过渡期管理

（1）转群。同一鸡舍内需疏散鸡群以降低密度；不同鸡舍在育雏末期均需转群，在转群前必须彻底清洗和消毒育成舍及用具。

（2）脱温。降温要缓慢、脱温要稳妥。

（3）换料。换料不能突然，雏鸡料与育成鸡料混合喂，适应期为5～6 d。

2. 增加光照 转群第一天给予24 h光照，以便鸡群熟悉环境，以后按标准实施。

3. 整理鸡群 饲养密度合理，体小、体弱的鸡单独饲养。

（二）饲养密度

网上平养每10～12只/m²。在育成期的前几周为12只/m²，后几周为10只/m²；在笼养条件下，按笼底面积计算为15～16只/m²。

（三）控制性成熟

通过控制性成熟，做到适时开产。控制性成熟的主要方法，一是限制饲养，二是控制光照，其关键是把限制饲养与光照管理结合起来。

（四）饲喂设备

育成鸡按不同的饲养方式，采取不同的管理措施，鸡舍面积和料槽、水槽都要以性成熟时的需要为准。育成期料槽位置每只鸡为8 cm或4.5 cm以上的圆形食盘位置，以防因采食位置不当而造成抢食和出现拥挤踩踏现象，饮水器则每只有2 cm以上即可。

（五）通风

通风要适当，既要维持适宜的鸡舍温度，又要保证鸡舍内有较新鲜的空气。夏季鸡舍温度升至30℃时，鸡表现不安，采食量下降，温度越高，应激越大，越要加大通风量。

（六）预防啄癖

防治的方法不能单纯依靠断喙，应当配合改善室内环境，降低饲养密度，改进日粮，适当缩短光照时间等防止啄癖。已经断喙的鸡，在14～16周龄转群前，应拣出早期断喙不当或遗漏的鸡，进行补断。

讨论：蛋鸡产生啄癖的主要因素有哪些？

(七)添喂砂砾

在饲料中添喂砂砾,是为了提高鸡胃肠的消化机能,改善饲料转化率。砂砾除可拌入日粮外,也可以单独放在砂槽内任鸡自由采食;砂砾要清洁卫生,添喂之前用清水冲洗干净,再用0.01%高锰酸钾水溶液消毒。

(八)卫生和免疫

育成期内免疫任务最重,注射疫苗工作量大,要保质保量。以饮水方式给药的疫苗,要先断水2～4 h,控制加疫苗的适当用水量,既要保证疫苗饮水充足,又要防止加水太多。

(九)日常管理

1. 环境及疫病预防 保持舍内空气清新、环境干燥卫生、做好免疫工作。

2. 观察鸡群 掌握鸡群的健康与饮食情况。发现问题及时解决。

3. 光照管理 光照要求是8～9 h/d,强度为5～10 lx。光照管理的方法有恒定光照法(密闭鸡舍)、自然光照法(开放鸡舍)、渐减光照法。

4. 提高体重整齐度 定期称重,调整饲喂量;调整饲养密度;保证每只鸡均匀采食;及时合理地调整鸡群;做好日常工作记录。

(十)开产前管理

1. 补钙 鸡群见第一枚蛋时,蛋鸡日粮中需添加含钙矿物质(石膏粉、贝壳等)。

2. 体重与光照 18周龄时,鸡群尚未达到标准体重的需加大喂养量,待鸡群体重达标后,光照每周延长1 h,直至增加到14～16 h后恒定不变。

3. 自由采食 鸡群开始产蛋后,饲喂方式改为自由采食,保证其有足够的营养生产鸡蛋。

第三节　产蛋鸡的培育

一、产蛋鸡的生理特点及产蛋规律

(一)生理特点

产蛋期一般是指21～72周龄,其主要生理特点有:

1. 开产后身体尚在发育 开产母鸡,已经性成熟,但还没达到体成熟,体重继续增长。

2. 对环境变化敏感 产蛋鸡富于神经质,对环境变化非常敏感,饲料、温度、湿度、人员的变化都会产生应激反应。

3. 营养物质利用率不同 产蛋期的不同阶段对营养物质的利用不同。

(二)产蛋规律

1. 年产蛋规律 第一年产蛋量最高,以后每年下降15%～20%。

2. 周期产蛋规律 产蛋随着周龄的增长出现“低—高—低”的规律。

3. 蛋重变化规律 蛋重随周龄增大而增加,第一个产蛋年末最重,第二年相反。

(三)产蛋曲线绘制与分析

1. 产蛋曲线绘制 以产蛋周龄为横坐标,该周每日对应的产蛋率为纵坐标绘制曲线。

2. 产蛋曲线分析

(1)上升速度快。开产后,产蛋率迅速增加,经过4～5周后可达到90%以上。

(2)下降缓慢。产蛋高峰期过后,产蛋曲线下降缓慢。

(3)产蛋损失无法补偿。产蛋期母鸡受应激影响,产蛋曲线下滑,即使以后恢复,产蛋曲线也不会超过产蛋标准。

思考：实际生产中应如何提高蛋鸡的产蛋率？

二、产蛋前的准备

（一）鸡舍的准备

当产蛋鸡即将达到性成熟由育成鸡舍转入产蛋鸡舍时，必须对鸡舍及设备进行彻底清洗和消毒。供水、供电、通风设施，鸡舍的防雨、保暖设施有问题要及时维修，填堵鼠洞，门窗玻璃及时安好。在鸡舍最后一次消毒前应对供水、供料、供电、刮粪系统检查和试运行。工作状态正常后才能进行鸡舍的最后一次消毒。

（二）鸡舍的消毒

1. 喷洒消毒 选用2%～3%的火碱水（对金属制品不能选用）、甲醛（用水1:1稀释后直接喷洒）、10%的石灰水等。喷洒的顺序是地面→顶棚→墙壁→鸡笼（或棚架）及设备→地面。喷洒消毒必须坚持消毒→干燥鸡舍→再消毒→再干燥鸡舍的步骤进行，以保证较好的效果。

2. 清理物资 移出用具，拆掉棚架，并将产蛋箱、饮水用具、供料用具（机械供料除外）、清粪用具等搬出舍外指定地点进行冲刷、晾晒、消毒。

3. 鸡舍清扫 先清理舍内鸡粪，然后再彻底清扫鸡舍，包括顶棚、死角、鸡笼、鸡架、鸡舍四壁、地面等。

4. 冲洗 用高压水枪对鸡舍顶棚、死角、墙壁、鸡笼、鸡网架、地面等进行彻底冲刷，鸡笼、鸡网架的底面不得残存鸡粪，使舍内真正达到清洁。

5. 火焰消毒 用火焰喷灯或其他火具将舍内所有表面喷烧一遍（对于塑料用具或木制器具应注意防火和保护），以达到表面灭菌的目的。

6. 设备复位 将移出后清洗和消毒过的料桶、料槽、饮水器等用具重新搬至舍内，并安装调试正常，地面平养时铺好垫料。

7. 熏蒸消毒 将鸡舍门窗、通风孔封闭，使舍内温度升至25℃以上，相对湿度60%以上，用甲醛和高锰酸钾（每立方米空间用42 mL甲醛、21 g高锰酸钾）熏蒸24 h，待进鸡前3 d打开门窗散发气味，清理空舍时间应不低于3周。

（三）转群

后备蛋鸡由育成舍转入蛋鸡舍称为转群。为便于管理、控制疾病，最好实行“全进全出”。

1. 转群时间 17～18周龄转群为好，最迟不超过21周龄。炎热季节转群时最好在夜间进行，夜间鸡易捕捉，可避免惊群，减少应激。

2. 转群前的饲养管理 在转群前两天内，为了加强鸡体的抗应激能力，应在料中或饮水中添加抗生素和双倍的多种维生素及电解质营养液，如维生素C、速补-14等。转群当日连续24 h光照并停料供水4～6 h，将剩余的料吃净或剩余不多时再转出。

3. 转群时的组织工作 转群工作量大，时间紧，应组织好人力，做好安排。一般可将人力分成抓鸡、运鸡和放鸡三个组。轻拿、轻放，防止运输过程中压死、闷死鸡。

4. 转群后的饲养管理 要注意观察鸡群的动态，鸡可能会拉白色稀粪，但2天后转为正常。当鸡群经过一周左右适应过程后，要依次进行断喙（主要是修剪）、注射预防疫苗、换料、补充光照等措施。切忌在转群的过程中进行上述工作，以免增加更多的刺激。

5. 转群注意事项

（1）转群前停喂10 h，寒冷季节还应缩小两鸡舍温差。

（2）在晚上能见度较低时进行，便于抓鸡。

（3）运输过程中，避免受热受凉，且时间不要太长。

（4）转群前应避免疫苗接种，减少应激。

(5)对鸡群进行彻底选择淘汰。

(6)转群后，逐渐增加光照，补光的幅度一般为每周增加0.5～1 h，直至增加到16 h。

(四)更换饲料

由育成期料更换为产蛋前期料，开产前恢复自由采食，不得限饲，一直到产蛋高峰过后2周为止。为促进产蛋率上升，一般从18～19周龄更换。产蛋鸡饲料按1/3、1/2等比例逐渐替换育成鸡日粮，直到全部改换为产蛋鸡日粮。

(五)减少应激

维持鸡舍环境，尽量减少应激的产生，完成免疫接种和驱虫计划。

(六)整顿鸡群

鸡群在转群上笼或转入其他饲养方式的产蛋鸡舍之前要进行整顿，严格淘汰病、残、弱、瘦、小的不良个体。到育成后期鸡群开产时，均匀度在95%以上开产后很快达到高峰期，产蛋上升期很短，全期的产蛋量也较高。在转群前对全群鸡进行驱虫，主要驱除肠道线虫。经过整顿后，使鸡群健康一致，有一个理想的体重和体型。

三、产蛋鸡的饲养管理

(一)产蛋鸡的饲养

1. 产蛋鸡的营养标准 按产蛋水平分为三个档次，分别为产蛋率80%以上、80%～65%和65%以下，各档次的能量水平相同，而粗蛋白等营养水平，则随产蛋水平的增加而增加。

2. 产蛋鸡的阶段饲养 是指根据鸡群的产蛋率和周龄将产蛋期分为几个阶段，并根据环境温度喂给不同营养水平的日粮，这种既满足营养需要，又不浪费饲料的方法叫阶段饲养法。主要指产蛋阶段饲料中蛋白质和能量水平的调节，分为两阶段饲养法和三阶段饲养法两种。

(1)两阶段饲养法。从开产至42周龄为前期，42周龄以后为后期。

(2)三阶段饲养法。即产蛋前期、中期、后期，或产蛋率为80%以上、70%～80%、70%以下三个阶段。第一阶段是产蛋率80%以上的时期(多数是从开产至40周龄)。

在育成阶段发育良好，一般在20周龄开产，26～28周龄达产蛋高峰期，产蛋率可达95%左右，到40周龄时产蛋率也能维持在80%以上。第二、三阶段产蛋率分别为70%～80%和70%以下(多在40～60周龄和66周龄以后)。此时的饲养管理应是使产蛋率缓慢和平衡地下降。应降低日粮的营养水平。

3. 产蛋鸡的调整饲养 就是根据环境条件、产蛋曲线、气温变化和鸡群状况的变化，及时调整饲料配方中各种营养物质的含量，以适应鸡的生理和产蛋需要。

4. 产蛋鸡的限制饲养 指产蛋鸡群在高峰期过后减少饲喂量而对产蛋性能无影响的一种措施，目的在于减少饲料成本。当鸡群有应激状态出现时不应减量，通常状态下，限制饲养时喂料量相当于正常鸡日采食量的91%～92%。

讨论：蛋用种鸡育成期是否必须限食?

5. 饲喂与饮水 整个产蛋期以自由采食为宜，但每次喂料不宜过多，每日喂2次，夜间熄灯之前无剩余饲料。饮水量一般是采食量的2～2.5倍，饮水不足会造成产蛋率急剧下降。夏天饮用凉水，有利于产蛋，应注意加强水塔、水箱中水的循环。

6. 产蛋后期防止早衰 产蛋后期控制体重和抗衰老是减少产蛋率下降的有效方法。蛋鸡体重的增长终点在36周龄，产蛋率生理下降的起点在40周龄，36～42周龄若继续增重，鸡体脂肪增加，将影响产蛋率，产量下降速度加快。产蛋后期喂料应严格按标准饲喂，同时将日粮中的蛋白质逐渐降低0.5%～1.5%，并增加氨基酸、复合多种维生素及钙的用量，减少脂肪的沉积。后期每两周抽样称重一次，了解鸡群体况变化。

(二)饲养密度与卫生防疫

1. 饲养密度　全垫料地面5～6只/m^2、网上平养8～11只/m^2,笼养20～26只/m^2。

2. 卫生防疫　保持环境卫生,定期做好疾病防治、消毒、免疫接种工作,必要时饲料中添加预防性药物,工作人员应固定,防止互相串门。

(三)产蛋鸡的环境管理

1. 温度

(1)产蛋鸡温度要求。适宜温度为13～25℃、最佳温度为18～23℃。

(2)减少热应激的措施。

①调整饲料成分。降低代谢能含量,提高粗蛋白、钙含量。

②改善鸡舍建筑结构。屋顶、墙壁采用隔热措施。

③加强通风。增加鸡舍内空气流量和流速。

④蒸发降温。使用湿帘—风机降温系统、喷雾降温。

⑤充足的饮水。供应清洁水,添加多种维生素或抗菌药,减少热应激和增加抵抗力。

⑥其他措施。降低饲养密度,喂料避开高温时间,保持环境清洁。

(3)减少冷应激的方法。

①加强饲养管理。提高日粮的代谢能,整修鸡舍,必要时加温。

②减少鸡体热量的散失。防止漏水,保持垫料卫生、干燥。

2. 湿度　适宜相对湿度为40%～72%,最佳相对湿度为60%～65%。湿度过高导致羽毛粘连、关节炎病增多;过低则皮肤干燥、易发生尘土飞扬、呼吸道疾病。

3. 通风　通过风机的运转,加强鸡舍通风,减少空气中有害气体、灰尘和微生物的含量,使舍内保持空气清新,氧气充足。同时也可调节温度,降低湿度。

4. 光照　合理光照是蛋鸡高产、稳产的必不可少的条件。

(1)光照原则。产蛋阶段光照时间只能延长,不能缩短,强度不可减弱。

(2)光照制度。产蛋阶段初始渐增,以后保持恒定不变。

① 密闭鸡舍。0～3 d,23～24 h;4 d～18周,8～9 h;大于18周,增加1 h/周,至16 h保持不变。

②开放鸡舍。0～3 d,23～24 h;4～7 d,20 h;减2 h/周至8～9 h,保持到18周;大于18周,增加1 h/周,至16 h保持不变。

(3)光照强度。15～20 lx,白天室内光照强度过低时,需开灯加强。

5. 保证舍内安静　鸡舍内、外避免噪音,人员与工作服颜色尽可能不变,防止其他小动物进入鸡舍。

(四)减少饲料浪费

饲料成本占鸡蛋总成本的70%左右,因此,必须重视减少饲料浪费。为了减少浪费,应注意以下几点。

1. 防止直接浪费　每次喂量低于料槽高度的1/3,蛋鸡定期断喙,调整料槽结构,防止漏料漏水。

2. 防止间接浪费　饲养高产优质品种,预防疾病,提供适宜环境,使用全价优质饲料。

3. 饲料颗粒度　蛋鸡主要使用粉料,应注意防止过细或过粗。过细适口性差,易飞散;过粗,鸡易择食,采食不均匀,易造成营养不平衡。

4. 灭鼠　老鼠不仅吃掉饲料且传播疾病,因此,必须定期捕杀老鼠。

5. 饲料保存　应避光防潮,防止因饲料吸潮而发霉变质,最好不要一次购入大量饲料,同时还应加强防寒保暖工作。

（五）日常管理

鸡舍的饲养人员除了喂料、捡蛋、清粪、打扫卫生和消毒以外，最重要的是观察和管理鸡群，及时发现和解决生产中的问题，以保证鸡群健康和高产、稳产。

1. 观察鸡群 掌握鸡群的健康与饮食情况，挑出病、死鸡，淘汰低产停产母鸡，观察鸡蛋的质量，找出问题，分析原因，及时纠正。

2. 减少应激 要固定饲养员，并经常注意鸡群的环境变化，使光照、温度、通风、供水、供料、集蛋等符合要求并力求合理和相对稳定。

3. 及时拣蛋 每天捡蛋2～3次，创造无蛋环境，刺激母鸡产蛋。

4. 做好记录 记录蛋鸡死亡数、产蛋数、蛋重、料耗、舍温、光照、饮水、添加药物等情况。绘制图表，进行分析，总结经验。

5. 注意保持鸡舍的环境卫生 经常洗刷水槽、料槽，定期消毒。

6. 采用全价优良的日粮 保持饲料的新鲜程度，不喂霉败变质的饲料，喂料时要少添勤给，及时淘汰低产鸡和停产鸡。

7. 供给水质良好的饮水 饮水器具要每天清洗，产蛋鸡的饮水量随气温的变化而变化，一般情况下每只鸡每天饮水量为200～300 mL。

8. 饲养人员完成日常工作 按时开灯、关灯，给水、喂料、捡蛋、清粪、消毒、记录等日常工作必须保质保量完成。

9. 做好生产记录 生产记录的内容很多，包括日期、鸡龄、存栏数、产蛋量、存活数、死亡数、淘汰数、耗料、蛋重和体重等。管理人员必须经常检查鸡群的实际生产记录，并与该品系鸡的性能指标相比较，找出不足，纠正和解决饲养管理中存在的问题。

【案例分析】一个蛋鸡养殖场，有两栋不同类型的蛋鸡舍，其中一栋为密闭鸡舍，另一栋为开放鸡舍，请问它们是否可以采用相同的光照制度？如果不能采用相同的光照方案，应该如何制订其光照制度？

分析：因密闭鸡舍全需要人为供给光照，而开放鸡舍会受到自然光的影响，因此两种鸡舍的光照制度是不同的，而且不同的蛋鸡养殖场其光照制度也可能是不同的。蛋鸡场的光照原则、光照强度与光照时间分别为：

（1）光照原则：育雏、育成期，随着鸡日龄的增加，每天光照时间保持恒定或逐渐减少，切勿增加；产蛋期，光照时间先增加，然后保持恒定，不能减少。

（2）光照强度：1～3日龄光照强度为20～40 lx，此时如果光线偏暗，幼雏视力较弱，不便采食、饮水；4日龄到18周龄生长阶段的鸡，光照强度以偏暗为好，一般为5 lx；19周龄后光照强度一般为10～20 lx。

（3）光照时间

A.密闭式鸡舍的光照制度：1～3日龄时每天光照24 h；4～14日龄每天减少1 h直到13 h；15～21日龄每天减少0.5 h直到9.5 h；4周龄每天9 h；5～15周龄每天8 h；16～18周龄每周增加1 h（周初加）到11 h；19周龄后每周增加0.5 h（周初加）到16 h恒定。

B.开放式鸡舍的光照制度：开放鸡舍的光照时间受自然光照影响，光照程序很难按具体的光照时间执行，所以在制订光照程序时应与当地自然日照相结合。

下面给出一个建议的光照程序仅供参考：

a.春季进雏：自然日照时间逐渐延长，为了防止鸡性早熟，可找出鸡在18周龄时的自然日照时间，使鸡群从第3周开始至18周龄一直采用此光照时间，不足部分由人工补光；18周增加1 h光照或增加至最少13 h，18周以后每周增加15 min，直至达到16 h光照。

b.秋季进雏：自然日照时间逐渐缩短，但为了避免鸡性成熟延迟，需在日照时间缩短到8 h以后保持恒定的光照时间，不足部分由人工补光，直到18周以后按密闭鸡舍光照程序执行。

四、产蛋鸡的四季管理

（一）春季

春季各种病原微生物容易滋生繁殖，为了减少疾病的发生，最好在天气变暖前彻底清扫和消毒，并加强疾病检测工作。

（二）夏季

夏季饲养管理的主要任务是防暑降温，以保证足够的营养摄入，维持生长生产所必需的营养。当环境温度高于25℃时，产蛋率开始下降；当环境温度高于30℃时，产蛋量和采食量都明显下降；当环境温度超过35℃时，鸡就会发生热昏厥而中暑。为了做好防暑降温工作，可采用下列方法。

1. 减少鸡舍所受到的辐射热和反射热　在鸡舍的周围植树，搭置遮荫凉棚，或种植藤蔓植物；鸡舍房顶增加厚度，或内设顶棚，房顶外部涂以白色涂料；在房顶上安装喷头，对房顶进行喷水。

2. 增加通风量　采取自然通风的开放性鸡舍应将门窗及通风孔全部打开；密闭式鸡舍应开动全部风机，并昼夜运转，以达到降温的目的。

3. 湿帘降温法　采取负压通风的鸡舍，在进气处安装湿帘，降低进入鸡舍的空气温度，可使舍温下降5～8℃。

4. 喷雾降温法　在鸡舍或鸡笼顶部安装喷雾器械，直接对鸡体进行喷雾。设备可选用高压隔膜泵，没有条件的也可用背负式或手压式喷雾器喷水降温。

5. 供给清凉的饮水　夏季的饮水要保持清凉，水温以10～30℃为宜。

6. 降低饲养密度　为了减少鸡舍内部鸡的自身产热，可适当降低饲养密度。

7. 日粮中加入抗热应激的添加剂　为了更好地防暑降温，可在饲料或饮水中添加0.02%维生素C，或其他一些抗热应激的添加剂。

【注意事项】夏天养蛋鸡的注意事项。

如何使蛋鸡安全度夏，而又保持高产，应注意以下几方面：

1. 温度。产蛋鸡最适环境温度是18~25℃，超过这一温度范围，就必须采取防暑降温措施。

2. 湿度。安装换气扇，及时通风换气，保持舍内空气清新。

3. 饮水。给鸡饮冰凉水，可在饮水中加补液盐维持机体对无机盐的要求。

4. 调整饲喂方法。早晨喂早一些，多喂一些，中午少喂，晚上喂晚一些，以提高鸡的食欲，摄取充足的饲料。

5. 密度。笼养鸡适度降低饲养密度，有利于改善饲料效能和产蛋率。

6. 调整饮料配方。可减少热能饲料；夏季要高产必须提高蛋白质含量；增加饲料中矿物质成分，尤其是钙。

7. 饲料中添加抗应激的添加剂。

(三)秋季

在秋季换羽和停产早的鸡(多数为低产鸡)应尽早淘汰。当年小母鸡尚未开产时,可进行疫苗接种或驱虫。

(四)冬季

冬季日照时间最短,气温最低,无论是密闭式鸡舍还是开放式鸡舍,都要做好防寒保暖工作。一般来说,低温对鸡的影响不如高温影响严重,但温度过低,会使产蛋量和饲料转化率降低。舍温7℃时生产基本正常,−9℃以下时鸡就有可能冻伤。在做好保温的前提下,应注意通风换气,特别要处理好通风换气与保温。

【案例分析】某蛋鸡养殖场群被确诊为暴发了皮肤型鸡痘病,对此应采用哪些综合控病处理措施?

分析:应采用以下综合控病处理措施:

(1)一旦发现患病鸡就应迅速进行隔离,单独饲养管理并给予手术治疗。

(2)迅速有效地杀灭蚊子。对鸡舍内过道应立即用0.1%百毒杀溶液喷雾消毒一次。

(3)对患病鸡用消毒过的医用剪刀,将豆状的坏死病灶逐一地剪掉,剪除结痂要彻底。剪下的痂皮(块)要用盘子接住,一并集中烧毁。在剪去痂皮的患处应立即涂擦紫药水或碘酊,过4~5 d后再次对患处进行手术处理,方法同前。再过一段时间各患鸡的结痂自动脱落后即可痊愈。

(4)对病重患鸡可迅速扑杀,将尸体深埋或焚毁作无害化处理。

(5)对健康鸡群立即进行紧急预防接种,用鸡痘苗,每只鸡翼膜双针刺种,直到接种生效为止。

(6)搞好环境的清洁卫生和日常科学饲养管理,尤其要切实做好灭蚊防害工作,消除该病的传染源,以达到防控鸡痘病的较好效果。

第四节　蛋用种鸡的饲养管理

饲养种鸡的目的是尽可能多地获取受精率和孵化率高的合格种蛋,以便由每只母鸡提供更多的健康母雏。而种鸡所产母雏的多少、质量的优劣,取决于种鸡各阶段的饲养管理及鸡群净化程度。

一、后备种鸡的饲养管理

蛋用种鸡与商品蛋鸡育雏、育成饲养方法大同小异,本节重点介绍不同之处。

(一)饲养方式与饲养密度

1. 饲养方式　种鸡的饲养虽有地面平养、网上(或棚架)平养和笼养三种饲养方式。但为了便于鸡群疾病控制,有利于防疫,提高种雏质量和成活率,建议采用棚架平养和笼养。

2. 饲养密度　种鸡的饲养密度比商品鸡小,合适的饲养密度,有利于雏鸡的正常发育,也有利于提高鸡群的成活率和均匀度。应随日龄的增加逐渐降低饲养密度。可在断喙、接种疫苗的同时,调整鸡群,并强弱分饲。

(二)跖长指标

在育雏期,跖长标准比体重标准更重要。在育雏期,主要目标是跖长的达标。到8周龄时若跖长低于标准,可暂不换育成料,直到跖长达标后再换料。

二、产蛋阶段的饲养管理

(一)饲养方式

产蛋期的蛋种鸡饲养方式主要有地面散养、网上(或棚架)平养和笼养三种方式。目前我国种鸡以笼养为主,多采用二阶梯式笼养,这有利于人工授精技术操作。

（二）环境控制

基本上与商品鸡相同，但是为了使种鸡体型得到充分发育，获得较大的开产蛋重，提高种鸡的合格率，开产前夕，光照增加时可以比蛋鸡延迟2～3周。

（三）种蛋的收集与消毒

1. 种蛋的收集　种蛋要求定时收集，每天至少集蛋6次。集蛋时要将脏蛋、特小蛋或特大蛋、畸形蛋、破蛋剔出，可减少日后再挑选时人工污染机会。

2. 种蛋的消毒　种蛋送入蛋库后应及时进行第2次消毒，以免增加污染机会。

3. 种蛋的贮藏时间　贮存时间最好5～7 d或更短。

4. 贮存环境要求　温度在15～18℃，相对湿度为70%～80%，通风良好。若种蛋贮存超过5 d，除要降低环境温度（降到12℃）外，还要每天翻蛋。

三、种公鸡的选择与培育

（一）小公鸡的选择

1. 第一次选择　6～8周龄时选留个体发育良好，冠髯大而鲜红者；淘汰外貌有缺陷，如胸、腿、喙弯曲，嗉囊大而下垂，胸部有囊肿者。体重过轻和雌雄鉴别有误差的公鸡亦应淘汰。选留比例，笼养公母比为1:10，自然交配公母比为1:8。

2. 第二次选择　在母鸡转群时进行，一般掌握在17～18周龄时开始选留体型、体重符合标准，外貌符合本品种要求的公鸡。用于人工授精公鸡，除上述要求外，主要选择性反射功能良好的公鸡。笼养公母比为1:（15～20），自然交配公母比为1:9。

3. 第三次选择　在21～22周龄根据精液品质选择。选择精液颜色乳白、精液量多、精子密度大、活力强的公鸡。公鸡的按摩采精反应有90%以上是优秀和良好的，10%左右则为反应差、排精量少或不排精的公鸡。

全年实行人工授精的种鸡场，笼养公母比为1:（25～30），自然交配公母比为1:（10～12），多留一些后备公鸡可作补充。

（二）种公鸡的培育

从雏鸡开始，公母鸡实施分饲，平养与笼养均可，如有条件，饲养密度低一些为好，以锻炼公鸡的体质。在17周龄以前应严格按照各品系的鸡种要求进行饲养管理，如测量体重、度量跖长、调整均匀度等。光照方案可按照种母鸡的进行。到17～18周龄时转入单体笼内饲养（人工授精），光照也以每周增加0.5 h的幅度递增，直到16 h为止。

后备种鸡营养水平为：代谢能11～12 MJ/kg，育雏期粗蛋白质18%～19%，钙1.1%，有效磷0.45%；育成期粗蛋白质12%～14%，钙1.0%，有效磷0.45%。

人工授精的公鸡要断喙，以减少育雏、育成期的伤亡。平养方式自然交配的公鸡可不断喙，但要断趾，断趾是断掉内趾和后趾第一关节，以免自然配种时抓伤母鸡。

四、留用种蛋的时间

在种鸡体重与体况发育正常的情况下，一般在25周龄开始留用种蛋。采用笼养进行人工授精时，第3 d开始收集种蛋。若采用平面饲养（网上平养、地面平养或棚架饲养），一般在18周龄将公鸡放入母鸡群中，让公母鸡彼此有一个相互熟悉和建立群序的时间。

五、提高种蛋合格率的措施

种蛋重在50～65 g为宜，蛋重过大过小及各种畸形蛋均影响孵化率。因此，饲养种鸡不仅要考虑提高产蛋量，还要考虑提高种蛋合格率与受精率。

（一）全价日粮

在种鸡的饲料中除了满足能量和蛋白质的需要以外，更要注意影响蛋壳质量的维生素和矿物质的添加，尤其是钙、磷、锰等。通过提高营养水平，可以有效地降低破蛋率，破蛋率应控制在2%以内。

(二)科学管理

除了常规管理以外,还要特别加强饲养员对种蛋收集和管理的责任心,减少种蛋的破蛋率,增加捡蛋次数,上午至少捡蛋3次,下午捡蛋2次以上。

产蛋期间尽量减少预防免疫的次数,以降低软皮蛋的比例。双黄蛋多在产蛋初期出现,主要是初产母鸡生殖机能亢进所致,也与光照制度、初产体重、饲料营养、饲料喂量、环境因素、初产日龄有关。为了减少双黄蛋,要按照标准培育好青年鸡,使开产体重、日龄、体尺(跖长)达到标准。

(三)提高初产时种蛋合格率

初产蛋大是因为鸡日龄大(蛋的大小是随鸡的日龄增长而增加的),推迟性成熟就会使初产蛋较大,从而提高初产种蛋合格率,增加经济效益。

(四)选择设计合理的蛋鸡笼

产蛋鸡笼底网的选择要注意如下几个问题:底网弹性要好;镀锌冷拔丝直径不超过2.5 mm;笼底蛋槽的坡度不大于8°;每个单体笼装鸡不超过3只,每只鸡占笼底面积不小于400 cm^2。且各交叉处不能有焊接的痕迹。优质笼具的破蛋率很低,一般可控制在2%以内。有些价低质差的鸡笼破蛋率可超过5%。所以良好的养鸡设备也是提高种蛋合格率的关键因素。

(五)提高种蛋受精率

措施主要有:选择繁殖力强的公鸡;公鸡的使用年限合理;适当的公母比例;推广应用人工授精技术。进行人工授精时,要掌握好正确的输精姿势、准确的输精部位和输精深度、适宜的输精间隔时间及一天中最佳的输精时间,一般可以使受精率达到93%以上,最高可达到98%。此外,翻肛人员不要过度挤压蛋鸡的腹部,以防卵黄破裂进入腹腔内,引起卵黄性腹膜炎。尤其是初产母鸡,不能让新手翻肛。

【本章小结】

本章对蛋鸡育雏期、育成期及产蛋期的饲养管理要点进行了阐释,主要对雏鸡的饲喂方法、环境要求以及育成鸡的管理要点、限制饲养方法、均匀度的测定、光照制度的制订等内容进行了较为详细的介绍。并对种公鸡、种母鸡的饲养管理及提高种蛋合格率的措施等进行介绍。学习后学生应该掌握和了解商品蛋鸡及种公鸡、种母鸡的饲养管理要点。

【思考题】

1. 如何解释鸡群均匀度、限制饲养、阶段饲养、育成鸡三段式饲养?
2. 如何根据雏鸡生理特点来养好雏鸡?
3. 蛋鸡产蛋前期生理特点是什么?
4. 如何防止蛋鸡过早开产?
5. 提高种蛋受精率的措施是什么?
6. 如何防止产蛋后期早衰现象?
7. 蛋鸡采用何种供温育雏方式较好?为什么?
8. 如何选择蛋种鸡留用种蛋的时间? 并说明理由。
9. 请解释鸡舍通风与鸡呼吸道疾病的关系。
10. 怎样进行鸡舍空舍消毒与带鸡消毒?

第六章 肉鸡生产

快大型白羽肉鸡生产已在全世界发展和普及，黄羽肉鸡生产是我国肉鸡生产的一大特色，其在我国养鸡业中占有相当大的比重。本章主要讲述了快大型肉鸡及优质黄羽肉鸡的饲养管理技术。

第一节 快速生长型肉鸡生产

随着当今社会的发展，禽肉需要量猛增，从而促使了肉用仔鸡生产的迅速发展。现代肉鸡与以往的肉鸡概念截然不同，它是指肉用配套品系杂交生成的雏鸡，如AA、艾维茵、明星、狄高鸡等。现代快大型白羽肉鸡生产首先在美国兴起，并在全世界发展和普及，目前已成为世界各地鸡肉生产的主要部分，也是我国鸡肉生产的主体。黄羽肉鸡在世界肉鸡生产中所占的比例较小，然而，在我国养鸡业中占有相当大的比重，尤其在我国南方一些地区甚至居主导地位。

一、肉用仔鸡的特点

1. **早期生长速度快** 肉用仔鸡公母混合饲养，在正常的生长条件下，早期生长十分迅速。一般出壳为40 g，两周龄体重可达0.35 kg，4周龄为1.00 kg，6周龄为1.80 kg，7～8周龄达到2.0～2.50 kg，大约是出壳重的50倍。

2. **饲养周期短，劳动效率高** 在国内，肉用仔鸡从雏鸡出壳，饲养至5～6周龄即可达到上市标准体重，而售出后，经两周打扫、清洗、消毒，又可进鸡。这样8周就可饲养一批肉鸡，一年可以饲养5批。如果一幢鸡舍两个饲养员，一次能养1万只肉鸡，则一年能生产近5万只。

3. **饲料转化率高** 在肉用禽中，肉用仔鸡的饲料转化率最高，目前许多国家仔鸡已达2∶1的高水平，更高者达1.72∶1。另外，依靠肉仔鸡早期生产速度快的特点，缩短其饲养期，在7周龄上市，可进一步提高饲料转化率，经济效益也相应提高。

4. **饲养密度大，设备利用率高** 与蛋鸡相比，肉用仔鸡喜安静，不活泼好动，除了吃食饮水外，很少斗殴跳跃，特别是饲养后期由于体重迅速增大，活动量大减。虽然密度随着鸡只日龄的增加而增大。只要有适当的通风换气条件，就可加大饲养密度。一般厚垫料平养，每平方米可养13只左右，比同等体重同样饲养方式的蛋鸡密度约增加1倍。

5. **劳动生产率高** 肉用仔鸡集约化生产，效益十分理想，肉用仔鸡笼养、网养、平面散养均可（1.5万～2.5万只/劳动力）。

6. **肉用仔鸡腿部疾病和胸囊肿较多** 胸腿部疾病多，体重增加快，骨骼生产慢，易发生腿部和胸部的疾病，尤其胸囊肿发病率高。这些疾病大大提高了肉用仔鸡的残次品率，因此加强饲养管理，减少这些疾病的发生是增加鸡场经济效益的重要措施之一。

二、肉用仔鸡饲养管理

（一）饲养方式

1. **地面垫料平养** 是现代肉仔鸡饲养中应用比较广的一种饲养方式，在铺有垫料的地面上培育肉仔鸡。要求垫料吸水性强、干燥松软、清洁无污染、无霉变。可用稻壳、木屑、刨花、谷壳、碎麦秆、破碎的玉米芯、树叶、干稻草等作垫料。

优点是肉仔鸡生长迅速、增重快、成活率高，肉鸡能自由地活动；腿部发育良好，鸡的胸囊肿、龙骨弯曲和腿病等发病率低，肉鸡残次品较少。其缺点是占用面积多，垫料处理麻烦，肉鸡与粪便直接接触，易发生球虫病。

2. 网上平养 在离地面约60 cm高处搭设网架，网架上铺设金属、塑料或竹木制成的网、栅片，鸡群在网、栅片上生活，鸡粪通过网眼或栅条间隙落到地面。网眼或栅缝的大小以鸡爪不能进入而鸡粪能落下为宜。金属或塑料网的网眼规格为1.25 cm×1.25 cm。可配备自动供水、给料和清粪等机械设备。

优点是肉鸡不与粪便接触，降低了球虫病、白痢和大肠杆菌病的发病率；有利于控制鸡舍温度、湿度，便于通风换气；便于实行机械化操作，节省劳动力。其缺点是房屋利用率低，胸囊肿、腿病的发病率高。

3. 笼养 从引进鸡苗至出栏都在笼中饲养。随日龄和体重增大，逐步调整饲养密度。育雏笼由笼架、笼体、食槽、水槽和粪盘等组成。

优点是鸡的活动范围小，能量消耗少，容易育肥，节省饲料；鸡不与粪便接触，降低了发病率；便于机械化管理，提高了工作效率；便于清粪消毒。该方式的缺点是设备投资高，且由于网硬，胸囊肿、腿病的发病率高，商品合格率相对低，生产中一般很少采用笼养方式。

（二）肉用仔鸡的生产计划

肉用仔鸡场在经营伊始，首先应确定饲养规模、鸡群周转与隔离方式、年生产批次、采取何种管理方式等。

1. 饲养规模 饲养场应结合持有的资金、场地、技术、饲料和市场条件确定。肉仔鸡单位饲养量的收益微薄，须靠规模效益取胜。肉鸡饲养管理基本实现了机械化、自动化，在我国现时条件下，一人可养1万～2万只或更多，年可出栏肉仔鸡5万～10万只以上。

2. 鸡群周转与隔离 鸡群周转采用“全场全进全出”制，或“整舍全进全出”制。即同一个场或同一栋鸡舍只饲养同一日龄的雏鸡，采用统一的饲料、免疫程序和管理措施，并在同一天全部出栏。一批鸡出场后留一定空闲和休整时间，可充分清扫、消毒，杜绝疫病的循环或交叉感染。近年来由于及时的隔离和疫病控制，只要做到整栋鸡舍全进全出，就可以防止疫病循环或交叉感染，也可在一个鸡场中同一时期内饲养几批肉鸡，生产者应根据鸡场的条件决定鸡群周转方式。

（三）鸡舍、设备和用具

1. 鸡舍 肉鸡舍有密闭和开放两种，建哪种鸡舍应因地制宜，以经济效益为准。每批鸡出场后应彻底清扫消毒鸡舍，以切断病原的循环感染。

2. 设备和用具

(1)保温伞和护围。一台直径2.1 m的伞型育雏器可容纳鸡500只。热源可用电热丝、红外线灯泡、远红外线或天然气，应因地制宜。育雏初期为防止雏鸡远离热源而受凉，在保温伞周围可使用厚纸板或苇席制成护围。护围高45～50 cm，其与保温伞边缘的距离，依育雏季节、雏龄而异，一般为70～150 cm。护围通常从第2 d起扩大，至6～7 d即可撤除。

(2)饲料盘和饲槽、料桶。育雏初期用饲料盘，10日龄以后更换成料槽或料桶。一个边长42 cm、高4 cm的方形饲料盘可供60只雏鸡使用。长形饲槽每只鸡应占5 cm的吃食位置。直径38 cm的圆形料盘(容量14 kg)或悬吊式料桶，每100只鸡需3个。

(3)饮水器。育雏初期用手提式饮水器(容量4 L)，每100只鸡需一个，10日龄以后用吊塔式饮水器，每125只鸡一个，直槽式饮水器每只鸡应占2 cm的饮水位置。

（四）营养及饲养技术

1. 营养需要量 肉仔鸡要求高能高蛋白水平的饲料，日粮各种养分齐全、充足且比例平衡。前期组织器官发育需要大量优质蛋白质，后期脂肪沉积需要较高的能量。具体要求是：前期蛋白质高、能量低，后期蛋白质低、能量高。

2. 饲养配合 饲粮当以含能量高而纤维低的谷物为主，配以适量的油饼类和添加适量的氨基酸，还应配以贝壳、骨粉、食盐等矿物质。谷物和油饼中所缺乏的微量元素和维生素类可用成品的添加剂予以补充。配合饲粮时应注意饲料的品质和含水量，饲料种类的选择可因地制宜，但必须满足营养需要，同时注意饲料成本。肉用仔鸡饲养期短，饲粮的配合应尽可能保持稳定，如因需要改变时，必须逐步更换，饲粮急剧改变会造成消化不良，影响肉鸡生长。

3. 饲养技术

(1)进雏和开食。雏鸡必须来自健康高产的父母代种鸡。雏鸡孵出后尽快运到育雏舍，雏鸡运至鸡舍后分别放到各育雏器附近，先饮水，2～3 h后开始喂料。可在开食前的饮水中加入一定量的补液盐，有利于体力的恢复和生长，也可喂饮速补一类的水溶性维生素和微量元素。雏鸡一开食即喂仔鸡前期的全价饲料，不限量，自由采食。

(2)饲喂。可任其自由充分采食，每天加料4次；每次添料不要超过饲槽深度的1/3，过多会被刨出浪费；最好喂颗粒料，有利于增重。饲槽必须够用而且分布均匀，饲养人员应每天记录喂料量，鸡采食量的突然变化常常是患病或管理失误的反映，应立即查明原因，采取改进措施。

(3)饮水。新鲜、清洁而充足的饮水，对肉鸡正常生长至关重要。鸡的饮水量取决于环境温度及采食量，一只鸡每吃1 kg料要饮2～3 L水，气温越高饮水量越多。育雏开始使用小型饮水器，在4～5日龄将小型饮水器放在吊塔式自动饮水器附近，7～10日龄鸡习惯用大型自动饮水器时，再将小饮水器撤掉。饮水器数量要够用，饮水器的边缘与鸡背保持相同的高度，以防饮水时外溅。

4. 肉仔鸡饲养的关键技术

(1)加强早期饲喂。肉仔鸡生长速度快，相对生长强度大，实际饲养时一定要使出壳后的雏鸡早入舍、早饮水、早开食。

(2)保证采食量。常用措施有：①保证足够的采食位置，保证充足的采食时间；②高温季节采取有效的降温措施，加强夜间饲喂，必要时采用凉水拌料；③检查饲料品质，控制适口性不良原料的配合比例；④采用颗粒饲料；⑤在饲料中添加香味剂。

(五) 肉仔鸡管理要点

1. 密度 肉仔鸡适合于高密度饲养，其饲养密度应根据具体情况和条件而定。在垫料上饲养密度应低些；在网上饲养密度可高些；通风条件好密度可高些；夏季舍温高则饲养鸡数应少些。环境控制鸡舍到出场时最大收容量为每平方米30 kg活重，若出场体重为2.0 kg，则每平方米最多容纳鸡15只。

2. 温度 雏鸡出生后体温调节能力很差，必须提供适宜的环境温度。第1周育雏温度以35℃为宜，从第2周起每周降低3℃左右，到第5周降至21～23℃，以后保持这一温度；或从35℃开始，每天降低0.5℃至30 d时降到20℃。育雏温度应保持平稳，并随雏龄增长适时降温。

3. 湿度 育雏第1周舍内保持60%～65%的稍高湿度。两周以后体重增大，呼吸量增加，应保持舍内干燥，注意通风，避免饮水器漏水，防止垫料潮湿。尽量避免高温高湿和低温高湿的恶劣环境。

4. 光照 肉仔鸡的光照制度有两个特点。其一是光照时间较长，目的是为了延长采食时间；其二是光照强度小，弱光可降低鸡的兴奋性，使鸡保持安静的状态。保证肉仔鸡光照制度的这两个特点，则有利于提高其生长速度和饲料利用效率。

(1)光照时间。第一种方案是，在进雏后的头2 d，每天光照24 h，从第3 d起实行23 h光照，即在晚上停止照明1 h。第二种方案是施行间歇光照法，在开放式鸡舍，白天采用自然光照，从第2周开始实行晚上间断照明，即喂料时开灯，喂完后关灯；在全密闭式鸡舍，可实行1～2 h照明，2～4 h黑暗的间歇光照制度。

(2)光照强度。育雏前两周每平方米地面2～3 W，两周后0.75 W即可。例如前两周每20 m^2地面安装1只40～60 W灯泡，以后换上15 W灯泡。开放式鸡舍要考虑遮光，避免阳光直射和光线过强。

5. 通风 肉仔鸡饲养密度大，生长快，所以通风尤为重要。通风的目的是排除舍内产生的氨、二氧化碳等气体，空气中的尘埃和病原微生物，以及多余的水分和热量。环境控制鸡舍每小时每千克体重通风量要求3.6～4 m^3。在不影响舍温的前提下尽量多通风。

【注意事项】肉鸡免疫的注意事项。

1. 选择优质可靠的疫苗。购买疫苗时一定要选择正规、知名度高的厂家生产的，同时要注意疫苗的批号、有效期等。

2. 制订最佳的免疫程序。要根据当地鸡病的流行情况制订一个比较可靠的免疫程序。

3. 选择最佳的免疫途径。只有选择最佳的免疫途径，才能获得最好的免疫效果。如新城疫弱毒苗以点眼滴鼻最好，传染性法氏囊病冻干苗以滴口和饮水最好，鸡痘疫苗采用翅膜刺种最好，H50、H120以点眼滴鼻或饮水最好，所有的油苗以颈部注射最好。

4. 严格控制免疫剂量。严禁超大剂量以防止免疫麻痹。

5. 应避免两种或两种以上单苗联用，防止疫苗间的干扰作用。

6. 减少应激反应，提高抗体水平。

6. **疫病防治**　在7～8日龄和21日龄左右做两次鸡新城疫免疫(具体接种时间可依鸡群抗体效价情况而有所变动)，在8～10日龄和18～20日龄做两次法氏囊免疫。

肉仔鸡饲养量大，为减少劳力消耗和因捉鸡产生应激，免疫一般均采取饮水方式，疫苗的使用应严格按药厂规定进行。此外，根据当地疫病流行情况，有时尚需接种传染性支气管炎疫苗等。

肉仔鸡平养，易发生球虫病，预防球虫病必须从管理上入手，要严防垫料潮湿，发病期间每天清除垫料、粪便，以清除球虫卵囊发育的环境条件。预防、治疗球虫病时，必须注意药物残留问题。在出场前一、两周停止用药。

7. **出场**　肉鸡出场时应妥善处理，尽可能防止碰伤，应有计划地在出场前4～6 h使鸡吃光饲料，吊起或移出饲槽和一切用具，饮水器在抓鸡前撤除。为减少鸡的骚动，最好在夜晚抓鸡，舍内安装蓝色或红色灯泡，使光照减至最小，然后用围栏圈鸡捕捉。抓鸡、入笼、装车、卸车、放鸡的动作要轻巧敏捷，不可粗暴丢掷。肉鸡屠宰前停食8～10 h，以排空肠道，防止粪便污染屠宰加工厂。为减少掉膘和死亡而造成的损失，应尽可能采取措施，缩短抓鸡、装运和在屠宰厂的候宰时间。

【案例分析】一个肉鸡养殖场，应如何控制肉仔鸡的饲养密度？如何控制肉鸡舍环境温度？

(1)肉仔鸡是适合于高密度饲养的，其饲养密度应根据具体情况和条件而定。在垫料上饲养密度应低些；在网上饲养密度可高些；通风条件好密度可高些；夏季舍温高则饲养鸡数应少些。环境控制鸡舍到出场时最大收容量为每平方米30 kg活重，若出场体重为2.0 kg，则每平方米最多容纳鸡15只。

(2)雏鸡出生后体温调节能力很差，必须提供适宜的环境温度。第一周育雏温度以35℃为宜，从第二周起每周降低3℃左右，到第五周降至21～23℃为止，以后保持这一温度。

(六)肉仔鸡饲养管理的其他要点

1. **实行公母分群饲养制**　公、母雏鸡生理基础不同，因而对生活环境、营养条件的要求和反应也不同。

(1)分期出售。母鸡在40日龄以后，饲料利用效率下降，经济效益降低，应尽可能提前上市。

(2)按公母调整日粮营养水平。公鸡能更有效地利用高蛋白质饲料，中、后期日粮蛋白质可分别提高至21%、19%，母鸡则不能利用高蛋白质日粮，中、后期日粮蛋白质应分别降低至19%、17.5%。

(3)按公母提供适宜的环境条件。公鸡羽毛生长速度慢，前期需要稍高的温度，后期公鸡比母鸡怕热，温度宜稍低；公鸡体重大，胸囊肿比较严重，应给予更松软更厚的垫草。

2. 防治肉仔鸡生产的几种非传染性疾病

(1)胸囊肿。就是肉鸡胸部皮下发生的局部炎症,是肉仔鸡常见的疾病。它不传染也不影响生长,但影响屠体的商品价值和等级。应该针对产生原因采取有效措施,尽力使垫草干燥,松软,及时更换黏结、潮湿的垫草,保持垫草应有的厚度;若采用铁网平养或笼养时,应加一层弹性塑料网。

(2)腿部疾病。引起腿病的原因是各种各样的,归纳起来有以下几类:遗传性腿病,如软骨发育异常,脊椎滑脱症等;感染性腿病,如化脓性关节炎、鸡脑脊髓炎、病毒性腱鞘炎等;营养性腿病,如脱腱症、软骨症、维生素B_2缺乏症等;管理性腿病,如风湿性和外伤性腿病。

预防肉仔鸡腿病,应采取以下措施:完善防疫保健措施,杜绝感染性腿病;确保微量元素及维生素的合理供给,避免因缺乏钙、磷而引起的软脚病,缺乏锰、锌、胆碱、尼克酸、叶酸、生物素、维生素B_6等所引起的脱腱症,缺乏维生素B_2而引起的卷趾病;加强管理,确保肉仔鸡合理的生活环境,避免因垫草湿度过大,脱温过早,以及抓鸡不当而造成的脚病。

(3)腹水症。其发生与缺氧、缺硒及某些药物的长期使用有关。控制肉鸡腹水症发生的措施:改善环境条件,特别是密度大的情况下,应充分注意鸡舍的通风换气;适当降低前期料的蛋白质和能量水平;防止饲料中缺硒和维生素E;饲料中呋喃唑酮药不能长期使用;发现轻度腹水症时,应在饲料中补加维生素C,用量是0.05%。有人经试验后认为8~18日龄只喂给正常饲料量的80%左右,可防止腹水症的发生,且不影响肉仔鸡最终上市体重。

(4)猝死症。其症状是一些增重快、体大、外观正常健康的鸡突然狂叫,仰卧倒地死亡。剖检常发现肺肿、心脏扩大、胆囊缩小。导致猝死症的具体原因不详。一般建议:在饲粮中适量添加多种维生素;加强通风换气,防止密度过大;避免突然的应激。

(七)提高肉仔鸡生产效率的措施

1. "全进全出"饲养制度　适于大规模生产肉仔鸡,便于生产管理,可以实行统一的饲养标准、技术方案和防疫措施。

2. 公母分群饲养　公母鸡在生理、生长速度和环境要求上有所区别,在饲养管理上将公母分群饲养,有利于调整营养水平、公母分期出栏。

3. 加强早期管理　肉仔鸡早期生长速度相对较快,需要对其提供营养丰富的饲料。

4. 饲喂颗粒饲料　早期(0~21 d),饲喂破碎料,以后饲喂颗粒料。颗粒料便于运输,不易变质,有效防止饲料浪费。

5. 适时出栏　影响鸡场经济效益的最主要因素是饲料价格和肉鸡市场价格。因此出栏时间的制订应考虑肉鸡增长速度、饲料价格和肉鸡市场价格。出栏装鸡注意事项:抓鸡前停料;夏季在早晚,冬季在中午;抓鸡环境要暗,抓腿部;鸡笼不能装得太密;装车安全,防止压伤、压死,鸡笼间要通风。

(八)肉鸡的屠宰与分割技术

1. 屠宰前准备

(1)活鸡的卫生检查。群体检查为主,个体为辅;健康无传染病。

(2)候宰。运输至屠宰需要休息1 d,消除鸡体疲劳紧张,利于放血。

(3)断食。宰前6~12 h停食,前3 h停水。

2. 屠宰

(1)洗浴。淋浴,消除体表污物,减少污染。

(2)宰杀。颈部宰杀,切断颈部血管、气管;口腔宰杀,鸡头向下,掰开口腔,刀片切断颈静脉,破坏延脑。

(3)放血。充分放血,屠体肉质鲜嫩,色泽鲜亮。

(4)热烫和褪毛。水温60~70℃,时间3~5 min;手工褪毛、机械褪毛。

(5)修整淋洗。放入清水中清洗,修整。

(6)净膛。取出内脏,分半净膛和全净膛。半净膛是指屠体去除气管、食道、嗉囊、肠、脾、胰、胆和生殖器官、肌胃内容物及角质膜后的重量;全净膛是指半净膛屠体再去除头、爪、心、肝、肺、肌胃、腺胃、腹脂后的重量。

3. 肉鸡的分割

(1)净膛后。收集整理肠、心、肝、肌胃等。

(2)分割头。颈后环椎处平行切下。

(3)去脚。左右跗关节处分割切下。

(4)分割腿。胸骨端剑突软骨到髋关节前缘连线处分别取下左右腿。

(5)分割翅。从肩胛部位取下左右翅。

(6)取颈。从第14颈椎处切下头颈。

4. 计算

(1)屠宰率。屠体重/宰前活重;半净膛率:半净膛重/宰前活重;全净膛率:全净膛重/宰前活重

(2)翅膀率。两侧翅膀重/全净膛重

(3)腿比率。两侧大小腿重/全净膛重

(4)胸肌率。两侧胸肌重/全净膛重

(5)腿肌率。左右腿肌重/全净膛重

三、白羽肉种鸡的饲养管理

肉用种鸡的一个生产周期为64~66周龄,其饲养管理与蛋种鸡有许多相似之处,但也有许多不同之处。

(一)饲养方式

1. 网上平养 网面距地面约60 cm,可采用槽式链条喂料器或喂料盆。每平方米可饲养4.8只成年肉用种鸡。

2. 2/3棚架饲养 舍内中央(纵向)1/3地面铺垫料,两侧1/3架棚架。每平方米可饲养4.3只成年肉用种鸡。

3. 笼养 两层阶梯笼,种母鸡2只装,种公鸡1只装。缺点是鸡只易过胖。

(二)肉用种鸡的限制饲养

1. 限制饲养的意义 肉用种鸡生理特点有采食量大,生长速度快,脂肪沉积能力强。通过在种鸡饲料量或质的方面采取限制的方法,达到控制种鸡生长速度,节约饲料的目的。从而使鸡群在最适宜的周龄开产,产蛋率上升快,产蛋高峰出现早,持续时间长,产蛋量高,种蛋合格率高。

思考:肉用种鸡育成期是否应该限饲?

2. 限制饲养的方法 根据育种公司提供的不同阶段的体重标准,采取不同的限制饲养方法,将体重控制在标准范围内,以达到最佳的限饲效果。

(1)每日限饲 每日减少饲喂量,限饲应激强度较缓和。

(2)隔日限饲 将2 d的限喂料量集中在1 d喂完,限饲应激强度大。

(3)5/2限饲 将7 d的限喂料量在5 d内喂完,另2 d不连续停喂,限饲应激强度中等。

种母鸡综合限饲方案(参考):

1~2周,自由采食;

3~4周,每日限饲;

5~9周,隔日限饲;

10～17周，周五、二限饲；

18～23周，周六、一限饲；

≥24周，每日限饲。

3. 限制饲养的注意事项

（1）调群。第3周开始，限饲前称重，分成大、中、小三群分别饲养。

（2）适当限水。保持环境卫生，减少胸、腿疾病发生，减少种蛋的污染。在停喂料的间隙可以关闭水源，停水数小时。

（3）确保鸡只采食、饮水位置。避免争抢饲料和饮水，造成伤亡。

（4）加快投料速度。快速、均匀地投到喂料器中；或装好统一下降。

（5）及时更换饲料。按育雏期—育成前期—育成后期—预产期—产蛋期更换饲料，过渡期3～5 d。

（6）调整营养、减少应激。逆境变化、饲料或饮水添加电解多维等抗应激药。

（7）控制光照。控制性成熟，与蛋鸡光照程序基本相同。

4. 种公鸡的限制饲养

（1）目的。控制体重，只有体格良好的种公鸡才具有适时的性成熟、充沛的性欲表现和较高的授精能力。

（2）方法。0～3周，自由采食；4～6周，隔日限饲；7～13周，5/2或4/3限饲；14～23周，每日限饲或5/2限饲；大于24周，每日限饲。

（三）肉用种鸡的管理

1. 开产前的饲养管理（18～23周）

（1）营养。育成料更换为预产前料，预产前料较产蛋期料钙含量低1%～1.5%，开始每日限饲。

（2）环境。适宜温度13～22℃，湿度50%～65%，常通风，光照适宜。

（3）组群。按照体重和第二性征选择种公鸡和种母鸡，按公母比例1∶（8～10）开始组群，笼养人工授精公母比例为1∶（25～30）。

2. 产蛋期的饲养管理（24～66周）

（1）饲养方式。大型种鸡—2/3棚架；小型种鸡—笼养或地面平养。

（2）足够的采食和饮水位置。及时修整，定期消毒。

（3）合理饲养。及时更换饲料，24周开始改为产蛋期料；初产期饲料量调整，随产蛋率的上升逐渐加大喂料量，一般每周每只鸡增加10 g料，到产蛋率达30%～40%，正好达到最大喂料量；产蛋高峰期饲料量的维持：最大喂料量维持8～9周；产蛋高峰后期饲料量的调整：43～45周，产蛋率开始下降，逐渐减料。

（4）加强种蛋的管理。产蛋箱清洁卫生，勤捡蛋，及时消毒种蛋。

（5）加强种公鸡的选择和淘汰。保持种公鸡体重均匀、体质健壮。

思考：肉鸡与蛋鸡的饲养方式有何不同？

第二节 优质肉鸡生产

一、优质肉鸡的标准

肉鸡的生长速度与肌肉品质成反比，国外肉鸡业追求的是生长速度，而我国传统养鸡业追求的是鸡肉的风味。优质鸡是具有优良肉质、鲜美风味、体型外貌符合某一地区人民的喜好及消费习惯，符合一定的市场要求的地方品种或杂交改良品种。优质鸡强调鸡的风味、滋味和口感。我国地大物博，优质肉鸡品种丰富，各地的标准略有差别。

普遍标准：生长较慢、具有羽色、骨骼相对较小而载肉量较多；肉嫩、骨细，脂肪分布均匀，鸡味浓郁。

二、优质肉鸡的分类

（一）按生长速度分

1. 快大型 华东地区为主，49 d平均体重达1.3～1.5 kg，60 d达1.5～1.6 kg，引进品种如考尼什鸡、狄高肉鸡。

2. 中速型 南方地区为主，80～100 d上市，体重达1.5～2.0 kg，如新浦东鸡、石岐杂鸡、岭南黄鸡等。

3. 优质型 两广、港澳为主，130～150 d上市，体重达1.2～1.4 kg，如清远麻鸡、惠阳鸡、北京油鸡、固始鸡等。

（二）按羽色分

1. 三黄鸡 毛、脚、皮肤为黄色。

2. 麻鸡类 黄脚麻鸡、青脚麻鸡，羽毛颜色全麻。

3. 乌鸡类 皮肤、骨骼、冠、肉青黑色，羽毛分黑、白、麻黄色。

4. 土鸡类 主要注重肉质及地方性特有性状，羽色复杂。

三、优质肉鸡的饲养管理

（一）饲养方式

6周龄内采用地面或网上育雏，6周龄后采用运动场放养。

（二）阶段饲喂

1. 两阶段 0～4周龄和4周龄以后。

2. 三阶段 0～4周龄、5～10周龄和10周龄以后。前期饲料能量低、蛋白质高；后期饲料能量高、蛋白质低。

（三）饲养管理技术要点

1. 选雏 雏鸡健康，出生重在30 g以上。

2. 进雏 预热、垫料松软，饮用水清洁，配备好人员，准备好饲料、药品。

3. 开食与饲喂 先饮水后开食，敞开饲喂、自由采食。

4. 饲养密度 结合鸡品种、场地、养鸡季节综合考虑饲养密度。

5. 环境要求

（1）温度。第1周35℃，递减2℃/周，第5周可以脱温。

（2）湿度。第1周60%～65%，两周后保持舍内干燥，注意通风。

（3）光照。育雏0～3 d，24 h光照，以后缩短，采用自然光照。

6. 公母分群 便于调整营养水平、公母分期出栏。

7. 断喙 优质肉鸡饲养期长，断喙防止啄癖。

8. 加强卫生防疫 鸡舍、运动场定期清扫和消毒，做好预防免疫工作。

四、黄羽肉种鸡的饲养管理

黄羽肉鸡父母代种鸡的饲养管理，可分为三阶段进行，即育雏期的管理、育成期的管理和产蛋期的管理。另外，需要特别注意种公鸡的饲养管理。

（一）父母代种鸡育雏期的饲养管理

1. 育雏期的管理目标 一是要保证高的育雏成活率，6周龄成活率要达到95%以上；二是要保证雏鸡的正常生长发育，6周龄体重必须达到600 g；三是要保证较高的均匀度，各周龄的均匀度应达到75%以上。

2. 育雏期的管理

（1）育雏方式。育雏期可选择平养，也可进行笼养，只要管理得当，均可获得良好的生产效益。在平养时，建议采用网上（栅上）平养，这对保证鸡群健康、提高成活率有利。

(2)初生雏的处理及对雏鸡质量的要求。雏鸡出壳24h内注射马立克疫苗;进行人工雌雄鉴别,鉴别率要求达95%以上;父系公鸡断趾,以区别父系公鸡与母本漏检公鸡。雏鸡质量直接影响今后的性能表现,需要特别注意。

(3)育雏温度。温度是育雏的首要条件,第1周育雏温度为32～35℃,以后每周降低2～3℃,至6周龄时达18～20℃。

(4)饲养密度。饲养密度是指每平方米饲养面积容纳的鸡数,饲养密度也不是一成不变的,它应随着鸡舍条件,特别是通风条件、饲养、季节而有所变化。

3. 育雏期的饲养　育雏期自由采食,以促进其身体的充分发育。

(二)父母代种鸡育成期的饲养管理

1. 种母鸡的限饲　黄羽肉鸡配套父母代种鸡,从第7周开始进入到育成阶段,这段时期饲养管理的好坏,决定了鸡在性成熟后的体质、产蛋性能和种用价值。种鸡在育成期需进行限制饲养。

2. 限制饲养时的注意事项

(1)限饲开始时间。黄羽肉种鸡与白羽肉种鸡相比,生长速度相对较慢,母鸡限饲应在7周龄开始进行,此前自由采食。

(2)选择与淘汰。在育雏结束时,结合转群,将少数毛色发麻、发白、发黑,胫发白等外观不符合要求的个体淘汰。将生长发育不良、体重过小和体格较弱的鸡移出或淘汰。

(3)断喙。断喙除了防止啄肛、啄羽外,还能防止饲料浪费,断喙应在6～10日龄进行。

(4)体重和均匀度的控制。体重称量和给料量的确定方法与白羽肉鸡相同。父母代种鸡各周龄的均匀度应在75%以上,越高越好。

(三)产蛋期的饲养管理

黄羽肉鸡父母代种鸡产蛋期管理的主要任务是为种鸡繁殖提供一个舒适稳定的环境,保证其营养需要,充分发挥其遗传潜力,生产出尽可能多的合格种蛋。

1. 产蛋期的管理

(1)产蛋期的饲养方式。黄羽父母代肉种鸡产蛋期可以平养或笼养,平养可以采用地面平养、两高一低的板条和垫料混养及板条(木或竹制)网养。其中以板条床面网养最为普遍,平养时的饲养密度为每平方米4～5只。

(2)转群。育雏育成期结束后,在18～20周龄时应及时将鸡转入产蛋舍,转群时要注意减少鸡的应激,并且根据鸡的体重、体型和冠发育情况进行严格挑选。

(3)光照管理。光照是影响肉种鸡性器官发育的重要因素之一,黄羽肉种鸡19周龄及产蛋期的光照,依18周末的自然光照时间而定:

①如19周龄时自然光照少于10 h,则在19和20周龄时每周各增加1 h,而后每周增加半小时,达16 h为止,保持下来;

②如19周龄时自然光照在10～12 h,于19周龄增加1 h,而后每周增加半小时,直到达16 h为止,而后保持下来;

③如19周龄时自然光照达12 h或12 h以上时,则于21周龄时增加半小时,而后每周增加半小时,直到17 h为止,以后保持下来。

如果种鸡性成熟比预期的时间提前,即应减缓增加光照的时间,如种鸡体重已达标准而性成熟迟缓则加快增加光照时间。补光时间宜安排在早晚,产蛋期光的照度要求每平方米地面达2.7 W。

(4)产蛋期的环境控制。种鸡舍环境控制的基本要求是,温度适宜,地面干燥,空气新鲜。鸡舍的适宜温度是13～23℃,夏季最好控制在30℃以下,冬季保持在10℃以上。

2. 种母鸡产蛋期的管理要点

第一，从20～22周龄开始限饲的同时，将生长料转换为产蛋料或产蛋前期料(含钙量2%，其他营养成分与产蛋料完全相同)；第二，在开产后的第3～4周(27～28周龄)，喂料量应达到最高；第三，产蛋高峰(30～31周龄)后的4～5周内，喂料量不要减少；第四，当鸡群产蛋率下降到70%时，应开始逐渐减少饲料量，以防母鸡超重。建议每次减少量每百只不超过500 g，以后产蛋率每减少4%～5%，就减一次喂料量；第五，每次减料的同时，必须观察鸡群的反应，任何产蛋率的异常下降，都需恢复到原来的给料量。

(四)黄羽肉种公鸡的管理

1. 黄羽肉种公鸡的管理要点

(1)淘汰误鉴公鸡。一般用翻肛法鉴别雌雄，正常情况下有5%左右的鉴别误差。因此，应将误鉴父本的母鸡和母本的公鸡淘汰。父本公鸡出雏后，应在孵化厂进行断趾，最好不要剪冠，因为冠的发育好坏是后期选择种公鸡的一个重要标准。将未断趾的公鸡和断趾的母鸡全部淘汰。

(2)育雏育成期公母鸡宜分开饲养。雏公鸡体型相对较小，如公母混养，不利于公鸡的生长发育，以致性腺发育延迟，而且不利于公母鸡各自限饲方案的实施。

(3)严格选种。在配种前应严格地对公鸡个体进行选择，选择健康、发育良好、体重达标、冠大而鲜红、体型为矩形、三黄特征明显的公鸡留种，并对入选公鸡的精液品质进行检查，选择精液量大、密度高、活力强、畸形率低的个体留种。

(4)公鸡留种比例。建议平养鸡舍每100只母鸡在育雏期、育成期和产蛋期配套的公鸡数分别为20、16、12～14只。笼养鸡舍，人工授精，每100只母鸡在育雏期、育成期和产蛋期配套的公鸡分别为14、12、8～10只。

(5)在配种期应采用公母分饲技术。保证公鸡适当的体况和配种能力。分开饲养的公鸡应喂公鸡标准饲料，尽量避免使用产蛋鸡料。

2. 黄羽肉种公鸡的限喂方案　黄羽肉种公鸡的体型较小，但也需要限饲，黄羽肉种公鸡的限制饲养管理要点与种母鸡相同。

五、优质黄羽肉仔鸡的生产

目前我国优质黄鸡包括仿土鸡与土鸡配套两种类型。仿土鸡配套由于引入经长期系统选育的国外快大型肉鸡品系，生产性能较高、生产成本低，但肉质一般，属一种较普遍的大众消费；而土鸡配套是由地方品种选育而成的，其选育程度不高，种母鸡抱性严重，商品鸡生长速度慢。就目前而言，仿土鸡的饲养量占绝大多数，虽各品种的生产性能不尽一致，但饲养要点基本一致。

(一)上市时间

黄羽商品代公鸡饲养至8～9周龄，体重达1.6～1.8 kg时可上市，而母鸡一般饲养至13周龄左右上市。

(二)营养需要

黄鸡的整个生长期分为四个阶段，也可根据情况分为三个阶段进行，即雏鸡、中鸡和肥鸡阶段，但各阶段的营养需要应作相应调整。

(三)要求的饲养管理条件

1. 密度　1～30日龄：地面或网上平养为每平方米30只左右，多层笼养为每平方米45～60只；31～60日龄：地面或网上平养为每平方米15只左右，阶梯式笼养为每平方米25～30只；61～100日龄：地面或网上平养为每平方米8只左右，阶梯式笼养为每平方米12～15只。

2. 其他饲养管理条件　黄羽肉鸡要求的其他饲养管理条件与白羽肉鸡基本相同。

(四)雏鸡的饲养管理

1. 接雏　应选择健康的雏鸡，其标准是：精神活泼，两眼有神，毛色纯黄或黄中带麻，绒毛整洁，脐部收缩良好，外观无畸形或缺陷，肛门周围干净，两脚站立着地结实，行走正常，握在手中饱满挣扎有力，体重达到30g以上。

2. 雏鸡饲养　肉鸡的饲养就是想方设法让鸡多吃，可采用"少量多次"饲喂的方法。育雏阶段每天加料5～6次，每次加的量少一些，让鸡全部吃干净，料桶空置一段时间后再加下一次。6～10日龄进行断喙，可用烙铁或专用断喙器将上喙切去1/2，下喙切去1/3，可预防啄癖，减少饲料浪费。最好断喙前后两三天内在饮水中加水溶性多种维生素及抗生素类药物，以减少应激反应。20日龄后每百只鸡每周供给500 g干净细砂，以增强鸡的消化功能、刺激食欲。做好育雏期间的免疫接种工作。小鸡饲养至30～40日龄转至中鸡舍饲养。

（五）中鸡的饲养管理

当鸡群转到中鸡舍后，应以雏鸡料及中鸡料分3 d过渡到中鸡料，即第1 d喂2/3雏鸡料及1/3中鸡料，第2 d喂1/2雏鸡料及1/2中鸡料，第3 d喂2/3中鸡料及1/3雏鸡料，第4 d全部喂中鸡料。转鸡前后可应用水溶性多维素及抗生素类药物饮水3～4 d，以减少转鸡及换料的应激反应，并可控制并发感染。中鸡要强弱分群、公母分群饲养，对公鸡要增加垫料厚度，提高日粮蛋白质及赖氨酸水平，因公鸡生长速度较快，对饲料营养要求更高。中鸡饲养到55～60日龄转到大鸡舍饲养。

（六）大鸡的饲养管理

进鸡前鸡舍及所有用具均应经过彻底清洗消毒。换料应逐渐进行，一般用3 d时间将中鸡料逐步过渡到大鸡料。鸡群饲养到70日龄以后可在饲料中添加1%～2%的动物或植物油，以提高日粮代谢能，促进鸡体内脂肪沉积，增加羽毛光泽度。饲养后期注意选用富含叶黄素的饲料原料（如优质黄玉米、玉米蛋白粉、苜蓿粉、松针粉、草粉等），以增强鸡体的色素沉积，从而使三黄特征更加明显。60日龄左右进行鸡新城疫I系疫苗的第二次注射接种。如果饲养期到100日龄左右才出栏，应在80～90日龄进行一次新城疫I系疫苗的饮水免疫或LaSota疫苗的喷雾免疫。

【案例分析】目前许多消费者认为肉鸡生长快速是因为添加了激素，请分析肉鸡生长快速的原因，在肉鸡饲养中能喂激素吗？

分析："给鸡喂激素"和"现在的鸡长得快是喂激素的结果"这两者是不等同的。"给鸡喂激素"是违法的，科学饲养肉鸡是没有任何问题的，肉鸡长得快是其品种问题，而不是喂激素的结果。所以肉鸡"本身"长得快并无不合法规、不合科学之处，这是鸡品种决定的，也和喂养方式和大量投放饲料有关，不需要注射激素，鸡也可以长得又快又健康又产肉。

【本章小结】

本章对快大型肉鸡种鸡、肉仔鸡以及优质肉鸡的饲养管理技术进行了简单介绍，学生学习后应该掌握和了解不同类型肉鸡的饲养管理要点，为在生产中运用打下基础。

【思考题】

1. 肉种鸡育雏、育成、产蛋期的饲养管理目标是什么？
2. 肉仔鸡光照管理有什么特点？
3. 肉种鸡限制饲养的意义和方法是什么？
4. 为何肉种鸡光照管理很重要？
5. 如何提高肉种鸡的繁殖性能？
6. 肉仔鸡饲养管理要点主要有哪些？
7. 如何保证肉种鸡生产出量多质优的雏鸡？
8. 如何预防快大型肉仔鸡的几种非传染性疾病？
9. 肉种鸡场和商品鸡饲养场如何获得良好的生产效益？

第七章　水禽生产

本章主要阐述了蛋鸭和肉鸭及鹅的特点，育雏、育成鸭鹅的饲养管理技术，蛋鸭和种鸭及种鹅各产蛋期的饲养管理方法；肉鸭及肉用仔鹅各生长阶段的饲养管理技术要点，以及填鸭、填饲鹅快速育肥和鸭鹅肥肝生产技术，活拔鸭鹅毛绒技术操作规程等。

第一节　鸭生产

一、蛋鸭生产技术

（一）雏鸭培育

1. 雏鸭的特点　蛋用雏鸭是指0～4周龄的鸭。刚出壳的雏鸭个体小，体温调节能力差，对外界环境的适应性差。为此，从雏鸭出壳起，必须创造适宜的生活条件并精心地进行饲养管理。

【注意事项】选购雏鸭的注意事项。

1. 雏鸭必须来源于生产性能优良、健康的种母鸭。

2. 种母鸭在产蛋前须免疫接种鸭瘟、禽霍乱、鸭病毒性肝炎等疫苗。

3. 雏鸭在出壳后身干即可挑选，健壮的雏鸭大小基本一致，体重符合品种要求，无大肚脐、歪头拐脚等，毛色为蜡黄色，太深(黄中带深红)或太淡(浅黄)均是孵化温度不佳的结果。将腹部膨大、脐部突出、晚出壳的弱雏单独饲养。

2. 育雏方式

(1)加温育雏。用人工加温的方法使鸭舍达到雏鸭生活适宜的温度，是现代规模养殖育雏的基本方法。目前，除采用平面育雏外，在饲养量大的地区，大多数采用网养和立体笼养的育雏方法。

(2)自温育雏。这是农村一家一户少量饲养鸭采用的一种方法。

3. 育雏的环境条件

(1)温度。蛋用雏鸭育雏期温度见表7.1。

表7.1　蛋用雏鸭育雏期温度

日龄	育雏室温度/℃	育雏器温度/℃
1～7	25	25～30
8～14	20	20～25
15～21	15	15～20
22～28	15	-

(2)密度。蛋用雏鸭平面饲养的密度见表7.2。

表7.2　蛋用雏鸭平面饲养的密度　　单位：只/㎡

季节＼日龄	1～10	11～20	21～30
夏季	30～35	25～30	20～25
冬季	35～40	30～35	20～25

(3)光照。1～3日龄用白炽灯5 W/㎡，每日23 h光照，1 h黑暗。4日龄逐渐减少夜间的补充光照，直到4周龄结束时与自然光照相同。

4. 饲养管理要点　蛋用雏鸭的饲养管理结合蛋鸭半舍饲及放牧特点，育雏还应注意以下环节。

(1)饲喂方法

①开水。刚孵出的雏鸭，第1次饮水称开水。开水的时间越早越好，现代规模养鸭多用饮水器开水，在开水后应保证供应充足的饮水。

②开食。第1次喂料称开食，常在开水后进行，适宜时间是在出壳后20～36 h。

③开青。即开始喂给青绿饲料。饲养量少的养鸭户往往采用补充青饲料的办法弥补维生素的不足。青料一般在雏鸭"开食"后3～4 d喂给。

④开荤。即给雏鸭开始投喂新鲜的荤食(如小鱼、小虾、黄鳝、泥鳅、螺蛳、蚯蚓和蛆等)。一般鸭5日龄左右就可"开荤"，先以黄鳝、泥鳅为主，日龄稍大些以小鱼、螺蛳和蛆为主。

(2)放水和放牧。放水要从小开始训练，开始的5 d可与开水结合起来，然后逐步由室内转到室外。雏鸭下水的时间，开始每次10～20 min，以后逐步延长，可以上午、下午各一次，随着水上生活的不断适应，次数也可逐步增加。在雏鸭能够自由下水活动后，就可以进行放牧。每天放养两次，每次20～30 min。随着日龄的增加，放牧时间逐渐延长，次数也逐渐增加。

(3)及时分群。雏鸭在开水前，根据出雏的迟早、强弱分开饲养。

(二)育成鸭的饲养管理要点

育成鸭一般指5～18周龄开产前的青年鸭。这一阶段培育的目标是：进行科学的饲养管理，加强锻炼，提高生活力，使鸭生长发育整齐，开产期一致。

1. 饲养方式

(1)半舍饲。鸭群饲养固定在鸭舍、陆上运动场和水上运动场，不外出放牧。吃食、饮水可设在舍内，也可设在舍外，一般不设饮水系统，饲养管理不如全圈养严格。

(2)全舍饲。育成鸭的整个饲养过程始终在鸭舍内进行，称为全舍饲圈养或关养。由于集中饲养，便于向集约化生产过渡，同时可以增加饲养量，提高劳动效率。

(3)放牧饲养。是我国传统的饲养方式，能在平地、山地和水中的浅水、深水中潜游觅食各种天然的动植物饲料，可节约大量饲料，降低生产成本。

2. 饲养管理要点

(1)饲料及营养。5～12周龄饲粮中代谢能为11.3～11.5 MJ/kg，粗蛋白质为15%；13周龄至开产，饲料代谢能为11.1 MJ/kg，粗蛋白质含13%。

(2)限制饲喂。一般从8周龄开始，到16～18周龄结束。限制饲喂方法有以下两种：

①限量法。按培育成鸭的正常饲粮(代谢能为10.8 MJ/kg，粗蛋白质含13%～14%)的70%供给。

②限质法。饲喂代谢能为9.6～10 MJ/kg、粗蛋白质在14%左右的低能饲粮或代谢能为10.8 MJ/kg、粗蛋白质含8%～10%的低蛋白质饲粮。表7.3是小型蛋鸭育成期各周龄的体重和喂料量，供参考。

表7.3　小型蛋鸭育成期各周龄的体重和喂料量

周龄	体重(g)	平均喂料量g/(只·d)	周龄	体重(g)	平均喂料量g/(只·d)
5	550	80	12	1250	125
6	750	90	13	1300	130
7	800	100	14	1350	135
8	850	105	15	1400	140
9	950	110	16	1400	140
10	1050	115	17	1400	140
11	1100	120	18	1400	140

(3)分群与密度。在育成期的鸭要按体重大小、强弱和公母分群饲养,一般在放牧时每群为500～1000只,而舍饲鸭主要分成200～300只为一小栏隔开饲养。一般5～8周龄每平方米地面养15只左右,9～12周龄每平方米养12只左右,从13周龄起每平方米养10只左右。

(4)光照。育成鸭的光照时间宜短不宜长。育成鸭从8周龄起,每天光照8～10 h,光照度为2～3 W/m²,其他时间可用朦胧光照。

【案例分析】产蛋鸭蛋白质需要量如何计算?

分析:蛋白质需要量=维持需要蛋白质+(产蛋需要蛋白质×产蛋率)/(蛋白质的消化率×蛋白质的利用率)。

例如:体重1.5 kg的母鸭,每日维持需要蛋白质约3.9 g(按每天排氮量推算),每产1个67 g重的蛋约含蛋白质9.38 g,产蛋率为90%,假设蛋白质的消化率为75%,利用率69%,则这只母鸭每天的蛋白质需要量为3.9 g+(9.38 g×90%)÷(75%×69%)=20.21 g

假定在投喂的饲粮中粗蛋白质含量为17.7%,则这只母鸭的每天给食量为:

20.21 g÷17.7%=114.18 g

(三)产蛋鸭的饲养管理

1. 产蛋鸭的特点

(1)产蛋量高且持久。我国小型蛋鸭其产蛋率在90%以上的时间可持续20周左右,整个主产期的产蛋率基本稳定在80%以上。

(2)性情温驯。在鸭舍内,鸭安静地休息、睡觉,不到处乱跑乱叫。

(3)产蛋的规律性很强。在正常情况下,产蛋时间多在下半夜的1:00至2:00,具有规律性。

2. 饲养方式 产蛋鸭的饲养方式包括半舍饲、全舍饲、放牧三种。半舍饲方式最为多见。

3. 产蛋期的分期饲养管理要点 蛋鸭的产蛋期可分为四个阶段。

(1)产蛋初期(150～200日龄)和前期(201～300日龄)的饲养管理。当母鸭适龄开产后,产蛋量逐日增加。此期白天喂料3次,晚上再喂料一次。让鸭自由采食,每只蛋鸭每日耗料约150 g。光照时间应逐渐增加,在达到产蛋高峰期时,自然光照和人工光照时间应保持每天14～15 h。

(2)产蛋中期(301～400日龄)的饲养管理。此期的营养水平要在前期的基础上适当提高,在饲料中粗蛋白质的含量应达20%,并注意钙料的添加,可在粉料中添加1%～2%的颗粒状贝壳粉,或在舍内单独放置碎壳片槽(盆),供其自由采食;并适量喂给青绿饲料或添加多种维生素。日光照总时间应保持16～17 h。

(3)产蛋后期(401～500日龄)的饲养管理。此期间鸭群的平均产蛋率仍可保持在75%～80%,应按鸭群的体重和产蛋率变化调整饲粮营养水平和给料量。如果产蛋率下降到60%左右,并难使其产蛋率上升,应及时淘汰。

(四)种鸭的饲养管理

1. 严格选养公鸭 留种公鸭需按种公鸭的标准经过育雏期、育成期和性成熟初期三个阶段的选择,以保证用于配种的公鸭生长发育良好,体格强壮,性器官发育健全,精液品质优良。为了提高种蛋的受精率,种公鸭应早于母鸭1～2个月孵出。种公鸭在习惯上利用1年后淘汰。

2. 适宜的公母比例 在早春和冬季,蛋鸭品种的公母比例为1:20,夏、秋季公母比例可提高到1:30,这样的比例母鸭所产种蛋受精率可达90%或以上。在配种季节,应随时观察公鸭的配种表现,发现伤残的公鸭应及时淘汰并予补充。

3. 日常管理　要保持舍内垫草的干燥和清洁，应及时翻晒和更换。每日早晨及时收集种蛋，尽快进行熏蒸消毒和存入蛋库(室)。天气良好的时候，应尽量早放鸭出舍，迟收鸭。应保持鸭舍环境的安静，勿惊群，以免引起骚乱。在气温低的季节要注重舍内避风保温，气温高的季节，特别是我国南方梅雨季节要注重通风降温。

二、肉鸭生产技术

(一)商品肉鸭的饲养管理

1. 商品肉鸭的特点

(1)生长速度快。大型商品肉鸭，出壳重在55 g左右，养至7周龄体重可达3 kg以上。

(2)饲料转化率高。现代良种肉鸭饲喂全价配合饲料，49日龄活重在3.3 kg左右，料重比2.6:1。

(3)出肉率高、肉质好。活重3 kg的鸭胸肉可达500 g以上，胸腿肌占全净膛率的27%以上，鸭肉鲜美细嫩，品质极佳。

(4)生产周期短，资金周转快，可全年批量生产。雏鸭从出壳到上市，全程饲养期4～7周。

2. 育雏期的饲养管理

0～3周龄为商品肉鸭的育雏期。

(1)饮水和喂料。雏鸭入舍后应先饮水，后用粉料或颗粒料开食，让肉鸭充足采食和自由饮水，以满足肉鸭快速生长的需要。

(2)温度。适宜的育雏温度见表7.4。

表7.4　商品肉鸭育雏温度范围

日龄	适温育雏/℃	日龄	适温育雏/℃
1～3	30～32	16～20	16～22
4～6	27～30	21～25	16以下
7～10	25～27	>25	脱温
11～15	22～25	–	–

注：表中温度指离地面5～8cm或雏鸭背高温度值。

(3)密度。根据季节温度差异及日龄变化进行调整，不同周龄的饲养密度见表7.5。

表7.5　商品肉鸭各周龄的饲养密度　　单位：只/㎡

饲养方式	1周龄	2周龄	3周龄	4～5周龄	6～7周龄
网上饲养	40～50	20～25	10～15	8～10	5～6
地面饲养	20～25	10～15	6～10	6～8	3～4

(4)光照。整个饲养周期每天光照可保持24 h；为防止停电造成黑暗时引起鸭群恐慌，也可光照23 h，停照1h，让雏鸭对黑暗环境有所适应。光照度为8～10 W/㎡，利于雏鸭熟悉环境，采食饮水，防止发生挤压伤害等。育肥期光照度应弱一些，一般2.5 W/㎡即可。

3. 育肥期饲养管理

4～7周龄为育肥期，应注意以下几点。

(1)脱温。雏鸭经2～3周龄育雏后，外界温度适合即可转入大鸭舍。

(2)分群。在脱温后转群时，应按鸭只体格强弱、大小分群饲养。

(3)及时上市。商品肉鸭的生长发育快，在4周龄时即可达1.7 kg以上。一般养到48～50日龄即可上市销售。

(4)运输。体重达3 kg以上的鸭只行动迟缓，皮肉很嫩，容易损伤。在运输前2～3 h应停止喂料，并让鸭充分饮水后装笼(箱)运输，到达目的地立即卸车。

(二)骡鸭(半番鸭)生产

1. 杂交方式　杂交组合分正交(公番鸭×母家鸭)和反交(公家鸭×母番鸭)两种。以正交效果较好，这是由于用普通家鸭作母本，产蛋多，繁殖率高，雏鸭成本低，杂交鸭公母生长速度差异不大，12周龄平均体重可达3.5～4 kg；如用番鸭作母本，产蛋少，雏鸭成本高，杂交鸭公母体重差异大，在12周龄时杂交公鸭可达3.5～4 kg，母鸭只有2 kg。因此不宜采用反交方式。杂交母本最好是北京鸭、天府肉鸭、樱桃谷肉鸭等大型肉鸭品种或配套系的母本品系，这样繁殖率高，生产的骡鸭体型大、生长快。

2. 配种形式　分为自然交配和人工授精两种。在自然交配时，每一小群25～30只母鸭，放6～8只公鸭，公母配比在1∶4左右。公番鸭应在育成期(20周龄前)放入母鸭群中，让其提前互相熟悉，先适应一段时间，在性成熟后才能互相交配。增加公鸭数量、缩小公母配比和提前放入公鸭，是提高受精率的重要举措。番鸭人工授精技术是半番鸭生产成功与否的关键。公番鸭适宜采精时间为27～47周龄，最适采精时期为30～45周龄，在低于27周龄或超过47周龄时，精液质量低劣。

3. 饲养管理方法　骡鸭的饲养管理方法与一般肉鸭相似。

【案例分析】四川某肉类水产批发市场，绝大部分肉食鸭都被称为“月鸭”，只养28 d就能养成并上市销售。许多消费者认为28 d养成的鸭子不能吃，试分析这种饲养4周的肉鸭能食用吗？

分析：目前，通过选育的大型商品肉鸭其生长发育快，在4周龄时即可达1.7 kg以上，一般养到28～35日龄即可上市销售。只要科学规范养殖，这种饲养4周的肉鸭是可以食用的，也不会对人体造成任何损伤。但如果一些养殖户为防止疫病发生、保证肉鸭安全出栏，在国家禁止用药的最后7 d休药期内还用药，这种肉鸭食用后可能有药物残留，这种应该严格禁止。

(三)肉用种鸭的饲养管理

1. 育雏期的饲养管理　现代肉鸭的父母代种鸭育雏期为0～4周龄。

(1)饲养方式。一般采用地面平养或网上平养。

(2)饲养技术。肉用种雏鸭开水、开食方法同商品肉用仔鸭。在开食后，供应充足的清洁饮水。

①营养条件。2周龄前需喂全价配合颗粒料或粉料，种用雏鸭的营养需要不同于商品代肉鸭，只要达到最低营养量即可。

②饲喂。种雏鸭的喂料量可按规定饲粮标准分次饲喂。1～7日龄为自由采食，可昼、夜皆喂料，以饱而不浪费为原则。8～14日龄可减少夜间喂料量，到14日龄时夜间不喂料，15～21日龄喂3次/d，22～28日龄喂2次/d。

(3)管理技术

①分群。按育种公司的比例每群一套或两套，一般一套公鸭数量为30只，母鸭为110只，但公母鸭应分开饲养，同时要注意：在公鸭群内必须有少量母鸭与之混养，其目的是使公鸭在生长过程中有“性的记忆”，通常公母比例为4.55∶1。

②温度。保温伞四周围护育雏圈，1日龄伞下温度宜为32～34℃，圈内为29～31℃，室温24℃，视鸭群的生活状态灵活掌握。

③光照。1～3日龄用白炽灯5 W/㎡，每日23 h光照，1 h黑暗。4日龄逐渐减少夜间的补充光照，直至4周龄结束时与自然光照时间相同。

④密度。1周龄为25只/㎡，2周龄10只/㎡，3周龄5只/㎡，4周龄2只/㎡。

⑤称重。28日龄早上空腹称重，每群按公母鸭比例取10%称重。若一群少于140只鸭，则公鸭要按50%以上比例称重。在育雏结束时，种雏鸭体重与规定标准相差不超过±2%为最好。

2. 育成期的饲养管理　育成期指5～26周龄，之后即是产蛋期。能否保持产蛋期的高产蛋量，关键是在育成期能否控制好体重和光照时间。

（1）管理方式。肉用种鸭育成期一般采用半舍饲管理方式。

（2）营养条件。育成期喂全价饲粮，可以用粉料，也可以用颗粒料，颗粒料的直径为5～7 mm。

（3）限制饲喂和体重检测

①喂料量的测定。从5周龄开始改喂育成期饲粮，每日每只给料150 g（或按育种公司提供的标准给料，如表7.6所示）。28日龄早上空腹称重，计算出每群公、母鸭的平均体重，与标准体重比较，在标准范围内±2%为合格。以后按要求称体重，在达到标准体重时，喂料量不变。

表7.6　狄高种鸭育成期日粮定量

周龄	百只鸭喂料量/(kg·d)	周龄	百只鸭喂料量/(kg·d)
4～5	12～14	21～24	15～17
6～11	13～14	25～产蛋	16～18
12～20	14～16.5	–	–

②限饲方法。一种是按限饲量将一天的全部饲料一次投入，或早上投料70%，下午投料30%；另一种是隔日限饲，即把两天应喂的饲料一天一次性投入，第2次不喂料。实践证明隔日限饲的效果更佳。无论哪种限饲法，在喂料当天的第一件事都是早上4时开灯，按每群鸭分别称料，然后定时投料。

③在限饲时的注意事项。饲粮营养要全面，一般不供应杂粒谷物。称重必须空腹，一般正常鸭群在4～6 h吃完饲料，在喂料不变的情况下，应注意观察吃完饲料所需时间有无改变。限饲要与光照制度相结合。喂料在早上一次性投入，待加好料后再放鸭吃料，以保证每只鸭都能吃到饲料，而不至于影响群体生长的整齐度。

（4）光照。此期光照原则是不要延长光照时间或增加光照度，以防过早性成熟。在5～20周龄时每日固定9～10 h的自然光照，实际生产中多在此期采用自然光照。

（5）转群。育雏期网上平养转为地面垫料平养，在转群前一周应准备好育成鸭舍，并在转群前12～24 h加满29日龄的喂料量，加满清洁水。密度以每只鸭0.4 ㎡鸭舍+0.6 ㎡运动场（含0.1 ㎡水池）计算。对于中型鸭，最多不得超过5～7.5只/㎡（舍内面积）。

（6）在开产前喂料量的调整。从24周龄开始改喂产蛋期饲粮和适当增加喂料量。

（7）设置产蛋箱。每个产蛋箱尺寸为40 cm×40 cm×30 cm，供4只母鸭产蛋，可以5～6个产蛋箱连在一起组成一列。产蛋箱底部铺上干燥柔软的垫料，垫料至少每周更换两次，越清洁则蛋越干净，孵化率越高。产蛋箱于种鸭24周龄前（一般在22周龄）放入鸭舍，在舍内四周摆放均匀，位置不可随意更改。

3. 产蛋期的饲养管理　产蛋期是指27周龄至产蛋结束。

（1）饲养方式。与育成期相同，可不转群。

（2）喂法。充足饮水，自由采食。

（3）光照管理。每日提供16～17 h光照，光照度以5 W/㎡为宜，时间固定，不可随意更改，否则会严重影响产蛋。

（4）垫料管理。地面垫料必须保持干燥清洁，在舍内潮湿时应迅速清除受潮垫料换上新垫料，也可每日增添新垫料。

（5）种蛋收集。肉种鸭习惯于凌晨3:00～4:00产蛋，早晨应尽快收集种蛋。对初产母鸭可在早上5:00捡蛋。饲养管理正常，母鸭通常在7:00以前产完蛋，而产蛋后期产蛋时间将集中在6:00～8:00。应根据不同产蛋时间固定每天早晨收集种蛋。收集的种蛋应尽快消毒，并转入蛋库贮存。

（6）种公鸭的管理。配种公母比例为1:4，有条件的可按1:5或1:7的比例混养。对性成熟的种鸭还可进行精液品质鉴定，不合格的公鸭应予淘汰。

(7)预防应激影响。要有效防控鼠类和寄生虫危害,并维持种鸭场周围环境清洁安静,保持环境空气尽可能的新鲜,在必要时可调节通风设备,使环境温度在适宜范围内。寒冷地区温度应维持在0℃以上。

(8)做好记录。包括耗料、产蛋记录及防疫接种和治疗疾病、禽群成活率等记录。

4. 种鸭饲养效果的检查 种雏鸭饲养得好,体重在标准范围内,育雏率可达90%以上,育成期成活率可达90%~95%。产蛋期可以用产蛋期死淘率、产蛋高峰、全程产蛋受精率和孵化率来衡量。如果在生产过程中各项指标与标准相差太大,则应及时采取处理措施。

三、填鸭生产

(一)填鸭生产的特点

填鸭也称填肥鸭,填(肥)鸭是一种快速育肥方法。填(肥鸭)主要供制作烤鸭。

(二)填鸭的饲养方法

1. 开填日龄 一般在40~42日龄,体重达1.7 kg以上的中雏鸭方可开始填饲。通常开填日龄早,饲料报酬较高。

2. 填鸭前的准备 在开填前,将鸭按体重和体质分群,挑选发育正常、健康状况良好的鸭先开填,剔除病残鸭和过于弱小的个体。此外,在填食前可将鸭的爪尖剪去,以免互相抓伤,影响屠体美观,降低等级。

3. 填鸭饲粮的配制 填鸭的饲料应含有较高能量(含代谢能在12.55 MJ/kg左右),粗蛋白质含量为14%~15%。具体配方可参见表7.7。在各配方中均需另加维生素和矿物质微量元素预混料,还应注意钙和磷的含量及比例,以免影响鸭体增重或引起瘫痪。

表7.7 填鸭期饲料配方 单位:%

料号	玉米	大麦	小麦	麸皮	鱼粉或肉粉	豆饼	菜籽饼	骨粉	磷酸氢钙	食盐
1	59.0	4.8	15.0	2.2	5.4	11.0	–	1.9	0.4	0.3
2	60.0	–	15.0	10.8	3.5	4.0	5.0	–	1.4	0.3

4. 填料调制 目前填料改用水稀料,料水约各占一半。填饲初期可稀些,后期应稠些。为了有利于填鸭的消化,填饲前4 h先用水浸饲料,用填饲机搅拌均匀后再进行填饲。在气温高时,只浸泡1~2 h即可,以免引起填料的酸败。

5. 填饲时间和填饲量

① 填饲时间。通常每天填饲4次,每隔6 h填1次。

② 填饲量。填饲量随填饲日龄的增加和消化情况逐渐增加。开始以每次150 g水料为宜,一般在填饲8 d以后每次水料增至350~400 g。凉爽季节,鸭群消化良好,每次水料可适当增加。在填饲时要注意观察,发现食道膨大部有未消化的积食,应考虑少填或不填,并做到充足饮水,以防消化不良或被“撑死”。

6. 填饲方法 填饲机填鸭的操作技术要点:先将加水料装入填饲机的储料箱内,转动搅拌机将其拌匀。然后,将鸭慢慢赶入待填圈内。填饲时,再分批把鸭赶入候填小圈,候填小圈容纳鸭80~100只,小的圈可容纳鸭10~20只。填饲人员采用抓颈(食道部位)的方法,即四指并拢握颈的中上部,拇指握颈底部。开填时,用左手握鸭头部,掌心靠近鸭的后脑,用食指和拇指打开鸭喙,中指伸进口内压住鸭舌,将鸭喙送向填饲胶管,让胶管准确地插入食道膨大部。同时,用右手托住鸭的颈胸接合部,将鸭体放平,使鸭体和胶管在同一条轴线上。在插好胶管后,用左脚踏离合器,启动机器,在饲料压进鸭的食道后,放松开关,将胶管从鸭口内退出。其要领是:鸭体平,开喙快,压舌准,插管深浅适度,填食慢,撤鸭快。熟练的填鸭工每小时可填鸭400~500只。

(三)填食量的掌握

1. 摸膘判食 应根据鸭的体重和膘情判定填食量,采用这种方法必须技术上有相当把握,在填鸭时十分专心。

2. 分群定量 即按每群鸭的具体状况，给鸭确定统一的填食量。

3. 注意观察 填食虽定时定量，但应按填鸭的“化食”情况而定，并注意观察，每次均以始填的第一圈为准，一般在填食前1 h填鸭的食道膨大部普遍出现垂直的凹沟即为消化正常。早于填食前1 h出现，表明需要增料，晚于填食前1 h出现，表明消化不良或填食量偏高，下次填食时间需推后，并酌减填食量。

（四）填鸭管理要点

在炎热季节必须采取一切有效的防暑降温措施。每天可洗浴1～2次，延长游洗时间，白天少填，晚上多填，尽量使鸭在外圈露宿等。

填鸭的饲养密度，每平方米前期为2.5～3只，后期为2.0～2.5只。内、外圈均要保持干燥、平整。昼夜不断供给饮水，帮助“化食”。每隔2～3 h轻轻将填鸭哄起来走动一下，促其排粪、饮水，以免久卧不起腿部瘫软或淤血，胸腹部出现挫伤等。

（五）填鸭肥度的检验

填鸭的增重受季节、性别和饲料等条件的影响。一般日均增重50～60 g，经填肥两周左右，出场体重在2.6 kg左右。肥度好的填鸭在翅根下肋骨上的脂肪球大而突出，尾根宽厚，背部朝下，在平躺时腹部隆起。填鸭的屠宰率一般为70%～75%，高的接近80%，羽绒占活重的2%～5%，血液占活重的4%左右。

第二节 鹅生产

一、雏鹅培育

鹅的育雏期是指从出壳到4周龄。

（一）雏鹅的生理特点

1. 体温调节机能较差 雏鹅在一周龄后随羽毛的生长和脱换，体温调节机能才逐渐增强。

2. 生长速度极为迅速 雏鹅的新陈代谢机能旺盛，早期生长速度快。

3. 消化吸收 消化道容积小，消化吸收能力差。

4. 体质 雏鹅的体质弱而娇嫩，抵抗能力差。

（二）雏鹅的饲养管理

1. 育雏方法 当今我国农村广大养鹅户普遍采用自温育雏和平面供温育雏两种方法。

（1）自温育雏。在养鹅数量较少时，自温育雏用得比较普遍。其方法是利用竹篾（或稻草）编成箩筐，内铺以垫草，将雏鹅放在箩筐内利用自身散发出的热量来保持育雏温度。通常室温在15℃以上时，可将1～5日龄的雏鹅白天放在柔软的垫草上，用30 cm高的竹围围成直径1m左右的小栏，每栏养21～30只，晚上则放在育雏筐内。若在室温低于15℃时，除每日定时喂料外，白天、晚上均放在育雏筐内。5日龄以后，视气温的变化逐渐缩短雏鹅在育雏筐内的时间。在育雏期间如发现雏鹅有扎堆现象，应及时用手扒散，以防雏鹅窒息而死。

（2）平面供温育雏。一般采用地面或网上平养，这是规模养鹅普遍采用的饲养方法，其育雏形式随提供热源的方式不同而不同，主要有电热育雏、火炕式育雏、网上育雏等几种育雏方式。

2. 雏鹅的饲养

（1）饮水。又叫潮口，即出壳后的雏鹅第一次饮水。雏鹅在出壳后由于运输或环境的变化，最好在1～3日龄雏鹅的饮水中加入水溶性复合维生素（在每千克水中加1 g），或饮8%的蔗糖水。雏鹅的饮水最好使用小型饮水器，或使用水盆、水盘，但不宜过大，盘中水的深度不超过1 cm，以雏鹅绒毛不湿为原则。

（2）开食。雏鹅在出壳后12～24 h内即可开食。在开食后，随着雏鹅日龄的增长，可逐渐增加青绿饲料或青菜叶的喂量，可以单独饲喂，但应切成细丝状供食。

(3)喂料次数和方法。在1周龄内,一般每天喂料6～9次,约每3 h喂料1次;2周龄雏鹅可每天喂料5～6次,其中夜里喂两次。随着雏鹅放牧能力的增强,可适当减少喂料次数。在喂料时可以把精料和青料分开,先喂精料后喂青料。

3. 雏鹅的管理

(1)温度。鹅的适宜育雏温度见表7.8。

(2)湿度。培育雏鹅适宜的相对湿度见表7.8。

表7.8 鹅的适宜育雏温度和湿度

日龄	温度/℃	相对湿度/%
1～5	27～28	60～65
6～10	25～26	60～65
11～15	22～24	65～70
16～20	20～22	65～70

(3)通风。雏鹅全程养育都应加强通风换气,一般以人进入鹅舍不觉得闷气,没有刺眼、鼻的臭味为宜。

(4)适宜的饲养密度。养鹅适宜的密度见表7.9。

表7.9 雏鹅适宜的饲养密度　　单位:只/㎡

类型	1周龄	2周龄	3周龄	4周龄
中、小型鹅种	15～20	10～15	6～10	5～6
大型鹅种	12～15	8～10	5～8	4～5

(5)光照。0～7日龄提供每日23～24 h的光照时间,8日龄后逐渐过渡到只利用自然光照。

(6)分群饲养。刚出壳的雏鹅应按其体质强、弱分群饲养。便可提高育雏期成活率。

(7)放养与饮水。春季育雏,从4～5日龄起可开始放养,让其自由采食青草。在放养的同时可结合放水。随日龄的增长逐渐过渡到以放养为主,减少精料补饲。

(8)防御敌害。首先应防止鼠害,其次还需防黄鼠狼、猫、狗、蛇等的危害,在夜间应加倍警惕,并采取有效的防害措施。

育雏结束的雏鹅有两种用途,一是留养作种鹅;二是作为肉用仔鹅生产。

【案例分析】装运雏鹅的专用纸箱规格为多大?

装运雏鹅的专用纸箱规格为:长120 cm,宽60 cm,高20 cm,内分4格,每格装雏鹅20只,每箱可装雏鹅80只;每个纸箱四周均开有直径2 cm的孔,以便通风换气。

二、肉用仔鹅生产

肉用仔鹅是指雏鹅在育雏期结束后,5～12周龄的中雏鹅。

(一)肉用仔鹅的饲养特点

是以放养为主,补饲为辅,充分利用放养条件,加强锻炼,促进肉用仔鹅的快速生长,以尽早达到上市体重。

(二)肉用仔鹅的饲养管理

1. 肉用仔鹅的放养

(1)放养饲养。要选择良好的放养地,牧草应较嫩而富有营养。并在放养的同时补喂一些全价配合饲料。

一般40日龄左右可每天放养4～6 h,50日龄左右可进行全天放养。随着肉鹅日龄的增加,补饲量应逐渐减少。

(2)肉用仔鹅的放养管理

①放养场地的选择及合理利用。放养场地要求牧草茂盛。在开始放养时应选择牧草较嫩、离鹅舍较近的牧地,随日龄增加,可逐渐远离鹅舍,同时也应考虑牧地应离水源较近。对放养场地实行轮牧。每隔15～20 d轮换1次,以便有足够的青绿饲料。

②放养群体大小。一般以每群200～300只为宜。农户利用田边地角或林间小块草地放养雏鹅,以每群30～50只比较适合。

③放养的管理。鹅群放牧的总原则是:早出晚归。放养初期,每日上、下午各放养1次,中午赶回圈舍休息。在气温较高时,上午要早出早归,下午应晚出晚归。每天放养中至少应让鹅群放水3次,高温天气要增加放水次数和延长放水的时间。随着仔鹅日龄增长和放养采食能力的增强,应让鹅逐步形成采食→放水→休息→采食的生物节律性。

2. 肉用仔鹅的育肥方法 按照饲养管理方式的不同,肉用仔鹅的育肥分为放养育肥、舍饲育肥和填饲育肥三种。

(1)放养育肥。放养育肥是传统的育肥方法。主要利用收割茬地残留的麦粒或稻田中散落的谷粒进行育肥。一般在3月下旬或4月上旬开始饲养雏鹅,这样可在麦类茬地放牧结束时,仔鹅已育肥,可上市出售。

(2)舍饲育肥。仔鹅到60日龄时,从放养饲养转为舍饲喂养。适于集约化批量养鹅。需喂给鹅高能量饲粮,在光线较暗的房舍内进行,限制鹅的光照和运动,每平方米可放养4～6只,每天喂料3～4次,经过15 d左右育肥即可宰杀。

(3)填饲育肥。是一种强制性的饲喂方法,分手工填饲和机器填饲两种,具体操作与肥肝生产过程的填饲方法相同。经过10 d左右填饲育肥,鹅体脂肪迅速增多,肉嫩味美。

3. 肉用仔鹅的上市体重和膘度

(1)上市体重。肉用仔鹅在60日龄公、母鹅活重分别为5.5 kg和5.1 kg; 70日龄活重分别为6.4 kg和5.8 kg;中型鹅种60日龄和70日龄仔鹅活重分别为3.5 kg和3.8 kg;小型鹅种70日龄活重2.6 kg上市为宜。

(2)膘度。摸到鹅的皮下脂肪增厚,有板栗大小、结实、富有弹性、具脂肪团的为上等肥度,若脂肪团疏松为中等肥度,摸不到脂肪团,而且皮肤可以滑动的为下等肥度。

三、种鹅的饲养管理

(一)育成期种鹅的饲养管理

5～30周龄为种鹅的育成期。

1. 育成期种鹅的饲养特点 育成期的鹅适应外界环境的能力不断增强,消化器官发育完善,鹅的肌胃收缩运动已能充分破坏植物的细胞壁,消化植物细胞的内容物。一般将育成期分为育成前期、限饲期和恢复期。

2. 育成前期的饲养 指5～16周龄,此时期的青年鹅需要较多的营养物质,不宜过早进行粗放饲养,应根据放牧场地草质的好坏,逐渐减少补饲的次数,并逐渐降低补食饲粮的营养水平,使青年鹅机体得到充分发育,以便顺利地进入控料饲养阶段。在10～11周龄需对种鹅进行第二次选择,可根据鹅生长发育情况以及体型外貌等特征进行选择,淘汰生长速度较慢、体型较小、腿部有伤残的个体。

3. 限饲期的饲养 此期一般从17周龄开始至22周龄结束。对种鹅进行限制性饲养,其目的在于控制体重,防止体重过大过肥,使其适合产蛋的体况,适时性成熟。

（1）限饲方法。种鹅限制饲养方法主要有两种。一种是减少补食饲粮的喂料量，实行定量饲喂；另一种是控制饲料的质量，降低饲粮的营养水平。鹅以放牧为主，故大多数采用后一种方法。

在限饲期应逐渐降低鹅饲料的营养水平，每日的喂料次数由3次改为2次，尽量延长放牧时间，逐步减少每次给料的喂料量。限饲期母鹅的日平均饲料用量一般比生长阶段减少50%～60%。在饲料中可添加较多的填充粗料（如米糠、曲酒糟、啤酒糟等）。在草质良好的牧地，可不喂或少喂精料。在放牧条件较差的情况下每日喂料2次，喂料时间在中午和晚上21:00左右。

（2）限饲期的管理要点。

①注意观察鹅群动态。限饲期间，随时观察鹅群精神状态、采食情况等，发现弱次鹅和伤残鹅要及时剔除，进行单独的饲喂和护理，喂以质量较好且容易消化的饲料，到完全恢复后再放牧。

②放养场地选择。应选择水草丰富的草滩、湖畔、河滩、丘陵以及收割后的稻田、麦地等。放养前，先调查放养地附近是否喷洒过有毒药物，否则必须经1周以后，或在下大雨后才能放养。

③注意防暑。育成期种鹅往往处于5～8月，气温高。在放养时应早出晚归，避免中午酷暑，早上天微亮就应出牧，上午10:00左右应将鹅群赶回圈舍，或赶到阴凉的树林下让鹅休息，到下午15:00左右再继续放养，待日落后收牧。休息的场地最好有水源，以便于饮水、戏水、洗浴。

④搞好鹅舍的清洁卫生。每天清洗食槽、水槽，更换垫料，保持垫草和舍内干燥。

⑤在限饲期结束时，对种鹅进行第三次选择。根据公母鹅的外形选留符合种用要求的个体。配种比例为：大型鹅种1:（3～4），中型鹅种1:（4～5），小型鹅种1:（6～7）。

4. 恢复期的饲养 经限饲期喂养的种鹅，应在开产前60 d左右进入恢复期饲养。此时种鹅的体质较弱，应逐步提高补饲饲粮的营养水平，并增加喂料量和饲喂次数。饲粮蛋白质水平以控制在15%～17%为宜。经20 d左右的饲养，种鹅体重可恢复到育成前期的水平。

（二）产蛋期的饲养管理

1. 产蛋前期饲养管理

（1）饲粮配合。放牧鹅群既要加强放牧，又要换用种鹅产蛋期饲料适当补食，并逐渐增加补饲量。

（2）补充人工光照。种鹅在临近开产期的6周内逐渐增加每日人工光照时间，达到每天16～17 h为止，并维持到产蛋结束。

（3）公母配种比例要适当，及时做好配种的各项工作。

（4）饲养管理。应逐渐增加饲粮的补食量，一般用4周的时间过渡到自由采食。在放养时可早出晚归，但放养距离不宜太远，并要有较多的时间让种鹅下水洗浴、戏水，在回牧时不能驱赶过急。在产蛋前期的种鹅可进行一次驱虫。母鹅要注射小鹅瘟疫苗。

【案例分析】重庆某养鹅场，每年小鹅瘟发病率高，请问该场应如何控制和降低小鹅瘟的发病率？

分析：小鹅瘟全年均有发生，但多发生于冬末春初，主要侵害3～20日龄的雏鹅。该场要控制和降低小鹅瘟的发病率，首先应做好预防工作，同时，要禁止从疫区引种，正常引种要做好隔离检疫工作，对引进的种鹅群要做血清检查，淘汰阳性个体；无条件的养鹅场（户）要对引进的种鹅隔离观察5～7 d。

种鹅应于开产前一个月进行首次免疫，每只鹅皮下或肌肉注射1 mL抗小鹅瘟血清，间隔7～10 d后进行二次免疫，使种鹅产生免疫抗体；孵化设备、一切用具以及屋内及地面应定期消毒；小鹅出生的24 h内注射疫苗。

雏鹅一旦发生小鹅瘟，首先要确诊。在确诊小鹅瘟后，立即将未出现症状的雏鹅隔离出饲养场地，放在清洁无污染场地饲养，并每只皮下注射高效价0.5～0.8 mL抗小鹅瘟血清；可以在饲料或饮水中投入禽用抗病毒药品，同时可以补充电解质、多种维生素等，帮助鹅增强体质和恢复体能；对于在育雏期间的小鹅要注意保温、降湿、通风，小鹅尽量不要下水或少下水；病死小鹅不能乱扔，应及时清拣出来，不让苍蝇叮咬，用火烧掉或者深埋。

2. 产蛋期的饲养管理

(1)营养水平。在种鹅产蛋期的饲粮中蛋白质水平应在18%～19%，有利于提高母鹅的产蛋量。

(2)以舍饲为主，放养补饲为辅。产蛋期种鹅一般每日早、中、晚各补饲一次。补食的饲料总量每只鹅宜控制在150～200 g。放牧充分；种鹅喜欢在早晚交配，宜在早晚各放水一次，有利于提高种蛋受精率。

(3)防止窝外蛋。产蛋鹅上午10:00以前不能外出放养，应在鹅舍内补饲，待产蛋结束后再放牧。上午放养的场地应尽量靠近鹅舍，以便部分母鹅回窝产蛋，这样可减少母鹅在野外产蛋而造成种蛋的丢失和破损。

思考：如何减少母鹅产蛋期的窝外蛋？

(4)就巢性的控制。发现母鹅在有恋巢表现时，要及时隔离，进行人工醒抱技术处理。可使用“醒抱灵”等药物，且醒抱效果较明显。

(5)提高种蛋的受精率。应加强饲养管理，注意环境卫生，适时配种，公母比例恰当，减少来自公鹅影响种蛋受精率的因素，诸如：公鹅性机能缺陷；一些公鹅具有选择性的配种习性；公鹅相互啄斗；换羽等。

(6)种鹅的选择淘汰。鹅的繁殖季节性很强。每年的4～5月开始陆续停产换羽，首先淘汰提早换羽的公、母鹅和外形综合鉴定差的个体；其次淘汰多余的公鹅及产蛋量低的母鹅。执行利用2～3个产蛋年的制度。

(三)休产期的饲养管理

1. 休产期 母鹅一般只有5～6个月的产蛋期，之后进入持续时间较长休产期。母鹅在休产期中可进行人工强制换羽。

2. 放牧为主，更换饲粮　将产蛋期饲粮换为育成期饲粮，在休产期可人工活拔羽绒2～3次，可增加经济效益。

四、活拔羽绒技术

活拔羽绒是采用人工方法从成年健壮的活鹅身上拔取羽绒的一项生产技术。

(一)意义

成年公鹅常年可拔羽绒7～8次，共产羽绒0.6～1 kg。活拔的羽绒纯净柔软，蓬松度高，色泽一致，不含杂质，尤其适合加工高级羽绒制品。处于休产期的母鹅，采用活拔羽绒技术，不仅增加出售羽绒的收入，还能促进母鹅提早恢复产蛋，利于充分发挥鹅群的生产性能，提高养鹅综合经济效益。

(二)鹅的选择

对活拔羽绒鹅的选择应遵循下列原则：

1. 应选择中型鹅种　如四川白鹅、皖西白鹅、浙东白鹅等。

2. 宜选白色鹅种　白色羽绒价格高于有色羽绒。

3. 掌握科学的拔羽时间和次数　商品肉用仔鹅上市前可拔羽绒一次。后备种鹅在90～100日龄进行第一次拔羽绒，种鹅休产期以基本停产开始第一次拔羽绒。鹅每隔45～50 d拔一次。种鹅育成期和种鹅休产期以拔羽绒2～3次为宜。

4. 鹅换羽期不宜活拔羽绒 换羽期间鹅的血管毛多，含绒量少，拔羽绒极易拔破皮肤。且种鹅在产蛋期不宜活拔羽绒。

（三）活拔羽绒的操作要点

1. 拔羽绒前的准备 拔羽绒的前一天傍晚停止喂食，以防粪便污染羽绒及操作人员。并做好其他相关的准备工作。

2. 鹅的保定 术者坐在凳子上，将鹅胸腹部朝上，双腿夹紧鹅体，然后开始拔取羽绒。

3. 拔羽绒顺序 先拔胸腹部，再拔体侧、腿侧，然后翻转鹅身，使其背部朝上，拔去背部、肩部、翅膀上的羽绒。

4. 拔羽绒操作 用拇指、食指、中指插入毛丛捏住羽绒的基部，一撮一撮往外拔。用力要均匀，动作要轻快利索。在拔羽绒时应顺着羽绒生长方向平拔为好。先拔片羽，后拔绒羽，并分别存放。在拔取羽绒过程中，如出现小块破皮，可涂紫药水或碘酊。由于拔羽绒强烈的疼痛刺激，个别鹅会出现脱肛现象，通常1～2 d自行恢复。为防止泄殖腔发炎，可用0.2%高锰酸钾溶液涂擦泄殖腔。

（四）活拔羽绒后对鹅的饲养管理

1. 加强营养，增喂精饲料 在饲粮配方中应提高动物性饲料的比例，并适量添加甲硫氨酸、矿物质微量元素及维生素添加剂。

2. 加强管理 拔羽绒后3～5 d内鹅不宜下水，避免淋雨和曝晒，保持棚舍清洁干燥，防止蚊虫叮咬。

（五）羽绒的保存

（1）将拔下的羽绒装入塑料袋中，不要强压或搓揉，保持自然状态和弹性。

（2）存放地点应通风良好，并用木条或砖头垫高，以免受潮。

（3）在库房内应喷洒杀虫剂，以防虫蛀。

（4）应经常查看，一旦受潮必须及时晾晒或烘干。

五、鹅肥肝生产技术

鹅肥肝是指青年鹅在身体生长基本完成以后，经短期人工强制填饲高能饲料，促使其快速育肥，并在肝脏内大量积贮脂肪等营养物质，使体重明显增大，肝脏比原来增加5～10倍，甚至是几十倍。

（一）鹅肥肝的营养价值和经济效益

鹅肥肝一般重300～900 g，大的可达1800 g，其中脂肪含量为60%，水分含量为32%～35%。鹅肥肝脂肪含量高，水分含量低。而在肥肝脂肪中大多为不饱和脂肪酸。肥肝质地细嫩，营养丰富，味道鲜美，风味独特，是欧美许多国家餐桌上的美味佳肴和用作滋补的保健食品，一般每千克售价在15～22美元，畅销于国际市场。

（二）填饲鹅品种、周龄、体重和季节的选择

1. 品种 应尽可能选择大型品种鹅进行填饲。如狮头鹅、朗德鹅等，都是生产肥肝的理想品种。

2. 填饲周龄和体重 一般大型仔鹅在15～16周龄，体重4.5～5.0 kg；中型仔鹅在12～13周龄，体重3.5 kg左右开始填饲为宜。

3. 填饲季节的选择 填饲季节的最适温度为10～15℃，在20～25℃时尚可进行，炎热季节不宜填饲。

（三）填鹅饲料

1. 填鹅饲料的选择 主要是能量饲料，如玉米、大麦、小麦等，且以玉米最为理想。

2. 填鹅饲料的加工调制 填鹅饲料加工调制可采用浸泡法。即将玉米粒放在冷水中浸泡8～12 h，沥干水分，加入0.5%～1%的食盐、1%～2%的动（植）物油，每100 kg玉米加入10～20 g肉禽用复合多种维生素，充分拌匀。

（四）填饲初期的饲养管理

在填饲前，可进行2～3周的预填。预填期饲粮中玉米应占60%，并将玉米粉逐渐换成玉米粒。供应清洁饮水，鹅可多吃一些青绿饲料，便于以后填饲。还应做好接种免疫和驱虫工作。预填期鹅以每平方米养3～4只为宜。

（五）填饲方法

在手工填料时将鹅夹在填料人的两膝间，头朝上露出颈部，左手将鹅喙掰开，右手抓食投入口内，并由上向下将填入的玉米往下捏挤，推向食管膨大部。如此反复多次填至距咽喉部约5 cm处为止。在机器填饲时需两人配合，一人保定住鹅，另一人将填饲机的填饲管插入食管膨大部中端，逐渐推送玉米，边填边向上退填饲管。自下向上填饲直至咽喉部5 cm为止。机器填饲省去了捏挤食管的操作，可减少鹅食道损伤，缩短填饲时间，提高填饲效果。

每日填饲次数应根据鹅的消化能力而定。以此次填饲到下次填饲以前食管刚好无饲料为宜。一般鹅每日填食4次。填料时间应准时，有规律。填饲量是生产肥肝的关键，一般日填饲量大型鹅种为1000～1500 g，中型鹅为750～1000 g。填饲期时间的长短视品种、消化能力及增重而定。

（六）填饲鹅的饲养管理

要保持填饲鹅圈舍干燥，清洁卫生，通风透气，光线宜暗，环境安静。每小群以20～30只为宜，饲养密度为每平方米3～4只。禁止下水洗浴，减少能量消耗。防止惊吓，避免挤压和碰撞。平时应注意观察鹅群的精神状况，分别对待，成熟一批，屠宰一批。若发现鹅的体态肥胖，腹部下垂，两眼无神，精神萎靡，呼吸急促，行动迟缓，则表明已育肥成熟，对此应及时屠宰取肝。

（七）屠宰鹅取肝与肥肝的保鲜、分级、包装

在屠宰时必须小心切断颈动脉，倒挂把血放净，用65～75℃温水浸烫羽毛，在拔净羽毛后将屠体放入0～5℃的冷藏箱或冷库里存放18～20 h，使屠体冷凝，肥肝变硬，便于摘取。开腹取出内脏，摘取肥肝。此时动作要轻慢，以防戳破胆囊，并要保持肥肝的完整性。在肥肝摘下后，将胆囊作钝性剥离，并切除肥肝上的结缔组织及胆囊部位绿色渗出物。取出的肥肝应投入1%食盐水中浸泡10 min后捞出，用清洁纱布吸干表面水分，分级包装，在环境温度2～4℃下冷藏，切勿堆码挤压。

肥肝保鲜应先将鲜肥肝洗净、分级，放入4%～6%的盐水中浸泡（浸没为度），装入塑料袋并用二氧化碳或氮气等充气，最后包装放置，2℃左右温度下贮藏，即可保鲜。

【本章小结】

鸭善于在水中觅食、嬉戏和求偶交配；合群性好，适应大群放牧饲养和圈养，易于管理，便于集约化饲养；鸭耐寒性强；耐粗饲，节粮。鸭的生产方式分为蛋用鸭生产与肉用鸭生产。可根据鸭的生活习性和消化生理特性及各地区的环境条件，因地制宜地确定经营和养育方案，明确生产目的和任务，选养合适的鸭种，提供营养完善的饲粮，实行科学饲养管理，方能收到好的生产效果。

鹅是草食动物，是最能利用青绿饲料的肉用家禽，也是水禽业中饲养量仅次于鸭的重要水禽。它可以为人类提供鹅肉、鹅蛋、鹅肥肝和鹅羽绒等产品。中国养鹅历史悠久，也是世界上养鹅数量最多、发展最快的国家。养鹅无论以舍饲、圈养还是放牧方式饲养，鹅的生长速度是其他禽种平均值的1.7倍，且耗精料量少。肉用仔鹅生产具有投资少、收效快、获利多等优点。在种鹅、肉仔鹅的养殖及生产过程中应掌握各个环节，全面搞好科学饲养管理，确保现代养鹅业健康、高效发展。

【思考题】

1. 简述蛋鸭和肉鸭的特点。
2. 如何提高蛋用雏鸭育雏期成活率？
3. 怎样搞好肉用种鸭育成期的限制饲养？
4. 简述肉用仔鸭的饲养管理要点。
5. 简述雏鹅的培育技术要点。
6. 肉用仔鹅生产有哪些特点？

7. 鹅的育肥方法主要有哪些?

8. 简述填鹅的手工填饲技术。

9. 简述活拔鸭鹅羽绒的操作重点。

10. 发展鹅肥肝生产有何意义?

11. 在蛋鸭饲粮中的粗蛋白质有何主要作用?

12. 饮水充足与否对成年种鹅有何影响?

【主要参考文献】

[1]杨宁.家禽生产学(第2版). 北京:中国农业出版社,2010

[2]杨宁.家禽生产学(第1版). 北京:中国农业出版社,2003

[3]王三立.家禽生产. 重庆:重庆大学出版社,2011

[4]王恬,陈桂银.畜禽生产. 北京:高等教育出版社,2002

[5]邱祥聘.家禽学(第3版). 成都:四川科学技术出版社,1993

[6]王光瑛,李昴,王长康.养鸭生产新技术. 北京:中国农业出版社,1992

[7]曾凡同,王继文,张子元.养鹅全书. 成都:四川科学技术出版社,1999

[8]陈安春,王继文,汪铭书.养鹅与鹅病防治. 北京:中国农业大学出版社,2000

[9]陈耀王.养鹅与鹅肥肝生产. 北京:中国科学技术出版社,1999

[10]李祥源.鹅的饲养与综合利用. 北京:中国水利水电出版社,2000

[11]佟建明.实用饲料检验手册. 北京:中国农业大学出版社,2001

[12]尹兆正,余东游,祝春雷.养鹅手册. 北京:中国农业大学出版社,2001

[13]豆卫.禽类生产. 北京:中国农业出版社,2001

[14]陈育新,曾凡同.中国水禽. 北京:中国农业出版社,1990

[15]邱祥聘,杨山.家禽学. 成都:四川科学技术出版社,1993

[16]曾凡同,张子元,王继文.养鸭全书. 成都:四川科学技术出版社,1993

[17]邱祥聘,杨山,曾凡同.家禽生产. 重庆:科学技术文献出版社重庆分社,1987

第三篇 牛生产

第一章 牛的品种

牛是世界上分布最广的一类动物，无论是高山或是平原，是寒漠草地还是热带雨林，都有不同牛种的分布。不同的牛品种或类型是人类长期选育的产物，由于不同牛品种的生态环境、选育方向及饲养管理条件不同，各品种具有不同的生物特性、遗传特性、生产性能及其对生态条件的适应性。了解国内外主要牛品种的特点，可以更有效地改良与提高其生产性能，为人类提供更多优质的牛奶和牛肉。

第一节 牛种分类

一、牛在动物学中的分类

在动物分类学上，牛属于脊索动物门、脊椎动物亚门、哺乳纲、偶蹄目、反刍亚目、洞角科、牛亚科。人们驯养的牛属一般属于牛亚科中的家牛属、水牛属和牦牛属。“属”下面还有不同的“种”。家牛属包括普通牛、瘤牛；水牛属包括亚洲水牛、菲律宾水牛和印度尼西亚水牛三种，中国水牛属于亚洲水牛种下的沼泽型，而印度和巴基斯坦的水牛则属于亚洲水牛种下的江河型；牦牛属下只有一种牦牛种，全世界的牦牛90%以上分布于我国青藏高原。

二、牛的经济用途分类

畜牧学家按照牛的主产品的种类、数量和用途，将牛品种划分为不同的经济类型，即乳用、兼用、肉用和役用牛。不同经济类型的牛，在品种改良、饲养技术与管理方法的改进等方面，往往表现出不同的特点。

肉用牛品种按其来源、体型大小可分为三类：

1. **中、小型早熟品种** 其特点是：体型较小，生长快，肉中脂肪多，皮下脂肪厚。如海福特、安格斯、短角牛等品种。

2. **大型欧洲品种** 产于欧洲大陆，原为役用牛，后转为肉用。其特点是：体型大，肌肉发达，脂肪少，生长快，但较晚熟。如法国的夏洛来牛和利木赞牛、意大利的契安尼娜牛、德国黄牛等品种。

3. **含瘤牛血液的品种** 如抗旱王、婆罗门等品种。

第二节 乳用牛品种

一、荷斯坦牛

1. **原产地及分布** 荷斯坦牛原产于荷兰北部的北荷兰省和西弗里生省，又称荷斯坦-弗里生牛，是世界著名的主要乳用牛品种。因其毛色具有黑白相间、界限分明的花片，又称为黑白花牛。

该品种一般认为起源于欧洲原牛,早在15世纪就以产乳量高而闻名于世。荷斯坦牛的形成与原产地的自然环境和社会经济条件密切相关。历史上荷兰曾是欧洲一个重要的海陆交通枢纽,商业发达,干酪和奶油以及牛只随着发达的海陆交通输往世界各地。由于荷斯坦牛及其乳制品出口量大,极大地促进了奶牛的选育及品质的提高。荷斯坦牛在世界各地均有分布,由于各国对其选育方向不同,分别育成了以美国、加拿大、以色列等国为代表的乳用型和以荷兰、德国、丹麦等欧洲国家为代表的乳肉兼用型两大类型。

2. 外貌特征 荷斯坦牛体格高大,结构匀称,皮薄骨细,皮下脂肪少。头狭长清秀,背腰平直,尻部方正,四肢端正。乳房庞大,且前伸后延好,乳静脉粗大而多弯曲;被毛细短,毛色呈黑白斑块,界限分明,额部有白星,腹下、四肢下部及尾帚为白色。成年母牛体型呈明显的楔形。荷斯坦成年公牛体重900～1200 kg,成年母牛为650～750 kg,犊牛初生重平均为40～50 kg。

3. 生产性能 荷斯坦牛生产性能高,产奶量为各乳牛品种之冠。1999年荷兰全国荷斯坦牛平均年产奶量为8016 kg,乳脂率为4.4%,乳蛋白率为3.42%;荷兰荷斯坦牛年平均单产奶量已达7000 kg,乳脂率4%。而美国荷斯坦牛2000年平均产奶量已达8388 kg,乳脂率3.6%。1997年,美国荷斯坦牛个体最高年泌乳量达30833 kg。乳用荷斯坦牛的缺点是乳脂率低,不耐热,夏季高温时产奶量明显下降。因此,夏季饲养,尤其南方要注意防暑降温。

荷斯坦牛引入我国对黄牛进行改良,改良后的杂种较本地牛的体重提高80%～100%,杂种一代的年产奶量为2000～2500 kg,二代为2700～3200 kg,三代以上接近兼用型荷斯坦牛的产奶量,在4000 kg以上。

二、中国荷斯坦牛

1. 育成史 中国荷斯坦牛原称中国黑白花牛,1992年农业部批准更名为"中国荷斯坦牛"。中国荷斯坦牛是利用从不同国家引入的纯种荷斯坦牛与我国当地黄牛进行级进杂交,高代杂种横交固定,后代自群繁育,经长期选育而培育成的我国唯一的奶牛品种,目前在全国各地均有分布。在培育过程中,由于各地引入的公牛来源不同,本地母牛类型不一,以及饲养环境条件的差异,目前我国荷斯坦牛的体型大小有所差异,主要分南方型和北方型两种。

2. 外貌特征 中国荷斯坦牛体质细致结实,结构匀称,毛色为黑白相间,花片分明,额部有白斑,腹下、四肢膝关节以下及尾帚呈白色。乳房附着良好,质地柔软,乳静脉明显,乳头大小、分布适中。北方荷斯坦牛的体高、胸围、体躯往往比南方荷斯坦牛大。

3. 生产性能 全国成年母牛平均产奶量为4774 kg,平均乳脂率为3.4%以上,因各地饲养水平不同,产奶量有较大差异,其中育种水平较高的北京、上海等市达7000 kg以上,个别高产牛群产奶量已超过9000 kg。总体上,北方地区产奶量较高,平均为5000～6000 kg,南方地区由于气候炎热,产奶水平相对较低,为4500～5500 kg。

中国荷斯坦牛同本地黄牛杂交,一般表现良好,其后代乳用体型得到改善,体格增大,产奶性能亦大幅度提高。中国荷斯坦牛今后选育的方向是:加强适应性的选育,特别是耐热、抗病能力的选育,重视牛的外貌结构和体质,提高优良牛在牛群中的比例,稳定优良的遗传特性。对牛的生产性能的选择,仍以提高产奶量为主,并具有一定的肉用性能,注意提高乳脂率。

三、娟姗牛

1. 原产地 娟姗牛属小型乳用品种,原产于英吉利海峡的娟姗岛。由于娟姗岛自然环境条件适于养奶牛,加之当地农民的精心选育和良好的饲养条件,从而育成了性情温顺、体型轻小、乳脂率较高的乳用品种。早在18世纪娟姗牛即以乳脂率高、乳房形状好而闻名。19世纪引入欧美各国,现分布于世界各地。

2. 外貌特征 娟姗牛体格小,清秀,轮廓清晰,具有典型的乳用型牛外貌特征。头小而轻,眼大而明亮,额部稍凹陷。角中等长,呈琥珀色,而角尖呈黑色。胸深而宽,背腰平直,后躯发育好,四肢较细,关节明显。

乳房容积大，发育匀称，形状美观，乳静脉粗大而弯曲，乳头略小。皮薄，骨骼细，被毛细短而有光泽，毛色为深浅不同的褐色，以浅褐色最多。鼻镜及舌为黑色，嘴、眼周围有浅色毛环，尾帚为黑色。成年活重，公牛平均为650～750 kg，母牛为340～450 kg，犊牛初生重为23～27 kg。

3. 生产性能　娟姗牛的最大特点是单位体重产奶量高，乳汁浓厚，乳脂肪球大，易于分离，风味好，适于制作黄油，其鲜奶及乳制品备受欢迎。平均产奶量为3000～4000 kg，含脂率为5%～7%，为世界乳牛品种中乳脂产量最高的一种。娟姗牛较早熟，初次配种年龄为15～18月龄。耐热和乳脂率高为其特点，世界上不少国家引入后，除进行纯种繁育外，用该品种同乳脂率低的品种进行杂交，改良当地乳牛的产脂率，取得了良好的效果。

【案例分析】某牛场中国荷斯坦牛的乳脂率较低，为了提高牛群的乳脂率，应如何进行改良。

分析：可选用乳脂率高、产奶性能好的乳用牛品种与荷斯坦母牛杂交，如娟珊牛或高乳脂率的荷斯坦牛，从而提高牛场中的中国荷斯坦牛后代的乳脂率。

第三节　肉用牛品种

一、夏洛来牛

1. 原产地　夏洛来牛是著名的大型肉牛品种，原产于法国中西部到东南部的夏洛来及涅夫勒地区，以体型大、增重快、饲料报酬高，能生产大量含脂肪少的优质肉而著称。

2. 外貌特征　夏洛来牛体躯高大，骨骼粗壮，头小而短，角质蜡黄、颈粗短，胸宽深，肋骨弓圆，腰宽背厚，臀部丰满，肌肉极发达，体躯呈圆筒形，后腿部肌肉尤其丰厚，向后和侧面突出，常形成“双肌”特征。被毛为乳白色或白色。成年公牛活重为1100～1200 kg，成年母牛活重700～800 kg。

3. 生产性能　夏洛来牛在生产性能表现出的最显著特点是：生长速度快，眼肌面积大，瘦肉产量高。在良好饲养条件下，6月龄公犊可达250 kg，母犊210 kg，平均日增重可达1.1～1.2 kg。产肉性能好，屠宰率一般为60%～70%，胴体瘦肉率为80%～85%。但该牛的难产率高，达13.7%。

夏洛来牛是在放牧条件下培育的，因此适应放牧饲养，耐寒和耐粗饲，对环境条件的适应性强，早期生长发育快。其缺点是肌肉纤维粗，肉质嫩度稍差，在日本及韩国市场不受欢迎。目前夏洛来牛在中国比较受欢迎，用夏洛来牛改良我国本地黄牛，取得了明显效果，表现为其杂交后代体格明显增大，增长速度加快，杂种优势明显。但放牧和耐粗饲能力欠佳，与配母牛难产率高。

二、利木赞牛

1. 原产地　利木赞牛，又名利木辛牛。原产于法国中部地区的利木赞高原。利木赞牛原为役肉兼用牛，大约从1850年开始进行选育，1900年后专门向肉用选育，逐步培育成现在的专门化大型肉用品种。

2. 外貌特征　利木赞牛头短，体躯较长，全身肌肉丰满，前肢肌肉特别发达，胸宽肋圆，四肢强健而细致。被毛为黄红色或红黄色，但深浅不一，背部毛色较深，四肢内侧、腹下部、眼圈周围、会阴部、口鼻周围及尾帚的毛色较浅，多呈草白或黄白色。成年公牛体重为1000～1100 kg，母牛为600～800 kg。

3. 生产性能　利木赞牛产肉性能高，眼肌面积大，肉品质好，脂肪少而瘦肉多，肉的风味好。该品种的特点是小牛产肉性能好，为生产早熟小牛肉的主要品种。8月龄小牛即可生产出具有大理石纹的牛肉，在良好的饲养条件下，哺乳期平均日增重为860～1000 g，肉用犊牛6月龄活重可达250～300 kg，12月龄重550 kg。利木赞牛肉质细嫩,屠宰率为63%~71%,胴体瘦肉率高达80%~85%。成年母牛平均产乳量为1200 kg,乳脂率为5%,个别母牛产乳量达4000 kg,乳脂率为5.2%。

利木赞牛是国际上常用的杂交父系之一,因其毛色非常接近黄牛,引入我国后较受欢迎。其杂交后代的主要优点:肌肉纤维细,肌间脂肪分布均匀,肉的嫩度好;初生重较小,难产率较低。利木赞牛改良川南山地黄牛,一代杂种毛色好,生长快,体型外貌好,产肉量大,肉质好。

三、安格斯牛

1. 原产地 安格斯牛原产于英国的阿伯丁、安格斯和金卡丁等郡,是英国最古老的小型肉用品种之一。

2. 外貌特征 安格斯牛无角,全身被毛黑色,又称为无角黑牛,现已育成红色安格斯,具有同样的特性。安格斯牛体格较低矮,体质结实。头小而方,额宽。颈中等长,背线平直,腰和荐部很丰满。体躯宽而深,呈圆筒状,四肢短而端正,全身肌肉丰满,具有典型的肉牛外貌。皮肤松软,富弹性,被毛光泽而均匀整齐。成年公牛体重为700~900 kg,母牛为500~600 kg,初生重为25~32 kg。

3. 生产性能 安格斯牛具有良好的肉用性能,被认为是世界上专门化肉牛的典型品种之一。表现出生长发育快、早熟易肥、胴体品质好、出肉率高、肉的大理石纹好的特点。屠宰率一般为60%~65%。哺乳期日增重为900~1000 g,育肥期日增重(1.5岁以内)平均为700~900 g。母牛稍有神经质。

在许多国家,安格斯牛主要用作母系,其特点是非常耐粗饲、极少难产,肉质细嫩,大理石纹极好,饲养报酬高。在我国,它可以作为经济杂交的父本,成为山区黄牛的主要改良者,深受人们的喜爱。重庆三峡库区用红安格斯牛改良川南山地黄牛,在农户饲养条件下,到2岁左右出栏,其宰前重可达403.33 kg±39.58 kg,屠宰率为54.80%±2.47%,比本地牛产肉性能有较大提高。

四、海福特牛

1. 原产地 海福特牛原产于英格兰西部的威尔士地区的海福特县以及毗邻的牛津县,是世界最古老的早熟中小型品种,并以生长快、早熟易肥、肉质好、饲料报酬高等优良的种质特性驰名全球,被广泛引入世界许多国家。

2. 外貌特征 海福特牛具有典型的肉用牛体型,分为有角和无角两种。头短额宽,角呈蜡黄色或白色,公牛角向两侧伸展,稍向下方弯曲,母牛角尖有向上弯曲的。颈短、粗而多肉,垂皮发达。胸深,肋开张,躯干呈圆筒状。背腰宽而平直,臀部肌肉发达。全身骨骼细,肌肉丰满。四肢短而粗,蹄质坚实。从牛的体侧看,体型呈矩形。全身被毛柔软,皮肤为橙黄色。毛色主要为暗红色(个体间有深浅之别),具"六白"特征,即头、颈下、腹下、四肢下部(腕关节和飞节以下)、鬐甲和尾帚一般为白色。鼻镜呈粉红色。海福特牛成年公牛为850~1100 kg,母牛为600~700 kg,犊牛初生重为32~34 kg。

3. 生产性能 海福特牛增重快,肉质柔嫩多汁,肌肉呈大理石纹状,12月龄体重达400 kg,平均日增重1.0 kg以上,400 d活重达480 kg,一般屠宰率为60%~65%,净肉率达57%。

海福特牛性成熟早,小母牛6月龄开始发情,15~18月龄可以初次配种。

海福特牛耐粗饲,适宜放牧饲养,对环境条件适应性强。在干旱高原牧场冬季严寒及夏季酷暑条件下,均能正常生活繁殖和放牧饲养,繁殖能力强,性情温顺,容易管理。

我国一些地区用来改良本地黄牛效果好,杂种一代表现出生长快、耐粗饲、抗病、抗寒、适应性好、肉质佳及产肉率高等优点。海福特牛与川南山地黄牛、蒙古牛、延边牛杂交,12月龄体重分别比本地牛提高77.6%、19.9%、62.79%。

第四节　兼用品种

一、西门塔尔牛

1. **原产地**　原产于瑞士阿尔卑斯山区及德国、奥地利、法国等地，因中心产区为瑞士伯尔尼西门塔尔河谷而得名，是世界著名的兼用牛品种。西门塔尔牛被欧洲、南美洲、北美洲、非洲及亚洲，澳大利亚等许多国家和地区引入，成为许多国家培育本国西门塔尔牛及同当地牛杂交进行肉乳生产的基础，并培育出了本国的西门塔尔牛。西门塔尔牛分布的地区广，数量多，已成为世界第二大牛品种，其头数仅次于荷斯坦牛。

2. **外貌特征**　西门塔尔牛体型大，骨骼粗壮结实，嘴宽，角较细而向上方弯曲，颈长中等，体躯长，肋骨开张，前后躯发育良好，尻宽平，四肢结实，大腿肌肉发达，乳房发育好。毛色为黄白花或淡红白花，头、胸、腹下、四肢及尾帚多为白色，皮肤为粉红色。成年公牛为1000～1300 kg，母牛为600～750 kg，犊牛初生重为30～45 kg。

3. **生产性能**　西门塔尔牛乳肉性能均较好，平均产乳量为4000～5000 kg，乳脂率为4%左右。该牛生长速度快，平均日增重可达1.0 kg，胴体肉多，脂肪少而分布均匀，公牛育肥后屠宰率可达65%。一般母牛在半育肥状态下，屠宰率为53%～55%。该品种牛产奶量虽然尚低于专用的乳用牛，但产肉性能远远高于奶牛，生长速度与其他大型肉用品种接近。繁殖率高，适应性强，耐粗放管理，适于放牧。现在，该品种在我国分布较广，已有20多个省、市、自治区有饲养，并对改良我国黄牛方面取得了显著成绩，是我国至今用于改良本地牛范围最广、数量最大、杂交也是最成功的一个牛种，占全国改良黄牛的50%左右，现已培育形成中国西门塔尔牛品种。

其杂交后代具有生长速度快、耐粗饲的优点，其杂交母牛产乳量成倍提高，保留耐粗饲、适应性好的优点，能为下一轮杂交提供良好的母系。

二、短角牛

1. **原产地及分布**　原产于英格兰东北部的诺森伯兰郡、达勒姆郡，由梯斯河流域的长角牛改良而来，因角较短小，故取相对名而称短角牛，它是英国历史最悠久的牛品种之一。近代，经过培育逐渐形成了肉用短角牛和乳肉兼用型短角牛两种类型。分布广泛，现饲养短角牛头数最多的国家有美国、澳大利亚、新西兰等。

2. **外貌特征**　肉用短角牛被毛以红色为主，有白色和红白交杂的沙毛个体，部分个体腹下或乳房部有白斑；鼻镜粉红色，眼圈色淡。头短，额宽平；角短细、向下稍弯，角呈蜡黄色或白色，角尖黑色，颈部被毛较长且多卷曲，额顶部有丛生的被毛。胸宽而深，前胸突出，胸垂大，背腰宽且平直，具有典型肉牛特征。成年公牛活重为900～1200 kg，母牛为600～700 kg。兼用短角牛基本上与肉用短角牛一致，不同的是其乳用特征较为明显，乳房发达，后躯较好。

3. **生产性能**　短角牛早熟性好，肉用性能突出，利用粗饲料能力强，增重快，产肉多，肉质细嫩。17月龄活重可达500 kg，屠宰率为65%以上。兼用短角牛泌乳量平均为3000～4000 kg，乳脂率3.5%～3.7%。

短角牛性情温顺，耐粗饲。早熟、繁殖力高，母性强。我国在东北、内蒙古等地多次引入短角牛改良当地黄牛，普遍反映杂种牛毛色紫红、体型改善、体格加大、产乳量提高，杂种优势明显。我国育成的乳肉兼用型新品种—中国草原红牛，就是利用乳用短角牛与本地黄牛杂交选育而成的，其乳肉性能都得到全面提高，表现出了很好的杂交改良效果。

第五节　中国黄牛

一、秦川牛

1. ***产地及分布***　秦川牛产于陕西省渭河流域关中平原地区，因“八百里秦川”而得名。秦川牛是较大型的役肉兼用品种，属中国五大良种黄牛之一。

2. ***外貌特征***　该牛体格高大，结构匀称，体质结实，骨骼粗壮，肌肉丰满，体质强健。头部方正，肩长而斜。中部宽深，肋长而开张，后躯发育稍差。公牛头较大，颈短粗，垂皮发达，鬐甲高而宽；母牛头清秀，颈厚薄适中，鬐甲低而窄。角短而钝，多向外下方或向后稍弯，毛色以紫红和红色为主(90%)，其余为黄色。鼻镜为肉红色。缺点是牛群中常见有尻稍斜的个体，也有前肢外弧、后肢呈“X”飞节的。成年公牛体重为600～800 kg，母牛为380～480 kg，初生重公犊牛为27.4 kg，母犊牛为25 kg。

3. ***生产性能***　经育肥的18月龄秦川牛的平均屠宰率为58.3%，净肉率为50.5%。肉细嫩多汁，大理石纹明显。泌乳期为6个月，泌乳量为500～600 kg，乳脂率为5.85%，蛋白率为4.34%。秦川母牛常年发情，在中等饲养水平下，初情期为9.3月龄。秦川公牛一般12月龄性成熟，2岁左右开始配种。

二、晋南牛

1. ***产地及分布***　晋南牛产于山西省南部汾河下游的晋南盆地。分布较广，包括运城地区的万荣、河津、临猗、永济及临汾地区的侯马、曲沃等10余县。为中国五大良种黄牛之一。

2. ***外貌特征***　晋南牛被毛以枣红为主，鼻镜为粉红色。体躯高大，体质结实、健壮。母牛头较清秀，面平，角多为扁形或多呈蜡黄色，角尖为枣红色。公牛头重额宽，顺风角。颈短而粗，鬐甲宽而略高于背线，胸宽深，前躯发达，背腰平直，腰短，臀部较窄而倾斜。乳房发育不足，乳头细小。四肢结实，蹄大而圆，质地致密。成年公牛体重为650 kg，母牛为382 kg；公犊牛为25.3 kg，母犊牛为24.1 kg。

3. ***生产性能***　晋南牛2～2.5岁使役，使用年限15～16年。该牛耕作能力强，持久力大，最大挽力为体重的55%左右，耕地挽力为体重的12%。产肉性能尚好，在一般育肥条件下，16～24月龄屠宰率为50%～58%，净肉率为40%～50%，育肥期平均日增重为631～782 g；强度育肥条件下，屠宰率、净肉率分别为59%～63%和49%～53%，育肥期平均日增重为681～961 g，骨肉比为1∶5.64，眼肌面积为77.59 cm^2。在农村一般饲养条件，泌乳期为8个月，平均产乳量为745.1 kg，乳脂率为5.5%～6.1%。

性成熟期为9～10月龄，母牛初次配种年龄为两岁。公牛的繁殖年限为8～10年，母牛为12～13年。发情周期为18～24 d，平均21 d，妊娠期为285 d。产犊间隔为14～18个月。公牛9月龄性成熟，成年公牛每次射精量4.7 mL。

晋南牛性情温顺，易于管理，耐粗饲。产肉性能高，肉用潜力大，具备育成专门化肉牛的种质。但后躯发育一般较差，产乳量低。该牛杂交改良效果好，尤以夏洛来牛杂交后代优势明显。通过导入或轮回杂交以改进该牛的尖斜尻、增重速度慢等缺点，将会加速其向专门化的肉用方向发展。

三、鲁西牛

1. ***产地及分布***　鲁西牛产于山东省西南部或黄河以南，运河以西的济宁、菏泽两地区，以郓城、鄄城、梁山、菏泽、嘉祥、济宁等10县为中心产区，目前群体总头数有100余万头。属中国五大良种黄牛之一，以优质育肥性能著称。

2. ***外貌特征***　鲁西牛体躯结构匀称，细致紧凑，为役肉兼用型。垂皮发达、公牛肩峰高而宽厚。胸深而宽，后躯发育差，体躯明显呈前高后低的前强体型。母牛鬐甲低平，后躯发育较好，背腰短而平直。被毛从浅黄到棕红色，以黄色为最多，多数牛有“四粉”特征（眼圈、口轮、腹下和四肢内侧毛色浅淡），鼻镜多为淡肉色。角色蜡黄或琥珀色，角形多为平角和龙门角。成年公牛平均体重为644 kg，成年母牛平均体重为366 kg。

3. 生产性能　鲁西牛产肉性能良好，皮薄骨细，产肉率较高，肌纤维细，脂肪分布均匀，呈明显的大理石状花纹。在一般饲养条件下，日增重0.5 kg以上。据试验，在以青草为主、掺入少量麦秸、每天补喂混合饲料2 kg的条件下，对1～1.5岁牛进行育肥，平均日增重为610 g。成年牛平均屠宰率为58.1%，净肉率为50.7%，眼肌面积为94.2 cm^2。

鲁西牛繁殖能力较强。母牛性成熟早，一般10～12月龄开始发情，母牛初配年龄多在1.5～2周岁，终生可产犊7～8头，最高可达15头，产后第一次发情平均为35 d。公牛一般2～2.5岁开始配种，利用年限5～7年。

鲁西牛耐粗饲，性情温驯，易管理，适应性好。耐寒力较弱，有抗结核病及焦虫病的特性。鲁西牛目前主要向肉用方向改良。

四、南阳牛

1. 产地及分布　南阳牛产于河南省南阳地区白河和唐河流域的平原地区，以南阳、唐河、社旗、方城等8县市为主产区，属中国五大良种黄牛之一。

2. 外貌特征　南阳牛毛色多为黄、红、草白三种，眼圈、腹下、四肢下部毛色较浅。结构匀称，体质结实，肌肉丰满。胸部深，背腰平直，肢势端正，蹄圆大。公牛头方正，颈短粗，前躯发达，肩峰高。母牛头清秀，颈薄，呈水平状，一般中、后躯发育良好，乳房发育差。部分牛有斜尻。成年公牛平均体重为594 kg，体高为141 cm；成年母牛平均体重为381 kg，体高为124 cm。初生重公犊牛为29.9 kg，母犊牛为26.4 kg。

3. 生产性能　南阳牛公牛育肥后，1.5岁的平均体重可达441.7 kg，日增重813 g，屠宰率为55.6%。3～5岁阉牛强度育肥后，屠宰率为64.5%，净肉率为56.8%，眼肌面积为95.3 cm^2。南阳牛肉质细嫩，颜色鲜红，大理石纹明显。南阳牛6～8个月的产乳量为600～800 kg，乳脂率为4.5%～7.5%。南阳牛体格高、步速快，挽车速度为1.1～1.4 m/s，是著名的“快牛”。

母牛初情期8～12月龄，初配年龄约2岁，产后初次发情约77 d。公牛1.5～2岁开始配种，利用年限5～7年。南阳牛在东北严寒地区和南方炎热地带均有较强的适应性，抗病力强，耐粗饲。该牛已被我国22个省区引入，与当地黄牛杂交，杂交效果良好。

五、延边牛

1. 产地及分布　产于吉林省延边朝鲜族自治州，分布于吉林、辽宁及黑龙江等省，有20万头以上。属寒温带山区的役肉兼用品种，为中国五大良种黄牛之一。该牛是朝鲜牛和当地牛、蒙古牛等进行不同程度的杂交，并经当地人民长期精心选育而成的。

2. 外貌特征　延边牛体格粗壮，体质结实，被毛长而密，皮厚而有弹性，蹄大圆而结实，能在水田中耕作。公牛角为“一”字形或“倒八”字，母牛多呈“龙门”角。毛色呈浓淡不同的黄色，鼻镜一般呈淡褐色。成年公牛平均体重为465 kg，体高为131 cm；成年母牛平均体重为365 kg，体高为122 cm。

3. 生产性能　该牛肉用性能良好，18月龄公牛经180 d育肥，平均屠宰率为57.7%，净肉率为47.23%，肉质相当好。成年牛泌乳期为6～7个月，泌乳量为500～700 kg，乳脂率为5.5%～6.8%。在良好饲养条件下，产乳量最高可达1500～2000 kg，乳脂率为5.6%。母牛初情期8～9月龄，初配年龄20～24月龄，公牛14月龄可配种，利用年限5～7年。

延边牛耐粗饲，抗寒力强，适宜林间放牧，适应水田作业，对山区平原均能适应，但目前存在体重较轻、后躯和乳房发育差等缺点，可采用品种选育方法加快改进。

【案例分析】南方某一地区要改良本地黄牛品种，培育肉质好、耐热的肉牛品种，首先引入了夏洛来牛与本地黄牛进行杂交，其杂种一代再与婆罗门牛杂交，得到的后代进行横交固定，分析其选用的品种是否合适。

分析：南方地区本地黄牛体格偏小，首轮引入的肉牛品种体格不能太大，以免发生难产，若第一轮杂交的父本选择夏洛来牛容易引起母牛难产，婆罗门牛有较强的耐热性能，但其肌纤维粗，肉质欠佳。因此，在杂交过程可以选择婆罗门牛作为第一轮杂交父本，提高其耐热性能，其杂交一代母牛与红安格斯牛杂交，提高肉牛品质，然后杂种二代牛再与红安格斯杂交，其后代进行横交固定，不断选育，培育出肉质好、耐热的南方肉牛品种。

第六节　水　牛

一、中国水牛

1. 产区及类型　主要分布在秦岭以南、长江流域的水稻产区，而以四川、广东、广西、湖南及云南的水牛较多。我国水牛属沼泽型。

2. 外貌特征　中国水牛骨骼粗大，头几乎与地面平行，大小适中。前额平坦而较窄，眼大稍突出，口部上下唇吻合良好。鼻镜、鼻孔宽大，鼻镜呈黑色。角粗、长，向左右平伸并向内弯曲，呈新月形或弧形。鬐甲隆起。前躯宽深，肋骨开张，背腰宽而略凹，腰角大而突出。体躯短粗，腹大，后躯较前躯发育差，尻斜。尾粗短，着生较低。四肢粗壮，后肢飞节弯曲稍大，多呈“X”状。蹄圆大，多为黑色，质地坚实。母牛乳房小，着生部位靠后。全身被毛深灰色或浅灰色，而且随年龄的增长，毛色逐渐加深成深灰色或暗灰色（俗称“石板青”色或“瓦灰”色）；也有被毛全白色的白水牛，皮肤粉红色并有黑色素斑块。被毛长而稀，两眼内角、下颌两侧有一簇浅灰色或白色被毛，颈下或胸前有1～2道白色毛环，下腹及四肢下部毛色较浅或灰白色。犊牛出生时被毛密长，随年龄增长和体格增大，被毛越来越稀。

3. 生产性能　中国水牛是水稻产区的主要役畜，主要以耕作为主，其次是挽运、榨糖、踩泥制砖。

中国水牛肌肉纤维较粗，脂肪呈白色。在粗放的饲养下日增重400～800 g，作为肉用水牛12～18月龄可达300～350 kg，屠宰率约50%。中国水牛泌乳期为7～10个月，产乳量为500～1000 kg，平均日产量为2～3 kg，平均乳脂率可达10.8%，乳中干物质含量为21.75%，乳蛋白质为5.62%。乳品质优良，脂肪球大。

中国水牛体质结实强健，分布广，耐粗饲，放牧性好，性情温顺，利用年限长；耐热而且较耐寒，对当地环境条件适应性强。在长江中下游地区夏季绝对高温41～43℃，冬季绝对低温达−15℃，仍能适应。抗血吸虫和焦虫病的能力强，在该病疫区，水牛很少患病。

中国水牛是我国重要的牛品种资源，但长期以来以使役为主，肉、乳生产性能不高。为了提高其肉、乳生产性能及经济效益，我国水牛产区先后开展对良种水牛的本种选育或引进江河型水牛改良当地水牛，已取得了一定的效果。

二、摩拉水牛

1. 原产地及分布　摩拉水牛是世界著名的乳用水牛品种，原产于印度的雅么拿、海里亚拿州。1957年从印度引进我国以提高我国水牛的乳用、肉用性能和体型。

2. 外貌特征　摩拉水牛体格较我国一般水牛大。被毛稀疏且多为黑色，尾帚白色或全黑，个别牛被毛呈棕色或褐灰色。头小，母牛头清秀，公牛头粗重。角短如绵羊角型，向上转再向内弯成螺旋状，角面较平。耳小、薄而下垂。前额广阔略凸，颜面无白斑。鼻孔大而开张。母牛眼灵活明亮，眼突较公牛明显。公牛颈厚重，母牛颈长而薄，并无肩峰。胸部宽，发育良好，公、母牛皆无胸垂。脐垂小。肋骨开张。后躯宽、深且比前躯略高。公牛腰宽、直。母牛尻部突出且较公牛宽，尻部略斜。四肢粗壮。蹄质结实，蹄为黑色。尾毛薄而柔软，尾帚长达飞节。皮肤黝黑，皮薄、软而富有光泽。母牛侧望呈乳用体型(或楔形)，即前躯较窄，后躯发达。乳房发育良好，乳静脉弯曲显露，乳头粗长。公牛体重为530～575 kg，母水牛为430～550 kg。

3. 生产性能　摩拉水牛以产乳量高而著称，在原产地摩拉水牛泌乳期产乳量1400～2000 kg，某些专门化牛群可达2700～3600 kg，个别优秀个体达4500 kg，平均乳脂率为7.0%。我国引入后自繁的摩拉水牛，泌乳期(平均311.26 d)平均产乳量为1904 kg，乳脂率为6.73%，干物质含量为16.73%，乳蛋白率达4.05%，基本达到原产地产乳量水平。

摩拉水牛适应性强，耐热，抗蜱，但较神经质。摩拉水牛改良本地水牛，已取得初步成果，杂交改良后代能够较好地适应南方的生态环境，现广泛分布于广西、湖南、广东、四川、安徽、湖北、云南等省。其杂交水牛比本地水牛有更强的抗热和抗病能力，放牧性较好。

三、尼里-拉菲水牛

1. 原产地及分布　尼里-拉菲水牛是世界著名的乳用水牛品种。原产于巴基斯坦旁遮普邦尼里河和拉菲河流域一带。

2. 外貌特征　尼里-拉菲水牛外貌近似摩拉水牛，皮肤、被毛多为黑色，部分牛为棕色。玉石眼(虹膜缺乏色素)，前额、脸部、鼻端、四肢下部有白斑，尾帚为白色。头较长，鼻梁和前额骨突起。角短、角基粗，并向基部下后方卷曲。母牛眼突明显。耳中等大小，水平附着，颈长而薄，前躯较窄，后躯宽广，乳房发育良好，乳头排列匀称，乳静脉弯曲显露，表现出乳用型特征；公牛粗壮结实，全身肌肉较丰满，胸深、宽，躯干长、深，容积大，肋富弹性，背腰平直。公、母牛为斜尻，尾附着良好，尾帚达飞节或飞节以下。成年公牛活重为800 kg，母牛为600 kg，犊牛初生重公牛为40.8 kg，母牛为38.5 kg。

3. 生产性能　尼里-拉菲水牛以产奶量高而闻名，泌乳期产乳量为2000～2700 kg，平均日产乳量为7～11 kg，最高日产乳量为19.9 kg，乳脂率为6.9%。尼里-拉菲水牛也可作为肉用，成年公牛屠宰率为50%～55%；公、母犊牛哺乳期平均日增重相应达0.96 kg和0.89 kg。24月龄屠宰率、净肉率分别为50.1%和39.3%。

尼里-拉菲水牛性情较摩拉水牛温顺，合群性强，耐粗饲，有较好的放牧性。耐热、耐寒性好，在极端气温(-15～43℃)下也可生产。尼里-拉菲水牛与广西水牛杂交，第一代杂交水牛泌乳期为311.2 d，泌乳量平均为1906.1 kg，乳脂率为8.02%，乳干物质率为18.87%。

第七节　牦　牛

一、牦牛的分布及分类

牦牛产于我国，是高寒地区的特有牛种，分布在以青藏高原为中心的青海、西藏、四川、甘肃、新疆、云南等海拔3000 m以上地区。牦牛能适应高寒生态条件，耐粗饲、耐劳，善走陡坡险路、雪山沼泽，能游渡江河激流，有“高原之舟”之称。

牦牛能提供奶、肉、毛、绒、皮革、役力、燃料等生产、生活必需品。根据分布地和生态特点，我国牦牛可划分为高原型和高山型，青海高原牦牛、天祝白牦牛、麦洼牦牛属高原型，西藏高山牦牛、九龙牦牛属高山型。

二、牦牛的外貌与生产性能

牦牛外貌粗野，体躯强壮，头小颈短，嘴较尖，胸宽深，鬐甲高，背线呈波浪形，四肢短而结实，蹄底部有坚硬的突起边缘，尾短而毛长如帚，全身披满粗长的被毛，尤其是腹侧丛生密而长的被毛，形似围裙，粗毛中生长绒毛。毛色以黑色居多，其次为深褐色、黑白花、灰色及白色。公牦牛头短颈宽，颈粗长，肩峰发达，母牦牛头尖，颈长角细，尻部短而斜。

成年公牦牛体重为300～450 kg，母牦牛为200～300 kg。牦牛可供驮载与乘挽，一般驮载50～100 kg，日行20～30 km，可连续驮运10～20 d。牦牛毛是我国传统特产，尤以白牦牛尾毛经济价值较高。公牦牛产毛量为1.5～3.6 kg，母牦牛产毛量为0.4～1.4 kg。牦牛性成熟晚，产犊发情季节性强。母牦牛2～3岁配种，每年6～11月发情，发情周期为18～21 d。泌乳期3.5～6个月，产奶量为240～600 kg，乳脂率为5.5%～7.5%。

三、牦牛的杂交改良与利用

牦牛与普通牛可进行种间杂交，杂种称为犏牛。杂交后代中1～3代的雄性均不育，第4代杂种公牛有正常生育力。在牦牛改良利用中除用黄牛杂交外，还采用荷斯坦牛、西门塔尔牛等品种与牦牛进行杂交。

【案例分析】现有的牦牛产奶量低、生长速度慢、产肉性能差，请对其进行杂交改良。

分析：牦牛的改良应根据当地自然条件、国民经济的发展和人民生活的要求来综合考虑，因时因地制宜，分别以肉为主或以奶为主或二者兼顾。

以麦洼牦牛为例：以荷斯坦牛、西门塔尔牛、短角牛、海福特牛和夏洛来牛等品种对麦洼牦牛进行改良，其后代可表现出良好的杂种优势，能显著提高牦牛的体型和乳肉产量。若以产奶为主，选择荷斯坦牛与牦牛进行杂交其后代的产奶量会有较大幅度提高，若从产肉性能来看，选用西门塔尔牛、海福特牛等品种进行改良可提高其杂交后代的生长速度和产肉性能。

思考：如何保护我国的地方牛种资源？

讨论：你熟悉的乳用、肉用、兼用、役用品种分别有哪些，其特点是什么？

【注意事项】生产中引入牛种对本地牛进行杂交改良时应注意哪些问题？

1. 避免盲目地引入牛种。引入的牛品种必须与杂交改良的方向相一致，如改良乳用特征可引入乳用品种，改良肉用特征可引入肉用品种或兼用品种，为了降低难产的发生，引入品种与本地牛品种体型之间的差异尽量不要太大。

2. 生产性能高，遗传性能稳定。根据不同的生产目的，有选择性地引入生产性高遗传性能稳定的品种和个体。如从牛肉生产角度出发，既要考虑其生长速度，还应考虑肉质，同时要求各种性状能稳定遗传，要特别重视系谱的审查，注意亲代和同胞的生产力高低，严防带入有害基因和遗传性疾病。

3. 能适应当地的自然条件和生态特点。引入品种原产地的环境条件与引入地差异尽量小，避免引入品种对新环境的不适应。

【本章小结】

本章介绍了牛在动物学和畜牧学中的分类，主要的乳用牛、肉用牛、兼用牛、中国黄牛、水牛、牦牛的原产地、外貌特征、生产性能及其杂交改良利用。要求掌握不同用途优良牛种的品种特征，熟悉当地引入的品种，并能进行合理的利用。

【思考题】

1. 牛的品种按照经济用途划分为哪几种？分别举例说明。
2. 我国引进的主要小型、大型肉牛品种有哪些？我国培育的主要牛品种是什么？
3. 引进品种开展杂交优势利用时应注意哪些问题？如何利用我国牛种资源？
4. 调查本地饲养的牛品种，叙述其品种特征和生产性能。

第二章　牛的体型外貌鉴定

牛的体型外貌是其重要的品种特征，与健康、发育、年龄、利用年限和种用价值密切相关。牛的体型外貌评定是鉴定牛种及其品质的重要手段，也是选种、选配的重要依据。外貌鉴定技术已成为评定牛最普通、最常用的方法，研究体型外貌的目的在于揭示体型外貌与生产性能、健康程度之间的关系，以便挑选出生产性能高、健康的牛。

第一节　牛体各部位名称及特征

一、牛的体表各部位名称

为了实践上的需要，人们将牛的体表划分为不同的部位来加以描述和相互区别，每个部位的解剖学名称见图2.1。

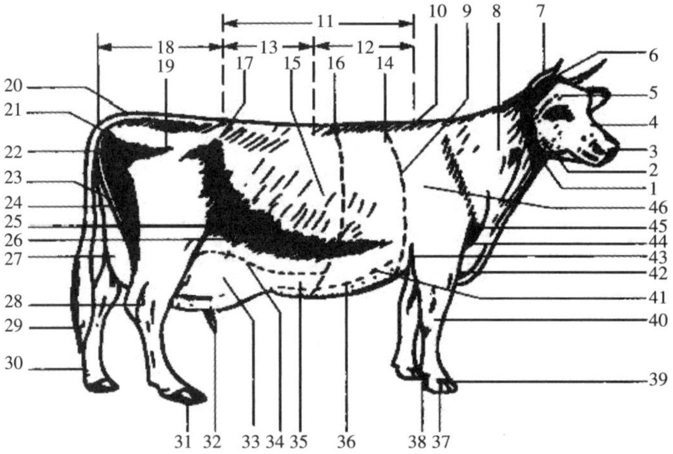

图2.1　牛体体表各部位名称

1.喉　2.下颌　3.口笼　4.鼻梁　5.额　6.头顶　7.角　8.颈　9.胸围　10.鬐甲　11.背部　12.前背　13.腰　14.肩后　15.肋部　16.躯干　17.腰角　18.臀部　19.髋部　20.尾根　21.臀角　22.尾　23.后乳房附着　24.大腿　25.后膝　26.肋　27.后乳房　28.飞节　29.尾梢　30.悬蹄　31.蹄　32.乳头　33.前乳房　34.前乳房附着　35.乳静脉　36.乳井　37.蹄底　38.踵　39.系部　40.膝　41.胸基　42.前胸　43.肘端　44.垂皮　45.肩端　46.肩胛骨

二、牛体各部位形态

整个牛体分为头颈部、前躯、中躯和后躯四大部分。

1. **头颈部**　头颈部位于牛体的最前端，它以鬐甲和肩端的联线与前躯分界，可分为头部和颈部两部分。

2. **前躯**　前躯指颈之后至肩胛后缘垂直切线之前，以及前肢所有骨骼为解剖基础构成的体表部位，包括鬐甲、前肢、胸等。

3. **中躯**　中躯指肩胛后缘至腰角前缘垂直切线以前的躯段。包括背、腰、腹等部位。

4. **后躯**　后躯是腰角之后的躯段，以荐骨和后肢诸骨为基础的体表部位。包括尻部、乳房、后肢、生殖器和尾部。

思考：如何对牛进行外貌鉴定？

第二节　各种用途牛的外貌特征

一、奶牛的外貌特点

(一)一般外貌特点

从整体来看,奶牛要求全身清秀,轮廓分明,细致而紧凑,皮薄骨细,血管显露,肌肉不甚发达,皮下脂肪沉积不多;体躯宽深,后躯和乳房发达;被毛细短,光泽性好。前望、侧望和上望呈"楔形"。

(二)各部位特征

1. **头部**　头轻,狭长而清秀,轮廓清晰;皮薄毛细、短、密,角细致光滑。

2. **颈部**　颈细长而薄,垂皮不发达,皮薄而松弛,在颈两侧形成细密而整齐的皱褶,与头部、肩结合自然。

3. **鬐甲及肩部**　鬐甲低而不发达,多与背线水平一致,与肩胛骨连接紧密。肩宜斜长,与颈、胸侧连接自然。

4. **胸部**　宽而深,胸深占体重的55%左右为宜,肋骨长而弯曲,开弓好,肋间距宽。

5. **背腰**　背腰长宽而平直,背腰联接、腰与尻部联接应自然成一水平线,不能有明显的凹或凸。

6. **腹部**　腹部应粗壮而饱满,呈充实腹,腹不下垂;膁部充盈,不明显。

7. **后部**　尻部长宽平直、方正,左右髋结节和坐骨结节间的距离宽,腰角和坐骨结节要在同一水平线上,荐骨不隆起,大腿宽广而薄,并有适当骨肉附着,皮下脂肪少,尾着生好。

8. **四肢**　四肢肢势端正,前后左右距离宽,强健有力,关节明显,显筋现骨,四肢长短适中;蹄圆而大,质地坚实,蹄与地面呈45°～50°角。

9. **乳房**　乳房是奶牛最重要的器官,要求容积大,形态、质地和附着良好。乳房向前伸展至腰角前的腹下;后乳房突出于两股,并充满两股间,并尽量向会阴部延伸,左右附着点距离宽,即乳镜宽大。前乳房与腹壁的联接处呈钝角,附着点高,底部平坦,左右乳房沟明显而深。四个乳区发育匀称,分布均匀,乳头着生在乳房中间位置,大小长度适宜,长5～6 cm,直径为2～3 cm,垂直呈柱状。乳头括约肌松紧适度。乳房质地好,富有弹性,手感柔软,乳房内部结缔组织、血管、神经和脂肪组织占20%～25%,乳腺组织占75%～80%,挤奶前后体积变化明显,挤奶前乳房充盈饱满,挤奶后容积明显变小,并有许多皱褶。乳房皮薄,被毛稀疏细短,乳房上的静脉和乳静脉宜大而明显,弯曲分枝多,乳井要粗深。

【案例分析】某奶牛场养殖的成年荷斯坦母牛有三种体型:第一种是细致紧凑型,全身轮廓清晰,头较清秀,颈细长,前躯及胸部发育适度,四肢骨较细但结实,中躯长,腹围大,尻宽且长,乳房发育良好,个别牛只乳房附着不良、斜尻;第二种是前躯、中躯、后躯比较协调,胸部发育较好,尻部较宽平,体躯较矮,乳房发育中等,产奶量居中,在同样的饲养管理条件下,比第一种体型的牛易肥胖,第三种是头颈粗糙,前躯发育好,但后躯发育差,腹围小,乳房发育也较差。请对以上三种类型牛群进行分析,并提出改进措施。

分析:第一种体型的牛群外貌较理想,和标准的乳用荷斯坦母牛体型接近,应提高这类牛群在牛场中的比例,但需对个别存在乳房附着不良、斜尻缺点的牛只进行改良。第二种奶牛倾向于乳肉兼用的体型,对这种类型的牛应控制其在牛群中数量,并加以改良,提高产奶量。第三种外貌缺点较多,产奶量最低,应加以淘汰。应在保证前躯发育适度、体型细致紧凑的前提下,做好选种选配工作,着重纠正牛只尻部及乳房上现有的缺点,使牛群体型外貌得到改善。

【注意事项】对奶牛的体型外貌进行鉴定时应注意观察哪些方面?

1. 注意头与颈,颈与肩的结合,结合处不宜有明显凹陷。

2. 躯干部要求胸部、腹部、背腰、尻部有无明显的缺陷,乳房及生殖器官发育是否匀称,母牛有无副乳头、瞎乳头、小乳头等。

3. 注意四肢的肢势与步样是否协调。正确的肢势是从前面看,前肢应遮住后肢,前蹄与后蹄的连线和体躯中轴平行。

4. 从总体观察,应注意体型发育是否均匀,并要考虑牛的皮肤及被毛情况。奶牛皮肤应薄而富有弹性,被毛细、平整而具光泽。在鉴定时,还要注意不要把由非遗传性疾病、环境等外来因素引起的伤残与遗传性缺陷混淆。

二、肉用牛外貌特点

(一)一般外貌特点

肉牛从整体来看,前躯和后躯高度发达,中躯相对较短。头颈短宽,体躯宽深低垂,背腰宽厚、胸深,背线腹下线平行,全身肌肉丰满,皮下脂肪发达,疏松而匀称。从侧望、前望、后望、背望体躯呈长方形。

(二)各部位特征

1. **头颈部** 头宽而短,眼睛大而明亮,鼻孔大,口裂深,颈短宽厚,且多肉,与肩、鬐甲接合平滑。

2. **前躯** 鬐甲宽而圆,与背线呈一条直线,肩直立,与胸结合平滑,前胸饱满,突出于前肢之间。肋骨长而弯曲,前肢正直,关节明显,骨细,左右距离宽。

3. **中躯** 背腰宽广平直,脊柱两侧因背腰肌肉发达而呈复背、背腰、腰短、腰角宽,腹部平直不下垂,镰部充盈丰满。背腰结合部自然,呈直线。

4. **后躯** 尻部长宽、平直,坐骨端宽,肌肉及皮脂肪发达,大腿宽广而厚,肌肉特别发达。后肢距离宽,肢势正直,骨细,关节明显。

5. **皮肤和被毛** 皮薄柔软而富有弹性,被毛细密、柔软、光泽好。

【案例分析】某一养殖户购进一头肉牛进行育肥,其头颈短粗,背部凹陷,尻部尖斜,被毛有光泽,请指出该牛的缺陷。

分析:该肉牛背部、尻部有明显缺陷,体型好的肉牛背腰应平直,接合自然,尻部长宽、平直。

讨论:不同经济用途牛种在体型外貌上的区别有哪些?

第三节 牛的外貌鉴定

牛的外貌鉴定方法有肉眼鉴定、体尺测量、评分鉴定和线性评定4种。

一、肉眼鉴定

肉眼鉴定就是鉴定者用眼睛观察牛的外貌,并借助于手的触摸对整个牛体和牛各部位进行鉴别的方法。有经验的鉴定者,依据不同生产用途牛的外貌特点,通过肉眼观察、手触摸,根据牛体大小、各部位的发育程度及部位相互间的联接情况,能比较准确地判别牛的生产性能。如奶牛的产奶量、肉牛的产肉量等。

进行肉眼鉴定时，使被鉴定的牛自然站立于光线明亮、地势平坦的地方。首先，鉴定者距牛5～8 m远的地方，对牛体整体状况进行判定。对牛只环视一周，有初步认识，掌握牛只各部位发育是否匀称。其次，对各部位的发育状况进行具体鉴定。肉眼鉴定简单易行，但鉴定人员必须具有丰富的经验，才能得出比较正确的结果。对无鉴定经验的工作人员，除肉眼鉴定外，还需辅以其他的鉴定方法。

二、体尺测量

体尺测量是养牛生产中日常工作之一，能准确反映牛主要部位的发育情况。牛体尺测量的器械有测杖、卷尺、圆形测量器等。进行体尺测量时，应使牛站在光线明亮、地势平坦的场地上，使用自然而端正的姿势，只有这样，才能获得准确的测量数据。常用的测定项目如下：

1. **体高**　又称鬐甲高，指从鬐甲的最高点至地面的垂直高度。用测杖测量。
2. **体斜长**　通常指体长，即肩端至坐骨端的距离。用卷尺或测杖测量。需要注明所用测量工具。
3. **体直长**　指肩端至坐骨端后缘垂直线的水平距离。用测杖测量。
4. **胸围**　指肩胛后缘处的体躯垂直周径。用卷尺测量。
5. **管围**　指前肢掌骨上1/3处的周径。用卷尺测量。
6. **胸宽**　指左右第六肋骨间的最大距离，即肩胛后缘胸部最宽处的宽度。用测杖或圆形测量器测量。
7. **胸深**　指沿着肩胛骨后方，从鬐甲到胸骨的垂直距离。用测杖测量。
8. **腰高**　指两腰角的中央到地面的垂直距离，亦称十字部高。用测杖测量。
9. **腰角宽**　指两腰角外缘之间的距离。用测杖测量。

三、评分鉴定

评分鉴定就是将牛体各部位依据其与生产性能相关的重要程度给予相应的分值，总分为100。鉴定人员根据外貌要求评分细目，分别评分，并综合各部位所得分值，获得该个体的总分，然后按照等级分值标准，确定该个体的外貌等级。中国荷斯坦牛、肉牛、黄牛、水牛的外貌鉴定评分是根据各自的外貌评定评分标准进行评分。

四、线性评定

线性评定主要应用于奶牛，1983年正式应用于美国荷斯坦牛，此后很快得到许多国家的认可。我国于1996年由中国奶牛协会制订了《中国荷斯坦牛体型线性鉴定性状及评分标准》。中国奶牛协会规定，凡参加牛只登记、生产记录检测及公牛后裔测定的牛场所饲养的全部成年母牛，需要在第一、二、三和四胎分娩后第60～150 d内，在榨乳前进行线性评定。

线性性状涉及体型、尻部、肢蹄、乳房四大部分，包括体高、胸宽、体深、楞角性、尻角度、尻宽、后肢侧视、蹄角度、前乳房附着、后乳房高度、后乳房宽度、悬韧带、乳房深度、乳头后望、乳头长度15个主要性状。

第四节　牛的年龄鉴定

牛的年龄可根据角轮、外貌和牙齿等方面进行鉴定。

一、根据角轮鉴定

母牛在妊娠和哺乳期，由于营养消耗过多，又不能及时得到补充，因此营养不良，使牛角组织不能充分发育，表面凹陷，形成环形痕迹，称为角轮。母牛每妊娠一次就出现一个角轮，所以母牛的角轮数与产犊数大致相同，由此可判断母牛的年龄。

母牛年龄(岁)=角轮数+初次配种年龄

阉牛、公牛营养条件差时也会形成角轮，而且多出现在冬季，这是由于冬春饲料较缺乏，一年四季饲料供应不平衡，同时气候严寒时，暴露于体外的角的生长受到影响引起的。考虑到角不是一出生就有的，所以公牛或阉牛的年龄为：

公(阉)牛年龄(岁)=角轮数+(0.5~1)

角轮法是以角的存在为基础的,无角品种的牛和因角斗等而掉角的有角品种的牛,无法用角轮法鉴别。

角轮的变化受营养水平、妊娠或哺乳的影响较大。因营养不良、疾病等原因也会产生角轮,而当营养供应充分时,公牛甚至母牛都不出现角轮。如中途流产时,角轮比正常的要窄;空怀使角轮间空隙加大。根据角轮的变化鉴定的年龄误差较大,只能作为参考。

二、根据外貌鉴定

通过观察牛的外貌,对牛的年龄可有一个大概的估计,以此判断是幼年牛、青年牛、壮年牛还是老年牛。

幼年牛头短而宽,眼睛活泼有神,眼皮较薄,被毛光润。体躯狭窄,四肢高,后躯高于前躯;一般年轻牛的被毛长短、粗细适度,皮肤柔润而富弹性,目光明亮,活动富有生气。老年牛则与之相反,一般站立姿势不正,皮肤枯燥,被毛粗乱,缺乏光泽,目光呆滞,眼圈上皱纹多并混生白毛,行动迟钝,塌腰,弓背。这种方法,只能鉴定牛的老幼,而不能确切判断其年龄,故仅能作为年龄鉴定的参考。

三、根据牙齿鉴定

(一)牙齿的种类、数目

牛的牙齿在一生中有两类,乳齿和永久齿(恒齿)。牛出生时的牙齿为乳齿,随着年龄的增长,乳齿逐渐换生,被永久齿替代。乳齿颜色洁白,齿间有较大的空隙且排列不整齐,齿形小而薄,有齿颈。永久齿色泽呈棕黄色,齿间无空隙,且排列整齐、齿形粗壮,齿颈长,齿颈不明显。

乳齿一共为10对20枚,无后臼齿;永久齿一共16对32枚。

(二)门齿的排列

门齿也称为切齿,生于下颌的前方。牛上颚无门齿,仅有角质化的齿垫。下颚门齿为4对8枚,由中间向外依次称为钳齿、内中间齿、外中间齿和隅齿。

(三)门齿的出生、磨损和更换

通过牙齿鉴定牛的年龄主要依据门齿的发生、脱落和磨蚀形态等的规律性变化而进行。犊牛出生时已长成第一对门齿,到3月龄时,其他3对门齿已陆续长齐,从4~5月龄开始,乳门齿齿面逐渐磨损,磨损的次序由中央到两侧,1岁时,乳门齿的舌面已全部磨光,1.5岁时乳门齿已显著变短,开始松动,逐渐更换门齿,换成永久齿,接近5岁时门齿全部换成永久齿,牛牙齿的发生期和脱换期见表2.1,以后根据永久齿的磨损状态来判别牛的年龄。齿面形状的磨损规律为:开始为长方形或横椭圆形,随磨蚀程度加深,逐渐向三角形→四边形或不等边形→圆形变化。根据牙齿变化情况鉴定奶牛年龄的方法见表2.1,表2.2。

表2.1 牛牙齿的发生期和脱换期

齿 名	发生期	脱换期
乳钳齿	生前	1.5~2岁
乳内中间齿	生前或生后1周	2.5~3岁
乳外中间齿	生后1~2周	3.5~4岁
乳隅齿	生后2~3周	4.5~5岁
第一对乳前臼齿	生时或生后2~3周	2~2.25岁
第二对乳前臼齿	生时或生后2~3周	2~2.5岁
第三对乳前臼齿	生时或生后2~3周	2.5~3岁
第一对乳后臼齿	生后6~9个月	不脱换
第二对乳后臼齿	生后1.5~2岁	不脱换
第三对乳后臼齿	生后4~5岁	不脱换

表2.2 奶牛牙齿生长、换生和磨损面特征与年龄关系

年龄	牙齿特征	俗称
4~5月龄	乳门齿已长齐，乳钳齿和乳内中间齿稍微磨蚀	
6月龄	乳钳齿和乳内中间齿已磨蚀，有时乳外中间齿和乳隅齿也开始磨蚀	
7~9月龄	乳门齿齿面继续磨损，磨损面扩大	
12月龄	乳钳齿的舌面已全部磨光，齿冠整个舌面磨光	
1.5岁	乳门齿显著变短，乳钳齿开始变松，乳内外中间齿舌面已磨光	
1.5~2岁	乳钳齿开始换生，2岁时换成永久齿	对牙
2.5~3岁	乳内中间齿开始换生，3岁时换成永久齿	四牙
3.5~4岁	乳外中间齿开始换生，4岁时换成永久齿	六牙
4.5~5岁	乳隅齿开始换生，4~5岁时换成永久齿。四对门齿发育齐全，磨蚀不明显	齐口
6岁	乳钳齿磨损面呈长方形或月牙形；乳钳齿和乳内中间齿的齿线外露，乳外中间齿和乳隅齿的齿线有不明显外露	
7岁	乳钳齿磨损面呈三角形，乳内中间齿磨损面呈长方形，全部门齿的齿线和牙斑清晰可见	满口斑或双印
8岁	乳钳齿磨损面呈四边形或不等边形，乳内中间齿齿面呈三角形，乳外中间齿齿面呈月牙形	八斑或双印
9岁	乳钳齿齿面向圆形过渡，即出现齿星，牙斑消失；乳内中间齿的磨损面分别呈现四边形和三角形	九点珠六印
10岁	乳钳齿齿星出现，乳内中间齿向圆形过渡，齿星出现，且牙斑开始消失，乳外中间齿呈现四边形，隅齿呈三角形	二珠、小四斑或八印
11岁	乳外中间齿齿星出现，乳隅齿呈四边形，齿间空隙继续增大	三珠
12岁	乳隅齿齿星出现，齿间空隙继续增大	十二满珠

我国的黄牛及水牛，因为成熟较晚，牙齿的换生磨蚀变化情况比奶牛迟，黄牛一般比奶牛迟半年，水牛约迟一年。因此，对照奶牛牙齿的变化鉴定黄牛和水牛年龄时，黄牛和水牛的年龄要分别加半岁和1岁。

(四)影响牛牙齿变化的因素

牛牙齿的磨损由于受自然条件、营养和健康水平、饲养管理条件及畸形齿等因素的影响，牙齿齿面通常有不规则的磨损，在进行年龄鉴定时，必须根据实际情况，并结合其他年龄鉴定方法，综合进行判断，以提高牙齿鉴定的准确性。

1.成熟性 早熟品种的牛牙齿的脱换和磨蚀较晚熟品种快。

2.营养和健康 营养条件好的牛，体质较健康，齿质坚硬，不易磨蚀，反之则磨蚀快。

3.饲养管理条件 舍饲牛人工供给饲草，饲养条件较好，牙齿磨蚀慢；放牧的牛，饲养条件较粗放，磨蚀较快。若粗饲料品质差、粗老、坚硬且纤维含量高，则磨蚀较快。

4.自然条件 自然条件差的地区，草短且草质粗硬，并夹杂许多砂砾，牛啃食时牙齿磨蚀快。牧草茂盛的滨湖地区，牙齿磨蚀慢。

5.畸形齿 畸形齿由于牙齿磨损不规律，鉴定年龄应予以注意。如竹梗齿的齿形长宽且薄，着生向外倾斜，磨蚀面齿星呈月牙状，不出现圆形。鉴别年龄时，应增加2岁。

【案例分析】对右图中杂交牛(川南山地黄牛和西门塔尔牛杂交)的年龄进行鉴定。

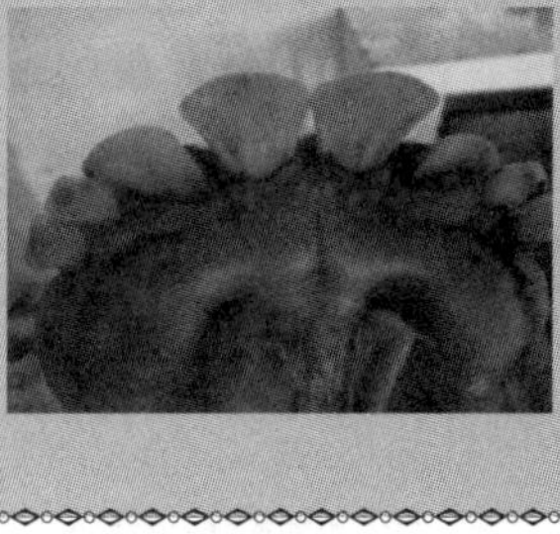

分析：根据图片中的牙齿进行判断，已更换了两对牙齿，其中乳内中间齿还没有完全长齐，乳外中间齿和乳隅齿磨损较多，初步判断该牛为2.5岁左右。

【本章小结】

本章主要介绍了不同用途牛各部位的特点及牛外貌鉴定的方法,重点阐述了牛的年龄鉴定方法。要求掌握对非经济用途牛的外貌评定,同时能通过牙齿对其年龄进行判别。

【思考题】

1. 比较乳用牛和肉用牛体型外貌的差异。
2. 如何根据牛的牙齿鉴别其年龄?
3. 牛的外貌鉴定有何意义?外貌鉴定的方法有哪些?
4. 影响牛年龄鉴定的因素有哪些?
5. 高产奶牛的外貌特点有哪些?

第三章　牛的生产性能及其评定

牛的生产性能是评定其品种优劣的重要依据，通常以产品的数量和质量来评定。牛的生产性能评定是育种中最基本的工作，生产性能评定的内容因产品与用途不同而不同，主要包括乳用性能和肉用性能的测定。

第一节　奶牛生产性能及其评定

一、影响奶牛生产性能的因素

影响奶牛产奶量的因素很多，归纳起来主要有遗传因素、生理因素（如年龄与胎次、初产年龄与产犊间隔、泌乳期、干奶期长短、体型大小、疫病和药物）、环境因素（如饲养与管理、挤奶次数、挤奶技术、产犊季节及外界温度等）。

（一）遗传因素

1. **品种**　牛的品种不同，其遗传性就有差异，产奶量和乳成分均不同，这也是各品种的特征之一。

2. **个体**　同一品种的不同个体，由于个体间遗传品质不同，即使在相同的环境条件下，产奶量及其乳的成分、性质也有很大差异，甚至高于品种间差异。例如，荷斯坦牛产奶量低的仅3000 kg左右，高的可达30000 kg以上。

（二）生理因素

1. **年龄与胎次**　年龄与胎次对产奶量的影响甚大。奶牛产奶量随着年龄和胎次的增加而发生规律性的变化。青年母牛由于自身还在生长发育，尤其乳腺发育还不充分，所以产奶量较低，到6岁左右发育成熟，产奶量最高，以后随着机体的衰老，机能减退，产奶量又逐渐下降。

2. **初产年龄与产犊间隔**　第一次产犊年龄不仅影响当次产奶量，而且影响终生产奶性能。第一次产犊年龄过早，除影响泌乳器官及产乳量外，也不利于牛体健康；相反，第一次产犊年龄过晚，由于胎次减少，终生的产犊头数将减少，更不利于提高产奶量。所以，第一次产犊年龄应根据品种特征特性和当地饲料条件做出最适宜的选择。

最理想的产犊间隔是365 d，母牛在一年中泌乳305 d，干奶60 d，使之一年一产。如果母牛产后不能及时配种，不能及时干奶，泌乳期拖得过长，就会影响下一个泌乳期的产奶量。

3. **泌乳期**　母牛在泌乳期内产奶量呈规律性变化，一般母牛分娩后产量逐渐上升，低产牛在产后20～30 d，高产牛在产后40～50 d产奶量达最高峰，高峰期有长有短（20～60 d），高产牛一般泌乳高峰期延续时间长。高峰期后，产奶量开始逐渐下降。在正常情况下，高产牛每月下降幅度为4%～5%，低产牛下降幅度较大，为9%～10%。

4. **干奶期长短**　母牛在妊娠的最后两个月前后为了保证胎儿的正常发育和使其在10个月的泌乳后得到休息，更新乳腺细胞，要进行干奶。合适的干奶期为45～75 d，如果干奶期过短，牛的体况得不到很好的恢复，乳腺泡得不到很好的更新，会使下一个泌乳期的产奶量降低，如果干奶期过长，乳腺泡会发生萎缩，同样会影响下一个泌乳期的产奶量。

5. **体型大小**　在一般情况下，同一品种、同一年龄的奶牛体型大，由于消化器官容积大，采食量多，产奶量也较高。但产奶量随体型的增加而增加是有一定限度的。据统计，在一定限度下，每100 kg体重可能相应增加产奶量1000 kg，但超过一定限度时，并无明显增加。如荷斯坦奶牛体重一般以600～700 kg较好。过大的体型，不仅所需维持饲料增加，而且所占牛舍面积较大，产奶量不一定会增加，养殖效益反而可能降低。

6. 疫病和药物 母牛在患病和身体不健康的情况下，会影响乳的形成，产奶量随之下降，乳的成分也发生变化。许多疫病，特别是乳房炎、酮病、结核病、产后瘫痪和消化不良等，对产奶量有不利的影响，且可能改变乳的成分。使用药物时，药物或多或少会排入乳中，这样的奶应予抛弃，以防药物进入人的食品中。在奶中出现抗生素等药物时，均应禁止出售。

（三）环境因素

1. 饲养与管理 产奶量的遗传力为0.25～0.30，即产奶量仅25%～30%受遗传影响，而有70%～75%是受环境影响，特别是饲料和饲养管理条件的影响。实践证明，在良好的饲养管理条件下，奶牛全年的产奶量可提高20%～60%，甚至更多。在饲养管理中，影响最大的是日粮的营养价值、饲料的种类与品质、贮藏加工以及饲喂技术等。营养水平不足，将严重影响产奶量，并缩短泌乳期。管理条件也十分重要，加强奶牛运动、充足饮水等，均能促进新陈代谢，增强体质，有利于提高产奶量。

2. 挤奶次数 挤奶次数可明显影响产奶量。据试验，同一头牛，若日挤奶3次，则比日挤奶2次多挤奶10%～25%；而4次挤奶又比3次挤奶多5%～15%。挤奶次数的多少，可根据牛群产奶水平、劳动力成本以及挤奶方式等综合确定。我国奶牛场多采用日挤奶3次，分别相隔8 h和7 h；欧美许多国家则多实行日挤奶两次，两次相隔12 h。

3. 挤奶技术 挤奶技术熟练，并能根据奶牛的泌乳特性进行挤奶，可刺激乳的分泌与排出，提高产奶量，反之，则会降低产奶量。不论手工挤奶，还是机器挤奶，在挤奶之前，一般都擦洗乳房，从而引起母牛的排乳反射，提高产奶量。

4. 产犊季节及外界温度 荷斯坦牛喜凉怕热，适宜的气温为10～16℃，高温对产奶量有严重的负面影响，当气温达26℃，奶牛呼吸、脉搏次数增加，采食量减少，进而产奶量下降，特别是泌乳盛期和高产牛尤为敏感。在我国大部分地区，母牛最适宜的产犊季节在春季。因为母牛在分娩后的泌乳盛期，恰好在青绿饲料丰富和气候温和的季节，有利于产奶量的提高；而夏季虽然饲料条件好，但由于气候闷热，母牛食欲不振，影响泌乳。

二、奶牛生产性能的测定与评定

（一）奶牛产奶量的测定

1. 个体产奶量 个体产奶量的评定包括305 d产奶量、校正305 d产奶量、全泌乳期实际产奶量等。

（1）305 d产奶量。 自产犊第一天开始到305 d为止的产奶总量，如果泌乳期不足305 d者，用实际奶量，并注明产奶天数；如果超过305 d，超出部分不计算在内。

（2）校正305 d产奶量。 为了满足奶牛育种工作的需要，对泌乳天数不足或超过305 d要进行校正，中国奶牛协会制订了统一的校正系数表，使用240～370 d产奶量记录的奶牛统一乘以相应的校正系数，获得理论的305 d产奶量（表3.1、表3.2）。表中天数采用5舍6进的方法，如某牛产奶265 d，用260 d校正系数；产奶266 d则用270 d校正系数。

表3.1 产奶不足305 d的校正系数

天数 胎次	240	250	260	270	280	290	300	305
1	1.182	1.148	1.116	1.086	1.055	1.031	1.011	1.000
2～5	1.165	1.133	1.103	1.077	1.052	1.031	1.011	1.000
6以上	1.155	1.123	1.094	1.070	1.047	1.025	1.009	1.000

表3.2 产奶超过305 d的校正系数

胎次＼天数	305	310	320	330	340	350	360	370
1	1.000	0.987	0.965	0.947	0.924	0.911	0.895	0.881
2～5	1.000	0.988	0.970	0.952	0.936	0.925	0.911	0.904
6以上	1.000	0.988	0.970	0.956	0.940	0.928	0.916	0.893

(3)全泌乳期实际产奶量。 指产犊后第一天开始到干奶为止的总奶量。

【案例分析】某一奶牛第一胎282 d产奶量为7000 kg,其305 d产奶量为多少?

分析:采用5舍6进的方法产奶282 d采用280 d的校正系数,查表得奶牛第一胎280 d的校正系数为1.055。该牛305 d产奶量=7000×1.055=7385 kg

2.群体产奶量的计算 群体产奶量是衡量一个场、一个地区以及一个国家的奶牛饲养管理水平的综合指标。

(1)成年母牛全年平均产奶量。为衡量牛群的管理水平,进行成本核算等,需要计算成年母牛全年平均产奶量。其计算公式如下:

$$\text{成年母牛全年平均产奶量}=\frac{\text{全群全年总产奶量}}{\text{全年平均饲养成年母牛头数}}$$

成年母牛包括泌乳牛、干乳牛,转进或买进的成年母牛,卖出或死亡以前的成年母牛,以及其他2.5岁以上的在群母牛。将上述母牛全年的饲养天数相加,除以365,得到全年平均饲养成年母牛头数。全群全年总产奶量是指全年中每头产奶牛在该年度内实际产奶量的总和。利用这一方法也可以相应计算成年母牛各月的平均产奶量。

(2)泌乳牛全年平均产奶量。为反映牛群质量,或作为选种的依据,需计算泌乳牛全年平均产奶量,其计算公式如下:

$$\text{泌乳牛全年平均产奶量}=\frac{\text{全群全年总产奶量}}{\text{全年平均饲养泌乳牛头数}}$$

(二)乳脂率的测定与计算

乳脂率的测定方法 乳脂是指牛奶中所含的脂肪,乳脂率是牛奶中所含脂肪的百分率。牛的乳脂率在整个泌乳期中有很大变化,一般所说的乳脂率是指平均乳脂率。

其计算公式为:

$$\text{平均乳脂率（\%）}=\frac{\sum(F\times M)}{\sum M}\times 100\%$$

式中:F为每次测定的乳脂率,M为某一测定值所代表的该段时间的产奶量。

(三)4%标准乳(Fat corrected milk,FCM)

标准乳指含乳脂率4%的乳,也称作4%乳脂校正乳。为了便于比较奶牛之间的产奶量,统一产能性能,以4%乳脂率的牛奶作为标准奶来对一头牛的产奶量和乳脂率进行综合评判。标准乳(FCM)的计算公式为:

$$FCM=M(0.4+0.15F)$$

式中:M为乳脂率为F的牛奶量,F为牛奶的实际乳脂率,FCM为标准乳量。

【案例分析】A、B奶牛均为第二胎，其中A奶牛产奶量为6200 kg，乳脂率为3.6%，B奶牛产奶量为5800 kg，乳脂率为4.2%，A牛和B牛的产奶性能哪个更好？

分析：要比较A、B牛的产奶性能，需考虑乳脂率和产奶量两个指标，换算成标准乳再进行比较。

A牛：FCM_A=6200（0.4+15×3.6%）=5828 kg

B牛：FCM_B=5800（0.4+15×4.2%）=5974 kg

因此，B牛的产奶性能比A牛好。

（四）饲料转化率的计算

$$饲料转化率=\frac{全泌乳期实际饲喂各种饲料干物质总量(kg)}{全乳泌期总产奶量(kg)}$$

（五）排乳特性测定

1. 排乳速度 排乳速度即挤奶时乳汁排放的快慢，排乳速度一般用平均每分钟的排乳量来表示，其测定采用奶流速度测定器进行，也可用弹簧秤悬挂在三角架上直接称取。排乳速度与产奶量呈正相关；同时，排乳速度快的牛，也有利于在挤奶厅集中挤奶，提高劳动生产。因此，许多国家对乳用品种规定了排乳速度指标，如美国荷斯坦牛为每分钟3.61 kg，德国荷斯坦牛为每分钟2.5 kg。

2. 前乳房指数 前乳房指数是度量各乳区泌乳均衡性的主要指标，指一次挤奶中前乳区的挤奶量占总挤奶量的百分比。奶牛通常左右乳房产奶量差异较小，前乳房的产奶量低于后乳房。一般乳用品种前乳房指数为43%左右。

前乳房指数的计算公式为：

$$前乳房指数=\frac{前两个乳区产奶量}{总奶量}\times 100\%$$

【注意事项】奶牛进行生产性能测定时进行样本采集应注意哪些问题？

1. 测定牛场要求：参加生产性能测定的牛场，应具有一定生产规模，最好采用机械挤奶，并配有流量计或带搅拌和计量功能的采样装置，采样前必须进行搅拌。

2. 测定奶牛条件：测定奶牛应是产后一周以后的泌乳牛。牛场应具备完好的牛只标识、系谱和繁殖记录等。

3. 采样：对每头泌乳牛一年测定10次，每头牛每个泌乳月测定1次，两次测定间隔一般为26～33d。每头牛的采样量为50mL，一天三次挤奶一般按4:3:3（早:中:晚）比例取样，两次挤奶按早、晚6:4的比例取样。

4. 样品保存与运输：为防止奶样腐败变质，在每份样品中需加入重酪酸钾0.03g，采样结束后，样品应尽快安全送达测定实验室，运输途中需尽量保持低温，不能过度摇晃。

第二节　肉牛生产性能及其评定

一、影响肉牛生产性能的因素

肉牛的生产性能受品种与类型、饲养水平与营养状况、年龄、性别、杂交等因素影响。

(一)品种与类型

品种与类型主要反映其遗传特征,是影响肉牛生产能力的主要因素之一。不同品种、不同类型的肉牛,其体组织的生长形成和在相同饲养条件下的生长发育有不同的特点,其饲养和育肥技术有所差异。体格越大,肉用体型越明显,其产肉能力也越高。如小型早熟肉牛品种(海福特牛),其生长快、容易在体内沉积脂肪得到大理石纹等级高的优质肉,适合于早期育肥、早屠宰,大型晚熟品种(如夏洛来牛)要达到与小型早熟肉牛品种相同的肉质等级所需的饲养期长,适合于中期或中晚期育肥。

(二)饲养水平与营养状况

在良好的饲养条件和合理的营养水平下,肉牛增重速度快,饲料转化率高,出栏早,经济效益好。日粮中如果蛋白质饲料充足,可使肉质鲜嫩,脂肪含量适中;日粮中能量充足、蛋白质缺乏时,日增重也较高,但日增重成分以脂肪为主,饲养效率降低。营养缺乏时,肉牛生长受阻,出栏时间推迟,且肉质不佳,还会因饲养期延长而增加成本,降低经济效益。日粮营养水平对牛肉的嫩度、大理石花纹的沉积、眼肌面积等都有显著影响。因此,在配制日粮时,除满足肉牛的营养需要外,还必须考虑影响牛肉肉质的营养因素,只有这样才能生产出优质、高档的牛肉。

(三)年龄

牛的生长发育具有不平衡性,不同的组织器官在不同的年龄时段生长发育速度不同。幼龄牛主要是肌肉、骨骼和内脏器官的增长,年龄较大牛的增重主要是脂肪组织的沉积,所以牛的年龄对牛的增长速度、肉的品质和饲料报酬有很大影响。幼龄牛的肌纤维细,水分含量高,脂肪含量少,肉色淡,经育肥可获得最佳品质的牛肉。老龄牛结缔组织增多,肌纤维变硬,脂肪沉积减少,肉质较粗,育肥性能差。因此,牛的年龄不仅对牛的生产力有十分重要的影响,而且对牛肉质量也有着显著的影响。发达国家的肉牛一般在1.5岁左右就要进行屠宰,我国地方品种的肉牛成熟较晚,在两岁左右进行屠宰。

(四)性别

肉牛的性别与牛肉的产量和质量有很大关系。母牛的生长育肥速度最慢,但它的肉结缔组织少而纤维细,风味最好;公牛比阉牛有更好的生长率和饲料转化率,育肥速度最快,公牛的瘦肉更多,屠宰率和眼肌面积较大,但牛肉结缔组织多、纤维粗糙,风味较差。随着胴体重量的增加,脂肪沉积能力母牛最快,阉牛次之,公牛最慢。采用公牛或阉牛育肥,因饲养方式和饮食习惯而定。若肉牛胴体质量等级中脂肪沉积为重要依据,应以养母牛和阉牛为主,如美国。若在肉食习惯上注意并喜食瘦肉,应以养公牛为主,如欧共体。亚洲国家讲究吃肥牛,以养阉牛为主。

(五)杂交

无论品种间杂交还是改良性杂交,其后代均表现出良好的杂种优势。研究表明:肉牛品种间杂交,其后代生长速度、饲料转化率、屠宰率和胴体产肉率等明显增加,较原纯种牛多产肉10%~15%,甚至高达20%。重庆地区利用利木赞牛、德国黄牛、红安格斯牛、金黄阿奎登牛、黑安格斯牛、海福特牛、矮脚牛、西门塔尔牛8个肉用品种及肉乳兼用品种与川南山地黄牛杂交,其后代在各月龄的体重均高于本地黄牛,初生重较本地牛提高4.41%~28.74%,且不同杂交组合对屠宰性能影响较大。实践证明,轮回杂交和三元杂交的效果要优于二元杂交。

思考:如何提高肉牛的生产能力?

二、肉牛生产性能测定指标及其方法

(一)育肥性能测定

肉牛的育肥性能主要包括日增重和饲料报酬。

1. 日增重的测定与计算 日增重是测定牛生长发育和育肥效果的重要指标,也是育肥速度的具体体现。测定日增重时,要定期测量各阶段的体重。常测的指标有:出生重、断奶重、12月龄重、18月龄重、24月龄重、育肥始重、育肥末重。称重一般应在早晨饲喂及饮水前进行。

育肥期日增重是表示在育肥时期内增重和脂肪沉积的能力,可按下述公式计算:

$$育肥期日增重=\frac{期末体重-始重}{初始至期末育肥天数}$$

日增重通常以g或kg为单位来表示。

2. 饲料报酬的计算 饲料报酬是根据饲养期内总增重、净肉重、饲料消耗量所计算的每千克增重和净肉的饲料消耗量。

增重1 kg消耗饲料干物质(kg)=饲养期内消耗饲料干物质总量/饲养期内绝对增重。

生产1 kg净肉消耗饲料干物质(kg)=饲养期内消耗饲料干物质总量/屠宰后的净肉重。

(二)屠宰测定

1. 宰前重 指牛只绝食24 h、禁水8 h后的体重。

2. 胴体重 指宰前活重减去头、皮、血、尾、内脏(保留肾脏及周围脂肪)、腕跗关节以下的四肢、生殖器官及周围脂肪的重量。

3. 屠宰率 指胴体重占宰前活重的百分率。

$$屠宰率(\%)=\frac{胴体重}{宰前活重}\times 100\%$$

牛的屠宰率超过50%为中等指标,超过60%为高指标。

4. 净肉重 指胴体剔骨后的全部肉重,包括肾脏及周围脂肪。

5. 净肉率 指净肉重占宰前活重的百分率。

$$净肉率(\%)=\frac{净肉重}{宰前活重}\times 100\%$$

6. 胴体产肉率 指净肉重占胴体重的百分率。

$$胴体产肉率(\%)=\frac{净肉重}{胴体重}\times 100\%$$

7. 肉骨比 指净肉重与骨重的比值。它是衡量胴体质量的一个重要指标,并随屠体质量的增加而增加。

$$肉骨比=\frac{净肉重}{骨重}$$

8. 眼肌面积 背最长肌在12~13胸肋间的横断面积。用"cm^2"作单位。用眼肌面积板直接测定,或用硫酸纸将眼肌描出(描两次),用求积仪或方格透明卡片算出眼肌面积。

9. 背膘厚度 在12~13胸肋间的眼肌横切面处,从靠近脊柱的一端起,在眼肌长度的四分之三处,垂直于外表面测量背膘厚度(图3.1)。

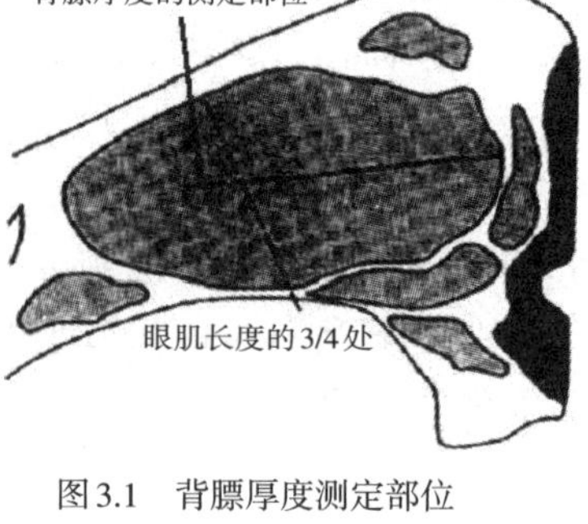

图3.1 背膘厚度测定部位

10. **大理石花纹**　对12～13胸肋间眼肌切面进行评定，我国推荐的牛肉等级标准将大理石花纹等级共分为七个等级：1级、1.5级、2级、2.5级、3级、3.5级和4级。1级为极丰富、2级为丰富、3级为少量、4级为几乎没有，介于两者之间为0.5级，如介于极丰富与丰富之间为1.5级。

【案例分析】用红安格斯牛与川南山地黄牛进行级进杂交，其杂种二代牛红红本28月龄进行屠宰，其宰前活重为558.5 kg，胴体重为329.0 kg，骨重为44.8 kg，该杂交牛屠宰率、净肉率、肉骨比分别为多少？

分析：屠宰率是胴体重与宰前活重的百分比，本例中宰前活重为558.5 kg、胴体重为329.0 kg，屠宰率=329.0×100%/558.5=58.9%

净肉率是净肉重占宰前活重的百分率，本例中胴体重为329.0 kg，骨重为44.8 kg，净肉重为胴体重减去骨重。

净肉率=(329.0−44.8)×100%/558.5=50.89%

肉骨比指净肉重与骨重的比值，本例中骨重44.8 kg。

肉骨比=(329.0−44.8)∶44.8=6.34∶1

讨论：生产牛群如何进行生产性能测定？

【本章小结】

本章主要介绍了影响奶牛、肉牛生产性能的因素及其奶牛、肉牛生产性能评定的指标和方法。要求掌握影响奶牛、肉牛生产性能的因素，并能对奶牛、肉牛的生产力进行评定。

【思考题】

1. 影响奶牛的生产性能的因素有哪些？
2. 简述肉牛生产性能评定指标及其方法。
3. 奶牛生产性能评定的指标有哪些，如何评定？
4. 影响肉牛生产性能的因素有哪些？

第四章　牛的繁殖技术

繁殖是养牛生产最重要的环节之一，加快牛的繁殖是增加牛群数量、提高牛群质量的必要前提，也是提高养牛生产水平的重要基础。在养牛生产中，只有抓好繁殖相关的各个环节，采取综合技术措施，才能进一步提高牛的繁殖效率，降低生产成本、增加经济效益，从而促进养牛业的发展。

第一节　母牛的发情与发情鉴定

一、初情期

母牛生长发育到一定年龄后，生殖器官已基本发育完全，开始发情和排卵，这一时期即为初情期或性成熟期。母牛到达初情期时，由于其他组织器官尚未发育完全，所以不适宜配种。

母牛的初情期与品种、体重、营养、气候及饲养管理等因素有关。早熟品种、小型品种、乳用品种及南方品种性成熟早；晚熟品种、大型品种、肉用和役用品种及北方品种性成熟较迟。南方温带地区的牛，有的生后4个月就开始性成熟。寒冷地区的牛性成熟较晚。当育成牛体重达成年体重的40%～50%即进入初情期，因此，营养丰富，并且生长发育快的在6～8月龄时就可出现初情期，而有些营养不良的育成牛，初情期可延迟至20月龄。饲养管理条件差，牛的生长发育受阻，初情期推迟。一般母牛在8～12月龄时开始性成熟，母水牛初情期在15～30月龄，母牦牛初情期约在24月龄。

二、发情与发情周期

发情是母牛性活动的表现，它主要受卵巢活动规律的影响。随着卵巢的每次排卵和黄体形成与消失，母牛机体，特别是生殖器官呈现一系列周期性变化，引起母牛生殖生理的变化，表现为性冲动，愿意接近公牛，并接受交配。

（一）发情征状

1. 行为的变化　发情母牛常表现兴奋不安，寻找其他发情母牛；嗅闻其他母牛外阴，下巴依托其他牛臀部并摩擦；压捏腰背部下陷，尾根高抬；有的牛食欲减退和产奶量下降；爬跨其他牛或“静立”接受其他牛爬跨。

2. 生殖道的变化　外阴潮湿，阴道黏膜红润，阴户肿胀；外阴颜色由苍白色逐渐变成暗红色。外阴有透明、线状黏液流出，或黏污于外阴周围，黏液有强的拉丝性，牵之成丝可提拉6～8次，两指水平牵拉后，黏丝可呈“Y”状。

3. 卵巢的变化　母牛发情开始之前，卵巢卵泡已开始生长，至发情前2～3 d卵泡发育迅速，卵泡液分泌不断增多，使卵泡容积更加增大，卵泡壁变薄并突出于卵巢表面，最后成熟排卵，排卵后逐渐形成黄体。

（二）发情周期

出现初情期后，正常母牛在均衡饲养条件下，总是间隔一个周期出现一次发情。从这一次发情开始到下一次发情开始的间隔时间，叫做发情周期，成年母牛的发情周期为21 d，范围是18～25 d，育成牛的发情周期为20 d，范围为18～22 d，母水牛为16～25 d，母牦牛为18～25 d。一般青年母牛比经产母牛短。

根据母牛在发情过程中的精神状态、卵巢变化和生殖道的生理变化可将性周期分为以下4个时期。

1. 发情前期　这是母牛发情的准备时期。卵巢内黄体萎缩，新的卵泡开始发育，卵巢稍增大，阴道和阴门黏膜轻度充血、肿胀，腺体分泌活动逐渐增加，分泌少量稀薄黏液，子宫颈口开放，但尚无性欲表现。

2. 发情期　是母牛性欲达到高潮的时期。此期的特征是：愿意接受公牛交配，卵巢上的卵泡迅速发育，雌激素分泌增多，强烈刺激生殖道，使阴道及阴门黏膜充血肿胀明显，子宫颈口开张，腺体分泌增多，有大量透明稀薄黏液排出。

3. 发情后期　是排卵后黄体开始形成的时期。该期的特征是：母牛由性欲激动逐渐转入安静状态，卵泡破裂排卵后雌激素分泌显著减少，黄体开始形成并分泌孕酮作用于生殖道，使充血肿胀逐渐消退，腺体活动减少，黏液量少而稠。

4. 间情期　又称休情期或发情间期，是母牛发情后的相对生理静止期。若卵子没有受精，黄体逐渐萎缩，同时卵泡开始发育，过渡到下一个发情周期。若卵子受精，则黄体持续存在，直到分娩。该期母牛性欲已完全停止，精神状态恢复正常。

三、发情鉴定

牛的发情持续时间较短，准确的发情鉴定可做到适时输精，提高母牛受胎率。母牛发情包括行为变化、生殖道变化、卵巢的变化。行为和生殖道的变化可以通过外部观察鉴定；卵巢上的变化可以通过直肠检查鉴定。

（一）外部观察法

1. 发情初期　进入发情初期的母牛，此时卵泡迅速发育，雌激素含量增加，母牛兴奋不安、鸣叫、产乳量下降。如果是放牧牛，则游走少食，逗引同群母牛尾随之。但当公牛爬跨时，又不接受，发情母牛扬头游走，可见其阴唇肿胀，阴道壁潮红，但黏液分泌量不多，稀薄、牵缕性差、子宫颈口开放。直肠检查时，可感到子宫及输卵管蠕动增强。此时期约需10 h，少数牛在10 h以内。

2. 发情盛期　母牛接受爬跨，被爬时驻立不动，臀部向后抵，举尾，交配欲强烈。拴系中的母牛，则表现两耳竖立，不时转动倾听，眼光敏锐，配种员走过时，回首观望，手拨尾根时无抗力，黏液显著增加，稀薄透明，从阴户流出的黏液如玻棒样，具有高度的牵缕性，很易黏于尾根、臀端或飞节上的被毛上。子宫颈红润、松弛、开张。此时，一侧卵巢增大，并可触摸到突出于卵巢表面的卵泡，直径1.0 cm左右，触之波动性还较差。

3. 发情末期　母牛逐渐平静、不再接受爬跨，阴道黏液量减少、黏稠，牵缕性差，直肠检查时卵泡增大到1.5 cm左右，触之波动明显，滤泡壁很薄，有一触即破的感觉。母牛发情期的时间较短，平均为20 h。

母牛的发情表现虽有一定的规律性，但由于内外因素的影响，有时表现不大明显或欠规律性，在确定适时输精时，必须进行综合判断，具体分析。实践证明，多次观察能提高发情母牛的检出率。

（二）直肠检查法

用手通过直肠来触摸卵巢上的卵泡发育情况，以此来查明母牛是否发情和确定发情母牛的输精时间，是目前生产中最常用，效果也最为可靠的一种母牛发情鉴定方法。

直肠检查时，戴上胶质（或塑料薄膜）手套，抹上润滑剂，若无这类手套可直接抹在手和手臂上。手指并拢呈锥形，缓缓插入肛门并伸至直肠，先掏出直肠内的粪便，然后再进行检查。检查时一般手掌展平，掌心向下，稍用力按下且左右触摸，当触摸感到一质地较硬的棒状物，即为子宫颈。试用拇指、中指及其他手指将其握在手里，感受其粗细、长短和软硬。将拇指、食指和中指稍分开，顺着子宫颈向前缓缓伸进，在子宫颈正前方由食指触到一条浅沟，此为子宫角间沟。沟的两旁各有一条向前弯曲的圆筒状物，这就是左右两子宫角。摸到后手继续前后滑动，沿子宫角的大弯，向下向侧面探摸，可以感到有扁圆、柔软而有弹性的肉质，即为卵巢。找到卵巢后，可用食指和中指夹住卵巢系膜，然后用拇指触摸卵巢的大小、形状、质地和其表面卵泡的发育情况。触摸卵巢一定要小心，防止将卵泡弄破。

牛的卵泡发育情况可分为四期：

第一期，卵泡出现期。卵巢稍增大，卵泡直径为0.5～0.75 cm，触诊时有软化点、波动不明显。在这时期，一般已有发情表现。

第二期，卵泡发育期。卵泡增大到1～1.5 cm，呈小球状，波动明显。在此期的后半段，发情表现已不显著。

第三期，卵泡成熟期。卵泡不再增大，但泡壁变薄，紧张性增强，在直肠检查时有一触即破之感。在第三期时，一般开始输精。

第四期，排卵期。卵泡破裂排卵，卵泡液流失，故泡壁变为松软，成为一个小的凹陷，排卵后6～8 h，黄体即开始生成，再也摸不到凹陷。排卵发生在性欲消失后10～15 h。夜间排卵较白昼多，右侧卵巢排卵较左侧多。

（三）阴道检查法

用开膣器使阴道开张，观察阴道黏膜、分泌物和子宫颈口的变化来判断母牛发情与否。发情母牛阴道黏膜充血滑润，子宫颈口充血、松弛、开张，有黏液流出。

思考：母牛最佳输精时期的表现特征有哪些？

第二节　牛的配种与人工授精

配种是使母牛受孕的繁殖技术。牛的配种方式分本交（自然交配）和人工授精两种，除了在有些地方的肉牛生产中本交仍然在使用外，牛配种多采用人工授精技术。

一、初配年龄

公、母牛刚达到性成熟年龄时还不是适宜配种的年龄，因为公、母牛性成熟的年龄较体成熟的年龄早，刚达到性成熟年龄时个体还小，生长发育还在继续进行，这时配种会影响其生长发育和以后生产性能的发挥。正确掌握公、母牛的初配年龄，对改进牛群质量，充分发挥其生产性能和提高繁殖率有着重要意义。

公、母牛的初配年龄主要依据牛的品种、个体的生长发育情况和用途来确定。早熟品种：公牛15～18月龄，母牛16～18月龄。中熟品种：公牛18～20月龄，母牛18～22月龄。晚熟品种：公牛20～23月龄，母牛22～24月龄。初配时的体重应达到成年体重的70%，如年龄已达到，体重还没达到时，则初配年龄尚应推迟，相反也可适当提前，总之以达到体重标准为宜。公、母牛配种过早，将影响到本身的健康和生长发育，所生犊牛体质弱，初生重小，不易饲养，母牛产后产奶和役力都受影响，公牛则造成性机能早衰，缩短种用年限。配种过迟则对繁殖不利，饲养费用增加。

【案例分析】某一牛场饲养的是中国荷斯坦母牛，分析其初配年龄。

分析：牛的初配年龄与牛的品种、饲养管理条件、营养水平、气候有关。一般初配年龄根据牛的体重来确定，育成期母牛体重达到成年体重的70%左右即可配种，中国荷斯坦母牛的成年体重为500～600 kg，因此，荷斯坦母牛适宜初配年龄是体重达到350～420 kg的年龄。

二、产后配种时期

母牛经过妊娠、分娩，生殖器官发生了迅速而剧烈的变化，到重新发情、配种时，母牛生殖器官有一个复原的过程。子宫复原的时间需9～12 d，水牛较长达30～45 d。子宫复原期间有大量分泌物排出，最初为红褐色，以后变为黄褐色，最后变成无色透明，这种分泌物叫恶露。恶露排尽的时间为10～12 d，一般认为，恶露排尽，子宫已复原。母牛卵巢中的妊娠黄体于产后才被吸收，所以产后第一次发情时间出现较晚，一般在产后40～50 d发情。有的母牛在产后25～30 d已开始第一次发情，但往往因母牛产后身体虚弱和大量泌乳的关系，影响脑垂体与卵巢分泌激素的机能，发情征状不明显，呈安静发情。在生产实践中，为了让母牛的子宫得到完全复原，一般均在产后40～50 d发情时配种为宜。如产后45～60 d还没有发现发情，就要对母牛的健康、营养状况、卵巢和子宫进行检查和诊治，预防不孕。

三、发情适宜配种时间

确定发情母牛最适宜的配种时间，主要根据以下几方面：一是排卵时间，母牛的排卵均发生在发情结束之后。奶牛一般在发情结束后5～15 h排卵，大多数母牛排卵发生在夜间。二是卵子保持受精能力的时间，卵子受精的地方在输卵管1/3处（壶腹部），过了这个部位卵子开始衰老，卵子在输卵管可以存活12～24 h或更长些。牛的卵子通过输卵管的时间大约经历4 d，但通过输卵管壶腹部的速度较快，一般仅6～12 h。三是精子到达受精部位的时间，精子进入母牛生殖道后，仅需15 min左右就能达到输卵管的壶腹部。四是精子在母牛生殖道内保持受精能力的时间一般为30 h，范围为24～48 h。综上所述，一般适宜的配种时间，应在母牛发情转入末期不久。一般是早上发情，下午配种，或下午发情次晨配种。年老体弱的母牛，发情持续期较短，排卵较早。故有“老配早，少配晚，不老不少配中间”之说。

四、人工授精

（一）人工授精前的准备

1. 母牛的准备 母牛一般可站在颈夹牛床上进行输精，对一些敏感性较强、好动的母牛也可牵入保定架内，经保定后进行。将被配母牛的尾巴拉向一侧，先用1%新洁尔灭或0.1%高锰酸钾溶液洗净外阴部，再用消毒毛巾（或纱布）由里向外擦干外阴部。

2. 输精器械的准备 输精所用器械，必须严格消毒。输精器若为球式或注射式，先冲洗干净后，用纱布包好，放入消毒盒内，蒸煮半小时，也可放入干燥箱进行烘干消毒，一支输精器一次只能为一头奶牛输精。细管冻精所用的凯式输精枪，通常在输精时套上塑料外套，再用酒精棉擦拭外壁消毒。

3. 输精人员的准备 输精人员的指甲需剪短磨光，洗手并消毒，用消毒毛巾擦干，然后用75%酒精消毒药棉擦手，待酒精挥发后即可进行操作。操作时应戴好长臂乳胶手套，在手套内预先放入少量滑石粉，使手能较为方便地伸入手套。同时，输精人员应穿戴好工作衣帽，穿上长筒胶鞋。

4. 精液解冻 冷冻精液解冻的温度以及操作是否得当直接影响精子的活力。解冻温度大体可分为高温（40℃）、室温（15～20℃）和低温（10℃）3种。可将细管直接投入40℃±2℃的温水中，待管内精液融化一半时，立即取出备用。细管精液解冻后，剪去聚乙烯醇封口端，将细管装入凯苏枪内再行输精。解冻后的精液应在15 min内输精，以防精子的第二次冷应激。

（二）输精的方法

现行的人工输精方法有两种，即阴道开膣器输精法和直肠把握子宫颈输精法，现分述如下：

1. 阴道开膣器输精法 用阴道开膣器将阴道打开，借助一定光源（如手电）找到子宫颈外口，将输精枪插入子宫颈外口1～2 cm深处，注入精液，随后取出输精枪和开膣器。此法虽然简单、容易掌握，但输精部位浅，容易使精液倒流，影响受胎率。因此，目前很少采用。

2. 直肠把握子宫颈输精法 与直肠检查相似，先用手轻轻柔动肛门，使肛门括约肌松弛，然后一只手戴乳胶（或薄膜）长臂手套，伸进直肠内把粪掏出（若直肠出现努责应保持原位不动，以免戳伤直肠壁，并避免空气进入而引起直肠膨胀），用手隔着直肠壁半握子宫颈的外口端，使子宫颈外口与小指形成的环口持平（图4.1）。另一只手用干净的毛巾擦净阴户上污染的牛粪，持输精枪自阴门以35°～45°角向上插入5～10 cm，避开尿道口后，再改为平插或略向前下方进入阴道，当输精枪接近子宫颈外口时，握子宫颈外口处的手将子宫颈拉向阴道方向，使之接近输精枪前端，并与持输精枪的手协同配合，将输精枪缓缓穿过子宫颈内侧的螺旋皱褶

(在操作过程可采用改变输精枪前进方向、回抽、摆动等技巧),插入子宫颈深部2/3～3/4处,当确定注入部位无误后将精液注入。

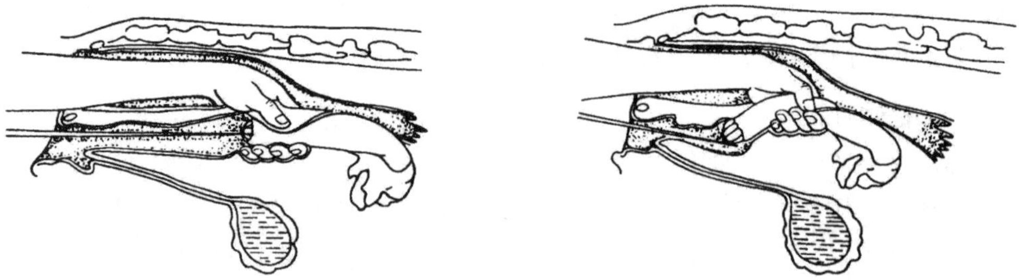

图4.1　直肠把握子宫颈输精法

(说明:左图为正确的输精操作,一手握住子宫颈,另一手协调导入输精枪;右图为操作不当,未握住子宫颈)

此法的优点是:①精液可以注入子宫颈深部或子宫体,受胎率高;②母牛无痛感刺激,同样适用于处女牛;③可防止误给孕牛输精而引起流产;④用具简单,操作安全方便。缺点是:初学者不易掌握而造成受胎率低,甚至引起子宫外伤等。

(三)输精量和适时输精

1. 输精量　根据精液保存的方法确定输精量和输入的活精子数(表4.1)。冻精国标要求解冻后精子活力≥30%(0.30),每一剂量呈直线前进运动的精子数≥1×10^7个,顶体完整率≥40%,精子畸形率≤20%,非病原细菌数＜1000个/mL。

表4.1　不同精液保存方法的输精情况

项目	液态精	冻精
输精量(mL)	1～2	0.2～1.0
活精子数(亿)	0.3～0.5	0.1～0.2
适宜输精时间(h)	(发情开始后)10～24或排卵前	10
输精次数	1～2	1～2
输精间隔时间(h)	8～10	8～10
输精部位	子宫体	子宫体

对体型大、经产、产后配种和子宫松弛的母牛可增加输精量,而对于初次配种和当年空怀的母牛则可减少输精量。液态保存的精液其输精量一般比冷冻精液多,而细管精液则比颗粒精液少一些。精液品质较差时输精量可适当增加,以保证输入的活精子数。

2. 适时输精　母牛配种适时输精包括产后第一次配种适宜时机和发情期配种的适宜时间两个方面。这些配种时机选择合理与否,将直接或间接影响牛群的繁殖率、生产性能与产品量,以及个体牛的正常生长发育和健康。因此,掌握适时配种,是防止漏配,提高受胎率的重要技术措施。

在确定产后第一次配种适宜时机时,还应考虑产后不同间隔时间的受胎率。产后第一次配种理想的间隔,奶牛为60～90 d,肉牛为90～120 d。产后早期受胎率低的一个原因,不是由于胚胎死亡,而是由于这次排卵发生在上次怀孕的子宫角一侧,而子宫角尚未复原的缘故。母牛产后的营养状况会影响第一次配种的受胎率,肉牛和役牛在配种季节前应加强饲养,以增加体重。因此母牛产后一般可有60～80 d的休情时间。这样,产犊间隔就为365 d,达到一年一胎。

发情期配种的适宜时机一般在发情开始后9～24 h配种,受胎率可达60%～70%,在发情开始后6～9 h,24～28 h也可配种,但受胎率低,才开始发情时配种太早,排卵后配种又稍迟,这是一般母牛的情况。对于发情持续期过长或过短的牛,要特殊对待。在生产中,准确预测发情开始或发情停止,是难以做到的。但是,发情高潮容易观察到,所以可根据发情高潮的出现,再等待6～8 h后输精能获得较高的发情期受胎率。输精过早，受胎率往往不高，特别在使用冷冻精液时，更应掌握好输精的时机，即应在停止发情时输精，少数发情期较长的牛，可把第一次输精时间往后延迟，待发情征状不明显时输精一次，隔8～10 h再输精一次，直至发情结束。如果直肠检查技术熟练，最好通过直肠检查，根据卵泡发育情况来确定适宜的输精时机，在卵泡体积增大，波动比较明显，也就是当卵泡达到成熟接近排卵时，输精最为适宜。

为了做到适时配种，应仔细观察牛群，及时检出发情牛，掌握每头母牛的发情规律，使输精时机更合适，受胎率更高。

【注意事项】奶牛输精时应注意哪些问题？

奶牛输精时，正确把握输精时间、部位、次数和输精量，有助于提高受孕率和胚胎质量。

（1）输精时间：通常认为，母牛发情开始后12～18h，黏液在拇指和食指间牵拉6～8次不断，直肠检查卵泡直径1.5cm以上、波动明显、泡壁薄、一触即破时，输精最为适宜。

（2）输精部位：通常将输精管插入子宫颈进行深部输精。

（3）输精次数。如果对奶牛发情、排卵情况掌握准确，输精一次即可。否则，需输精两次，间隔时间为8～10h为宜。

（4）输精量和有效精子数。母牛的输精量和输入的有效精子数，依所用精液的类型不同而异。如用常温精液，则输精量一般为1～2mL，有效精子数应在3.0×10^7～5.0×10^7个。如用冷冻精液输精，则输精量只有0.25 mL，有效精子数为1.0×10^7～2.0×10^7个。此外，输入精子数与授精部位有关。浅部（子宫颈口）授精，易发生精液倒流，需要精子多些，最少需要1.0×10^8个精子。如子宫颈深部，有效精子数为5.0×10^6～1.0×10^7个。

第三节　母牛的妊娠与分娩

母牛配种后如果受孕就进入到妊娠状态。妊娠是母牛的特殊生理状态，是由受精卵开始，经过发育，一直到成熟胎儿产出为止。怀孕期满，胎儿发育成熟，母牛将胎儿及其附属物从子宫排出体外，这个生理过程称为分娩。

一、妊娠期与预产期推算

（一）妊娠期及预产期推算

母牛妊娠期的长短，与品种、年龄、胎儿性别以及环境因素等有关。一般为275～285 d，平均280 d。一般来说，早熟的培育品种母牛，妊娠期稍短。而晚熟的原始品种以及在不良饲养管理条件下养大的早熟品种母牛，妊娠期稍长。如妊娠期安格斯牛为273～282 d，娟姗牛277～280 d，黄牛270～285 d，水牛300～348 d。妊娠期的计算是由最后一次配种日期到胎儿出生为止。

推算方法：

1. 普通牛　妊娠期按280 d计算，配种的月份减去3，配种的日期加上6，即为预产期。

【案例分析】某奶牛场50号母牛于2008年1月9日配种，推算其预产期。

分析：50号母牛配种月份为1，月份1减去3不够减须借一年（加12个月），1加12减去3等于10月；配种日期9加6等于15，则预产期为2008年10月15日。

2. **水牛** 妊娠期按330 d计算，配种月减1，日加2。

【案例分析】某牛场1号水牛2012年5月18日配种，推算其预产期。

分析：1号水牛配种月份为5，月份5减去1等于4月，日期18加2等于20，其预产期为2013年4月20日。

二、妊娠诊断

母牛的早期妊娠诊断是减少空怀和提高繁殖率的重要措施，根据妊娠期间母牛的生理变化和外在表现，牛的妊娠诊断可以采用外部观察、阴道检查、直肠检查、孕酮水平测定和超声波诊断等多种方法，其中，直肠检查法是牛妊娠诊断中最基本最可靠的方法。

(一)外部观察法

母牛怀孕后最突出的表现是停止发情，性格变得温驯、迟钝、行动迟缓。妊娠3个月后食欲增加。5个月后腹围粗大，右腹尤甚，初产牛此时乳房显著膨大，乳头变粗，并能挤出牵缕性分泌物。根据上述变化可粗略地判断母牛是否发情，但这种方法的准确性差，常作为早期诊断的辅助方法。

(二)阴道检查法

通过开张器检测可以看出怀孕一个月的母牛阴道黏膜变白、干燥，且失去光泽，子宫颈口紧闭，而且往往偏于一侧，为灰暗的子宫颈栓堵塞。未孕的母牛阴道和子宫颈黏膜粉红色，有光泽。

(三)直肠检查法

直肠检查法是判断是否妊娠和妊娠时间的最常用，且最可靠的方法。诊断依据妊娠后的母牛生殖器官的变化。这些变化随怀孕时间的不同而有所侧重。如妊娠初期，是以子宫角的形状质地的变化为主；当胚胎下沉不易摸到时，以卵巢位置及子宫动脉的妊娠脉搏为主。

(四)孕酮水平测定法

孕酮水平测定法：母牛配种妊娠后，黄体持续分泌孕酮，体液中孕酮水平升高。如果未孕，黄体则在下个发情周期退化，体液中孕酮水平就会降低。所以测定体液中的孕酮水平即可判定，准确率可达85%～95%，但由于这种方法需要昂贵设备，且从采样到得到结果需要几天时间，所以很难在生产中推广。

(五)超声波诊断法

是利用超声波的物理特性，即其在传播过程中遇到母牛子宫不同组织结构出现不同的反射，来探知胚胎的存在、胎动、胎儿心音和胎儿脉搏等情况来进行诊断的方法。使用时需要将探头深入阴道或直肠内，紧贴在子宫或卵巢上进行探查影像扫描，准确判断要60 d以上。

三、分娩

分娩是指成熟的胎儿、胎膜及其中胎水自子宫腔内排出的一种生理过程。

(一)临产症状

随着胎儿逐渐发育成熟和产期的临近，母牛在临产前发生一系列相应的变化。根据这些变化，可以估计分娩的具体时刻，同时做好接产的准备工作。

1. **乳房** 乳房在分娩前迅速发育，腺体充实。临产前4～5 d大多数可挤出少量清亮胶样液体，产前2～3 d可挤出初乳。乳头基部红肿，乳头变粗，表面光亮，有的母牛有滴奶现象。

2. **外阴部** 母牛在妊娠后期，阴唇逐渐肿胀、柔软，皱褶平展，封闭子宫颈口的黏液塞溶化，在分娩前1～2 d呈透明的索状物从阴道流出，垂于阴门外。

3. **骨盆** 妊娠末期骨盆部韧带软化，臀部有塌陷现象。在分娩前1～2 d骨盆韧带已充分软化，尾根两侧肌肉明显塌陷，使骨盆腔在分娩时能稍增大。

4. **行为** 临产时母牛食欲下降，时起时卧，排粪尿频繁，头不时向后回顾腹部，感到不安，表明母牛即将分娩。

（二）分娩过程

1. 开口期　子宫肌开始出现阵缩。阵缩时，将胎儿和胎水推入子宫颈，迫使子宫颈开放，向产道开口。以后又由于阵缩把进入产道的胎膜压破，使部分胎水流出，胎儿的前置部分顺着液体进入产道。

2. 胎儿排出期　子宫肌发生更加频繁有力的阵缩，同时腹肌和膈肌也发生强烈收缩，腹内压显著升高，把胎儿从子宫内经产道排出。

3. 胎衣排出期　胎儿产出后，一般经6～12 h的间歇，子宫肌又重新开始收缩，收缩间歇期较长，阵缩到胎衣完全排出为止。胎衣排出后，分娩过程就告结束。

第四节　提高牛繁殖力的措施

一、加强饲养管理

（一）注意牛的营养

为了提高牛的繁殖力，应当加强牛的营养供给，特别要提高高产牛妊娠期的营养水平，为牛提供均衡、全面、适量的各种营养成分，以满足牛本身维持和胎儿生长发育的需要。对初情期的牛，应注意蛋白质、维生素和矿物营养的供应，以满足其性机能和机体发育的需要。应为种公牛提供优质蛋白质和维生素营养。在缺乏青饲料季节，应注意维生素的补充。要防止饲草饲料中有毒有害物质中毒。棉籽饼中含有棉酚，菜籽饼中含有芥子糖苷，不仅影响公牛的精液品质，还可影响母牛受胎、胚胎发育、胎儿的成活等。豆科牧草中含有植物雌激素，既可影响公牛的性欲和精液品质，又可干扰母牛的发情周期，还可引起流产等。因此，在种牛饲养中，应尽量避免使用或少用这类饲草和饲料。

（二）加强牛的管理

要加强环境控制，注意牛场环境的影响，尽可能避免炎热或严寒。夏季做好防暑降温工作，确保牛舍建筑通风良好，必要时可采取淋浴等办法降温，冬季则注意防寒保暖。

对于种用牛，要注意运动，以保持牛旺盛的活力和健康的体质，也有利于预防蹄病。一般情况下，牛以自由运动为主。对偏肥的种牛，一方面可从营养上进行必要的限制，另一方面还可通过强迫运动，锻炼其体质。

为了提高牛的繁殖效力，应当保持合理的牛群结构。不同生产类型，基础母牛占牛群的比例也有所区别，乳用牛为55%～70%，肉牛与乳肉兼用牛为40%～60%是比较合理的。牛群每年应有20%～30%的更新率。

做好母牛的发情观察，为尽可能提高发情母牛的检出率，每天至少于早、中、晚进行3次定时观察；适时输精对提高奶牛受胎率是至关重要的，因此，要求人工授精员通过观察或直肠检查确定卵泡成熟度，推测发情的持续时间和排卵时间，适时而准确地把一定量的优质精液输到发情母牛子宫内的适当部位；做好妊娠诊断，及时发现没有受配的母牛，可以减少母牛的空怀时间；加强妊娠期的管理，防止流产；做好分娩前的准备和接产、助产工作，减少难产发生的死亡率；做好产后护理，使母牛生殖系统尽快复原，增加犊牛的成活率。

（三）改进繁殖技术

1. 做好母牛的发情鉴定　母牛的发情持续时间短，约18 h，25%的母牛发情征状不超过8 h，而下午到翌日清晨发情的要比白天多，发情而爬跨的时间大部分（约65%）在18：00至翌日6：00，特别集中在晚上20：00到凌晨3：00之间，爬跨活动最为频繁。约80%母牛排卵在发情终止后7～13 h，20%母牛属早排或迟排卵。为尽可能提高发情母牛的检出率，每天至少于早晨7：00、中午13：00、晚上23：00进行3次定时观察；每次观察时间不少于30 min。按上述时间安排观察母牛发情，一般可达90%以上的发情检出率。

2. 适时配种 正确的发情鉴定结果是确定最适宜配种或输精时间的依据。适时而准确地把一定量的优质精液输到发情母牛子宫内的适当部位，对提高母牛受胎率非常重要。牛一般在发情结束后一段时间才排卵，而卵子的寿命仅为6～12 h，故牛最佳的配种时间应在排卵前的6～7 h。在实际生产中通常采取母牛上午接受爬跨傍晚配，下午接受爬跨次日早晨配。

3. 提高输精效果 除了适时输精外，尚可在输精的同时净化子宫，以提高受胎率；其方法为在母牛配种前后用红霉素100万U，蒸馏水40 mL，稀释后用于子宫净化。也可用硫酸新斯的明注射液，在配种前8～12 h子宫注射硫酸新斯的明10 mg和青霉素80万U的生理盐水30～50 mL混合液。

（四）加速繁殖新技术的推广和普及

目前，我国在奶牛的早期妊娠诊断、同期发情、胚胎移植等繁殖新技术推广方面做了不少工作，取得了一定成效。但目前这些新技术成本比常规技术高，因此应用时最好与牛的育种结合起来，以提高优秀种牛的繁殖潜力，提高养牛的经济效益。

（五）及时处理繁殖障碍和治疗繁殖疾病

牛的繁殖疾病类型很多，病因复杂，必须分门别类，采取综合防治措施。对先天性和生理性的不孕，如公牛和母牛生殖器官发育不正常、幼稚型卵巢、子宫颈狭窄、阴道狭小、两性畸形、隐睾公牛等应予以淘汰。老龄母牛繁殖力减退，也应及时淘汰更新。对患有传染性疾病的牛，应严格执行传染病的防疫和检疫规定，及时处理。对卵巢疾病、生殖道疾病、产科疾病等一类非传染性疾病，应根据发病的原因，从管理、药物治疗等方面着手，做好综合防治工作。

【案例分析】重庆某一大型奶牛场在2012年的8月出现母牛流产和配种受胎率低的情况，奶牛场的饲料主要是玉米青贮、精料、鲜酒糟，请分析出现这种现象的原因并提出解决措施。

原因可能有几个方面：重庆夏季气温高、湿度大，牛舍的温湿指数高，可能会造成母牛严重的热应激，使怀孕母牛流产、有的母牛不发情或者发情后配不上种，从而造成受胎率低。因此，对牛舍进行防暑降温，可以通过安装轴流式风机、喷淋设施、遮阳网等措施来有效降低牛舍内的温度。另一方面，采食的饲料也可能是影响其繁殖性能的原因。母牛饲料里饲喂的鲜酒糟含水率高，夏季保存的时间短，容易发霉变质，若母牛采食了变质的酒糟容易出现中毒，导致母牛流产。怀孕母牛的日粮中尽量不喂或减少酒糟的用量，而且饲喂时一定要保证新鲜，短时间内喂不完的要合理保存，同时每日每头可添加150～200 g小苏打，并注意补钙。

讨论：提高母牛繁殖力的生物技术有哪些？

【本章小结】

本章主要阐述了母牛的发情和发情症状、母牛发情鉴定的方法、人工授精技术、母牛妊娠检查的方法、分娩的症状以及提高母牛繁殖力的措施。要求能根据母牛的发情症状做到适时输精，并能掌握输精的技术要点并进行运用，同时要掌握提高母牛繁殖力的措施。

【思考题】

1. 简述母牛的发情表现，如何确定母牛最佳的配种时间？
2. 母牛人工授精的技术要点有哪些？
3. 提高母牛繁殖力的措施有哪些？
4. 牛的繁殖新技术的使用能提高母牛的繁殖力，目前在牛的繁殖中运用的新技术有哪些？

第五章　奶牛的饲养管理

奶牛是饲料利用率最高的家畜。不同牛群间产奶量的差异25%～30%是来自于遗传因素，70%～75%由环境因素造成，在环境因素中，饲养管理最为重要。不同产奶水平和不同生长发育阶段的奶牛，其饲养管理的要求也不相同。根据奶牛产奶水平和生长发育阶段的营养需要特点，进行科学饲养管理，充分发挥饲料和奶牛两方面的潜力，才能以较低的生产成本获得较高的产出。

第一节　犊牛的饲养管理

犊牛，指初生至断奶阶段的小牛。犊牛培育的好坏，关系到成年时的体型结构和生产性能。因此，加强犊牛培育，实现全活、全壮，不断增加牛群数量和提高牛群质量，给育成牛的生长打下良好的基础具有重要意义。

一、犊牛的饲养

（一）新生犊牛的护理

犊牛生后应立即用干草或干净的抹布或毛巾将口鼻部黏液擦净，以利呼吸。若发现新生犊牛不呼吸，可用一根干净稻草或手指插入鼻孔5 cm，搔痒使其呼吸，若此办法不见效，可倒提犊牛，轻轻拍打胸部，使黏液流出。犊牛的脐带通常情况会被自然扯断，未被扯断时，用消毒剪刀在离腹部10～12 cm处将脐带剪断，将滞留在脐带内的血液和黏液挤净，并用5%的碘酒浸泡消毒。生后两天要检查犊牛脐带是否有感染，正常的犊牛脐部周围柔软，如发现犊牛脐部红肿并有触痛感，即脐带感染，应立即进行处理，否则脐带感染可能发展为败血症，引起犊牛死亡。

（二）哺喂初乳

初乳是母牛分娩后5～7 d内分泌的乳汁，其色深黄而黏稠。初乳与常乳相比，初乳中干物质含量比常乳高，维生素A、维生素D、维生素E和胡萝卜素的含量也很丰富，特别是含有大量的免疫球蛋白，具有抑制和杀死多种病原微生物的功能，使犊牛获得免疫；初乳含有较多的镁盐，具有轻泻性，可促进胎粪的排出；初乳的酸度较高，使胃液变为酸性，能抑制有害细菌的繁殖。

乳用犊牛一般采用人工哺乳的方法进行哺乳，犊牛生后，与其母亲隔离，在犊牛舍集中饲养或在室外犊牛栏内，由人辅助进行喂乳。犊牛生后应在1 h内哺喂初乳，通常在第一次饲喂健康犊牛时，初乳的喂量是1.5～2 kg。第一次不能给予过多的初乳，以防消化紊乱。随着食欲的增加，初乳喂量可逐渐增加，以后几天的犊牛，喂量视犊牛健康和按体重而定，每日3～4次，犊牛至少要吃足3 d的初乳。喂初乳过迟，初乳喂量不足，甚至完全不喂初乳，犊牛都会因免疫力不足而发生疾病，增重缓慢，死亡率升高。喂初乳时保证奶温，如果初乳挤下时间长，温度下降，应加热至37℃再喂。乳温过高，初乳会出现凝固变质，或因过度刺激而发生口炎，胃肠炎，或犊牛拒食初乳。初乳加温应采用水浴加温。

若母牛产后疾病或死亡，可由同期分娩的其他健康母牛代哺初乳。在没有同期母牛初乳的情况下，也可饲喂常乳，但每千克常乳中需加5～10 mg青霉素或等效的其他抑菌素、2～3个鸡蛋、4 mL鱼肝油配成人工初乳代替，并喂一次蓖麻油50～100 mL，以代替初乳的轻泻作用。

（三）饲喂常乳

犊牛经过5～7 d的初乳期后，即可开始饲喂常乳。有些母牛由于初产或产后疾病和事故，造成泌乳量减少或没有时，就需要及时采取补救措施。出生后一个月之内母乳不足时，在哺母乳的同时应哺人工乳，并逐渐用人工乳、牛乳代替母乳，出生一个月以后母乳不足时，可完全用人工乳饲喂。

人工哺乳包括用桶喂和带乳头的哺乳壶（奶壶）喂饲两种。用桶喂时应将桶固定好，防止撞翻，通常采用一手持桶，另一手中指及食指浸入乳中使犊牛吸吮。当犊牛吸吮指头时，慢慢将桶提高使犊牛口紧贴牛乳而吮饮，习惯后则可将指头从口拔出，并放于犊牛鼻镜上，如此反复几次，犊牛便会自行吮乳。用奶壶喂时要求奶嘴光滑牢固，以防犊牛将其拉下或撕破。在奶嘴顶部用剪子剪一个“十”字，这样会使犊牛用力吮吸，避免强灌。犊牛每日哺乳3次，与母牛挤奶时间安排基本一致。哺乳期日喂奶量应控制在其体重的8%～12%，在饲喂过程中应定时、定量、定温。

（四）供给优质的植物性饲料

提早补饲青粗饲料和精料，使犊牛在哺乳后期能采食较多的植物性饲料。这样不仅满足犊牛所需的营养，而且还可促进瘤胃的发育。

补饲一般在出生后7～10 d开始。首先训练采食优质干草，在牛栏的草架内添入优质干草（如豆科青干草等），为了让犊牛尽快习惯采食干草，也可在干草上洒些食盐水，训练犊牛自由采食，这样可以促进瘤网胃的早期发育，并使犊牛瘤胃早日建立菌丛，以提高其消化饲料的能力。开始应饲喂少量的牧草或优质干草，待犊牛适应后逐渐增加供给量。

犊牛10 d时，开始诱食犊牛料。犊牛料是根据犊牛的营养需要而配制成的容易消化吸收的精饲料，起着促使犊牛由奶为主的营养向完全以植物性饲料为主的营养的过渡作用。犊牛料的配制原则：粗蛋白质含量高于20%，脂肪含量为7.5%～12.5%，干物质含量为72%～75%，粗纤维不高于5%，此外添加矿物质、维生素、抗菌素等。初喂犊牛料时，可将少许牛奶洒在精料上，或与调味品一起做成粥状，或制成糖化料，涂擦犊牛口鼻，诱其舔食。也可撒少许于奶桶上任其舔食，使犊牛形成采食精料的习惯，经3～4 d的调教后，犊牛已有采食少量精料的能力，这时就可将精料拌成干湿状投放在食槽里或奶桶内，让其自由舔食。少喂多餐，做到卫生、新鲜。开始时日喂干粉料为10～20 g，以后逐渐增加，在1月龄时日采食犊牛料为250～300 g，2月龄时为500～600 g，3月龄采食为750～1000 g。

青绿多汁饲料对犊牛消化器官的发育也有促进作用，应尽早训练犊牛吃青草。犊牛在20 d时开始喂给切碎的胡萝卜、甜菜，每天先喂20 g，到2月龄时可增加到1～1.5 kg，3月龄为2～3 kg。

青贮饲料在2月龄开始饲喂，每天100～150 g，3月龄时1.5～2.0 kg，4～6月龄时4～5 kg。应保证青贮料品质优良，防止用酸败、变质及冰冻青贮料喂犊牛，以免下痢。

犊牛断奶应根据当地实际情况和补饲情况而定。若犊牛体质较弱，可适当延长哺乳时间，增加哺乳量。在早期训练采食植物性饲料的情况下，6～8周龄的犊牛前胃发育已达到了相当程度，即可断奶。为了使犊牛减少断奶应激，适应断奶后的饲养条件，断奶前两周应逐渐增加精、粗料饲喂量，减少喂奶量。喂奶次数由3次改为2次，2次改为1次，然后隔日1次。在临断奶时，还可喂给掺水牛奶。先按1:1喂给掺温水的牛奶，以后逐渐增加掺水量，最后全部用温水来代替牛奶。自然哺乳的母牛在断奶前一周即停喂精料，只给粗料和干草、稻草等。断奶第一周，母牛可能相互呼叫，应进行舍饲或拴系，不让相互接触。

二、犊牛的管理

（一）称重及编号

犊牛出生后第一次哺乳前，应称重。为了便于牛的管理，要对出生后的犊牛进行编号。生产上应用比较广泛的是耳标法和打耳号法（如电烙编号法）。耳标可以用塑料或金属的，先在上面打上号或用不褪色的彩色笔写上号码，然后固定在牛的耳朵上。电烙编号法是在犊牛阶段，一般是近6月龄，把牛绑定牢靠，把烧热的号码铁按在牛尻部把皮肤烫焦，痊愈后留下不长毛的号码。这种方法打出来的编号能终身留于牛体，成本低，较多使用。

（二）卫生

1. 哺乳卫生 犊牛进行人工哺乳时应切实注意哺乳用具的卫生，奶桶或奶壶每次用后应及时清洁干净，放置妥当，严格进行消毒。饲槽也应刷洗干净，定期消毒。饲料要少喂勤添，保证饲料新鲜卫生。每次喂奶完毕，用毛巾将犊牛口鼻部残留的乳汁擦干净，防止相互间乱舔，形成舔癖，影响消化和健康。

2. 犊牛栏卫生　犊牛舍应保持干燥，并铺以干燥清洁的垫草，垫草勤打扫、勤更换，犊牛舍地面、围栏、墙壁应清洁干燥并定期消毒。同时犊牛舍内阳光充足、通风良好、空气新鲜、夏防暑冬防寒，还要防止贼风和穿堂风。

3. 牛体的卫生　犊牛在舍内饲养，皮肤易被粪便及尘土黏附而形成皮垢，这样不仅降低了皮毛的保温与散热，而且使皮肤血液循环不良，还可造成犊牛舔食皮毛的恶习，增加患病的机会。坚持每天刷拭皮肤1～2次，不仅能保持牛体清洁，促进牛体健康和皮肤发育，减少体内外寄生虫病，而且能养成牛温驯的性格。刷拭时最好用毛刷，对皮肤软组织部位的粪尘结块，可先用水浸泡，待软化后再用铁刷除去，但动作宜轻，以免损伤皮肤。对头部刷拭尽量不要用铁刷乱挠头顶和额部，否则易形成顶撞的恶习。

（三）去角

犊牛去角后便于管理，防止相互间角斗。常用的去角方法有电烙法和苛性钠法两种。

1. 电烙法　将电烙铁加热到一定温度后，牢牢地按压在角基部，一直到其下部组织烧得光亮为止，但不宜太深、太久，以免烧伤下层组织。用此法去角不出血，在全年任何季节都可用，但只能用于35 d以内的犊牛。去角后需注意经常观察，在夏季蚊蝇多，有化脓的可能。如有化脓，在初期可用3%双氧水冲洗，再涂以碘酊。

2. 苛性钠（氢氧化钠）法　在化学药品商店购买棒状的苛性钠，同时准备一些医用凡士林。去角可按以下步骤操作：①剪去角基部及四周的毛；②将凡士林涂抹在犊牛角基部的四周，以防止涂抹的苛性钠液流入眼中；③用苛性钠棒（手拿部分须用布或纸包上，以免烧伤）在犊牛角的基部涂抹、摩擦，直到出血为止。这可破坏角的生长点，必须仔细进行，如果涂抹不完全，某些角细胞没有遭到破坏，角仍然会长出。使用此法去角，必须在犊牛3～20 d内进行。去角后1周左右，涂抹部位所结成的痂也将脱落。去角的犊牛，在初期需与其他牛犊隔离，同时避免受雨淋，否则涂抹苛性钠的部位被雨水冲刷，使含有苛性钠的液体流入眼内及面部会造成损伤。

（四）切除副乳头

乳房上有副乳头对清洗乳房不利，也是发生乳腺炎的原因之一。犊牛在哺乳期内应剪除副乳头，适宜的时间是2～6周龄。剪除方法是先固定小牛，对乳房周围部位清洗、消毒，然后将副乳头轻轻向下方拉，用阉割钳夹住根部，再用消毒后的锐利剪刀从乳房基部将其剪下，剪除后在伤口涂以少量消炎药。如果在有蚊蝇季节，可涂以驱蚊剂。剪除副乳头时，切勿剪错。如果乳头过小，一时还辨认不清，可等到母犊年龄较大时再剪除。

（五）饮水

每天应给予犊牛充足洁净的饮水，可在每次喂奶后再饮用清洁的温水（35～38℃），同时在运动场内设水槽，任其自由饮水，水温不低于15℃，在冬季应以温热的饮水供犊牛饮用，不能饮用冰水，以免造成腹泻。

（六）运动

加强犊牛的运动，以促进其采食量增加和户外阳光照射，增强对疾病的抵抗能力，使其健康生长。舍饲犊牛生后7～10日龄可在运动场作短时间运动，开始时0.5～1 h，以后逐渐延长运动时间。运动时间的长短应根据气候及犊牛日龄来掌握，如果犊牛出生的季节比较温暖，开始运动的时间可以早一些；若犊牛在寒冷季节出生，则运动的时间可以晚一些。但在酷热天气，午间应避免太阳直接暴晒，以免中暑；雨天不要使1月龄以下的犊牛到舍外活动。

思考：为了提高犊牛的成活率，应该做好哪些方面的工作？

第二节　育成母牛的饲养管理

育成母牛指断奶后到产犊前的头胎母牛，该阶段的母牛正处于剧烈的生长发育阶段，这一时期饲养管理的好坏与母牛的繁殖和生产潜力关系极大。因此，对这个阶段的母牛，必须按不同年龄发育特点和所需营养物质进行正确饲养，以实现健康、正常繁殖、尽早投产的目标。

一、育成母牛的饲养

为了增加消化器官的容量，促进其充分发育，育成母牛的饲料应以优质青干草和青贮料为主，精料只作蛋白质、钙、磷等的补充，以培育成母牛的良好体型。

1. *7～12月龄*　这个阶段的育成牛瘤胃的容积大大增加，利用青粗饲料的能力明显提高。所以日粮除给予优良的牧草、干草、青贮料和多汁饲料外，还必须适当补充适量的混合精料。精料供应多少、精料的质量及营养成分的含量，则应根据青粗料的质量和采食量而定。这段时间精料的用量一般为1.5～3 kg。粗饲料的喂量为体重的1.2%～2.5%，视粗料的质量及牛体的大小而定。青贮饲料不应过多使用，特别是低质青贮更不宜多用。7～12月龄乳用育成母牛培育方案见表5.1。

表5.1　7～12月龄乳用育成母牛培育方案(单位:kg)

月龄	混合精料	干草	青贮
7～8	2.0	0.5	10.8
9～10	2.3	1.4	11
11～12	2.5	2	11.5

乳用育成母牛12月龄的理想体重为300 kg，体高为115 cm，日增重为600 g。此期不宜增重过快，应适当控制能量饲料喂量，以免大量的脂肪沉积于乳房，影响乳腺组织的发育，致使成年后产奶量下降。

2. *13～18月龄*　此阶段育成母牛的瘤胃已具有充分的功能，对粗饲料的消化能力进一步提高。为了促进育成牛乳腺和性器官的发育，其日粮中要适量增加青贮、块根、块茎饲料的喂量。实践表明，此阶段的育成牛，营养不能过于丰富，也不能营养不足。育成牛过于肥胖易造成不孕或难产，营养不足可使牛发育受阻、采食量少和延迟发情及配种。因此，应注意营养水平的调控。13～18月龄乳用育成母牛饲养方案见表5.2。良好的饲养管理条件下，一般15～18月龄体重可到350～400 kg，即可配种，此时还应补充充足的矿物质、微量元素和维生素A、维生素D、维生素E。

表5.2　13～18月龄乳用育成母牛饲养方案(单位:kg)

月龄	混合精料	干草	青贮
13～14	2.5	2.5	13
15～16	2.5	3	13.2
17～18	2.5	3.5	13.5

3. *怀孕－产犊阶段*　母牛怀孕初期，营养需要与配种前相近。分娩前2个月应逐渐增加精料比例，满足胎儿后期发育需要，并适应分娩后对大量精饲料摄入的要求，但不可使牛体过肥。同时要注意对维生素A和钙、磷的补充。产期前2周可采用低钙日粮，钙的用量减到平时喂量的1/3～1/2，有利于防止产后瘫痪。

二、育成母牛的管理

1. *分群*　育成母牛应根据月龄、体重进行分群饲养。同一群年龄和体格大小相近，月龄差异一般不超过1.5～2个月，体重差异不超过25～30 kg。

2. *加强运动*　育成母牛处于生长发育时期，适度运动能锻炼和增强牛的体质，保证健康。每天应至少有2 h以上的运动。除暴雨、烈日、狂风、严寒外，均可把育成母牛赶入运动场中运动。

3. 乳房按摩　热敷乳房，可促进育成母牛乳腺的发育和产后泌乳量的提高。从周岁至配种期间的母牛每天应按摩乳房一次，初配怀孕后的奶牛，每天按摩2次，每次按摩时要用热毛巾揩擦乳房。

4. 刷拭　为了保持牛体清洁，促进皮肤代谢和养成温驯的气质，每天应刷拭1～2次，每天5～10 min。

5. 转群　根据年龄、发育情况，按时转群。在12月龄、18月龄、初配定胎后进行3次转群。同时进行体尺体重测量，对于达不到正常生长发育要求的进行淘汰。

6. 初配　育成母牛一般在10月龄出现发情症状，待生长至15～18月龄、体重达成年体重70%时进行配种。一般南方牛为360 kg，北方牛为380 kg。

7. 防止机械性流产或早产　在牛群通过较窄的通道时，不要驱赶过快，防止互相挤撞，冬季要防止在冰冻的地面或冰上滑倒，也不要喂给母牛冰冻的饲料或饮冰水，严禁打牛踢牛。

第三节　成年母牛的饲养管理

根据乳用成年母牛的生理、生产特点和规律，一般将其分为干奶期、围产期、泌乳盛期、泌乳中期、泌乳后期五个阶段，对成年母牛按照不同阶段的生理和泌乳特点给予不同的饲养，这样既可保证奶牛体质健康，同时可充分发挥其生产潜力。

一、干奶期的饲养管理

奶牛一般在产犊前45～75 d内停止挤奶，停奶后的母牛称为妊娠干奶牛，干奶的这段饲养期为干奶期。干奶期是奶牛饲养的一个重要环节，直接关系到胎儿的正常发育、产后母牛的健康以及生产性能的发挥。

（一）干奶期的意义和方法

1. 干奶期的意义　(1)有利于胎儿的发育。在妊娠后期，胎儿增重加大，需要较多营养供胎儿发育，实行干奶期停奶，有利于胎儿的发育，为生产出健壮的犊牛作准备；(2)促使乳腺组织得到修复、增殖、更新。泌乳母牛由于长期泌乳，乳腺上皮细胞数减少，进入干奶期时，旧的腺细胞萎缩，临近产犊时新的乳腺细胞重新形成，且数量增加，从而使乳腺得以修复、增殖、更新，为下一个泌乳周期的泌乳活动打下基础，可以提高下一泌乳期的产奶量；(3)有利于母牛体质的恢复。母牛经过长期的泌乳和妊娠，消耗了体内大量的营养物质，通过干奶期的饲养，弥补母牛体内亏损，满足胎儿发育，并且能储积一定的营养，为下一个泌乳期能更好泌乳打下良好的基础。

因此，母牛在紧张的泌乳期后，有一定的干奶时间，对胎儿的正常发育、母牛的身体健康和下一个泌乳期稳产高产都是非常重要的。

2. 干奶期的天数　干奶期的天数根据母牛的年龄、体况、泌乳性能而定。干奶期平均为60 d，凡初胎或早配母牛、体弱及老龄母牛、高产母牛(年产乳在6000～7000 kg以上)以及饲养条件较差的母牛，可适当延长其干乳期(60～75 d)。而体质强壮、产乳量较低、营养状况较好的壮龄母牛，则干乳期可缩短为45 d。生产实践证明，干乳期短，不利于乳腺上皮细胞的更新或再生，影响下一个泌乳期的产奶量。

3. 干奶的方法　在正常情况下，高产奶牛在接近干奶期时，每天的泌乳量还可以达到10～30 kg，甚至更多，不管泌乳量多少，到需要停奶时均要采取果断措施，使之停止产奶。干奶的方法一般可分为逐渐干奶法、快速干奶法和骤然干奶法三种。

(1)逐渐干奶法。用1～2周的时间使奶牛的泌乳活动停止。这种方法主要适用于高产奶牛、过去难停奶以及有乳房炎病史的牛。具体方法：在预定停奶前1～2周开始，逐渐减少精料喂量，停喂多汁料和糟渣料，多喂干草，同时改变饲喂时间，控制饮水量，加强运动；打乱奶牛生活泌乳规律，变更挤奶时间，逐渐减少挤奶次数，停止运动和乳房按摩，改日挤奶3次为2次，2次为1次乃至隔日挤奶，此时，每次挤奶应完全挤净，到最后一次挤2～3 kg奶时停止挤奶，以后随时注意乳房情况。但由于时间过长，使奶牛处于贫乏的饲养管理条件下，这在一定程度上会影响牛体的健康及胎儿的发育。

(2)快速干奶法。此法是用5～7 d的时间将奶牛干奶，用于高、中产牛。快速干奶法所采取的措施与逐渐干奶法基本相同，一般经5～7 d后，日产奶量下降到8～10 kg以下时，就可以停止挤奶。最后1次挤奶应将奶完全挤净，然后用杀菌液蘸洗乳头，再用青霉素软膏注入乳头内，并对乳头表面进行全面消毒。待完全干奶后用木棉胶涂抹于乳头孔处封闭乳头孔，以减少感染机会。乳头经封口后即不再动乳房，即使洗刷时也不要触摸它，但应经常注意乳房的变化。

(3)骤然干奶法。在奶牛干奶日突然停止挤奶，同时注入抑菌的药物(干奶膏)，将乳头封闭。快速干乳法和骤然干奶法所需要的时间较短，省工省时，并且对牛体健康和胎儿发育影响较小，乳房承受的压力大，对高产牛、有乳房炎史的牛不宜采用。

(二)干奶期的饲养

干奶牛的饲养主要目的是保证胎儿生长发育良好，保持最佳的体况，避免消化代谢疾病。另外干奶期适当地增加营养可使干奶母牛在下个泌乳期达到较高的产奶量和较大的采食量。干奶牛应从泌乳牛群中分出进行单独饲养，以防过肥。

根据干奶牛的生理特点和干奶期饲养目标，干奶期分为干奶前期和干奶后期。

1. 干奶前期的饲养 干奶前期指从干奶之日起至泌乳活动完全停止、乳房恢复正常为止。此期的目标是尽早使母牛停止泌乳活动，乳房恢复正常，饲养原则为在满足母牛营养需要的前提下，不用青绿多汁饲料和副料(啤酒糟、豆腐渣等)，而以粗饲料为主，搭配一定的精料。可按日产奶10～15 kg所需的饲养标准进行饲喂，日粮干物质喂量控制在奶牛体重的1.8%～2.2%，其中粗饲料的干物质进食量至少达到体重的1%～1.5%。比较理想的粗饲料为禾本科干草，这有助于瘤胃正常功能的恢复与维持。此期玉米青贮或精料只能适量饲喂，以防母牛出现肥胖症，造成难产和代谢紊乱。干奶前期奶牛体况最好保持在3分。

2. 干奶后期的饲养 干奶后期指从母牛泌乳活动完全停止，乳房恢复松软到分娩前的时期。乳房基本恢复正常，胎儿、母牛都有一定程度的增长，完成干奶期的三大任务，保持母牛的体况在中上水平，对高产牛和瘦牛适当控制青粗料、加喂精料。日粮以粗饲料为主，搭配一定精料。精料给量视母牛体况而定，体瘦者多些，胖者少些。在分娩前6周开始增加精料给量，体况差的牛早些，体况好的牛晚些。每头牛每周酌情增加0.5～1.5 kg，视母牛体况而定，其原则为使母牛日增重在500～600 g之间。全干奶期增重30～36 kg。干奶期母牛饲养绝对不能过肥，否则会造成严重后果：母牛难产，并影响以后的繁殖机能，产后不能正常发情与受胎；母牛产后食欲不佳，消化机能差，采食量低，体脂动员过快，导致酮病的发生；易导致乳房炎，进而乳房变形，给挤奶造成困难。为了防止母牛真胃移位和消化机能失调，每天每头应喂给2.5～4.5 kg长干草，干奶后期母牛体况保持在3.5～4分。

(三)干奶期的管理

干奶牛应保证饲料质量，不喂腐败变质、发霉的饲料以及冰冻根茎饲料或青贮，以免引起流产和瘤胃膨胀等。饮水要洁净，冬天水温最好10℃以上，否则易引起流产。适当的运动不仅可促进血液循环，有利于奶牛健康，而且可减少(或防止)肢蹄病及难产，但应避免剧烈运动以防止机械性流产。有条件的奶牛场应设有具有一定遮荫设施的大运动场，任其自由运动。在运动时必须和其他牛群分开，以免互相拥挤而造成流产，产前停止运动。同时还应增加日照时间，以便维生素D的形成，防止产后瘫痪。保持皮肤的卫生，母牛在妊娠期内，皮肤代谢旺盛，容易产生皮垢，因此每天应加强刷拭，以促进血液循环，使牛变得更加温驯易管。加强干奶牛舍及运动场的环境卫生，有利于防止乳房炎的发生。按摩乳房可促进乳腺发育，经产母牛在干奶10 d后开始按摩，每天1次，每次5 min，有助于乳腺发育，但产前出现水肿的牛应停止按摩。

二、围产期母牛的饲养管理

围产期指母牛分娩前到分娩后15 d这段时间。产前15 d为围产前期，产后15 d为围产后期。围产期饲养管理的好坏直接关系到犊牛的正常分娩、母牛的健康及产后生产性能的发挥和繁殖表现。在此期，奶牛从干奶转为泌乳，经受着生理上的极大应激，表现为食欲减退，对疾病易感，容易出现消化、代谢紊乱，如酮病、乳热症、真胃移位、胎衣滞留、奶牛肥胖综合征等，而且对乳腺炎的致病因子易感性增加。

（一）围产前期的饲养管理

1. 围产前期的饲养　由于胎儿和子宫的急剧生长，压迫消化道，干物质进食量显著降低。因此，应提高日粮营养浓度，以保证奶牛的营养需要。从分娩前2周开始，逐渐增加精料喂量（0.4～0.5 kg/d）直到分娩时精料量占到体重的1%，以便调整微生物区系，适应产后高精料的日粮。奶牛各种营养物质进食量为：日粮干物质占体重2.5%～3.0%，每千克饲料干物质含奶牛能量单位2.00，粗蛋白13%，钙0.2%，磷0.3%，精粗料比为40∶60，粗纤维不少于20%。

粗饲料应以优质干草为主，青贮饲料以每头日喂给10 kg左右为宜。过多饲喂青贮也会导致奶牛过肥。喂给足够数量的干草和青贮，除满足母牛营养需要外，目的还在于保持瘤胃的正常机能和一定的容积。在此期间，也可少量喂给一些糟粕类饲料和块根类饲料。同时应在日粮中加喂一些麸皮等轻泻性饲料，以防止便秘的发生。微量元素按需要添加，还要添加适量的维生素A、维生素C、维生素E，对于常年饲喂青贮很少喂青饲料的牛群，补充维生素A是十分必要的，因青贮饲料中缺乏维生素A。

围产前期母牛应给予低钙日粮。围产前期如果给母牛以高钙日粮（钙占日粮干物质的0.6%），可使母牛在生理上形成对饲料中钙、磷来源的依赖性，表现为甲状旁腺分泌机能降低。奶牛分娩后骤然泌乳，随着大量钙流失，使血钙低下，不能引起甲状旁腺的充分分泌，使骨钙动员迟缓。这时虽然饲料中有充足的钙磷来源，但此时乳牛肠道对钙的吸收减少，利用率低，从而导致低血钙症，造成产后瘫痪，甚至可能引发乳房炎。奶牛围产前期给以低钙日粮，其目的在于刺激甲状旁腺的分泌活性，使母牛能迅速地在产后动用骨钙，满足产乳需要。当然，母牛分娩后应很快恢复高钙日粮，以免造成长期的钙、磷负平衡而影响乳牛健康。

生产实践中为多诱导母牛摄取营养，以满足产奶需要，可采取引导饲养法进行饲养。具体方法：从母牛围产期开始，直到产犊后泌乳达到最高峰时，喂给高水平的能量，以减少酮血症的发病率，有助于维持体重和提高产奶量。即产犊前两周开始，除喂给足够量的高能粗料（如全株玉米青贮）外，每天喂2～2.5 kg精料，以后每天增加0.45 kg，直到母牛每100 kg体重吃到1.0～1.5 kg精料为止。母牛产犊后，仍继续按每天0.45 kg增加精料，直到产乳高峰或精料不超过日粮总干物质的65%为止。这时，母牛的采食量已增加到一定水平而自动停止，其泌乳量就停滞在高的水平上。而这个高峰，根据母牛个体情况，有持续几周的，也有不足一周就下降的。泌乳盛期过后，奶量逐渐缓慢下降，根据产乳量、乳脂率、体重等情况及时调整精料喂量。在整个"引导"饲养阶段必须保证提供优质饲草，任其自由采食，并给予充足饮水，以减少消化道的疾病，"引导"饲养法对高产牛与低产牛应区别对待。一般牛平均精料每头每日6～7 kg，而高产牛平均每头每日9～15 kg。

"引导"饲养法与常规饲养法相比，具有下列特点：

（1）可使奶牛瘤胃微生物区系在产犊前得到调整，以适应产后高精料日粮。增进干奶牛对精料的食欲，使其产犊后能采食大量精料，从而使奶牛在泌乳早期能迅速到达泌乳高峰。

（2）可使奶牛，特别是高产奶牛在产犊前体内贮备足够的营养物质，以满足产奶高峰时的需要。

（3）可使多数奶牛出现新的产奶高峰，增产的趋势可以持续整个泌乳期。

（4）减少酮病的发生。因为在泌乳初期，奶牛即可采食丰富的能量，满足了奶牛泌乳的需要。

2. 围产前期的管理　母牛产前2周转入产房，单独进行饲养管理。产房预先打扫干净，用2%火碱或20%的石灰水喷洒消毒，铺上干净柔软的褥草，并建立消毒制度。母牛后躯和阴道用2%～3%来苏儿溶液刷洗，然后用毛巾擦干。母牛在分娩前1～2 d，食欲低下，此时要精心调配饲料，精料最好调制成粥状，特别要保证充足的饮水。严禁饲喂发霉变质的饲料和饮用污水，冬季不能饲喂冰冻饲料和饮冰水。产房昼夜有人值班，勤换垫草、坚持运动和刷拭。发现母牛有临产症状时，助产员用0.1%高锰酸钾溶液洗涤外阴部和臀部附近，并擦干，铺好垫草，任其自然产出。

【案例分析】某一牛场的饲养员为了使奶牛不缺钙，于临产前10 d开始增加30%的磷酸氢钙用量，分析其饲喂方法是否得当。

分析：该饲养员饲养方法不正确，为了减少产后瘫痪的发生，奶牛在产前15 d应降低日粮中钙的用量，减至原来用量的1/3～1/2，而不应该增加钙的用量。

（二）围产后期的饲养管理

1. 围产后期的饲养管理　围产后期指母牛产后15 d，也称为泌乳初期。

（1）喂饮温热麸皮盐钙汤。为了恢复母牛体质，母牛分娩后稍事休息立即驱起，喂饮温热麸皮盐钙汤10～20 kg（麸皮为1～2 kg，食盐为100～150 g，碳酸钙为50～100 g）。

（2）喂饮热益母草红糖水。为了使母牛恶露排净和产后子宫早日恢复，还应喂饮热益母草红糖水（益母草粉250 g，水1500 g，煎成水剂后，加红糖1000 g和水3000 g，饮时温度40～50℃）每天1次，连服2～3次。

（3）根据母牛消化机能补喂精料。母牛产后消化机能较弱，产后2 d内应以优质干草为主，适当补喂易消化的精料，如玉米、麸皮，并恢复钙在日粮中的水平和食盐的含量。对产后3～5 d的乳牛，如母牛食欲好、健康、粪便正常、乳房水肿消失，则可随其产奶量的增加，逐渐增加精料和青贮喂量。一般每天精料增加量以0.25～0.5 kg为宜。这一时期的饲养以恢复奶牛健康，不过分减重为目标。对于初次产犊的母牛，由于本身还未发育完善，在第一个泌乳期体重还要增加50～70 kg以上，因此，初产母牛产后的饲养标准要略高于同样产奶量、同样体重的经产母牛，一般在相同体重和产奶水平的经产母牛饲养基础上，再增加20%，以满足其本身继续生长发育的需要。

2. 围产后期的管理

（1）母牛和圈舍的消毒。分娩后把母牛的腹部、乳房、后躯和尾部等污脏部分用温消毒水洗净，用洁净的干草全部擦干，并把沾污的垫草和粪便清除出去，地面消毒后，再铺上厚的清洁垫草。

（2）部分挤奶。母牛产后经30 min即可挤奶，挤奶前先用温水清洗牛体两侧、后躯、尾部，并把污染的垫草清除干净，最后用0.1%～0.2%的高锰酸钾溶液消毒乳房。开始挤奶时，每个乳头的第一二把奶要弃掉，挤出2～2.5 kg初乳，立即喂犊牛。一般地，奶牛产后第一次挤奶切忌挤净，产后第一天每次只挤2 kg左右，够犊牛哺乳量即可，第2 d每次挤奶1/3，第3 d挤1/2，第4 d才可将奶挤尽。分娩后乳房水肿严重，要加强乳房的热敷和按摩，每次挤奶热敷按摩5～10 min，促进乳房消肿。

（3）检测胎衣的排出。母牛产后4～8 h胎衣自行脱落。脱落后要将外阴部清除干净并用来苏尔水消毒，以免感染生殖道。胎衣排出后应马上移出产房，以防被母牛吃掉妨碍消化。如12 h还不脱落，就要采取兽医措施。

（4）饮水。产后一周内的乳牛，不宜饮冷水，以免引起胃肠炎，应饮给温水，水温37～38℃，一周后逐渐降至常温，为了促进食欲，要尽量多饮水。

三、泌乳盛期的饲养管理

（一）泌乳盛期的饲养

泌乳盛期是指产后16～100 d。泌乳盛期的任务是要夺得高产。

1. 泌乳盛期的特点 乳牛产奶量持续上升，产后4～6周达到高峰。而此时的消化系统正处于恢复期，食欲差，采食量增加缓慢，12～14周才达到高峰，这种遗传泌乳性能和采食消化生理机能的不协调，致使高产乳牛营养食入量和泌乳营养产出量呈负平衡，母牛不得不动用体贮支持泌乳，体重下降。因此，这一阶段饲养的目标是尽快恢复母牛的消化机能和食欲，提高采食量，尽量降低食入量和泌乳营养产出量的差距，在提高母牛泌乳量的同时，使母牛减重为最低值，每天减重不超过0.5～0.6 kg，全期减重不超过35～45 kg，避免过度减重引发的酮病。

2. 泌乳盛期乳牛的日粮 泌乳盛期的母牛应采用高能高蛋白饲养。日粮干物质占体重3.5%，每千克干物质含奶牛能量单位2.4个，粗蛋白为16%～18%，钙为0.7%，磷为0.45%，精粗比为60:40，粗纤维不少于15%，中性洗涤纤维为35%、酸性洗涤纤维为19%～20%。

(1)提高日粮能量浓度。能量饲料应选大豆类、玉米、高粱、大麦、整棉籽和脂肪酸钙(过瘤胃脂肪)等，高能量混合谷物精料喂牛时，应逐日增加(每日以0.5～1 kg为限)，此类饲料最高日喂量不应超过15 kg。全棉籽是一种非常有价值的奶牛饲料，因为它是良好的能量(油)、蛋白和纤维来源，它含有约20%的粗蛋白和23%的粗纤维。但有许多关于奶牛棉酚中毒的报道，全棉籽的喂量应限制在每头牛每天2.5～3.0 kg。必要时日粮中添加保护性脂肪，可有效地改善奶牛的能量负平衡状态，而使产奶量增加。

(2)提高日粮蛋白质水平。泌乳牛粗蛋白需要量为日粮干物质16%～18%，必需氨基酸喂量要足，日粮中降解蛋白和非降解蛋白保持一定比例，以提高产奶量。

(3)选择优质粗饲料。粗饲料应选择优质粗饲料，其喂量(以干物质计)至少为母牛体重的1%，以便维持瘤胃的正常功能。苜蓿干草、全株玉米青贮，牧草的低水分青贮(半干青贮)，效果最好。

(4)适当饲喂添加剂。每天要补饲120 g小苏打和60 g氧化镁，以防酸中毒。补充维生素A、维生素D、维生素E等可以有效地改善繁殖机能。微量元素添加剂是奶牛日粮必不可少的。每头牛每日可添加6～12 g的烟酸，既可提高产奶量，又可预防酮病的发生。

3. 饲喂方法 粗料日喂3次或自由采食，精料少量多次饲喂，可降低奶牛丙酮血症、乳房炎、产后瘫痪等发病率。我国一般采用3次饲喂，3次挤奶的方法，在饲喂顺序上，一般是“先粗后精”、“先干后湿”、“先喂后饮”。

(二)泌乳盛期的管理

奶牛每天的采食量大，应适当延长采食时间，饲喂时，定时定量，少给勤添，提高采食量的方法之一是每天食槽的空置时间不应超过2～3 h，剩料的重量不应大于3%～5%，饲料应凉爽且有甜香味，防止饲料在食槽中堆积、发热、变酸；饲料种类应保持相对稳定，更换饲料时，必须逐渐进行，过渡时间应在10 d以上。高产奶牛容易感染乳腺炎，因此必须严加预防，挤奶后药浴乳头。注意做好牛的发情，以产后60～90 d配种最佳。要保证充足清洁的饮水，奶牛挤奶后要立即饮水。奶牛除饲喂、挤奶时留在室内外，其余时间可让它到运动场上自由活动。运动有助于消化，可增强体质，促进泌乳，运动不足会降低产奶性能和繁殖力，也易发生肢蹄病。保持牛体清洁卫生，每头必须坚持刷拭牛体2～3次。

四、泌乳中期的饲养管理

产后100～200 d称泌乳中期。泌乳中期产奶量开始缓慢下降，每月下降5%～7%，母牛体质逐渐恢复，自20周起体重开始增加，日增重约为500 g。此期饲养目标是尽量使母牛产奶量维持在较高的水平，延缓泌乳量下降速度。

泌乳中期的日粮应根据产奶量变化调整精料饲喂量，减少谷物饲料供给，此期母牛采食力强，饲料转化率高。实践证明此阶段精料饲喂过多，容易造成奶牛肥胖，影响产奶量和繁殖性能。因此，应大量供给粗饲料、副料。日粮营养水平：干物质为体重的3%左右，每千克干物质含奶牛能量单位2.13个，粗蛋白质为13%，钙为0.45%,磷为0.4%。精粗比例为40:60。粗料每日每头牛20 kg玉米青贮、4 kg干草。精料按每产奶2.7 kg给1 kg供给;每产奶2.5~3 kg给1 kg鲜啤酒糟(或饴糖糟、甜菜渣、豆腐渣)。

泌乳中期管理应加强日常管理如梳刮牛体,按摩乳房,加强运动,饮水充足,保证母牛高产稳产。

【案例分析】某一头泌乳中期母牛的体重为500 kg,奶牛日粮干物质采食量占体重的3.0%,精粗比为40:60,如果这头奶牛每天采食的粗饲料为干草(干物质含量90%)和玉米青贮饲料(干物质含量25%),干草每天采食约2 kg,精料(86%)和玉米青贮饲料分别需要多少千克?

分析:奶牛每天的干物质采食量:500×3%=15 kg

每天采食精料的干物质量:15×40%=6.0 kg

每天采食的精料量:6.0÷86%=6.98 kg

每天采食的干草的干物质量:4×90%=3.6 kg

玉米青贮每天提供的干物质:15−6.0−3.6=5.4 kg

每天采食的玉米青贮量:5.4÷25%=21.6 kg

因此这头母牛每天应饲喂精料6.0 kg,玉米青贮饲料21.6 kg。

五、泌乳后期的饲养管理

(一)泌乳后期的饲养

产后200 d至干奶前称泌乳后期。泌乳后期产奶量急剧下降,每月下降幅度达10%以上,此时母牛处于怀孕后期,胎儿生长发育很快,此期饲养目标是阻止产奶量下降过快,保证胎儿正常发育,并使母牛有一定的营养物质储备,不宜过肥。

泌乳后期母牛日粮的营养水平:日粮干物质应占体重的3.0%~3.2%,每千克干物质含奶牛能量单位2个,粗蛋白为12%,钙为0.45%,磷为0.35%,精粗比为30:70,粗纤维含量不少于20%。

饲料以优质青粗料为主,补饲少量精料。在满足胎儿发育需要时,防止喂得过肥,保持中等偏上体况即可。根据母牛的产奶水平和实际膘情合理安排,精料可根据产奶量随时调整,一般产奶3~4 kg给1 kg精料。只要母牛为中等膘(即肋骨外露明显),则按前述日粮组成饲喂。若已达中等以上膘情(即肋骨可见,但不明显),则可减少1~1.5 kg精料,并严格控制青贮玉米的给量,精粗料的搭配需营养丰富、全面,结构合理,以保证牛的食欲与健康,使产奶量平稳下降,防止母牛过肥。

(二)泌乳后期的管理

禁止喂冰冻或发霉变质的饲料,注意母牛保胎,防止机械流产(如防止母牛群通过较窄通道时互相拥挤,防止滑倒)。

六、成年母牛的一般饲养管理技术

(一)饲喂技术

1. 日粮组成

(1)饲料原料多样化。泌乳牛营养需求高,进食量大,日粮原料组成应力求多样化,饲料多样不仅可起到养分间的互补作用,从而提高日粮的营养价值,使奶牛能获得全价的营养,而且也是降低饲养成本的有效手段之一。一般来说,奶牛日粮组成中精料至少4~5种,粗料2~3种以上,此外还须提供多汁料和副产品饲料。

(2)精料与粗料要合理搭配。泌乳牛的日粮由其瘤胃消化生理特点所决定,应以青粗饲料为主,适当搭配精料,精料的喂量应根据泌乳牛的生理阶段、生产性能和青粗饲料所含的蛋白质水平、能量浓度而定。同时日粮体积大小、干物质多少,也是组成日粮的参考依据,既要做到日粮满足营养需要,又要体积适当能够吃得进。一般奶牛每100 kg体重可采食优质干草3~4 kg,中等品质干草为2.5~3 kg,劣质干草为1.5~2.0 kg。泌乳牛每100 kg体重可喂给青绿多汁饲料8~12 kg(其中青贮料占1/2以上),在多汁饲料中,青贮饲料是必不可少的主要组成部分。

精料的喂量，荷斯坦牛日产奶量不足20 kg的，每产2 kg奶，饲喂0.5 kg精料；日产奶量21～30 kg的，每产1.5 kg左右，喂给0.5 kg精料；日产奶量超过30 kg的，每产1 kg左右，喂给0.5 kg精料。对于牛奶固形物较高的奶牛品种，日产奶量不足15 kg的，每生产1.5 kg牛奶，饲喂0.5 kg精料；产奶量15～30 kg的，每产1 kg左右牛奶，喂给0.5 kg精料；产奶量超过30 kg的，每产0.9 kg奶给0.5 kg精料，但应注意精料按日粮总干物质计不宜超过65%。

2. 饲喂次数和顺序

(1)饲喂次数。在我国乳牛传统饲养法中指每天的饲喂次数，一般都与挤奶次数相一致，实行3次挤奶，3次饲喂。但在某些情况下，如高产乳牛、夏季饲养、泌乳盛期应增加饲喂次数。

(2)饲喂的顺序。奶牛饲喂的顺序通常是"先粗后精"、"先干后湿"、"先喂后饮"的方法。不仅能保持良好的食欲，"先粗后精"对瘤胃发酵也有利，可以使瘤胃pH维持在适宜的范围内。同时饲喂顺序还应根据不同的季节和不同的饲料品种而有所调整。如夏季，由于炎热的气候会造成奶牛的食欲显著降低，而且饲草又可能以青割的青草为主，其饲喂顺序可调为先喂精料，后喂青草，并让其自由采食，以保证奶牛在食欲不佳的情况下，能采食到应有的营养物质。

3. 定时定量、少给勤添 定时指每天按时分次饲喂。奶牛在长期采食过程中可形成条件反射，在采食前消化液就已开始分泌，为采食后消化饲料打下基础，这对于提高饲料中营养物质的消化率极为重要。如提早饲喂，由于食欲反射不强，可能会造成奶牛挑剔饲料，加上消化液分泌不足，影响消化；如果饲喂过迟，又会使奶牛饥饿不安，同样会影响消化液的分泌和奶牛对营养物质的消化和吸收。

定量饲喂是每次给予奶牛的饲料数量基本固定，尤其是群饲时，精饲料应定量供给，而粗饲料可以采用自由采食的方式，这样可使奶牛在采食到定量的精料后，根据食欲强弱而自行调节粗饲料的进食量。

少给勤添指每次供给奶牛的饲料应在短时间内让其吃完，而后多次少量添喂。这样可以使奶牛经常保持良好的食欲，并使食糜均匀地通过消化道，以提高饲料的消化率和利用率。

4. 逐步更换饲料 由于奶牛瘤胃内微生物区系的形成需要30 d左右的时间，一旦打乱，恢复很慢。因此，在更换日粮成分时，尤其是粗饲料，必须有1～2周的过渡期，以便使奶牛和瘤胃内微生物区系能够逐渐适应。奶牛日粮经常变动，饲料供应不稳定，直接影响产奶量。而且，一旦因饲料变化造成奶量下降，往往不容易恢复到原有的产量水平。

(二)饮水

水是动物不可缺少的营养要素。水对于乳牛来说就显得更为重要。牛乳中含水88%左右。据实验，日产奶50 kg的奶牛，每天需饮水100～150 L，一般乳牛每天也需水50～70 L。如饮水不足，就会直接影响产奶量。最好在牛舍内装置自动饮水器，让乳牛随时都能充分饮水。注意饮水的温度和食盐的添加。

冬季饮水时，要注意水不能太凉，适宜温度成母牛12～14℃，产奶与怀孕牛15～16℃。而夏天则应让乳牛饮凉水，以减轻热应激造成的危害，夏季应在水中适量加盐。

(三)刷拭牛体

经常刷拭牛体，保持皮肤清洁，可避免体外寄生虫寄生，促进牛体血液循环和新陈代谢。通过刷拭牛体还能使牛养成温驯的性格，利于人工挤奶。奶牛每天应刷拭2～3次。

(四)运动

舍饲奶牛，每天应有适当的时间运动或放牧。运动能促进血液循环，增强体质，增进食欲，防止腐蹄病，改善繁殖机能。因此，舍饲奶牛每天至少户外运动2～3 h。

(五)肢蹄护理

奶牛四肢应经常护理，以防止肢蹄疾病的发生。牛床、运动场以及其他活动场所应保持干燥、清洁，尤其奶牛的通道及运动场上不能有尖锐铁器和碎石等异物，以免伤蹄，并定期蹄浴，每年修蹄2次。

为了减少奶牛乳房炎的发生，首先应创造良好的卫生环境：牛舍、运动场要设计合理，保持阳光充足，牛床要保持清洁、干燥，排便尽量落入尿粪沟，减少粪便污染牛床的程度，及时清理粪便、积水；垫草应干、软、清洁、新鲜，并且要经常更换；要定期对牛舍和运动场进行消毒，乳房炎高发季节应加强消毒。其次应加强科学的饲养管理：根据奶牛的营养需要，给予全价日粮，各生产阶段精料粗料合理搭配，对于高产奶牛，高能量、高蛋白质的日粮有利于保护和提高产奶量，同时也增加了乳房的负荷，使机体的抵抗力降低，从而引发乳房炎。而一定量的维生素和矿物质在抗感染中能起重要作用，如补充亚硒酸钠、维生素E、A会降低乳房炎的发病率。另外挤奶员需进行专门的培训，要求技术熟练，方法正确。

【案例分析】若某一奶牛场母牛的乳房炎发生的比例高，应采取何种措施来控制和预防？

分析：乳房炎发生的原因主要包括以下几个方面：

(1)微生物因素：如细菌、病毒、支原体等病原微生物侵入乳头管引起乳房炎。

(2)环境因素：如牛舍尘埃多、不清洁、不消毒；牛床潮湿，又不及时冲洗、消毒；一块毛巾擦洗很多牛，真空泵调节器不清洁，或挤奶器上的橡皮管不经常更换，或清洗挤奶器不加任何消毒剂等。

(3)挤奶技术：若挤奶员挤奶技术不熟练或操作不当，会使乳头黏膜上皮损伤；机器挤奶时间过长，负压过高或抽动过速，也会损伤乳头皮肤和黏膜；挤奶前手未洗干净。

(4)饲养管理：饲养管理技术落后，日粮搭配不合理。

讨论：提高泌乳母牛乳脂率的措施有哪些？

【注意事项】泌乳牛夏季饲养管理应注意哪些问题？

牛大多耐寒怕热，夏季热可导致奶牛的生产性能和繁殖性能明显降低，疾病发生率降低。因此，夏季饲养要增加奶牛日粮的营养浓度，粗饲料采取“少而精”的原则，增加适口性好、营养丰富的粗饲料比例，如苜蓿、羊草等，少喂青贮；日粮中添加脂肪，适当提高日粮蛋白质水平，补充钠、钾、镁和维生素A；供足清洁饮水，改善饲喂方式，增加饲喂次数，改变饲喂时间。

在管理方面应做好防暑降温工作，在牛床上安装风扇，安装冷水喷淋降温系统，同时加强牛场的绿化；合理安排产犊季节，南方地区在10～11月份减少配种，减少高温对奶牛产奶的影响；消除蚊蝇，减少蚊蝇对奶牛的干扰和传染病的传播。

【本章小结】

本章介绍了奶牛饲养阶段的划分和各阶段的生理特点，犊牛、育成母牛、成年母牛各个阶段的饲养管理技术。要求掌握不同阶段牛的饲养管理技术要点。

【思考题】

1. 什么是初乳？初乳对犊牛的特殊生物学作用有哪些？
2. 乳用犊牛培育的饲养技术要点有哪些？
3. 奶牛干奶有什么意义？常用的干奶方法有哪些？如何确定干奶期的长短？
4. 简述泌乳母牛的阶段饲养要点。
5. 简述高产奶牛泌乳盛期的饲养技术及饲喂方法。
6. 简述成年母牛的一般饲养管理技术。

第六章　肉牛的饲养管理

饲养肉牛是以获得高日增重、生产大量优质牛肉、取得最大经济效益为目的。根据遗传学原理，产肉性能各经济性状的遗传力仅为0.3～0.4，其表现程度受环境因素的影响较大，因此搞好肉牛的饲养管理，使产肉性能充分表现出来，并减少疾病的发生，对于降低肉牛业生产成本，提高经济效益具有重要的意义。

第一节　肉用犊牛的饲养管理

我国肉用犊牛多采用“一母一犊”饲养法，让犊牛直接哺食母乳，肉用牛的哺乳期通常为5～6个月，在哺乳同时进行必要的补饲，补饲一般从2～3周开始。补充的饲料必须是高蛋白质和易消化的能量饲料，并添加维生素和矿物质，其营养必须平衡，还需较好的适口性。对于特定的肉用牛，可按该品种的日增重要求供给营养，只有这样，肉用犊牛的潜在发育性能才能充分得到体现。

一、初生犊牛的护理

对初生犊牛的护理包括清除口鼻和身躯上的黏液、断脐带及哺喂初乳等。犊牛出生后要尽快让其吃初乳，一般应在0.5～1 h内吃到初乳，第一次要求吃饱(最少不低于1 kg)。初乳是初生犊牛不可替代的营养。由于初乳中干物质含量较高，黏度大，可附着在胃肠壁上，代替肠黏膜的作用，防止细菌侵入血液；初乳中的免疫球蛋白含量高，使犊牛获得免疫能力；初乳中含有较高的镁盐，有利于犊牛排出胎便；初乳的酸度高，进入犊牛消化道能抑制胃肠有害微生物的活动。如果母子分开饲养，每天要让犊牛哺乳3～4次。

二、肉用犊牛的饲养

(一)哺乳

肉用犊牛通常自然哺乳，即随母哺乳，其生长发育受母牛泌乳量的影响很大。因此自然哺乳时应观察犊牛的哺乳行为，当犊牛频繁用头顶撞母牛乳房、吞咽次数不多时，表明母牛泌乳量不足，应加强母牛的饲养；当犊牛口角出现白色泡沫，吸吮动作减慢，表明母乳充足，犊牛已吃饱，应牵走母牛，防止犊牛哺乳过量而引起消化不良。

有时肉用犊牛也采取人工哺乳，人工哺乳包括桶式哺乳和带奶嘴的奶壶哺乳。用奶桶饲喂，奶桶要固定，对于不会吸吮牛奶的犊牛，一般应先用洗净的食指和中指插入犊牛口中，当犊牛吸手指后，慢慢将犊牛嘴巴引入有奶的桶内，使犊牛随着吸吮手指而吸入牛奶，经过几次训练后，犊牛就会在奶桶中直接吮乳了，喂完后用干净毛巾擦干犊牛嘴角周围。用带奶嘴的奶壶哺乳时，要求乳嘴光滑牢固。在乳嘴顶部用剪刀剪一个“十”字，这样会使犊牛用力吮吸，避免强灌，并且定时、定量、定温。

(二)及早补饲

一般犊牛在出生后前三个月，母牛的泌乳量可满足犊牛生长发育的营养需要，三个月后，母牛的泌乳量逐渐下降，而犊牛的营养需要却逐渐增加，母乳已不能满足犊牛的需要。为此，犊牛应提早补饲青饲料和精料，使犊牛在哺乳后期能采食较多的植物性饲料。补饲从1周开始，可在犊牛栏里投给优质干草，训练其采食，这样可促进瘤胃的早期发育，并使瘤胃早日建立菌丛，以提高其消化饲料的能力。10～15 d后训练吃精料，犊牛料是根据犊牛的营养需要而配制成的容易消化吸收的精饲料，起着促使犊牛由奶为主的营养向完全以植物性饲料为主的营养的过渡作用。初喂犊牛料时，可将少许牛奶洒在精料上，或做成粥状，或制成糖化料，涂擦犊牛口鼻，诱其舔食。也可撒少许于奶桶上任其舔食，使犊牛形成采食精料的习惯。经3～4 d的调教后，犊牛已有采食少量精料的能力，这时就可将精料拌成干湿状投放在食槽里或奶桶内，让其自由舔食。开始时日喂干粉料10～20 g，以后逐渐增加，在1月龄时日采食犊牛料250～300 g，2月龄时500～600 g，3月龄采食750～1000 g。

青绿多汁饲料对犊牛消化器官的发育也有促进作用，应尽量训练犊牛吃青草，生后20天开始，在混合精料中加入切碎的胡萝卜，每头20～25 g，至2月龄时可喂1～1.5 kg。青贮饲料在2月龄开始饲喂，每天100～150 g，3月龄时1.5～2.0 kg，4～6月龄时4～5 kg。应保证青贮料品质优良，防止用酸败、变质及冰冻青贮料喂犊牛，以免下痢。

三、肉用犊牛的管理

1. 犊牛编号 犊牛出生后必须进行编号，编号的方法有烙号法、耳标法、打耳号法，要求字迹清楚耐久。

2. 加强运动 犊牛从出生后8～10日起即可开始在运动场做短时间的运动，以后逐渐延长运动时间。犊牛可随母牛放牧，初期放牧地选择距牛舍500 m左右为宜，避免母牛过累和犊牛跟不上；哺乳母牛也可采用拴牧方式，犊牛自由活动。

3. 卫生 做到"三勤三净"，"三勤"即勤打扫、勤换垫料、勤观察；"三净"即饲料净、畜体净、工具净，犊牛饲料不能有发霉变质和冰冻结块现象，不能含有铁丝、铁钉、牛毛、粪便等杂质。坚持每天刷试牛体1～2次。每次用完的奶具、补料槽、饮水槽等一定要洗刷干净，保持清洁。

4. 预防疾病 犊牛期主要发生的疾病为肺炎和下痢。平时应注意观察犊牛的食欲、精神，下痢犊牛的尾巴及肛门周围多黏着粪便。对表现异常的犊牛要进行观察和检查。

讨论：如何促进犊牛瘤胃的生长与发育？

第二节 育成母牛的饲养管理

一、育成母牛的饲养

（一）断奶～1岁

此阶段为母牛性成熟期，母牛的性器官和第二性征发育很快，体躯向高度和长度两个方向急剧生长。同时，其前胃已具有相当的容积和消化青粗饲料的能力，但还保证不了采食足够的青粗饲料来满足此期强烈生长发育的营养需要。消化器官本身也处于强烈的生长发育阶段，需继续锻炼。为了兼顾此期育成牛生长发育的营养需要并进一步促进消化器官的生长发育，此期所喂的饲料，除了优良的青粗饲料外，还必须适当补充一些精料。饲料的干物质至少有一半来自于青干草，这时精饲料的质量和需要量取决于粗饲料的质量。一般日粮中干物质的75%来源于青粗饲料，其余25%为精料，以补充能量和蛋白质的不足。

（二）13月龄～初次妊娠

此阶段育成母牛消化器官容积增大，已接近成熟，消化能量增强，若正常发育在16～18月龄时体重可达成母牛的70%～75%，生长强度递减，既无妊娠负担又无产奶负担。此阶段饲喂优质青粗饲料基本上就能满足营养的需要。因此，日粮应以青粗饲料为主，这样既能满足营养需要，而且还能促进消化器官的进一步生长发育。一般优质青贮饲料的日喂量为5 kg/100 kg体重。

【案例分析】某一牛场饲养有50头16月龄的妊娠母牛，平均体重为420 kg，若按100 kg体重饲喂5 kg青贮饲料，这批妊娠母牛一天需要多少青贮饲料？

分析：青贮饲料需要量$420 \div 100 \times 5 \times 50 = 1050$ kg

（三）初次妊娠～第一次分娩

此阶段生长发育速度慢了下来，体躯向深宽方向发展。在丰富的饲养条件下容易在体内沉积过多的脂肪，导致牛体过肥，造成难产。此阶段以饲喂优质青粗饲料为主，但要多样化、全价化，从而保证胎儿的生长发育。到妊娠期最后2～3个月，由于体内胎儿生长迅速，一方面营养需要增多，另一方面要求日粮体积要小，以免压迫胎儿。因此要提高营养浓度，即减少粗料，增加精料，可每日补充2～3 kg精料。精料与粗料比以(25～30)∶(70～75)为宜。如有放牧条件，则以放牧为主，在良好的放牧地放牧，精料可减少30%～50%。放牧回来后，如未吃饱，仍应补喂一些精料和干草或青绿多汁饲料。

二、育成母牛的管理

1. ***分群*** 育成母牛应根据年龄、体况进行分群饲养。同一群年龄和体格大小相近，月龄差异一般不超过2个月，体重差异不超过30 kg。

2. ***加强运动*** 在舍饲条件下，育成母牛正处于生长发育的旺盛阶段，要特别注意充分运动，以锻炼和增强牛的体质，保证健康，每天应至少有2 h以上的运动。如果精料过多而运动不足，容易发胖，体短，早熟早衰，利用年限短，产奶量低。怀孕牛运动可持续到分娩以前，每日1～2 h，可防止难产，保持牛的体质健康。

3. ***乳房按摩*** 热敷乳房，可促进育成母牛乳腺的发育和产后泌乳量的提高。从母牛周岁后每天上槽后可用热毛巾按摩乳房，每次约5 min。12～18月龄的育成母牛每天可按摩一次，18月龄以后每天按摩2次。每次按摩时要用热毛巾揩擦乳房，产前1～2个月停止按摩。但在此期间，切忌擦拭乳头，以免引起乳头龟裂或因病原菌从乳头孔侵入导致乳房炎发生。

4. ***刷拭*** 为了保持牛体清洁，促进皮肤代谢和养成温驯的气质，每天应刷拭1～2次，每天5～10 min。

5. ***转群*** 根据年龄、发育情况，按时转群。在12月龄、18月龄、初配定胎后进行3次转群。同时进行体尺体重测量，对于达不到正常生长发育要求的进行淘汰。

6. ***初配*** 育成母牛何时初次配种，应根据母牛的年龄和发育情况而定（一般按16～18月龄初配）。对16月龄以上育成母牛，要仔细观察发情表现，若体重和胸围达到配种要求，或达成年体重70%时，发情要及时配种。

第三节 能繁母牛的饲养管理

一、妊娠母牛的饲养管理

一般在母牛分娩前，至少增重45～70 kg才足以保证产犊后的正常泌乳与发情。

（一）妊娠母牛的饲养

妊娠母牛的营养需要和胎儿生长发育有直接关系。母牛妊娠期间，胎儿在6个月以前生长速度缓慢，以后生长则逐渐加快，到分娩前生长速度最快。妊娠前6个月不必为母牛增加营养，对怀孕母牛保持中上等膘情即可，但要防止母牛过瘦。

妊娠期间的营养水平还与产奶量和正常发情有关。如果营养不足，会影响犊牛的初生重、哺乳犊牛的日增重、母牛的产后发情。妊娠母牛的营养需要除满足能量和蛋白质外，还要注意维生素和矿物质的供给。维生素A在冬春4～5个月期间常常缺乏，它会使母牛发生流产、早产、弱产，而且影响初生犊牛的健康和成活率。此外，还应补充食盐和其他矿物元素，特别是在放牧时应补充。

以放牧为主的母牛饲养，青草季节应尽量延长放牧时间，一般可不补饲。枯草季节，根据牧草质量和牛的营养需要确定补饲草料的种类和数量，特别是在怀孕最后的2～3个月，这时正值枯草季节，应重点补饲。

舍饲情况下，按以青粗饲料为主适当搭配精饲料的原则，参照饲养标准配合日粮。如以玉米秸为主要补饲精料；粗饲料以麦秸、稻草等粗饲料为主，秸秆要适当处理加工。必须补饲精料，按先粗后精的顺序饲喂。

（二）妊娠母牛的管理

1. 草料卫生 不喂霉烂变质饲料饲草，不喂有毒有害物质残留量超标饲料，不喂冰冻饲料；妊娠后期不喂酒糟、棉籽饼、菜籽饼饲料。

2. 饮水 保证清洁卫生饮水，冬季水温不低于10℃；不饮脏水、冰水、有毒有害物质残留量超标的水；做到清晨不饮、空腹不饮、出汗后不急饮。

3. 运动 怀孕母牛要适当运动。大部分专业户对繁殖母牛采取传统的拴系饲养方式，没有运动场，对繁殖母牛十分不利；怀孕后期两个月，每天应牵引运动1～2 h，牵牛走上、下坡，以保持胎位正常。

4. 保胎 做到“四防”。一防爬跨：群养时要防止牛的爬跨；二防挤压：进出围栏和牛舍时防止挤压；三防追赶：严格禁止追赶怀孕母牛；四防鞭打：严禁鞭打怀孕母牛。

5. 观察 临产前应加强观察，发现临产征兆的母牛进入产房，作好接产准备工作，保证安全分娩。

二、围产期母牛的饲养管理

（一）围产期母牛的饲养

一般将围产期母牛分为围产前期（产前15 d）、围产后期（产后15 d）。

1. 围产前期的饲养 饲料以优质干草为主，添加以麸皮为主的精料，精料喂量不超过体重的1%，对体弱临产牛可加喂豆饼，对过肥临产牛可适当减少精料喂量。临产前15 d以内的母牛，除减喂食盐外，还应饲喂低钙日粮，其钙含量减至平时喂量的1/3～1/2，或钙在日粮干物质中的比例降至0.2%。临产前7天的母牛可逐渐增喂精料，但最大量不超过母牛体重的1%。患有产前乳房严重水肿的母牛，不宜多喂精料。母牛在分娩前1～3 d，食欲低下、消化功能较弱，此时精料最好调制成粥状，精料中可增加麸皮含量，防止母牛发生便秘。

2. 围产后期的饲养 母牛分娩后，及时喂饮热益母草红糖水，每天一次，连服2～3 d。母牛产后2 d内以优质干草为主，补喂易消化的精料（玉米、麸皮）。日粮中钙的水平应由产前占日粮干物质的0.2%增加到0.6%～0.7%。对产后3～5 d的母牛，如果食欲良好、健康、粪便正常（不拉稀、不酸臭），可逐渐增加精料喂量（每天每头增加0.45 kg）和青贮料喂量（每天每头增加1～2 kg），每天精料最大喂量不超过体重的1.5%。产后一周，母牛可恢复正常喂量。

（二）围产期母牛的管理

1. 产房准备 产房事先必须打扫干净，用2%火碱水喷洒消毒；保持产房清洁、干燥、安静；铺垫清洁卫生的垫草，产犊后及时更换垫草。产房要经常备有消毒药品、毛巾和接产用器具等。

2. 接产 产房昼夜应有人值班。发现母牛有临产征状（表现腹痛、不安、频频起卧），即用0.1%高锰酸钾液擦洗生殖道外部。母牛分娩必须保持安静，并尽量使其自然分娩。母牛分娩应使其左侧躺卧，以免胎儿受瘤胃压迫产出困难。一般从阵痛开始需1～4 h，犊牛即可顺利产出。如发现异常，应请兽医助产。

3. 监护 产犊后要尽快将母牛驱赶站起，以减少出血、利于子宫复位和防止子宫外翻。母牛分娩后把它的两肋、乳房、腹部、后躯和尾部等污脏部分用温热的消毒水洗净，用干净的毛巾或干草擦干；清除产房内被污染的垫草和粪便，对地面消毒后铺上清洁、干燥的垫草。观察胎衣、恶露排出情况，观察阴门、乳房、乳头等部位是否有损伤。每天测量1～2次体温，若有升高及时查明原因，并进行处理。

4. 饮水 产后一周内的母牛，不宜饮用冷水，应饮温水，水温37～38℃，一周后可降至常温。为了促进食欲，尽量多饮水，但对乳房水肿严重的母牛，饮水量应适当减少。

5. 乳房护理　对产后乳房水肿严重的母牛，每天用热毛巾热敷按摩乳房1～2次、每次5～10 min。保持圈舍的清洁、干燥，保持牛体及乳房的清洁卫生，防止乳房被病菌感染，也防止因乳房卫生差而感染犊牛。

三、哺乳母牛的饲养管理

哺乳母牛食欲已恢复正常、子宫恶露已排干净、乳房水肿已完全消退，随着母牛机能的恢复产奶量显著上升，是促进犊牛早期生长发育的重要时期。这一时期哺乳母牛的主要任务是多产奶，以供犊牛需要；同时，保持哺乳母牛良好的体况。促进母牛产后及时发情配种，提高母牛的繁殖效率。

（一）哺乳前期母牛的饲养

这一时期是哺乳母牛泌乳的高峰时期，犊牛营养的主要来源也依赖母乳，同时也是母牛进入产后发情的重要阶段，是母牛对能量、蛋白质、钙、磷、微量元素及维生素需要量最高的时期。此时要提高日粮的营养浓度，特别注意选择优质粗饲料，保持矿物质的供应。必要时应增加饲喂次数，以提高采食量。尽量避免出现营养负平衡，或缩短营养负平衡的时间，保持母牛中等体况。

（二）哺乳后期母牛的饲养

哺乳后期母牛产奶量下降，犊牛也能采食部分固体饲料（青粗饲料、犊牛料等），这是母牛泌乳的正常规律。通过保证营养、充足的运动和饮水、加强乳房按摩及精细的管理，可以延缓产奶量的下降。同时这个时期，牛的采食量有较大增长，如饲喂过量的精料，易造成母牛过肥，影响产奶和繁殖。因此，应根据母牛的体况和粗饲料供应情况确定精料喂量，混合精料每天一般补充1～2 kg，并补充矿物质及维生素添加剂，多供青绿多汁饲料，日粮以青粗饲料为主。

（三）哺乳母牛的管理

母牛产后期应加强母牛的护理，促使其尽快恢复到正常状态，并防止产后疾病。母牛产后立即驱赶让其站立，让其舔初生犊牛，并把备好的麦麸盐温水让母牛充分饮用，以补充水分、维持体内酸碱平衡、暖腹、充饥、增加腹压。

1. 运动　运动能保证母牛的体质，促进产后发情、提高产奶量。放牧牛只能保证其运动量，主要注意公、母分群放牧，防止野交乱配。舍饲哺乳母牛每头保证有20 m^2的运动场，让牛只自由运动，每天运动不少于3～4 h。

2. 饮水　保证充足、清洁的饮水，放牧地设置饮水点，舍饲条件下最好能达到自由饮水。

3. 乳房按摩　每天用热毛巾热敷按摩乳房1～2次、每次5～10 min。观察乳房是否发烫、乳房内是否有硬块，防止发生乳房炎。

4. 产后配种　产后40 d左右开始注意观察母牛产后发情情况，做好发情记录，及时配种。

第四节　架子牛的饲养管理

架子牛通常是指未经育肥或不够屠宰体况的幼牛，幼牛在恶劣环境条件下或日粮营养水平较低情况下，没有引起牛生长发育的变化，但生长速度下降，优先发育骨骼、内脏和部分肌肉，形成骨架。

一、架子牛的饲养

架子牛阶段的饲养目标是促进牛骨骼、肌肉生长发育，在15～18月龄体重达到300～400 kg，日增重0.6～0.8 kg，不得低于0.4 kg。架子牛的营养需要由维持和生长发育速度两方面决定。根据补偿生长的规律，架子牛前期生长迅速，在此时期将逐渐达到生理上的最高生长速度，后期生长缓慢，其消化器官发育接近成熟，其消化能力与成年牛相似，粗饲养能促进消化器官的机能。在架子牛阶段的平均日增重，一般大型品种不低于0.45 kg，小型品种不低于0.35 kg。

架子牛营养贫乏时间不宜过长，否则肌肉受阻，影响胴体质量，严重时丧失补偿生长的机会，形成僵牛，不利于后期育肥。当架子牛饲喂到体重250～300 kg时，即可进行育肥，架子阶段拉得越长，营养需要越大，经济效益越低。架子牛利用青粗饲料的能力较强，日粮应以粗饲料为主，若粗饲料过少，消化器官会发育不良。架子牛所需的精饲料要注意蛋白质的浓度，如蛋白质含量不足、能量较高时，增重主要为脂肪，会大大降低牛的生产性能。

架子牛的饲养可根据各地条件采取放牧或舍饲方式进行，其中放牧方式成本最低。

（一）放牧饲养

在有放牧条件的情况下，架子牛应以放牧为主。放牧能合理利用草地、草场，防止水土流失；使牛能够充分运动，从而增强其体质；节省青粗饲料的开支，降低饲料成本；减少舍饲时劳力和设备的开支。

我国北方有广阔的天然草地，青草期为5～6个月，南方有丰富的山地草场，可以充分利用这些饲草资源和放牧季节培育架子牛。人工牧草或天然牧草养分随季节发生变化，春季牧草幼嫩，含蛋白质高，适口性好，幼牛日增重高；夏季牧草粗纤维含量高，粗蛋白含量下降，但无氮浸出物和干物质较高，架子牛能保持较高日增重；秋季牧草开始枯萎，牧草质地变硬，适口性变差，蛋白质含量下降，不能满足牛生长所需。放牧饲养应根据牧草地的状况及不同的季节补饲一定量的配合料，营养上满足牛生长发育所需蛋白质、无机盐和维生素A，注意蛋白质的品质和钙、磷的比例。

冷季放牧的任务是减少牛只体重的下降，保膘、保安全越冬。冷季放牧时要特别注意棚圈建设，棚圈或牛舍要向阳、保暖、小气候环境好。牛只进棚圈前，要进行清扫、消毒、搞好防疫卫生。要晚出牧、早归牧，充分利用中午暖和时间放牧，午后饮水。做到“晴天无云放平滩，天冷风大放山湾”，放牧牛应顺风行进。

暖季放牧的任务是为架子牛越冬过春打好基础。暖季要早出牧、晚归牧，延长放牧时间，让牛只多采食。天气炎热时，中午应在凉爽的地方让牛只躺卧及反刍。出牧以后逐渐向良好的牧场放牧，可在头天放牧过的草场上让牛再采食一遍，以减少牧草浪费。在生长良好的草场上放牧时，要控制好牛群，使牛只横队采食，即“一条边”，以保证每头牛都能充分采食，避免乱跑践踏牧草或采食不均而造成浪费。放牧饲养牛只时应注意补充镁盐和食盐，可在圈地、牧场设矿物盐补食槽，还可制作尿素食盐砖。

（二）舍饲

舍饲是在没有放牧场地或不放牧的季节进行的饲养方式。舍饲根据不同年龄阶段分群饲养，断奶至周岁的架子牛，其前胃相当发达，只要给予良好的饲养，即可获得最高的日增重。此时宜采用较好的粗料与精料搭配饲喂。粗料可占日粮总营养价值的50%～60%，混合精料占40%～50%，随着年龄的增加，精料的比例逐渐下降，粗料的量逐渐增加。周岁时粗料逐渐增加到70%～80%，精料降至20%～30%。粗料以青草、青贮料、青干草等为主，若喂秸秆，则必须经加工处理后再喂。块茎及瓜果类饲料需切碎以利于采食。精料的喂给量随粗料的品质而异，根据肉牛的体重和日增重，大致在每天1.5～3.0 kg。

架子牛体组织的发育是以骨骼发育为主的，日粮中的钙磷含量及比例必须合适，以避免形成小架子牛，降低其经济价值。秋季断奶犊牛的维生素A贮存量很少，断奶后应给每头牛饲喂或肌肉注射50万～100万U维生素A。

二、架子牛的管理

1. 分群 一般按性别、年龄、体型、性情等分群、分圈饲养，避免野交乱配、恃强凌弱，惊扰牛群，引起不必要的麻烦，同时也能适应不同生长发育速度的牛对不同营养需要的要求。

2. 驱虫 架子牛阶段往往是比较寒冷的季节，周围的寄生虫等会聚集于牛体过冬，干扰牛群并使牛体消瘦、致病，牛皮等产品质量下降，可在春秋两季各进行一次体内、体外驱虫。

3. 饮水 由于架子牛以粗饲料为主，需要大量的水，应供给洁净充足的水。自由饮水时，控制水温不结冰即可。

4. 称重　每月或隔月称重，检查牛体生长发育情况，作为制作日粮的依据，避免形成僵牛。定期测定幼牛生产情况，若生长发育差，每天补充精料1～2 kg，或夜间补饲青粗料，以保证其正常增重。

5. 运动　架子牛有活泼好动的特点，但主要用于育肥，运动量不宜过大。

【注意事项】为了减轻架子牛的运输应激反应，运输过程中应注意哪些问题？

1. 尽量选用单层车而避免双层车，加装侧篷或顶棚，以避免雨淋和风寒、暴晒，在车厢内铺一层15～20 cm沙土，或均匀铺垫消毒过的干草或草垫20–30 cm。运输装卸时，忌对牛粗暴和鞭打。

2. 由有经验的收购人员、兽医及押运员押运，并准备好饲草、饮水工具和麻绳等。所有运输牛做好兽医卫生防疫检查，并具有当地兽医部门出具的防疫证明。

3. 根据调运地点及道路状况，确定运输路线。架子牛的调运以气温适宜的春秋季最佳，冬夏两季进行运牛时，要做好防寒保暖和降暑工作。

4. 运输中每隔2～3 h应检查一次牛群状况，将躺下的牛及时扶起以防止被踩伤。在远途运输过程中，应保证牛只每天饮水3～4次，每头牛每天采食5 kg左右优质干草。

5. 在途中常见病有牛只滑倒扭伤、牛前胃迟缓、流产等。宜采取简单易操作的肌肉注射方式，以抗炎、解热、镇痛的治疗方针，对症用药控制病情发展。

6. 运输车辆到达目的地后，打开车门，搭一木板或就斜坡让牛自行慢慢走下车，也可采用饲草诱导牛只下车，切忌粗暴赶打，不可选在水塘或污水沟附近卸牛。

第五节　肉牛的育肥技术

一、肉牛的育肥饲养方式

我国肉牛的育肥饲养方式可分为放牧育肥、半舍半牧育肥、舍饲育肥。

1. 放牧育肥　放牧育肥可节省草料、人力、圈舍与设备，饲养的成本最低。肉牛育肥效果受牧草丰茂、牧草质量、气候的影响，肉牛的放牧践踏会使牧草利用率下降。放牧一般不会有非常理想的效果，但单位增重的成本低，凡有荒山草地的地方，在牧草丰盛的季节都可放牧饲养。

2. 半舍半牧育肥　放牧和舍饲相结合育肥。放牧时，充分利用草地，归牧后大量给予糟渣类、秸秆类及谷实类饲料，育肥效果理想，又节约了投入支出。

3. 舍饲育肥　舍饲育肥是农区和规模化牛场养牛的常见方式，肉牛从育肥开始到出栏为止全部实行圈养，优点是使用土地少，饲养周期短，牛肉质量好，但投资大，在育肥过程中需要大量的精料，育肥成本高。可采用拴系饲养和小群饲养。

二、肉牛的育肥技术

肉牛的育肥方式按年龄划分可分为犊牛育肥、育成牛育肥、成年牛育肥。

（一）犊牛育肥

犊牛育肥可生产犊牛白肉和小牛肉。这两种牛肉富含水分，鲜嫩多汁，营养丰富，并且具备人体所需的氨基酸和维生素，属于理想的高档牛肉产品，有着广阔的发展前景。

1. 犊牛白肉的生产　犊牛白肉指利用全乳、脱脂乳或代用乳将犊牛饲养至3～6月龄，不喂其他任何谷物饲料、草料，体重100 kg左右时屠宰所产出的牛肉。犊牛白肉肉质软嫩，味道鲜美，肉呈浅粉色，肉质软嫩，味道鲜美，烹饪后呈现特有的白色，故俗称“小白牛肉”，营养价值很高，蛋白质比一般牛肉高27.2%～63%，脂肪低90%，其牛肉的价格是一般牛肉的8～10倍。

犊牛白肉由于用乳喂养，每增重1 kg牛肉约需要消耗10 kg全乳，用代用乳或人工乳饲喂，平均生产1 kg犊牛白肉需要13 kg代用乳或人工乳，饲养成本高。

2. 小牛肉的生产 犊牛出生后6个月或8个月，以牛乳为主，搭配少量混合精料育肥至250～350 kg时屠宰的牛肉，称为“小牛肉”，有小胴体和大胴体之分。生产小胴体的犊牛应在180日龄时结束育肥，宰前活重应达250～300 kg；生产大胴体的犊牛应到240日龄结束育肥，宰前活重应达300～350 kg。

出生犊牛要尽早喂给初乳；以后至4周龄前，每日可以随母哺乳或人工哺乳，按体重的10%～12%喂给，从第5周开始，让犊牛学吃草料；10周龄起，喂乳量按体重的8%～9%喂给，精料日喂量增加到0.5～0.6 kg，精料的喂量随日龄逐渐增加，全育肥期的粗料可用青干草或青草，让其自由采食。

（二）育成牛育肥

根据育肥强度不同，育成牛育肥分为幼龄强度育肥和架子牛育肥。

1. 幼龄强度育肥 幼龄强度育肥是指犊牛断奶后立即转入生长育肥阶段，一直保持很高的日增重，达到屠宰体重时为止，也叫持续育肥。育肥期采用全舍饲、高营养水平，使其日增重保持在1.2 kg以上，周岁左右结束育肥，膘情上等，体重达400 kg以上。精料日喂量达3～5 kg。

具体饲养管理方法是：定量喂给精料和主要副料，粗料不限量；自由饮水，冬季饮水的温度不低于20℃，肉牛宜拴系饲养，尽量限制运动，保持环境安静，公牛不去势，但要远离母牛圈。用乳用公犊进行持续育肥时，可以得到更大的日增重和出栏体重。但是由于乳用品种的代谢类型不同于肉牛品种，所以每千克增重所需精料量较肉牛品种高30%以上。这种方法生产的牛肉，质鲜嫩，仅次于“犊牛肉”，而成本较犊牛育肥法低。但是，该法精料消耗量较大，适宜在精料资源丰富的地方应用。

2. 架子牛育肥 架子牛育肥又称后期集中育肥，是在犊牛断奶后，由于饲养条件限制，不能保持较高的增重速度，只有在屠宰前集中3～4个月充分利用补偿生长的特点进行强度育肥。架子牛育肥是我国常用的一种育肥方式。架子牛通常从外地等购入至育肥场进行育肥，也称易地育肥。

(1)架子牛的选择。架子牛选择是获得良好育肥效果的重要环节，一般情况下进行选择应考虑以下因素：

品种：首先要选良种肉牛或肉乳兼用牛及其与本地牛的杂交牛，其次选荷斯坦公牛和荷斯坦公牛与本地牛的杂交后代。

性别：不去势公牛的生长速度和饲料转化率均明显高于母牛和阉牛，且胴体的瘦肉多，脂肪少。现在许多国家都用公牛直接育肥，以高效率生产大量优质牛肉。生产优质牛肉高等级切块，应当在犊牛断奶后去势，如“雪花牛肉”。

年龄：年龄对育肥牛增重影响很大，最好选择1～2岁的牛进行育肥。在生产实践中，应把年龄的选择与饲养计划、生产目的及经济效益结合起来加以考虑。如计划饲养3～5个月出售，应选购1～2岁的架子牛；利用大量粗饲料育肥时，选购两岁牛较为有利。

体重：一般认为，在同一年龄阶段，体重越大、体况越好，育肥时间就越短，育肥效果也越好，最好选择250～350 kg的架子牛。

体型：架子牛要体型大、肩部平宽、胸宽深、背腰平直而宽广、腹部圆大、肋骨弯曲、臀部宽大、被毛细而亮、皮肤柔软而疏松并有弹性。

健康：架子牛应健康，没有疾病。

(2)新购进架子牛的饲养管理

消毒：架子牛进场前1周，应将牛舍彻底打扫干净，彻底消毒，消毒可用2%～3%火碱或10%石灰乳喷洒，用0.1%的高锰酸钾溶液对器具进行消毒。

饮水：架子牛经过长距离运输，应激反应大，胃肠食物少，体内严重缺水，应逐渐补充水和饲料。第一次饮水切忌暴饮，饮水量限制为15～20 L，每头牛可另补人工盐100 g，水中掺些麸皮效果更好。第二次饮水，应在第一次饮水后3～4 h。

饲喂粗饲料：当架子牛饮足水后，便可饲喂优质青干草、青贮饲料或氨化秸秆。第一次饲喂量，每头牛4～5 kg左右为宜，以后逐渐增加喂量，5～6 d后即可让其自由采食。对新引进的架子牛，粗饲料最好为长草，饲喂青贮料时最好添加适量的缓冲剂（碳酸氢钠）中和酸度。

混合精料的饲喂：架子牛到达牛场的第1 d，只喂粗饲料，第2～3 d开始饲喂混合精料。精饲料量应严格控制，由少到多，需有1～2周的适应饲养期，逐渐增加到给量标准。

驱虫健胃：驱虫从牛入场的第5～6 d进行，可用丙硫咪唑、左旋咪唑等空腹服下。驱虫后3 d健胃，可口服人工盐60～100 g或每头灌服健胃散350～450 g。

【案例分析】重庆市某一牛场从山东购进了50头杂交肉牛用于育肥，到场后立即让其自由饮水，同时饲喂精料，请分析以上做法是否合理，并阐述其正确做法。

分析：这一做法是错误的，容易产生应激综合征，导致肉牛出现水中毒病和肉牛消化机能紊乱。新到场的架子牛经过长距离运输，应激反应大，胃肠食物少，体内严重缺水，应逐渐补充水和饲料。第一次饮水切忌暴饮，饮水量限制为15～20 L，每头牛可另补人工盐100 g，然后间隔3～4 h进行第二次饮水。当架子牛饮足水后，最后用长干草进行饲喂，每头牛4～5 kg左右为宜，以后逐渐增加喂量。架子牛到达牛场的第1 d，只喂粗饲料，第2～3 d起开始饲喂混合精料。精饲料量应严格控制，由少到多，需要1～2周的适应饲养期，逐渐增加到给量标准。

（3）架子牛育肥方法

架子牛育肥主要有高能日粮强度育肥法、青贮料育肥法、酒糟育肥法等。

高能日粮强度育肥法：这是一种精料用量很大而粗料比例较少的育肥方法。一般分为三个时期。过渡饲养期（20 d）：对肉牛进行驱虫健胃，让其适应新的饲料和环境，消除运输造成的应激反应，恢复牛的体力和体重，同时观察牛的健康状况。对于刚进场的肉牛应让其自由采食粗饲料，粗饲料的长度约5 cm，上槽后仍以粗饲料为主，切成1 cm。精料0.5 kg/（头·天），逐渐增加到1.5～2 kg/（头·天），精粗比例可控制为40∶60。育肥前期（40 d）：任务是让牛逐步适应精料型日粮，防止发生膨胀病、拉稀和酸中毒。精料日给量3～4 kg，干物质采食量逐步达到8 kg，精粗料比为（60～70）∶（30～40），日增重为1.2～1.4 kg。育肥后期（60 d）：干物质采食量达10 kg，精料日给量4 kg以上，精粗料比为（70～80）∶（20～30），日增重1.5 kg左右。饲草以青贮玉米秸秆或氨化麦秸秆为主，任其自由采食，不限量。尽量限制运动，注意牛舍和牛体卫生，环境要安静。为了让牛能够把大量精料吃掉，可以增加饲喂次数，且保证充足饮水。

青贮料育肥法：玉米秸秆青贮是育肥肉牛的好饲料，再补喂一些混合精料，能达到较高的日增重。选择300 kg以上的架子牛，预饲期10 d，单槽舍饲，日喂3次，日给精料5 kg，精料比例玉米为65%，麸皮12%～15%，油饼类为15%～20%，矿物质类为4%。利用青贮玉米秸秆育肥牛时，随着精料喂量的逐渐增加，青贮玉米秸秆的采食量逐渐下降，增重提高，但成本增加。

【案例分析】1000头的肉牛育肥场，若每头肉牛每天饲喂玉米秸秆青贮15 kg，需要青贮多大容积的玉米秸秆？

分析：本例中每头肉牛每天饲喂玉米秸秆青贮15 kg，1头牛1年需要的玉米秸秆青贮为15×365=5475 kg，1000头牛每年需要的玉米秸秆青贮=5475×1000=5475000 kg，一般每立方米青贮窖可青贮玉米秸秆500 kg，因此需要的青贮窖容积=5475000÷500=10950 m^3。

酒糟育肥法:开始阶段,由于牛不喜食酒糟,只给少许,以干草和粗料为主。半个月以后,逐渐增加酒糟,减少干草喂量,到育肥中期酒糟量可达20~30 kg/d,同时配以少量精料和适口性好的饲料,以保证良好的食欲。饲喂酒糟时,先喂干草、青贮秸秆,最后喂精料,喂料后1 h饮水,育肥牛要求喂精料5~6 kg,另外添加0.5%碳酸氢钠,同时补以维生素A和食盐。注意发霉变质的酒糟不能喂牛。

(三)成年牛育肥

用于育肥的成年牛往往是役用牛、奶牛和肉用母牛群中的淘汰牛。这类牛一般年龄较大,产肉率低,肉质差,经过育肥增加肌肉纤维间的脂肪沉积,肉的味道和嫩度得以改善,提高了经济价值。成年牛主要是增加体内脂肪的沉积,日粮以能量饲料为主,其他营养物质只要满足基本生命活动的需要即可。

成年牛育肥之前,要进行全面检查,凡是病牛均应治愈后再育肥,无法治疗的病牛不宜进行育肥;过老、采食困难的牛也不宜育肥,否则会浪费草料,达不到育肥效果。育肥前要驱虫、健胃、称重、编号,以利于记录和管理。育肥期不宜过长,一般以2~3个月为宜。对膘情较差的牛,可先用增重较低的营养物质饲喂,使其适应育肥日粮,经过一个月的复膘后再提高日粮营养水平,这样可避免发生消化道疾病。附近有草山、草场或野地的,在青草期可先将瘦牛放牧饲养,利用青草使牛复壮,而后再进行育肥,这样可节省饲料,降低成本。育肥期内,应及时调整日粮,灵活掌握育肥期。混合精料的日喂量以体重的1%为宜。粗饲料以青贮玉米或氨化秸秆为主,任其自由采食,不限量。

思考:如何进行犊牛白肉和小牛肉的生产,它们之间有何区别?

【本章小结】

本章介绍了肉用犊牛、育成母牛、繁殖母牛、架子牛的饲养管理技术,肉牛的育肥方式及育肥技术。要求掌握不同阶段肉牛的饲养管理技术、肉牛的育肥技术。

【思考题】

1. 简要回答育肥肉牛的管理措施。
2. 新到架子牛的管理措施有哪些?
3. 什么叫架子牛育肥?架子牛选择的标准有哪些?

第七章　牛场的建设与粪污处理

牛场的选址和牛舍的建筑，需要根据现有牛的数量和今后发展规模的大小、资金多少、机械化程度和设备而确定。同时应符合畜牧兽医卫生、经济适用、便于管理和有利于提高利用率、降低生产成本等条件。因此，牛场的规划布局要做到科学，留有发展余地，采用无害化、资源化设计，科学处理和利用粪污。

第一节　牛场场址选择与布局

一、牛场场址的选择

牛场场址的选择要因地制宜，应根据牛场生产规模、生产特点、饲养管理方式等方面的实际情况，对当地气候条件、地势、地形、水源、土质，居民点的位置、交通、电力以及物质供应等进行全面考虑。

（一）地势和地形

修建牛场要选在地势高燥、背风、向阳、开阔，地下水位低，地面平坦并略有缓坡的地方，不可建在低洼或风口处。

牛场大小可根据养牛数量来定，每头乳牛平均占地面积为160～200 m^2（育成牛每头按0.5成年牛当量，犊牛按0.2头成年牛当量）计算，半放牧半舍饲按照低限设计，舍饲按照高限设计，牛舍及房舍面积占场地总面积的比例为10%～20%。

【案例分析】某地要建设一个1000头的奶牛场，其成年母牛约600头，犊牛150头，育成母牛250头，请分析其各种牛舍所需的面积。

分析：一般每头成年母牛平均占地面积为160～200 m^2，每头育成牛按0.5头成年牛当量计算，犊牛按0.2头成年牛当量计算。

成年母牛舍：600×（160～200）=96000～120000 m^2。

育成母牛舍：250×0.5×（160～200）=20000～25000 m^2。

犊牛舍：150×0.2×（160～200）=4300～6000 m^2。

（二）水源

可供牛场选择的水源主要有两种，即地下水和地面水。不管以何种水源作为牛场的生产用水，都必须满足以下条件：

（1）水量充足　既能满足牛场内人畜饮用和其他生产、生活用水，还要考虑消防用水。在舍饲条件下，一般乳牛的用水量为100～120 L/(头·d)，犊牛的用水量为30～40 L/(头·d)，人的生活用水量为20～40 L/(人·d)。

（2）水质符合卫生要求

（3）取用方便、投资小

（三）土质

牛场的土质应透气性强，吸湿和导热性好，质地均匀，抗压性强。沙壤土最理想，沙土较适宜，黏土最不适宜。

(四)社会环境

牛场四周幽静,无污染源,交通便利,但与公路主干线距离不小于500 m,应距居民点1000 m以上,且位于下风处,远离其他畜禽养殖场,牛场周围1500 m以内无化工厂、畜禽交易市场和屠宰厂等容易产生污染的企业和单位;距离风景旅游区、自然保护区以及水源保护区2000 m以上。供电方便,电力充足。最好能有一定面积的饲料地,以解决青饲料及青贮所需,一般按每头成年牛4~5亩计算。

二、牛场的规划和布局

(一)牛场的规划

牛场的规划既要因地制宜,又要满足牛的生理特点需要,有利于生产,能符合经久耐用、便于饲养管理、提高工作效率的原则。在保证防疫卫生要求的前提下,按最佳生产联系安排各功能区和各类建筑物的位置,生活区、办公区要与生产区分开,且在生产区的上风向。场地建筑物的位置尽可能做到整齐、紧凑、美观。

牛场规划应遵循的原则:在满足需要的基础上,要节约用地;考虑今后的发展,应留有余地;尽量利用自然条件做好防疫卫生,同时为管理和实现机械化创造方便;有利于环境保护。

1. 生活管理区 应设在牛场上风向和地势较高地段,与生产区严格分开,保证50 m以上距离,又与外界联系方便,该区设有与经营管理有关的办公室、会议室、接待室、宿舍和食堂。外来人员、场外运输车辆只能在管理区活动,严禁进入生产区。

2. 生产区 是牛场的核心,设在场区的较下风位置,是牛场的主要建筑群,也是卫生防疫的重点保护区,应当专设消毒室,并与其他区域隔离。该区要布局合理,分阶段分群饲养,如奶牛应按泌乳牛群、干乳牛群、待产牛群、犊牛、育成前期牛、育成后期牛、青年牛顺序排列,肉牛按育成牛、架子牛、育肥阶段排列。牛舍应坐北朝南,东西走向,牛舍与牛舍之间应保持适当的距离,布局整齐,以便防疫和防火,奶牛场的挤奶厅或管道挤奶附属设备用房要紧靠泌乳牛群。

3. 粪尿污水处理区 牛粪处理要设在生产区的下风处,并尽可能远离牛舍,防止污水粪尿废弃物蔓延污染环境。

4. 病牛隔离区 病牛隔离区必须远离生产区,尸坑和焚尸炉距牛舍300~500 m以上。病牛管理区要四周砌围墙,设小门出入,出入口建消毒池、专用粪尿池,严格控制病牛与外界接触,以免病原体扩散。

(二)牛场建筑物布局

牛场建筑物布局要使各建筑物在功能关系上建立最佳联系。

1. 布局要求 牛舍应平行整齐排列,两墙端之间距离不少于15 m,配置牛舍及其他房舍时,应考虑便于给料给草、运牛运奶和运粪以及适应机械化操作的要求。各类建筑物配置要遵守卫生及防火要求,宿舍距离牛舍应在50 m以上,牛舍间隔60 m。数栋牛舍排列时,每栋前后距离应视饲养投射所占运动场面积大小来确定。车库、料库、饲料加工应设在场门两侧,以方便出入;青贮窖、干草棚建于安全、卫生、取用方便之处;粪尿、污水池建于场外下风向。奶牛散养时,成年奶牛休息棚应靠近挤奶厅。兽医室和病牛舍建于其他建筑物的下风向。

2. 牛舍布局 牛舍要安置在与主风向的下风头的位置。北方建牛舍需要注意冬季防寒保暖,南方注意防暑和防潮。确定牛舍方向时还要注意自然采光。北方建牛舍应坐北朝南或坐西向东,但均应依当地地势和主方向等因素而定。牛舍要高于贮粪池、运动场、污水排泄通道的地方。

思考:南方奶牛场与北方奶牛场进行规划设计时有何区别?

第二节　奶牛场的设计与建造

一、奶牛场的设计

(一)奶牛舍的建筑形式

根据投资额度,地区差异等不同,所建造的牛舍类型多种多样。

1. 按开放程度分类　牛舍建筑形式按开放程度不同,奶牛舍可分为全开放式牛舍、半开放式和全封闭式牛舍。

(1)全开放式。一面或四面无墙(图7.1),该牛舍通风透光好,建筑简单、施工方便、造价低廉,适用于我国夏季温度高、湿度大、冬季也不太冷的华北以南地区。

图7.1　全开放式牛舍

图7.2　半开放式牛舍

(2)半开放式。三面有墙,一面(正面)或两面侧墙上部敞开,下部有0.6～1 m高的外墙(图7.2),具有防热容易保温难和投资费用少的特点,这种牛舍适用于我国温暖地区。

(3)全封闭式。在西北及东北地区应用最为广泛,冬天牛舍内可以保持10℃以上,夏天借助开窗自然通风和风扇等物理送风降温(图7.3)。

图7.3　全封闭式牛舍

2. 按屋顶结构分类　按屋顶结构不同,奶牛舍可分为单坡式、双坡式、钟楼式和半钟楼式等(图7.4)。

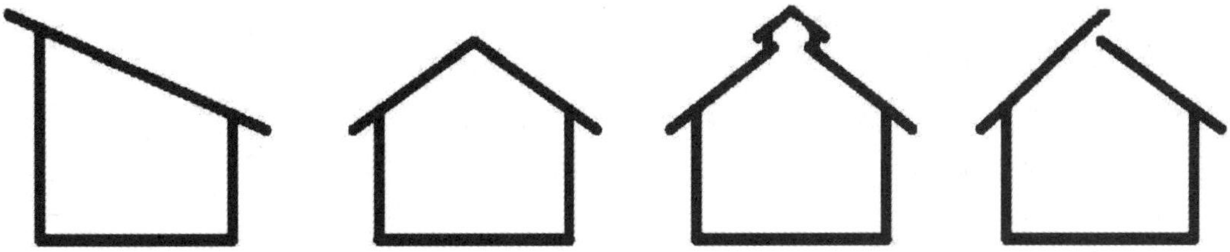

图7.4　奶牛舍的建筑形式

单坡式:通风透光好,投资少,但冬季保暖性能差。适合小规模牛场。

双坡式:牛舍造价相对较低,可利用面积大,易施工,适用性广。加大舍内门窗面积,可增强通风换气,冬季关闭门窗有利于保温。

钟楼式:通风良好,防暑作用较好,但结构比较复杂,耗材多,造价高,不利于冬季防寒保暖。

半钟楼式:通风效果较好,但夏季牛舍北侧较热,寒冷地区冬季保暖防寒不易控制。

二、奶牛舍的建造

常见的奶牛饲养方式有拴系式和散栏式,规模化奶牛养殖多为散栏式饲养,小规模养殖中有些采用拴系式饲养。

(一)拴系式牛舍

拴系式牛舍,是传统的奶牛生产管理方式,每头牛单独拴系,奶牛的饲喂、挤奶、休息均在牛舍内。其优点是能做到个别饲养,分别对待,也便于人工授精、兽医等操作;奶牛如有发情或出现不正常现象极易发现;同时还可避免严寒气候对人畜的侵袭。缺点是劳动生产效率低,不利于推行机械化,劳动强度大,奶牛的角和乳房易受损伤等。

拴系式牛舍内牛床的排列方式可分为单列式和双列式,双列式中包括对头式和对尾式。对头式中间为饲喂通道,两侧各有一条除粪通道,便于饲喂,但挤奶不方便,而且奶牛的尾部对墙,其粪便就容易污染墙面,给牛舍的卫生工作带来不便,而且增加了奶牛疾病的传播机会。对尾式中间为除粪通道,两侧各有一条喂饲通道,便于饲养员对奶牛发情和生殖器官疾病情况的观察,但不利于饲喂。

拴系式牛舍的设施主要包括牛床、饲槽、颈枷以及饲草料通道等。牛床位于饲槽后面,牛床长1.6 ~ 1.9 m,宽1.1 ~ 1.25 m。为了防止牛只相互侵占床位和便于挤奶、管理,可在牛床之间装钢管隔栏,其长度为牛床地面长度的2/3。牛床地面应向粪沟有1%的倾斜度。

牛床前面设有固定的水泥饲槽,槽底为弧形,最好用水磨石建造,表面光滑,便于清理,经久耐用。饲槽宽为60 ~ 80 cm,前沿高为60 ~ 80 cm,饲槽后沿高度为20 ~ 30 cm,中央应有月牙形缺口,以方便奶牛采食或休息。

牛舍地面多为混凝土地面,在牛床和牛进出通道应划防滑线,以防奶牛滑跌,这种地面有利洗刷、消毒、卫生好。缺点是导热性大,冬天需铺垫草,同时肢蹄发病率高。

(二)散栏式牛舍

散栏式牛舍是将牛群用围栏围于带有卧床的牛舍内,使牛在不拴系、无固定卧栏的牛舍内自由采食、自由饮水和自由运动。

1. 卧床　一般牛床长2 m,宽1.2 ~ 1.3 m,应当具有适当的坡度,一般为4%左右,前高后低,垫料有锯末、橡胶、刨花、牛粪渣、细砂等。

2. 牛舍通道　包括粪挤道和奶通道,粪道地面要求结实、防滑,设置凹槽,槽间距4 ~ 5 cm,槽的深度和宽度均为1 cm。挤奶通道可以铺设橡胶垫,防滑。

3. 饲料通道　饲槽和饲料通道一般处于同一平面,地面饲槽,宽50 cm,可以用水泥做成,表面应光滑。饲料通道宽3.5 ~ 4.5 m,一般为水泥地面。

(三)奶牛场的附属建筑

规模化牛场的附属建筑包括运动场、饲料加工厂、青贮窖或青贮塔及干草贮藏室、消毒池、兽医室、病牛隔离室、挤奶厅等辅助设施。

1. 奶牛运动场

(1)运动场的地面与围栏。运动场是奶牛休息、运动的地方,使奶牛受到外界气候因素的刺激和锻炼,促进机体代谢,提高免疫力。运动场一般设在牛舍的南面,离牛舍5 m左右,以利车辆的通行和植树绿化。运动场的面积一般为奶牛舍建筑面积的3 ~ 4倍。运动场要求方正,砖铺地面积和泥土地面积各占50%,这样有利于晴天和雨天奶牛的休息及运动场粪便的清理,减少奶牛蹄病的发生。运动场还应有一定的坡度,靠近牛舍处稍高,东西南三面稍低(坡度为1%),并在三面设排水沟,以利于雨水、尿液的排除。

运动场的围栏主要是为了保证奶牛在运动场内自由活动。横栏及栏柱要求坚固，立柱间距3 m左右。在栏柱地上部分的0.6 m和1.15 m处各设一根横栏，以防奶牛越出。围栏门宽度与牛舍门基本一致。栏柱也可以用钢筋混凝土预制柱。围栏门通常采用钢管横鞘，即大管套小管，作横向推拉开关。这种做法经济实用。围栏面积：成年母牛为20～25 m^2，育成牛为15～20 m^2，犊牛为8～10 m^2。

(2)运动场内的设施。运动场内设施主要包括饮水槽、饲槽和凉棚等。

①饮水槽。通常为长方形，宽度为0.5 m，深度为0.4 m，长度根据奶牛头数的多少而定。水槽的高度不宜超过0.7 m。在水槽的一端设盛矿物盐的小槽，以使奶牛自由舔食。在水槽周围奶牛站立处，要硬化地面，以利排水，保证运动场的干燥，水槽内应始终保持饮水清洁卫生。

②饲槽。主要用于给奶牛补充粗饲料如青草、块茎类补充饲料，饲槽通常设置在运动场一侧，离牛舍门口稍近，便于把牛吃剩下的草收起来放进运动场内的饲槽里，让牛自由采食。

③凉棚。一般设在运动场的中间，具有隔雨雪，防日晒的作用。凉棚不宜建得过低，否则不利于顶部热空气流通，也容易被牛抬头啃坏，以3.5 m高左右为宜。建筑面积按每头牛3～4 m^2，即可满足要求，目前奶牛场常用一种黑色塑料网状遮阳布，效果较好。在运动场的周围可以植树，进行绿化，这更有利于夏季奶牛遮阳。

2. 饲料加工厂 饲料加工厂主要包括粗饲料以及精饲料的加工。在进行饲料加工的时候，会产生大量的粉尘，对牛群的健康生长不利，一般饲料加工厂应位于全场主导风向的下方；必要时，在饲料加工厂与畜舍之间种植50～100 m防护林带，来保证牛群的健康生长。饲料加工厂与外界联系比较密切，饲料加工厂最好单独设立一个与外界联系的大门，门口设置一个消毒池，进出的车辆和个人都需要进行严格的消毒。为了防止精饲料受潮，精饲料要放置在独立的饲料间中，饲料间的门窗要时常通风。饲料加工厂的建筑规模要保证存放的精饲料量能够维持整个场区牛群3～4个月的饲料量。

3. 青贮窖、青贮塔及干草贮藏室 它是整个牛场存放粗饲料的场所，其规模一般要保证维持整个场区3～4个月的粗饲料量。

4. 消毒池 牛场与外界联系的大门门口都要设置消毒池，对进出的车辆进行消毒，以保证整个场区的安全防疫。人员进出牛场，要有专门的消毒通道。一般情况下，消毒池常用钢筋水泥浇筑。供车辆通行的消毒池长4 m，宽3 m，深0.1 m；供人员通行的消毒池长2.5 m，宽为1.5 m，深0.05 m。

5. 兽医室 兽医室是养牛场必备的主要设施之一，其主要作用是存放一定量的药剂，并为场内的兽医提供工作的地方，方便兽医对牛群的检查和对病牛的治疗。

6. 病牛隔离室 病牛隔离室要与整个生产区保持一定的距离，一般要在100 m以上，最好在生产区的下风向，以免病菌对生产区造成影响。隔离室的牛床要比一般的牛床长且宽，最好是对尾布置。牛床的数量要按照整个场区牛群数量的2%～5%来建设。

7. 挤奶厅 挤奶厅是奶牛养殖场中最重要的附属设施，挤奶厅是为全场的成乳牛提供挤奶场所的地方，为了牛群周转以及人员的方便，挤奶厅要建在成乳牛舍的附近。一般情况下，为了节约成本，几栋成乳牛舍共用一个挤奶厅，其建筑规模要根据整个场区奶牛的数量和挤奶台运转时挤奶的效率来确定。

【注意事项】现代散栏饲养的奶牛场规划设计时应注意哪些问题？

现代散栏饲养的奶牛场通常实行全混日粮饲喂、机械厅挤奶、机械或人工结合清粪，因此，奶牛场的规划设计要注意保持环境干燥、保证原料奶的质量，考虑合理的养殖规模以及管理实现智能化，环境上要创造适宜奶牛生产生活所需的温度、湿度、光照、空气质量、粪污无害化处理、防疫安全隔离等。

第三节　肉牛场的设计与建造

一、肉牛舍的类型

（一）拴系式牛舍

1. **露天式育肥舍**　这种育肥场适合机械化操作，采取机械给料，方便清粪，育肥牛拴系管理，降低了劳动强度，适合对肉牛集中育肥。但由于肉牛活动量加大，饲料消耗增加，导致养牛成本增加。

2. **棚舍式牛舍**　为双坡式牛舍结构，结构简单，造价低，只有防晒遮雨棚，四面无墙。该牛舍防暑降温性能较好，适用于南方炎热地区。

3. **塑料暖棚式牛舍**　塑料暖棚式牛舍属于半开放式牛舍的一种，是近年北方寒冷地区推出的一种较保温的半开放式牛舍。与一般半开放式牛舍比，保温效果较好。塑料暖棚式牛舍三面全墙，向阳一面有半截墙，有1/2～2/3的顶棚。向阳的一面在温暖季节露天开放，寒季在露天一面用竹片、钢筋等材料做支架，上覆单层或双层塑料，两层膜间留有间隙，使肉牛牛舍呈封闭的状态，借助太阳能和肉牛牛体自身散发热量，使牛舍温度升高，防止热量散失。棚舍一般坐北朝南。

（二）围栏式散养牛舍

围栏式散养牛舍是肉牛在牛舍内部拴系，散放饲养，牛自由采食、自由饮水。围栏式牛舍多为开放式或棚舍式，并与运动场围栏相结合使用。

1. **开放式围栏牛舍**　牛舍三面有墙，向阳面敞开，与运动场围栏相接。水槽、食槽设在舍内，刮风、下雨天气，使牛得到保护，也避免饲草、饲料淋雨变质。舍内及围栏内均铺水泥地面。

2. **棚舍式围栏牛舍**　与拴系的棚舍式牛舍类似，但不拴系。

二、肉牛场牛舍建筑

（一）牛舍建筑结构要求

牛舍内应干燥，冬暖夏凉，房顶有一定的厚度，隔热保温性能好。舍内设施的安置应科学合理，以利于肉牛生长。

（1）高度。以屋檐高计算，一般为2.7～4.0 m，北方取低限，南方应较高，如果为半钟楼式屋顶，后檐比前檐高0.5 m。

（2）跨度。跨度与牛舍性质、牛床列数有关，成年牛双列式为8.4～9.3 m，架子牛双列式为6.9～7.8 m，单列式产房为5.4～6.9 m。

（3）长度。牛舍长度根据牛场规模、劳动定额、饲养员工作量等多方面考虑，一般每栋牛舍以饲养60～100头为宜。当不考虑牛舍内的其他附属建筑时，双排100头牛舍的长度为43～55 m。

（4）地基。土地坚实、干燥，可利用天然的地基。若是疏松的黏土，需用石块或砖砌好地基并高出地面，地基深80～100 cm。地基与墙壁之间最好要有油毡绝缘防潮层。

（5）墙壁。砖墙厚50～75 cm。从地面算起，应抹100 cm高的墙裙。在农村也用土坯墙、土打墙等，但距从地面算起应砌100 cm高的石块。土墙造价低，投资少，但不耐久。

（6）门与窗。牛舍的大门应坚实牢固，宽200～250 cm，不用门槛，最好设置推拉门。一般南窗应较多、较大（100 cm×120 cm），北窗则宜少、较小（80 cm×100 cm）。牛舍内的阳光照射量受牛舍的方向、窗户的形式、大小、位置、反射面的影响，所以要求不同。窗台距地面高度为120～140 cm。

（7）牛床。一般肉乳兼用牛床长160～180 cm，每个床位宽110～120 cm。本地牛或肉用的牛床可适当小些，床长170～180 cm，宽116 cm。肉牛育肥期因是群饲，所以牛床面积可适当小些，或用通槽。牛床坡度为1.5%，前高后低。牛床类型有下列几种：

①水泥及石质牛床：其导热性好，比较硬，造价高，且清洗和消毒方便。

②沥青牛床：保温好并有弹性，不渗水，易消毒，遇水容易变滑，修建时应掺入煤渣或粗砂。

③砖牛床：用砖立砌，用石灰或水泥抹缝。导热性好，硬度较高。

④木质牛床：导热性差，容易保暖，有弹性且易清扫，但容易腐烂，不易消毒，造价也高。

⑤土质牛床：将土铲平，夯实，上面铺一层砂石或碎砖块，然后再铺层三合土，夯实即可。这种牛床可就地取材，造价低，并具有弹性，保暖性好，并能护蹄。

(8)通气孔。通气孔一般设在屋顶，大小因牛舍类型不同而异。单列式牛舍的通气孔为70 cm×70 cm，双列式为90 cm×90 cm。北方牛舍通气孔总面积为牛舍面积的0.15%左右。通气孔上面设有活门，可以自由开关。通气孔应高于屋脊0.5 m或在房的顶部。

(9)尿粪沟和污水池。为了保持舍内的清洁和清扫方便，尿粪沟应不透水，表面应光滑。尿粪沟宽28～30 cm，深15 cm，倾斜度1:(100～200)。尿粪沟应通到舍外污水池。污水池应距牛舍6～8 m，其容积以牛舍大小和牛的头数多少而定，一般可按每头成年0.3 m^3、每头犊牛0.1 m^3计算，以能贮满一个月的粪尿为准，每月清除一次。为了保持清洁，舍内的粪便必须每天清除，运到距牛舍50 m远的粪堆上。要保持尿粪沟的畅通，并定期用水冲洗。

(10)通道。牛舍通道分饲料通道和中央通道。对尾式饲养的双列式牛舍，中间通道宽130～150 cm，两侧饲料通道宽80～90 cm。

(11)饲槽。饲槽设在牛床的前面，有固定式和活动式两种。以固定式的水泥饲槽最适用，其上宽60～80 cm，底宽35 cm，底呈弧形。槽内缘高35 cm(靠牛床一侧)，外缘高60～80 cm。

【案例分析】一个500头的架子牛育肥场，每年产生的粪尿量为多少？

分析：一头育肥牛平均每天排泄的牛粪约35 kg，尿量约10 kg，因此，牛场每天产生的粪量为500×35=17500 kg，每天产生的尿量为500×10=5000 kg，每年产生的粪量为17500×365÷1000=6387.5 t，每年产生的尿量为5000×365÷1000=1825 t。

(二)辅助性建筑

肉牛场辅助性建筑有运动场、草料库、饲料库、饲料加工场、青贮窖和氧化池等。肉牛场辅助性建筑建于地势较高、排水通畅、地下水位低的地方。

1. 运动场　运动场是牛活动、休息、饮水和采食的地方。一般育肥牛不需要运动场，但育成牛、架子牛等需有运动场。运动场的大小根据牛舍设计的规模而定。成年牛为15～20 m^2/头、架子牛为15 m^2/头、育成牛为10～15 m^2/头，犊牛为5～10 m^2/头。运动场围栏要结实，高度为150 cm。运动场内要设置饮水槽和凉棚。运动场应有一定的坡度，以利排水，场内应平坦、坚硬，一般不硬化，或硬化一部分。场内设饮水池、补饲槽和凉棚等。

运动场的围栏高：成年牛为1.2 m，犊牛为1.0 m，埋入地下0.5 m以上。立柱为水泥柱，间隔为2～3 m，横栏为废旧钢管、木柱等，横栏间隙为0.3～0.4 m。

2. 草料库　草料库大小根据饲养规模、粗饲料的贮存方式、日粮的精粗比、容重等确定。一般情况下，切碎玉米秸的容重为50 kg/m^3左右，在已知容重情况下，结合饲养规模、采食量大小，做出对草料库大小的粗略估计。用于贮存切碎粗饲料的草料库应建得较高，为5～6 m高，草料库的窗户离地面也应高，至少为4 m以上，用切草机切碎后直接喷入草料库内，新鲜草要经过晾晒后再切碎，不然可引起草的发霉。草料库应加强防火，门用耐火材料制成，外墙上设有消防用具，距下风向建筑物应大于50 m。

3. 饲料加工场 饲料加工场应包括原料库、成品库、饲料加工间和青贮池等。原料库的大小应能贮存肉牛场10～30 d所需的各种原料，成品库可略小于原料库，库房内应宽敞、干燥、通风良好。室内地面应高出室外30～50 cm，地面以水泥地面为宜，房顶要具有良好的隔热、防水性能，窗户要高，门、窗注意防鼠，整体建筑注意防火等。

（三）不同类型肉牛舍建筑

肉牛场牛舍建筑按照牛的不同生理阶段可分为成年母牛舍、犊牛舍、育肥牛舍和架子牛舍等。

1. 犊牛舍 分为两部分，即初生犊牛栏和犊牛栏。初生犊牛栏，长1.8～2.4 m，宽1.2～1.5 m，过道侧设长0.6 m、宽0.4 m的饲槽，门宽0.6 m。犊牛栏之间用高1 m的挡板相隔，饲槽端为栅栏（高1 m）带颈枷，地面高出外部10 cm，向门侧有1.5%坡度，以便清扫。犊牛栏长1.5～2.7 m（靠墙为粪尿沟，也可不设），过道端设统槽，统槽与牛床间以带颈枷的木栅栏相隔，高1 m。每头犊牛占地面积3～4 m^2。

犊牛舍必须考虑屋顶的隔热性能和舍内的温度及昼夜温差，所以墙壁、屋顶、地面均应重视，并注意门窗安排，避免穿堂风。初生牛犊对温度的抗逆力较差，所以南方气温高的地方注意防暑，北方重点防寒。北方冬天初生犊牛舍可采用木头地板或厚垫草，否则不利于犊牛存活。犊牛舍不宜用煤炉取暖，可用火墙、暖气等取暖。

2. 育肥牛舍 育肥牛舍通常采取头对头式，牛床和粪尿沟一起长2.2～2.5 m，牛床宽0.9 m，中央饲料通道1.6～1.8 m，饲槽总宽0.8 m。牛舍总跨度为8 m左右。

小围栏棚舍式自由采食牛舍，小围栏长8～12 m，宽6 m，围栏高1.2 m，中央饲喂走道兼饲槽高于牛栏0.3～0.4 m，边沿（作槽沿用）高0.1～0.15 m。棚舍屋顶可用轻质材料，下垫隔热硬海绵。

第四节 牛场的粪污处理

一、牛粪的处理方法

（一）堆肥发酵处理

牛粪用作肥料还田是最经济的办法，既可以有效地处理动物废弃物，又可将其中有用的营养成分循环利用于土壤。牛粪发酵处理时利用各种微生物的活动来分解粪中的有机成分，可以有效地提高这些有机物质的利用率。具体做法：将粪便堆积，控制相对湿度为70%左右，形成发酵的环境，微生物大量繁殖，有机物分解为能被植物吸收利用的无机物和腐殖质，抑制臭气产生，同时发酵的高温（50～70℃）可杀灭病原微生物、寄生虫卵、杂草种子等，达到无害化处理的目的。采用该法需要有足够的农田消纳粪肥，通常情况下，1头牛需要5～10亩的配套土地来消纳粪污。

（二）生产沼气

利用牛粪有机物在高温、厌氧条件下经微生物（厌氧细菌）降解成沼气，同时杀灭粪水中的大肠杆菌、蠕虫卵等。产生的沼气可作生活能源，残渣又可作肥料。除严寒地区外我国各地都有用沼气发酵开展粪尿污水综合利用的成功经验。我国北方冬季为了提高产气率往往需要给发酵罐加热，主要原因是沼气发酵在15～25℃时产气率极低，从而增加沼气生产成本。

（三）牛粪的有机肥加工

利用微生物发酵技术，将牛粪经过多重发酵，使其完全腐熟，并彻底杀死有害病菌，使粪便成为无臭、完全腐熟的活性有机肥，从而实现奶牛粪便的资源化、无害化、无机化，同时解决牛场因粪便所产生的环境污染。所生产的有机肥，广泛应用于农作物种植和城市绿化及家庭花卉种植等。

牛粪商品有机肥生产技术路线：

牛粪原料收集→接种微生物发酵菌剂→通氧发酵→脱臭、脱水→加入配料平衡氮磷钾→粉碎→包装粉状肥
↓
造粒→包装颗粒肥

（四）循环利用

该法是将牛粪与猪、鸡粪按一定比例制成优质蘑菇栽培料，种植蘑菇，再将种植蘑菇的废渣加工成富有营养价值的生物菌糠饲料，饲喂牛、羊、猪等。多次重复循环利用，不仅治理了各类养殖场的污染，还充分利用了资源，创造出更高的经济效益。

（五）蚯蚓养殖综合利用

利用牛粪养殖蚯蚓近年来发展很快，日本、美国、加拿大等许多国家先后建立不同规模的蚯蚓养殖场。我国目前也广泛进行人工养殖和生产。

二、污水处理

（一）物理处理法

物理处理法是利用格栅或滤网等设施进行简单的物理处理方法。经物理处理的污水，可除去40%～65%的悬浮物，并使生化需氧量下降25%～35%。

（二）化学处理法

化学处理法是用化学药品除去污水中的溶解物质或胶体物质的方法。

1. **混凝沉淀** 用三氯化铁、硫酸铝、硫酸亚铁等混凝剂，使污水中的悬浮物和胶体物质沉淀而达到净化的目的。

2. **化学消毒** 常用次氯酸钠消毒法，把漂白粉加入污水中达到净化目的，该方法方便有效，经济实用。

（三）生物处理法

生物处理法是利用污水中微生物的代谢作用分解其中的有机物，对污水进一步处理的方法。

1. **活性污泥法** 在污水中加入活性污泥并通入空气，使其中的有机物被活性污泥吸附、氧化和分解以达到净化的目的。

2. **生物过滤法** 使污水通过一层表面充满生物膜的滤料，依靠生物膜上微生物的作用，并在氧气充足的条件下，氧化水中的有机物。

【案例分析】重庆某一公司拟新建一个存栏2万头的育肥肉牛场，目前正在进行规划设计，请根据所学专业知识分析肉牛场运行中可能出现的问题。

分析：牛场规模过大，以下几个问题很难解决：第一，牛源问题。目前，全国各地架子牛紧缺，如果仅靠到其他地区去购买架子牛而不是靠本地提供牛源，不仅会增加疫病的风险，同时，牛源也得不到保证。第二，粪尿和污水处理问题。牛场规模过大，每天将产生的大量粪尿、污水，粪污的处理将成为严峻的问题。第三，青贮饲料的来源与供应渠道。2万头规模的育肥场，每天需要消耗几十万吨的青贮饲料，牛场青贮饲料的来源与供应半径增大，运输成本增加，从而影响肉牛养殖效益。第四，疫病风险。牛场疫病的防控压力大，一旦牛场发生传染性疾病，可能会波及整个牛场，造成巨大的经济损失。

讨论：万头以上牧场利大还是弊大，现代化牧场多大规模合适？

【本章小结】

本章主要阐述了牛场场址的选择和规划，奶牛场、肉牛场的建筑与设计，规模化牛场牛粪、污水等处理及利用。要求重点掌握奶牛场和肉牛场的建筑要求。

【思考题】

1. 简述牛场场址的选择及场内布局规划原则。
2. 奶牛舍和肉牛舍有哪些类型?
3. 简述肉牛、奶牛舍建筑结构要求及奶牛场附属设施。
4. 规模化牛场粪污处理及利用途径有哪些?

【主要参考文献】

[1] 昝林森.牛生产学(第二版).北京:中国农业出版社,2007
[2] 王加启.现代奶牛养殖科学.北京:中国农业出版社,2006
[3] 左福元.轻轻松松养肉牛.北京:中国农业出版社,2010
[4] 莫放.养牛生产学(第2版).北京:中国农业出版社,2010
[5] 王玲.怎样养种牛.重庆:西南师范大学出版社,2009
[6] 张沅.奶牛科学. 北京:中国农业大学出版社,2007
[7] 孟庆翔.肉牛生产与经营决策(第4版).北京:中国农业出版社,2004
[8] 左福元.无公害肉牛标准化生产.北京:中国农业出版社,2006
[9] 全国畜牧总站.奶牛标准化养殖技术. 北京:中国农业科学技术出版社,2012
[10] 全国畜牧总站.肉牛标准化养殖技术. 北京:中国农业科学技术出版社,2012

第四篇 羊生产

第一章 羊的品种

我国养羊业的历史悠久，绵、山羊品种资源类型十分丰富，分布范围广，经数千年来的驯化、培养和选育，在不同的生态类型下形成了对当地自然环境适应性很强的品种和类群，包括有繁殖率高、产绒量高、羔皮用和裘皮用等专门化的品种，在生产性能方面表现出了各自的特点，满足不同的社会需求。近年来，又相继引进了特克塞尔羊、波德代羊、杜泊羊、波尔山羊等优良绵、山羊品种。

第一节 国内外主要绵羊品种

一、我国主要绵羊品种

1. 新疆细毛羊

新疆细毛羊是我国育成历史最久，数量最多的细毛羊品种，具有较高的毛肉生产性能及经济效益。1954年育成于新疆维吾尔自治区巩乃斯种羊场，是我国育成的第一个细毛羊品种。1981年国家标准局正式颁布了《新疆细毛羊国家标准(GB2426-81)》。

新疆细毛羊体质结实，结构匀称。公羊鼻梁微有隆起，母羊鼻梁呈直线或几乎呈直线。公羊大多数有螺旋形角，母羊大部分无角或只有小角。公羊颈部有1～2个完全或不完全的横皱褶，母羊有一个横皱褶或发达的纵皱褶，体躯无皱，皮肤宽松。胸宽深，背直而宽，腹线平直，体躯深长，后躯丰满。四肢结实，肢势端正。有的个体的眼圈、耳、唇部皮肤有小的色斑。毛被闭合性良好。羊毛着生头部至两眼连线，前肢到腕关节，后肢至飞节或以下。羊毛主体细度64支，平均直径为22.2 μm。羊毛油汗主要为乳白色及淡黄色，含脂率为12.57%～14.96%。

新疆细毛羊在全年以四季轮换放牧为主，部分羊群在冬春季节少量补饲条件下，较一些外来品种更能显示出其善牧耐粗、增膘快、生命力强和适应严峻气候的品种特色。

2. 中国美利奴羊

中国美利奴羊是1972～1985年间，在新疆的巩乃斯种羊场、紫泥泉种羊场、内蒙古嘎达苏种畜场和吉林查干花种畜场联合育成的。1985年经鉴定验收正式命名。中国美利奴羊体型外貌与澳洲美利奴羊相似，具有明显的细毛羊体型外貌特征，其生产性能和被毛质量接近澳洲美利奴羊。它是我国细毛羊中的一个高水平新品种。

3. 中国卡拉库尔羊

中国卡拉库尔羊是以卡拉库尔羊为父系，库车羊、哈萨克羊及蒙古羊为母系，采用级进杂交方法于1982年育成的羔皮羊品种。主要分布在新疆的库车、沙雅、新和、尉犁、轮台、阿瓦提等县和北疆准噶尔盆地莫索湾地区的新疆生产建设兵团农场。在内蒙古主要分布于伊克昭盟鄂托克旗、准格尔旗、阿拉善盟的阿拉善左、右旗和巴彦淖尔盟的乌拉特后旗等地。

中国卡拉库尔羊头稍长，耳大下垂，公羊多有螺旋形向外伸展的角，母羊多无角。胸深体宽，四肢结实，长肥尾羊。毛色主要为黑色、灰色、金色，银色较少。羔皮具有正常的强丝性光泽，毛卷多以平轴卷、鬣形卷为主。

4. 蒙古羊

蒙古羊产于蒙古高原，是一个十分古老的地方品种，也是在中国分布最广的一个绵羊品种。蒙古羊属短脂尾羊，其体型外貌由于所处自然生态条件、饲养管理水平不同而有较大差别。公羊多有角，母羊多无角或有小角，鼻梁隆起，颈长短适中，胸深，肋骨不够开张，背腰平直，四肢细长而强健。体躯被毛多为白色，头、颈与四肢则多有黑或褐色斑块。繁殖力不高，一般一胎一羔。

5. 西藏羊

西藏羊又称藏羊，藏系羊，是中国三大粗毛绵羊品种之一。西藏羊产于青藏高原的西藏和青海，四川，甘肃、云南和贵州等省区也有分布。

由于藏羊分布面积很广，各地的海拔、水热条件差异大，在长期的自然和人工选择下，形成了一些各具特点的自然类群。主要有高原型（草地型）和山谷型两大类型。各省、区根据本地的特点，又将藏羊分列出一些中间或独具特点的类型。如西藏将藏羊分为雅鲁藏布型藏羊、三江型西藏羊；青海省分出欧拉型藏羊；甘肃省将草地型西藏羊分成甘加型、欧拉型和乔科型三个型；云南省分出一个腾冲型；四川省又分出一个山地型西藏羊。

藏羊对高寒地区恶劣气候环境和粗放的饲养管理条件具有良好的适应能力。

6. 小尾寒羊

小尾寒羊是我国著名的地方优良品种，主要分布在山东省西南部，河南新乡、开封地区，河北南部、东部和东北部，安徽，江苏北部等。

小尾寒羊体质结实，身躯高大，四肢较长。短脂尾，尾长在飞节以上。鼻梁隆起，耳大下垂，公羊有螺旋形角，母羊有小角。公羊前胸较深，背腰平直。毛色多为白色，少数在头部及四肢有黑褐色斑块。

小尾寒羊生长发育快，产肉性能好，3月龄断奶公、母羔平均体重即可分别达到20.8 kg和17.20 kg，周岁公、母羊体重分别为60.8 kg和41.3 kg，成年公、母羊分别为94.1 kg和48.7 kg。

小尾寒羊全年发情，性成熟早，母羊5～6月龄即可发情，公羊7～8月龄可配种。母羊可一年两胎或两年三胎。每胎多产2～3羔，最多可产7羔，平均产羔率为270%左右。

7. 湖羊

湖羊产于太湖流域，分布在浙江省的湖州市（原吴兴县）、桐乡、嘉兴、长兴、德清、余杭、海宁和杭州市郊，江苏省的吴江等县以及上海的部分郊区县。湖羊以生长发育快、成熟早、四季发情、多胎多产、所产羔皮花纹美观而著称，为我国特有的羔皮用绵羊品种，也是目前世界上少有的白色羔皮品种。羔羊生后3 d内宰剥的羔皮称为“小湖羊皮”，为我国传统出口商品。羔皮毛色洁白光润，如丝一般光泽，皮板轻柔，花纹呈波浪形，紧贴皮板，扑而不散，在国际市场上享有很高的声誉，有“软宝石”之称。羔羊生后60 d以内屠剥的皮称为“袍羔皮”，皮板轻薄，毛细柔，光泽好，也是上好的裘皮原料。

湖羊繁殖能力强，母性好，泌乳性能高，性成熟很早。公羊一般在8月龄、母羊在6月龄配种。四季发情，可年产两胎或两年三胎，每胎多产，平均产羔率为229%。

湖羊对潮湿、多雨的亚热带产区气候和长年舍饲的饲养管理方式适应性强。

8. 滩羊

滩羊是我国独特的裘皮用绵羊品种，主要生产二毛皮。分布于宁夏和甘肃、内蒙古、陕西与宁夏毗邻的地区，但以宁夏境内的黄河以西，贺兰山以东的平罗、贺兰和银川等地所产二毛皮质量最好。

二毛皮是滩羊的主要产品，是羔羊生后30 d左右（一般在24～35 d）宰杀剥取的羔皮。鞣制好的二毛皮，毛色洁白，光泽悦目，毛股紧实，有美丽的花穗，具有保暖、美观、结实、轻便和不毡结等特点。

二、国外重要绵羊品种

1. 澳洲美利奴羊

从1797年开始，由英国及南非引进的西班牙美利奴羊、德国萨克逊美利奴羊、法国和美国的兰布列品种杂交育成，是世界上最著名的细毛羊品种。

澳洲美利奴羊体型近似长方形，腿短，体宽，背部平直，后躯肌肉丰满；公羊颈部有1~3个发育完全或不完全的横皱褶，母羊有发达的纵皱褶。毛丛结构良好，毛密度大，细度均匀，油汗白色，弯曲均匀整齐而明显，光泽良好。被毛覆盖头部至两眼连线，前肢至腕关节或腕关节以下，后肢至飞节或飞节以下。

在澳大利亚，美利奴羊被分为四种类型，它们是超细型和细毛型(Super Fine & Fine Merino)，中毛型(Medium Wool Merino)及强毛型(Strong Wool Merino)。其中又分为有角系与无角系两种。无角是由隐性基因控制的，通过选择无角公羊与母羊交配而培育出美利奴羊无角系。

超细型和细毛型美利奴羊主要分布于澳大利亚新南威尔士州北部和南部地区，维多利亚州的西部地区和塔斯马尼亚的内陆地区，饲养条件相对较好。其中，超细型美利奴羊体型较小，羊毛颜色好，手感柔软，密度大，纤维直径为18 μm，毛丛长度为7.0~8.7 cm；细毛型美利奴羊中等体型，结构紧凑，纤维直径为19 μm，毛丛长度为7.5 cm。

中毛型美利奴羊是美利奴羊的主要代表，分布于澳大利亚新南威尔士州、昆士兰州、西澳的广大牧区。体型较大，相对无皱，产毛量高，毛手感柔软，颜色洁白，纤维直径为20~23 μm，毛丛长度接近9 cm。此类型羊毛占澳大利亚产毛量的70%，主要用于制造西装等织品。

强毛型美利奴羊主要分布于新南威尔士州西部、昆士兰州、南澳和西澳，尤其适应于澳大利亚的炎热、干旱、半干旱地区。该羊体型大，光脸无皱褶，易管理，纤维直径为23~25 μm，毛丛长度约10 cm。此类型羊所产羊毛主要用于制作较重的布料以及运动衫。

我国于1972年以后开始引入澳洲美利奴羊，对提高和改进我国的细毛羊品质有显著效果。

2. 萨福克羊

原产于英国，用南丘羊与黑头有角的诺福克绵羊(Norfolk)杂交，于1859年培育而成。体格较大，骨骼坚强，头长无角，耳长，胸宽，背腰和臀部长宽而平，肌肉丰满，后躯发育良好。脸和四肢为黑色，头肢无被毛覆盖。成年公羊体重为113~159 kg，成年母羊为81~113 kg。产羔率为130%~140%。

我国新疆、宁夏已引进萨福克羊，其适应性和用其杂交改良的地方绵羊效果很好。

3. 无角陶赛特羊

无角陶赛特羊原产于澳大利亚和新西兰，用有角陶赛特与考力代羊(Corriedale)或雷兰羊(Ryeland)杂交，然后回交保持有角陶赛特羊的特点，属肉用型羊。具有生长发育快、易育肥、肌肉发育良好、瘦肉率高的特点。在新西兰，用其作为生产反季节羊肉的专门化品种。

无角陶赛特光脸，被毛覆盖至两眼连线，体躯长、宽而深，肋骨开张良好，肌肉丰满，后躯发育良好，全身白色，成年公羊体重为90~110 kg，成年母羊为65~75 kg。母羊四季发情，产羔率为110%~130%。

我国新疆、甘肃、北京已引进无角陶赛特羊，纯种羊适应性和用其改良地方绵羊效果良好。

4. 夏洛莱羊

原产于法国夏洛莱地区，由当地农民将英国莱斯特羊与当地兰德瑞斯羊(Landrace)杂交育成，是繁殖力高、肉用性能良好的优质肉羊。1963年命名为夏洛莱肉羊，1974年法国农业部正式承认为品种。

夏洛莱羊公、母羊均无角，额宽，耳大，颈短粗，肩宽平，胸宽而深，胁部拱圆，背部肌肉发达，体躯呈圆桶状，四肢较矮，肉用体型良好。成年公羊体重为100~150 kg，成年母羊为75~95 kg。羔羊生长发育快，6月龄公羔体重为48~53 kg，母羔为38~43 kg。其屠宰率在55%以上，瘦肉多，脂肪少，胴体质量好。产羔率高，经产母羊为182.37%，初产母羊为135.32%。

20世纪80年代中期以来，我国河北、河南、山东、内蒙古、辽宁等省(区)已引入该品种，效果良好。

5. 德克塞尔羊

德克塞尔羊(Texel)源于荷兰北海岸的德克塞尔岛的老德克塞尔羊，19世纪中期引入林肯和莱斯特与之杂交育成。具有肌肉发育良好，瘦肉多等特点。现在美国、澳大利亚、新西兰等有大量饲养，被用于肥羔生产。

德克塞尔羊公母无角，耳短，头及四肢无羊毛覆盖，仅有白色的发毛，头部宽短，鼻部黑色。背腰平直，肋骨开张良好。产羔率高，平均产羔率为150%～160%。羔羊生长发育快，4～5月龄体重为40～50 kg，屠宰率为55%～60%。

该品种一般用于作肥羔生产的父系品种。我国黑龙江、宁夏等省区已引进该品种，效果良好。

6. 波德代羊

波德代羊是20世纪30年代开始在新西兰用边区莱斯特羊和考力代羊杂交，然后横交固定而育成的肉毛兼用型长毛种羊。

波德代羊公母无角，耳朵直而平伸，脸部毛覆盖至两眼连线，四肢下部无被毛覆盖。背腰平直，肋骨开张良好。成年公羊体重为73～95 kg，成年母羊体重为55～70 kg。产羔率为120%～160%。母羊泌乳量高，羔羊生长发育快，8月龄体重可达45 kg。适应性强，耐干旱，耐粗饲，羔羊成活率高。

2000年甘肃省永昌肉用种羊场已引进该品种，纯种繁育和用其杂交改良的地方绵羊效果良好。

7. 杜泊羊

杜泊羊原产于南非，由有角陶赛特羊和波斯黑头羊杂交育成，是世界著名的肉用羊品种。根据其头颈的颜色，分为白头杜泊羊和黑头杜泊羊两种。其体驱和四肢皆为白色，头顶部平直、长度适中，额宽，鼻梁隆起，耳大稍垂。颈粗短，肩宽厚，背平直，肋骨拱圆，前胸丰满，后躯肌肉发达。

杜泊羊可四季发情，一年两胎或两年三胎，一般产单羊羔。其羔羊生长迅速，断奶体重大。4月龄的杜泊羊体重可达36 kg左右，屠宰率为51%左右。成年公羊和母羊的体重分别在120 kg和85 kg左右。

杜泊羊肉质细嫩可口，瘦肉率高，特别适合绵羊肥羔生产。近年来，我国多地引进该品种，适应性良好。

8. 东佛里生乳用羊

原产于德国东北部，是目前世界绵羊品种中产奶性能最好的品种。

该品种体格大，体型结构良好。公、母羊均无角，被毛白色，偶有纯黑色个体出现。体躯宽长，腰部结实，肋骨拱圆，臀部略有倾斜，尾瘦长无毛。乳房结构优良、宽广，乳头良好。成年公羊体重为90～120 kg，成年母羊体重为70～90 kg。母羊260～300 d产奶量为500～810 kg，乳脂率为6%～6.5%。平均产羔率为200%～230%。对温带气候条件有良好的适应性。

【案例分析】举例分析毛用绵羊的体型外貌特征与生产水平。

分析：澳洲美利奴羊是世界上最优秀的细毛羊品种。其体型近似长方形，腿短，体宽，背部平直，后躯肌肉丰满；毛丛结构良好，毛密度大，细度均匀，油汗白色，弯曲均匀整齐而明显，光泽良好；被毛覆盖头部至两眼连线，前肢至腕关节或腕关节以下，后肢至飞节或飞节以下。我国育成的细毛羊品种如中国美利奴羊、新疆细毛羊等也具有类似的体型，但羊毛品质和产毛量均不及澳洲美利奴羊。主要表现在个体平均净毛产量低，毛长不足，羊毛的光泽、弹性、白度不理想；在体型结构方面，后躯不够丰满，背线不够宽平，胸围偏小等。因此，我国细毛羊发展方向应该为，在保持生命力强，适应性广的前提下，坚持毛肉兼用方向，既要提高净毛产量、羊毛长度和改善羊毛品质，又要重视改善体型结构，提高体重和产肉性能。

思考：毛用绵羊的典型体型外貌特征有哪些？

第二节　国内外主要山羊品种

一、我国主要山羊品种

1. 中卫山羊

中卫山羊的中心产区是宁夏的中卫县和甘肃的景泰、靖远县及与其毗邻的中宁、同心、海原、皋兰、会宁等地。产区属于半荒漠地带。由于终年放牧在荒漠草原或干旱草原上，中卫山羊具有体质结实、耐寒、抗暑、抗病力强、耐粗饲等优良特性。

该品种被毛纯白，分内外两层。外层为粗毛，光泽悦目，长为25 cm左右，细度为50～65 μm，具波浪状弯曲；内层为绒毛，纤细柔软，有光泽、丝性，长为6～7 cm，细度为12～14 μm。

中卫山羊的代表性产品是羔羊生后1月龄左右，毛长达到7.5 cm左右时宰杀剥取的毛皮。因用手捻摸毛股时有沙沙粗糙感觉，故又称为“沙毛裘皮”。其裘皮的毛股上有3～4个波浪形弯曲，最多可有6～7个，具有美观、轻便、结实、保暖和不擀毡等特点。

2. 辽宁绒山羊

辽宁绒山羊是我国产绒量最高的山羊品种。原产于辽宁省盖县、庄河、岫岩、风城、宽甸及辽阳等县。

辽宁绒山羊的被毛由绒毛和粗毛混合组成，绒毛平均长度7 cm，粗毛长为16 cm。每年清明前后抓绒一次，公羊产绒量平均为600 g，最高可达1.35 kg，粗毛产量为700 g；母羊产绒量为400 g，最高为1.025 kg，粗毛产量为500 g。净绒率在70%以上，绒毛平均细度在17 μm左右。

公、母辽宁绒山羊7～8月龄开始发情，周岁产羔，平均产羔率为120%～130%。

3. 内蒙古白绒山羊

内蒙古白绒山羊是一个适应性强、产肉多、绒毛增产潜力大的地方良种，主要分布在内蒙古阿拉善盟、伊克昭盟、巴彦淖尔盟等地，所产白山羊绒品质优良，在国际上享有很高声誉。

内蒙古白绒山羊全身被毛白色，分内外两层，外层为光泽良好的粗长毛，长为12～20 cm，细度为83.8～88.8 μm；内层绒毛长为5.0～6.5 cm，细度为12.1～15.1 μm。按其被毛状态可划分为长细毛型和短粗毛型两种类型。前者外层被毛长而细，光亮如丝，产绒量低；后者外层被毛短粗，但产绒量高，产绒量成年公羊为400 g，成年母羊为350 g，净绒率为72.0%。该品种羊繁殖率较低，多产单羊羔，羔羊发育快，成活率高。

4. 马头山羊

马头山羊产区在湖北省的郧阳、恩施地区和湖南省常德、黔阳地区，以及湘西自治州各县，具有早熟、繁殖力高、产肉性能和板皮品质好等特性。

公、母马头山羊均无角，有的有退化的角痕，两耳向前略下垂，颌下有髯，少数羊颈下有一对肉垂。公羊颈粗短，母羊颈细长，胸部发达，体躯呈长方形，后躯发育良好。被毛以白色为主，其次为黑色、麻色及杂色，毛短粗。

该品种，性成熟早，母羊常年发情，产羔率为190%～200%。板皮幅面大，毛洁白、弹性好。

5. 南江黄羊

南江黄羊是以奴比亚山羊、成都麻羊、金堂黑山羊为父本，南江县本地山羊为母本，采用复杂杂交方法培育而成的，其间曾导入吐根堡山羊。1998年，农业部批准为肉羊新品种。主要分布在四川省南江县，具有体格大、生长发育快、四季发情、泌乳力好、抗病力强、耐粗放、产肉力高及板皮品质好等特性。

南江黄羊公母羊大多数有角，头型较大，颈部较粗，体格高大，背腰平直，后躯丰满，体躯近似圆桶形，四肢粗壮。被毛呈黄褐色，面部多呈黑色，鼻梁两侧有一条浅黄色条纹；从头顶部至尾根沿背脊有一条宽窄不等的黑色毛带;前胸、颈、肩和四肢上端着生黑而长的粗毛。南江黄羊在放牧条件下,8个月龄屠宰前体重可达22 kg,屠宰率为47%。

南江黄羊母羊常年发情,8月龄时可配种,能年产两胎或两年三胎,平均产羔率205.42%。

我国浙江、陕西、河南等22个省区已引入南江黄羊饲养,并同当地山羊进行杂交改良,取得了较好效果。

6. 关中奶山羊

关中奶山羊是自1937年开始,利用萨能奶山羊与当地山羊杂交选育而成的乳用品种,主产于陕西的渭河平原(关中盆地),包括富平、三原、泾阳、扶风、千阳、宝鸡、渭南、临潼、蓝田、蒲城等地,具有适应性好、抗病性强,耐粗放管理,产奶量高等特点。

关中奶山羊体质结实,乳用型明显,具有头、颈、躯干、四肢长的"四长"特征。公羊头大颈粗,胸部宽深,腹部紧凑,外形雄壮。公、母羊四肢结实,肢势端正,蹄质结实,呈蜡黄色。毛短色白,皮肤粉红色,部分羊耳、鼻、唇及乳房有大小不等的黑斑。背腰平直,腹大不下垂,尻部宽长,有适度的倾斜,乳房大,多呈方圆形,乳头大小适中。

一般饲养条件下,关中奶山羊300 d的产奶量:一胎产奶量为651 kg,二胎产奶量为703 kg,三胎产奶量为735 kg,四胎以上产奶量为690 kg。乳的总干物质为12.94%,乳脂率为4.21%,总蛋白质为3.52%,乳糖为4.26%,灰分为0.84%。

初配年龄8~10月龄,发情季节多集中于9~11月,平均产羔率为184.3%。

二、国外著名山羊品种

1. 萨能山羊

萨能山羊是世界上最著名的奶山羊品种,原产于瑞士伯尔尼州的萨能山谷,现已广泛分布于世界各地,具有早熟、长寿、繁殖力高、泌乳性能好等特点。

萨能山羊具有乳用家畜特有的楔形体型,体格高大,各部位轮廓清晰,结构紧凑细致,头长面直,眼大灵活,耳薄长向前方平伸。被毛色白,也有少数毛尖为土黄色者。皮肤薄、有弹性,呈粉红色,随着年龄的增长,鼻端、耳和乳房上常出现大小不等的黑斑,但黑斑上的毛应是白色的。公母羊大多有须而无角,颈粗短,有些个体颈部长有肉垂。胸部宽深,腰长平直,后躯发育好,尻部略显倾斜。母羊颈细长,腹大而不下垂,乳房发达,呈方圆形,基部宽广,向前延伸,向后突出,质地柔软,乳头大小适中。成年公羊体高为80~90 cm,体长为95~114 cm,体重为75~95 kg;成年母羊体高为75~78 cm,体长为82 cm左右,体重为50~65 kg。萨能山羊头胎多产单羔,经产羊多为双羔或多羔。利用年限6~8年。305 d的产奶量为600~1200 kg。

萨能山羊适应性广,抗病力强,既可在牧草生长良好的丘陵山地放牧饲养,也可在平原农区舍饲。但由于原产地高燥凉爽,加之其被毛稀、绒毛短、皮下脂肪少,因而怕严寒、不耐湿热,在地势高燥,冬季气温不低于-16℃,夏季不超过36℃的地区饲养较好。

我国1904年前后在山东省青岛市崂山县已有饲养萨能山羊。20世纪80年代,陕西、四川、甘肃、辽宁、福建和黑龙江等省又从国外引入了大量的萨能山羊。萨能山羊对我国奶山羊产业的发展起了很大作用,现在我国的奶山羊绝大多数是萨能山羊及其与当地山羊的杂交种。

2. 安哥拉山羊

安哥拉山羊起源于非洲东北部的小亚细亚半岛,现土耳其安纳托利高原中部和东南部干旱地区,并以中部地区安卡拉为中心,是生产具有波光色泽的优质马海毛(Mohair)的古老培育品种。现主要分布在土耳其,在南非、美国、阿根廷、澳大利亚、俄罗斯等国也有一定数量分布。

安哥拉山羊公母羊均有角,角白色扁平,长度短或中等,向后上方延伸并略有扭曲。耳中等长度,呈下垂或半下垂状态,颜面平直或略凹陷,面部和耳朵有深色斑点。胸狭窄,肋骨扁平,骨骼细,颈部细短,四肢较短而端正，蹄质结实。成年公羊体高为60～65 cm，体重为50～70 kg；母羊为51～55 cm，体重为36～42 kg。全身被毛白色，羊毛有丝样光泽，手感滑爽柔软，由螺旋状或波浪状毛辫组成，毛辫长可垂至地面，头部和四肢着生短刺毛，体格较小。被毛主要由无髓同型毛纤维组成，部分羊被毛中含有3%左右的有髓毛。公羊剪毛量为3.5～6.0 kg，母羊为2.5～3.5 kg。毛股自然长度为18～25 cm，最长可达35 cm；毛纤维直径为35～52 μm，羊毛细度随年龄增大而变粗。羊毛含脂率为6%～9%，净毛率为65%～85%。

安哥拉山羊耐高燥，怕潮湿，适宜于大陆性气候条件下饲养，多雨潮湿的地区往往造成生长发育受阻甚至死亡。安哥拉山羊生长发育慢，性成熟晚，产羔率为100%～110%。

我国1984年以来，从澳大利亚引进该品种，目前主要饲养在陕西、山西、内蒙古和甘肃等省、区，用以改良当地地方品种羊，效果良好。

3. 波尔山羊

波尔山羊原产于南非，该羊主要由霍屯督山羊选育而来，自20世纪20年代起开始培育，1959年成立波尔山羊品种协会，目前该品种有4个类型：长毛型、无角型、普通型和改良型。

波尔山羊头大壮实，眼棕色，鼻大稍弯曲、鼻孔宽，前额突出明显。角中度长而粗壮，向后逐渐弯曲。耳长适中向下垂。颈粗壮、肌肉饱满。胸宽深，背长而宽深，肋骨开张良好，腰丰满。尻宽长，腿肌发达。皮肤柔软松弛，胸及颈部有较多皱褶。体躯白色，头、耳红色，有色部位不能超过肩胛骨。

波尔山羊生长发育快，属于早熟品种。三月龄断奶公羊重为23.6～25.7 kg，母羊为19.5～21.0 kg；周岁公羊为45.2～52.3 kg，母羊为32.8～38.4 kg；成年公羊为75～101.4 kg，母羊为50～80.5 kg。周岁羊屠宰率为52%左右。母羊全年发情，但多集中在夏秋季节，产羔率为175%～250%，双羔率为60%～70%。母羊泌乳周期平均泌乳量为361 kg。

波尔山羊耐湿热环境，但对湿冷生存环境适应力较差。我国自1995年由陕西省引进饲养后，现已有20多个省区引入纯繁或杂交改良，效果良好。

【案例分析】根据我国气候特点和现有肉羊品种，分析在我国北方和南方发展肉羊生产，分别该如何选择饲养品种？

分析：我国北方气候干燥，冬季寒冷时期较长，夏季较短，更适合饲养肉用绵羊品种；我国南方气候潮湿，冬季温暖，夏季炎热且高温时期持续较长，较适合饲养肉用山羊品种。品种选择上一般采用引进的专门化肉用品种公羊作为父系与本地适应性较好、繁殖力高的优良品种母羊杂交，以生产杂种商品肉羊。杂种羊可以兼顾适应性、快速生长、产肉力高和肉质品质好的特性。

如我国北方养羊可选择小尾寒羊作为母本（小尾寒羊广泛适应我国北方气候，繁殖力高），选择一种引进的专门化肉用品种作为父本，如波德代羊、无角陶赛特羊、杜泊羊等；南方饲养肉羊一般选择当地适应性良好的山羊品种作为母本，如川渝地区则可选择南江黄羊或马头山羊等，父本一般选用波尔山羊。

思考：我国引进的专门化肉用绵、山羊品种的体型外貌和生长发育有哪些共同点？

讨论：在生产实践中如何选择合适的绵、山羊品种进行经济杂交？

【注意事项】选择和引进肉用种羊有哪些需要注意的问题?

种羊选择既要考虑生产性能,同时还要考虑繁殖性能。首先是品种的选择,遗传因素对生产性能起到决定性作用。优良肉用绵、山羊品种具有明显的肉用体型,生长发育快、成年体重大、产肉多、肉质优良等。特别是引进品种与本地品种杂交优势明显,其后代适应性和生产性能均得到很大提高。

种羊选择还要注意羊只的健康状况,要选择无传染病、无遗传缺陷的羊只作为种羊。健康羊只两眼明亮有神,毛色光泽,食欲旺盛,呼吸、体温正常,四肢强壮有力;病羊则毛散乱、粗糙无光泽,眼大无神,呆立,食欲不振、呼吸急促,体温升高,或者体表和四肢有病等。

公羊配种年龄多在12～18月龄,母羊在10～15月龄,因此种羊应选择年轻的青壮年羊。种羊引进还需附带系谱卡和检疫证。一般种羊场都有系谱档案,出场种羊应随带系谱卡,以便掌握种羊的血缘关系及通过父母、祖父母的生产性能,估测种羊本身的性能。

【本章小结】

全世界现有主要绵羊品种约629个,山羊品种150多个。我国有丰富的绵、山羊品种,这些绵、山羊品种分别适宜于不同的生态经济地区,是持续发展我国养羊业生产和改善人民生活的重要生产资料和生活资料。我国养羊业经过60多年的发展,培育出一批生产力水平比较高的绵、山羊新品种,如中国美利奴羊、新疆细毛羊、东北细毛羊、内蒙古细毛羊、甘肃高山细毛羊、青海细毛羊、青海高原半细毛羊、南江黄羊、罕山白绒山羊、中国卡拉库尔羔皮羊、阿勒泰肉用细毛羊等。积极开展选育工作,显著地提高了原有地方良种的水平,如滩羊、小尾寒羊、湖羊、阿勒泰羊、中卫山羊、马头山羊、辽宁绒山羊等。积极从国外引入良种,在国内大规模开展绵、山羊杂交改良和新品种培育工作,从而显著地提高了养羊业产品的产量和改善了产品的品质。

【思考题】

1. 简述绵、山羊品种分类方法。
2. 简述我国主要肉用绵、山羊品种的品质和特性。
3. 简述近几年来我国引进的肉用绵、山羊品种及其评述。
4. 简述我国引进的和自己培育成的奶山羊品种及其特点。
5. 简述安哥拉山羊产品的特点及其在我国发展前景。
6. 简述中国的主要绒山羊品种及其特点。

第二章　绵、山羊的饲养管理

科学的饲养管理是我国现代养羊业发展的关键。目前，在我国的农村牧区，绵、山羊基本上实行千家万户分散饲养。在我国农区品种良种化水平不高，畜舍简陋，设备落后，饲养管理粗放，规模小，农户科技文化素质低，制约农区养羊业迅速发展，使资源不能充分利用，生产标准不统一，管理水平参差不齐，疫病很难控制，因而养羊业产品在质量、安全卫生等方面隐患严重，这就削弱了产品的竞争能力。因此应合理配备羊舍、草场、饲草加工设备和疫病防治设备等。舍饲条件下的科学的饲养管理不仅能保证羊的健康生长，提高生产性能，而且能降低成本、提高养羊效益。

第一节　羊的生物学特性

一、羊的生活习性

（一）合群性强

羊的群居行为很强，很容易建立起群体结构，主要通过视、听、嗅、触等感官活动，来传递和接受各种信息，以保持和调整群体成员之间的活动，头羊和群体内的优胜序列有助于维系此结构。一般地讲，山羊的合群性好于绵羊；绵羊中的粗毛羊好于细毛羊和肉用羊，肉用羊最差；夏、秋季牧草丰盛时，羊只的合群性好于冬、春季牧草较差时。

利用合群性，在羊群出圈、入圈、过河、过桥、饮水、换草场、运羊等活动时，只要有头羊先行，其他羊只即跟随头羊前进并发出保持联系的叫声，为生产中的大群放牧提供了方便。但由于群居行为强，羊群间距离近时，容易混群，故在管理上应避免混群。

（二）食物谱广

羊善于啃食很短的牧草，在不能放牧马、牛的短草牧场也可放羊。在半荒漠草场上，有66%的植物种类为牛所不能利用，而绵、山羊则仅有38%。

（三）喜干厌湿

羊性喜干厌湿，最忌湿热湿寒，利居高燥之地，养羊的牧地、圈舍和休息场，都以高燥为宜。我国北方很多地区相对湿度平均在40%～60%（仅冬、春两季有时可高达75%），故适于养羊特别是养细毛羊；而在南方的高湿高热地区，则较适于养山羊和肉用羊。

（四）嗅觉灵敏

羊的嗅觉比视觉和听觉灵敏，这与其发达的腺体有关。其具体表现在以下三方面。

(1)靠嗅觉识别羔羊　羔羊出生后与母羊接触几分钟，母羊就能通过嗅觉鉴别出自己的羔羊。利用这一点可在生产中寄养羔羊，即在被寄养的孤羔和多胎羔身上涂抹保姆羊的羊水或尿液，寄养多会成功。

(2)靠嗅觉辨别植物种类或枝叶

(3)靠嗅觉辨别饮水的清洁度　羊喜欢饮用清洁的流水、泉水或井水，而不喜欢饮用污水、脏水等。

（五）善于游走

牧区的羊终年以放牧为主，常常一日往返里程达到6～10 km。山羊具有平衡步伐的良好机制，喜登高，善跳跃，采食范围可达崇山峻岭，悬岩峭壁，如山羊可直上直下60°角的陡坡，而绵羊则需斜向作“之”字形游走。

（六）神经活动

山羊机警灵敏，活泼好动，记忆力强，易于训练成特殊用途的羊；而绵羊则性情温驯，胆小易惊，反应迟钝。当遇兽害时，山羊有一定的抗御能力；而绵羊四散逃避，不会联合抵抗。

(七)适应能力

适应性是由许多性状构成的一个复合性状,主要包括耐粗、耐渴、耐热、耐寒、抗病等方面的表现。在干旱贫瘠的山区、荒漠地区和一些高温高湿地区,绵羊往往难以生存,山羊则能很好适应。

二、消化机能特点

(一)羊消化器官的特点

羊属于反刍类家畜,具有复胃,分为瘤胃、网胃、瓣胃和皱胃四个室。四个胃总容积近30 L,相当于整个消化道容积的67%,其中瘤胃容积占四个胃总容积的79%。瘤胃容积大,其功能是贮藏在较短时间采食的未经充分咀嚼而咽下的大量牧草,待休息时反刍;内有大量的能够分解消化食物的微生物。瓣胃黏膜形成新月状的瓣叶,对食物起机械压榨作用。皱胃黏膜腺体分泌胃液,主要是盐酸和胃蛋白酶,对食物进行化学性消化。

羊胃的大小和机能,随年龄的增长发生变化。初生羔羊的前三胃很小,结构还不完善,没有微生物区系,不能消化粗纤维。一般羔羊生后10~14 d开始补饲一些容易消化的精料和优质牧草,以促进瘤胃的发育,到一个半月时,瘤胃和网胃重占全胃的比例已到达成年程度。如不及时采食植物性饲料,则瘤胃发育缓慢。采食的植物性饲料为微生物的繁殖、生长创造了营养条件,反过来微生物区系又增强了对植物饲料的消化利用。因此,瘤胃的发育,植物性饲料的利用,以及瘤胃微生物的活动,三者是相辅相成的。

羊有发达的唾液腺,绵羊每昼夜分泌量为8~13 L,唾液除有润滑作用外,还有溶解食物及中和胃酸的作用。羊全消化道内的消化液每昼夜总分泌量为18~23 L。饲料在消化道贮存时间长达7~8 d,且小肠特别发达,羊的小肠细长曲折,约为25 m,相当于体长的25~30倍,有利于饲料营养成分的吸收。

胃内容物进入小肠后,经各种消化液(胰液和肠液等)进行化学性消化,分解的营养物质被小肠吸收。未被消化吸收的食物,由于小肠的蠕动而被带到大肠,在大肠微生物和由小肠带入大肠的各种酶的作用下,继续消化吸收,余下部分排出体外。

(二)羊消化生理特点

1. 反刍

反刍是指反刍草食动物在食物消化前把食团吐出经过再咀嚼和再咽下的活动。反刍是羊的重要消化生理特点,反刍停止是疾病征兆,不反刍会引起瘤胃膨气。

羔羊出生后40 d左右开始出现反刍行为。羔羊在哺乳期,早期补饲容易消化的植物性饲料能刺激前胃的发育,可提早出现反刍行为。绵山羊在吃草之后,稍有休息,便开始反刍。反刍中也可随时转入吃草。反刍姿势多为侧卧式,少数为站立。反刍时间与采食牧草时间的比值为0.5~1。

2. 瘤胃微生物的作用

瘤胃是一个复杂的生态系统,反刍家畜摄取大量的草料并将其转化为畜产品,主要靠瘤胃(包括网胃)内复杂的消化代谢过程。瘤胃内存在大量细菌和原虫,每毫升内容物含细菌10^{10}~10^{11}个,原虫10^5~10^6个。瘤胃内的微生物其主要营养作用是:

(1)消化碳水化合物,尤其是消化纤维素。食入的碳水化合物,在瘤胃内受到多种微生物分泌酶的综合作用,使其发酵和分解,并形成挥发性低级脂肪酸(VFA)如乙酸、丙酸、丁酸等,这些酸被瘤胃壁吸收,参与代谢,是羊体最重要的能量来源。据测定,由于瘤胃微生物的发酵作用,羊采食饲草饲料中有55%~95%的碳水化合物及70%~95%的纤维素被消化。

(2)可同时利用植物性蛋白质和非蛋白氮(NPN)构成微生物蛋白质。饲料中的植物性蛋白质,通过瘤胃微生物分泌酶的作用,最后被分解为肽、氨基酸和氨;饲料中的非蛋白氮物质,如酰胺、尿素等,也被分解为氨。这些分解产物,在瘤胃内,在能源供应充足和具有一定数量的蛋白质条件下,瘤胃微生物可将其合成微生物蛋白质(其中,细菌蛋白质占主要成分)。微生物蛋白质随食糜进入皱胃和小肠被消化利用。因而,通过瘤胃微生物作用,提高了植物性蛋白质的营养价值。同时,在养羊业中,可利用部分非蛋白氮(尿素、铵盐等)作为补充饲料代替部分植物性蛋白质。

(3)对脂类有氢化作用。可以将牧草中不饱和脂肪酸转变成羊体内的硬脂酸。同时,瘤胃微生物亦能合成脂肪酸。

(4)合成B族维生素。主要包括维生素B_1、维生素B_2、维生素B_6、维生素B_{12}、扁多酸和尼克酸等,同时还能合成维生素K。这些维生素合成后,一部分在瘤胃中被吸收,其余在肠道中被吸收、利用。

思考:绵、山羊的消化生理与猪、禽有什么区别?其日粮结构有什么特点?

第二节　羊的营养需要和补饲

【案例分析】某羊场在饲养中为了补充蛋白质,为羊只提供高品质的动物性蛋白饲料,是否有必要?

分析:绵山羊属于反刍动物,提供高品质的蛋白质饲料是一种浪费。因为饲料蛋白首先是被转化为质量较差瘤胃微生物蛋白后才能被羊体利用,因此提供一定量的低品质蛋白饲料与高品质蛋白饲料效果相同。一般通过饲喂植物性蛋白饲料或氨化饲料补充蛋白质来源更为划算。

一、羊的营养需要

绵羊和山羊的正常生长发育所需要的各种营养物质,如能量、蛋白质、矿物质、维生素和水等,都需要从饲料中摄取。合理供给羊的营养物质,才能经济利用饲草饲料,生产出量多质优的畜产品。羊的营养需要包括维持需要和生产需要。生产需要包括生长、妊娠、泌乳、育肥和产毛等生产条件下的营养需要。

(一)能量需要

羊对能量的需要与其活动量、生理状况、年龄、体重、环境温度等诸多因素有关。能量不足,会导致幼龄羊生长缓慢,母羊繁殖率下降,泌乳期缩短,羊毛生长缓慢、毛纤维直径变细等;能量过高,对生产和健康同样不利。因此,合理的能量水平,对保证羊体健康,提高生产力,降低饲料消耗具有重要作用。

1. 维持能量需要

维持需要是个基数,它是通过测定基础代谢(BM)来确定的。其他如繁殖、生长、哺乳、育肥、产毛等需要都是在维持需要的基础上确定的。NRC(1985)确定的绵羊每日维持能量(NE_m)需要为:$56W^{0.75}\times4.1868$ kJ(W为体重)。

2. 生长能量需要

羔羊从哺乳期到育成阶段生长发育较快,其生长过程中的合成代谢需要消耗大量能量。

NRC(1985)认为,空腹重20 ~ 50 kg处于生长发育期的绵羊,每千克空腹增重需要的热值分别是轻型体重羔羊为12.56 ~ 16.75 MJ/kg,重型体重羔羊为23.03 ~ 31.40 MJ/kg。同品种绵羊活重相同时,公羊每千克增重需要的热值是母羊的82%。

3. 妊娠能量需要

青年妊娠母羊能量需要量包括维持净能、本身生长增重、胎儿及妊娠产物增重。成年妊娠母羊不生长,能量需要量仅包括维持净能和胎儿及妊娠产物增重。在妊娠期的后6周,胎儿增重快,对能量需要量增大。怀单羔的妊娠母羊的能量总需要量为维持需要量的1.5倍,怀双羔的母羊为维持需要量的2.0倍。

4. 泌乳能量需要

泌乳能量需要包括维持和产乳需要。母羊在泌乳期内随乳汁排出大量营养物质。绵羊在产后12周的泌乳期内，有65%～83%的代谢能(ME)转化为奶能，带双羔母羊比带单羔母羊的转化率高。

(二)蛋白质需要

蛋白质是羊体生命活动的重要组成部分。羊体内细胞的更新，各种酶、内分泌、色素和抗体的作用都需要以蛋白质为原料；同时羊的生长、繁殖、泌乳和产毛等也需要不断从饲料中补充蛋白质，才能保持正常营养状况。

羊日粮中蛋白质不足，会影响瘤胃的作用效果，羊只生长发育缓慢，繁殖率、产毛量、产乳量下降；严重缺乏时，导致羊只体重下降，抵抗力降低、产生贫血、水肿等疾病。但饲喂蛋白质过量，多余的蛋白质会转变成低效的能量，很不经济。过量的非蛋白氮和高水平的可溶性蛋白可造成氨中毒。

(三)矿物质需要

矿物质是羊体组织、细胞、骨骼和体液的重要成分。矿物质缺乏会影响羊只健康、生长发育、繁殖和畜产品产量，乃至死亡。研究表明，羊体内有多种矿物元素，现已证明15种是必需的元素，其中常量元素有钠、氯、钙、磷、镁、钾和硫7种，微量元素有碘、铁、钼、铜、钴、锰、锌和硒8种。由于羊体内矿物质间的互作，很难确定其对每种矿物质的需要量，一种矿物质缺乏或过量会引起其他矿物质缺乏或过量。

(四)维生素需要

维生素是一类小分子有机化合物，在动物体内调节有机体的一系列能量和物质代谢过程。羊体必需的维生素分为脂溶性维生素(A、D、E、K)和水溶性维生素(B族和C)。B族维生素包括硫胺素(B_1)、核黄素(B_2)、烟酸(B_3)、吡哆醇(B_6)、泛酸(B_5)、叶酸、生物素(B_4)、胆碱和维生素B_{12}。维生素不足会引起机体代谢紊乱，羔羊表现出生长停滞，抗病力弱；成年羊则出现生产性能下降和繁殖机能紊乱。羊体所需要的维生素，除由饲料中获取外，还可由瘤胃微生物合成。在养羊业生产中，一般对维生素A、D、E、B和K比较重视。

(五)水的需要

水是羊机体重要组成部分之一，是生命活动不可缺少的物质。水可以溶解、吸收、运输各种营养物质，排泄代谢废物，调节体温，促进细胞与组织的化学作用，调节渗透压。羊饮水不足会影响其生理功能，使代谢紊乱，体温上升，易患病，甚至死亡。畜体需水的主要来源包括饮水、饲料水和代谢水。羊体需水量受机体代谢水平、环境温度、生理阶段、体重、采食量和饲料组成等因素的影响。

羊体内失水10%，可导致代谢紊乱；失水20%，则会引起死亡。在自由采食的情况下，饮水量为干物质采食量的2～3倍。饲料中蛋白质和食盐含量增高，饮水量随之增加；摄入高水分饲料，饮水量降低。饮水量随气温升高而增加。妊娠和泌乳期饮水量也要增加。成年羊一般每日需饮水3～4 kg。夏季、春末、秋初饮水量增大，冬季、春初和秋末饮水量较少。

二、羊的饲养标准

羊的饲养标准又叫羊的营养需要量，是根据羊的不同品种、性别、年龄、体重、生产目的与水平，以及生产实践中积累的经验，结合能量与物质代谢试验的结果，得出的反映羊不同发育阶段、不同生理状况、不同生产方向和水平，维持生命活动和从事生产(乳、肉、毛、繁殖等)对能量和各种营养物质(蛋白质、矿物质和维生素等)的需要量。各种营养物质的需要，不但数量要充足，而且比例要恰当。

2004年中国农业部发布了中国《肉羊饲养标准》，详细描述了各类羊对各种营养素的需要量及常用饲料原料的营养成分，可供肉羊饲养中饲料选择和配合的参考。

三、羊的日粮配合

羊的日粮是指一只羊在一昼夜内采食各种饲料的数量总和。日粮配合就是根据羊的饲养标准和饲料营养特性，选择若干种饲料原料按一定比例搭配，使日粮能满足羊的营养需要的过程。因此，日粮配合实质上是使饲养标准具体化。但在实际生产中并不是按一只羊一天所需来配料的，而是对具有同一生产用途的羊群所需的各种饲料，按日粮中各种饲料的比例配成一批混合饲料再按日分顿来饲喂。

（一）日粮配合的原则

1. 符合饲养标准 日粮要保证供给羊所需的各种营养物质，即符合标准。但饲养标准是在一定的生产条件下制定的，而各地自然条件和羊的情况不同，所以应通过实际饲养对饲养标准酌情调整。

2. 适合羊的需要 饲料的营养物质和体积要适于羊的不同体重、不同生理期及羊的消化生理特点，既能全部吃下，又要营养充分。

3. 因地制宜，降低成本 选用饲料原料的种类和比例，应取决于当地饲料的来源、价格以及适口性等。尽量选择来源广泛、价格低廉、质量可靠的饲料作为配合饲料的主要原料，以保证配合饲料质量的相对稳定并降低饲料成本。

4. 饲料种类多样化 各种饲料都有其独特的特性，单独的一种饲料是不能满足羊的营养需要的。因此，应尽量保持饲料的多样化，以达到养分互补，提高配合饲料的全价性和饲养效益的目的。

5. 以青粗饲料为主，适当搭配精料 一般要求由青粗饲料提供总养分需求量的60%以上，生产水平越低，青粗饲料的比例应越大。青粗饲料不仅来源广泛，价格便宜，而且含有大量的能量、维生素和无机盐，特别是含有丰富的纤维素。粗纤维对羊的胃肠道黏膜有刺激作用，可促进胃肠道正常活动，这对保证瘤胃正常活动和正常反刍具有重要的生理意义。

6. 使用饲料添加剂 饲料添加剂是配合饲料的核心，生产配合饲料时要选用安全、有效的添加剂（如酶制剂、中草药制剂、益生素、代谢调剂等）。若动物处于应激的情况下，饲养上应采取的对策除了调整养分含量外，还要注意添加防止应激的其他成分。

（二）日粮配合的步骤

（1）确定饲喂对象的相应标准所规定的营养需要量。

（2）先选用一种主要的能量饲料，如青干草或青贮料。

（3）确定补充饲料的种类和数量。

一般用混合精料来满足能量和蛋白质需要量的不足部分，然后用矿物质补充饲料来平衡日粮中的钙、磷等矿物质元素的需要量。

（三）日粮配合的注意事项

（1）羊是群饲家畜，在实际工作中，对以放牧饲养的羊群，应在日粮中扣除放牧采食获得的营养数量，不足部分补给干草、青贮料和精料（包括矿物质和食盐）。

（2）在高温季节或地区，羊采食量下降，为减轻热应激、降低日粮中的热增耗而保持净能不变，在做日粮调整时，应减少粗饲料含量，保持有较高浓度的脂肪、蛋白质和维生素，以平衡生理上的需要。在寒冷地区或寒冷季节，为减轻冷应激，在日粮中，应强加含热能较高的饲料。从经济上考虑，用粗饲料作热能饲料比精饲料价格低。

四、补饲定额

我国广大牧区，冷季长达6～8个月之久，气候严寒，牧草枯黄，品质下降。以放牧为主的绵、山羊，不能满足营养需要。因此，加工调制和贮备足够的饲草饲料用于冷季补饲，是提高养羊业生产水平的重要措施之一。

在冷季枯草期，根据羊群放牧采食状况，及时开始补饲，补饲量从少到多直至翌年牧草返青，放牧采食能满足营养需要时为止。补饲定额和时间因各地条件不同而异。在同一地区，根据羊体营养需要，一般种公羊和妊娠后期母羊，应多补饲一些（表2.1）。

表2.1　西北地区肉羊及其高代杂种羊补饲定额

羊 别	补饲定额(kg/只/年)		
	混合精料	玉米青贮	青 干 草
种公羊	180～360	105～210	180～360
成年母羊	30～45	75～150	75～150
育成公羊	27～45	30～45	38～75
育成母羊	15～30	30～45	38～75
羔羊	5～10	-	10～20

注:另外还补充适量秸秆。

五、补饲饲料的种类和特点

补饲饲料的种类甚多,可分为植物性饲料、动物性饲料、矿物性饲料及其他特殊饲料。其中,植物性饲料包括粗饲料、青贮饲料、多汁饲料和精料。

(一)粗饲料

指能量低,而粗纤维含量高(约占干物质20%以上)的植物性饲料,如干草、秸秆和秕壳等。这类饲料的体积大、消化率低,但资源丰富,是羊等草食家畜主要的补饲饲料。

1. 干草

干草是由青绿牧草在抽穗期或花期刈割后干制而成的。成功调制的干草,应保留一定的青绿颜色,故亦称青干草。干草调制过程中,牧草中大约损失掉20%～40%的营养物质,只有维生素D_3增加。干草的营养价值与牧草种类、物候期和调制技术密切相关。

干草的特点是:粗纤维含量较高,一般是26.5%～35.6%;粗蛋白质的含量随牧草种类不同而异,豆科干草较高为14.3%～21.3%,而禾本科牧草和禾谷类作物干草较低为7.7%～9.6%;能量值差异不大,每千克消化能为9.63 MJ左右;钙的含量一般豆科干草高于禾本科干草,如苜蓿为1.42%,禾本科为0.72%。

2. 秸秆

指农作物收获后剩下的茎叶部分,质地粗硬、适口性差、消化率低,但经过加工调制后,营养价值和适口性有所提高,仍是羊冬季补饲的主要饲料。

秸秆的特点是:粗纤维含量高,约占干物质的31%～45%;木质素、半纤维素、矽酸盐含量高,如燕麦秸秆粗纤维含量为49.0%,木质素为14.6%。矽酸盐约占灰分的30%左右;粗蛋白质含量低,豆科秸秆为8.9%～9.6%,禾本科为4.2%～6.3%;粗脂肪含量较少,为1.3%～1.8%;胡萝卜素含量低,1 kg禾谷类秸秆为1.2～5.1 mg。

(二)青贮饲料

青贮饲料是将新鲜青绿饲料,装填到密闭的青贮容器内,通过厌氧乳酸菌的发酵作用,抑制各种杂菌的繁殖,而得到的一种粗饲料。青贮饲料利于长期保存,粗蛋白质和胡萝卜素含量较高,气味酸香,柔软多汁,营养丰富,适口性好,容易消化,是冬季优良的补饲饲料。

(三)精饲料

精饲料又称精料,指体积小、粗纤维含量低、能量含量高的饲料。例如,籽实类饲料,包括玉米、大麦、高粱、青稞、燕麦、豌豆和蚕豆等;糠麸类饲料(种子表皮磨下部分,含有少量淀粉)的粗纤维含量略高于籽实饲料而低于粗饲料,其能量少于籽实饲料而多于粗饲料,故亦被列入精饲料;油饼类饲料的蛋白质含量高,粗纤维含量少于粗饲料,能量与籽实饲料几乎相等,是羊的蛋白质补充饲料,也可列入精饲料。精料是羔羊、妊娠后期母羊、种公羊的重要补充饲料。

(四)块根块茎类饲料

块根块茎类饲料属于多汁饲料,包括马铃薯、胡萝卜、甜菜、菊芋、芜根等。其水分和可溶性碳水化合物含量高,粗纤维和蛋白质含量(按干物质计算)接近禾本科籽实饲料,适口性好,易消化。可用作羊冬季的补充饲料,以平衡全年饲料供应。

（五）矿物质饲料

羊体所需要的多种矿物质仅从植物性饲料中不能得到满足，需要额外补充。常用的矿物质补充饲料有：食盐、骨粉、石灰石粉、蛋壳粉、贝壳粉和脱氟磷矿粉等。

（六）微量元素添加剂

饲料中微量元素的含量取决于植物种类和生长条件（土壤、肥料、气候），因各地缺乏微量元素的种类不尽一致，故需要有针对性地进行补充。微量元素可用化学纯制剂补充。在日粮中，由于添加量很少，因此必须混合均匀，使用时必须干燥。利用不同盐类来补充微量元素，其用量应根据其所含的微量元素的数量计算。

（七）维生素添加剂

绵、山羊在冬、春枯草期，常会出现维生素不足的情况。对配种季节的种公羊、枯草期的妊娠母羊和幼龄羊都需要添加维生素。目前，常用的维生素添加剂有维生素A、维生素D_3、维生素E、维生素K_3、维生素B_1、维生素B_2、维生素B_6、氯化胆碱、泛酸钙、叶酸和生物素等。

（八）动物性饲料

动物性饲料是指来源于动物产品的饲料，如鸡蛋、牛奶、羊奶、脱脂奶、肉粉、鱼粉、血粉、肉骨粉和蚕蛹等。动物性饲料的特点是富含蛋白质（骨粉除外）。主要用于饲喂种公羊，以提高优秀种公羊的配种能力。

六、各类饲料的调制和饲喂方法

饲料调制的目的是为了保证饲料的品质，减少营养损失，增加适口性，易于消化，便于采食，提高饲料的营养价值和利用率。此外，对某些不能直接饲用的副产品，通过加工调制后可变成饲料，有利于开辟饲料来源。饲料通过加工调制后，应结合饲用特点进行利用。

（一）粗饲料的调制和饲喂方法

1. 粗饲料的调制

（1）干草的调制

青绿饲料的含水量较高，长期保存需要将水分降低到15%～20%才能抑制植物酶和微生物的活动，以达到贮备干草的目的。贮备干草的方法主要有自然干燥法、人工干燥法和干草块法三种。

自然干燥法是调制干草的最常用方法。牧草刈割后，即用薄层平铺曝晒4～5 h，使水分迅速降至40%左右；此时，水分仍继续蒸发，但速度减慢，可再采用小堆晒干。为了提高干燥速度，可用压扁机把牧草压扁、破碎；有条件的还可利用田间机械快速干燥。

在多雨地区牧草收割时，用地面干燥法调制干草不易成功，可以在专门制作的干草架上进行干草调制。草架干燥虽花费一定物力，但制得的干草品质较好，养分损失比地面干燥减少5%～10%。

在调制干草过程中，应尽量避免营养丰富的叶片脱落。干草可以堆垛形式贮藏或贮藏在草棚或草房内，减少损失。

草地畜牧业发达国家如美国和加拿大在紫花苜蓿和狗牙根的干草调制过程中常用人工干燥法。人工干燥可减少牧草自然干燥过程中营养物质的损失，使牧草保持较高的营养价值。人工干燥主要有常温鼓风干燥和高温快速干燥。

常温鼓风干燥：牧草的干燥可以在室外露天堆贮场，也可在干草棚中进行干燥，堆贮场和干草棚中都安装常温鼓风机。不论是散干草还是干草捆，经堆垛后，通过草堆中设置的栅栏通风道，用鼓风机强制吹入空气，达到干燥的效果。干草棚常温鼓风干燥的牧草质量优于晴天野外调制的干草。

高温快速干燥：用烘干机将牧草水分快速蒸发掉。烘干机有不同型号，一般烘干机内温度为500～1000℃。含水量80%～85%的新鲜牧草在烘干机内经数分钟，甚至数秒钟可使水分下降5%～10%。对牧草的营养物质含量及消化率几乎无影响，如早期收割的紫花苜蓿和三叶草用高温快速干燥法制成的干草粉含粗蛋白达20%，每千克含200～400 mg胡萝卜素和24%以下的纤维素。胡萝卜素的保存率达鲜草的90%以上。

当牧草水分干燥降至15%左右时，用干草制块机制作成干草块。通常每块重45～50 kg，其形状有砖块状、柱状和饼状等。干草块的特点是保存养分性能好，单位体积重量大，在通风良好的情况下可贮存6个月。

(2)秸秆的调制

玉米、小麦、水稻、黄豆等农作物秸秆可通过切短、青贮、微贮、氨化等科学处理后，能提高适口性、消化率及营养价值，延长保存时间。

干草和秸秆可切短至2～3 cm长，或用粉碎机粉碎，但不宜粉碎得过细或成粉面状，以免引起反刍停滞，降低消化率。秸秆铡短或粉碎后，用水或淡盐水浸泡，使其软化，可增强适口性，提高采食量。用此种方法调制的饲料，水分不能过大，应按用量处理，一次性喂完。

将秸秆、秕壳和干草等粉碎后，根据羊的营养需要，配合适当的精料，加入尿素(占全部日粮总氮量的30%)、糖蜜(糊精和甜菜渣)(1份尿素配5～10份糖蜜)、维生素和矿物质添加剂混合均匀，用机器压制成颗粒、饼状或块状。秸秆和秕壳在颗粒饲料中的适宜含量为30%～50%。这种饲料，粗蛋白质含量提高，适口性好，既可延缓氨在瘤胃中的释放速度，防止中毒，又可降低饲料成本和节约蛋白质饲料。

以密闭的塑料薄膜或氨化窖等为容器，以液氨、氨水、尿素或碳酸氢铵中的任何一种为氮源与秸秆共同发酵，使秸秆饲料变软变香。秸秆氨化处理后其细胞壁被破坏，木质素结构改变，使秸秆变得疏松，易于消化，适口性和营养价值显著提高。氨化秸秆的含水量应达到20%～30%，可在壕、窖或塑料袋等容器内进行，亦可密封堆垛。在容器内氨化，秸秆可铡短装入，按每100 kg秸秆洒入浓度为25%的氨水12～20 kg，亦可按100 kg秸秆30～40 kg水和2.0 kg尿素配制的溶液洒入秸秆后密封。温度保持在20℃以上，暖季约1周、冷季约1月即可"熟化"利用。

2. 粗饲料的饲喂方法

调制的粗饲料主要用于冬、春季补饲。氨化秸秆，在饲喂前2～3 d启封，必须等游离氨散发无氨味后才能饲喂，否则，会造成氨中毒或羊眼被氨气熏蒸失明。

可将尿素直接添加到饲料中喂羊，但要严格控制尿素喂量，一般每10 kg体重可喂给2～3 g，或按成年羊每天10～15 g，育成羊每天6～10 g，分2～3次喂给，喂后不要立即饮水。不能用尿素代替全部饲料粗蛋白，尿素喂量可占全部日粮总氮量的30%。此外，尿素不要与生豆饼混喂，因豆饼(包括大豆)、苜蓿中含有脲酶，对尿素有迅速分解作用，易造成羊只中毒；需将豆饼等经高温处理，脲酶破坏后，方可同时喂给。

(二)青贮饲料的调制和饲喂方法

1. 青贮饲料的调制

青贮饲料的调制有三种方法，即常规青贮、半干青贮和加入添加剂青贮。

(1)常规青贮

青贮成功必备的条件是：青贮原料的含糖量一般不低于1.0%～1.5%，以保证乳酸菌繁殖的需要；含水量适度，一般为65%～75%；有密闭的缺氧环境；青贮容器内温度适合乳酸菌生存(19～37℃)。

青贮的具体步骤：

青贮原料收割时期要适宜。全株玉米青贮应在乳熟至腊熟期收割。青贮玉米秆应在完熟而茎叶尚保持绿色时收割，青贮甘薯藤应在霜前收割，天然牧草应在盛花期收割。

青贮原料铡短至2～3 cm(牧草亦可整株青贮)。若原料太干，可加水或含水量高的青绿饲料；若太湿，可加入铡短的秸秆，再加入1%～2%的食盐。在装填前，底部铺10～15 cm厚的秸秆；然后分层装填青贮原料，每装15～30 cm，必须压紧踩实一次，尤其应注意压紧四周。

青贮窖封顶。青贮原料应高出窖(壕)上沿1 m左右，在上面覆盖一层塑料薄膜，然后覆土30～50 cm。封顶后，要经常检查，若有下陷和出现裂缝的地方应及时培土。四周应设排水沟，以防雨水进入。

(2)半干青贮

将青贮原料的水分降到40%~55%,使厌氧微生物(包括乳酸菌)处于干燥状态,植物细胞质的渗透压为55~60个大气压时,其活性均减弱。半干青贮营养成分损失少,一般不超过10%~15%。半干青贮原料的刈割期,豆科为初花期,禾本科为抽穗期;水分含量豆科为50%,禾本科为45%。对建筑物的要求及青贮原料的铡短、装填、压严、封顶、密闭等要求同常规青贮。

(3)加入添加剂青贮

添加到青贮料中的物质主要包括两类:一是有利于乳酸菌活动的物质,如糖蜜、甜菜和乳酸菌制剂等;二是防腐剂,如甲酸、丙酸、亚硫酸、焦亚硫酸钠、甲醛等。如果在青贮中加酸,青贮料在发酵过程中,pH将很快降到所需要的酸度,从而降低了青贮初期好氧和厌氧发酵对营养物质的消耗。例如,每吨青贮原料加入甲酸2.3 kg,可使其pH下降到4.2~4.6,加上相继的发酵过程,可使pH进一步降到所需要的水平。由于加入添加剂数量很少,故务必要与青贮料混合均匀,否则会影响青贮饲料的质量。

2. 青贮饲料的饲喂方法

青贮原料在窖内青贮40~60 d便可完成发酵过程,即可开窖取用。开窖后,先除去泥土和霉层,然后从上层逐层平行往下取喂,保持取用表面平整,取后再盖严,以免青贮料与空气接触时间过长而变质。长方形青贮壕,应从一端开始,上下平行逐渐往里取用。青贮饲料应现取现用,防止冰冻和变质。青贮料应放在食槽内饲喂,切忌撒在地面上喂。若每天补饲一次,日喂量为1.0~1.5 kg/只;若每天饲喂两次,则早、晚各饲喂一次,日喂量可达3.0 kg/只。怀孕母羊产前15 d应停喂青贮料。

(三)精饲料的调制和饲喂方法

1. 精饲料的调制

如果精料单独饲喂,可制成颗粒状或压扁,不要制成粉状。如果精料与粉碎的饲料混合拌喂,可提高适口性,增加采食量。

(1)精料压扁

将精饲料如玉米、大麦、高粱等加入16%的水,用蒸汽加热至120℃左右,用压扁机压成片状,干燥并配以所需的添加剂,就是压扁饲料。

(2)油饼类饲料加工

溶剂浸提法所产生的油饼类,未经高温处理,须脱毒处理后才能做饲料。压榨法生产的油饼类不须脱毒处理,但由于高温、高压处理,赖氨酸和精氨酸之类的碱性氨基酸损失较大。

2. 精料的饲喂方法

根据精料的种类,按羊的营养需要配合成补充饲料提供给羊只。精料可与铡短的干草拌喂,以便羊采食。一般每只羊精饲料的日饲喂量在400 g以下。喂精料时,应防止羊只拥挤,采食不均;喂完后,将饲槽清洗干净,保持清洁。

(四)块根块茎饲料的调制和饲喂方法

块根块茎饲料常附有泥土,饲喂前应洗净,除去腐烂部分,切成小薄片或小长条,以利于羊的采食和消化。不要整块投喂,以避免羊抢食而造成食道梗塞。

(五)矿物质饲料的调制和饲喂方法

常用的矿物质饲料有食盐、磷酸氢钙、石粉、骨粉、贝壳粉等。为了降低饲养成本,可以自行生产,加工调制。

骨粉可利用各类兽骨,经高压蒸制后,晒干粉碎制成;石粉,可将石灰石(碳酸钙)打碎磨成粉状;蛋壳和贝壳,经煮沸消毒后,晒干制成粉状。矿物质饲料一般与精料混合饲喂。食盐和石粉既可加入精料中饲喂,也可放在饲槽内任羊自由舔食。

此外,微量元素和维生素添加剂以及动物性饲料,均可根据羊体需要量拌在精料中喂给,但务必混合均匀。

【案例分析】某饲养员给羊只补饲拌有尿素的干草后,继续让羊只采食苜蓿干草,分析其做法是否正确。

分析:为了提高粗饲料的营养价值,一般要混合一定量非蛋白氮成分共同饲喂,但非蛋白氮(如尿素)进入瘤胃会被分解为氨,具有一定毒性,大量饲喂容易中毒。苜蓿属豆科类植物中含有丰富的脲酶,能快速分解尿素生成氨,造成羊只中毒。因此羊只饲喂尿素后不宜再饲喂豆科类饲草。

思考:为什么要对绵、山羊饲料原料进行加工调制?有什么意义?

第三节　各类羊的饲养管理

一、种公羊的饲养管理

种公羊的基本要求是体质结实,不肥不瘦,精力充沛,性欲旺盛,精液品质良好。种公羊的精液量和品质,与日粮的全价性和饲养管理的科学性和合理性密切相关。在饲养上,应根据饲养标准配合日粮。选择优质的草场放牧。补饲日粮应富含蛋白质、维生素和矿物质,品质优良、易消化。在管理上,可采取单独组群饲养,并保证有足够的运动量。实践证明,种公羊最好的饲养方式是放牧加补饲。种公羊的饲养管理可分为配种期和非配种期两个阶段。

(一)配种期的饲养管理

1. 日粮配合

种公羊在配种前1.0~1.5个月,日粮应由非配种期逐渐增加到配种期的饲养标准。舍饲种公羊的日粮中,粗饲料一般占35%~40%,多汁饲料占20%~25%,精饲料占40%~45%。

种公羊所食粗料要营养丰富,含能量、粗蛋白较多,每日每只需粗料1~1.5 kg;精料(玉米、豆粕、骨粉等)每日每只1.25~1.5 kg,另外可根据具体情况每天补饲鸡蛋2~6枚;枯草期每天每只应补充胡萝卜、萝卜0.3~0.5 kg,有条件可以补充青贮饲料0.5~0.75 kg,在青草期应以青草为主,每天每只3~4 kg。

2. 饲养管理

种公羊在配种前一个月开始采精,检查精液品质。主要有两个目的:第一,掌握种公羊精液品质情况,如发现问题,可及早采取措施,以确保配种工作的顺利进行;另一目的是排除公羊生殖器中长期积存下来的衰老和死亡的精子,促进种公羊产生新的精子。开始采精时,一周采精一次,继后一周两次,以后两天一次,到配种时,每天采精1~2次,连续采精3~4 d休息1 d。成年公羊每日采精最多可达3~4次,两次采精间隔时间至少为2 h。对精子密度较低的公羊,可增加动物性蛋白质和胡萝卜的喂量;对精子活力较差的公羊,需要增加运动量,每天早上可酌情增加运动量。

为保证种公羊体力、精力,配种前2 h驱赶运动40~50 min,速度为2~5 km/h,运动量以羊体的发热而不致喘气为宜。配种后自由运动,运动应选择地势平坦、道路较宽的地点。

为使公羊在配种时期养成良好的条件反射,使各项配种工作有条不紊地进行,必须拟定种公羊的饲养管理日程。饲养管理日程的拟定应以饲养管理和配种强度为根据,因地而异。

（二）非配种期的饲养管理

种公羊在非配种期，虽然没有配种任务，但仍不能忽视饲养管理工作。除放牧采食外，还应补给足够的能量、蛋白质、维生素和矿物质饲料。在保证公羊具有良好的种用体况前提下，逐步减少精料的喂量，防止公羊过度肥胖。饲草以鲜、干青草为主，冬季应补给一定数量的多汁饲料，坚持放牧与运动。

二、繁殖母羊的饲养管理

繁殖母羊的饲养管理情况对羔羊的发育、生长和成活影响很大。繁殖母羊的饲养管理，可分为空怀期、妊娠期和哺乳期三个阶段。

（一）空怀期的饲养管理

空怀期的主要任务是恢复体况。由于品种和各地产羔季节安排的不同，母羊的空怀期长短各异，如在年产羔一次的情况下，产冬羔母羊的空怀期一般为5～7个月，而产春羔母羊的空怀期可长达8～10个月。这期间牧草繁茂，营养丰富，要注重放牧，一般经过两个月抓膘可增重10～15 kg，从而为配种作好准备。对于部分一年两胎或两年三胎的品种（如小尾寒羊），在哺乳期即可发情、配种，空怀期很短，为使胚胎能充分发育和母羊产后有充足的乳汁，需提前做好补饲以适应高强度的繁殖需要。

（二）妊娠期的饲养管理

对怀孕母羊饲养管理的任务是保好胎，并使胎儿发育良好。母羊妊娠期一般分为前期（3个月）和后期（2个月）。最初三个月对母体营养物资的需要量并不太大，以后随胎儿的不断发育，对营养的需要量越来越大。妊娠后期胎儿生长发育快，所增重量占羔羊初生重的90%，营养物质的需要量明显增加。怀孕后期的母羊所需营养物质比空怀期增加饲料单位30%～40%，可消化蛋白质增加40%～60%。据研究，妊娠后期的母羊和胎儿一般增重7～8 kg以上，能量代谢比空怀母羊高15%～20%。补饲精料的标准要根据母羊的生产性能、膘情和草料的质量而定。如果缺乏补饲条件，胎儿发育不良，母羊产后缺奶，羔羊成活率低。

对怀孕母羊饲养管理不当时，很容易引起流产和早产。母羊临产前1周左右，不得远牧，以便分娩时能回到羊舍。但不要把临近分娩的母羊整天关在羊舍内。严禁饲喂发霉、变质、冰冻或其他异常饲料，禁忌空腹饮水和饮冰渣水；在日常放牧管理中禁忌惊吓、急跑、跑沟等剧烈动作，特别是在出入圈门或补饲时，要防止相互挤压。母羊在怀孕后期不宜进行防疫注射。

（三）哺乳期的饲养管理

母羊产后即开始哺乳羔羊，这一阶段的主要任务是保证母羊有充足的奶水供给羔羊。母羊哺乳期可分为哺乳前期（1.5～2个月）和哺乳后期（1.5～2个月）。母羊的补饲重点应在哺乳前期。

1. 哺乳前期

母乳是羔羊主要的营养物质来源，尤其是出生后15～20 d内。应保证母羊全价饲养，以提高产乳量；否则，母羊泌乳力下降，影响羔羊发育。为了提高母羊泌乳力，应给母羊饲喂较多的鲜、干青草，多汁饲料和精料，并注意矿物质和微量元素的供给。

2. 哺乳后期

哺乳后期母羊泌乳力下降，此时羔羊已逐步具有了采食植物性饲料的能力。此时母乳已不能满足羔羊的营养需要，需加强对羔羊补料。

哺乳母羊的圈舍必须经常打扫，以保持清洁干燥，对胎衣、毛团、石块、烂草等要及时扫除，以免羔羊舔食而引起疫病。要经常检查母羊乳房，如发现有奶孔闭塞、乳房发炎、化脓或乳汁过多等情况，要及时采取措施予以处理。

三、羔羊的饲养管理

羔羊主要指断奶前处于哺乳期间的羊只。目前，我国羔羊多采用3～4月龄断奶。有的国家对羔羊采用早期断奶，即在生后1周左右断奶，然后用代乳品进行人工哺乳；也有地区采用45～50日龄断奶，断奶后饲喂植物性饲料，或在优质人工草地上放牧。

(一)羔羊的饲养

羔羊出生后，应尽早吃到初乳。初乳中含有丰富的蛋白质(17%～23%)、脂肪(9%～16%)、矿物质等营养物质和抗体，对增强羔羊体质、抵抗疾病和排出胎粪具有重要的作用。对初生孤羔、缺奶羔羊和多胎羔羊，在保证吃到初乳的基础上，应找保姆羊寄养或用牛奶、山羊奶、绵羊奶、奶粉和代乳品等人工哺乳。人工哺乳务必做到清洁卫生，定时、定量和定温(35～39℃)，哺乳工具用奶瓶或饮奶槽，要定期消毒，保持清洁。对初生弱羔、初产母羊或护仔行为不强的母羊所产的羔羊，需人工辅助羔羊吃乳。母羊和初生羔羊要共同生活7 d左右，才有利于初生羔羊吃到充足的初乳和建立母子感情。在哺初乳的几天内，羔羊生长很快，平均日增重可达200～220 g。在出生后10多天内，母子同圈，羔羊自由吃奶，几乎隔1～2 h就需吃1次奶。20 d以后吃奶次数减少到每隔4 h 1次。羔羊10日龄就可以开始训练吃草料，以刺激消化器官的发育，促进心和肺功能健全。在圈内安装羔羊补饲栏(仅能让羔羊进去)让羔羊自由采食，少给勤添；待全部羔羊都会吃料后，再改为定时、定量补料，每只日补喂精料50～100 g。羔羊20日龄后，可随母羊一起放牧。羔羊1月龄后，逐渐转变为以采食为主，除哺乳、放牧采食外，可补给一定量的草料。

细毛羊和半细毛羊羔羊饲养方案，1～2月龄每天喂两次，补精料150 g；3～4月龄，每天喂2～3次，补精料200 g。饲料要多样化，最好有玉米、豆饼、麦麸等三种以上的混合饲料和优质干草以及苜蓿、青割牧草等优质饲料。胡萝卜切碎，最好与精料混合饲喂羔羊，饲喂甜菜每天不能超过50 g，否则会引起拉稀，继发肠胃病。羊舍内设足够的水槽和盐槽，也可在精料中混入0.5%～1.0%的食盐和2.5%～3.0%的矿物质。

羔羊断奶一般不超过4月龄。羔羊断奶多采用一次性断奶方法，即将母、仔分开后，不再合群。母羊在较远处放牧，羔羊留在羊舍饲养。母仔隔离4～5 d，即可断奶成功。羔羊断奶后按性别、体质强弱分群放牧饲养。

> 思考：羔羊的饲养管理中有哪些注意事项？早期训练羔羊吃草料有什么好处？

(二)羔羊的编号

为了选种、选配和科学的饲养管理，羔羊需要编号。羔羊出生后2～3 d，结合初生鉴定，即可进行个体编号。编号的方法主要有耳标法、刺字法和刻耳法等。

1. 耳标法

耳标是固定在羊耳上的标牌。习惯编号的方法是第一字母表示出生年号，其后为个体号，公羔编单号，母羔编双号。在耳标背面编品种号，如中国美利奴羊用“M”代表，“Mx”代表中国美利奴羊与新疆细毛羊杂交的杂种羊，可在后加1、2、3，分别代表一代、二代、三代。为了便于科学饲养管理，可根据实际情况自行确定编号方式。

2. 刺字法

刺字是用特制的刺字钳和十字钉进行羊只个体编号。刺字编号时，先将需要编的号码在刺字钳上排列好，在耳内毛较少的部位，用碘酒消毒后，夹住耳加压，刺破耳内皮肤，在刺破的点线状的数字小孔内涂上蓝色或黑色染料，而将号码固定在皮肤上。刺字编号的优点是经济方便，缺点是随着羊耳的长大，字体容易模糊。因此，此法不适于耳部皮肤有色的羊只。

3. 刻耳法

用缺刻钳在羊左右耳边缘打缺或耳中打孔代表不同的编号或等级。此法缺点是耳边缘缺口太多容易识错，耳缘外伤也会造成缺口混淆不清。

（三）记录

羊只编号以后，要对其进行登记并做好记录，要记清楚其父母编号，出生日期、编号、初生重、断奶体重等，最好绘制登记表。

（四）断尾

尾部长的羊为避免粪便污染羊毛及防止夏季苍蝇在母羊外阴部产蛆而感染疾病和便于母羊配种，必须断尾。断尾最好在产后2～3周龄时进行，此时尾巴较细不易出血，断尾可选在无风的晴天实施。常用方法为结扎法或断尾铲法。断尾处大约离尾根4 cm左右，约在第三至第四尾椎之间，母羔以盖住外阴部为宜。结扎法，即用弹性较好的橡皮筋套在尾巴的第三、四尾椎之间，紧紧勒住，断绝血液流通。过10 d左右尾即自行脱落。断尾铲法，即将断尾铲烧至黑热程度，边烙边切，断尾时速度不宜太快，以避免流血。断尾后用碘酒涂抹伤口进行消毒。

断尾1～3 d之后，应进行检查，如发现有化脓、流血等情况要及时进行处理，以防进一步感染造成羊只损失。

（五）去势

凡不适宜做种用的公羔应进行去势，以防乱交乱配。去势后的公羊性情温顺，管理方便，节省饲料，容易肥育。所产羊肉无膻味且较细嫩。去势一般与断尾同时进行，时间一般为10日龄左右，选择无风、晴暖的早晨进行。去势时间过早或过晚均不好，过早睾丸小，去势困难；过晚流血过多，或发生早配现象。去势方法主要有以下几种：

1. 结扎法

当公羊1周龄时，将睾丸挤在阴囊里，用橡皮筋或细线紧紧地结扎于阴囊的上部，断绝血液流通。经过15 d左右，阴囊和睾丸干枯，便会自然脱落。去势后最初几天，要常检查伤口，如遇红肿发炎现象，要及时处理。同时要注意去势羔羊环境卫生，垫草要勤换，保持清洁干燥，防止伤口感染。

2. 去势钳法

用特制的去势钳，在阴囊上部用力紧夹，将精索夹断，睾丸则会逐渐萎缩。此法无创口、无失血、无感染的危险。但经验不足者，往往不能把精索夹断，达不到去势的目的。

3. 手术法

手术法去势也要选择在晴天的上午进行，由 人固定住羔羊的四肢，并使羔羊的腹部向外，另一人将阴囊上的毛剪掉，再在阴囊下1/3处涂上碘酒消毒，然后手术者一只手捏住阴囊上方，以防止睾丸缩回腹腔中，另一只手用消毒过的手术刀在阴囊侧面下方切开一个小口约为阴囊长度的1/3，以能挤出睾丸为度，切开后，把睾丸连同精索拉出撕断。一侧的睾丸摘除后，再用同样的方法摘除另一侧睾丸。睾丸摘除后，把阴囊的切口对齐，用消毒药水涂抹伤口并撒上消炎粉。过1～2 d进行检查，如阴囊收缩，则为正常；如阴囊肿胀发炎，可挤出其中的血水，再涂抹消毒药水和消炎粉。

四、育成羊的饲养管理

育成羊是指羔羊断乳后到第一次配种的幼龄羊，一般在4～18月龄之间。羔羊断奶后5～10个月营养需要较多，生长很快，一般毛肉兼用和肉毛兼用品种公母羊增重可达15～30 kg。若此时营养供应不足，则会出现四肢高、体狭窄而浅、体重小、剪毛量低等问题。育成羊的饲养管理，应按性别单独组群。羔羊断奶时，不要同时断料，在断奶组群放牧后，仍需继续补喂一段时间的饲料。在冬、春季节，除放牧采食外，还应适当补饲干草、青贮饲料、块根块茎饲料、食盐和饮水。

五、育肥期饲养管理技术

凡不留作种用的成、幼年公羊、羯羊和失去繁殖能力的母羊都应先经育肥再行宰杀。经过育肥的羊产肉多，屠宰率高，肉质鲜嫩，可增加养羊收入。

(一)育肥原理

育肥的目的是为了在短期内迅速增加肉量、改善肉质，生产品质优良的毛皮。育肥的原理就是一方面增加营养的储积，另一方面减少营养的消耗，这就使食入的养分除了维持生命之外，大部分储积在体内，形成肉与脂肪。由于构成肉与脂肪的主要原料是蛋白质、脂肪和淀粉，因此在育肥饲养时必须投入较多的精料，在育肥羊能够消化吸收的限度内充分供给精料。

羊的育肥分羔羊育肥和成年羊育肥两种。不论是育肥羔羊还是成年羊，供给羊的营养物质必须超过它本身维持营养所必需的营养量，才有可能在体内蓄积肌肉和脂肪。羔羊的增重来源于生长部分和育肥部分，生长是肌肉组织和骨骼的增加，育肥是脂肪的增加。成年羊体重的增加则限于脂肪的增加，没有生长。因此，育肥羔羊比育肥成年羊更有利，因为羔羊增重较成年羊要快。

育肥期的长短，应视饲养水平和育肥效果而定。舍饲育肥时通常为75～100 d，育肥期过短育肥效果不显著，过长则饲料报酬降低，效果亦不佳。

(二)育肥前的准备

(1)计划投入育肥的羊，事前一律经过健康检查，无病者方可进入育肥。

(2)育肥羊应分类组群。一般根据性别、年龄、体况等分群，有利于制订育肥计划和确定日粮水平。

(3)育肥羊在投入育肥之前，还应进行驱虫。在有传染病发生的地区，要及时注射疫苗。

(4)公羊在投入育肥前还要去势，去势后可以做到更好地育肥，也能改善肉的品质。

(5)进行育肥前称重。

(三)育肥方式

我国育肥羊的方式有三种，即放牧育肥、舍饲育肥和混合育肥。对于放牧育肥的绵、山羊，要抓紧夏秋季节牧草茂密、营养价值高的大好时机，早出晚归，充分延长每天有效放牧时间。舍饲育肥则采用全价配合日粮，配给较多的精料并搭配一定比例的粗料和青绿多汁饲料，限制运动，减少消耗，以达快速增重的目的。混合育肥，即放牧育肥与舍饲育肥相结合的育肥方式。由放牧转入舍饲的育肥羊，要经过3～5 d的过渡期，在此期间只喂草和饮水，之后逐步加入精饲料，由少到多，再经过5～7 d后达到育肥计划规定的饲养标准。

育肥的日粮可根据具体情况酌情选定。

(四)羔羊的育肥

1. 羔羊育肥的意义

肥羔肉膻味轻、精肉多、脂肪少、肉质细嫩可口、不肥不腻、鲜嫩多汁、易于消化。同时羔羊的生长势最为旺盛，增重快、饲料报酬高、羔羊育肥成本低，极为经济。利用夏秋季草料资源抓膘育肥，开展肥羔生产，不过冬就屠宰，可以节约草料、棚圈，从而用来养好过冬的怀孕母羊和后备羊，一举多得，是发展养羊生产的好途径。

目前，世界许多国家已采用肥羔专业化生产，这不仅使羊肉数量大大提高，而且质量也比较稳定，劳动生产率也大幅度提高。采用机械化舍饲育肥的方式，人工控制小气候，全部采用全价颗粒配合饲料，让羊自由采食、饮水，可以大大提高生产效率。利用同期发情技术，通过人工授精使产羔时间大体一致，有利于成批生产。也可采用诱发分娩，实现同期产羔。实行密集产羔，使母羊一年两产或两年三产，并尽量增加每胎产羔数。在大规模生产羊肉的情况下，饲料生产的社会化、配合饲料工业和颗粒饲料的迅速发展、羔羊人工哺乳用的代乳粉等，也都应相应地快速发展。

2. 羔羊育肥的方法

2～4月龄的羔羊，平均日增重达180 g以上者，4月龄后可直接采用强度育肥，育肥期为50 d左右，采用放牧加补饲或全舍饲的育肥方式，6月龄即可达上市标准。对平均日增重低于180 g的羔羊，必须等其体重长到25 kg以上，才能转为育肥。育肥期一般较长(3个月左右)，前期育肥的强度不宜过大，等羔羊体重达到30 kg以上，转为强度育肥，使其在40～60 d内就能达到上市的标准。在羔羊体重太小时，过早进行强度育肥，常会造成羊的肥度已达标准，但体重达不到出栏要求，这样会降低育肥的经济效益。

高强度的育肥采用能量较高的混合精料，其饲料的配合由75%的玉米、15%～20%的豆饼、3.5%～8.5%的苜蓿草粉和尿素等蛋白质平衡剂、1.5%的食盐混合矿物质和适量生长促进剂组成。体重达30 kg前，每羊每天给350～550 g；体重达30 kg以后，每天给600～800 g。具体喂量要遵循每天给料1～2次，每次以羊在40 min内能吃净为准，按从少到多逐渐加量的原则来掌握。

对日增重较小的羔羊的育肥，在育肥的前期混合饲料的喂量一般应控制在200～400 g的范围内较为适宜。到最后的50 d左右，才能把喂料量加到600 g或更多。

(五)成年羊的育肥

主要利用淘汰的公羊和母羊，加料催肥，适时宰杀，供应市场。这种方法成本低、简单易行。成年羊骨架发育已经完成，如育肥得法，也可得到较好的育肥效果。

强力饲喂和高能量的补饲时，采用混合育肥方式，经45 d左右育肥后出栏。补饲混合精料的配方为：80%玉米，20%豆饼和尿素等蛋白质补充料，加入1%～2%的食盐及混合矿物质和其他添加剂。每只羊每天的饲喂量为0.5～1 kg。

【案例分析】为了更好地发挥种公羊的配种效能，应该制订种公羊的饲养管理日程。如何制订合理的种公羊饲养管理日程？

分析：种公羊的饲养管理目的是充分发挥种公羊的繁殖性能，提高配种效率。为保证种公羊体力、精力，配种前2 h驱赶运动40～50 min，速度大约为2～5 km/h，运动量以羊体发热而不致喘气为宜。配种后自由运动，运动应选择地势平坦、道路较宽的地点。为使公羊的配种时期养成良好的条件反射，使各项配种工作有条不紊地进行，必须拟定种公羊的饲养管理日程。

现将我国北方某集约化养羊场的种公羊配种期的饲养管理日程，介绍如下：

7:00～8:00　运动，慢速奔跑2000 m的距离。

8:00～9:00　喂料(精料和多汁饲料占日粮的1/2，鸡蛋1～2枚)。

9:00～11:00　采精。

11:00～15:00　放牧和饮水。

15:00～16:00　圈内休息。

16:00～18:00　采精。

18:00～19:00　喂料(精料和多汁饲料占日粮的1/2，鸡蛋1～2枚)。

讨论：肉羊的育肥方法有哪些？如何选择合适的育肥方案？

【注意事项】羊只育肥的注意事项有哪些?

1. 在育肥之前应有10~15 d的准备期,在这期间逐渐转换饲料成分,饲喂的方法是少量多餐,以改变羊只的习惯。

2. 在饲喂过程中,应避免过快地变换饲料种类和饲粮类型。用一种饲料代替另一种饲料,一般在3~5 d内逐渐替换完成。用粗饲料替换精饲料时,替换的速度要更慢一点,一般10 d左右完成。禁止用腐败、发霉、变质、冰冻及有毒有害的饲草饲料饲喂育肥羊。

3. 各种青干草和粗饲草要铡短,块根块茎饲料要切片,饲喂时要少喂勤添,精饲料每天可分两次投料。用青贮和氨化饲料喂羊时,喂量由少到多,逐步代替其他牧草。当羊群适应后,每只成年羊青贮饲料每天喂量不应超过2.0~3.0 kg,氨化秸秆不超过1.0~1.5 kg。

4. 确保育肥羊每天都能喝足清洁饮水。在冬季,不宜饮用雪水或冰冻水。

5. 育肥羊的圈舍应清洁干燥,空气良好,挡风遮雨,同时要定期清扫和消毒,要保持圈舍的安静,不能随意惊扰羊群。供饲喂用的草架和饲槽,其长度应与每只羊所占位置的长度和总羊数相称,以免饲喂时羊只拥挤和争食。

6. 经常观察羊群,定期检查,一旦发现羊只异常,应及时请兽医治疗。

第四节 绵羊剪毛和山羊梳绒

一、绵羊剪毛

(一)剪毛次数和时间

1. 剪毛次数

细毛羊、半细毛羊及其生产同质毛的杂种羊,一年内仅在春季剪毛一次。粗毛羊和生产异质毛的杂种羊,可在春、秋季节各剪毛一次。

2. 剪毛时间

具体时间依当地气候变化而定。过早和过迟对羊体都不利,过早则羊体易遭受冻害,过迟即阻碍羊体散发热量而影响羊只放牧抓膘,还会导致羊毛自行脱落而造成经济损失。因此,春季剪毛,应在气候变暖,并趋于较稳定时进行。

我国西北牧区春季剪毛,一般在5月下旬至6月上旬,青藏高寒牧区在6月下旬至7月上旬,农区在4月中旬至5月上旬。秋季剪毛多在9月份进行。

(二)剪毛前的准备

剪毛的季节性很强,剪毛持续的时间越短,越有利于羊只的抓膘。为保质保量做好绵羊的剪毛工作,在剪毛前要拟定剪毛计划。

剪毛场地的选择,应根据具体条件而定。若羊群小,可采用露天剪毛,地面为水泥地或铺晒席,以免沾污羊毛;羊群大,可设置剪毛室。剪毛室一般包括三部分,即羊只等候剪毛的待剪羊只室、剪毛室和羊毛分级包装室。在剪毛台上剪毛可减轻剪毛工人的体力消耗,剪毛台长2.5~3.0 m,宽1.5~1.7 m,高0.3~0.5 m。羊毛分级台长2.5~3.0 m,宽1.2~1.5 m,高0.8 m;台面用木质格栅制成,格栅木条间距为2.0~2.5 cm;台下设有收集小毛块的毛袋。在剪毛室大门出口处,设有磅秤,用来称量绵羊体重和毛包重量。

羊群在剪毛前12 h停止放牧、喂料和饮水，以免在剪毛过程中粪尿沾污羊毛和因饱腹在翻转羊体时引起胃肠扭转。剪毛前使羊群拥挤在一起，促进羊体油汗溶化，便于剪毛。雨后因羊毛潮湿不应立即剪毛，否则剪下的羊毛包装后易引起霉烂。

(三)剪毛方法

主要分手工剪毛和机械剪毛两种。手工剪毛是用一种特制的剪毛剪进行剪毛，劳动强度大，每人每天能剪20～30只羊。机械剪毛是用一种专用的剪毛机进行剪毛，速度快，质量好，效率比手工剪毛可提高3～4倍。目前，世界养羊业发达的国家，不断改进剪毛工艺，采用快速剪毛法，能显著提高生产效率，如在新西兰一个熟练的剪毛工人，平均每天可剪绵羊260～350只，最高纪录是9 h剪500只绵羊。

羊只剪完毛，若有伤口，应做消毒处理以防感染。因牧区气候变化大，绵羊剪毛后，几天内应防止雨淋和烈日曝晒，以免引起疾病。

(四)羊毛的分级和包装

将剪下的毛被称重记录后，根据国家羊毛收购标准，进行羊毛分级。确定等级后，除去粪块毛和边坎毛，将套毛卷折好，可将各类羊毛分开，如白色的同质细毛、半细毛和异质毛，杂色的同质毛、异质毛和边坎毛等。

二、山羊梳绒

山羊梳绒的时间，依各地的气候条件而异。春季气候转暖，绒纤维开始脱落。脱绒的顺序是从头部开始，逐渐向颈、肩、背、腰和股部推移。当发现头部绒纤维脱落，便是开始梳绒的时间。梳绒季节性强，时间短，一般为10～15 d。梳绒若不及时，往往造成山羊绒浪费。梳绒应间隔10 d左右，分两次进行。

目前，我国普遍推行手工梳绒。梳子有两种，一种为稀梳，由7～8根钢丝组成，钢丝间距为2.0～2.5 cm；另一种为密梳，由12～14根钢丝组成，钢丝间距为0.5～1.0 cm，钢丝直径为3.0 mm。

梳绒前12 h羊只停止放牧和饮水。梳绒时，先用稀梳顺毛方向梳去草屑和粪块等污物，再用密梳从股、腰、胸、肩到颈部，依次反复顺毛梳理，最后逆毛梳理直到将脱落的绒纤维梳净为止。梳绒动作要轻，以防抓破皮肤。一般是成年羊先梳，育成羊后梳；健康羊只与患有皮肤病的羊只分开梳，健康羊先梳，病羊后梳；白色山羊和有色山羊应分开梳，先梳白色羊，后梳有色羊。羊梳绒后，要特别注意气候变化，防止羊只感冒。

为了减轻梳绒劳动强度，提高梳绒效率，我国先后研制出9RZ-84山羊梳绒机和9RSH-88中频梳绒机。国外也成功研制振动式梳绒机，生产效率较高。

第五节　驱虫和药浴

一、驱虫

绵羊和山羊的寄生虫病制约着养羊生产的发展。患有内外寄生虫病的羊只，重者日趋消瘦，甚至造成死亡；轻者也因羊体营养被消耗而呈现不同程度的消瘦，导致幼龄羊生长发育受阻；成年羊繁殖力下降，羊毛和羊肉产量降低，羊皮受损。因此，务必重视羊体内外寄生虫病的防治。

1. 寄生虫病的预防　寄生虫都具有自己特有的生活史、生存和传播条件。预防寄生虫，只要打断其生活史，破坏其生存和传播条件，就能预防寄生虫病。注意加强日常饲养管理，勤换垫草，保持羊舍干燥，保持羊体清洁卫生和饮水卫生。在有寄生虫感染的地区，如有肝片吸虫的草场，可通过改变环境或用生物化学方法消灭中间宿主锥实螺，以切断其生活史。有条件的地区尽可能实行分区轮牧，使其虫卵或幼虫在放牧休闲区内死亡。多数寄生虫的卵是随粪便排出体外，因此对羊的粪便应作发酵处理以杀灭寄生虫卵。对体外寄生虫的预防可定期进行药浴，对被体外寄生虫污染过的圈舍和用具，须彻底消毒。对新购入的羊只，经隔离观察后或经预防处理后才能与原有的羊只混群饲养。

2. 寄生虫病的治疗 在有寄生虫感染的地区，每年春、秋季节进行两次预防性驱虫。断奶以后的羔羊也应驱虫。药物治疗羊体内外各种寄生虫时，选用药物要准确，药物用量要精确。必须作驱虫试验，在确定药物安全可靠和驱虫效果后，再进行大群驱虫。

二、药浴

药浴的目的是预防和治疗羊体外寄生虫病，如羊疥癣、羊虱等。根据药液利用方式，可分为池浴、淋浴和喷雾三种药浴方式。

（一）药浴的时间

在有疥癣病发生的地区，对羊只一年可进行两次药浴：一次是治疗性药浴，在春季剪毛后7～10 d内进行；另一次是预防性药浴，在夏末秋初进行。每次药浴最好间隔7 d重复一次。冬季对发病羊只，可选择暖和天气进行擦浴。

（二）药浴药液的配制

目前，我国羊常用的药浴药液有：蝇毒磷20%乳粉或16%乳油配制的水溶液，成年羊药液的浓度为0.05%～0.08%，羔羊为0.03%～0.04%；杀虫脒为0.1%～0.2%的水溶液；敌百虫为0.5%的水溶液等。

（三）药浴注意事项

（1）药浴应选择晴朗、暖和、无风天气、日出后的上午进行，以便药浴后，中午羊毛能干燥。

（2）药浴前，应先选用品质较差的羊只3～5只试浴。若无中毒现象，才可按计划组织药浴。临药浴前羊停止放牧和喂料，浴前2 h让羊充分饮水，以防止其口渴误饮药液。

（3）先浴健康羊，后浴病羊，有外伤的羊只暂不药浴。药液应浸满全身，尤其头部，可用浴杈将羊头部压入药液内两次，但需防止羊只呛水，引起中毒。药浴持续时间，治疗2～3 min，预防1 min。

（4）药浴后在阴凉处休息1～2 h，即可放牧，但如遇风雨应及时赶回羊舍，以防感冒。

（5）药浴期间，工作人员应做好防护措施，以防中毒。药浴结束后，药液不能任意倾倒，以防牲畜误食中毒。

此外，羊群若有牧羊犬，也应一并药浴。

第六节　羊舍建设及设备

一、羊舍

建造羊舍的目的是保暖防寒，便于南方地区降温防暑，北方地区防冻免受风寒侵害。同时，利于各类羊群管理。专业性强的规模羊场，羊舍建造应考虑不同生产类型绵、山羊的特殊生理需求，以保证羊群有良好的生活环境。

（一）羊舍地址的选择

1. 地形、地势 羊适宜生活在干燥、通风、凉爽的环境之中，潮热的环境影响羊只的生长发育和繁殖性能。羊舍地址选择地势干燥、地下水位低（2 m以下）、有一定坡度（1%～3%）、在寒冷地区背风向阳、排水良好、通风干燥的地点，切忌在低洼涝地、山洪水道、冬季风口等地修建羊舍。如果是为引进新品种建羊舍，还要考虑其生态适应性，所选择的地址自然生态和经济条件，要尽可能地满足引入品种的要求。

2. 水源 要求四季供水充足，水质良好，离羊舍要近，取用方便。水量能保证场内职工用水、羊饮水和消毒用水。水源必须清洁卫生，同时应注意保护水源不受污染。最好用消毒过的自来水，流动的河水、泉水或深井水。忌在严重缺水或水源严重污染及易受寄生虫侵害的地区建场。

3. 疫病情况 要对当地及周围地区的疫情作详细调查，切忌在传染病疫区建场。羊场距主要的交通线（铁路和主要公路）要在300 m以上，并且要在已知污染源的上坡上风方向。羊场周围的居民和畜群要少，尽量避开附近单位的羊群转场通道，地势选择应在一旦发生疫情容易隔离封锁的地方。羊场或养羊联合体内兽医室、病畜隔离室、贮粪池、尸体坑等应位于羊舍的下坡下风方向，以避免场内疾病传播。

4. 饲草、饲料资源　应充分考虑饲草、饲料供应条件，必须要有足够的饲草料基地或饲草料来源。

5. 其他条件　交通比较方便，有供电条件等。

（二）羊舍建筑

1. 羊舍设计

（1）羊舍及运动场面积。羊舍面积因羊只的数量、饲养方式、生产方向、品种、性别、年龄、生理状况、气候条件不同而有所差别，但须以保持舍内空气新鲜、干燥、保证冬春季防寒保温，夏季防暑降温为原则。同时羊舍还必须要有足够的运动场地。

产羔室可按基础母羊数的20%～25%计算面积。运动场面积一般为羊舍面积的2～2.5倍。成年羊运动场面积可按4 m²/只计算。羊舍高度不低于2.5 m。随着南方养羊业的发展，采用大圈通栏式羊舍，活动铁架隔栏，按生产季节变换羊圈面积，更有利于羊舍的有效利用（表2.2）。

表2.2　各类羊只所需的羊舍面积

羊　别	面积（m²/只）	羊　别	面积（m²/只）
春季产羔母羊	1.1～1.6	成年羯羊和育成公羊	0.7～0.9
冬季产羔母羊	1.4～2.0	一岁育成母羊	0.7～0.8
群养公羊	1.8～2.25	去势羔羊	0.6～0.8
种公羊（独栏）	4～6	3～4个月的羔羊	占母羊面积的20%

（2）羊舍防热防寒温度界限。冬季产羔舍舍温最低应保持在8℃以上，一般羊舍在0℃以上，夏季舍温不超过30℃。

（3）羊舍湿度。羊舍应保持干燥，地面不能太潮湿，空气相对湿度不高于50%～70%。

（4）通风和采光。地面及通风设施的设计仍需注意舍内干燥，保温防暑，便于饲养管理，有利于排除有害气体，保证舍内采光充足。采光系数要求，成年羊舍是1:（15～25），产羔羊舍的采光系数应小。

2. 羊舍类型

不同类型羊舍，在提供良好小气候条件上有很大的差别。根据不同结构的划分标准，可将羊舍划分为若干类型。

（1）根据羊舍四周墙壁封闭的严密程度可划分为封闭式、开放式和半开放式三类。

封闭式羊舍，四周墙壁完整，具有保温性能强的特点，适合寒冷北方地区采用。近期我国西北、东北地区采用塑膜暖棚羊舍属此类。半开放式羊舍，一面有半截长墙，具有采光和通风好，但保温性能差，是我国南北方较普遍采用的类型。棚舍，只有屋顶而没有墙壁，仅可防止太阳辐射，通风采光好，保温性能很差，适合于炎热地区。

（2）根据羊舍屋顶的形式，羊舍可分为单坡式、双坡式等类型。

单坡式羊舍，跨度小，自然采光好，适用于小型羊场或农户简易羊舍选用；双坡式羊舍，跨度大，占地面积少，保暖能力强，但自然采光、通风差，适合于寒冷地区采用。

（3）根据羊舍长墙与端墙排列形式，可分为“一”字形，“ ⌐”字形或“门 ”字形等。

我国多采用“一”字型，其采光好，温差不大，经济适用。

此外，根据我国南方炎热潮湿的气候特点，修建吊楼式羊舍，高床养羊，在山区利用山坡修建地下式羊舍和土窑洞羊舍等，创造了许多类型的经济适用的简易羊舍。

3. 羊舍基本结构

（1）地面

羊舍地面要求致密、坚实、平整、无裂缝、不硬滑，达到卧息舒服，防止肢蹄受伤或蹄病发生。地面应有1%～1.5%的斜度，便于排污，利于清扫、消毒。羊舍地面有实地面和漏缝地面两种类型。实地面又因建筑材料不同有夯实黏土、三合土(石灰:碎石:黏土比例为1:2:4)、石地、混凝土、砖地、水泥地、木质地面等。夯实黏土地面易于去表换新、造价低廉,缺点是易潮湿和不便消毒,干燥地区可采用;三合土较黏土地面好;石地面和水泥地面不保温、太硬,但便于清扫与消毒;砖地面和木质地面,保暖而也便于清扫与消毒,但成本较高,适合于寒冷地区。饲料间、人工授精室、产羔室可用水泥或砖铺地面,以便消毒。

漏缝地面用软木条或镀锌钢丝网等材料做成,木条宽32 mm,厚36 mm,缝隙宽15 mm,适宜于成年羊和10周龄以上羔羊使用。我国南方地区已普遍采用竹木漏缝地板作羊床,能给羊提供干燥卫生的卧地,是最佳的羊床。

(2)墙

墙主要对羊舍起保温作用。冬季通过墙体的散热量占畜舍总散热量的35%~40%。我国多采用土墙、砖墙和石墙等。土墙造价低,导热小,保温好,但易湿,不易消毒,小规模简易羊舍可采用;砖墙是最常用的一种,保暖性能与厚度相关;石墙,坚固耐久,但保温性不好。温带地区也可用铝板、玻璃纤维板做保温隔热墙。南方农村建非承重墙采用当地竹木作隔墙,透气凉爽,非常实用。

(3)门和窗

羊舍门应向外开,不设门槛。视羊舍大小设1~2个门,一般设于羊舍两端,正对通道,便于大车进出运送草料和清扫羊粪。大型羊舍门宽2.5~3 m,高度1.8~2.5 m。寒冷地区在保证采光和通风的前提下少设门,也可在大门外添设套门。

窗宽一般1.0~1.2 m,高0.7~0.9 m,窗台距地面高1.3~1.5 m。

(4)屋顶与天棚

屋顶具有防雨水和保温隔热的作用。通常采用多层建筑材料,增加屋顶的保温性。其材料有陶瓦、石棉瓦、木板、塑料薄膜、油毡等。羊舍净高(地面至天棚的高度)2.0~2.4 m。在寒冷地区舍内可适当降低净高。单坡式羊舍,一般前高2.2~2.5m,后高1.7~2.0m,屋顶斜面呈45°角。

(5)运动场的设置

呈"一"字排列的羊舍,运动场一般设在羊舍的南面,低于羊舍地面60 cm以下,向南缓缓倾斜,以砂质壤土为好,便于排水和保持干燥。周围设围栏,围栏高度1.5~2.0 m。

(三)典型羊舍

1. 开放及半开放结合的单坡式羊舍

这种羊舍由开放舍和半开放舍两部分组成,羊舍排列成"┌"字形,羊可以在两种羊舍中自由活动。在半开放羊舍中,可用活动围栏临时隔出或分隔出固定的母羊分娩栏。这种羊舍,适合于炎热地区或当前经济较落后的地区(图2.1)。

2. 半开放的双坡式羊舍

这种羊舍既可排列成"┌"字形,亦可排列成"一"字形,但长度要增长。这种羊舍适合于比较温暖的地区,或半农半牧区(图2.2)。

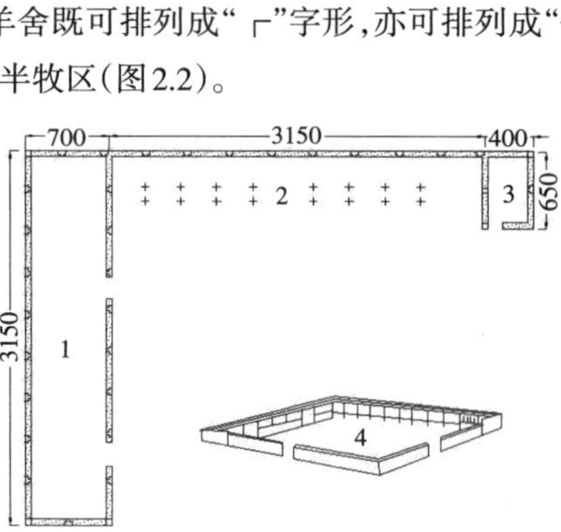

图2.1 开放及半开放结合的单坡式羊舍示意图
(单位:cm)
1.半开放羊舍 2.开放羊舍 3.工作室 4.运动场

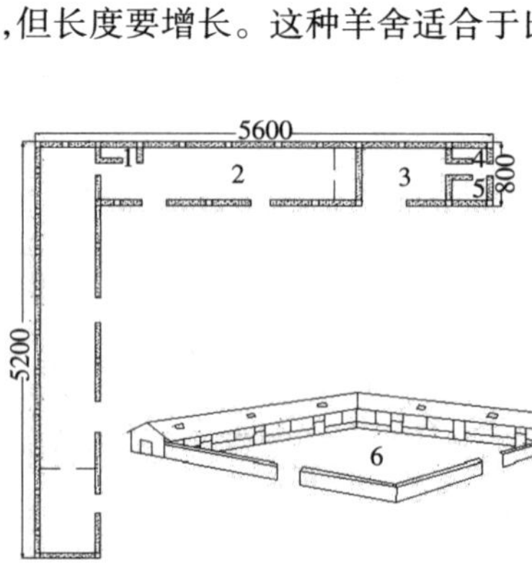

图2.2 半开放的双坡式羊舍示意图
(单位:cm)
1.人工授精室 2.普通羊舍 3.分娩栏室
4.值班室 5.饲料间 6.运动场

3. **封闭双坡式羊舍**　这种类型羊舍，四周墙壁封闭严密，屋顶为双坡，跨度大，排列成"—"字形，保温性能好。适合寒冷地区，可作冬季产羔舍。其长度或根据羊的数量适当加以延长或缩短(图2.3)。

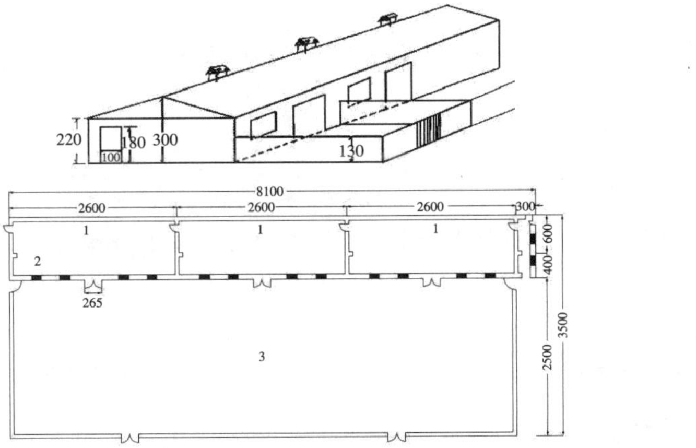

图2.3　封闭双坡式羊舍示意图（单位:cm）

1.羊舍　2.通气管　3.运动场

4. **吊楼式羊舍**　这种羊舍，高出地面1~2 m，安装吊楼，吊楼上为羊舍，吊楼下为接粪斜坡，后与粪池相连。楼面为木条漏缝地面。双坡式屋顶，用小青瓦或茅草覆盖。后墙与端墙为片石，前墙柱与柱之间为木栅栏。这种羊舍的特点是，离地面有一定的高度，防潮、通风透气性好、结构简单，适合于南方炎热、潮湿地区采用(图2.4)。

5. **漏缝地面羊舍**　国外典型的漏缝地面羊舍为封闭的双坡式，跨度为6.0 m，地面漏缝木宽50 mm，厚25 mm，缝隙15 mm。双列食槽通道宽50 cm，可提供给产羔母羊相当适宜的环境条件。

6. **塑料棚舍**

近年来，我国北方冬季推广塑料暖棚养羊。这种羊舍，一般是利用农村现有的简易敞圈及简易开放式羊舍的运动场，搭好支架，扣上密闭的塑料膜而成。骨架材料因地制宜选材，如木条、竹片、钢材、铅丝、铁丝等均可，塑料薄膜采用白色透明透光好、强度大的膜。棚顶类型分为单坡式单层或双层膜棚、拱式或弧式单层或双层膜棚，以单坡式单层膜棚结构最简单，经济实用。在端墙上设门和进气孔。棚舍坐北朝南，在塑料棚较高位置上设排气窗，东西方向每隔8~10 m设1个排气窗(20 cm×30 cm)。这种暖棚，保温、采光好，经济适用，适合于寒冷地区或冬季采用(图2.5)。

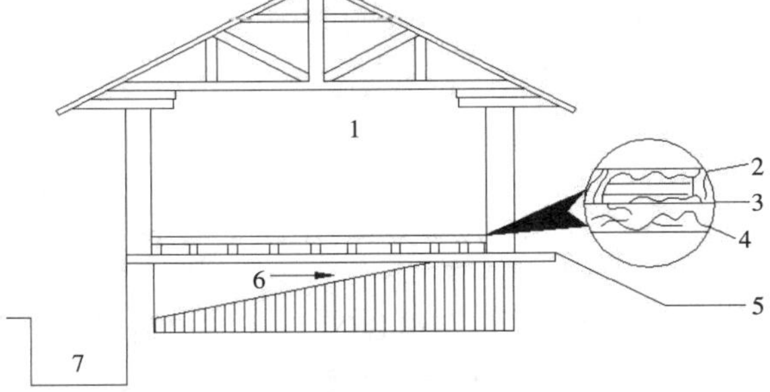

图2.4　吊楼式羊舍示意图

1.羊舍　2.木条　3.楼幅　4.抬楼幅　5.运动场　6.斜坡　7. 粪池

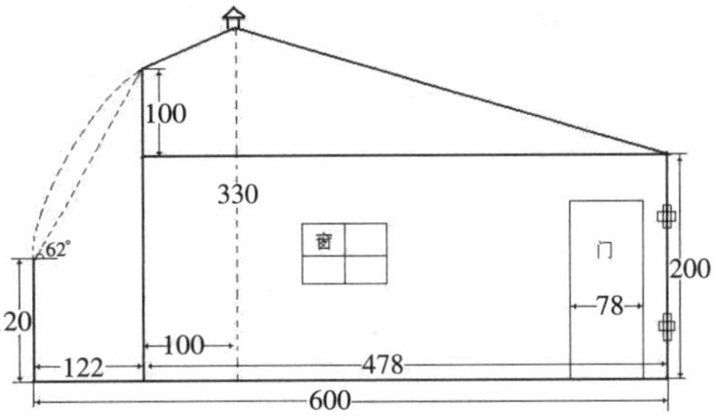

图2.5　塑料暖棚羊舍侧面示意图(单位:cm)

二、饲草加工设备

(一)牧草收获机械

1. **割草压扁机**

按切割部件的结构分类，可分为往复式割草压扁机和圆盘式割草压扁机；按照行走方式分类，可分为自走式与牵引式；按照压扁方式进行分类，有橡胶辊、钢辊和锤片式之分。割草压扁机的主要功能是对牧草进行切割与压扁，并在地面上形成一定形状和厚度的草铺。

2. 搂草机

搂草机主要有指盘式搂草机、栅栏式搂草机和搂草摊晒机，用于牧草割后的翻晒、并铺及摊铺，以加快牧草的干燥。

3. 打捆机

打捆机分为方捆打捆机和圆捆打捆机。打捆机将牧草包装成规则的形状，便于运输和长期保存。打捆机的压实系统，可以使打成的草捆从内到外一样密实。但由于机械化程度不高，国内市场的打捆机主要打成小捆。

4. 草捆搬运与堆垛机械

草捆搬运与堆垛机械包括自走式或牵引式方捆捡拾车和多功能搬运机等。

（二）饲料加工机械

饲料加工机械主要包括切碎、粉碎、混合和制粒等机械。

1. 铡草机和青贮料切碎机

铡草机和青贮料切碎机主要有两种类型，即滚筒式和圆盘式。

2. 饲料粉碎机

饲料粉碎机的用途很广，可以用来粉碎各种粗、精饲料，使之达到一定的粗、细度。常用的粉碎机主要有锤片式和爪式两种类型。

3. 饲料混合机

饲料混合机又称饲料搅拌机，其作用是将各种饲料混合均匀。常用的饲料混合机分为立式和卧式两种。按工作连续性可分为间歇式和连续式。

4. 颗粒饲料机

颗粒饲料机的作用是将搅拌均匀后的饲料压制成颗粒状饲料。颗粒饲料分为硬颗粒、软颗粒或膨化颗粒。颗粒饲料机主要有环模式和平模式两种。

5. 草饼机

草饼机主要作用是将干草制成直径3～8 cm的干草饼。利用自走捡拾压块机将晒干的牧草（含水量15%）捡起、切碎、加湿，再利用高压通过模孔使其成为草饼，将牧草直接在田间制成干草饼。

6. 青贮设备

青贮设备分为青贮塔、地下青贮窖或壕及青贮袋，根据生产需要选用青贮方式。

三、药淋设备

（一）药浴池

1. 大型药浴池

可供大型羊场或羊较集中的乡村药浴用。药浴池可用水泥、砖、石等材料砌成长方形，似狭长而深的水沟。长10～12 m，池顶宽60～80 cm，池底宽40～60 cm，以羊能通过而不能转身为准，深1.0～1.2 m。入口处设漏斗形围栏，使羊依顺序进入药浴池。浴池入口呈陡坡，羊走入时可迅速没入池中，出口有一定倾斜坡度，斜坡上有小台阶或横木条，其作用一是不使羊滑倒；二是羊在斜坡上停留一些时间，使身上残余的药液流回浴池。

2. 小型药浴槽、浴桶或浴缸

小型药浴槽、浴桶或浴缸容量较小，可同时将两只成年羊（小羊3～4只）一起药浴，并可用门的开闭来调节入浴时间。

（二）药淋设备

药淋装置由机械和建筑两部分组成 。机械部分包括上淋管道、下喷管道、喷头、过滤筛、搅拌器、螺旋式阀门、水泵和柴油机（或电动机）等；地面建筑包括淋场、待淋场、滴液栏、药液池和过滤系统等，可使药液回收，过滤后循环使用。工作时，用柴油机或电动机带动水泵，将药液池内的药液输送至喷头对羊进行喷淋。上淋管道末端设有6个喷头，利用水流的反作用，可使上淋架均匀旋转。圆形淋场直径为8 m，可同时容纳250～300只羊淋药。

近年来，国内多家单位已研制生产出了不同类型的流动式牛羊药浴机或流动药浴车，利用拖拉机动力，采用对流喷洒浴羊，药液渗透效果好，药液循环使用，劳动强度小、作业成本低，具有可流动作业、节省药物及人畜安全等特点。

【案例分析】重庆某公司欲建设一个1000只规模的肉羊生产场，请分析需要建设什么类型的羊舍？各种羊舍分别需要多少面积？还需要什么配套设施？

分析：重庆气候潮湿，夏季炎热，最好采用开放或半开放式漏缝地面羊舍。由于重庆多雨，地势多丘陵，羊舍选址应考虑排水良好、地基稳固，防止浑水和地质灾害，另外还需考虑附近有一定的饲草种植面积，最好有天然或人工放牧草场。

总规模1000只羊场，需引进各类羊只数量如下：

纯种的肉用种公羊：3～5只；

繁殖母羊：300只。

需要修建羊舍面积如下：

每只公羊占用羊舍面积4～6 m^2，共需羊舍面积约30 m^2；

每只繁殖母羊占用羊舍面积1.5 m^2（包括羔羊占用面积），300只母羊需羊舍面积约450 m^2；

后备公羊：2～3只，每只占用面积2 m^2，共需羊舍面积约6 m^2；

后备母羊：50～60只，每只占用面积0.8 m^2，共需羊舍面积约50 m^2；

育成羊（肥育羊）：400～500只，每只占用面积0.8 m^2，共需羊舍面积约400 m^2；

羔羊：200只，每只占用面积0.6 m^2，共需羊舍面积约120 m^2；

总计：$30+450+6+50+400+120=1056\ m^2$

舍外需要配套1.5倍的运动场面积：$1056\times1.5=1584\ m^2$。

人工草场配套：

重庆地区牧草四季生长，选择高产牧草品种如牛鞭草、鸭茅、紫花苜蓿等，产量较高。平均每只羊需要配套人工草场面积约0.1亩。因此还需配套人工草场约100亩（1000×0.1=100亩）。

【本章小结】

科学的饲养管理技术是现代养羊模式中必不可少的技术措施。饲养管理的好坏直接影响着羊的生长、增重、繁殖和羔羊成活率等生产性能。现代科学养羊需要在了解绵、山羊生物学特性的基础上，并根据季节、气候条件的差异和生产阶段的不同对不同类别的羊给以特定的饲养管理。养羊同样需要相应的硬件设施，包括羊舍、牧场、饲草地、疫病防治设备、饲草加工机械和设备等。只有将羊、饲养管理和各种硬件设备有机结合才能充分提高养羊的生产效率。

【思考题】

1. 简述羊的消化机能特点。
2. 简述羊的日粮配合原则及其注意要点。
3. 简述羊的补饲及其意义。
4. 羊的主要饲料及其调制方法有哪些?
5. 试述种公羊的饲养管理。
6. 试述繁殖母羊的饲养管理。
7. 简述羔羊断尾和去势的方法及注意的问题。
8. 试述羊的育肥方法及育肥羊的饲养管理技术。
9. 简述山羊梳绒的组织、方法及其注意事项。
10. 简述羊的药浴方法和注意事项。
11. 简述羊舍类型及其主要技术参数。

第三章　绵、山羊的繁殖技术

养羊业生产的主要任务，是在努力增加绵、山羊数量的同时，积极提高羊的质量，以便生产更多、更好的养羊业产品来满足人民生活水平日益增长和市场经济不断发展的需要。增加羊的数量，提高羊的品质，必须通过羊的繁殖才能实现，因此，掌握好羊的繁殖技术，搞好羊的繁殖工作，是养羊业生产中不可忽视的重要环节。

第一节　绵、山羊的繁殖现象和规律

一、性成熟和初次配种年龄

性成熟是指羊的生殖器官已经发育完全，能够产生正常水平的生殖细胞和性激素，已经具有正常繁殖能力的时期。羊刚达到性成熟时，其身体各个器官并未达到充分发育，如果这时进行配种会影响它本身和胎儿的生长发育，从而影响其利用年限和以后的繁殖力。因此，公、母羔在4月龄断奶时，一定要分群管理，以免偷配。绵羊的性成熟年龄因品种和分布地区的不同而略有差异，但一般是在5～8个月龄。绵羊的初次配种年龄一般在1.5岁左右，但也受品种和饲养管理条件的影响。山羊的性成熟比绵羊略早。在良好的饲养管理条件下，体重达到成年羊的60%～70%时，即可开始进行配种繁殖。在草场或饲养条件较差的地区，初次配种年龄往往推迟到2～3岁时进行。

中国美利奴羊母羊性成熟一般为6～8月龄；母羊体成熟为12～15月龄，当体重达到成年母羊的85%时，即可进行第一次配种，一般初配年龄以18月龄为宜。

波尔山羊母羊的初情期一般为6～8月龄，一般在体重达成年体重40%～60%时性成熟，母羊初配年龄在10月龄以上，公羊初配年龄在12月龄以上。我国南方山羊品种的初情期一般在3～6月龄，性成熟一般在4～8月龄，初配年龄一般在10～12月龄。

二、发情

（一）发情表现

1. 神经兴奋和性行为　母羊发情时兴奋不安，一般不抗拒公羊接近或爬跨，或者主动接近公羊并接受公羊的爬跨交配。在发情初期，性欲表现不甚明显，之后逐渐显著。排卵以后，性欲逐渐减弱，直至抗拒公羊接近和爬跨。

2. 生殖道发生一系列变化　外阴部充血肿大，柔软而松弛，阴道黏膜充血发红，上皮细胞增生，前庭腺分泌增多，子宫颈开放，子宫蠕动增多，输卵管的蠕动、分泌和上皮黏毛的波动也增强。

3. 卵巢变化　卵巢上有卵泡发育成熟，发育成熟后卵泡破裂，卵子排出。

（二）发情持续期

母羊从开始表现发情特征到这些特征消失为止的这一时期叫发情持续期。母羊的发情持续期与品种、个体、年龄和配种季节等有密切的关系，如中国美利奴羊为1～2 d，小尾寒羊为30 h左右，马头山羊为2～3 d，波尔山羊为1～2 d。

（三）发情周期

母羊达性成熟后在未怀孕的状态下，其发情过程会发生一系列周期性循环变化，从上次发情开始到下次发情的间隔时间即为发情周期。发情周期的长短同样受品种、个体和饲养管理条件等因素的影响。绵羊发情周期平均为16 d（14～21 d），山羊平均为21 d（18～24 d）。

三、怀孕

绵、山羊从开始怀孕到分娩，这一时期称为怀孕期或妊娠期。怀孕期的长短，因品种、多胎性、营养状况等的不同而略有差异。早熟品种多半是在饲料比较丰富的条件下育成的，怀孕期较短，平均为145 d左右；晚熟品种多在放牧条件下育成，怀孕期较长，平均为149 d左右。不同绵、山羊品种平均怀孕期如下：中国美利奴羊为149～154 d，小尾寒羊为146～150 d，马头山羊为144～154 d，波尔山羊为146～151 d。

四、羊的繁殖季节

绵、山羊是季节性繁殖动物，在繁殖季节母羊表现出周期性发情和排卵，接受公羊交配并能怀孕，在非繁殖季节（也叫乏情期），母羊不发情，卵巢处于静止状态，卵泡不发育，也不接受公羊的交配。绵、山羊繁殖季节因品种、地区而有差异，一般是在夏、秋、冬三个季节母羊有发情表现。母羊的发情主要受光照、气温、饲草饲料等因素的影响，特别是母羊的发情要求由长变短的光照条件，所以发情主要在秋、冬两季。在饲养管理条件良好的年份，母羊发情开始早，而且发情整齐旺盛。公羊在任何季节都能配种，但在气温高的季节，性欲减弱或者完全消失，精液品质下降，精子数目减少，活力降低，畸形精子增多。在气候温暖、海拔较低、牧草饲料良好的地区饲养的绵、山羊品种一般四季都发情，配种时间不受限制。

【案例分析】南方某羊场饲养的种公羊为波尔山羊，母羊为本地品种，分析如何充分发挥种公羊的生产性能。

分析：波尔山羊母羊的初情期一般为6～8月龄，一般在体重达成年体重40%～60%时性成熟，母羊初配年龄在10月龄以上，公羊初配年龄在12月龄以上。我国南方山羊品种的初情期一般在3～6月龄，性成熟一般在4～8月龄，初配年龄一般在10～12月龄。因此，为了充分发挥种公羊的生产性能，应该在达到初配年龄后进行配种。过早配种则由于羊只未达到体成熟，影响种公羊生长发育，从而影响种公羊的利用年限。

另外，可采用人工授精技术充分提高种公羊的利用效率。

思考：绵、山羊如何进行发情鉴定？

第二节　配种方法和人工授精

一、配种时期的选择

羊配种时期的选择，主要是根据在什么时期产羔最有利于羔羊的成活和母仔健壮来决定。在年产羔一次的情况下，产羔时间可分两种，即冬羔和春羔。一般7～9月配种，12月至翌年1～2月产羔叫产冬羔；在10～12月配种，第二年3～5月产羔叫产春羔。

在气候和生产条件较好的地区，对常年发情的绵、山羊可采用一年产两胎或两年产三胎的生产方式，提高繁殖效率。

二、羊的配种方法

羊的配种方法有两种，即自然交配和人工授精。

（一）自然交配

自然交配是在绵羊的繁殖季节，将公、母羊混群放牧，任其自由交配。用这种方法配种时，节省人工，不需要任何设备，如果公母羊比例适当[一般1∶（30～40）]，受胎率也相当高。

自然交配的方法也有许多缺点：

(1)种公母羊混群放牧时，种公羊不断追逐母羊交配，不但影响羊群的采食和抓膘，而且种公羊的精力也消耗很大；

(2)无法了解后代的血缘关系；

(3)不能进行有效的选种选配；

(4)由于不确定母羊配种的确切时间，因而无法推测母羊的预产期，同时由于母羊产羔时期拉长，所产羔羊年龄大小不一，从而给管理上造成困难。

采用人工辅助交配法，可以克服自然交配的缺点，而且又不需进行人工授精。将公母羊分群放牧，到配种季节后，每天对母羊进行试情，然后把挑选出来的发情母羊与指定的公羊进行交配。采用这种配种方法，可以准确登记公母羊的耳号及配种日期，能够预测分娩期，并且能节省公羊精力、提高受配母羊头数，同时也比较有利于羊的选配工作进行。

(二)人工授精

羊的人工授精是指通过人为的方法，将种公羊的精液输入母羊的生殖器内，使卵子受精以繁殖后代。

人工授精与自然交配相比有以下优点：

第一，扩大优良种公羊的利用率。用低倍稀释的种公羊精液[1:(2~4)]进行人工授精，一只种公羊一年可配母羊500~1000只以上，比用种公羊本交提高10~20倍以上；高倍稀释[1:(20~50)]人工授精技术，一只种公羊一年可配种母羊10000只以上，比本交提高200倍以上。因此，应用人工授精方法，不但可以增加种公羊配母羊的数量，而且还可以充分发挥优良种公羊的作用，迅速提高羊群质量。

第二，可以提高母羊的受胎率。采用人工授精的方法，由于将精液完全输送到母羊的子宫颈或子宫颈口，增加了精子与卵子结合的机会，同时也解决了母羊因阴道疾病或因子宫颈位置不正所引起的不育，由于精液品质经过检查，避免了因精液品质不良所造成的配种失败。

第三，采用人工授精方法，可以节省购买和饲养大量种公羊的费用。

有适龄母羊5000只，如果采用自然交配方法，至少需要购买或饲养100~150只种公羊，而采用人工授精方法，只需购买或饲养不到10只种公羊。

第四，可以减少疾病的传染。在自然交配过程中，由于羊体和生殖器官相互接触，就有可能把某些传染性疾病和生殖疾病传播开来。采用人工授精方法，器械经过严格消毒，这样疾病传播机会就大大减少了。

第五，由于绵、山羊精液保存技术的进步，种公羊的精液可以长期保存和实行远距离运输，突破了优秀种公羊配种的地域限制。这对于进一步发挥优秀种公羊的作用，迅速改造低产养羊业的面貌将有着重要的作用。

三、羊的人工授精组织和技术

(一)人工授精站的建设

人工授精站的房屋和羊舍主要包括采精室、精液处理室、输精室、种公羊舍、试情公羊舍及试情圈等。

采精室、精液处理室和输精室地面要坚实，以便清洁和减少尘土飞扬，并且互相连接，室温要求保持在18~25℃。面积：采精室12~20 m^2，精液处理室8~12 m^2，输精室20~30 m^2。

(二)人工授精器械和药品的准备

人工授精所需要的各种器械，如假阴道内胎、假阴道外壳、输精器、集精杯、金属开膣器等，以及常用的各种兽医药品和消毒药品，应在事前做好充足的准备。

(三)公羊的准备

在配种开始前1~1.5个月，对将要参加配种的公羊进行精液品质检查。一般在配种开始前，每只种公羊至少要采精15~20次。一开始每天可采精一次，以后隔天采精一次，对每次的精液品质进行检查并作记录。

如果种公羊初次参加配种，在配种前一个月左右，应有计划地对种公羊进行采精调教。方法如下：

(1)让不会爬跨的种公羊在采精室与发情母羊本交几次；

(2)在其他种公羊配种或采精时让被调教种公羊站在一旁“观摩”，然后诱导它爬跨；

(3)把发情母羊的阴道分泌物或尿液涂在种公羊鼻端，以刺激其性欲；

(4)对性欲差的种公羊，隔日注射丙酸睾丸素每只1～2 mL，连续注射3次后可使种公羊爬跨；

(5)在调教期每天用温水擦洗阴囊，并定时按摩睾丸10～15 min；

(6)用发情母羊做台羊；

(7)调整饲料，加强饲养管理，增加运动强度等。

(四)母羊群的准备

确定参加人工授精的母羊，要单独组群，防止公、母羊混群发生偷配。在配种前和配种期，要加强饲养管理，使羊只吃饱喝足和休息好，做到满膘配种。

(五)试情

1. 试情公羊的准备

由于母羊发情征状不明显，发情持续期短，为了防止漏配和错配，在人工授精工作中必须用试情公羊每天从大群待配母羊中找出发情母羊进行适时配种。试情公羊要求体质结实，健康无病，性欲旺盛，年龄在2～5岁。试情公羊的数量一般为参加配种母羊数的2%～4%。

2. 试情方法

每天清晨(或早、晚各一次)，将试情公羊赶入待配母羊群中进行试情，凡愿意与公羊接近，并接受公羊爬跨的母羊即认为是发情羊，应及时将其捕捉并送至发情母羊圈中。有的处女羊发情征状表现不明显，虽然有时与公羊接近，但又拒绝接受爬跨，这种情况也应将其捕捉，然后辅之以阴道检查判定。

为了防止试情公羊偷配，试情时应在试情公羊腹下系上试情布。也可对试情公羊进行输精管结扎和阴茎移位。输精管结扎的试情公羊，一般使用2～3年后要更换。

(六)采精

1. 采精前的准备

采精前须准备好假阴道、台羊和种公羊。

应选择健康的，体格大小与公羊相似的发情母羊作台羊。训练成熟的种公羊也可用未发情母羊作台羊，甚至用公羊或假台羊等都能采出精液来。在采精时，须先将台羊后躯擦干净，头部固定在采精架上。如用假母羊作台羊，须先经过训练，即先用真母羊为台羊，采精数次，再改用假母羊为台羊。

种公羊阴茎包皮部位，如有长毛应事先剪短，如有污物应擦洗干净。牵引种公羊到采精现场后，不要让它立即爬跨台羊，控制几分钟，再让它爬跨，这样不仅可增强其性反射，也可提高所采精液的质量。

2. 采精技术

采精员蹲在台羊右侧后方，右手握假阴道后端，固定好集精杯(瓶)，并将气嘴活塞朝下，靠在台羊臀部，假阴道和地面约呈35°角。当种公羊爬跨、伸出阴茎时，左手轻托阴茎包皮，迅速地将阴茎导入假阴道内，种公羊射精动作很快，发现抬头、挺腰、前冲，表示射精完毕，全过程只有几秒钟。此时，随着种公羊从台羊身上滑下时，将假阴道取下，并迅速将假阴道竖起，集精杯一端向下，然后打开活塞上的气嘴，放出空气，取下集精杯(防止假阴道内水流入精液，外壳有水要擦干)，送操作室检查。采精时，必须注意力高度集中，动作敏捷，做到稳、准、快。

（七）精液品质的检查

精液品质的检查，是保证受精效果的一项重要措施。主要检查的项目如下：

（1）射精量　种公羊正常的射精量范围是0.5～2.0 mL，平均为1.0 mL。

（2）精子活力　一般新鲜精液的精子活力应在0.6以上才能供输精用。

（3）精子密度　每毫升羊精液中含精子数为10亿～50亿，平均为30亿。

（4）色泽　正常精液的颜色为乳白色，其他颜色均不正常。

（5）气味　刚采得的正常精液无味或略带腥味。

（6）云雾状　根据云雾状表现，可以判断精子活力的强弱和精子密度的大小。精子的密度越大、活力越强则其云雾状越明显。

（八）精液的稀释

经检查后，正常的精液应该马上稀释。将原精液做适当的稀释，既可增加精液容量，为更多的发情母羊配种，又可以延长精子存活时间，故有助于提高受胎率，也有利于精液的保存和运输。

在精液采出后，可做低倍稀释，并在短时间内使用，稀释液配方可简单些。精液的高倍稀释不但是为了扩大精液量，而且要延长精子的保存时间和满足远距离运送的要求。凡用于高倍稀释精液的稀释液，都可做低倍稀释用。

（九）输精

在羊人工授精的实践中，由于母羊发情持续时间短，表现不明显，很难准确掌握发情开始时间，所以当天抓出的发情母羊就在当天配种1～2次，如果第二天继续发情，则可再配。

将待配母羊牵到输精室，固定在输精架上，并对其外阴部清洗、消毒。输精员右手持输精器，左手持开膣器，先将开膣器慢慢插入阴道，并轻轻打开，寻找子宫颈。如果打开开膣器后，发现母羊阴道内黏液过多或有排尿表现，应先让母羊排尿或设法使母羊阴道内的黏液排净，然后再将开膣器插入阴道。子宫颈附近黏膜颜色较深，当阴道打开后，向颜色较深的方向寻找子宫颈口可以顺利找到，找到子宫颈后，将输精器前端插入子宫颈口内0.5～1.0 cm深处，用拇指轻压活塞，注入精液。输精量，一般原精液为0.05～0.1 mL，低倍稀释精液为0.1～0.2 mL，高倍稀释精液为0.2～0.5 mL。

如果遇到初配母羊，阴道狭窄，开膣器插不进或打不开，无法到达子宫颈时，只能进行阴道输精，但每次至少输入原精液0.2～0.3 mL。

【案例分析】羊精液高倍稀释时，直接用高倍稀释液稀释到20倍是否合理。

分析：高品质的精液可做高倍稀释，以充分发挥公羊配种效能。但精液在做高倍稀释时容易引起稀释打击，因此一般先做低倍稀释后再做进一步稀释。

常用的羊精液高倍稀释液配方：葡萄糖3.0 g，枸橼酸钠1.4 g，乙二胺四乙酸二钠0.4 g，加蒸馏水至100 mL，溶解后水浴煮沸消毒20 min，冷却后加青霉素10万IU，链霉素0.1 g，若再加10～20 mL卵黄，可延长精子存活时间。若原精液精子密度为10亿/mL，活力0.8以上，可进行10倍稀释；精子密度为20亿/mL，活力0.9以上，可进行20倍稀释。

稀释后分装，置于0～10℃的保温容器内避光贮存或运输，在运输过程中，要防止震荡和升温。

思考：人工授精与自然交配相比有哪些优势？

第三节　羊的妊娠诊断与诱发分娩

一、妊娠诊断

配种后的母羊应尽早进行妊娠诊断，以便能及时发现空怀母羊并采取补配措施，对已受孕的母羊加强饲养管理，避免流产，这样可以提高羊群的受胎率和繁殖率。早期妊娠诊断有以下几种方法：

（一）观察法

母羊受孕后，在孕激素的作用下，发情周期停止，性情变得更为温顺。同时，孕羊的采食量增加，营养状况得到改善，毛色变得光亮润泽。根据这些表观特征可做初步判断，但不易早期确切诊断母羊是否怀孕，因此还应结合其他诊断方法来确诊。

（二）触诊法

使待检查母羊自然站立，然后用两只手以抬抱方式在乳房的前上方腹壁前后滑动，同时用手触摸是否有胚胎胞块，来判断是否怀孕。抬抱时手掌展开，动作要轻，以抱为主，防止刺激母羊。

（三）阴道检查法

妊娠母羊阴道黏膜的色泽、黏液性状及子宫颈口形状与空怀母羊相比，均有一些规律性变化。

母羊怀孕后，阴道黏膜由空怀时的淡粉红色变为苍白色，但用开膣器打开阴道后，很快由白色又变成粉红色。空怀母羊黏膜始终为粉红色。

孕羊的阴道黏液呈透明状，而且量很少、很浓稠，能在手指间牵成线。相反，如果黏液量多、稀薄、颜色灰白的母羊为未孕。

孕羊子宫颈紧闭，色泽苍白并有浆糊状的黏块堵塞在子宫颈口，称之为“子宫栓”。

（四）激素测定法

羊怀孕后，血液中孕酮含量较未孕母羊显著增加，利用这个特点对母羊可作早期妊娠诊断。

用放射免疫法测定羊配种后20～25 d的血清孕酮水平，可判断羊是否怀孕。绵羊血浆中孕酮浓度大于1.5 ng/mL，妊娠准确率为93%；奶山羊血浆中孕酮浓度在3 ng/mL以上，妊娠准确率为98.6%，每毫升乳汁中孕酮含量在8.3 ng以上，妊娠准确率为90%。

（五）超声波探测法

超声波探测仪是一种先进的诊断仪器，有条件的地方利用它来做早期妊娠诊断便捷可靠。用超声波的反射探听胎儿的轮廓及心跳，能成功地诊断出妊娠26 d以上的母羊，到妊娠6周时其诊断准确性可提高到98%以上。

思考：绵、山羊妊娠诊断方法有哪些？如何选择合适的妊娠诊断方法？

二、诱发分娩

诱发分娩是指在妊娠末期的一定时间内，注射特定的激素制剂，诱发孕畜妊娠终止，在比较确定的时间内提前分娩，产出正常的仔畜。使用的激素有皮质激素或其合成制剂、前列腺素及其类似物、雌激素、催产素等。

绵、山羊在妊娠144 d时，注射地塞米松12～16 mg，多数母羊在40～60 h内产羔；对妊娠141～144 d的母羊肌肉注射前列腺素15～20 mg或氯前列烯醇0.1～0.2 mg，多数在32～120 h产羔。

第四节　产　羔

一、产羔前的准备工作

1. **圈舍及用具的准备**　根据饲养母羊数量，准备好产羔舍、母子圈、待产圈，确保产羔的正常进行。对产羔棚舍、运动场、饲草架、饲槽、分娩栏等进行修理和清扫，并用3%～5%的碱水或10%～20%的石灰乳溶液或其他消毒药品进行彻底的消毒。消毒后的产羔棚舍，应当做到地面干燥、光线充足、挡风御寒。

2. **饲草、饲料的准备**　根据母羊的饲养数量及预计产羔数量，准备足够的质量较好的饲草、精料及舔食砖，满足母羊产后带仔的营养需要及羔羊补饲需要。应当为冬季产羔的母羊准备充足的青干草、质地优良的农作物秸秆、多汁饲料和适当的精料等；对春季产羔的母羊也应至少准备舍饲15 d所需要的饲草饲料。

在牧区牧草返青时，可在接羔棚舍附近，避风、向阳、靠近水源的地方围起一片草地，作为产羔用草地，其面积大小可根据产草量、牧草的组成以及羊群的大小等因素决定，但至少应当够产羔母羊一个半月的放牧用。

3. **器械药品的准备**　在产羔前应将产羔时所需的电筒、电灯、料槽、肥皂、毛巾、剪刀、消毒剂、碘酒等准备齐全。

二、接羔

1. **临产母羊的特征**　母羊临产前，表现为乳房充奶肿大，乳头直立；阴门肿胀潮红、松弛，有时流出浓稠黏液；肷窝下陷，尤其以临产前2～3 h最明显；行动困难，排尿次数增多；母羊临产前，因阵痛而表现起卧不安，不时回顾腹部，或喜卧墙角，卧地时两后肢向后伸直。

根据上述特征及时将临母羊留圈观察待产。

2. **产羔过程**　母羊正常分娩时，在羊膜破后几分钟至30 min左右，羔羊即可产出。正常胎位的羔羊，出生时一般是两前肢及头部先出，并用头部紧靠在两前肢的上面。若是产双羔，先后间隔5～30 min产出，但也偶有长达数小时以上的。

在母羊产羔过程中，非必要时一般不应干扰，最好让其自行分娩。但有的初产母羊因骨盆和阴道较为狭小，或双胎母羊在分娩第二头羔羊并已感疲乏的情况下，这时需要助产。其方法是：人在母羊体躯后侧，用膝盖轻压其肷部，等羔羊嘴端露出后，用一手向前推动母羊会阴部，羔羊头部露出后，再用一手托住头部，一手握住前肢，随母羊的努责向后下方拉出胎儿。当胎势不正，出现难产，要判明情况，采取相应措施进行助产。

三、产羔母羊及羔羊的护理

（一）羔羊的护理

1. 防止窒息

羔羊产出后，立即用干布将口、鼻腔、耳内黏液掏出擦净，以免引起窒息或异物性肺炎。如遇胎膜未破者应先撕破胎膜，以利羔羊呼吸。

2. 假死抢救

如碰到分娩时间较长，羔羊出现假死要及时抢救。处理方法：先提起羔羊两后肢，使羔羊悬空，同时轻拍胸部或背部挤出咽喉中的黏液；再将羔羊放在前低后高的地方卧平，立即进行人工呼吸，用两手有节律地推压羔羊胸部两侧，暂时假死的羔羊即能复苏。若因受凉而死，要迅速实行温水浴，水温由38℃开始，逐渐上升到45℃，浴20～30 min，切记呛水，浴后擦干。

3. 快速干毛

羔羊身上的黏液，最好让母羊舔净，这样对母羊认羔有好处，可增进母子感情，促进催产素分泌有利胎衣排出。如母羊恋羔性弱时，可将胎儿身上的黏液涂在母羊嘴上或在羔羊身上撒些麸皮，引诱它舔净羔羊身上的黏液。若遇天气寒冷时，可用柔软干草迅速把羔羊擦干，以免受凉。

4. 及时断脐

羔羊出生后，一般情况下都是由自己扯断脐带。在人工助产下娩出的羔羊，可人为剪断脐带，断前可用手把脐带中的血向羔羊脐部捋几下，然后在离羔羊肚皮3～4 cm处剪断并用碘酒消毒。

5. 尽快吃上初乳

羔羊生后及时吃到初乳，可增强体质，增强抗病能力，促进胎粪排出。初生羔羊应尽量早吃、多吃初乳，吃得越早、越多，增重越快，体质越强，发病少，成活率高。

母羊分娩完毕后，应剪掉母羊乳房周围长毛，用温水和高锰酸钾溶液清洗和消毒乳房并弃去最初几滴乳。待羔羊自行站立后，辅助其吃上初乳，让其获得最初营养和基础免疫抗体，降低发病率。

(二)产后母羊的护理

母羊产后身体疲倦，体液损失较大，应让它很好地休息，最好饮一些温盐水或麦麸粥，喂青干草和麸皮。母羊将胎儿全部产出后，0.5～4 h内即排出胎衣，7～10 d内常有恶露排出。胎衣排出后，应及时拿开，以防母羊吞食，养成恶癖。若胎衣排出异常，要及时请兽医诊治。

母羊产后的最初几天，要注意保暖、防潮、避风，适当喂以营养丰富全价、易消化的饲料，以促其迅速恢复体力，增加泌乳量。以后逐渐转为正常饲料，喂以多汁饲料，保证母羊尽快恢复体质，提供充足的乳汁。

为了母仔群管理方便，应对母仔群进行临时编号，即在母仔同一体侧(单羔在左、双羔在右)编上相同的临时号。

【注意事项】羔羊护理有哪些注意事项?

1. 防止窒息：羔羊产出后，立即用干布将口、鼻腔、耳内黏液掏出擦净，以免引起窒息或异物性肺炎。

2. 假死抢救：如碰到分娩时间较长，羔羊出现假死要及时抢救。

3. 快速干毛：羔羊身上的黏液，最好让母羊舔净，这样对母羊认羔有好处，可增进母子感情，促进催产素分泌有利胎衣排出。

4. 及时断脐：羔羊出生后，一般情况下都是由自己扯断脐带。

5. 尽快吃上初乳：羔羊生后及时吃到初乳，可增强体质，增强抗病能力，促进胎粪排出。初生羔羊应尽量早吃、多吃初乳，吃得越早、越多，增重越快，体质越强，发病少，成活率高。

第五节　提高繁殖力的主要方法

一、提高种公羊和繁殖母羊的饲养水平

营养条件对绵、山羊繁殖力的影响极大。改善公母羊的营养状况是提高羊的繁殖力的有效途径。充足和平衡的营养可以提高种公羊的性欲，提高精液品质，促进母羊发情和排卵数的增加。

营养不足便引起排卵率降低，如成年母羊维生素不足会使排卵数目减少。同时还可导致母羊发情抑制、发情不规律、排卵率降低、乳腺发育迟缓，甚至会造成早期妊娠终止和初生仔畜的死亡；营养过量同样会

导致母畜卵巢、输卵管及子宫等脂肪沉积过厚，不利于卵泡发育、排卵、受精及受精卵的运行，也限制了妊娠子宫的扩张和胎儿发育。用全价的饲粮饲喂公母羊，能提高母羊的受胎率和产羔率，羔羊初生重也大。

二、选留来自多胎的绵、山羊作种用

绵、山羊的繁殖性状具有很强的遗传性。如果母羊在第一胎时生产双羔，那么这样的母羊在以后的胎次中产双羔的重复率就较高；许多研究表明，选择具有较高多胎潜力的公羊比选择多胎母羊，在遗传上更为有效。在杂交改良中，种公羊对群体遗传的影响远比母羊大，在群体世代繁育中起主导作用，占70%～80%。

对于繁殖母羊的选择，在繁殖性能方面，总体要求是繁殖性强、泌乳性能好，并尽量选留年产两胎或两年产三胎，其初胎或二胎产双羔或三羔的，或者出生于双羔以上的母羊；由于产双羔母羊的平均体高、体长、胸围、腹围等比产单羔母羊大，所以可根据体格和体重来初步选择。别外，引入具有多胎性的绵、山羊的基因，也可以有效地提高绵、山羊的繁殖力。如小尾寒羊与无角陶赛特羊进行杂交繁育，其杂种一代的产羔率和产肉性能均有明显提高。

三、提高适龄繁殖母羊比例，实行密集产羔

羊群结构是否合理，对羊群规模的扩大有很大的影响。增加适龄繁殖母羊（2～5岁）在羊群中的比例，是提高羊繁殖力的一项重要措施。在育种场，适龄繁殖母羊的比例可提高到60%～70%，在经济羊场则可考虑在40%～50%之间。

另外，在气候和饲养管理条件较好的地区，可以实行羊的密集产羔，使母羊一年产两次羔或两年产三次。

四、运用繁殖新技术

科学试验和养羊业生产实践不断地证明，运用繁殖新技术，如羊人工授精技术（包括冷冻精液技术），同期发情技术，超数排卵和胚胎移植技术等，是有效提高绵、山羊繁殖力的重要措施。

讨论：如何提高绵、山羊的繁殖力？

【本章小结】

绵、山羊的繁殖力受遗传、营养、年龄以及其他外界条件如季节、温度、光照等因素所影响。根据羊的繁殖生理并结合饲养管理条件，合理地运用繁殖技术，不仅能够有效地提高羊的繁殖力，快速地生产出大量后代和产品，而且利于更有效地安排和组织生产。因此，提高绵、山羊的繁殖力，不仅要在改进羊的品种、饲养管理和环境条件上下工夫，而且要结合绵、山羊繁殖规律，合理利用繁殖技术。

【思考题】

1. 试述羊的繁殖现象和繁殖规律。
2. 试述羊的配种方法及其优缺点。
3. 简述人工授精的组织和实施。
4. 简述产羔母羊及其新生羔羊的护理要点。
5. 早期妊娠诊断的方法有哪些？分别有什么优缺点？
6. 简述提高绵、山羊繁殖力的主要方法。

第四章　养羊业的主要产品及其生产

养羊业的产品种类较多，主要有羊肉、羊毛、羊绒、羊皮、羊奶、羊肠衣等。养羊业产品经过加工，已经生产出各种类型的商品，成为我们生活中不可缺少的生活用品。

羊毛是养羊业的主要产品之一，也是毛纺工业的重要原料。它的产量和质量直接关系到养羊业和毛纺工业的发展。羊肉纤维细嫩，营养价值高，特别是羔羊肉具有瘦肉多、肌肉纤维细嫩、脂肪少、膻味轻、味美多汁、容易消化等特点，随着我国人民生活水平的提高和饮食结构的不断调整，羊肉在肉类消费中的比例也不断升高。羊皮也是我国皮革工业的重要组成部分，可以制成各种服装、鞋帽和装饰品等，部分还作为出口产品。羊奶同牛奶一样，营养成分齐全，是人类重要的动物性食品来源之一。

第一节　绵羊毛

一、羊毛纤维类型、羊毛种类及被毛

羊毛纤维类型和羊毛种类是不同的两个概念，羊毛纤维的类型是指单根纤维而言，而羊毛的种类则是指羊毛的集合体。但二者又有着极为密切的关系。

(一)羊毛纤维类型

根据羊毛纤维的表观形态(包括其长短、弯曲形状、细度等)，并依据组织学构造和其他(如生长部位、工艺价值等)条件为辅助指标，将羊毛纤维分为以下四个类型。

1. 刺毛

刺毛着生于羊只面部和四肢下部，有时羊尾端也有。刺毛毛根在皮肤内呈倾斜状生长，所以它在皮肤上形成了与其他类型纤维不同的毛层。

其特点是粗、短、硬，微呈弓形，在毛纺工业中无利用价值。

2. 有髓毛

有髓毛可分为正常有髓毛、干毛和死毛三种。正常有髓毛又称发毛或刚毛，是一种粗、长而无弯曲或少弯曲的毛纤维。粗毛羊，粗毛羊与细毛羊、半细毛羊杂交的低代杂种羊的被毛中具有这种毛纤维。由于它较其他类型的毛纤维长，因此组成了混型被毛突出于被毛表面的外层毛。

正常有髓毛的细度范围一般在40～120 μm，组织学结构由三层组成，即鳞片层、皮质层和髓质层。鳞片为非环状鳞片，紧贴在毛干上，因此有髓毛光泽较好。髓质层为连续状，其髓腔的大小，往往是随着毛纤维直径的变粗而增大。

由于有髓毛的工艺特性低于无髓毛，含有髓毛的羊毛一般只能用于制造粗纺纺织品、毛毯、地毯和毡制品等。

干毛是有髓毛的一种变态，其组织学构造与正常有髓毛相同，外形特点是纤维上端粗硬，较脆，缺乏光泽，羊毛纤维干枯。形成干毛的原因，主要是羊毛在生长过程中受雨水侵袭以及风吹、日晒等外界因素的影响，失去油汗，毛质干枯，成为干毛。其工艺价值很低，是毛纺工业上的疵毛。

死毛是羊只被毛中那些粗、短、硬、脆、无规则弯曲，而且呈灰白色的纤维。其组织学构造的特点是髓层特别发达，皮质层极少，横切面常呈扁的不规则形。死毛完全丧失了纺织纤维所应当有的主要技术特征。因此含有死毛的羊毛，品质会大大降低。

死毛产生的原因和机理尚不完全清楚。但可以肯定，完善的育种工作是减少和消除死毛的有效途径。

3. 无髓毛

无髓毛亦称绒毛。在混型粗毛中它存在于被毛的底层又称内层毛或底绒。细毛羊的被毛基本上全部由无髓毛组成。

无髓毛一般较细、短、弯曲多而且整齐。其细度为15～30 μm，长度在5 cm到15 cm之间。

无髓毛的组织学结构，由鳞片层和皮质层组成。鳞片为环状，排列紧密，边缘翘起程度大，纤维表面不光滑。其横切面形状呈圆形或接近圆形。具有良好的纺织性能，所以无髓毛是最有价值的纺织原料。

无髓毛对于粗毛羊来说具有保护性能。它在寒冷季节可以防止体温散失，在春暖时自然脱落，在秋冬季节又重新生长。

4. 两型毛

两型毛也由鳞片层、皮质层和髓质层构成，但髓质较细，多呈点状或断续状，或一部分有髓，一部分无髓，其鳞片排列及形状介于有髓毛与无髓毛之间。

在工艺价值上，两型毛要比有髓毛好得多，是制造提花毛毯和一般毛毯、长毛绒、地毯等的优质原料。

(二)羊毛的种类

被毛按其组成的纤维类型成分，可分为同质毛(也称同型毛)和异质毛(也称混型毛)。

1. 同质毛

指一个套毛上的各个毛丛，由一种纤维类型所组成的，毛丛内部毛纤维的粗细、长短趋于一致的羊毛。细毛羊品种、半细毛羊品种及其高代杂种羊的羊毛都属于这一类。同质是毛纺工业上对羊毛原料要求的前提，粗毛羊杂交改良和育种工作也都要求被毛达到同质，在这个基础上进一步再要求羊毛综合品质的提高。

同质毛根据其细度的不同又分为半细毛、细毛和超细毛三种。

(1)半细毛

半细毛是指品质支数在32～58支，毛纤维平均直径在25.1～67.0 μm的同质毛。

半细毛一般较细毛长，弯曲稍浅，但整齐而明显，油汗较细毛少。首先它是良好的纺线原料，亦可制造毛毯、呢绒、工业用呢和工业用毡等。此外，在化工和轮胎制造等方面也有广泛的用途。

半细毛主要来源于半细毛羊，亦可以从长毛种与细毛羊杂交后代中得到。我国的青海高原半细毛羊和从国外引入的茨盖羊、林肯羊以及其他半细毛羊品种所产的羊毛均属半细毛。

(2)细毛

细毛是指品质支数为60～70支，毛纤维平均直径为18.1～25.0 μm的同质毛。从毛丛外部观察，并与其他羊毛比较，细毛较短，单位长度上弯曲较多、整齐而明显，油汗较多，长短一致。细毛主要来源于细毛羊品种的被毛。

细毛是毛纺工业中的优良原料，可织制华达呢、凡立丁等高级精纺制品。

(3)超细毛

超细毛是指平均细度≤18.0 μm，品质支数>70支的同质细毛，是生产轻薄、温暖而美观高档精纺产品的理想原料。在世界上只有澳洲美利奴羊中有少量的超细毛型羊生产这种超细毛。其价格高出一般细毛数倍。

2. 异质毛

指一个套毛上的各个毛丛，由两种以上不同的纤维类型(主要由无髓毛和有髓毛，也包括两型毛或干毛和死毛)的毛纤维所组成的羊毛。由于由不同纤维类型的毛纤维组成，其毛纤维的细度和长度不一致，弯曲和其他特征也显著不同。

从粗毛羊身上剪取的羊毛也叫粗毛，由几种纤维类型的毛纤维混合组成。底层为无髓毛，上层为两型毛和有髓毛，有的也混有干毛和死毛。粗毛这一概念并不是说明羊毛都是粗的，而是说明异质性。

粗毛是织造地毯的好原料，也可用于粗纺工业。粗毛在国际市场上统称为地毯毛。我国的西藏羊毛纤维长、两型毛比例大、弹性大，是国际市场上著名的地毯毛。

（三）被毛

羊体上的全部羊毛称为被毛。如果从羊体上剪下的全部羊毛，毛纤维相互紧密贴附，形成完整毛被的，称为套毛。如果剪下后不能形成完整的毛被，而是一片一片的羊毛，称为片毛。比片毛更小的，称为碎毛。细毛羊、半细毛羊及其较高代杂种羊的羊毛密度大，油汗较多，一般都能剪成套毛。粗毛羊和那些杂交改良程度极低的低代杂种羊的羊毛密度小，油汗也少，常常剪成片毛或碎毛。

羊体上的被毛，根据羊毛纤维相互结合的情况，可分为两种：紧密被毛和疏松被毛。紧密被毛是细毛羊的正常被毛，它们外部毛丛结合紧密，不易看到大而明显的间隙，具有这种被毛的羊只，羊毛品质较好。疏松被毛是羊只被毛结构松散或呈辫形，从外部观察，可见到有明显间隙的被毛。粗毛羊具有这种被毛属正常状态。若细毛羊为疏松被毛时，说明其羊毛密度不足，羊毛品质不良。

二、原毛的组成和净毛率

（一）原毛的组成

从羊体上剪下的羊毛叫原毛，亦称污毛。

羊毛各类杂质的含量，因羊品种、饲养条件和当地气候环境的不同，差异较大。国产羊毛各类杂质占的比重如下：纯净羊毛为20%～50%，土沙为5%～40%，油汗为20%～50%，植物质为0.2%～2%，水分为8%～16%。

羊体皮肤中的皮脂腺分泌的油脂和汗腺分泌的汗液在皮肤表面的混合物，称为油汗。它包括羊毛脂和汗质。油汗对羊毛具有保护作用，可防止外界不良因素对羊毛的侵袭。另外，油汗附着于毛纤维表面，有黏附和润滑作用，可使毛纤维联合成密集的毛束，促进被毛内毛丛的自然形成，防止毛纤维毡结。细毛羊油汗含量一般为20%～30%，半细毛为15%～20%，粗毛羊为10%左右。油汗含量低时，羊毛纤维强度降低，手感和弹性差；油汗过多，消耗羊体营养物质，同时降低净毛率。

改善油汗品质和含量的办法，是加强对种公羊和母羊的选择。在细毛羊选种工作中，选择毛长、匀度好、密度大和白色或浅黄色油汗的种公羊。另外，还应从改善饲养管理条件着手，提高羊毛的含脂率。

（二）净毛率

原毛经过洗涤，洗去羊毛纤维附带的各种污物杂质，得到的毛纤维，称为净毛。

净毛重量占原毛重量的百分比称净毛率。即：

$$净毛率=\frac{净毛重量}{原毛重量}\times 100\%$$

影响净毛率的因素很多，如品种、类型、性别、个体特性、饲养管理条件和气候条件等。

细毛羊的净毛率一般为30%～50%；半细毛的净毛率为50%～60%；粗毛羊的净毛率为60%～70%。同一品种内，公羊略小于母羊，因为公羊的油汗高于母羊。个体的被毛长度、细度、密度、油汗大小和被毛结构不同，其净毛率差别也很大。饲养管理条件方面如经常在贫瘠草地上放牧或冬春舍饲和补饲，由于和干草、粪尿和尘土等接触，杂质含量多，故净毛率低。

三、羊毛的物理性质

羊毛的物理性质是羊毛品质的基础，它不但决定着羊毛与其他纤维的区别，而且也决定着羊毛的工艺价值。在养羊业中，不但要根据物理性质判断羊毛的品质，而且也根据工业上对这些性质的要求，采取生产上的措施。

羊毛的主要物理性质有细度、长度、强度、伸度、弯曲、吸湿性和回潮率、颜色和光泽等。

1. 细度

羊毛细度是评定羊毛品质和使用价值最重要的指标之一。细度与其他物理、化学和机械性能均有着不同程度的关系，有的甚至很密切。人们也常常根据羊毛的细度指标来估计其他方面的特性。另外，细度还决定着毛纱的细度和织物的厚度及品质。

羊毛细度的表示方法很多，但最常用的有平均直径和品质支数两种。平均直径，指毛纤维集合体的平均细度而言，直接用μm表示羊毛纤维的平均直径或宽度。通常在显微镜或纤维投影设备下测量羊毛的直径或短纤维中部的宽度，然后计算出平均直径。

品质支数是在国际范围内应用较广泛的羊毛工艺性细度指标。其含义是一磅净梳毛能纺成560码（约512 m）长度的毛纱数。常用s表示品质支数。如纺成60段560码长的毛纱，即为60支纱（60 s）。在公制中是以1 kg净梳毛能纺成1000 m长度的毛纱数，叫多少支。羊毛愈细，单位重量内羊毛根数愈多，能纺成的毛纱愈长。因此，越细的羊毛，品质支数越高。品质支数是羊毛业中长期沿用下来的表示羊毛细度的一种指标。目前，羊毛品质支数仅表示直径在某一范围内的羊毛细度。

羊毛纤维的细度首先决定于品种。不同品种的羊毛均有其特定的细度范围，在同一品种内，羊毛细度因个体、性别、年龄、部位、营养条件等不同而异。

羊毛细度与伸度、吸湿性、缩绒性等均有一定的关系，如羊毛越细，则伸度越大，吸湿性越高，缩绒性越强。

2. 长度

羊毛是具有天然弯曲的纤维，所以其长度可分为自然长度和伸直长度两种。细毛的伸直长度比自然长度要长20%以上，半细毛要长10%～20%以上，在工业上称为延伸率。因毛丛中各纤维长度差异较大，了解伸直长度有利于提高羊毛品质。

从品质上看，在细度相同的情况下，羊毛愈长，纺纱性能愈好。

影响羊毛长度的因素很多，其中最主要和最明显的影响因素是品种，此外，个体羊的营养状况、性别、年龄以及所处的环境条件，均与羊毛长度有关。

3. 强度和伸度

羊毛强度是指拉断羊毛纤维时所需用的力，即羊毛纤维的抗断能力。强度是评定羊毛机械性能的重要指标之一。它与羊毛工艺有密切的关系，直接影响到成品的结实性。

伸度是指将已经拉到伸直长度的羊毛纤维，再拉伸到断裂时所增加的长度占原来伸直长度的百分比。伸度是决定羊毛纤维机械性能的重要指标之一，用伸度较好的羊毛制成的织品，耐穿结实，所以在毛纺工业上要求具有良好伸度的羊毛，以提高织品的品质。

由于羊毛纤维分子结构的特点，它比其他各种天然纤维的伸度大。羊毛与几种纺织原料的伸度比较：羊毛为20%～50%，棉花4%～10%，麻3%～5%，蚕丝20%～25%。

4. 弯曲

羊毛纤维在自然状态下并不是直的，而是沿着它的长度方向，呈有规则的或无规则的周期性弧形，称羊毛弯曲，亦称羊毛卷曲。单位羊毛纤维长度内具有的弯曲数，称为弯曲度，亦称卷曲度。

在毛纺工业上羊毛弯曲被认为是极宝贵的技术性能，是其他纺织纤维所难比拟的。细毛羊羊毛有浅弯曲和正常弯曲，适于制作精纺织品。而具有深弯曲的羊毛，适于粗梳纺纱，可以织出表面毛绒丰满，手感好而富于弹性的织品。环状弯曲属疵毛，不利于纺纱。

具有浅弯曲和正常弯曲的羊毛，毛丛结构好，羊毛品质高，细度均匀，净毛率高。具有深弯曲和高弯曲的羊毛，一般毛丛结构不良，被毛含杂质多。具有环状弯曲形状的羊只遗传性较强，在生产中应予以降级或淘汰。

5. 吸湿性和回潮率

羊毛的吸湿性是指在自然状态下,羊毛吸收和保持水分的能力。羊毛吸收并保持的水分多少,通常用回潮率来表示。回潮率亦称吸湿率,是表示羊毛吸湿性大小的重要指标,指净毛中所含水分,占其净毛绝干重量的百分比。

羊毛的吸水能力很强,一般情况下,原毛含水量可达15%~18%,当空气湿度大时,则吸水可达其本身重量的40%以上。

6. 颜色和光泽

羊毛的颜色是指毛纤维在洗净以后的天然色泽。一些羔皮羊和裘皮羊品种具有天然有色毛,而羊毛以白色最为理想,因为它在纺织加工中,可以任意染成各种颜色,且光泽好看。有色毛很难染色,即使染上也不均匀,因而会大大降低其利用价值。

羊毛的光泽是指洗净的羊毛对光线的反射能力,羊毛纤维的光泽与纤维表面形状及结构有关。一般讲,反光强的羊毛多属较粗的羊毛。生产实践中,根据羊毛对光线反射强弱,可将羊毛分为全光毛、半光毛、银光毛和无光毛。

全光毛:绵羊中的林肯羊毛和山羊中的安哥拉山羊(马海毛),均属这一类。特点是羊毛粗,鳞片紧贴在毛干上,因此光泽较强。

半光毛:罗姆尼羊毛和山羊毛均属这一类,光泽比全光毛稍弱。

银光毛:美利奴种细羊毛是银光毛的典型代表,其特点是羊毛细、单位长度上鳞片数多,鳞片上部翘起的程度大,因此光泽柔和。

无光毛:一些营养很差的细毛羊及大部分粗毛羊的羊毛多属这一类。另外,当羊毛上的鳞片被化学物质或细菌侵蚀损伤后,就会使光泽灰暗。

光泽虽不是羊毛最主要的物理特性,但它对毛织品的外观有一定的影响。强的光泽能使织品色彩鲜艳,反之,织品就会显得灰暗无光。

7. 羊毛弹性及回弹力

羊毛弹性是指对羊毛施加压力或伸延则变形,当除去外力时,仍可恢复其原来的形状和大小,羊毛的这种特性称为弹性。其恢复原来形状和大小的速度称为回弹力。

羊毛的回弹力比其他纤维的强。由于羊毛具有良好的弹性,所以羊毛纺织品在穿着中,可以经常保持原形。缺乏弹性的羊毛制成衣服,很快会失去原来的形状。

8. 缩绒性

羊毛在湿热条件下,经机械外力的作用,纤维集合体逐渐收缩紧密,并相互穿插纠缠,交编毡化。这一性能,称为羊毛的缩绒性,亦称毡合性。在天然纺织纤维中,只有毛纤维具有这一特性。它是羊毛的一种重要工艺特性,将羊毛擀毡以及在制造呢织物的缩绒过程,都要利用这一特性。

另一方面,缩绒使毛织物在穿用中容易产生尺寸收缩和变形。这种变形不是一次完成的。每当织物洗涤时,收缩继续发生,只是收缩比例逐渐减少,因为在洗涤过程中,揉搓、水、温度及洗涤剂等都促进了羊毛的缩绒。因此,洗毛和洗涤毛织品时,切忌洗液过浓,温度过高和用力揉搓等,以免发生毡合或缩绒现象。

四、羊毛的分等和分级

根据羊毛标准按套毛品质,对套毛划分等级的工作,称为羊毛分等。根据国家颁布的GB/T 1523-93《绵羊毛》标准中的分等分支标准,对细羊毛和半细羊毛按细度、长度、油汗、粗腔毛干死毛含量四项考核指标分等。改良羊毛按长度和粗腔毛干死毛含量(占根数%)两项考核指标分等。

第二节 山羊绒和山羊毛

一、山羊绒

山羊绒是由山羊皮肤中的次级毛囊形成的无髓毛纤维，通常在秋季生长，春、夏之季脱落。山羊绒细而柔软，光泽良好，保暖性能强，可用于制造各种轻、柔、美、软、薄、暖的针织品和纺织品，如山羊绒衫、羊绒大衣、围巾、手套、绒帽、栽绒细毛毯等。山羊绒的价格约为细绵羊毛的数倍，因而被称为“软黄金”。

山羊绒的颜色有白、紫、青、红四类，其中白绒最珍贵，仅占世界羊绒产量30%左右。但我国山羊绒白绒的比例较高，占40%左右，紫绒约占55%，青绒和红绒只占5%左右。

目前全球每年山羊绒产量约有20000 t，世界山羊绒生产国主要有中国、蒙古、伊朗、印度、巴基斯坦、阿富汗和土耳其等中亚和西亚国家。中国山羊绒产量约占世界总产量的70%以上，其中仅内蒙古自治区山羊绒产量将近占世界山羊绒产量的40%。我国内蒙古、新疆、西藏、甘肃、宁夏、辽宁、河北、陕西、山东等省区是山羊绒的主产区。中国山羊绒不仅产量最多，在品质上也属于世界领先水平，其中辽宁绒山羊和内蒙古阿尔巴斯绒山羊的绒毛洁白，细度和纯度均较理想，被认为是世界上最优质的绒山羊品种。

二、山羊毛

(一)马海毛(Mohair)

从安哥拉山羊身上剪下的毛商业上称为马海毛，如今马海毛已成为公认的有光山羊毛的专称。正常的马海毛天然白色，光泽明亮，毛股长而整齐，成螺旋或波浪形卷曲，有髓毛含量很少，纤维表面平滑属全光毛，强伸度、弹性好，洗后不像普通绵羊毛那样容易毡缩。马海毛独具的优良特性使它成为纺织纤维中具有较高经济价值的一种特种动物纤维。含马海毛的制品外观华丽、手感滑爽而富有弹性，作为一种精美、高档的纺织品在世界许多国家流行已久。

马海毛属于基本同质毛，混有一定数量的有髓毛和死毛。品质较好的马海毛中无死毛，有髓毛不超过1%。

马海毛毛纤维的鳞片扁平，紧贴在毛干上，很少重叠，呈现不规则的波形衔接，每1 mm有50～100个鳞片。鳞片长度为18～22 μm，因为鳞片大而平滑，互不重叠，对外来光线的反射极强，因而有可贵的丝光，为全光毛的典型代表。纤维横截面近似圆形和椭圆形。

马海毛细度范围较广，一般在10～90 μm。幼年毛细度在10～40 μm，成年毛细度分布在25～90 μm；羊毛长度，半年剪的幼年羊毛一般在10～15 cm；一年剪的毛在20～30 cm。

目前，马海毛的主要产地是土耳其、美国、南非、阿根廷和莱索托。其中土耳其所产的马海毛品质较好。20世纪80年代，我国引进了安哥拉山羊在陕西、山西、内蒙古和甘肃等省区繁育，并与地方白绒山羊杂交，培育出了我国的安哥拉山羊。为了推动我国马海毛生产，制定了适合我国国情和马海毛纺织技术要求的马海毛标准，即GB/T 16254-1996《马海毛》和GB/T 16255.1-1996《洗净马海毛》两项国家标准。

(二)普通山羊毛

除马海毛以外的山羊粗毛，是由山羊初级毛囊生长的外层粗毛，山羊毛比绵羊缺少弯曲，鳞片也相应减少，鳞片层紧密地贴在皮质层上，鳞片之间相互覆盖度差。我国北方及西北高原的山羊每年抓绒以后进行一次剪毛，毛长度在6～15 cm，纤维粗而直，这种纤维在工业上有很多用途，如制造地毯、毛毯、人造毛皮、各种粗呢料、毛笔、画笔、各类刷子及少数民族的各类日用品等。经过整理的山羊细尾毛和山羊胡子，南方称精制羊毫，国际市场供不应求。

我国是山羊毛的重要生产国，年产山羊粗毛40000 t以上，我国生产的粗毛70%以上供出口，约占世界贸易量的一半。近年来我国对山羊毛的加工工艺不断提高，除把粗毛整理成把以外，在纺织、轻工、文化用品等方面加工的数量和质量不断提高，以山羊毛为原料的工业产品已批量地进入国际市场。

思考：马海毛与绵羊毛相比有什么特点？

第三节　羊肉生产与品质评定

一、羊肉的成分及营养价值

羊肉纤维细嫩，其所含主要氨基酸的种类和数量，能完全满足人体的需要，特别是羔羊肉具有瘦肉多、肌肉纤维细嫩、脂肪少、膻味轻、味美多汁、容易消化等特点，颇受消费者欢迎。

羊肉比猪肉的肉质要细嫩，而且比猪肉和牛肉的脂肪、胆固醇含量都要少。羊肉蛋白质含量较多，脂肪含量较少，维生素B_1、维生素B_2、维生素B_6以及铁、锌、硒的含量颇为丰富。据分析，每100 g羊肉含蛋白质13.3 g，脂肪34.6 g，碳水化合物0.7 g，钙11 mg，磷129 mg，铁2.0 mg，还含有维生素B族、维生素A、烟酸等。羊肉热量比其他畜禽肉要高，历来被当做秋冬御寒和进补的重要食品之一。

二、肉羊的屠宰

准备屠宰的肉羊，宰前必须进行健康观察，凡发现口、鼻、眼有过多的分泌物，呼吸困难，行为异常等，一般暂不能作为生产商品进行屠宰；另外，注射炭疽芽孢菌苗的羊，在14 d内也不得屠宰产肉出售。只有经过临床检查健康的羊，才能屠宰，并生产商品羊肉。

一般肉羊在屠宰前24 h，应停止放牧和补饲，宰前2 h停止饮水。肉羊宰杀后，立即剥皮、去头、内脏和蹄，剩余的部分即为胴体亦称屠体。胴体是衡量肉羊羊肉生产水平的一项重要指标。

绵、山羊的胴体可以分成八大块（如图4.1），这八大块可以分成三个商业等级：属于第一等的部位有肩背部和臀部；属于第二等的有颈部、胸部和腹部，属于第三等的有颈部切口、前腿和后小腿。

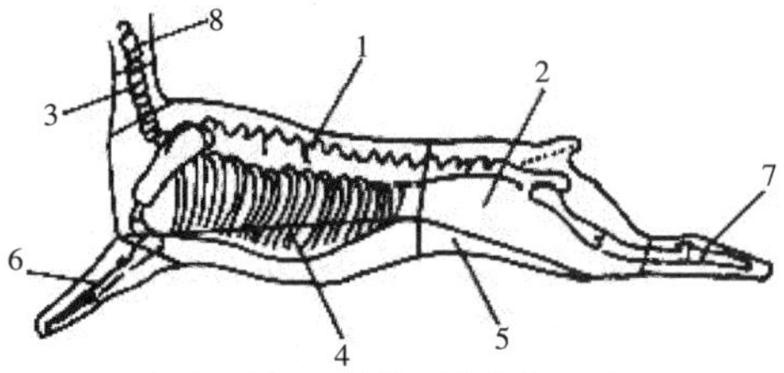

图4.1　绵、山羊的胴体分割示意图

1.肩背肉；2.后腿肉；3.颈部；4.胸部
5.腹部；6.前腿；7.后小腿；8.颈部切口

三、肉羊产肉力的测定

1. **胴体重**　指屠宰放血后，剥去毛皮、除去头、内脏及前肢膝关节和后肢趾关节以下部分后，整个躯体（包括肾脏及其周围脂肪）静置30 min后的重量。

2. **屠宰率**　指胴体重与羊屠宰前活重（宰前空腹24 h）之比，用百分率表示。

$$屠宰率=胴体重\div宰前活重\times100\%$$

3. **净肉重**　指用温胴体精细剔除骨头后余下的净肉重量。要求在剔肉后的骨头上附着的肉量及耗损的肉屑量不能超过300 g。

4. **净肉率**　一般指胴体净肉重占宰前活重的百分比。胴体净肉重占胴体重的百分比为胴体净肉率。

$$净肉率=净肉重\div宰前活重\times100\%$$

$$胴体净肉率=净肉重\div胴体重\times100\%$$

5. **骨肉比**　指胴体骨重与胴体净肉重之比。

6. **眼肌面积**　测量倒数第1与第2肋骨之间脊椎上眼肌（背最长肌）的横切面积，因为它与产肉量呈高度正相关。测量方法：一般用硫酸绘图纸描绘出眼肌横切面的轮廓，再用求积仪计算出面积。如无求积仪，可用下面公式估测：

$$眼肌面积(cm^2)=眼肌高度\times眼肌宽度\times0.7$$

7. **GR值**　指在第12与第13肋骨之间，距背脊中线11 cm处的组织厚度，作为代表胴体脂肪含量的标志。

思考：如何进行肉羊产肉力测定？

四、羊肉的品质评定

1. **肉色**　是指肌肉的颜色，是由组成肌肉中的肌红蛋白和肌白蛋白的比例所决定的。肉羊的性别、年龄、肥度、宰前状态，放血的完全与否、冷却、冻结等加工情况均会影响肉色。成年绵羊的肉呈鲜红或红色，老母羊肉呈暗红色，羔羊肉呈淡灰红色，在一般情况下，山羊肉的肉色较绵羊肉色红。

在现场多用目测法，新鲜肉样于宰后1～2 h，取最后一个胸椎处背最长肌为代表，在室内自然光下，用目测评分法评定肉新鲜切面颜色。灰白色评1分，微红色评2分，鲜红色评3分，微暗红色评4分，暗红色评5分。两级间允许评0.5分。具体评分时可用美式或日式肉色评分图对比，凡评为3分或4分者均属正常颜色。

2. **大理石纹**　指肉眼可见的肌肉横切面红色中的白色脂肪纹状结构，红色为肌组织，白色为肌束间的结缔组织和脂肪。白色纹理多而显著，表示其中蓄积较多的脂肪，肉多汁性好，是简易衡量肉含脂量和多汁性的方法。现在常用的方法是取第一腰椎部背最长肌鲜肉样，置于4℃冰箱中24 h后，取出横切，以新鲜切面观察其纹理结构，并借用大理石纹评分标准图评定。

3. **羊肉酸碱度**　肉羊宰杀后，其羊肉发生一系列的生化变化，使肌肉中聚积乳酸和磷酸等酸性物质，使肉pH降低。这种变化可改变肉的保水性能、嫩度、组织状态和颜色等性状。

测定方法：用酸度计测定肉样pH，按酸度计使用说明书在室温下进行。

4. **羊肉失水率测定**　失水率是指羊肉在一定压力条件下，经一定时间所失去的水分占失水前肉重的百分数。失水率越低，表示保水性能强，肉质柔嫩，肉质越好。

测定方法：截取第一腰椎以后背最长肌5 cm肉样一段，平置在洁净的橡皮片上，切取中心部分眼肌样品一块（厚度为1cm），立即用精密天平称重，然后放置于铺有多层吸水性好的定性中速滤纸，以水分不透出，全部吸净为度，一般为18层定性中速滤纸在压力计平台上，肉样上方覆盖18层定性中速滤纸，上、下各加一块书写用的塑料板，加压至35 kg，保持5 min，撤除压力后，立即称重肉样重量。肉样加压前后重量的差值即为肉样失水重。按下列公式计算失水率：

$$失水率=(肉样压前重量-肉样压后重量)\div 肉样压前重量\times 100\%$$

5. **羊肉系水率**　指肌肉保持水分能力，用肌肉加压后保存的水量占总含水量的百分数表示。它与失水率是一个问题的两种不同概念，系水率高，则肉的品质好。测定方法是取背最长肌肉样50 g，按食品分析常规测定法测定肌肉加压后保存的水量占总含量的百分数。

$$系水率=(肌肉总水分量-肉样失水量)\div 肌肉总水分量\times 100\%$$

6. **熟肉率**　指肉熟后与生肉的重量比。取一侧腰大肌中段约100 g，于宰杀后12 h内进行测定。将样品称重后（W_1）置于2000 W的蒸锅蒸屉上蒸煮45 min，取出冷却30～45 min后再称重（W_2）。

计算公式为：

$$熟肉率= W_2\div W_1 \times 100\%$$

7. **羊肉的嫩度**　指肉的老嫩程度，是人食肉时对肉撕裂、切断和咀嚼时的难易程度。影响羊肉嫩度的因素很多，如绵、山羊的品种，年龄，性别，肉的部位，肌肉的结构，成分，肉脂比例，蛋白质的种类，化学结构和亲水性，初步加工条件，保存条件和时间，热制加工的温度，时间和技术等。目前通常采用C-LM型肌肉嫩度计，测定肌肉拉断所需的剪切力，以kg为单位表示。数值愈小，肉愈细嫩，数值愈大，肉愈粗老。

8. **膻味**　是绵、山羊所固有的一种特殊气味，膻味的大小因羊种、品种、性别、年龄、季节、遗传、地区、去势与否等因素不同而异。鉴别羊肉的膻味，最简便的方法是煮沸品尝。

【案例分析】从2012年肉羊产品价格分析羊肉产业的经济效益。

分析：2012年肉羊生产价格监测情况：

（1）肉用种羊市场

肉用山羊品种主要是波尔，肉用绵羊品种主要是夏洛莱、萨福克、无角陶赛特、德克塞尔、杜泊、小尾寒羊等。肉用种羊价格有大幅上涨，夏洛莱羊种公羊为8000元/只；萨福克羊为8000元/只；杜泊羊为12000～20000元/只；德克塞尔羊和无角陶赛特羊为6000～8000元/只。自繁自养的种羊年饲养成本在4000～5000元之间。

（2）商品肉羊市场

肉羊需求量最大的是小尾寒羊，其次是白杜泊杂交羊和夏洛莱杂交羊、萨寒一代羊。以小尾寒羊为例，养殖专业户饲养1只基础母羊，按照年获得3只羔羊计算可收入2400元，去除羔羊年饲养管理成本400元，母羊年饲养管理成本1200元，全年可获利800元左右。进行肉羊育肥的养殖户，引进肉羊短期育肥45 d，每只可获利90元左右；自繁自养的羔羊育肥3个月，每只可获利200余元。

（3）肉羊副产品市场

64支以上羊毛为15元/kg，粗毛为6元/kg；小肠为20～40元/根；下货为80～100元/副；羊皮为80～120元/张。

从2012年肉羊生产价格监测情况看，肉羊产业大有可为，是山区农村致富奔小康的光明大道。

【案例分析】根据我国近年肉羊生产情况及市场调查，分析肉羊生产形势。

分析：比较2006～2012年的肉羊价格走势：

2006年商品肉羊7～8元/kg，胴体18～19元/kg，普通羊肉22～26元/kg，肥羔羊肉26～30元/kg。

2012年商品肉羊22～26元/kg；本地杂交羊价格为23元/kg；波尔山羊杂交羊价格为26～30元/kg，波尔山羊杂交三代以上羊价格为40元/kg。肉羊胴体50～54元/kg，普通羊肉50～64元/kg，肥羔羊肉80～84元/kg。

从2006年实施封山禁牧的生态保护政策之后，肉羊产业已经进入到由传统散户放牧饲养向规模化、标准化、集约化舍饲养殖转型的初级阶段，肉羊散养户数量在减少，自繁自育肉羊规模场、养殖大户数量迅速增加，特别是500只以上养羊大户数量不断增多。

通过对比，不论是肉用种羊，还是商品肉羊，不论羊肉产品还是副产品，价格都在不断地上涨，养羊企业和大户的经济效益不断增加，前景很好。

第四节　羊　皮

绵、山羊屠宰后剥下的鲜皮，在未经鞣制以前都称为生皮，生皮分为毛皮原料皮和板皮两类。生皮带毛鞣制而成的产品叫做毛皮。鞣制时去毛仅用皮板的生皮叫做板皮，板皮经脱毛鞣制而成的产品叫做革。

一、羔皮和裘皮

毛皮又分羔皮和裘皮两种。羔皮与裘皮的界限，主要是根据羊只在屠宰时的年龄来划分的。凡从流产或生产后1~3 d内的羔羊所剥取的毛皮，称为羔皮。而从生后一个月龄以上的羊所剥取的毛皮称为裘皮。羔皮一般是制作成露毛外穿的衣物或装饰，因此，要求花案奇特，美观悦目；裘皮主要用来制作毛面向里穿的衣物，用以御寒，因此，要求保暖、结实、美观、轻便。在绵、山羊品种中，有些品种以生产羔皮或裘皮为主，如卡拉库尔羊、湖羊、滩羊、济宁青山羊和中卫山羊等。除上述专用品种以外的其他绵羊品种和少数的山羊品种，也生产羔皮和裘皮，但品质远不如专用品种的好。

(一)卡拉库尔羔皮

卡拉库尔羔皮亦称波斯羔皮，是在羔羊出生后3 d内宰剥所得的羔皮。其主要特点分述如下。

1. 毛卷

根据毛卷的形状和结构，分为轴形卷(卧蚕形卷)、豆形卷、肋形卷、鬣形卷、环形卷、半环形卷、豌豆形卷、螺旋形卷(杯形卷)、平毛和变形卷等。

轴形卷是代表卡拉库尔羔皮特征的一种理想型毛卷，具有这种类型毛卷的羔皮价值很高。轴形卷上卷曲的毛纤维由皮板上升，向同一方向扭转，毛尖向下向里紧扣，呈一圆筒状，形似皮板上卧着的蚕，毛端一般不外露，毛卷的轴心与皮板平行，由于排列不同，因而在羔皮上形成了各种美丽的花案。在优质羔皮上轴形卷一般都呈水波状排列。轴形卷的长度直接决定着羔皮的美观程度，分为长轴形卷(40 mm以上)、中轴形卷(20~40 mm)和短轴形卷(20 mm以下)。毛卷的大小是根据其宽度来区分的：宽度在4.5 mm以下的为小花；宽度在4.5~8.0 mm的为中花；宽度在8 mm以上的为大花；灰色羔皮的毛卷具有生长过度的特点，所以它的毛卷宽度在5 mm以下为小花，5~10 mm为中花，10 mm以上为大花。由于中等宽度的毛卷结构较紧实而美观，被毛特性好，故中花羔皮用途广，价值高。根据毛卷宽度与高度的比例，分为正常轴形卷，即毛卷高与宽接近或相等；窄轴形卷(又称高轴形卷)，即毛卷的高大于宽；宽轴形卷(又称扁轴形卷)，即毛卷的宽大于高；凡被毛稍长，卷形较松的轴形卷，称为松轴形卷。

肋形卷的毛纤维几乎垂直地从皮板上升，然后形成几乎与皮板平行的第一个弯曲，之后毛尖扣向皮板，形成第二个浅弯，毛卷似肋骨状有规律地排列在羔皮的两侧。典型的肋形卷往往较轴形卷长，宽度显著大于高度。肋形卷也为优等毛卷。

鬣形卷由组成毛卷的毛纤维以毛卷的中线为界，呈锐角分向两边而形成，呈马鬣状，也有少数呈喇叭状向四周生长。长而窄的鬣形卷均匀、周整、美观，能构成美丽的花案。

环形卷是指羔皮被毛的每个毛股有两个弯曲，下面一个弯曲与皮板垂直或有一定角度，上面的第二个弯曲与皮板平行；如果毛股长度不足，则形成半环形卷。环形卷、半环形卷都属于次等毛卷。

螺旋形卷是毛股从皮板螺旋式上升，形似一个直立的杯子，故又称杯形卷。

豌豆形卷为细小具有数个弯曲的小毛辫所形成，轴心与皮板垂直。

螺旋形卷与豌豆形卷都为劣等毛卷，具有这种毛卷的羔皮为低劣羔皮。

2. 光泽

卡拉库尔羔皮被毛具有良好的丝性和亮而不刺眼的美丽光泽。其被毛的光泽分强烈光泽、正常光泽、光泽不足、碎玻璃状光泽和毛玻璃状光泽五种。以正常光泽为最佳，强烈光泽次之，另几种光泽都为不理想的被毛光泽。其被毛光泽的好坏，取决于毛卷的类型、粗毛与细毛之间的比例及毛纤维的细度和油汗的多少。

3. 颜色

被毛有多种颜色。黑色羔皮，又区分为深黑色、黑色和褐黑色，而光泽鲜艳的深黑色是黑色卡拉库尔羔皮的理想着色。灰色羔皮，被毛由黑色和白色纤维组成，又分为浅灰、中灰和深灰三种色度，而着色均匀的中灰色是珍贵的毛色，其价值比黑色羔皮高。苏尔色羔皮，又称彩色羔皮，其特点是在整个毛纤维上色素呈区域性分布，因而在同一根毛纤维上形成了基部与毛端具有不同颜色，基部毛色深，毛端颜色则很浅，并且有很美丽的光泽。另外，还有棕色羔皮、粉红色羔皮和白色羔皮等。

品质优良的卡拉库尔羔皮要求在臀、腰、背和耆甲等部有长轴形卷，体侧有中轴形卷，或排列整齐而规则的中、小花肋形卷，或鬣形卷。毛卷紧实，花案清晰，被毛光泽，丝性正常，毛密适中。被毛颜色正常，着色明显、均匀。全皮面积要求在1130 cm^2以上。

（二）湖羊羔皮

湖羊羔皮是指出生后3 d以内的羔羊屠宰或死亡所剥取的毛皮，故又有小湖羊皮之称。

湖羊羔皮的花纹类型根据李志农等的研究，分为波浪花、片花、半环花、弯曲毛、平毛（直毛）和小环形花六种类型。波浪花是代表湖羊品种特征的一种最美丽的花纹；片花属于次优等花纹；其他则属于次等花纹。湖羊羔皮花纹的美观性与毛股的长度和波浪花纹的宽度有密切的关系。根据波浪花纹的宽度，分为小花、中花和大花三种。以品质而言，湖羊羔皮以小毛小花为最佳，中毛中花次之，大毛大花最差。

（三）济宁青山羊猾子皮

济宁青山羊猾子皮是指将出生后1～3 d内的羔羊宰杀所剥取的毛皮。青猾皮以黑毛和白毛相间生长而形成青色。被毛多呈银光和丝光，其中比较细的毛被，光泽较好，粗糙的毛被光泽欠佳。根据毛细短紧密程度和弯曲弧度的大小，青猾皮的花纹可分为波浪花、流水花、片花、隐花及平毛五种，其中以波浪形花最美观。

（四）滩羊二毛皮

滩羊二毛皮是指羔羊出生后一个月龄左右时宰杀所剥取的毛皮。宰杀羊只的时间对二毛皮品质关系很大，如过早宰杀，毛股较短，绒毛较少，保暖性差；超过屠宰日龄，则绒毛含量增多，花穗变松散，影响美观。

滩羊不论在胚胎发育时期还是在生后的发育时期，羊毛的生长速度都很快，为其他绵羊品种所不及。出生后30 d其毛股长度已达8 cm左右，毛股长而紧实，毛纤维细而柔软，所以，剥取滩羊二毛皮的时间以羔羊生后30 d左右，毛股的自然长度达到8～9 cm时比较适宜。由于毛股的大小和弯曲的形状不同，从而构成了不同类型的花穗，光泽柔和，一般呈玉白色。二毛裘皮由于毛股下部有无髓毛着生，因而保暖性良好，并且有髓毛与无髓毛掺和比例适中，故不易毡结。二毛皮皮板弹性较好，致密结实。

（五）中卫沙毛皮

中卫沙毛皮是中卫山羊的主要产品，是指将生后35日龄左右的羔羊宰杀所剥取的毛皮。

中卫沙毛皮有黑白两种，白者居多。中卫沙毛皮具有优良裘皮的特性，其保暖、结实、轻便、美观、穿用不毡结等特点可与滩羊二毛皮相媲美。沙毛皮的毛股长7～8 cm，毛股多弯曲，而不同的弯曲形状则构成不同的花穗。

尽管沙毛皮与滩羊二毛皮相似，但两者仍有以下区别：

(1)沙毛皮近于方形，带小尾巴；滩羊二毛皮近于长方形，带有大尾巴；

(2)沙毛皮的被毛密度较滩羊二毛皮稀，易见板底，手感没有滩羊二毛皮的被毛丰满和柔软，比较粗涩，用手捻摸其毛尖有沙样感觉，由此而得名；

(3)沙毛皮被毛光泽较好，与丝织品的光泽相似，滩羊二毛皮则呈玉白样的光泽。

思考：我国有哪些羔皮品种？它们生产的羔皮有什么特点？

二、山羊和绵羊的板皮

在我国，除绵羊中的细毛羊和半细毛羊品种外，一般绵、山羊品种都可以生产板皮。板皮经脱毛鞣制后，可制成皮夹克、皮鞋、皮箱、包袋、手套、票夹等各种皮革制品。我国有些山羊品种以生产板皮而驰名中外，如宜昌白山羊、黄淮山羊、建昌黑山羊等。

羊的板皮在解剖组织学上由表皮、真皮和皮下组织三层构成。表皮层的厚度一般占皮肤总厚度的1%～3%，真皮层的厚度和重量一般都占生皮的90%，真皮层可分为乳头层和网状层。乳头层在上部，表面部分形成很多乳头状突起，组织特坚实细致，是制革的主要部分，革表面的好坏，与此层有密切关系，在制革上这一层叫做“粒面”；在绵羊板皮中，乳头层占整个皮肤厚度的50%～70%，在山羊板皮中则占40%～65%。乳头层的下部是网状层，其胶原纤维束比乳头层的更粗大，编织更复杂、更紧密，皮革制品的强度是由本层决定的。真皮层的下部与肌肉连接的一层称皮下层，富含脂肪，由疏松结缔组织构成，往往带有肌肉，在鞣制的准备工序中被削除，是制革上的无用部分，但可作为制胶的原料。

(一)山羊板皮

中国山羊板皮，根据产地和特征主要分为五大路，即四川路、汉口路、华北路、云贵路和济宁路。

现仅将各路的特点简述如下：

四川路板皮：主要产于川、黔两省的地方山羊，如成都麻羊、板角山羊等。在中国各路山羊板皮中，以四川路板皮的品质最好，其特点是被毛短、光泽好、张幅大、厚薄均匀、板质坚韧，板面细致光滑、胶原纤维细而编织较紧密，皮形为全头全腿的方圆形。

汉口路板皮：汉口路产区较广，主要产于豫、皖、鲁、江、浙、沪、鄂、湘、粤、冀、闽、赣、陕等省(区)的山羊，如黄淮山羊、马头山羊等，其特点是被毛较粗短，多为白色，黑色的很少，张幅略小，板皮细致油润，柔韧，弹性好，多为蜡黄色，皮形为全头全腿的方形。

华北路板皮：主要产于晋、津、蒙、辽、吉、黑、宁、甘、青、新、藏等省(区)的山羊，如太行山羊、新疆和内蒙山羊等，其特点是被毛有黑、白、青等色，被毛较长，多底绒，颜色杂，张幅大，皮板厚而重，皮层纤维较粗，板面粗糙，皮形为不带头腿的长方形。

云贵路板皮：主要产于滇及相连的黔、川地区的山羊，如隆林山羊、贵州白山羊等，其特点是被毛粗短，黑、白、花色均有，白色较多，张幅较大，板质特薄，板面较粗，油性较差，皮形成方形，其中羊痘及烟熏板较多。

济宁路板皮：主要产于鲁西南的济宁青山羊产区，被毛为灰色(青色)，也有少数为黑、白色者；毛较短细，皮板稍薄，细致，有油性，张幅较小，皮形近似全头全腿。

(二)绵羊板皮

绵羊板皮的特征与山羊板皮相似，但由于毛束、脂腺、汗腺以及竖毛肌的数量繁多，所以制成的皮革特别松软。绵羊板皮的特点是皮板轻薄，手感柔软光滑而细腻，延伸性大，强度较小，手感软而滑爽，皮纹清晰美观。

绵羊板皮在皮革服饰中是比较上档次的原料。绵羊板皮大多制作皮革、服装、皮手套，也可以制作鞋面革，用于高档皮鞋，穿着极为柔软而舒服。现在绵羊板皮也加工成压纹、可洗、印花等好多不同种类的风格。

三、影响羔皮、裘皮和板皮品质的因素

(一)影响羔皮和裘皮品质的主要因素

1. 品种

品种是决定羔皮和裘皮品质的主要因素。卡拉库尔羔皮、湖羊羔皮、滩羊二毛皮等，都来自著名的羔皮羊和裘皮羊品种，都有各自美丽的毛卷。这些羊独特的生产性能，是由其稳定的品种遗传性决定的。

2. 自然生态条件

著名的羔皮羊和裘皮羊品种都是生长在特定的地区，经过长期的自然选择，其机体与这些特定地区的特定自然条件的统一，才形成了该品种羔裘皮独有的美丽的花案卷曲。如滩羊二毛皮美丽花穗的形成，是

与滩羊长期生长在气候干燥，日照强烈，夏季酷热，冬季严寒的半荒漠草原的生态条件密切相关的，而且在这种生态条件下，草质和水质越好的地区，其二毛皮的品质越好。

3. 饲养管理水平

不同的饲养水平对母羊的膘情、胎儿发育和羔羊的生长都有着直接的影响，而这种影响将在羔羊的初生重、体质类型和羔裘皮品质等方面反映出来。丰富而均衡的营养水平，能使羔裘皮面积大，皮板结实，光泽好，品质好。但对于羔皮羊来说，母羊怀孕后期若营养过于丰富，则羔毛发育过度，毛长而卷曲松散，弹性降低，会大大降低羔皮品质，对灰色卡拉库尔羊羔皮品质的影响尤为严重；如果饲养不良，营养水平低，则羔毛发育不足，丝性和光泽度变差，羔裘皮面积减小，同时羔羊体质虚弱，生活力降低，影响羔羊生长发育和羔裘皮品质。

管理水平也影响到羔皮和裘皮的品质，例如，绵羊放牧中爬卧在潮湿不干净的洼地，使毛皮污染变质，羊皮上生疥癣疮疤，也会严重影响制裘。

4. 剥取羔裘皮的季节

随着气候的变化，在不同的季节中，羔皮和裘皮的质量、毛弯或毛卷、羊毛的密度等都有差别。一般羔裘皮以秋末冬初产的皮子最佳，毛长、绒多、皮板厚，不易脱毛，保温力强；冬末春初的皮子次之；春夏季产的皮子最差，夏皮毛稀皮薄，保暖性差；春皮易脱毛。而有的羔皮，如湖羊羔皮则以秋季皮品质最佳，毛短绒少，花纹清晰；冬春季品质最差，毛长绒多，花纹不清晰。

5. 羔裘皮羊的屠宰年龄

羔裘皮羊的屠宰年龄与羔裘皮的皮板面积、花案清晰度、美观度及毛纤维长度都有密切关系。如滩羊二毛皮在一月龄左右时剥取，其毛股可长达7 cm以上，毛股弯曲数达6个以上，二毛皮品质好；对于湖羊、卡拉库尔等羔皮羊，宜在羔羊初生3 d内屠宰。因为羔皮的毛卷形成于胎儿发育的后期，屠宰日龄愈小，愈能保存胎儿期原始的美丽的花案，花案或毛卷愈清晰，光泽好，皮板也薄。但过早屠宰则会影响羔皮的皮板面积和羊毛的长度；反之，随着日龄的增长，毛纤维迅速增长，密度变稀，毛股逐渐松散，就会失去原有的弯卷，花纹或卷曲不清晰，影响到羔裘皮的品质。

6. 羔裘皮的贮存、晾晒和保管

羔裘皮容易吸收水汽而受潮霉烂，易引起虫蛀和招惹鼠咬而被损坏，或因受热皮层脂肪被分解，皮板干枯等。因此，应置于阴凉、干燥和通风处贮存保管。

不同的加工、晾晒方法，对宰剥后的羔裘皮品质也有一定影响。盐腌、任其自然收缩和干燥的方法，简单易行，但皮板收缩程度大，在一定程度上造成优良毛卷结构的破坏，清晰度变差，影响到羔裘皮的品质。淡干板则收缩程度小，对毛卷结构的影响也小，皮板薄而清洁，外形整齐，美观。

（二）影响板皮品质的主要因素

1. 地区和品种因素

各路山羊板皮在板皮品质上的差异，既包括了地区生态差异的因素，也包括了品种差异的因素。山羊品种不同对板皮品质的影响是不言而喻的。不同地区对板皮品质也有影响，概括起来讲，平原地区产的比山区的好，农区产的比牧区的好，圈养的比放牧的好。

2. 季节因素

季节对山羊板皮品质影响很大。北方的秋季和南方的秋末、初冬季节，气候适宜，牧草结籽，营养丰富，羊只膘肥体壮，这时所产的板皮质量最好，板皮被毛不长，绒毛稀短，板皮肥壮，有油性，纤维编织紧密，弹性强，部分板面呈核桃纹状，黑毛皮板呈豆青色，白毛皮板呈蜡黄色或略带肉黄色，青毛皮板呈灰白色，棕毛皮板呈黑灰色。

绵羊板皮一般是在羊只剪春毛或剪秋毛之后不久剥取的，所以只分为夏板和秋板两种。

3. 生理状况因素

(1)性别

一般公羊皮板要比母羊皮板大而厚一些,较粗糙一些。怀孕和哺乳母羊,由于要消耗大量养分,故皮板薄,不均匀,毛绒较稀疏,毛纤维的弹性较差。

(2)年龄

幼龄羊的皮板薄弱,柔软,壮龄羊皮板足壮,有油性,毛绒丰足,色泽光润,老龄羊皮板厚硬、粗糙,毛绒粗涩,色泽暗淡。

(3)疾病

病畜皮板瘦弱,无油性,被毛黏乱,光泽差。患有癣、癞、疮、疔、痘等病的羊,皮板都会有不同程度的损伤。

四、羊皮的剥取、防腐、贮藏和运输

(一)宰杀及剥皮方法

除屠宰厂采用机械、半机械化屠宰外,目前我国广大农村牧区宰杀绵、山羊,多采用“大抹脖”的方法,这种方法简单易行,但影响皮形完整,同时血迹容易污染毛皮,降低了毛皮的品质和价值。比较好的宰杀方法是在羊的颈部,纵向切开皮肤,切口 8 ~ 12 cm,然后将刀子伸入切口内挑断气管和血管,放血,但需避免刺破食管。在宰杀放血时,要注意对羊只的固定,防止羊血污染皮张。

剥皮时,将羊四肢朝上放在清洁平整的地面上,用尖刀沿腹中线挑开皮层,向前沿颈部中线挑至嘴角,向后经过肛门挑至尾尖,再从两前肢和两后肢内侧,垂直于腹中线向前后肢各挑开两条横线,前肢到腕部,后肢到飞节。剥皮时,先用刀沿挑开的皮层向内剥开 5 ~ 10 cm,然后用拳揣法将整个羊皮剥下。剥下的羊皮,要求毛皮完整无破损,特别是羔皮,要求保持全头、全耳、全腿,并去掉耳骨、腿骨及尾骨,公羔的阴囊也应留在羔皮上。鲜皮经整理后,要及时选择平坦洁净的地方,将皮展平晾开,要防止皮张受潮、受闷、发热脱毛。

(二)生皮的防腐

生皮为了利于储存和运输,必须加以防腐处理。剥下的鲜皮(或叫生皮)在冷却之后,应立即进行防腐处理。防腐的原理是在生皮内外造成一种不适宜细菌和酶作用的环境,即用降低温度、除去或降低生皮中的自由水分、利用防腐剂、消毒剂等方法消灭细菌或阻止酶和细菌对生皮的作用。

常用的防腐方法有以下几种:

1. 盐腌法

采用干燥的食盐或盐水处理鲜皮。由于食盐具有脱水和抑制细菌繁殖的作用,所以可达到防腐的目的。此法最大的优点是它几乎不影响生皮的天然质量,只要盐腌得当,堆放适当,即可长期保存。

(1)干盐腌法

将纯净而干燥的食盐均匀地撒在鲜皮内面上,盐的用量为皮重的 35% ~ 50%。盐首先溶解于皮板表面的水中,并向皮内渗透,使皮脱水,经一周时间的浸渍,皮内外盐溶液的浓度达到平衡。

采用这种方法操作比较简便,但是盐的渗透慢而且不易均匀,污物流出不完全。

(2)盐水腌法

在预先建好的大水池内,用 15 ~ 20℃的温水配制 25%的食盐液,将准备好的鲜皮置入其中,并不时补充食盐。鲜皮浸泡 12 ~ 24 h 后将皮取出,滴液 48 h,再在肉面上按皮重的 20%撒盐,平铺堆置。

盐水腌皮法的优点是盐液渗透快,作用均匀,污物溶除干净,不会形成掉毛现象,防腐效果好。因此,盐水腌过的皮更耐贮藏。

凡腌制正常的毛皮,其皮板呈灰色,紧实而有弹性,湿度均匀,毛被润湿良好。

2. 干燥法

将鲜皮晾干到水分含量为12%～16%，即可抑制微生物活动以达到防腐的目的。当生皮的水分含量降低到15%左右时，就不利于细菌的繁殖，可以暂时抑制微生物的活动而达到防腐的目的。

鲜皮干燥的最适温度为20～30℃，使水分自然蒸发。温度过低，干燥时间长，可能使皮遭受细菌作用而腐烂；温度过高，皮板表面水分蒸发过快，造成皮表面收缩或使胶原胶化，阻止内层水分蒸发出而发生腐烂。此外，高温干燥，还可使生皮发生不可逆的收缩变形。干燥时必须经常翻动皮张，以使其干燥均匀，否则不便进行后续工序的加工。另外，干燥生皮的场所，必须通风良好，且悬皮方向要顺着空气流向，皮与皮之间保持适当间隔，使全皮能被空气流均匀干燥。

干燥防腐法的优点是操作简单，加工时间短、经济、皮板洁净、便于贮藏和运输等，缺点是皮板僵硬、容易折裂、贮藏时易受蛾虫损伤，并且干燥过度的生皮，难于浸软，对生产有一定影响。

（三）生皮的贮藏和运输

生皮经过防腐或晾干之后，可将生皮按板对板、毛对毛，用细绳捆成小捆，加上防虫剂（精萘粉、卫生球等），然后放入专门的地方进行堆放和短期保存。应选择防雨、防潮、防晒和无鼠害的室内堆放生皮，不能放置在露天，生皮要离墙及地面10～20 cm，以便空气流通，以防霉烂。

第五节　羊　奶

一、羊奶的营养价值

羊奶营养丰富，其干物质中，蛋白质、脂肪、矿物质含量均高于人奶和牛奶，乳糖低于人奶和牛奶。据测定，每千克山羊奶和绵羊奶中能量含量分别比牛奶高209 J和1632 J。

羊奶脂肪含量为3.6%～4.5%，除含有多种饱和脂肪酸外，还含有较多的不饱和脂肪酸，色泽呈乳白色，熔点较牛奶乳脂低，夏天气温高时呈半固体状态。羊奶富含短链脂肪酸，尤其是2～10 C的低级脂肪酸的含量，比牛奶中高4～6倍，这也是羊奶消化率高的主要原因之一。每100 g羊奶胆固醇含量为10～13 mg，而每100 g人乳可达20 mg。羊奶中胆固醇含量较低，因而适合于各类人群饮用。

山羊奶中蛋白质不仅含量高，而且品质好，易消化。羊奶中酪蛋白含量比牛奶低，而有重要作用的易消化的白蛋白、球蛋白含量较牛奶高，与人奶接近。其凝乳表面张力较小，食入后，乳蛋白在胃内形成絮状凝块，其结构细小松软，易于消化吸收。所以，羊奶蛋白质有较高的消化率。

羊奶中的矿物质含量远高于人奶，也高于牛奶。羊奶比牛奶含量高的元素主要是钙、磷、钾、镁、氯和锰等。羊奶中的钙主要以酪蛋白钙形式存在，很容易被人体吸收，它是给老人、婴儿提供钙的最好食品。

研究证明，每100 g羊奶所含的10种主要的维生素的总量为780 μg。山羊奶中维生素A、硫胺、核黄素、尼克酸、泛酸、维生素B_6、叶酸、生物素、维生素B_{12}和维生素C l0种主要维生素的总含量比牛奶高，特别是维生素C的含量是牛奶的10倍，尼克酸含量是牛奶的2.5倍。

二、泌乳母羊的饲养

（一）泌乳初期

母羊产后20 d内为泌乳初期，也称恢复期。母羊产后，体质较弱，腹部空虚但消化机能较差，生殖器官尚未复原，乳腺及血液循环系统机能不很正常，部分羊乳房、四肢和腹下水肿还未消失，此时，应以恢复体力为主。饲养上，产后5～6 d内，给以易消化的优质幼嫩干草，饮用温盐水小米或麸皮汤，并给以少量的精料。以后逐渐增加青贮饲料或多汁饲料，两周后精料喂量逐渐增加到正常水平。

产后应严防母羊吞食胎衣，轻者影响奶量，重者会伤及终生消化能力。日粮中粗蛋白质含量以12%～14%为宜，粗纤维的含量以16%～18%为宜，干物质采食量按体重的3%～4%供给。

（二）泌乳高峰期

从产后20 d到120 d为泌乳高峰期，其中又以产后40～70 d奶量最高。此期奶量约占全泌乳期的一半，决定着整个产奶期的产奶量高低，因此，这时要尽可能提高产奶量。泌乳高峰期的母羊，尤其是高产母羊，营养需求很大，因此，在母羊产羔20 d后，逐渐进入泌乳高峰期时，应在原来饲粮的基础上，提前增加一些饲料。

催奶的方法，从产后20 d开始，在原来精料量（0.5～0.75 kg）的基础上，每天增加50～80 g精料，只要奶量不断上升，就继续增加，当增加到每千克奶给0.35～0.4 kg精料，奶量不再上升时，就要停止加料，并维持该料量5～7 d，然后按泌乳羊饲养标准供给。

高产母羊的泌乳高峰期出现较早，而采食高峰出现较晚，为了防止泌乳高峰期营养亏损，饲养上要做到，产前（干奶期）丰富饲养，产后大胆饲喂，精心护理。饲料的适口性要好，体积要小，营养要高，种类要多，要易消化。要增加饲喂次数，定时定量，少给勤添。增加多汁饲料，保证充足饮水，自由采食优质干草和食盐。

（三）泌乳稳定期

母羊产后120～210 d为泌乳稳定期，此期产奶量虽已逐渐下降，但下降较慢。在饲养上要尽量避免饲料、饲养方法及工作日程的改变，多给一些青绿多汁饲料，保证清洁的饮水，尽可能地使高产奶量保持较长时间。母羊每产1 kg奶，需饮水2～3 kg，日需水量6～8 kg。

（四）泌乳后期

产后210 d至干奶为泌乳后期。此时产奶量显著下降，饲养上要想法使产奶量下降得慢一些。在此期精料的减少，应在奶量下降之后，以减缓奶量下降速度。应注意怀孕前期的饲养，虽然胎儿增重不大，但对营养的要求全价。

（五）干奶期

母羊经过10个月的泌乳和5个月的怀孕，营养消耗很大，为了使其有恢复和补充的机会，应停止挤奶。母羊在干奶期中应得到充足的蛋白质、矿物质及维生素，使身体得到恢复，并使乳腺机能得到休整。怀孕后期的体重如果能比产奶高峰期增加20%～30%，胎儿的发育和高产奶量就有保证。但应注意不要喂得过肥，否则容易造成难产，患代谢疾病。

营养物质给量可按妊娠母羊饲养标准供给，产前20 d要增加精料的喂量，适当减少粗饲料给量，一般60 kg重的母羊给混合精料0.6～0.8 kg。

干奶期不能喂发霉变质的饲料和冰冻的青贮料，不能喂酒糟、发芽的马铃薯和大量的棉籽饼、菜籽饼等，要注意钙、磷和维生素的供给，可让羊自由舔食骨粉、食盐，每天补饲一些野青草、富含胡萝卜之类的维生素的饲料。

三、影响奶山羊产奶量的因素

影响产奶量的因素很多，主要因素包括两个方面：一是羊的本身，即遗传因素；二是外界环境，即饲养管理条件。奶山羊泌乳量的遗传力为0.3～0.35，就是说遗传因素对产奶量的影响占30%～35%。另外，65%～70%是受饲养管理和外界环境的影响。

（一）品种

品种是影响产奶量的根本，不同品种，遗传性不同，产奶量不同，奶中的营养成分也有差异。

萨能羊在世界上产奶量最高，其世界纪录是一个泌乳期产奶3432 kg（英国）；其次是吐根堡羊、阿尔卑羊和奴比亚羊，世界纪录是305 d产奶量分别为2610.5 kg、2218.0 kg和2009.0 kg。奴比亚羊的乳脂率最高，为4.6%，吐根堡羊为3.5%，阿尔卑羊3.4%，萨能羊为3.6%。

（二）血统

同一品种内，不同公、母羊的后代，由于遗传基础不同，产奶量也不同，血统好的羊其女儿得到的泌乳潜力就大。远血缘公、母羊交配，其后代产奶量显著提高。

（三）产奶天数

研究表明，产奶天数与产奶量的相关系数为r=0.8984，产奶天数的遗传力为0.19～0.40，说明产奶天数与产奶量的高低有密切的关系。

（四）第一胎的最高泌乳日的产奶量

第一胎的最高泌乳日产奶量与本胎总产奶量呈极显著正相关（r=0.7309），而最高泌乳日的分布，以泌乳高峰期的1～3月居多，占88.69%，第五个泌乳月以后极少，仅占3.05%。

（五）年龄和胎次

年龄和胎次也对山羊的产奶量有密切关系。西农萨能羊在18月龄配种的情况下，以3～6岁，即第二到五胎产奶量较高，第二到三胎产量最高，6胎以后产奶量显著下降。

（六）营养水平

母羊产前体重一般比泌乳高峰期高18%～27%。统计表明，体重增加与产奶量呈正相关（r = 0.416），泌乳量与食入DE（消化能）呈极显著正相关（r=0.978），泌乳量与DM（干物质）采食量呈显著正相关（r = 0.986），表明怀孕后期（干奶期）的饲养管理、营养水平与产奶量的关系极为密切。

（七）初配年龄与产羔月份

初配年龄取决于个体生长发育的程度，而个体发育又受饲养管理条件的影响。产羔月份对产奶量也有一定影响，引起这种差异的主要原因是产奶天数、气候和饲料条件的变化。

（八）同窝产羔数

一般，产羔数多的母羊产奶量较高，但多羔母羊怀孕期的营养消耗多，也可能会影响产后的泌乳。

（九）挤奶

挤奶的方法、次数对产奶量有明显的影响。正确的挤奶方法可明显提高产奶量。将每日挤奶一次改为挤奶两次，可提高产奶量25%～30%，两次挤奶改为三次挤奶，可提高15%～20%。在生产实际中，多数采用两次挤奶。

（十）其他

疾病、气候、应激、发情、产前挤奶等原因，都会影响产奶量。

四、提高产奶量的措施

奶山羊的产奶量受遗传因素的制约和环境因素的影响，要提高产奶量，就必须从遗传性方面着手，在饲养管理上下工夫。

（一）选用良种，实行杂交改良

优良品种是高产的基础，而育种工作是提高品种质量的根本保证。不同品种奶山羊之间的产奶量差异很大，目前我国饲养的奶山羊品种中，以萨能奶山羊产奶量最高，年产奶量可达600～1200 kg。引入萨能奶山羊，开展纯繁和杂交利用，能明显提高当地奶山羊质量和生产水平。

（二）合理的挤奶技术

挤奶时要求保持环境安静，先用温水清洗乳房，仔细按摩，尽量使乳房膨胀，促进排乳。日产奶2 kg以下的，每天可挤奶2次，3 kg以上的最好挤3～4次。

（三）科学饲养

1. 饮足温水，加喂食盐

水是乳汁的主要成分，因此，每日要供给羊充足的饮水。一日至少饮4次，每次都要饮温水，并加入适量食盐。

2. 根据不同生理阶段饲养

要根据不同生理阶段，泌乳初期、泌乳盛期、泌乳稳定期、泌乳后期、干奶期的生理特点，合理进行饲养，保证产奶营养供给。

3. 认真执行饲养标准

认真按照饲养标准，保证各类羊的营养需要，采用配合饲料和复合饲料添加剂等，以保证羊只的全价营养饲养。

（四）良好管理，增进健康，减少疾病

1. 认真做好干奶期、产后和泌乳高峰期的管理工作。产后及时催奶，根据产奶量适当增加挤奶次数。在泌乳期，应经常用肥皂水和温清水洗擦乳部，保持乳头和乳晕的皮肤清洁柔韧。每日要按时挤奶，并按摩乳房，以消除患乳房炎的隐患。经常刷拭，定期修蹄，搞好卫生，减少疾病。

2. 坚持运动，增进健康。试验表明，奶山羊每日放牧5～6 h，增加羊的活动量，既促进羊体的血液循环和新陈代谢，提高肠胃蠕动和消化能力，还可提高产奶量。

3. 适时配种，防止空怀。在8～10月配种，1～3月产羔有利于提高产奶量。

4. 合理的羊群结构，及时淘汰老、弱、病、残。对产奶量下降的老龄羊、病弱羊应及时淘汰，并及时补充高产青年母羊。西农萨能羊的羊群（18月龄配种）结构比例为：种公羊1%～2%，成年母羊65%左右，青年母羊15%，母羔羊20%。

【案例分析】高产奶山羊的选择和产奶量评估。

分析：奶用母羊应外貌清秀，骨细、皮薄、鼻直、嘴大、体躯高大、胸深而宽、肋骨拱张、背腰宽长，腹大而不下垂，后躯宽深，不肥胖。还应要求乳房发育良好，青年羊的乳房圆润紧凑，紧紧地附着于腹部。老龄羊的乳房多表现下垂、松弛，呈长圆筒状。

（1）根据乳房形状判断：从外表看，乳房紧缩型：乳房紧小呈球状，乳头短而细小，不便挤奶，产奶量低。松弛型：乳房松弛下垂到腓节或腓节以下，乳头短粗与乳房边限不明显，形似一个长袋。这类乳房虽然容积大，产奶量较高，但行走不便，易被树茬划破而引起乳房发炎。圆大型：乳房丰满且对称，前面延伸到腹部，中间充塞于两股之间，后面突出于后肢的后方，上与腹部紧贴，乳头大小适中，稍伸向前方，乳头与乳房有明界限，这是较理想类型。

（2）根据乳房结构判断：高产乳房，皮肤细而薄，表面无毛或在基部有少量绒毛。触摸乳房柔软而富有弹性，内无硬核。挤奶前乳房膨大，挤奶后显著缩小，表面有许多皱褶。腺体组织发达，结缔组织少，这种乳房被称为腺体乳房。低产乳房，皮肤粗面，摸之如瘦肉，无弹性、内有硬核。乳房容积在挤奶前后变化较小，腺体组织很少，这种乳房被称为肉质乳房。

（3）根据乳静脉的形状判断：凡是乳静脉粗大，长且弯曲明显、侧面分支血管多的泌乳力强，产奶量较高；如静脉不发达，无明显弯曲，其侧面血管分支少，则产奶量不高。

产奶量的遗传力较高，可根据其父母代或祖父母代的产奶量做初步评估；其次产奶天数及最高泌乳日产奶量与产奶量的高低有密切的关系；再次，年龄和胎次对产奶量有较大影响，第二到五胎产奶量较高，第二到三胎产量最高，六胎以后产奶量显著下降。

【注意事项】产奶期的奶山羊管理有哪些注意事项？

1.泌乳初期：产后5～6d内，给以易消化的优质幼嫩干草，饮用温盐水小米或麸皮汤，并给以少量的精料。产后应严防母羊吞食胎衣，轻者影响奶量，重者会伤及终生消化能力。

2.泌乳高峰期：泌乳高峰期的母羊，尤其是高产母羊，营养需求很大，因此，在母羊产羔20d后，逐渐进入泌乳高峰期时，应在原来饲粮的基础上，提前增加一些饲料。

3.泌乳稳定期：此期产奶量虽已逐渐下降，在饲养上要尽量避免饲料、饲养方法及工作日程的改变，多给一些青绿多汁饲料，保证清洁的饮水，尽可能地使高产奶量保持较长时间。

4.泌乳后期：此时产奶量显著下降，饲养上要想法使产奶量下降得慢一些。在此期精料的减少，应在奶量下降之后，以减缓奶量下降速度。应注意怀孕前期的饲养，虽然胎儿增重不大，但对营养的要求应全价。

5.干奶期：母羊在干奶期中应得到充足的蛋白质、矿物质及维生素，使身体得到恢复，并使乳腺机能得到休整。

【本章小结】

养羊业为人类生活提供了绵羊毛、山羊绒、山羊毛、羊肉、羔皮、裘皮、板皮、羊奶等丰富产品。产品经过加工，生产出各种类型的商品，成为我们生活中重要或高档的生活消费品。养羊生产者首先应充分了解养羊业的主要产品及其生产，再根据当地自然条件、品种、市场需要和自身的经济技术条件决定饲养某类绵、山羊品种和饲养规模,才能获得理想的经济效益。

【思考题】

1. 简述羊毛纤维类型划分的依据及各类型羊毛纤维的特点。
2. 简述羊毛的主要物理性质及其与毛纺织品的关系。
3. 什么是马海毛？它有什么特点？
4. 试述肉羊产肉力的测定内容和注意要点。
5. 简述羊肉品质的主要评定项目及其内涵。
6. 什么是羔皮、裘皮和板皮？
7. 简述影响羔皮、裘皮和板皮品质的因素。
8. 简述羊奶的营养价值。
9. 试述产奶母羊的饲养管理措施有哪些？
10. 提高山羊产奶量的措施有哪些？

【主要参考文献】

[1]赵有璋.羊生产学.北京:中国农业出版社,2002

[2]郑丕留.中国羊品种志.上海：上海科学技术出版社,1989

[3]彭健,陈喜斌. 饲料学. 北京：科学出版社,2008

[4]侯广田.肉羊高效养殖配套技术. 北京：中国农业科学技术出版社,2013

[5]蔡俊国,王茂森,李彦霖. 集约化羊场场址选择场区规划与羊舍建设. 当代畜牧,2012

[6]杨世昆,苏正范. 饲草生产机械与设备. 北京：中国农业出版社,2009

[7]杨利国. 动物繁殖学. 北京：中国农业出版社,2010
[8]吴尔罡,崔计顺.中国羊肉生产与贸易分析.内蒙古科技与经济,2012
[9]满达,宝音都仍,图雅日呼. 山羊绒生产及其产品贸易.中国畜牧杂志,2012
[10]王贝贝,肖海峰.中国羊肉供需状况及展望.农业展望,2012
[11]曹斌云,罗军,姚军虎,渊锡藩. 山羊奶的营养价值与特点.畜牧兽医杂志,2007